WILHELM RIBHEGGE

KONSERVATIVE POLITIK IN DEUTSCHLAND

WILHELM RIBHEGGE

KONSERVATIVE POLITIK IN DEUTSCHLAND

Von der Französischen Revolution bis zur Gegenwart

WISSENSCHAFTLICHE BUCHGESELLSCHAFT

DARMSTADT

Einbandgestaltung: Studio Franz & McBeath, Stuttgart.

Die Deutsche Bibliothek – CIP-Einheitsaufnahme

Ribhegge, Wilhelm:
Konservative Politik in Deutschland: von der
Französischen Revolution bis zur Gegenwart /
Wilhelm Ribhegge. – 2., unveränd. Aufl. –
Darmstadt: Wiss. Buchges., 1992
ISBN 3-534-10887-6

Bestellnummer 10887-6

2., unveränderte Auflage 1992
© 1989 by Wissenschaftliche Buchgesellschaft, Darmstadt
Gedruckt auf säurefreiem und alterungsbeständigem Werkdruckpapier
Satz: Fotosatz Janß, Pfungstadt
Druck und Einband: Wissenschaftliche Buchgesellschaft, Darmstadt
Printed in Germany
Schrift: Linotype Times, 9.5/11

ISBN 3-534-10887-6

INHALT

VORBEMERKUNG

Seit der Französischen Revolution nennt sich die eine Hälfte
Europas *Linke,* während die andere sich die Bezeichnung
Rechte erworben hat. Es ist nahezu unmöglich, den einen oder
den anderen Begriff aufgrund irgendwelcher theoretischer Prinzipien, auf die er sich stützte, zu definieren. Das ist nicht weiter
verwunderlich: politische Bewegungen beruhen nicht auf rationalen Haltungen, sondern auf Vorstellungen, Bildern, Wörtern
und Archetypen, die als Ganzes diesen oder jenen *politischen
Kitsch* bilden. (Milan Kundera, Die unerträgliche Leichtigkeit
des Seins)

Es scheint zunächst paradox. Meine erste Erfahrung mit Wirkungen der
Politik geht auf mein fünftes Lebensjahr zurück. Am 28. März 1945 sah ich,
wie der Kirchturm unserer Stadt, Attendorn im Sauerland, nach einem
Bombenangriff in Brand geriet und schließlich zusammenstürzte. Wir wohn-
ten am Rande der Stadt auf einer Anhöhe. Rußgeschwärzt kamen Frauen
mit ihren Kindern aus der Stadt zu uns heraus. Das sind Kindheitserinne-
rungen. Die ersten Bauten für diese Kirche lagen übrigens über tausend
Jahre zurück. Das wußte ich damals natürlich noch nicht, ebensowenig, daß
es nicht das erste Mal gewesen war, daß die Kirche abbrannte.

Erst Jahre später stellte sich die kritische Frage nach dem Hintergrund
und den Zusammenhängen. Das politische Geschichtsbewußtsein meiner
Generation, das uns in den Schulen vermittelt wurde, war von der Auseinandersetzung um den Nationalsozialismus geprägt. Nach und nach stellte
sich das Wissen ein, daß es außer dem Nationalsozialismus vor 1933 auch
noch andere politische Bewegungen gegeben hatte. Man sollte solche individuellen Erfahrungen und Lernvorgänge nicht überbewerten, aber es wäre
unrealistisch, ganz von ihnen zu abstrahieren.

Als Student wurde ich in einigen Seminaren mit den historischen Problemen des Konservatismus konfrontiert. Aus einer Seminararbeit entstand
ein Aufsatz: ›Konservatismus. Versuch zu einer kritisch-historischen Theorie‹, der 1972 erschien. 1973 kam der Aufsatz ›Die Systemfunktion der Gemeinden. Zur deutschen Kommunalgeschichte seit 1918‹ heraus. Beiden
Aufsätzen lag der Gedanke einer festumrissenen deutschen bzw. europäischen Gesellschaft zugrunde, innerhalb derer sich langfristige Veränderungen vollzogen, in der auch politische, soziale und kulturelle Kontinuität
vorhanden war.

Sie äußert sich nicht zuletzt in der Überlieferung politischer Überzeugungen über Generationen hinweg. Sie wirkt bestimmend auf die Programme der Parteien zur Innen- und Außenpolitik, zur Sozial-, Kultur- und Verfassungspolitik. Es handelt sich dabei nicht um Mechanismen, sondern um Überzeugungen und Werte, die erkämpft und verteidigt wurden, gelegentlich auch wieder verlorengingen oder aufgegeben wurden.

In diesem Band geht es um *eine* der politischen Traditionen im Deutschland der letzten zweihundert Jahre, den Konservatismus. Als politische Bewegung der Rechten kann der Konservatismus nicht isoliert von der jeweiligen Linken gesehen werden. Die Gegnerschaft zwischen der Linken und der Rechten, die sich historisch in wechselnden Parteikonstellationen äußert, bildet seit der Französischen Revolution ein konstituierendes Moment der Politik in Europa. Der Konservatismus beschränkt sich nicht auf Deutschland. Konservative, Liberale und Sozialdemokraten prägen das politische Leben aller europäischen Länder im 19. und 20. Jahrhundert, in Frankreich wie in England, in den Niederlanden und in Skandinavien, in der Schweiz und in Österreich, in Ost- und Südeuropa. Die parteipolitischen Traditionen Europas finden sich heute als Fraktionen im europäischen Parlament in Straßburg wieder. Diese politischen Gruppierungen haben sich als dauerhafter erwiesen als die europäischen Nationalismen des 19. Jahrhunderts. Der deutsche Konservatismus entwickelte sich in einem europäischen Kontext, auch wenn er dies lange Zeit nicht wahrhaben wollte.

Die Darstellung ist reflektierend und narrativ gehalten. Das erschien als die sinnvollste Präsentation, um dem Leser den Nachvollzug der Beschreibung des Konservatismus und seiner Beurteilung zu erleichtern, ohne ihn auf die Meinungen und Urteile des Autors festzulegen. Obwohl das Wort 'konservativ' heutzutage eine gängige Münze ist, weitgehend abgenutzt und entpolitisiert, sind die Details der Geschichte des politischen Konservatismus selten präsent. Um zu vermeiden, daß Autor und Leser aneinander vorbei schreiben und lesen, wurden gelegentlich die Schattierungen politischer Situationen nachgezeichnet. Auf eine explizite Theorie des Konservatismus wurde dagegen verzichtet. Das mag der eine oder andere bedauern, aber die Gründe werden bei der Lektüre leicht einsichtig. Obwohl es eine Reihe von Konservatismus-Studien gibt, ist die hier vorgenommene Konzentration auf den politischen Konservatismus als parlamentarische Bewegung, also vor allem seit 1847/48, neu. Im Vordergrund stehen nicht die konservativen Ideologien – sie spielen natürlich eine Rolle –, sondern steht das politische Handeln der Politiker der Rechten.

Der Begriff der 'Rechten' ist nicht ganz eindeutig, aber für die Beschreibung konservativer Politik häufig treffender als der Begriff der 'Konservativen', weil in Deutschland die Parteien, die sich selbst konservativ nannten, meist nur eine kleine Gruppe innerhalb des gesamten Spektrums der Parlamente – mit Ausnahme Preußens – darstellten. Üblicherweise wird der politische Katholizismus, vertreten durch das Zentrum, von den konservativen Parteien getrennt behandelt. Eine solche Sicht halte ich für verfehlt, weil sie mehr Verwirrung stiftet als erklärt und verständlich macht. Wer die Geschichte des deutschen Konservatismus von den Anfängen bis zur Gegenwart verfolgt, kommt nicht umhin, wenn auch mit erheblichen Modifikationen, das Zentrum und sodann auch die CDU/CSU in das Spektrum des politischen Konservatismus einzubeziehen.

In Frankreich spricht man gelegentlich von den Parteien als 'politischen Familien'. Für eine solche Umschreibung gibt es gute Gründe. Der Begriff verweist auf die menschlichen und sozialen Bindungen, die in den Parteien der Rechten wie der Linken immer vorhanden sind. Parteien und politische Bewegungen würden ohne ein Minimum an innerer Loyalität und Solidarität zwischen ihren Mitgliedern und ihren Politikern auseinanderfallen. Was sie tatsächlich zusammenhält, ist meist schwer auf einen Begriff zu bringen. Aber es läßt sich annäherungsweise beschreiben. Im übrigen tragen Parteien, die Mehrheiten in den Parlamenten gewinnen und die Regierung stellen oder die Opposition repräsentieren, politische Verantwortung. Das hebt sie weit von allen übrigen Vereinen und gesellschaftlichen Gruppierungen ab. An diesem politischen Anspruch sind sie aber auch zu messen. Die Geschichte der Parteien wie hier die des Konservatismus zu schreiben, ohne gelegentlich dezidierte Urteile zu fällen, wäre nicht besonders 'objektiv', sondern unpolitisch. Damit wäre niemandem gedient.

Dieses Buch wurde innerhalb eines Jahres geschrieben. Zwischendurch habe ich manchmal neidvoll auf die Klarheit der Darstellung der modernen britischen Parteien und des britischen politischen Systems in der Studie von Samuel H. Beer ›Modern British Politics‹ (1965, [2]1982) geblickt. Aber die Geschichte der Parteien war in Deutschland bis 1945 – und danach natürlich auch nur in der Bundesrepublik – nicht wirklich so überschaubar, daß man ihre Politik im 19. und 20. Jahrhundert in einer ähnlichen Stringenz abhandeln könnte. Erst nach 1945 nehmen die großen politischen Parteien bei uns jene Strukturen an, die sie in vielem denen der britischen vergleichbar machen.

Im übrigen konnte ich mich vor allem auf die bereits vorhandene Literatur stützen, abgesehen etwa von gelegentlich direkt herangezogenen Parlamentsprotokollen und anderen zeitgenössischen Texten – dies, um den Konservatismus nicht allzu abstrakt im Raum stehen zu lassen. Leider war die zugrundegelegte Literatur nicht immer klar und konzentriert, oft entweder zu allgemein oder zu punktuell. Ich hoffe jedoch, daß insgesamt ein deutlich konturiertes Bild entstanden ist.

Im Sommer 1980 verbrachte ich den Urlaub auf Guernsey, einer der

Channel-Islands, die vor der Küste der Normandie liegen, aber zu England gehören. Diese Inseln waren der einzige Teil Großbritanniens, den das nationalsozialistische Deutschland während des Zweiten Weltkriegs erobert hatte. Die Deutschen hatten damals Guernsey mit einer ebenso grotesken wie militärisch wertlosen Befestigungsarchitektur ausgestattet, die nie wieder abgerissen wurde und heute von den Touristen besichtigt wird. In diesem etwas bizarren historischen Milieu fand ich in einem Antiquariat in der Hauptstadt St. Peter Port eine Ausgabe der Werke des theoretischen Begründers des Konservatismus in Europa Edmund Burke von 1808/15. Sie enthielt natürlich auch seine berühmteste Schrift ›Reflections on the Revolution in France‹ von 1790. So stieß ich auf dieser Insel etwas unvermutet auf die Gleichzeitigkeit des Ungleichzeitigen, ein Moment, das beim Studium des deutschen und europäischen Konservatismus immer wieder ins Auge springt.

Ich danke Annegret Ritter für ihre Hilfe beim Schreiben des Manuskripts und bei der Anfertigung des Personenregisters, Hermann Cürten von der Wissenschaftlichen Buchgesellschaft für sein aufmunterndes Interesse und die sorgfältige Vorbereitung der Drucklegung.

W. R.

I.
DEUTSCHER KONSERVATISMUS

Der Darstellung der Geschichte konservativer Politik in Deutschland seien einige konzeptionelle Überlegungen vorausgeschickt, jedoch keine Theorie des Konservatismus. 'Konservativ' ist ein etwas schillernder Begriff geworden. Tagespolitisch wird er eher abwertend als zustimmend benutzt. Allerdings sprechen Autoren der deutschen Linken heute gelegentlich von einem Wertkonservatismus.[1] Das ist positiv gemeint, deckt sich aber weniger mit dem, was traditionell im politischen Sprachgebrauch als konservativ verstanden wird. Es geht hier um den überkommenen politischen Begriff des Konservatismus, nicht um neuere Varianten oder um umgangssprachliche Versionen. Der Konservatismus ist eine politische Bewegung der europäischen Geschichte des 18., 19. und 20. Jahrhunderts. Er verstand sich anfangs als eine Gegenbewegung gegen die Revolution, gegen den Liberalismus, gegen die befürchtete Auflösung staatlicher und gesellschaftlicher Ordnungen durch die Gewährung politischer, kultureller und sozialer Freiheiten, später im 19. Jahrhundert, nun schon im Bündnis mit den Liberalen, als Gegenbewegung gegen die soziale Revolution und den Sozialismus. Er identifizierte sich schließlich mit dem anfangs bekämpften Nationalstaat und entwickelte einen ausgesprochenen Sinn für Regierungsautorität und nationale Macht, die innen- und außenpolitisch zu sichern war. Im 20. Jahrhundert, besonders nach den beiden Weltkriegen, wandelte sich der Konservatismus in Deutschland wie in den übrigen europäischen Industrieländern zu einem demokratischen Konservatismus. In Deutschland verlief diese Entwicklung nicht kontinuierlich, sondern in Brüchen.

Dies gilt insbesondere für die Ideengeschichte des deutschen Konservatismus, die gelegentlich recht eigenartige Kristallisationen hervorgebracht hat, wie sie sich etwa in Paradoxa wie dem der 'konservativen Revolution' in den 20er Jahren dieses Jahrhunderts äußerten. Es waren Nachläufer der politischen Romantik, die es auch in Frankreich gegeben hat, die aber in Deutschland besonders markant war und weitgehend abgehoben von der praktischen Politik der Parlamente und Regierungen. Ideologisch bereiteten sie das seltsame Amalgam der nationalsozialistischen 'Weltanschauung' vor.[2] Martin Greiffenhagen hat in seinem Buch ›Das Dilemma des Konservatismus in Deutschland‹ diesen Aspekt eingehend beschrieben und kritisch durchleuchtet. Um die historische Irritation zu vermeiden, die dieser Regenbogen konservativer deutscher Ideologen und 'Weltanschauungen' allzu leicht erzeugt, soll die 'Geistesgeschichte' knapp gehalten werden. Natürlich spielen Ideen eine Rolle bei der Formulierung konservativer Politik. Insofern werden sie natürlich berücksichtigt, aber auf einer eher pragmatischen Linie. In der Regel scheuen die Konservativen den Glanz der Ideen, Analysen und Theorien, und sie überlassen dieses Geschäft lieber den Wissenschaftlern und Publizisten der Linken. Das heißt nicht, daß Konservative zwangsläufig ungeistig und unwissenschaftlich sind. Sie haben meist an Universitäten studiert und erweisen sich oft als äußerst lernfähig. Aber man muß sich davor hüten, die konservative Politik wie überhaupt die Politik allzusehr ins Bedeutende, Geschichtliche und Erhabene zu transferieren. Denjenigen, die die Politik historisch oder journalistisch beschreiben – die Differenz besteht ja oft nur in der jeweiligen zeitlichen und methodischen Distanz –, fällt eher die Aufgabe zu, die Politik zu entmythologisieren, so gut sie es vermögen. Ganz frei von Befangenheiten sind sie dabei natürlich auch nicht.

Die Geschichte konservativer Politik in Deutschland ist nicht nur eine Geschichte von Erhabenheiten, sondern auch von Routine und alltäglicher Banalität und nicht selten eine Geschichte historischer Irrtümer und situativer Fehleinschätzungen. Irrtümer sollten aus dem jeweiligen historischen Kontext sichtbar gemacht werden, nicht sub specie aeternitatis. Auch kann es nicht darum gehen, nur einige Größen konservativer Politik, beispielsweise Bismarck oder Adenauer, vorzustellen. Das Spektrum konservativer Politiker ist weitaus breiter, auch wenn den meisten von ihnen nicht im nachhinein ein strahlender Lorbeer- und Mythenkranz gewunden wurde, vor dem so mancher konservative Nachfahre andächtig in die Knie ging. So sind beispielsweise interessante konservative Politiker wie Justus Möser und der Freiherr vom Stein, aber auch die Zentrumspolitiker Ludwig Windthorst und Mathias Erzberger wenig bekannt.

Aus der Geschichte des Konservatismus lassen sich keine Rezepte für die Gegenwart ableiten. Zwar wissen die Konservativen besser als die Linke um den Generationenvertrag in Staat und Gesellschaft, wie ihn bereits Edmund Burke beschrieben hat. Das heißt aber nicht, daß spätere Generationen auf die Konzepte der vorhergegangenen verpflichtet blieben. Generationenkonflikte gibt es auch in dieser Abfolge von sieben Generationen deutscher Konservativer. Im übrigen ist der wohl eher 'konservative' Generationenbegriff vielleicht nicht das Schlechteste, was der Konservatismus zum Verständnis der Politik eingebracht hat. Er zieht die Zeiten und in diesem Falle zwei Jahrhunderte wie durch einen Kunstgriff, so mag es scheinen, zusammen. Aber, ist es verwerflich, wenn man geschichtlich etwas enger aneinanderrückt oder aus der historischen Sicht die Konservativen in Deutschland etwas näher aneinanderrücken läßt?

Es wäre ganz abwegig, die Geschichte konservativer Politik losgelöst von

Kons. + NS

der allgemeinen Geschichte zu schreiben. Dies würde dem pragmatischen Ansatz dieser Konzeption widersprechen. Politiker treffen Entscheidungen und lassen sich bei diesen Entscheidungen von bestimmten Ideen, Meinungen, Erfahrungen leiten, ob sie nun – wie in dieser Geschichte – Städteordnungen schaffen, revolutionäre Umtriebe bekämpfen, Verfassungen oktroyieren oder Schutzzölle einführen und Sozialgesetze schaffen, ihr Land in den Krieg führen und den Krieg verlieren oder Koalitionen mit parteipolitischen Gegnern eingehen, Notverordnungen wie unter Brüning einbringen, Widerstand gegen den Nationalsozialismus leisten und in der Bundesrepublik die Wiederbewaffnung und die dynamische Rentenversicherung einführen: diese Komplexe von Ideen, Meinungen, Handlungen und Entscheidungen gilt es näher zu beschreiben. Im modernen Parteienstaat mit seinen Wahlen und Wahlkämpfen sind die Übergänge zwischen Meinungen und Handlungen oft fließend. Politik wird eben gemacht, in der modernen Demokratie ebenso wie in vordemokratischen und vorparlamentarischen Zeiten. Daß sich die Konservativen im Laufe der Zeit auf der demokratischen Bühne der Verfassungen und Parlamente recht gut einrichten konnten, obwohl sie eben diese Form der Politik zunächst leidenschaftlich bekämpft haben, ist eines der scheinbaren Paradoxa, die sich in dieser Geschichte des Konservatismus mehrfach finden.

Ein kritischer Punkt ist zweifellos das Verhältnis des deutschen Konservatismus zum Nationalsozialismus. Es gibt eine gewisse Verführung, den Konservatismus historisch in den Nationalsozialismus gleichsam übergehen zu lassen. Vorläufer des Nationalsozialismus wären dann bereits in einer Art 'Protofaschismus' bei den Deutschkonservativen der Zeit vor und während des Ersten Weltkrieges aufzuspüren und bei jenen Gruppen, die ihnen nahestanden wie den Antisemiten, den Alldeutschen, dem Bund der Landwirte, der Vaterlandspartei. Aber es scheint doch nötig zu sein, klar zu unterscheiden. So distanzierte sich Kuno von Westarp, der annexionistische Fraktionssprecher der Deutschkonservativen im Reichstag während des Ersten Weltkriegs, später von der Politik des Vorsitzenden der Deutschnationalen, Alfred Hugenberg, der über die Harzburger Front das Bündnis mit den Nationalsozialisten ansteuerte. Es ist unbestreitbar, daß die Deutschnationalen durch den Eintritt in das Kabinett Hitler am 30. Januar 1933 den Nationalsozialisten den Weg in die Reichsregierung ermöglicht haben. Desgleichen haben die konservativen Parteien im Reichstag im März 1933 dem Ermächtigungsgesetz zugestimmt, im nachhinein eine entscheidende Etappe zur Etablierung der nationalsozialistischen Herrschaft. Selbst wenn alles dies nur aus innerer Schwäche geschah, so war es doch entscheidend. Auch eine Politik aus Schwäche ist Politik.

Dennoch kann man Nationalsozialismus und Konservatismus nicht identisch setzen. Nicht nur die soziale Herkunft, auch die politische Welt, aus der beide Gruppen agierten, waren zu verschieden. Andererseits läßt sich kaum bestreiten, daß gerade in den Anfängen der nationalsozialistischen Herrschaft diese ohne die stillschweigende oder offene Billigung durch konservative Kreise in der Beamtenschaft, dem Heer und den Kirchen, den sozialen Trägern des überkommenen Konservatismus, nicht möglich gewesen wäre. In der Beamtenschaft und im Heer, unter Landräten und Offizieren, befanden sich auch jene preußischen Adeligen, deren Väter bis 1918 als 'Junker' das Gesicht des Konservatismus wesentlich mitgeprägt hatten. Diese überkommene Führungsschicht sah den Nationalsozialismus eher als das geringere Übel an und leistete 1933 keinen Widerstand.[3] Ihre Haltung änderte sich erst, zumindest bei den Nachdenklichen und politisch Bewußten, nach den Ereignissen des Juni 1934, denen auch General von Schleicher, der letzte Kanzler vor Hitler, zum Opfer fiel. Erst jetzt wurde einigen Konservativen bewußt, was die Stunde geschlagen hatte. Aber es war bereits zu spät.

Die historische Beurteilung des Widerstands gegen den Nationalsozialismus hat seit 1945 einige eigenartige Phasen durchlaufen. Anfangs galt der 20. Juli als Symbol eines wenngleich ohnmächtigen, so doch besseren Deutschland. Später wurde kritisiert, daß unter diesem Widerstand nur der 'konservative' Widerstand erfaßt werde und dabei der Widerstand aus den Reihen der Sozialdemokraten und Kommunisten negiert werde. Schließlich wurde die Substanz des Widerstands überhaupt in Frage gestellt. Die Pläne, die Carl Goerdeler, aber auch die jüngere Gruppe des Kreisauer Kreises im Widerstand entworfen hatten, so hieß es, seien höchst fragwürdig und für eine künftige demokratische Neugestaltung der Politik in Deutschland untauglich gewesen. Es wäre aber ganz unhistorisch, diesen konservativen Widerstand bei all seinen eklatanten Schwächen und politischen Ungereimtheiten einfach zu negieren. Es war für die Konservativen nicht ganz einfach, sich nach 1933 aus ihren eigenen historischen Verstrickungen zu lösen. Daß sich aber führende Köpfe des konservativen Widerstands eben darum bemühten, kann man nicht bestreiten. Manche allzu leichtfertige nachträgliche Abqualifizierung des konservativen Widerstands läßt sich wohl nur aus der behaglichen Atmosphäre der Studierstube in der bundesrepublikanischen Wohlstandsgesellschaft erklären. Wer sich mit der Geschichte der Konservativen auseinandersetzt, muß auch ihre Leistungen und Fehlleistungen im Widerstand gegen den Nationalsozialismus würdigen.

In der politischen Geschichte Deutschlands im 19. und 20. Jahrhundert stößt man, zumal bei der Geschichte der Parteien, immer wieder auf ein starkes konfessionelles und kirchliches Moment. Religiöse Momente spielten auch in der Geschichte der Parteien Frankreichs, Belgiens und Hollands im 19. und 20. Jahrhundert eine Rolle. In Deutschland aber kommt ausgeprägter als in anderen Ländern noch die spezifische bikonfessionelle Struktur des Landes hinzu. Das führte zu parteipolitischen Entwicklungen, die auf den Betrachter unter dem Aspekt des Konservatismus eher verwirrend als erhellend wirken. Die Dinge lagen aber bereits im 19. Jahrhundert weitaus komplizierter, als daß sie sich mit dem einfachen Schlagwort 'Thron und Altar' erfassen ließen. Denn sobald die Konservativen eine breitere soziale Basis suchten – dies geschah bereits im 19. Jahrhundert –, spielten die kirchlich-religiösen Verhältnisse dabei eine nicht zu unterschätzende Rolle. Das gilt nicht nur für das bis zur Mitte des 19. Jahrhunderts noch vergleichsweise agrarische, sondern auch für das zunehmend industrialisierte und urbanisierte Deutschland im Übergang zum 20. Jahrhundert. Die kirchlichen Gemeinschaften vermittelten der Bevölkerung neben der religiösen Verkündigung auch praktische, moralische und politische Orientierungen und Lebenshilfen. Das führte nicht selten zu engen Verzahnungen religiöser und politischer Haltungen, die ein religiös und politisch bewußter Beobachter unserer Gegenwart rückblickend wohl nur mit größter Mißbilligung bewerten kann. Aber das Bildungsniveau, der Zugang zu den Medien und die Art der Medien war im 19. Jahrhundert ganz anders als heute. Bis zu einem gewissen Grade muß man im historischen Rückblick diese Vermischung einfach hinnehmen, wenn man das damalige politische Verhalten erklären will.

Darüber hinaus bewirkte die bikonfessionelle Struktur der deutschen Bevölkerung, daß auch die konservativen Parteien eine konfessionelle Note erhielten, die sie bis zu ihrer Auflösung 1933 beibehielten. Auch in Frankreich spielte das religiöse Moment bei der Entstehung der Parteien eine Rolle, doch gab es dort nur *eine* große Konfession, den Katholizismus. Dagegen wirkte in den Niederlanden der Bikonfessionalismus wie in Deutschland als Ferment der Strukturierung des Parteiensystems. Die Deutschkonservativen und die Freikonservativen des Kaiserreichs wie später die Deutschnationalen in der Weimarer Republik waren überwiegend 'protestantische' Parteien.[4]

Auch die liberalen Parteien in Deutschland waren, selbst wenn sie zu den Kirchen auf Distanz gingen, von der Herkunft ihrer führenden Repräsentanten meist protestantisch, zumindest 'kulturprotestantisch' geprägt. Im Zentrum erwies sich das katholische Moment als derart bindend, daß diese Partei als erste den Charakter einer Volkspartei annehmen konnte, die in ihren Reihen, bei den Wählern wie bei den Abgeordneten, Adelige, bürgerliche Berufe wie Rechtsanwälte und Beamte, Handwerker und Arbeiter vereinte.

Obwohl der politische Katholizismus um 1848 wegen der Verfassungsforderungen noch eine Nähe zu den Liberalen hatte, die sich aber seit dem Kulturkampf der 1870er Jahre verflüchtigte, und das Zentrum gegen das Sozialistengesetz stimmte und 1919 in der Weimarer Koalition mit den Sozialdemokraten und der liberalen Deutschen Demokratischen Partei zusammenging, war das Zentrum im Kern eine konservative Partei. Es war zudem die erste konservative Partei, die seit 1917 unter dem Einfluß Erzbergers den Weg zu einem demokratischen Konservatismus einschlug. Aber dieser demokratische Konservatismus des Zentrums erwies sich als nicht stark genug, sich in der Krise der Weimarer Republik unter der Kanzlerschaft Brünings zu behaupten. Gerade die Konfessionalität schwächte die politische Integrations- und Durchsetzungskraft der Partei. Das erklärt zum Teil das klägliche Ende des Zentrums 1933.

Die politische Konfessionalität, die im 19. Jahrhundert die Anfänge der Volksparteien ermöglichte, erwies sich in der Weimarer Republik eher als eine politische Belastung, weil sie eine breitere Mehrheitsbildung erschwerte. Das Übergewicht partikularer Interessen behinderte die Konsensfähigkeit der Politik auf einer breiteren Ebene. So war die Rechte in Deutschland bis 1933 zersplittert. Die jeweils recht eigenartigen Wahlbündnisse, die zur Wahl Hindenburgs als Reichspräsident 1925 und 1932 führten, beim zweiten Mal getragen von dem Bündnis der Gegner von 1925, verdeutlichen das Problem der politischen Blockbildung in der Weimarer Republik, vor das sich die Linke wie die Rechte gleichermaßen gestellt sahen. So bleibt nichts anderes übrig, als zunächst vorsichtig zu beschreiben und zu eruieren, bevor man allzu pauschal wertet und dabei möglicherweise die historische Wirklichkeit verfehlt. Es lohnt sich sicherlich, die etwas verschlungenen Wege konservativer Politik in Deutschland zu verfolgen, weil das Ergebnis solcher differenzierenden Beobachtungen Eigenarten konservativer Politik in Deutschland sichtbar werden läßt, die auf den ersten Blick kaum zu vermuten sind. Das Wissen um diese Kontinuität ist in der politischen Öffentlichkeit der Bundesrepublik wenig geläufig. Vielleicht erklärt diese Tatsache manche in ihrer Vergeblichkeit eher komisch wirkenden Bemühungen konservativer Politiker der Bundesrepublik, deutsche Identität notfalls in Museen mit Millionenaufwand dingfest zu machen.

Als verwirrend mag es auch erscheinen, daß ausgerechnet diejenige Partei, die sich als Gegnerin der deutschen Rechten versteht, die Sozialdemokratie, mit einigem berechtigten Stolz auf das verweisen kann, was Politiker der CDU/CSU bei sich vergeblich suchen: historische Kontinuität der Partei. Die CDU/CSU ist nun einmal eine Gründung aus der Zeit nach dem Zweiten Weltkrieg. Diese Konstruktion ermöglichte allerdings auch einige ihrer historischen Erfolge und verhalf zu jenem Vertrauen, dessen sich ihre Politiker, Konrad Adenauer wie andere, in Westeuropa und in den USA erfreuten. Die politische Stärke der CDU/CSU in den Anfängen resultierte zum Teil aus dem überzeugenden parteipolitischen Bruch mit der Vergangenheit. So waren es die Sozialdemokraten, die nach 1945 eher bereit waren, deutsche politische Erblast mit sich zu tragen und weiterzugeben.

Es war nicht das erste Mal, daß den Sozialdemokraten die Rolle als Trägerin nationaler Kontinuität zufiel. In der Revolution von 1918/19 wurde die Sozialdemokratie unerwartet zur politischen Trägerin der Nation, und Friedrich Ebert, ihr Vorsitzender, betrieb im Rat der Volksbeauftragten eine Politik, die in der damaligen Situation unverkennbar neben den fortschrittlichen auch konservative Züge trug. Keine deutsche Parteiengeschichte, auch nicht die Geschichte der konservativen Parteien, kann an der historischen Rolle der Sozialdemokratie vorübergehen. Von daher tauchen in dieser Geschichte des deutschen Konservatismus an verschiedenen Stellen sozialdemokratische Politiker auf, nicht nur als Kontrastfiguren, sondern auch deswegen, weil sie gelegentlich ein Moment konservativer Politik vertraten und jenen ausgeprägten Sinn für Regierungsautorität, politische Macht, Leidenschaft, Augenmaß und politisches Verantwortungsgefühl besaßen, das beispielsweise in den Krisensituationen von 1930 bis 1933 schwächeren konservativen Politikern abging.

Es gab auch in Deutschland konservative Theorien wie im 19. Jahrhundert die Vorstellung des 'christlichen Staates' des Protestanten jüdischer Herkunft Friedrich Julius Stahl oder, davon abgesetzt, in den Schriften des katholischen Bischofs und Abgeordneten der Frankfurter Nationalversammlung Wilhelm Emmanuel von Ketteler. Es gibt immer wieder konservative Bekenntnisschriften. Aber eine Theorie des Konservatismus, wie sie Edmund Burke zugeschrieben wird, der den Begriff konservativ noch nicht verwandte und dessen Überlegungen das politische Denken Europas und der USA nachhaltig beeinflußten, gab es in Deutschland nicht. Nicht selten finden sich konservative Gesellschaftsmuster in der deutschen Literatur. In ihr spiegelt sich auch das, was man als den Konservatismus des Alltags in der deutschen Geschichte bezeichnen kann: konservative und nicht zuletzt antirevolutionäre Weltbilder, die Generationen von Deutschen, Männern wie Frauen, bereits mit den Märchenerzählungen der Brüder Grimm in ihrer Kindheit, später in dem Unterricht in der Volksschule und in den Gymnasien, in der Lehre im Handwerksbetrieb wie in den Vorlesungen der Hochschulen vermittelt wurden. Hätte es diesen Konservatismus des Alltags nicht gegeben, so ließe sich das rätselhafte Phänomen wohl nicht erklären, daß sich Millionen von Deutschen im 20. Jahrhundert in zwei große Kriege führen ließen, von denen alle Welt annahm, daß sie von den Deutschen begonnen wurden und zu verantworten waren. Zweifellos verband sich mit diesem deutschen Konservatismus des Alltags auch eine Portion Untertanengeist, der erst nach 1945 abgebaut wurde und erst dann die Verwirklichung eines modernen demokratischen Konservatismus auf einer breiten Basis ermöglichte. Konservatismus in Deutschland ist nicht nur ein Problem der Führungsschichten, er ist auch ein Problem der Bevölkerung selbst. Ein Land mit einer Bevölkerung von 70 Millionen im Wilhelminischen Kaiserreich bestand nicht nur aus Führungsgruppen, Cliquen, Kasten,

die ihr Land in die Katastrophe manipulierten, wie dies gelegentlich dargestellt wird. Solche Interpretationen verkürzen die Wirklichkeit. Es lohnt,
gelegentlich in Alfred Döblins vierbändigem Roman ›November 1918‹ zu
lesen, um sich anschaulich vorzustellen, wie Land und Leute in Deutschland am Ende des Kaiserreichs aussahen und wie sie ihre Welt wahrnahmen
und deuteten.

Zu jenem Konservatismus des Alltags gehörten zweifellos auch jene
Verhaltensweisen, die Carl Amery 1963 in einer Streitschrift[5] als
'Sekundärtugenden' beschrieben hat: die einseitige Wertschätzung von
Fleiß, Pünktlichkeit, Ehrlichkeit, Sauberkeit, Zuverlässigkeit im Dienst,
Pflichtbewußtsein, Gehorsam gegenüber der Obrigkeit, Mißtrauen gegenüber allen Exzessen und allem Ambivalenten, Schillernden. Diese 'Sekundärtugenden' hätten sich auf Kosten von Zivilcourage, Zivilgeist, Weltoffen-
heit, politischer Verantwortung über das engere vertraute Milieu hinaus,
also auf Kosten der 'Primärtugenden' durchgesetzt. Amery warf die Frage
auf, ob die Dominanz dieser 'Sekundärtugenden' nicht auch die Mitwirkung an der Maschinerie der 'Endlösung' der 'Judenfrage' erkläre. Man
habe gemeint, 'anständig' zu bleiben, weil man die Vorstellung des An-
stands eben auf sekundäre Werte wie Arbeitsamkeit, Pünktlichkeit, Sauberkeit, Dienstbeflissenheit reduziert habe. Der deutsche Konservatismus des
Alltags, der nicht im Mittelpunkt dieser Darstellung steht, aber doch mit
berücksichtigt werden muß, war eine ambivalente Erscheinung. Ohne die
positiven Leistungen, die er in normalen Zeiten hervorbrachte, zu bestreiten, war er in Krisenzeiten unter Umständen von recht zweifelhafter Natur.
Dagegen ist eine Tradition der Liberalität des Alltags in der Geschichte der
deutschen Volkskultur wohl seltener auszumachen: Liberalität ist auch weniger eine theoretische als eine praktische Angelegenheit, eine Form des
Umgangs. Der Mangel an Liberalität kennzeichnet schließlich auch noch
das Dilemma der linken studentischen Protestbewegung von 1968: Auch damals war die Perfektion der Sache und der Sachforderungen wichtiger als
der politische und menschliche Umgang untereinander.

Konservative neigen zu einem pragmatischen Verständnis der Beziehungen zwischen Wirtschaft und Politik. Bereits Möser war der Meinung, daß
nur derjenige politische Rechte haben sollte, der Eigentum besitze. Ebenso
wie Möser die allgemeinen Menschenrechte mit ihrer Forderung nach Freiheit und Gleichheit fremd waren, so sah er auch die Wirtschaftsverfassung
eher in korporativen Bezügen. Stein dachte ähnlich. Konservativen grundbesitzenden preußischen Junkern waren die Ideen einer freien Wirtschaft
suspekt. Katholische Sozialphilosophen und päpstliche Ezykliken des
19. Jahrhunderts kritisierten den ausbeuterischen Charakter des Wirtschaftsliberalismus. Aber bereits die Bismarcksche Wirtschaftspolitik und
Wirtschaftsgesetzgebung sympathisierte mit einer Symbiose von modernem

Kapitalismus und Nationalstaat im Industriezeitalter. Bismarcks Schutzzollpolitik kannte keine Hemmungen gegenüber einem Staatsinterventionismus, eine Haltung, die zur gleichen Zeit die Einführung der in Europa als vorbildlich geltenden Sozialgesetzgebung ermöglichte, deren Grundlagen bis heute bestehen. Gegen die erklärten Feinde dieser Staats- und Wirtschaftsordnung wurde das Sozialistengesetz unbarmherzig, polizeistaatlich, aber letztlich vergeblich eingesetzt. Der Erste Weltkrieg mit seiner massiven Intervention des Staates in die Abläufe von Produktion und Konsum beendete endgültig die Zeit des klassischen Wirtschaftsliberalismus: wenn es sie in Deutschland je wirklich gegeben hat. Die Weimarer Verfassung von 1919 als Kompromiß zwischen Sozialdemokraten, Liberalen und Konservativen ermöglichte ein gemischtes Wirtschaftssystem, das die freie Marktwirtschaft sicherte, zugleich aber den Gewerkschaften wie der öffentlichen Hand, also Reich, Ländern und Gemeinden, einen festen Platz in dem Wirtschaftssystem zuwies. Mit der Organisierung der Wirtschaft durch die Verbände und den Industrie- und Handelskammern erhielt das System einige korporative Züge.

Der moderne Konservatismus des 20. Jahrhunderts denkt marktwirtschaftlich. Das Konzept der sozialen Marktwirtschaft, das die CDU/CSU seit 1949 erfolgreich propagierte, war nicht ganz so neu, wie es die politische Werbung behauptete. Der Erfolg dieses Wirtschaftskonzepts war nicht zuletzt deswegen so überragend, weil sich die wirtschaftlichen Vorstellungen der oppositionellen SPD nach dem Zweiten Weltkrieg eher durch Dürftigkeit und gute Gesinnung auszeichneten. Die Wirtschaftspolitik des modernen Konservatismus ist pragmatisch auf einen Ausgleich zwischen wirtschaftlicher Prosperität, sozialer Sicherung und den öffentlichen Interessen ausgerichtet. Modernität ist für heutige moderne Konservative eher ein positiver als ein negativer Fetisch. Einen der stärksten Modernisierungsschübe erfuhr die deutsche Wirtschaft in der Zeit der konservativen Regierung Adenauer. Das Godesberger Programm von 1959 der im Vergleich zur CDU theoriebewußteren SPD, das den enormen Wandel in Wirtschaft, Staat und Gesellschaft geistig verarbeitete, wurde ungewollt der eindrucksvollste Beleg für diese Feststellung. Bedenken gegen die zerstörerischen Kräfte einer ungezügelten und rücksichtslosen Wirtschaft und Forderungen nach einem wirksamen Umweltschutz, ursprünglich ja durchaus konservative Ideen, kommen heute weit stärker aus den Reihen der deutschen Linken als der deutschen Rechten.

1918 führte die Revolution in Deutschland das Frauenwahlrecht ein. Dadurch verdoppelte sich die Wählerschaft, und weibliche Abgeordnete wurden für alle Parteien von den Kommunisten bis zu den Deutschnationalen in die Parlamente gewählt. Ein großer Teil der weiblichen Wählerschaft tendierte zu den konfessionell geprägten konservativen Parteien, den Deutschnationalen und dem Zentrum. Die Durchsetzung des Frauenwahlrechts entsprach einer Forderung der deutschen Linken. Die deutschen Universitäten hatten sich bereits vor dem Ersten Weltkrieg dem Frauenstudium geöffnet. Seit 1918 wurde der Konservatismus eine Angelegenheit von Männern und Frauen. Konservative Parteien betonten in ihren Programmen die bewahrende Rolle der Mutter und der Familie. Das war nicht einfach Ideologie oder Programmatik, sondern entsprach den Vorstellungen einer Bevölkerung, die sich nach dem Krieg und den stürmischen Jahrzehnten der Industrialisierung in dieser sich verfestigenden Industriegesellschaft einzurichten begann. Ein Blick in die deutsche Lokalpresse der 20er Jahre genügt, um sich davon zu überzeugen, wie stark solche Erwartungen den Alltag der Deutschen bestimmten. Es gab nicht nur die kulturelle Avantgarde Berlins oder Münchens. Aber nicht nur der Fortschritt von 1918, auch die Wirtschaftskrise von 1929 erfaßte die Frauen. Das gegenwärtige feministisch motivierte Interesse an der Geschichte übersieht manchmal, daß nicht nur Männer, sondern eben auch Frauen 1933 und später nationalsozialistisch wählten und abstimmten: Bekanntlich wurden beide, Adam und Eva, aus dem Paradies vertrieben. Die Geschichte wirft mit der ersten Frage der Emanzipation immer auch die zweite, konservative Frage auf: Was kommt danach?

In Edmund Burkes ›Reflections on the Revolution in France‹ findet sich eine berühmte Stelle, in der den französischen Revolutionären vorgehalten wird, sie betrieben einen Ausverkauf des Staates. Der Staat sei dagegen, sagt Burke, ein gesellschaftlicher Vertrag, der alle in die gemeinsame politische Verantwortung einbinde:[6] "Society is indeed a contract. Subordinate contracts for objects of mere occasional interest may be considered as nothing better than a partnership agreement in a trade of pepper and coffee, calico or tabacco, or some other such low concern, to be taken up for a little temporary interest, and to be dissolved by the fancy of the parties. It is a partnership in all sciences; a partnership in all art; a partnership in every virtue and in all perfection."

Auf die Mentalität der Konservativen in der Bundesrepublik Ende der 80er Jahre angesprochen, würde Burke vermutlich sarkastisch bemerkt haben, das Ganze habe mehr mit der Konzeption eines Warenhauskonzerns zum Sommerschlußverkauf als mit einer konservativen Philosophie zu tun. Er neigte zu kraftvollen Aussagen. Tatsächlich ist von einem Respekt der deutschen Konservativen vor den traditionellen Säulen der Gesellschaft, von Staat, Parlament, Gerichten, Universitäten, kommunaler Selbstverwaltung, Kirchen und Familie, manchmal wenig zu spüren, ebensowenig von der gleichfalls konservativen Vorstellung des politischen Mandats als Amt, als Verwalten und als Verantwortung. Probleme von geringerer Tragweite und Randprobleme werden lustvoll debattiert, während die Massenarbeitslosigkeit anscheinend kaum berührt. Flatterhafte Betriebsamkeit wird leicht zum Ersatz von Politik. Eher vergeblich sucht man in Theorie und Praxis der modernen Konservativen nach den alten deutschen politischen Tugenden des Amts, des Verwaltens, des Erhaltens, der Verantwortung oder nach jenem etwas kantianisch-streng ausgefallenen politischen Tugendkatalog, den Max Weber für die 'Politik als Beruf' aufgestellt hat, überhaupt jenes Denken über den Beruf als Berufung: alte konservative Denktraditionen in Deutschland seit Martin Luther. Auch Konservative sind verführbar. Die Versuchung, Politik als geschäftigen Unterhaltungsbetrieb mit abendlicher Tagesbilanz per Tagesschau zu gestalten, ist groß.[7]

In der Geschichte der Bundesrepublik haben politische Professoren wie Theodor Eschenburg und Dolf Sternberger, der Liberale Theodor Heuss und der Sozialdemokrat Carlo Schmid immer wieder die Aufgaben und Grenzen der Politik und die Verantwortung der Politiker aufgezeigt. Was jene sagten, empfahlen und monierten, war bereits im schlichten Wortsinn oft recht konservativ. Aber diese nachdenkliche Begleitung der Politik scheint wenig Nachfolger gefunden zu haben.

Burke war nicht nur ein Konservativer, er war vor allem mit Leib und Seele Parlamentarier. Als oppositioneller Abgeordneter des Unterhauses hatte Burke die rücksichtslose Politik der britischen Krone gegenüber den amerikanischen Kolonien kritisiert, die zur Unabhängigkeitserklärung von 1776 geführt hatte. Er hatte der Krone damals die Intoleranz ihrer Politik gegenüber den Katholiken im von England beherrschten Irland vorgehalten. Diese Kritik des Regierungskurses wurde von seinen eigenen Wählern in Bristol mißbilligt. In einer Rede in Bristol verteidigte er deshalb 1780 die Unabhängigkeit des Abgeordneten sowohl gegenüber den Ansprüchen der Krone wie gegenüber denen seines eigenen Wahlkreises. Er berief sich dabei auf die Verantwortung des Abgeordneten für das gesamte Wohl des Landes:[8] „Wenn wir unseren Abgeordneten nicht erlauben, aus einem größeren Gesamtverständnis der Politik zu handeln, werden wir auf die Dauer unfehlbar unsere nationale Vertretung zur konfusen und balgenden Geschäftigkeit einer Lokalagentur degradieren. Wenn der Abgeordnete in seinen Ideen beschränkt und bei seinen Handlungen eingeschüchtert wird, dann wird der Dienst für die Krone die einzige Wiege für Staatsmänner. Die Anpassung an die Launen des Hofs wird dann sein eigentliches Geschäft. Dann wird auch noch die geistige Macht zu den übrigen Formen der Machtausübung hinzukommen, die die Krone bereits besitzt. Auf der Seite des Volkes bleibt nur noch die Ohnmacht. Denn Unwissenheit ist Ohnmacht. Geistige Engstirnigkeit ist Ohnmacht. Furchtsamkeit ist Ohnmacht. Sie macht alle anderen Qualitäten, die noch vorhanden sind, ohnmächtig und wertlos."

Es ist lange her, daß diese Rede gehalten wurde. Aber man würde sicherlich aufhorchen, wenn eine ähnliche Rede von konservativen Politikern der Bundesrepublik in München oder Frankfurt, in Köln oder Düsseldorf, in Hannover oder Kiel gehalten würde.

II.
NATION, REVOLUTION UND DIE ANFÄNGE
KONSERVATIVER POLITIK IN DEUTSCHLAND, 1770–1815

In der buntscheckigen politisch-geographischen Landschaft Deutschlands im 18. Jahrhundert gab es keine nationale Hauptstadt, kein nationales Parlament und folglich auch keine nationalen Parteigruppen wie die Whigs und Tories in England. In den einzelnen Ländern bestanden Landstände, die auf den Landtagen zur Beratung zusammenkamen. Der Reichstag, während der Konflikte der Reformationszeit des 16. Jahrhunderts ein kraftvolles Organ der nationalen Öffentlichkeit, war als 'Immerwährender Reichstag' in Regensburg zu einer Art Reichsbehörde herabgesunken.

Die Anfänge des Konservatismus lassen sich dementsprechend in Deutschland nicht wie in England an den Debatten eines nationalen Parlaments verfolgen. Im britischen Unterhaus erhob Edmund Burke seine Anklagen gegen die französischen Königsmörder, die politischen Gleichmacher, die die Herrschaft der Advokaten an die Stelle der Aristokraten zu setzen wagten, in einer geradezu manischen Besessenheit, so daß er gelegentlich sogar seinen eigenen Parteifreunden auf die Nerven ging, aber insgesamt mit durchschlagendem Erfolg. Seine ›Reflections on the Revolution in France‹ von 1790, die zum Klassiker des europäischen Konservatismus wurden, beantwortete wenige Monate später Thomas Paine mit der Gegenschrift der ›Rights of Man‹ von 1791. So standen sich von Anfang an in der politisch-intellektuellen Welt des Westens zwei Programmschriften, die konservative und die demokratische, gegenüber.[1]

Anders als in England konnten die politisch-historisch engagierten Intellektuellen in Deutschland nicht auf ein Ereignis wie die 'Glorious Revolution' von 1688 zurückblicken. Wohl gab es die Tradition Luthers seit der Reformation. Sie war ja keineswegs nur religiöser, unpolitischer Natur. Aber es gab keinen politischen Schriftsteller wie John Locke, der 1689 die Absetzung des Monarchen theoretisch begründet und am Beispiel alttestamentlicher Textstellen seinem bibelfesten Publikum bewiesen hatte, man könne von der Tatsache, daß Gott dem Adam die Herrschaft über die Erde verliehen hatte, nicht ableiten, daß daraus auch ein Anspruch der Nachfolger Adams begründet werden könne, auch über die Menschen auf dieser Erde zu herrschen. Überhaupt war im Deutschland des 18. Jahrhunderts das öffentliche Nachdenken über die Zusammenhänge von Regierung, Politik, Gesetzgebung und die Rechte der davon betroffenen Bürger mehr als spärlich. Die Gründe lagen zum Teil in der eigenartigen politischen Geographie und der historischen Soziologie des Bürgertums wie des Adels.

Die unmittelbare Beziehung der Bevölkerung zur Politik und Verwaltung richtete sich auch nicht auf die Nation, die eigentlich kein Begriff war, oder auf das Reich, den Kaiser oder die Kurfürsten, die nominell die politische Spitze Deutschlands ausmachten, sondern auf die Verwaltung der jeweiligen Landesfürsten oder die Magistrate ihrer Städte, wo nahezu sämtliche Entscheidungen getroffen wurden, die für sie von Belang waren: über die Steuern, die militärische Konskription, die Vergabe von Mitteln für öffentliche Bauten von den Schlössern bis hin zum Bau von Straßen und Parkanlagen, Entscheidungen über die Schulen und die Einführung der Schulpflicht, die übrigens überall im 18. Jahrhundert in Deutschland eingeführt wurde. Soweit die einzelnen fürstlichen Länder Hochschulen unterhielten, größere oder kleinere, ältere oder neuere, wurden Professoren auch von den Landesverwaltungen bezahlt – und ernannt.[2]

Bereits 1667 hatte Samuel Pufendorf, Professor für Völkerrecht und Humaniora an der pfälzischen Universität Heidelberg, abfällig über die Verfassung des Deutschen Reichs geurteilt: „Es bleibt uns also nichts anderes übrig, als das Deutsche Reich, wenn man es nach den Regeln der Wissenschaft von der Politik klassifizieren will, einen irregulären und einem Monstrum ähnlichen Körper zu nennen, der sich im Laufe der Zeit durch die fahrlässige Gefälligkeit der Kaiser, durch den Ehrgeiz der Fürsten und durch die Machenschaften der Geistlichen aus einer regulären Monarchie zu einer so disharmonischen Staatsform entwickelt hat." Deutschland sei keine absolute Monarchie, aber auch keine Demokratie, noch am ehesten eine Form von Aristokratie, in der sich geistliche und weltliche Fürsten, Erzbischöfe, Bischöfe, Äbte, Herzöge und Reichsgrafen die Souveränität teilten: zudem in einem gemischten konfessionellen Zuschnitt, der seit 1648 praktisch fest umschrieben war. Daneben partizipierten die freien Reichsstädte wie Nürnberg, Köln, Augsburg, Lübeck, Ulm, Frankfurt, Regensburg, Aachen, Hamburg, Bremen an dieser Souveränität, obwohl ihre politische Bedeutung seit dem 16. Jahrhundert ebenso wie die der im 18. Jahrhundert noch unabhängigen Reichsritter ständig abnahm.

Verfassungsrechtlich war dieser Zustand natürlich konfus, doch fanden sich in diesem Land viele Nischen und Plätze, wo sich leben ließ. Mit der Selbsterhöhung zum 'König' war einer der Fürsten, der Kurfürst von Brandenburg, 1701 aus diesem politischen Verbund ausgebrochen. Unter seinen Nachfolgern, vor allem unter Friedrich dem Großen (1740–1786), wurde Preußen zu einem modernen Verwaltungs- und Rechts-, aber auch Militärstaat ausgebaut, der manchem in Deutschland als ein Musterstaat galt, anderen als Muster der Unfreiheit und der Vernichtung altüberkommener Rechte. Die Freiheit der Städte wurde in Preußen während des 18. Jahrhunderts praktisch beseitigt. Sie fungierten weithin nur noch als untere Behörden, deren Aufgaben die örtlichen Honoratioren unter Leitung des Staatlichen Steuerrates ebenso pflichtgemäß wie ehrenamtlich zu übernehmen hatten. In anderen Ländern, zumal in den geistlichen Fürstentümern, hatten die Landstände, die natürlich keine parlamentarisch-demokratischen Einrichtungen waren, immer noch ein Gewicht, wenn es um die Bewilligung von Steuererhebungen und fürstliche Ausgaben ging. An die überkommene Einrichtung der Landtage konnte man später im 19. Jahrhundert anknüpfen, als es um die Parlamentarisierung und Konstitutionalisierung der Landtage ging, das heißt um ihre Wählbarkeit und die verfassungsrechtliche Umschreibung der Rechte von Parlament und Regierung.

Allerdings gab es bereits seit der Mitte des 18. Jahrhunderts, wenngleich unscharf getrennt, zwei politische Lager in Deutschland, die jeweils adelige und bürgerliche Kreise auf einer politisch-emotionalen Ebene miteinander verbanden. Das verbindende Moment war dynastisch-regionaler und konfessioneller Natur: Das eine Lager wurde durch den preußischen König Friedrich II., das andere durch die Kaiserin Maria Theresia und später durch ihren Sohn, Kaiser Joseph II., personifiziert. Zu Friedrich II. neigten diejenigen, die für Preußen, protestantisch, norddeutsch dachten oder empfanden; zu Maria Theresia und Joseph II. diejenigen, die sich dynastisch an den Habsburgern und dem österreichischen Kaiserhaus orientierten und zudem süddeutsch und katholisch eingestellt waren. Die Orientierung an diesen beiden Lagern war vage, aber doch spürbar. Das Frankfurter Bürgertum, berichtet Goethe aus seiner Jugend, sei 'fritzisch' eingestellt gewesen. In den schlesischen Kriegen und im Siebenjährigen Krieg suchte Friedrich II. zu expandieren und dann seine politische Position militärisch zu behaupten. Gelegentlich wurden aber auch die harmloseren Mittel der Diplomatie eingesetzt, so, als er 1760 die Kandidatur des gebildeten westfälischen Adeligen, des Freiherrn von Fürstenberg, bei der Bischofswahl in Münster gegen die Kandidatur eines unfähigen bayerisch-wittelsbachischen Kandidaten, der von den Habsburgern favorisiert wurde – allerdings vergeblich –, unterstützte. Die politische Strukturierung Deutschlands beginnt bereits im 18., nicht erst im 19. Jahrhundert.

Auch bei der Säkularisation von 1803 spielten die Abgrenzung und Stärkung der beiden jeweiligen deutschen Lager eine nicht zu unterschätzende Rolle. Preußen konnte sich mehrere nordwestdeutsche Fürstbistümer einverleiben. 1806 gaben die Habsburger die Kaiserkrone auf. Der 1815 geschaffene Deutsche Bund kristallisierte sich um eben diesen preußisch-österreichischen Gegensatz, auch wenn die Politik Österreichs unter Metternich vorerst dominierte. In der zweiten Hälfte des 19. Jahrhunderts wandte sich das Blatt entschieden zugunsten Preußens, das jetzt mit Bismarck den durchsetzungsfähigeren Politiker vorzuweisen hatte. Dieser noch aus dem alten Reich des 18. Jahrhunderts herrührende, dynastisch-regionale und konfessionspolitische Gegensatz zwischen 'Nord' und 'Süd', Berlin und Wien, setzte sich, wenngleich bereits antiquiert, sogar bei der parteipolitischen Neugruppierung in der Frankfurter Nationalversammlung 1848 durch und trug wesentlich zu dem erfolglosen Ausgang dieses Parlaments bei, das nicht in der Lage war, die Dominanz seiner eigenen Politik zu formulieren und vor allem zu behaupten. Der Gegensatz zwischen großdeutsch und kleindeutsch im Jahre 1848 war ein Relikt aus der Hinterlassenschaft des 18. Jahrhunderts.

Aber auch unterhalb der dynastisch-politischen Ebene gab es seit der zweiten Hälfte des 18. Jahrhunderts bereits politische Bewegungen, die sich im literarisch-intellektuellen Leben abspielten, auf einer Grenzlinie zwischen dem Politischen und Unpolitischen. Die Eigenart dieser Bewegung hing mit der Sozialstruktur Deutschlands zusammen: mit der ausgeprägten Distanz zwischen den verschiedenen Gruppen des Adels und des Bürgertums, die es in dieser Schärfe weder in England noch in Frankreich und noch weniger in den Niederlanden gab. Adel und Bürgertum bildeten in Deutschland Welten für sich mit sorgfältig gepflegten kulturellen Zonen der Distanz, die oft bis zur Albernheit, z. B. in der Auflistung von Titeln, respektiert wurden. Ein Reich, das aus über 300 Territorien bestand, erzeugte zwangsläufig eine Provinzialisierung seiner politischen Kultur. Es mußte schwerfallen, aus diesen seit mehreren Jahrhunderten eingeschliffenen Verhältnissen herauszukommen. Kaum zu überwindende Schwierigkeiten stellten sich denjenigen entgegen, die besten Willens waren, diesen Zustand zu überwinden. Erst vor dem Hintergrund dieser spezifischen politischen Struktur läßt sich das intellektuelle Milieu erklären, aus dem heraus im letzten Drittel des 18. Jahrhunderts politische Strömungen und das konservative Denken in Deutschland entstanden.[3]

Die geistig-literarische Szenerie Deutschlands in der ersten Hälfte des 18. Jahrhunderts war ein Teil der gesamteuropäischen Bewegung der Aufklärung.[4] Träger und Verbreiter dieser Bewegung waren nicht zuletzt die Städte und das städtische Bürgertum mit seinen zahlreichen Lesegesellschaften. Aber auch der Adel hatte an dieser Bewegung Anteil. Man verfolgte aufmerksam die neuesten Buchpublikationen und Zeitschriftenaufsätze. Zeitschriften wurden von den Lesegesellschaften abonniert. Selbst kleinere Provinzstädte waren stolz auf ihre Leseklubs, deren Häuser zusätzlich neben Kirche und Rathaus gesellschaftliche Bedeutung erhielten. In Hamburg war die 'Patriotische Gesellschaft' der Mittelpunkt der aufklärerischen Bewegung.

Man ahmte das Beispiel der englischen Wochenschriften ›Tatler‹ und ›Spectator‹ nach und brachte bald eigene 'moralische Wochenschriften' heraus, die freundlich plaudernd mit ihrem Publikum aufgeklärte Konversation betrieben, dabei gleichermaßen Männer wie Frauen ansprachen. Das Niveau war nicht allzu hoch, die Verbreitung dieser Blätter trug aber zu jenen höflichen Umgangsformen und zur sprachlichen und intellektuellen Sensibilisierung des kulturellen Milieus in den deutschen Städten und den ländlichen Adelssitzen bei, aus dem heraus in der zweiten Hälfte des 18. Jahrhunderts die neue deutsche Literatur entstand. Die Bewegung der Wochenschriften verebbte bereits in den 1760er Jahren.[5]

Als der aufgeklärte Philosophieprofessor Christian Wolff an der Universität Halle von dem preußischen König Friedrich Wilhelm I. wegen seiner angeblich religionsfeindlichen Lehre entlassen wurde und Preußen verlassen mußte, bereitete ihm die Universität Marburg, die ihn aufnahm, einen glänzenden Empfang. Zahlreiche Schriften erschienen zu seiner Unterstützung. Friedrich II. berief Wolff nach seinem Regierungsantritt 1740 wieder ehrenvoll nach Halle zurück. Es gab seit dem 18. Jahrhundert eine öffentliche Meinung in Deutschland, obwohl sie sich weitgehend auf literarische, geistige, theologische und pädagogische Fragen beschränkte. Leipzig wurde vor Frankfurt die größte europäische Buchmesse. Die Hafenstadt Hamburg öffnete die geistigen Tore zur Welt. Die politische Zersplitterung Deutschlands hatte den Vorteil, daß sich die neue bürgerlich aufgeklärte Kultur gleichmäßig über alle Provinzen Deutschlands und in den jeweiligen Residenzstädten verbreitete: von Hamburg bis München und Karlsruhe, von Bremen bis Leipzig und Dresden. Selbst kleinere Städte mit nur drei- bis sechstausend Einwohnern – die meisten Städte Deutschlands bewegten sich in dieser Größenordnung – waren davon nicht ausgenommen. Berlin wurde zur Zeit Friedrichs II. und des Verlegers, Buchhändlers und Autors Friedrich Nicolai ein äußerst produktiver geistiger Umschlagplatz nicht nur Preußens, sondern ganz Deutschlands. Kommunikation war nicht nur begehrt, sie war auch seit der Mitte des Jahrhunderts verhältnismäßig gut organisiert. Politisch drohten viele Städte zu verfallen, geistig und materiell aber ging es fast überall aufwärts. Die Attraktivität der städtischen Zentren zeigte sich daran, daß der Adel jetzt seinen zweiten Wohnsitz vom Land, dessen Langeweile oft unerträglich war, in die Stadt verlegte, wie man das z. B. an den zahlreichen barocken Stadtwohnungen des westfälischen Adels in Münster beobachten kann.

In dem Taschenbuch ›Hermann und Dorothea‹, das 1797 in Berlin herauskam, beschrieb Goethe die etwas bieder-behagliche Atmosphäre, die das Leben der deutschen Städte prägte, deren Häuser sich allmählich mit größeren Räumen, behaglichen Interieurs, mit warmen Kachelöfen, Porzellan aus Meißen, Pfeifen, Büchern, Musikinstrumenten und Kupferstichen anzufüllen begannen. Die Bauern und die große Zahl der Dienstboten hatten an dieser städtisch-bürgerlichen Kultur kaum einen Anteil. Die Stadtmauern und Türme wurden in Preußen nach dem Siebenjährigen Krieg abgerissen und die Gräben zugeschüttet. Auf den früheren Gräben und Wällen legte man Gärten an oder ging auf ihnen einzeln, paarweise oder in Gruppen, der Witterung angemessen gekleidet, spazieren, begrüßte höflich die Passanten und registrierte sie aufmerksam. Es war der deutsche Konservatismus des Alltags, der älter ist als der politische.

Wo eine Garnison in die Stadt verlegt war, wurden die Offiziere in das kulturelle Leben der örtlichen Honoratioren aufgenommen. Die Ortskommandanten nahmen gelegentlich direkten Anteil an der inneren Ausgestaltung der Stadt, wie z. B. der preußische General von Wolffersdorff in der Stadt Hamm in Westfalen, wo er wie ein Gouverneur schaltete und waltete, sich um die innerstädtische Hygiene kümmerte, eine mehrspurige Allee vor der Stadt zum dortigen Exerzierplatz anlegen ließ und gelegentlich Bürgermeister und Magistrat mitten in der Nacht, mit Zipfelmütze und Nachtgewand bekleidet, aus ihren Häusern herbeizitieren ließ, um sie auf Mißstände in ihrer Stadt aufmerksam zu machen. Die ständige Präsenz des Militärs in vielen deutschen Ländern trug dazu bei, dem deutschen Bürgertum Zivilcourage und politisches Selbstbewußtsein zu nehmen. Der junge Schriftsteller Friedrich Schiller protestierte in ›Kabale und Liebe. Ein bürgerliches Trauerspiel‹ leidenschaftlich gegen die Übergriffe fürstlicher Arroganz in das private bürgerliche Leben.

Die neue aufgeklärte Kultur faßte nach und nach auch an den Hochschulen Fuß, an denen die Theologie der jeweiligen Konfession des Landes nach wie vor eine dominierende Stellung einnahm. Nicht die alten, sondern die neuen Universitäten zogen die Aufmerksamkeit an sich: so die preußische Universität Halle und die hannoversche Universität Göttingen, beides Neugründungen des ausgehenden 17. bzw. des 18. Jahrhunderts. Schließlich kulminierte die Faszination der Aufklärungsphilosophie in Königsberg, wo Immanuel Kant lehrte. Es waren einige einzelne, die den Ton angaben. Aber sie hatten Schüler und vor allem Leser. Für die Schüler stellte sich schließlich die Frage: Was kommt danach? Denn es gärte unter dieser scheinbar so friedlichen Decke von Bildung, Aufklärung, Geistigkeit und höflichem Umgang in Deutschland.

1773 erschien in Hamburg eine kleine Schrift ›Von deutscher Art und Kunst‹ mit dem Untertitel: ›Einige fliegende Blätter‹. Unter den Autoren waren Herder, Goethe und Möser. Johann Gottfried Herder, der Herausgeber, vermutete, daß nur ein kleiner Kreis durch die Schrift angesprochen würde. Tatsächlich wurde sie, so unscheinbar sie war, zu einer Programmschrift, zumindest aus der Sicht späterer Historiker. Herder, damals Prediger an der Stadtkirche von Bückeburg in der Grafschaft Schaumburg-Lippe, war 28 Jahre, Johann Wolfgang Goethe, ein kürzlich promovierter Jurist, 23 Jahre alt. Justus Möser, der Leiter der Verwaltung des Fürstentums Osnabrück und zugleich ein bekannter Schriftsteller, war mit 54 Jahren der älteste und erfahrenste der drei Autoren. Er hatte vor wenigen Jahren seine ›Osnabrückische Geschichte‹ veröffentlicht, deren Einleitung mit einer theoretischen Konzeption der deutschen Geschichte seit dem Mittelalter hier nachgedruckt wurde. Mit diesen Beiträgen wollte Herder nicht nur auf die 'deutsche Art' – er gebrauchte für 'deutsch' auch das Wort 'nordisch' – aufmerksam machen, sondern zugleich auf die, wie er meinte, vergessenen Werte der 'nordischen' Literatur, besonders des Volksliedes, sowie der Werke Shakespeares, die ihm als der Prototyp der 'Nordischen' erschienen, auf die Bau- und Kunstgeschichte und auf die Geschichte des deutschen Mittelalters.

Die offensive Absicht wurde am deutlichsten in den Beiträgen Herders, wenn er die Dramenkonzeption Shakespeares gegen die damals vorherrschende klassische, antike wie französische Literaturtheorie verteidigte und begeistert feierte. Diese Begeisterung durchdringt auch seinen Beitrag über die Lieder des keltischen Barden 'Oßian', die damals in England und in Europa sehr en vogue waren, sich aber später als schlichte Fälschung, ja Erfindung des englischen 'Übersetzers' Macpherson herausstellten. Herders Programm ruhte – aus der späteren Sicht – auf wankenden Füßen. Um so lebhafter war die Überzeugtheit von der Richtigkeit des Konzepts. Auch Goethes Beitrag über das Straßburger Münster und über dessen Erbauer Erwin von Steinbach erging sich im Überschwang der Gefühle: Die ganze Nacht habe er „in theilnehmender Traurigkeit" vor dem Bauwerk verbracht, bis ihn der Gesang der Vögel weckte, die in den zahlreichen Öffnungen im Mauerwerk nisteten.

Nüchterner, trockener und fundierter war der Beitrag Mösers. Justus Möser, 1720 in dem Haus einer alteingesessenen Advokatenfamilie neben der Marienkirche Osnabrücks geboren, hat sein ganzes Leben – unterbrochen durch das Studium in Göttingen und spätere Reisen, darunter ein halbjähriger Aufenthalt in London 1763/64 – in Osnabrück verbracht. Im dortigen Gymnasium erfuhr er eine durch die französische und lateinische Literatur geprägte Bildung. Als junger Mann schrieb er seine Briefe in beiden Sprachen. Das Jurastudium brach er ab, weil ihm seine Verwandtschaft einen Sekretärsposten bei der Ritterschaft des Fürstbistums Osnabrück besorgt hatte. So wurde er zum Verwaltungsbeamten, übernahm weitere Ämter und war seit der Wahl des noch unmündigen Friedrich von York, Sohn des englischen Königs, zum Bischof von Osnabrück praktisch der leitende Minister des Fürstentums. Materielle Sorgen hat er zeitlebens kaum gekannt. Er kannte sich in den juristischen Finessen seines Amts aus, war geschickt, umgänglich, diplomatisch und ein praktisch denkender Mann, der es verstand, im Laufe der Jahre sowohl in der Stadt wie in dem Fürstentum, das 300 000 Einwohner zählte, großes Vertrauen auf seine Person zu vereinen. Der Protestant Möser ähnelte in dieser Einstellung dem Katholiken Franz von

Fürstenberg, der zur gleichen Zeit im benachbarten Fürstbistum Münster als leitender Minister fungierte und gleichfalls bewußt den wirtschaftlichen, gesellschaftlichen und kulturellen Fortschritt in seinem Land vorantrieb, für das er 1780 die Gründung der Universität Münster verwirklichte.[6] Möser wie Fürstenberg waren Provinzpolitiker mit Weitblick. Sie nahmen bewußt Anteil an den geistigen Entwicklungen und Anregungen, die aus den verschiedenen Regionen des damaligen Deutschland kamen. Man pflegte den menschlichen, gerade auch brieflichen Kontakt, etwa zu dem Kreis von Weimar. Schließlich entdeckten sie – bezeichnenderweise aber erst in den späteren Jahrzehnten ihres Lebens – die deutsche Sprache und Literatur und schließlich, zumal Möser, die deutsche Geschichte. Mit 27 Jahren hatte Möser eine kurzlebige ›Moralische Wochenschrift‹ begründet. Er hatte sich mit den ästhetischen Theorien befaßt, schrieb 1749 ein kleines Drama ›Arminius‹ für einen adeligen Freund, worin er sich gegen die einseitige Charakterisierung der Germanen als 'Barbaren' bei Tacitus verwahrte. 1750 verteidigte er gegen Voltaire die historische Bedeutung Luthers für die deutsche Kultur in einem ›Lettre à M. de Voltaire‹. Er begann eine Sammlung mittelhochdeutscher Lieder, vor allem Minnelieder, anzulegen. In der kleinen Schrift ›Harlequin oder die Verteidigung des Grotesk-Komischen‹ von 1761 entdeckte er ähnlich wie Herder in der Wiederbelebung der Volkslieder und der Dichtung Shakespeares eine, wie er meinte, ursprünglichere, vitalere Volkskultur, abgesetzt von den Zwängen eines künstlich forcierten Erstarrens des literarischen Lebens. Mösers Konservatismus zeichnete sich durch ein Mißtrauen gegenüber dem bürokratischen Verwaltungsstaat und gegenüber dem Militärwesen aus, wie es Friedrich der Große in seiner unmittelbaren Nachbarschaft aufbaute: Es war ein friedlicher Konservatismus.

In den Siebenjährigen Krieg wurde Möser als verantwortlicher Politiker seines Landes durch zahlreiche Verhandlungen mit den jeweiligen Truppenführern hineingezogen. Hier wie auch bei dem späteren London-Aufenthalt erweiterte er seinen politisch-historischen Horizont. Bereits in den letzten Jahren des Krieges begann er mit der Niederschrift jener ›Osnabrückischen Geschichte‹, die 1768 erschien. Regelmäßig schrieb er für die ›Osnabrückischen Intelligenzblätter‹ Leitartikel, die sich zu allgemeineren kulturellen, gesellschaftlichen und verfassungsrechtlichen Fragen äußerten, mit denen er sich in seinem Amt tagtäglich konfrontiert sah. Sie erschienen später in einer vierbändigen Ausgabe gesammelt als ›Patriotische Phantasien‹. Sie gelten als die erste theoretische Begründung des Konservatismus in Deutschland.

Ein konservativer Grundzug durchzieht auch die Einleitung seiner ›Osnabrückischen Geschichte‹, auf die Herder vom nahen Bückeburg aus aufmerksam geworden war. Es geht um einen „pragmatischen" Entwurf zu

einer deutschen Geschichte. Sie solle die „Costume der Zeit", also die Kulturgeschichte, die Stadien der Verfassungsgeschichte, der religiösen, geistigen,
künstlerischen, literarischen Entwicklung mit der politischen Geschichte,
der „Staatsgeschichte", „unzertrennlich" verbinden, da alles aufeinander
einwirke. Unbefangen verwendet Möser für die historische politische Struktur Deutschlands den Begriff „Staat", wobei er auch auf die Beschreibung
der „Veränderungen der Staatsmoden", der geschichtlichen Veränderungen,
Wert legt.

In England hatte David Hume eine Geschichte seines Landes geschrieben, Burke schrieb an einem Abriß der Geschichte Englands seit der römischen Besetzung. Voltaires Essay über die Allgemeine Geschichte seit der
Zeit Karls des Großen, der 1756 in Genf erschien, war ebenso bekannt wie
das damit im Zusammenhang erschienene Buch ›Le siècle de Louis XIV‹,
Voltaires berühmtestes Geschichtswerk. Es gab Vorbilder und Anregungen.
Möser aber wollte etwas Bestimmtes: In vier Perioden, seit der Zeit Karls
des Großen, meinte er, müsse man an der deutschen Geschichte aufzeigen,
wie die ursprünglich selbständigen „Landeigentümer", die den Kern der
politischen Verfassung ausgemacht hätten und rechtlich und politisch unabhängig gewesen seien, allmählich in Abhängigkeit gerieten, ihrer Eigen-
tumsrechte beraubt und zu pachtzins- und leistungspflichtigen, abhängigen
Bauern ohne eigene politische Rechte wurden. Zwischen dem Volk der
„wehrfähigen" Bauern und dem König hätten sich im Laufe der Jahrhunderte die ursprünglich nicht vorhandenen Vogteien, Grafschaften, Fürstbistümer und ähnliche Herrschaften als Zwischenglieder geschoben und dadurch die gesamte Verfassungsstruktur verändert. Mit dem Aufkommen der
Städte sei zudem die Bedeutung des 'Landeigentums' durch den Handel
und durch Leistungen in Geld verdrängt worden.

Möser sah einen direkten Konnex zwischen der sozialökonomischen und
politischen Entwicklung. Es habe immer wieder Versuche gegeben, diesen
Tendenzen entgegenzuwirken, so die einzelner Könige, aber die fürstlichen
Zwischeninstanzen seien stets mächtiger gewesen. Die Bürger seien zu
Untertanen herabgesunken. Schließlich sei es auch den Städten, die nach
Möser die Chance gehabt hätten, ihre Handelsinteressen als „Nationalinter-
essen" auf den mittelalterlichen Reichstagen durchzusetzen, nicht gelungen, eine Entwicklung herbeizuführen, die beispielsweise eine der eng-
lischen Magna Charta vergleichbare Verfassung geschaffen und den Reichstag als ein deutsches „Unterhaus" etabliert hätte. So sei es kein Wunder
gewesen, daß nach dem Westfälischen Frieden von 1648 endgültig die fürstliche Landeshoheit gesiegt habe. Eine letzte Chance habe während der
Reformation in Deutschland bestanden: „Luthers Lehre war der gemeinen
Freiheit günstig. Eine unvorsichtige Anwendung derselben hätte hundert
Thomas Müntzer erwecken und dem Kaiser die vollkommenste Monarchie

zuwenden können, wenn er die erste Bewegung recht genutzt, alles Pacht-, Lehens- und Zinswesen im Reiche gesprengt, die Bauern zu Landeigentümern gemacht und sich ihres wohlgemeinten Wahns gegen ihre Landes-, Gerichts- und Gutsherren bedient hätte. Alleine er dachte zu groß dazu; und eine solche Unternehmung würde, nachdem der Ausschlag gewesen wäre, die größte oder treuloseste gewesen sein." Das waren kühne Gedanken, die auf ein alternatives Bild der deutschen Geschichte hinausliefen und selbst vor revolutionären Implikationen nicht zurückscheuten. Mösers ›Einleitung‹ enthielt mehr historischen Sprengstoff, als die schlichte Sprache vermuten läßt.[7]

Möser kam es darauf an, die Realität einer deutschen 'Nation' historisch zu begründen. Seine Studie über die Geschichte Osnabrücks diente ihm, dem Realisten, als empirischer Hintergrund für solche konzeptionellen Entwürfe. Das Reich seit der Zeit Karls des Großen war für Möser nicht ein leerer Begriff, sondern geschichtliche Realität. Reich und Nation deckten sich. Die Nation aber konstituierte sich nicht in den Obrigkeiten, den fürstlichen und städtischen Herrschaften, sondern auf einer breiteren Basis, ursprünglich der Bauern, die die deutsche Bevölkerung ausmachten; später, seitdem die handeltreibenden Städte zu kraftvollen Körperschaften geworden waren, im städtischen Bürgertum neben den Bauern. Dieses Konzept traf zwar nicht die historische Wirklichkeit, aber es begründete eine historische Vorstellung von der Nation, die eifrig studiert wurde. Der aufmerksamste Schüler Mösers wurde später der Freiherr vom Stein. So war Geschichte als ein mächtiger Rammbock gegen eine als unerträglich empfundene politische Gegenwart in Deutschland entdeckt worden. Daher ist das Erscheinungsjahr der Schrift ›Von deutscher Art und Kunst‹ 1773 ein wichtiges Datum. Doch blieb vieles unausgegoren. Ungeklärt war auch, wie die beiden Beiträge Herders, primär an der Ästhetik der Literatur, der Bau- und Kunstgeschichte orientiert, mit Mösers „pragmatischer Geschichte" zu vereinbaren waren. Herders und Goethes Konzepte liefen auf 'Identitäten' hinaus, sie entsprachen nicht zuletzt den subjektiven Bedürfnissen der beiden jungen Autoren. Mösers Konzept war unpersönlicher, sachbezogener und zielte stärker auf praktische Wirksamkeit. Unmittelbar blieb die Schrift folgenlos. Aber sie stand im Raum. Das Nachdenken darüber, was die Nation, die deutsche Nation ausmache, nahm fortab kein Ende mehr. Dabei konzentrierten sich seltsamerweise die Gedanken zunehmend nicht auf den pragmatischen historisch-politischen Ansatz Mösers, sondern auf die Widerspiegelung der 'Nation' in Sprache und Literatur. Der Nebenaspekt wurde bald für das gebildete Publikum in Deutschland zum Hauptaspekt. Immerhin nahm Fürstenberg im benachbarten Münster Mösers Anregung auf, als er bei der Neugründung seiner Universität einen Lehrstuhl für 'Reichsgeschichte' einrichtete.

Jene 1770er und 1780er Jahre wurden später von den Literaturhistorikern – nach einem Drama Friedrich Maximilian Klingers von 1776 – als 'Sturm und Drang' bezeichnet. Es waren ungemein produktive Jahre. In zahlreichen Dramen, Romanen, Gedichten, Balladen brachte eine jüngere Generation deutscher Autoren ihr Lebensgefühl, den Bruch mit literarischen Konventionen, ihr Vergnügen an der wiederentdeckten Ausdruckskraft der deutschen Sprache und ein Empfinden für jenen Zauber zum Ausdruck, den die Vergangenheit – literarisch aufgearbeitet im Drama und im Gedicht – ermöglichte. Manche Autoren kamen aus einfachen, kleinbürgerlichen Verhältnissen, nicht alle waren Söhne angesehener Familien eines städtischen Patriziats wie der Frankfurter Goethe. So floß massive Sozialkritik in die literarischen Produkte ein, die sich gegen die Unmoral der vorherrschenden feudalen politisch-sozialen Verhältnisse in den deutschen Ländern richtete. Es war ein bürgerlich-moralischer Protest, entstanden aus einem tief empfundenen Bewußtsein des sozialen Unrechts, kein Klassenkampf. Zu den damals entstandenen Dramen zählen das Stück von Jakob Michael Reinhold Lenz ›Der Hofmeister‹ (1774) und seine Tragikomödie ›Die Soldaten‹. Im ›Hofmeister‹ protestierte Lenz gegen die von ihm als Hauslehrer selber erfahrene Abhängigkeit von der Willkür der adeligen Herren.

Den zeitgenössisch erregt diskutierten Skandal des Kindsmordes nahmen Stücke wie ›Die Kindesmörderin‹ von Heinrich Leopold Wagner (1776) und Goethes sog. ›Urfaust‹ auf. Als kraftvoller literarischer Zugriff auf die spätmittelalterliche Welt der deutschen Geschichte war Goethes ›Götz von Berlichingen‹ gedacht, ein Drama, das zur Zeit des Bauernkrieges spielte und sehr geschickt – wie später auch Kleists ›Käthchen von Heilbronn‹ – eine altdeutsche Welt aufbaute, die bei aller Kraftmeierei etwas 'Gemütlich-Deutsches' an sich hatte. Den Blankvers entlehnte der Autor bei Shakespeare.

Dem verweichlichten Leben am Hof des Fürstbischofs von Bamberg werden die tatkräftigen Figuren der Bauernführer und des Ritters Götz gegenübergestellt, obwohl die politische Haltung der Hauptfigur ambivalent ist: Goethe war nie ein sozialer Rebell, und er mochte sich auch nicht mit Rebellen identifizieren – anders als Schiller, der Sohn eines württembergischen Militärarztes, in seinem Drama ›Die Räuber‹ von 1781. Auch in seine späteren Dramen flocht Schiller historische Szenen ein mit moralischen Situationen zwischen Recht und Unrecht: bis hin zu seinem letzten Drama, das sein beliebtestes Stück wurde, dem ›Wilhelm Tell‹ von 1804. Hier wurde in einem mittelalterlichen Rahmen, in der zudem recht bühnenwirksamen Schweizer Alpenwelt-Szenerie, der einfache, charakterfeste Mann und treue Familienvater thematisiert, der rechtschaffen allen despotischen Gewalten trotzt und erfolgreich seinen eigenen Weg geht. Auch das war eine konservative Welt, die noch am Ende des 19. Jahrhunderts bildungswillige sozialistische Arbeiterkreise in Deutschland ansprach. Das Theater spielte in der öffentlichen Meinung des 18. und 19. Jahrhunderts eine wichtige Rolle.

Herder erzielte mit seinen zahlreichen theoretischen Schriften nicht dieselbe Breitenwirkung. Aber sein geistiger Einfluß auf spätere Autoren, ja fast bis zur Gegenwart, war nachhaltig, nicht nur in Deutschland, sondern auch in Osteuropa und in anderen Ländern. Seine Entdeckung historischer Sprachen und ihrer Literaturen wirkte epochemachend. Er prägte den Begriff des 'Volkslieds' und brachte eine Sammlung von Volksliedern heraus. Es kam ihm dabei nicht auf das Herausstellen *eines* Volkes, sondern aller Völker an. In der Literatur sah er den jeweiligen 'Volksgeist' verkörpert. Er lenkte den Blick und das Ohr auf die Faszination alter Sprachen. Die Entdeckung der Nationalität, der Volkskulturen, der historischen und sozialen Bedingtheit nationaler 'Kultur' geht wesentlich auf Herder zurück. Erst im 19. Jahrhundert kamen seine Ideen – positiv wie negativ – voll zum Tragen.

Die politisch-sozialen Implikationen solcher Ideen wurden von Herder kaum durchdacht. 'Volk' verstand er in einem 'bürgerlichen' und, wenn man so will, auch antifeudalen Sinn, als das Volk der 'Bürger' und 'Bauern', das letztlich durch Kultur, Sprache und Literatur miteinander verbunden war. Ein gewisser historischer Ästhetizismus ist unverkennbar: Auch das 'Volk' kennt ja gelegentlich andere Sorgen als die aus den Bereichen der Sprache, Literatur und Kultur. Die Ideologie eines Nationalismus lag nahe, doch war Herder selbst, das belegt seine ›Philosophie der Geschichte zur Bildung der Menschheit‹, kein Nationalist. „Es ist nicht ohne Ironie", schreibt Peter Burke in seiner ausgezeichneten Studie über die 'Entdeckung' der Volkskultur, „daß die Idee der 'Nation' von den Intellektuellen kam und dem 'Volk', mit dem sie sich identifizieren wollten, aufgedrängt wurde. Um 1800 hatten Bauern und Handwerker im allgemeinen eher ein regionales als ein nationales Bewußtsein."[8] Man hat darauf hingewiesen, daß Herders Anregungen gleichsam aus der geographischen Peripherie kamen: Er wurde 1744 in Mohrungen in Ostpreußen als Sohn eines Küsters und Lehrers geboren, studierte evangelische Theologie in Königsberg. Dort hörte er Immanuel Kant und den zu einer Art moderner Mystik neigenden Johann Georg Hamann, mit dem er sich befreundete. Seine erste Stelle erhielt er als Prediger 1764 an der Domschule in Riga. Hier, weitab im Baltikum, las er erstmals die Schriften Rousseaus, die ihn faszinierten und deren Lektüre ihn zu einer Seereise nach Frankreich, über Nantes nach Paris, veranlaßte. Seine Erfahrungen hielt er in dem ›Journal meiner Reise im Jahre 1769‹ fest. Darin verflocht er in dem ihm eigenen, etwas kurzatmigen Stil (mit vielen Frage- und Ausrufezeichen) Berichte und Reflektionen über Geistes- und Naturwissenschaften, pädagogische Probleme, Religion und Politik.

1770 lernte Herder bei einem Aufenthalt in Straßburg zufällig Goethe kennen. Damals hielt sich auch Lenz in der elsässischen Stadt auf. Diese Generation junger Deutscher lebte also keineswegs abgeschottet nebeneinander. Man knüpfte Kontakte an. Es folgte Herders Tätigkeit als Konsistorialrat des Grafen von Schaumburg-Lippe. 1776 wurde er auf Vermittlung Goethes zum Generalsuperintendenten nach Weimar berufen, wo er bis zu seinem Tode 1803 lebte. Obwohl Geistlicher von Beruf, pflegte er weiter seine historisch-literarischen Studien, die später von anderen mit einer nahezu religiösen Inbrunst fortgesetzt wurden. Als sozialer Außenseiter gelang es ihm nicht, im Hofleben von Weimar Fuß zu fassen. Er blieb isoliert und verbitterte in den letzten Jahren seines Lebens. Herder war der Begründer jener spezifischen Tradition des Konservatismus in Deutschland, die Meinecke als 'Historismus' bezeichnete.

Die Aufklärung, die sich im 18. Jahrhundert in Deutschland durchsetzte, war ein Phänomen der europäischen Kultur gewesen: eine bürgerliche Kultur. Sie wurde aber von Teilen des Adels, der sich in seinen Erziehungsidealen, Lebensweisen und Umgangsformen als europäisch verstand, mitgetragen. Dieselbe Bewegung brachte am Ausgang des 18. Jahrhunderts, zumal in der jüngeren Generation, geistige Anregungen hervor, die eben diesen europäischen Rahmen intellektuell zu sprengen drohten. Anstelle der Gemeinsamkeit der europäischen literarischen und kulturellen Konventionen und Sprachen entdeckte man die Individualität der Sprachen und der historischen Literatur des eigenen Volkes. Das Wort Volk, bis dahin eher als soziale Kennzeichnung der Mittel- und Unterschichten verstanden, erhielt eine andere, wertbetonte, nationale, substantielle Bedeutung. Der neue Begriff 'Volk' wurde aus der historischen Sprache und Literatur entwickelt. Er begann sich allmählich zu verselbständigen und erhielt einen prägenden politischen Charakter. Zur Zeit Napoleons zeigte es sich, daß der Begriff, besonders in intellektuellen Kreisen, einen festumschriebenen neuen Inhalt gewonnen hatte. Das Volk wurde zu einer Einheit, mit dem sich das Individuum in einem positiven Sinn identifizierte.

Auch der Begriff des 'Nordischen', von Herder zur Differenzierung der Literatur zunächst in einem hermeneutischen Sinn durchaus begründet gebraucht, begann sich zu verselbständigen. Mit dem Nordischen wurden bald nationale Charaktereigenschaften verknüpft, die denen südlicher romanischer Länder gegenübergestellt wurden. Auch Germaine de Staëls intellektuelle Reportage über Deutschland von 1813, ›De l'Allemagne‹, hat diese Begrifflichkeit übernommen und für spätere Generationen wirksam propagiert.

Unbestreitbar war natürlich der konfessionelle Gegensatz zwischen dem protestantischen europäischen Norden Deutschlands, Englands, Hollands und Skandinaviens und dem katholischen Süden Europas der romanischen Länder Frankreich, Spanien, Portugal und Italien. Aber während die europäische Aufklärung versucht hatte, eben diese Gegensätze zu mildern, schien jetzt eine neue Theorie, ja, Ideologie aufzukommen, die diese überkommenen historischen Unterschiede der Sprache, Literatur und Konfession in einer moderneren und säkularisierten Form erneut zu bekräftigen suchte. Das wäre möglicherweise alles nur eine gedankliche Spielerei gewesen, wenn nicht überall eine junge bürgerliche Generation bereitgestanden hätte, die nur darauf wartete, begeistert die neuen Ideen aufzunehmen, um mit ihrer Hilfe die Fesseln einer überkommenen, verfaulten und das eigene Fortkommen behindernden Sozialstruktur zu überwinden.

Erst in dieser Kombination und durch die soziale Komponente erhielten die neuen nationalen Ideen vom 'Volk' ihre eigene Durchschlagskraft und eine Selbständigkeit in der Wirkung, die von den Autoren ursprünglich kaum gewollt war und auch gar nicht bedacht werden konnte. Bezeichnenderweise gingen sowohl Goethe als auch Schiller in ihren späteren Jahren gegenüber der aufkommenden nationalen Begeisterung in Deutschland bewußt auf Distanz und erinnerten an die ursprünglich kosmopolitischen Ideen der Aufklärung. Sie verstanden sich als 'Weltbürger', und nationale Literatur hatte für sie nur einen Sinn als 'Weltliteratur'. 'Welt' war hier kosmopolitisch-friedlich gedacht. Erst später, gegen Ende des 19. Jahrhunderts, erhielt das Wort 'Welt' in der deutschen politischen Publizistik die aggressive imperialistische Prägung, wie sie sich in dem Wort 'Weltmacht' wiederfindet.

1780 fand eine ungewöhnliche Kontroverse vor der deutschen Öffentlichkeit statt. Der 68jährige Friedrich der Große verfaßte eine Schrift ›De la littérature allemande‹, die er vor der Preußischen Akademie vortragen ließ. Er verurteilte darin die deutsche Sprache als barbarisch. Es gebe keine deutschen Autoren, die sich mit Homer, Horaz, Cicero oder Livius messen könnten. Das gelte für die Literatur wie für die Geschichtsschreibung. Lediglich einige Philosophen wie Leibniz ließen sich vorzeigen. Friedrich führte den Zustand auf die Folgen des Dreißigjährigen Krieges zurück. Er empfahl, Maßnahmen zur Verbesserung zu ergreifen, die sich an klassischen Mustern orientieren sollten. Auch bedürfe es einer deutschen Geschichte, die die Entwicklung von Karl V. bis zum Westfälischen Frieden aufzeichne, weil dieser Friede der Grundstein der deutschen Freiheit geworden sei und den Ehrgeiz des Reiches auf seine Grenzen beschränkt habe. Die Denkschrift widersprach allem, was damals die Autoren der jüngeren Generation anstrebten. Die Stücke Shakespeares, die so populär auf den deutschen Bühnen seien, fand der König abscheulich: ihre lächerlichen Späße erinnerten ihn an die kanadischen Wilden. Die Regeln der aristotelischen Poetik würden mißachtet. Seit einiger Zeit werde ein Stück ›Götz von Berlichingen‹ aufgeführt, das die Manier Shakespeares nachahme. Gerade solche „ekelerregenden Plattheiten" würden von dem deutschen Publikum

immer wieder verlangt. Der Name Goethes, des Autors, war Friedrich nicht bekannt. Lessing, der noch in der Komödie ›Minna von Barnhelm‹ den preußischen Offizier positiv porträtiert hatte, wurde von ihm nicht einmal erwähnt.[9]
Die Denkschrift löste von mehreren Seiten Kritik aus. In Osnabrück verfaßte noch im selben Jahre der 60jährige Möser eine Gegendenkschrift ›Über die deutsche Sprache und Litteratur‹, in der er die junge Generation, mit der er sich verbündet hatte, in Schutz nahm. Vierzig Jahre lang, argumentierte Möser, habe sich der König, der in seiner Jugend „die Musen liebte", nur den politischen Aufgaben gewidmet und sich in literarischen Dingen zurückgehalten. Jetzt verlange er, „daß wir bei den Griechen, Lateinern und Franzosen zu Markte gehen und dasjenige von Fremden borgen oder kaufen sollen, was wir selbst daheim haben könnten". Möser verteidigte Goethe: „Das von dem Könige so sehr heruntergesetzte Stück Götz von Berlichingens ist immer ein edles und schönes Produkt unseres Bodens; es hat recht vielen geschmeckt, und ich sehe nicht ab, warum wir dergleichen nicht ferner ziehen sollen ... Der Zungen, welche an Ananas gewöhnt sind, wird hoffentlich in unserem Vaterlande eine geringe Zahl sein; und wenn von einem Volksstücke die Rede ist, so muß man den Geschmack der Hofleute bei Seite setzen." Hier standen sich zwei Fronten und Generationen gegenüber. Ob der betagte König, sechs Jahre vor seinem Tod, den nationalen Charakter der neuen Bewegung in der Literatur gespürt und ihren offensiven Geist registriert hatte? Doch lebte Friedrich II. bereits sehr isoliert und nahm vieles in seinem Umkreis nur noch am Rande wahr.
Möser entwickelte das Programm der jungen nationalen literarischen Bewegung: Es fehle in Deutschland an einem historischen und politischen nationalen Bewußtsein. Dies zeige ja auch der Fall des Müllers Arnold in Preußen, als Friedrich II. sich über alle Instanzen der Gerichtshöfe hinweggesetzt und dem Müller sein Recht gegeben hatte: „Die Geschichte des Müllers Arnold würde in Frankreich alle Parlamentarier und in England alle Parteien, die für und wider den König sind, in Bewegung gesetzt haben. Aber in Deutschland hat man sie sich als eine frohe Neuigkeit erzählet; Keiner hat die Gefahr laut gerüget, welche dem Staate bevorsteht, worin die Rechtssachen im Kabinett untersuchet und entschieden werden; und nicht einmal ein Schmeichler hat es gewagt zu sagen, daß es ein dem Könige zum ersten und einzigenmale entschlüpfter Donnerkeil sei, der aber, indem er eine große Veränderung in der Justizverwaltung nach sich gezogen, einen Fels gespalten und eine Goldmine bloßgelegt habe." Nein, Deutschland kenne höchstens nur „Vaterstädte und ein gelehrtes Vaterland, was wir als Bürger oder als Gelehrte lieben". So fühle sich eben der Bürger nur seiner Stadt, der Gelehrte nur seiner Hochschule verpflichtet: „Für die Erhaltung

des deutschen Reichssystems stürzt sich bei uns kein Curtius in den
Abgrund."[10]

Punkt für Punkt und gut belesen widerlegte Möser den preußischen
König. In einem Punkt gab er ihm recht: Die deutsche Sprache habe sich zwar
wesentlich gebessert, sei aber nach wie vor eine ausdrucksarme Gelehrten-
und Schriftsprache: „Die englische Sprache ist die einzige, die, wie die Nation, Nichts scheuet, sondern Alles angreifet, und gewiß nicht aus einer gar
zu strengen Keuschheit schwindsüchtig geworden ist; sie ist aber auch die
einzige Volkssprache, welche in Europa geschrieben wird, und ein auf den
Thron erhobener Provinzialdialekt, der auf seinem eignen fetten Boden
steht, nicht aber, wie unsere Buchsprachen, auf der Tenne dörret. Alle
andre Buchsprachen sind bloße Konventionssprachen des Hofes oder der
Gelehrten, und das Deutsche, was wir schreiben, ist so wenig der Meißner
oder Franken Volkssprache, sondern eine Auswahl von Ausdrücken, soviel
wir davon zum Vortrag der Wahrheiten in Büchern nötig haben."[11]

Es gab wenige in Deutschland, die sich dieses engen Zusammenhangs
von Sprache und Politik so klar wie Möser bewußt waren. Tatsächlich hat
sich die Berührungsangst der deutschen Sprache bis in das 20. Jahrhundert
fortgesetzt, in der Literatur wie in der Sprache der historischen und politischen Wissenschaften. Erst seit 1945 ist ein grundlegender Wandel eingetreten, zumindest in der Literatur. Ob man das generell auch für die Sprache
der Politologie und der Geschichtswissenschaften in der Bundesrepublik
wie in der DDR sagen kann, muß vielleicht immer noch bezweifelt werden.
Gibt es bis heute ein politisch-historisches Werk, das die Ausdruckskraft
von Walter Bagehots ›English Constitution‹ oder Thomas Macaulays ›History of England‹, beides Werke des 19. Jahrhunderts, erreicht hat?

Möser war ein praktisch denkender politischer Mensch. Aber auch er war
nicht in der Lage, seine eigenen Forderungen einzulösen. Manches, was er
in seinen vielgelesenen ›Patriotischen Phantasien‹ niederschrieb, war zwar
freundlich und gewitzt, aber stellenweise auch recht altdeutsch und schwer-
fällig. Er vermochte die Provinzialität, die ihm die Kraft zum Schreiben
gab, nicht zu überwinden. Entschieden verteidigte er die Leibeigenschaft
aus seiner Vorstellung eines sozial verpflichteten Eigentumbegriffs. Mösers
Konservatismus sah wirtschaftliches Eigentum und soziale und politische
Verantwortung als eine Einheit an. Er lehnte das abstrakte Reden über
Menschenrechte ab. Der 'Mensch' war für ihn immer ein politisches Wesen
und als solches nur als 'Wirtschaftsbürger' oder 'Bauer', das heißt als Eigen-
tümer, vorstellbar.

Darin stimmte er mit der späteren leidenschaftlichen Ablehnung der
Menschen- und Bürgerrechte in Burkes ›Reflections on the Revolution in
France‹ (1790) überein. Für Burke wie für Möser war es undenkbar, eine
überkommene politische und soziale Struktur lediglich durch einen gesetz-

geberischen Akt aufzuheben. Das konnte nur Unheil bringen. In diesem Denken verbarg sich ein tiefsitzendes Mißtrauen gegenüber der menschlichen Natur und der menschlichen Fähigkeit, sich selbst zu steuern. Tatsächlich schrieb Möser in seinen ›Patriotischen Phantasien‹ die bestehenden sozialen Verhältnisse und die vorgegebene Schichtung von Adel, Bürger- und Bauerntum und der Unterschicht der Dienstboten, Tagelöhner und Landarbeiter fest. Er wünschte Verbesserung für jeden im menschlich-moralischen Bereich, Aufmerksamkeit füreinander und Verantwortung, als Familienvater, Hausfrau, Gutsherr, Advokat, in jedem Stand, aber an eine Aufhebung der ständischen Gesellschaft dachte er nicht. – Möser lebte bis 1794. Er erlebte noch die ersten Jahre der Französischen Revolution, die er in den wenigen aus dieser Zeit erhaltenen Briefen aufmerksam registrierte und kritisch kommentierte.

Als Goethe sich 1775 von dem 18jährigen Herzog Karl August bei einer Begegnung in Frankfurt gewinnen ließ, die Verwaltung des kleinen Staates Weimar zu übernehmen, legte er dem jungen Fürsten die ›Patriotischen Phantasien‹ als Muster für die Politik und Administration im Herzogtum vor. Später urteilte er in seinen Erinnerungen, in ›Dichtung und Wahrheit‹, über Möser: „An diesen kleinen Aufsätzen, welche sämtlich in einem Sinne verfaßt, ein wahrhaft Ganzes ausmachen, ist die innige Kenntniß des bürgerlichen Wesens im höchsten Grade merkwürdig und rühmenswert. Wir sehen eine Verfassung auf der Vergangenheit ruhn, und noch als lebendig bestehn. Von der einen Seite hält man am Herkommen fest, von der andern kann man die Bewegung und Veränderung der Dinge nicht hindern." Goethe machte sich als Minister eines kleinen thüringischen Landes die konservative politische Philosophie Mösers zu eigen. Er war nicht der einzige, den Möser beeinflußte: „Ein solcher Mann imponierte uns unendlich und hatte den größten Einfluß auf eine Jugend, die auch etwas Tüchtiges wollte, und im Begriff stand, es zu erfassen. In die Formen seines Vortrags glaubten wir uns wohl auch finden zu können; aber wer durfte hoffen, sich eines so reichen Gehalts zu bemächtigen, und die widerspenstigen Gegenstände mit so viel Freiheit zu handhaben." [12]

Die Genese des konservativen politischen Denkens in Deutschland vollzog sich vorwiegend in den Äußerungen protestantisch geprägter Autoren. Deutschland war eben ein überwiegend protestantisches Land. Zudem war die bedeutendste geistige Organisation der katholischen Kirche, der Jesuitenorden, auf Betreiben der fürstlichen Höfe 1773 vom Papst aufgelöst worden. Bezeichnenderweise wurde lediglich im preußischen Schlesien Friedrichs des Großen die Auflösung des Ordens nicht durchgeführt. Mit der Säkularisation von 1803 und der Auflösung der Fürstbistümer, Abteien und zahlreicher Klöster endete auch die noch aus dem Mittelalter überkommene enge Verbindung von politischem und kirchlichem Leben. Schließlich

erlosch 1806 das Heilige Römische Reich, der Schlußstein für diese über-
kommene politische Welt in Deutschland. An die Stelle des Reichs trat die
Konstellation der beiden großen Parteiungen um Preußen und Österreich.
Man kam in katholischen Kreisen in Deutschland bis dahin kaum dazu,
politische Konzepte zu entwerfen. Für den Katholizismus endete zu dieser
Zeit die Einbindung in die überkommene Feudalität von Politik und Besitz.
Das mußte zwangsläufig neue Lösungen herausfordern. Ansätze dazu zeigten sich in dem Kreis um Franz von Fürstenberg und Amalie von Gallitzin
in Münster, der in den 1770er Jahren entstanden war und im Umfeld der
neuen, 1780 gegründeten Universität Münster ein neues geistig-literarisches
Milieu entstehen ließ, das weit über die regionalen Grenzen hinaus die Aufmerksamkeit auf sich zog. Aus Holstein kam Leopold von Stolberg nach
Münster, um zum katholischen Glauben zu konvertieren. Eine explizite
politische Theorie kannte dieser eher geistlich-seelsorgerische Kreis nicht,
doch war das konservative, seit 1789 auch antirevolutionäre politische Denken über die Beziehung von Staat, Gesellschaft und Kirche unverkennbar.[13] Andererseits dachte man durchaus national und pflegte den Kontakt
zu anderen, auch protestantischen oder konfessionsfremden Bildungskrei-
sen an anderen Orten, so zu Matthias Claudius in Hamburg und zu dem
Weimarer Kreis. Die Universität Münster war eine der ersten Hochschulen,
die (1801) einen Lehrstuhl für deutsche Sprache und Literatur einrichtete.
1799 verfaßte Novalis seine kleine, bald berühmt gewordene Schrift ›Chri-
stenheit oder Europa‹, die in romantischer Sehnsucht ein idealisiertes Mittelalter gegen die Revolution und die Reformation Luthers heraufbeschwor. Aber diese 'Politische Romantik' war schon weit von dem Geist
des Konservatismus der freisinnigen, protestantischen oder katholischen
Aufklärung des 18. Jahrhunderts entfernt. Im Gefolge der Französischen
Revolution und der Eroberungen Napoleons nahm der deutsche Konservatismus neue Züge an.

Die verbreitete Vorstellung, daß der Konservatismus in Deutschland
lediglich die Geschichte seines Denkens, mit oft fatalen politischen Konsequenzen,[14] sei, ist irreführend. So kritisiert O'Sullivan die Sucht deutscher
konservativer Theoretiker nach einer deutschen 'Freiheit', die in einer Abwehr von Kant und ganz anders als Burke oder die französische Konservativen jede moralische und naturrechtliche Bindung der Politik aufgegeben,
die eigene Nation, das nationale Geschichtsbewußtsein verabsolutiert und
die Nation nicht auf die Politik, sondern auf die Sprache und Literatur
fixiert hätten: Sprache als Ausdruck des nationalen Charakters, als natür-
liche Lebensform des Volkes. Fichte und Adam Müller hätten diese
Tendenz eingeleitet. W. H. Bruford meint, daß bereits in den Schriften
Lessings, Goethes und Schillers bei aller Universalität die extreme Selbstbezogenheit und Beschäftigung mit dem Innern auffalle.[15]

Tatsächlich gab es aber auch in Deutschland wie andernorts praktizierende Konservative: Politiker, deren Interessen sich auf das Handeln und nicht oder nicht ausschließlich auf das Denken bezogen. Zu ihnen zählt Karl Freiherr vom Stein, eine der eindrucksvollsten Persönlichkeiten in der Geschichte des deutschen Konservatismus. Er entsprach auch weit eher dem europäischen Zuschnitt des Konservatismus, dem die Lösung der Nation aus der europäischen Tradition und der nationalen Politik aus jeder moralischen Einbindung fremd war. Wie kaum ein anderer hat Stein konservative Vorstellungen von Politik, Geschichte und der alten Tradition des deutschen Reichs von Justus Möser übernommen. Mit ihm verband ihn auch sein Sinn für den praktischen Alltag der Politik, wie er mit Edmund Burke den Zorn auf die politischen 'Metaphysiker', die Theoretiker der Politik, teilte. Zudem war er ein Antibürokrat, dem das Hofschranzentum und die pedantisch-starrsinnige Beamtenmentalität zuwider war.

Er wurde 1757 als der dritte Sohn von zehn Kindern der Familie des Reichsfreiherrn vom Stein geboren, dessen Besitzungen über fünfzig Ortschaften an der Lahn und am Rhein verteilt waren. Der Name Stein geht auf die alte, bereits damals verfallene Burg an der Lahn zurück, den Sitz der Familie seit 1235. Die bildungsbewußte protestantische Familie ließ ihren Sohn durch einen Hofmeister erziehen, der auch den 16jährigen Stein 1773 nach Göttingen begleitete, wo er vier Jahre lang ohne förmlichen Abschluß Rechtswissenschaften studierte und sich zugleich entsprechend der dort üblichen liberalen Studienpraxis mit Geschichte, Politik, 'Kameralistik' (Verwaltung) und Ökonomie befaßte. Durch Lektüre, unter anderem von Montesquieus ›De l'Esprit des lois‹, legte er sich ein breites intellektuelles Rüstzeug zu, auf das er später als Politiker zurückgreifen konnte. 1780 trat er in den preußischen Verwaltungsdienst ein und spezialisierte sich auf das Berg- und Hüttenwesen. Seine erste selbständige Stelle war die Leitung des staatlichen Bergwesens an der Ruhr, in der Grafschaft Mark. Seine praktischen Erfahrungen in der Verwaltung sammelte er fast 25 Jahre lang in Westfalen, zuletzt als Oberpräsident der 1802 um das Münsterland vergrößerten preußischen Provinz.

Aus den vorhandenen Biographien und der umfangreichen Korrespondenz Steins entsteht das Bild einer energischen, durchsetzungsfreudigen, gelegentlich schroffen Persönlichkeit, die bewußt und zielstrebig handelte und dabei manchen durch ihren moralischen Rigorismus vor den Kopf stieß. Modern wirkt seine Fähigkeit, politische Zeitströmungen schnell zu verarbeiten, Verwaltung und Politik aus einem breiter angelegten Konzept und nicht nur aus den aktuellen Bedürfnissen zu betreiben. Die Basis seiner administrativen Erfahrungen blieb Westfalen. Hier, von Münster aus, hatte er 1802 die Säkularisation der katholischen Klöster einzuleiten, eine heikle Aufgabe, wobei er versuchte, ausgleichend zu wirken. Seine ehrgeizigen

Pläne zum Ausbau der Universität Münster nach dem Göttinger Vorbild zu einer modernen anspruchsvollen deutschen Hochschule blieben Entwurf. Als Verwaltungsmann, nicht als Politiker und Schriftsteller, wurde er mit den Auswirkungen der Französischen Revolution konfrontiert. Als Kammerpräsident von Kleve und Mark seit 1793 hatte er sich mit der Situation der französisch besetzten linksrheinischen Gebiete zu befassen. Hier erreichten ihn erstmals Eingaben, die eine Art bewaffneten Volksaufstand gegen die Besetzer vorschlugen, der durch einen Aufruf des Königs in „kernhafter teutscher Sprache" eingeleitet werden sollte. Man müsse der französischen Propaganda entgegenwirken und „den Geist des Publikums, besonders der mindern Classen", auf das Ereignis vorbereiten. Der französische Einfluß auf die öffentliche Meinung am Niederrhein sei, hieß es in der Eingabe, nicht zu unterschätzen.[16] Auch sei es „höchst nöthig", eine „gewisse von der Pariser Raserey angesteckte Menschen Classe, die sich's recht angelegentlich zum Geschäft macht, den Kopf des gemeinen Mannes zu verdrehen, näher unter das Auge der Polizey zu nehmen, besonders wenn sie vom Lehrstand sind, denn diese schleichen ihr Gift in die Herzen ihrer Zuhörer, und was das verderblichste ist, sie verpesten damit die zarten Keime einer künftigen Generation"[17].

Stein reagierte zurückhaltend: Ein entsprechender Aufruf müsse an die Pflichten der Untertanen zur Verteidigung des Vaterlandes erinnern, sie auf die Übel einer Invasion aufmerksam machen wie „unbegränzte Tyranney, Verlust des Eigenthums und Zerstörung aller Begriffe von Religiosität und Sittlichkeit"[18]. Vorschläge, möglicherweise einen allgemeinen Landtag dazu einzuberufen, müsse er als verfassungswidrig ablehnen. Auch sei die Bevölkerung auf dergleichen nicht vorbereitet. Die Mobilisierung der Öffentlichkeit sei problematisch, „allein der Gebrauch der Emissäre und Klubs ist zu gefährlich, als daß ich ihn je einer Regierung anrathen könnte". Das war die erste politische Reaktion Steins auf die Wirkung der Revolution, soweit er administrativ damit befaßt wurde.

Anders als seine Amtsvorgänger, die versucht hatten, Kleve und Mark in ein bürokratisches Netz einzuschnüren, entwickelte der junge Verwaltungsmann eine neue Sensibilität für die nach wie vor vorhandenen ständischen Kräfte dieser westdeutschen Gebiete, des einfachen Landadels und der Städte, soweit sie auf den Kreistagen vertreten waren. Er suchte sie zu erhalten und zu fördern, und respektierte ihren gelegentlich querköpfigen Eigenwillen. So reichten die Deputierten des Kreises Wetter eigens eine Dankadresse an den jungen Kammerpräsidenten ein. Es habe eine Zeit gegeben, da der Bewohner der Mark „in den Räthen der königlichen Kammern nicht Rathgeber, Freunde und Beschützer sah, da Kälte, Zurückhaltung, Mißtrauen und Furcht die Herzen verschloß". Dann aber „begann ein Mann seinen Wirkungskrays unter uns, dem hohe Rechtschaffenheit, reine

Liebe des Vaterlandes, seltene Kenntnisse, nie ermüdende Thätigkeit allgemeine Bewunderung erwarben. Er theilte sein Herz und seinen Geist
denen, die unter ihm arbeiteten, mit, diese rangen ihm nach . . . Offenheit,
Liebe, Zutrauen verbinden immer enger unser Volk mit der vortrefflichen
jetzigen Verwaltung." [19] Zu den Unterzeichnern zählten mehrere Fabrikan-
ten aus Hagen, darunter zwei Mitglieder der Familie Harkort. Stein antwortete ebenso freundlich und mit einem ähnlichen Pathos. Er hatte Wurzeln
geschlagen.

Die Absonderung der preußischen Politik von der des Reichs, die 1795 zu
dem Frieden von Basel führte, wurde von Stein mißbilligt. [20] Aus dieser Zeit
rühren seine latenten Vorbehalte gegen die weichliche Haltung des Hofes in
Berlin. Er teilte die Kritik der öffentlichen Meinung in Deutschland an
Preußen. Dennoch verlief seine politische Karriere kontinuierlich weiter.
1796 wurde ihm zusätzlich die Verantwortung der Kammer für Minden,
Ravensberg und Tecklenburg übertragen, 1802 auch die Zuständigkeit für
das ehemalige, jetzt von Preußen übernommene Fürstbistum Münster. Er
leitete eine der damals größten Verwaltungsregionen Deutschlands, ein Gebiet, das sich teilweise mit dem heutigen geographischen Zuschnitt Nordrhein-Westfalens deckt.

Zwischendurch betreute er zugleich seinen Familienbesitz in Nassau, der
von französischen Übergriffen ständig bedroht war. Er verfügte über zahlreiche Briefkontakte in ganz Deutschland, besonders zu den früheren Stu-
dienfreunden aus der Göttinger Zeit, Ernst Rehberg und August Wilhelm
Brandes, aber auch zu Frauen, etwa zu Karoline von Berg. Später, 1812 am
Hofe des Zaren, stand er im Mittelpunkt der St. Petersburger Salons und
zog auch die Aufmerksamkeit Madame de Staëls auf sich, deren Schrift ›De
l'Allemagne‹ er dort kennenlernte und an der ihn das Kapitel über den deutschen 'Enthusiasmus', die Begeisterungsfähigkeit der Deutschen, am meisten faszinierte. Stein war kein Provinzler.

Von Minden aus knüpfte er Kontakte zu dem Prinzen Louis Ferdinand,
der eine Sonderstellung am Berliner Hof einnahm und bald zum Mittelpunkt einer hofinternen Opposition wurde. Er versuchte, den deprimierten
Prinzen, der politisch praktisch kaltgestellt war, aufzumuntern. In der Politik könne man, klärte er ihn auf, nicht nur vom Augenblick leben. Es bedürfe eines philosophischen Geistes, der die einzelnen Ergebnisse verallge-
meinere und aus isolierten Gegenständen generelle Schlüsse ziehe. Stein
entwickelte in diesen Briefen eine Art politischer Philosophie (in französischer Sprache), verwies auf Beispiele aus der Französischen Revolution:
die Begeisterung mache erst den wahren Charakter aus, das lasse sich an
zahlreichen Beispielen aus der Geschichte beweisen: der Errichtung der
Herrschaft der Kalifen, der Eroberung Amerikas durch die Spanier und der
Niederlage der Spanier durch die Kaperkapitäne. Stein versuchte dem Prin-

zen klarzumachen, daß die Zeit absolutistischer Regime vorbei sei: „Despotische Regierungen zerstören den Charakter der Nation, indem sie sie von den öffentlichen Angelegenheiten fernhalten, und die Verwaltung der Routine und den Intrigen der Bürokratie ausliefern." [21] Das war bereits 1796 im Kern die politische Philosophie gewesen, die Stein sein Leben lang beibehalten sollte. Er tröstete Louis Ferdinand: Auch Friedrich der Große habe schwere Stunden erlebt; er habe seinen Trost in der Einsamkeit und in der Liebe zur Literatur und zu den Künsten gefunden. [22]

Während seiner 25 Dienstjahre in Westfalen wurde Stein fast zum Prototyp jenes leitenden Verwaltungsfachmanns, der sich noch in den deutschen Oberbürgermeistern des 20. Jahrhunderts findet und sich dadurch auszeichnet, daß er bewußt sämtliche Bereiche seiner Zuständigkeit aufgreift und auf sie einwirkt. Der bekannteste Verwaltungsbericht, den Stein von Minden nach Berlin sandte, ist der vom 10. März 1801. Hier wird alles behandelt: Demographie, Landwirtschaft einschließlich des Bestandes an Pferden, Bullen, Schafen und Schweinen, die Situation der Gewässer, der Getreidehandel, die Holzwirtschaft, Textilfabrikation für Garne und Linnen, die Lage der Garnisonen und des Militärdienstes und Überlegungen zur Reform des Zuchthauses in Herford, Wege- und Wasserbau, Schiffahrt auf der Weser, Fragen der Beheizung der Schulen und der Erhöhung des Schulgeldes. Ausführlich befaßt sich der Bericht mit der Klage der Eigenhörigen, die in Westfalen insgesamt nicht so bedrückend war wie in den ostelbischen Provinzen. Er drängte auf die Aufhebung der Eigenhörigkeit und die Zuweisung von Eigentum an die Bauern. Darin ging Stein einen Schritt weiter als Möser. Die Gründe waren politisch-moralischer Natur: „Nach der absoluten Leibeigenschaft ist die Eigenbehörigkeit das drückendste Verhältnis des Bauern zum Gutsherren und das nachteiligste für menschliches Glück, Seligkeit, Wohlstand und Gewerbefleiß." [23] Aber es blieb bei der Mahnung. Stein hatte noch nicht die Position, um etwas bewirken zu können. [24]

Die ständige Konfrontation mit einem möglichen französischen Übergriff auf die rechtsrheinischen Gebiete sowohl in Westfalen als auch auf den Familienbesitz an der Lahn hatten bei Stein fast unbewußt eine nationalpolitische Haltung gefördert, die zunächst ganz schlicht auf der Vorstellung vom Vaterland und dessen Verteidigung beruhte, ohne weitergreifende nationale Entwürfe. Auch die Säkularisation, die er seit 1802 im Münsterland durchzuführen hatte, sah er primär unter nationalpolitischen Gesichtspunkten, nämlich der Stärkung der beiden in Deutschland dominierenden Staaten Preußen und Österreich, um dadurch dem territorialen Partikularismus entgegenzuwirken. Das war politisch, nicht ideologisch gedacht, zudem auch nicht preußisch, sondern deutsch. [25]

Das gleiche galt für die Eingliederung Westfalens in Preußen. Sie solle der Zerstückelung Deutschlands entgegenwirken und einen „Widerstand

gegen das Übergewicht Frankreichs" bewirken sowie die „nationale Unabhängigkeit" sicherstellen.²⁶

Jene politisch-sozialen Verhältnisse, zumal die ständische Mitwirkung,
wie er sie in Westfalen kennengelernt hatte, gewannen für Stein allmählich
Modellcharakter für eine künftige politische Ordnung in Deutschland.
Auch hier lehnte er sich an die Konzeption Mösers an. „Ich hoffe immer",
schrieb er am 19. August 1802 aus Nassau an Sack, „man wird die alte Deutsche Verfassung, die auf Grundeigentum gebaut war und die sich in West-
phalen erhalten, nicht umstürzen und an ihre Stelle eine bloße Bürokratie,
deren Unvollkommenheit wir kennen, setzen."²⁷ Aus demselben Grund
drängte er in Schreiben nach Berlin darauf, die ständische Verfassung in
Westfalen nicht aufzuheben: „Der Deutsche und insbesondere der Westphä-
liger ist ganz zu einer solchen Verfassung geeignet, er hat die zur Behandlung der Geschäfte in öffentlicher Versammlung nöthige Ruhe, Ordnungs-
liebe, Anhänglichkeit an Formen, Herkommen. – Der windige Franzose
muß mit der Peitsche eines Ludwigs XI., Richelieus, Ludwigs XIV. usw. geführt werden – ihn entschädigt befriedigte Eitelkeit für alles sonstige Uebel
einer schlechten Verwaltung – ehemals die Ehre, der Unterthan des größten
Königs zu sein, jetzt das Luft-Gebild der Gleichheit. Wie ihm der Bona-
parte selbst sagt, es käme ihm mehr auf die Gleichheit als auf Freyheit, dem
Engländer mehr auf Freyheit als auf Gleichheit an."²⁸

Die nationalen Vorstellungen verdichteten sich mit dem Aufstieg Napoleons. Aber es ist charakteristisch für dieses pragmatische und schlichte
Denken, wie diese Vorstellung allmählich aus der Theoretisierung des Prak-
tisch-Naheliegenden entstand, ohne daß sich Stein offensichtlich selber des
Neuen seiner Konzeption ganz bewußt war. Sicherlich spielte die Lektüre
zahlreicher Schriften und Pamphlete mit. Inzwischen waren Burkes ›Reflections‹ von Steins Freund Rehberg in Hannover ins Deutsche übersetzt worden. Aber man rezipierte in Deutschland nur die zwar eindringlichen, aber
doch recht vagen Formeln Burkes über das Organisch-Gewachsene, die Geschichtlichkeit politisch-sozialer Institutionen. Die intelligente Dialektik
der Argumentation des berühmten Abgeordneten des britischen Unterhauses blieb in Deutschland fremd: nicht nur damals um 1800. Stein hatte sich
1786 in England geschäftlich aufgehalten. Ludwig von Vincke, Steins Nachfolger in Westfalen, hatte zweimal England bereist, dabei einen Abstecher
zu Ossians Grab in Schottland gemacht und ein Buch über das britische
'Selfgovernment' geschrieben.²⁹ Im August 1800 berichtete Vincke Stein begeistert aus Manchester über die politisch-sozialen Verhältnisse Englands:
„Die Art, wie die Menschen hier so ganz durch und aus sich selbst regiert
werden, ohne daß der Staat im Mindesten sich darum zu kümmern und
dafür etwas auszugeben braucht, gewiß sehr viel Vorzügliches hat, welches
alles übrige weit aufwiegt."³⁰ Stark beeindruckt zeigte sich Vincke von der

Haltung des britischen Adels im Vergleich mit dem deutschen Adel, dessen
Anmaßung auch Stein mit größter Reserve betrachtete: „Wenn ich die reichen englischen Lords betrachte, deren Aufwand und Einkünfte so manchen nicht bloß kleinen, sondern selbst mittleren deutschen Fürsten hinter
sich läßt, und deren Macht dann wieder mit der gesetzlichen Despotie des
winzigen, erbärmlichen oberschlesischen Edelmanns vergleiche, so möchte
ich wahrlich weinen, daß wir so weit zurück sind . . . Mein Gott, wenn der
König je einmal genöthigt werden sollte, etwas ähnliches als ein Income-
tax bei uns zu verlangen! Hier hat niemand widersprochen und Adel und
Kaufmannschaft bezahlen sie . . . ohne alles Murren." Es gebe wohl in
England Gegner der Regierung, aber kaum Gegner der Konstitution des
Landes.[31]
    Mit dieser Einstellung wurde Stein 1804 als Wirtschafts-, Handels- und
Finanzminister nach Berlin berufen. Er verabschiedete sich aus Münster
mit einem Personalbericht, der kritisch und schroff die engsten Mitarbeiter
seiner Behörde einer dienstlichen Beurteilung unterzog, denen er u. a.
„menschenfeindliche Bitterkeit und Illegalität" bei der Amtsführung vorhielt.[32] Steins Persönlichkeit war nicht ohne Arroganz. Feinfühligkeit im
Umgang mit untergebenen bürgerlichen oder andersdenkenden Beamten
war nicht seine Stärke.
    Stein war, anders als sein späterer Gegner Ludwig von der Marwitz, kein
preußischer Adliger. Auch dies war ein Grund dafür, daß er sich auf offenere politische Horizonte beziehen konnte. So entwickelte er als Staats-
minister von 1804 bis 1807 politische Konzepte, die weit über den engeren
administrativen Rahmen hinausgingen. Bereits in Westfalen hatte er seine
täglichen Geschäfte mit der ständigen Erarbeitung von Reformkonzepten
verknüpft. Unter dem Eindruck der Erfolge Napoleons wie der Bedrohung
Preußens durch seine Politik begann er, preußische Politik in einem nationalen Rahmen zu entwerfen. Dabei stieß er regelmäßig auf Widerstand am
Hof König Friedrich Wilhelms III., der kein Interesse daran hatte, sich zu
nationaler Aktivität reizen zu lassen, und es vorzog, mit Napoleon zu einem
Kompromiß zu kommen. Für Stein war der Hof ein Abgrund an Verworfen-
heit. Tatsächlich wurde nicht nur das preußische Heer, sondern auch der
preußische Staat bei jener Schlacht von Jena und Auerstedt im Oktober
1806 vernichtend geschlagen. Im ostpreußischen Memel führten seitdem
König und Hof eine kümmerliche Restexistenz. Stein, der inzwischen als
lästig galt, wurde unwirsch entlassen.
    Inzwischen hatte sich die politische Szenerie Deutschlands grundlegend
geändert. Die alten geistlichen Fürstentümer waren aufgelöst, zahlreiche
Reichsstädte und Reichsritter, so auch Stein selber, „mediatisiert", d. h. um
ihre Selbständigkeit gebracht, das Reich durch die Niederlegung der Kaiserkrone durch Franz II. beendet: Preußen und Habsburg waren jetzt die bei-

den wichtigsten Staaten Deutschlands neben einigen anderen Ländern mit noch ungewisser Zukunft: das Ganze vorerst unter napoleonischer Herrschaft. Staaten und staatliche Grenzen waren vorübergehend Zufallserscheinungen in Europa, zudem von fragwürdiger Dauer. In dieser Zeit wurde Stein ein zweites Mal, nur für ein dreiviertel Jahr, zum preußischen Minister berufen, diesmal mit größerem Erfolg. In der Denkpause der Zwischenzeit hatte er ein Konzept, die ›Nassauer Denkschrift‹, entworfen, das eine Reorganisation der innerstaatlichen Verhältnisse in Preußen vorsah: die Straffung der Verwaltungsspitze durch die Einführung politisch verantwortlicher Minister und die Einführung der Selbstverwaltung auf der Ebene der Provinzen und Städte, also den Abbau des friderizianischen Obrigkeitsstaates auf der unteren Ebene. Die Städte sollten ihre Stadtvertreter und Magistrate selber wählen, und die Kontrolle durch die zentrale staatliche Bürokratie sollte zurückgenommen werden. Das sei machbar: „Die Anzahl der gebildeten und verständigen Männer ist in allen Klassen der Einwohner in den alten Provinzen des preußischen Staates so groß, daß es an geschäftsfähigen, mit praktischen Kenntnissen ausgerüsteten Männern, die mit Erfolg dem ihnen angewiesenen Geschäftskreis vorstehen werden, nicht fehlen wird."[33] Wie selbstverständlich tauchte in diesem Entwurf der Begriff der Nation auf, ohne daß deutlich wurde, ob lediglich Preußen oder bereits ganz Deutschland gemeint war. Als Vision wurde eine neue Gesellschaft projektiert, die die bestehende, nach wie vor von dem Adel, den Junkern, beherrschte, ablösen werde: „Alle Kräfte der Nation werden in Anspruch genommen, und sinken die höheren Klassen derselben durch Weichlichkeit und Gewinnsucht, so treten die folgenden mit verjüngter Kraft auf, erringen sich Einfluß, Ansehen und Vermögen und erhalten das ehrwürdige Gebäude einer freien, selbständigen, unabhängigen Verfassung."[34] Das waren schlicht und kraftvoll hingemeißelte Sätze eines Reformkonservatismus, der nicht den Status quo der sozialen Verhältnisse festschreiben, sondern den Staat, die politische Gesellschaft, das „Gebäude einer freien, selbständigen, unabhängigen Verfassung" in Zukunft sichern wollte. Gegner wie von der Marwitz entdeckten sogleich die Brisanz eines solchen Programms und die Bedrohung, die von ihm ausging.

Tatsächlich war Preußen für Stein nur ein Mittel zum Zweck. Jeglicher Borussismus, die Ideologie des Preußentums, eines verabsolutierten Verwaltungs- und Militärstaats waren ihm fremd. Der Staat – das war für Stein eher die Zusammenfassung aller vorhandenen wirtschaftlichen, gesellschaftlichen und politischen Kräfte zu einem an der Steigerung des Wohls des Landes orientierten politischen Handeln. Wesentlich sei „die Belebung des Gemeingeistes und Bürgersinns, die Benutzung der schlafenden oder falsch geleiteten Kräfte und der zerstreut liegenden Kenntnisse, der Einklang zwischen dem Geist der Nation, ihren Ansichten und Bedürfnissen und denen der Staatsbehörden, die Wiederbelebung der Gefühle für Vaterland, Selbständigkeit und Nationalehre".[35] Es war ein liberalkonservatives Programm. Der Staat wurde weder von der Macht, sei es als Verfassungsstaat in der Verteilung der innerstaatlichen Macht, noch als Machtstaat nach außen definiert. Im Zweifelsfall ging es um die 'nationale Ehre'. Steins Verständnis der Politik war weit entfernt von der Machtstaatsideologie späterer Jahrzehnte. Ähnlich wie bei Möser war für ihn die Nation etwas, das Generationen über Jahrhunderte verband. Es ging um das kulturelle, geistige, wirtschaftliche, gesellschaftliche und politische Leben, weniger um die Macht. Nicht zuletzt ging es um den nationalen Wohlstand, der nicht durch Selbstgefälligkeit, sondern durch Leistung entstand: Der Staat schwebte nicht als Selbstzweck über der Nation, sondern war ihr funktional zugeordnet. Nicht die Behörden und Beamten waren wichtig, sondern die Bürger und ihr Gemeinsinn. Im Prinzip war es die politische Philosophie, die auch eine deutsche Stadt im Mittelalter in ihrer Blütezeit beherrschte. So gesehen enthielt Steins politischer Entwurf ein Moment des Historisch-Idealisierenden in sich.

Von diesem großen Entwurf wurde nur ein kleiner Teil von Stein selber verwirklicht: die Reform der städtischen Selbstverwaltung 1808. Die neue Städteordnung, die Stein kurz vor Ende seiner Amtszeit fertigstellen konnte, sah die Wahl der Stadtvertretung unter Ausschaltung der Zünfte, durch Wahlen auf der Ebene von Stadtbezirken, nicht durch irgendwelche Korporationen vor. Sein Traum war, diese kommunale Verfassung langfristig auf alle staatlichen Bereiche auszudehnen und schließlich sogar einen nationalen Staat mit einer repräsentativen Verfassung zu schaffen. Aber bevor er die weitere Einlösung dieses Traums verwirklichen konnte, war er bereits wieder entlassen und bald von Napoleon aus Deutschland verbannt. Er mußte seine Frau und seine Familie verlassen. Zeitweilig suchte er in Osteuropa eine Bleibe und gelangte schließlich an den Hof des Zaren in St. Petersburg. Auch dort verfaßte er unablässig Denkschriften, jetzt an den Zaren gerichtet, um ihn zu bewegen, Deutschland und Europa von der Herrschaft Napoleons zu befreien: eine abenteuerliche politische Karriere. Dennoch zeichnete er sich durch eine strenge politische Konsequenz aus. Die Aufrufe zu einem Befreiungskrieg, die Stein in Rußland vorsorglich verfaßte, ähnelten jenen Eingaben, die man ihm während seiner früheren Amtstätigkeit in Westdeutschland gegen die Übergriffe der Französischen Revolution zugesteckt hatte. Stein, der die Nation von innen heraus friedlich hatte aufbauen wollen, mußte zu Mitteln greifen, die auf eine militärische Lösung hinausliefen. Tatsächlich riefen die 'Befreiungskriege' von 1813 nicht nur die bürgerliche Jugend, sondern auch den alten preußischen Adel zu den Waffen. Marwitz und mancher preußische Junker dachten praktisch genug, um sich diese Waffe, die zugleich ihre soziale Waffe war, nicht wieder aus der Hand winden zu lassen.

Als man sich in Wien 1814/15 zur politischen Neuordnung Deutschlands und Europas einfand, bestand für Steins liberalkonservatives Reformprogramm in Deutschland vorerst keine Chance. Er selbst kam nach Wien, nur um die Stadt enttäuscht wieder zu verlassen. Er überstand dies alles, darin Aristokrat, dank des Selbstbewußtseins und der inneren Unangefochtenheit seiner eigenen Persönlichkeit. Zudem war er nicht nur ein kantiger, selbstherrlicher, sondern auch ein frommer Mensch: ein überzeugter Protestant, der sich nicht von den Verwirrungen des politischen Alltags umwerfen ließ.

Die Erinnerung an das 1806 untergegangene Reich suchte Stein durch ein anderes Unternehmen sicherzustellen, das sein erfolgreichstes wurde: die Begründung der Quellenedition der ›Monumenta Germaniae historica‹ (1819). Seitdem wurde die Vergangenheit der Nation eine Angelegenheit der deutschen Gelehrten und Historiker, die bald nicht nur mit unermüdlichem Fleiß Quellen zusammentrugen und edierten, sondern sie auch nutzten, um im tagespolitischen Streit gegeneinander zu Felde zu ziehen. An ein solches Ergebnis seiner nationalen Stiftung hatte Stein weniger gedacht. Von den Historikern hat lediglich Leopold von Ranke in einigen seiner Bücher, so z. B. in ›Deutschland im Zeitalter der Reformation‹ (1839–1847) etwas von jener Welt aufgespürt und weitergegeben, an die Stein gedacht haben mag.[36] Im übrigen förderte die deutsche Geschichtsschreibung des 19. Jahrhunderts bald mehr national Trennendes als Verbindendes zutage. Nicht Ranke, sondern Treitschke erregte die Gemüter der Nation am Ende des 19. Jahrhunderts.

Um sein Werk nicht untergehen zu lassen, verfaßte Stein am 24. November 1808 ein 'politisches Testament', das an die preußische Regierung gerichtet war.[37] Er erinnerte an die erfolgreich abgeschlossenen Reformen der Städteordnung und der Bauernbefreiung und nannte jene Punkte, die in Zukunft zur Fortsetzung seines Programms noch verwirklicht werden müßten: die Abschaffung der gutsherrlichen Patrimonialgerichte, des gutsherrlichen Gesindezwangs, eine Adelsreform zur Beseitigung der Distanz zwischen den sozialen Ständen, die Abschaffung der bäuerlichen Dienstverpflichtungen, die Reform der Geistlichkeit und der Bildung der Geistlichen, die Reform der schulischen Erziehung. Im Bereich der Bildung nahm Stein Ziele auf, die seit dem 18. Jahrhundert in Kreisen der bürgerlichen Aufklärung angestrebt wurden. Stein gab diesen Erwartungen eine praktische, administrative Richtung. Schließlich schlug er eine Nationalrepräsentation vor. Das bedeutete den Anschluß – in irgendeiner Form – an den englischen und französischen Parlamentarismus. Generell bemerkte er zu den Motiven seiner Politik: „Es kam darauf an, die Disharmonie, die im Volke stattfindet, aufzuheben, den Kampf der Stände unter sich, der uns unglücklich machte, zu vernichten, gesetzlich die Möglichkeit aufzustellen, daß jeder im Volke seine Kräfte frei in moralischer Richtung entwickeln könne, und auf solche Weise das Volk zu nötigen, König und Vaterland dergestalt zu lieben, daß es Gut und Leben ihnen gerne zum Opfer bringe."[38]

Stein wollte eine politische Liberalisierung mit gouvernementalen Mitteln. Dieses Ideal ging aber an den tatsächlichen Gegensätzen und Interessen vorbei. Es lag nicht nur am Widerstand der Hofkamarilla, wenn das Programm kaum durchführbar war. So hatte Stein wohl Freunde unter den Kollegen in der Regierung wie unter der Beamtenschaft: aber er war ein politischer Einzelgänger geblieben. Die Vorstellung, daß solch ein Programm sich selbst in Preußen um 1808 nur mit der Unterstützung starker politischer Gruppen, schließlich organisierter Parteien, realisieren ließ, war ihm fremd.

Aus der Erkenntnis der Gefahren, die von dem Programm Steins ausgingen, formierte sich unter Führung des preußischen Adeligen Friedrich August Ludwig von der Marwitz eine Opposition gegen Stein aus den Kreisen der preußischen Junker, die sich als dauerhaft erwies. Marwitz verfaßte 1811 eine ›Kritik des Steinschen Testaments‹, die die Opposition gegen den liberalen Konservatismus unmißverständlich artikuliert: „Der Minister Stein hatte bei großer Geisteskraft den Fehler, daß er sich durch den Schein blenden ließ."[39] Warum solle der Zustand der Erbuntertänigkeit vor der Bauernbefreiung schlecht gewesen sein? „Denn wodurch soll der Staat, in seinen edelsten Funktionen, bisher repräsentiert durch die Gutsherren, nun aber herausgerückt aus der berührenden Nähe, sich den Bauern ferner offenbaren? Durch seine Steuereinrichtungen, die ihnen verhaßt?" Der freie Wille der Menschen sei eine tönende Redensart. Er könne sich ebensogut gegen den Thron richten, und er werde dies auch, „weil die Ungebundenheit nicht den pflichtgemäßen Willen erzeugen kann". Wer den freien Erwerb des Grundeigentums ermögliche, mache die Besitzer zu Spekulanten. Die polizeiliche Gewalt des Gutsherrn erhalte die Ordnung auf dem Lande. Was sei schließlich der Staat? „Der Staat selbst ist ein Unding für den Bauern, weil er ihn weder sehen noch erkennen kann, außer durch die Abgaben, die er an ihn zahlt." Die Aufhebung der Gesindeordnung führe nur zu einem Herumstreifen herrenlosen Gesindes auf dem Lande.

Ganz entschieden wurde eine parlamentarische Verfassung abgelehnt: ein Grundsatz, an den sich die preußischen Konservativen praktisch bis 1918 hielten. Die folgenden Sätze sind charakteristisch: „Daß jedes Individuum im Staate repräsentiert werde, kann weder recht noch nützlich sein. Nicht recht, weil der Staat das Wohl des Ganzen wollen muß, die meisten Individuen dagegen, . . . dennoch kein Bewußtsein haben, worin es eigentlich bestehe, als jederzeit nur ihr Privatwohl wollen. Die Majorität wird also dem Zwecke des Staats entgegenstreben und denselben vernichten, wenn sie repräsentiert wird."[40] Hier verbinden sich eine bestimmte Vorstellung von Staatsautorität und der Gedanke des sozialen Machterhaltes. Es gebe auch nur zwei Stände, schrieb Marwitz, die Grundbesitzenden und die Gewerbetreibenden. Nur sie könnten politisch repräsentieren. Der abstrakte Staatsbürger sei lediglich eine „geometrische Idee" und gehe an der Wirklichkeit vorbei. „Die Zahl der Bürger begründet keine Notwendigkeit der Repräsentation. Es lassen sich Millionen von Eskimos denken, welche repräsentieren zu wollen ebenso lächerlich als verderblich für den Staat wäre, der sie beherbergte."

Aus der Schärfe der Diktion sprach die realistische Einsicht in die soziale Eingebundenheit staatlicher Autorität. Darin unterschieden sich Marwitz und Stein grundlegend. Das ist der Kernpunkt des preußischen Konservatismus, wie ihn Marwitz vertrat: die Kombination von politischer Autorität und sozialer Macht, die nicht bereit ist, die Machtverteilung dem Zufall gar von Wahlen zu überlassen. „Nur Gott allein vermag durch sich selbst zu bestehen. Die festgegründeten Monarchien und die rechtmäßigen Könige erhalten sich nur durch die Vereinigung der Waffen und der Gesetze (der Macht und des Rechts), und diese Vereinigung ist so notwendig, daß die eine ohne das andere nicht bestehen kann."[41] Ein Konservatismus solcher Prägung diente immer auch dem Kampf um die soziale Macht. Wurde er von einer sozialen Gruppe wie dem preußischen Adel getragen, die bald eine Minorität werden sollte, war der politische Kampf, der durch ein solches Konzept heraufbeschworen wurde, absehbar. Marwitz' preußischer Konservatismus dachte nicht daran, die staatliche Autorität, geschweige denn die Verfügung über sie leichtfertig preiszugeben. Seit dieser Zeit nahm der politische Konservatismus in Deutschland konkretere, machtbewußte Formen an.[42]

Marwitz hatte das Glück, daß Theodor Fontane später in dem Roman ›Vor dem Sturm‹, dessen Handlung an der Jahreswende 1812/13 in der Mark Brandenburg spielt, jene soziale Welt, in der Marwitz lebte und die sein Konservatismus erhalten wollte, in einer sympathieerzeugenden Schilderung festhielt. Fontanes Buch beruhte auf eigenem Quellenstudium. Es beschreibt eine Welt, in der Gutsherren und Bauern, Geistliche und Adelige, Bedienstete und Personen am Rande der Gesellschaft alle noch eigentümlich vertraut miteinander zusammenleben: eine fast noch heile Welt, die aber durch den Gutsherrn von Vitzewitz, der wohl Marwitz verkörpern soll, durch seine Lust auf militärische Abenteuer ernsthaft gefährdet wird. Fontanes Roman erschien 1878, er war auch als zeitgenössische Warnung gedacht.

III.
RESTAURATION, REGIERUNGSKONSERVATISMUS
UND POLITISCHE RELIGIOSITÄT, 1815–1848

Im Frühjahr 1815, während in Wien der europäische Kongreß tagte, Napoleon von der Insel Elba erneut aufgebrochen war und die konservativen Kräfte Europas in Schrecken versetzte, begegneten sich im hessischen Nassau zwei Männer: der 57jährige Stein und der 65jährige Goethe. Stein lud den anfangs widerstrebenden Dichter zu einer Fahrt nach Köln ein. Dort besichtigte man schweigend die größte Bauruine Deutschlands, den Kölner Dom, dessen Chor fertiggestellt, dessen Mittelteil kaum begonnen und dessen Türme nur zur Hälfte erbaut waren. Ernst Moritz Arndt, der anwesend war, beschrieb die Szene: „Nie habe ich Steins Rede in Gesellschaft stiller tönen gehört."[1] Steins Pläne einer konservativ-liberalen Erneuerung deutscher Reichspolitik wurden damals in Wien endgültig zu den Akten gelegt. Man hatte in Europa andere Sorgen.

So wurde aus seiner nationalen Politik die Erinnerung an Ruinen. Steins Unternehmen der ›Monumenta Germaniae historica‹ ging in dieselbe Richtung: Edition verschollener historischer Texte statt Handeln. Dem gebildeten deutschen Bürgertum und den jungen Professoren wurde damit ein neuer Weg gezeigt, sich der Nation zu nähern: über die wissenschaftliche Exegese der Vergangenheit. So bekam die bürgerliche Politik des 19. Jahrhunderts, die liberale wie die liberal-konservative, eine Komponente, die sie von vergleichbaren Strömungen anderer westeuropäischer Länder unterschied: den Historismus. Sein Bild von der Geschichte war tatsächlich das einer Ruine, etwas Vergangenes, Verfallenes, das nur noch in Resten vorhanden und nur noch in den Köpfen und dem Wirken der Historiker bestand: von daher die exzeptionelle Beschäftigung deutscher Historiker mit 'Quellen'. Die minutiöse Erforschung und Edition von Quellen wurde zum Ersatz der Geschichte und politischer Verantwortung in der Gegenwart. Das war nicht zwingend. Thomas Macaulay, der liberale englische Parlamentarier und Historiker, sah dies in seiner ›History of England‹ ganz anders, ebenso Jules Michelet in Frankreich. Der oft beklagte 'Sonderweg' der deutschen Geschichte war nicht zuletzt ein 'Sonderweg' deutscher Historiker und anderer Geisteswissenschaftler. Immerhin versuchte ein liberaler Historiker wie Georg Gottfried Gervinus mit seiner ›Deutschen Geschichte des 19. Jahrhunderts‹ sich diesem Trend entgegenzustemmen.

Weihnachten 1812, als Napoleons Armee geschlagen aus Rußland zu-

rückkehrte, erschien der erste Band der später weltberühmt gewordenen
Märchen der Brüder Grimm. Sie hatten die Texte aus mündlichen Erzählungen zusammengetragen und geglaubt, einen ureigensten Schatz in dem
natürlichen Empfinden des Volkes entdeckt zu haben.[2] Das Leben von
Wilhelm und Jacob Grimm verlief nach dem Muster einer erfolgreichen
Gelehrtenkarriere des 19. Jahrhunderts – mit einer Ausnahme – ohne ungewöhnliche Erregung. Anfangs Bibliothekare, wurden sie später die bekanntesten deutschen Germanisten. Ihr Vater war Amtmann im hessischen Stei-
nau gewesen. Die sechs Geschwister, schreibt Jacob Grimm in seiner Selbstbiographie, wurden , „ohne daß viel davon die Rede war, aber durch That
und Beispiel streng reformirt erzogen". Die wenigen Lutheraner der Klein-
stadt habe man als „fremde Menschen angesehen", über die Katholiken im
Nachbarort „machte ich wohl mir scheue, seltsame Begriffe". Die heimat-
liche Bindung galt dem Land Hessen; „Liebe zum Vaterland war uns, ich
weiß nicht wie, tief eingeprägt, denn gesprochen wurde eben auch nicht davon." Man habe den Landgrafen für „den besten, den es geben könnte" gehalten, „unser Land für das gesegneteste unter allen". Einer der Brüder
habe „als Kind auf der hessischen Landkarte alle Städte größer und alle
Flüsse dicker" gemalt: „Mit einer Art von Geringschätzung sahen wir z. B.
auf Darmstädter herab."[3] Als Bibliothekar in Kassel unter napoleonischer
Besetzung suchte Jacob Grimm ältere Urkunden des Landes aus dem Dreißigjährigen Krieg zu retten, später, 1815, brachte er die aus Kassel geraub-
ten Dokumente aus Paris wieder zurück. Das deutsch-französische Verhältnis erfuhr er aus der Bibliothekarsperspektive: „Jener Auftrag brachte mich
in ein eher unangenehmes Verhältnis zu den Pariser Bibliothekaren, die
mich früher sehr gefällig behandelt hatten."[4] Gerade weil die Brüder
Grimm einen enormen Einfluß auf das spätere deutsche 'Bewußtsein' des
19. und 20. Jahrhunderts haben sollten, überrascht die Schlichtheit der bio-
graphischen Genese dieses Denkens. Wilhelm und Jacob Grimm waren
keine Politiker, auch wenn Jacob Grimm der Frankfurter Nationalversammlung angehörte. Aber anders als Stein waren diese beiden Bürgerlichen
historisch ungewöhnlich erfolgreich. Denn es ist nicht zu bestreiten, daß nicht
nur ihre Märchen, ihr populärstes Werk, das vermutlich in der Kindererzie-
hung der Deutschen im 19. Jahrhundert die Luther-Bibel verdrängte, ferner
ihre deutschen Sagen und schließlich das ›Deutsche Wörterbuch‹ eine politische Wirkung ausübten: auf das Volk wie auf die Gebildeten. Wenige deutsche Wissenschaftler haben so sehr zum Ansehen des 'Professors' beigetragen wie die Grimms. Zu Helden des deutschen Publikums wurden sie 1837,
als sie – sie gehörten der Gruppe der 'Göttinger Sieben' an –, unter Berufung auf den Eid, den sie auf die Verfassung geleistet hatten, gegen die
Aufhebung eben dieser Verfassung durch den neuen König von Hannover
protestierten und kurzerhand ihrer Professur enthoben wurden.

Jacob Grimm formulierte zur Rechtfertigung dieses Schritts einen bemerkenswerten Satz: „Ich habe keine staatsrechtliche Theorie gemacht und keine zu verfechten, ich muß mich an das halten, was mir von oben gegeben ist, aber nach der Basis, auf welcher das Grundgesetz ruht, kann man mit vollem Recht sagen, der Eid ist auch dem Lande geleistet."[5] Das Land kam also ins Spiel, nicht nur der Monarch. Das war liberal und zugleich konservativ gedacht. Die protestierenden Professoren waren sich der Wirkung ihres Schritts bewußt. „Alle Gemüther waren innig erregt und die Blicke von ganz Deutschland auf Göttingen gerichtet."[6] Auch wußten sie um ihre politische Verantwortung: „Die deutschen hohen Schulen, solange ihre bewährte und treffliche Einrichtung stehn bleiben wird, sind nicht bloß der zu und abströmenden Menge der Jünglinge, sondern auch der genau darauf berechneten Eigenschaften der Lehrer wegen, höchst reizbar und empfindlich für alles, was im Lande Gutes oder Böses geschieht. Wäre dem anders, sie würden aufhören, ihren Zweck, so wie bisher, zu erfüllen. Der offene, unverdorbene Sinn der Jugend über wichtige Lebens- und Staatsverhältnisse auf ihren reinsten und sittlichsten Gehalt zurückzuführen und mit redlicher Wahrheit zu beantworten." Da gelte kein Heucheln. Ein liberales Pathos wird deutlich: „Lehrer des öffentlichen Rechts und der Politik sind, kraft ihres Amtes, angewiesen, die Grundsätze des öffentlichen Lebens aus dem lautersten Quell ihrer Einsichten und Forschungen zu schöpfen; Lehrer der Geschichte können keinen Augenblick verschweigen, welchen Einfluß Verfassung und Regierung auf das Wohl oder Wehe der Völker übten; Lehrer der Philologie stoßen allerwärts auf ergreifende Stellen der Classiker über die Regierungen des Altherthums, oder sie haben den lebendigen Einfluß freier oder gestörter Volksentwicklung auf den Gang der Poesie und sogar den innersten Haushalt der Sprachen darzulegen. Alle diese Ergebnisse rühren aneinander und tragen sich wechselseitig."

Das gelte gleicherweise für die Theologie und die Medizin. Es ist aufschlußreich, daß Politik hier unmittelbar aus der Verantwortung des individuellen Berufs, nicht aus einer vorgefaßten Doktrin entwickelt wird. Um so zwingender die Konsequenz: „Wie allseitig mußte also die Universität von der Kunde ergriffen werden, daß die Verfassung des Landes dem Umsturz ausgesetzt sei", dem 'Umsturz' durch den König wohlgemerkt: „Eine Menge junger Leute nehmen Antheil an der veränderten Lage ihrer Eltern, Brüder, Freunde und Lehrer, an der Verrückung ihrer eignen Stellung: alle bewegt ein allgemeines Gefühl der schwebenden Gewaltthätigkeit, und es braucht nicht erst gesagt zu werden, auf welcher Seite sie stehen."[7]

Man hatte den protestierenden 'Göttinger Sieben' vorgehalten, sie seien ja größtenteils 'Ausländer', d. h. von jenseits der hannoveranischen Grenzen berufen. Hierzu argumentierte Grimm sehr bezeichnend, indem er den nationalen Anspruch der deutschen Universitäten geltend machte: „Will der König seine hohe Schule mit lauter eingebürtigen Professoren besetzen, nur für eingeborene Studenten öffnen?" Ganz offensichtlich war der Protest nicht als lokaler Streit, sondern als nationale Sache angelegt. Der König von Hannover war der eher zufällige Angelpunkt. „Es war vorauszusehen und ist allgemein bekannt, welche bewegten und schmerzhaften Eindrücke unsere Entsetzung im Lande unter allen Mitgliedern der Universität, die ein Gefühl von Recht hatten, vorzüglich aber unter der studierenden Jugend erzeugen mußte. Ich verzichte hier darauf sie zu beschreiben: sie bleiben in meiner Brust begraben. Schwerer fällt es die weit in ganz Deutschland gefühlte und noch lange nachhaltende Wirkung des Ereignisses aufzufassen."[8] Jacob Grimm verstand seinen Rechenschaftsbericht über den Protest von 1837 als ein Vermächtnis an spätere Generationen.

Es fällt schwer, die Leistungen und Wirkungen der Brüder Grimm angemessen zu beurteilen. Man hat ihnen, zumal ihrer Märchensammlung, die Propagierung eines kulturellen Nationalismus vorgehalten. Offenkundig ist, daß Könige, eine ständische Gesellschaft, der Appell an Tugenden, die eben auch militärische sind, wie die Tapferkeit des 'tapferen Schneiderleins', der Kampf zwischen Gut und Böse, wobei sich der Leser allzuleicht naiv mit dem 'Guten' identifiziert, in zahlreichen ihrer Märchen durchgängig zu finden sind.[9] Kaum zu bestreiten ist auch der Programmcharakter selbst wissenschaftlicher Editionen der Brüder Grimm. Es war ein nationales Programm. Aber es war ambivalent: Es öffnete das historische Bewußtsein und verengte es zugleich durch die Überbetonung der Sprache und der historischen Literatur. Es schulte ein wissenschaftlich-kritisches Denken und blieb zugleich in alte, vorchristliche, letztlich national auszumünzende Mythologien verliebt, es sprach über die Märchen das Volk an, gaukelte ihm aber zugleich eine geradezu schicksalhaft unentrinnbare Gesellschaftsordnung als ewig bestehend vor, nicht zuletzt durch die eigenen sprachlichen Verfeinerungen und Zusätze der beiden Autoren, die ihren Märchen alles als anstößig Empfundene nahmen, damit man sie den Kindern unbesorgt erzählen könne. Schließlich versäumten sie es als Wissenschaftler, ihr Publikum darüber aufzuklären, daß ihre Märchen eigentlich gar nicht 'deutsch' waren, sondern in europäischen Erzähltraditionen wurzelten. Daß von den Werken der Brüder Grimm nicht nur eine nationale Wirkung, sondern eine nationalistische Verengung ausging, zumindest langfristig, kann man ihnen nicht direkt anlasten, aber man darf es auch nicht verschweigen. Beabsichtigt war es von ihnen nicht. Es ist kein Zufall, daß Jacob Grimm in den zwei Jahren, bevor er 1848 in die Nationalversammlung gewählt wurde, die ersten nationalen Germanistenversammlungen in Frankfurt (1846) und in Lübeck (1847) geleitet hatte. In den einzelnen Disziplinen der Wissenschaften, wie etwa auch bei den Historikern, war eine nationale universitäre Öffentlichkeit entstanden, die seitdem den Gang der deutschen Geschichte über alle Brüche hinweg begleitet und gelegentlich recht parteilich kommentiert hat.

'Politik' und 'Staat' waren in Deutschland, erst recht nach dem Ende des Reichs 1806, Verwaltung, genauer: Landesverwaltung. Die Freiheit der Bürger, schrieb 1815 Barthold Georg Niebuhr, hänge weit mehr von dem Zustand der Verwaltung als von der Verfassung ab. Tatsächlich kamen die wirksamsten politischen Leistungen im Deutschland des 19. Jahrhunderts aus der Verwaltung. Sie förderte systematisch die wirtschaftliche Entwicklung und die Stärkung der Leistungskraft des jeweiligen Landes durch Verordnungen und Gesetze. Nicht nur die preußische, auch andere Landesverwaltungen wie die bayerische entfalteten in der ersten Hälfte des 19. Jahrhunderts erhebliche Energie. Im Ausland galt die deutsche Verwaltung als Muster par excellence. Ausländer studierten das deutsche Verwaltungssystem und bewunderten nicht zuletzt die deutsche kommunale Selbstverwaltung.[10] Zu den Leistungen zählte auch der Ausbau des Bildungswesens, der Schulen und Hochschulen. Den Beginn machte Preußen mit der Errichtung der Universität Berlin 1810, welche die 'Humboldtsche Bildungsreform' begründete. Wilhelm von Humboldt war ein eher untypischer preußischer Adeliger. Seine bekannteste politische Schrift zielte darauf ab, die 'Grenzen der Wirksamkeit des Staates' zu bestimmen. Humboldts Pläne für Hochschulen und Gymnasien, später als 'neuhumanistisch' etikettiert, trugen bildungsaristokratische Züge und sahen einen Freiraum der Wissenschaften gegenüber staatlichen und gesellschaftlichen Zwängen vor. Wie Stein blieb Humboldt nur kurze Zeit im Amt des Ministers. Zwar wurden auch seine Pläne weitergeführt, aber in den preußischen Verwaltungspragmatismus eingebettet. Das zeigte sich bereits bei der Gründung der Universität Bonn 1818, welche die neuen westlichen Provinzen des Rheinlands und Westfalens geistig gewinnen sollte. Die Förderung der Wissenschaften erhielt eine konservative Zielsetzung. Der gut fundierten neuen Universität Bonn mit fünf Fakultäten wurde im Gründungserlaß des Königs die Aufgabe gestellt, für „eine gleichmäßige, allseitige, ernste und tüchtige Bildung aller Meiner Unterthanen" zu sorgen. Dies sei das sicherste Mittel, „einem der wahren Wolfahrt der Völker so höchst nachteiligen, unruhigen und unfruchtbarsten Getriebe zuvor zu kommen und das Wohl und Gedeihen des Preußischen Staats hauptsächlich auf die sorgfältig geleitete Entwicklung aller seiner geistigen Kräfte" zu gründen.[11]

Die Aufwertung der Philosophischen Fakultät neben den traditionellen Fakultäten: den beiden Theologischen, der Juristischen und der Medizinischen, galt bereits als selbstverständlich. Da aus ihr im 19. Jahrhundert alle modernen Wissenschaften, von den Sprach-, Literatur-, Geschichtswissenschaften bis zu den Naturwissenschaften hervorgingen, enthielt die Philosophische Fakultät den Kern jener wissenschaftlichen Modernität, die von der preußischen Kulturverwaltung bewußt gefördert wurde. Auch wurde in Bonn die Berücksichtigung der Konfessionalität bei die Berufung von Professoren (außer bei den Theologen und bei zwei philosophischen Lehrstühlen) ausgeschlossen. Damit war die Grundlage jener Säkularisierung der Wissenschaften von Göttingen übernommen, die sich im 19. Jahrhundert durchsetzen sollte. Das Wissenschaftsprogramm unterschied sich im Prinzip kaum von der französischen Wissenschaftspolitik unter Napoleon, nur daß man, anders als in Frankreich, an der alten Institution der Universität weiter festhielt.

Die preußische Universität des 19. Jahrhunderts, zumal die Philosophische Fakultät, stand noch in enger Verbindung zu den Gymnasien. Die Einführung des 'Abiturzwangs' als Voraussetzung für den Eintritt in die Universität 1834 begünstigte diese Verbindung. Seitdem nahmen Universitäten wie Gymnasien einen ständigen Aufschwung. Der Abschluß des Studiums wurde Voraussetzung für den Eintritt in den höheren Verwaltungsdienst einschließlich des gymnasialen Schulwesens. Universität und Verwaltung waren in Preußen wie bald auch in allen anderen Ländern, die diesem Beispiel folgten, eng verzahnt. Formale Leistungskriterien spielten eine wichtige Rolle. Ein anderes Problem aber war die Staatsgesinnung. Die Freiheit von Forschung und Lehre war nicht grenzenlos.[12] Es war eine große Zahl ebenso eigenwilliger wie selbstbewußter Persönlichkeiten, welche die neuen preußischen Universitäten in ihren Bann schlugen. Sie waren fast alle protestantischer Herkunft, drängten aber darauf, die Universität aus ihren traditionellen, engen kirchlichen Bindungen zu lösen. Zu ihnen zählten Schleiermacher und Hegel, Niebuhr und Ranke, Fichte und Arndt. Hegel deutete bei seiner Antrittsvorlesung in Berlin im Oktober 1818 in dem ihm eigenen Denkstil, bei dem philosophisches 'Bewußtsein' und persönliches 'Selbstbewußtsein' nicht so recht zu trennen waren, seine Berufung mit folgenden Worten: „Nun, nachdem dieser Strom der Wirklichkeit gebrochen und die deutsche Nation überhaupt ihre Nationalität, den Grund alles lebendigen Lebens, gerettet hat, so ist dann die Zeit eingetreten, daß in dem Staate neben dem Regiment der wirklichen Welt auch das freie Reich des Gedankens selbständig emporblühte . . . Und es ist insbesondere dieser [preußische] Staat, der mich nun in sich aufgenommen hat, welcher durch das geistige Übergewicht sich zu seinem Gewicht der Wirklichkeit und im Politischen emporgehoben, sich an Macht und Selbständigkeit solchen Staaten gleichgestellt hat, welche ihm an äußeren Mitteln überlegen gewesen wären. Hier ist die Bildung und die Blüte der Wissenschaften eines der wesentlichen Momente selbst im Staatsleben; auf hiesiger Universität, der Universität des Mittelpunkts, muß auch der Mittelpunkt aller Geistesbildung und aller Wissenschaft und Wahrheit, die Philosophie, ihre Stelle und vorzügliche Pflege finden."[13]

Es ist nicht ganz eindeutig, was sich in diesen Worten Hegels abspielte: War es die bürgerliche Machtergreifung des preußischen Staates? Jedenfalls spielte der Begriff des 'Staats' und der des 'Machtstaats' fortan, seit Hegel, in der Politischen Philosophie in Deutschland eine zentrale Rolle. Die Sprache des preußischen ›Allgemeinen Landrechts‹ von 1794 war dagegen beispielsweise noch viel zurückhaltender gewesen. Es war keineswegs nur der preußische Adel, der seit 1815 die innere Entwicklung Preußens prägte. Bürgerliche Professoren und Beamte trugen weit mehr zur Entstehung einer neuen preußischen Staatsgesinnung bei. Tatsächlich wurde bald manchen das selbstbewußte Auftreten der Universitäten und Professoren und ihr selbstverständlicher nationaler Anspruch unheimlich. Denn die Studenten, dem Beispiel ihrer Lehrer folgend, machten sich den Anspruch der Professoren, die nationale Identität zu respektieren, zu eigen. Auf dem Wartburgfest 1817 feierten die neugegründeten Burschenschaften gleichzeitig zwei historische Ereignisse in *einem*: Luthers Thesen von 1517 und die Schlacht bei Leipzig gegen Napoleon von 1813. Darüber hinaus verlangten sie eine nationale Verfassung und die Überwindung der Teilung Deutschlands in vierzig Staaten. Ihr Idealismus trug liberale und nationalstaatliche Züge. Bereits zwei Jahre später wurde die Aktivität der Burschenschaften, die an fast allen deutschen Universitäten Anhänger hatten, auf Betreiben des österreichischen Staatskanzlers Fürst Metternich durch die Karlsbader Beschlüsse verboten. Die damit eingeleitete Beschränkung der Meinungsfreiheit und die politische Repression betrafen hauptsächlich die Universitäten, Professoren wie Studenten. Bevor es in Deutschland zur Gründung einer konservativen Partei kam, hatten sich die fürstlichen Obrigkeiten aus realistischer Einsicht in die eigene Schwäche zu einem Defensivbündnis zusammengeschlossen: Die Einigung Deutschlands im 19. Jahrhundert begann mit einem Dokument der Repression. Das Bündnis erwies sich über alle Schicksalsschläge hinweg bis zur Bismarckschen Reichsgründung von 1867/1871 als tragfähig. Nur die Konstellation der Bündnispartner veränderte sich von Metternich bis Bismarck.

Der deutsche Partikularismus hatte jedoch auch seine Vorzüge: Selbst die Karlsbader Beschlüsse konnten nicht einheitlich und konsequent in ganz Deutschland angewendet werden. Die Grimms, aus Göttingen vertrieben, wurden nach Berlin berufen. Das liberale Pathos der 1848er hat später die Zeit der 'Restauration' und des 'Vormärz' bewußt in düsteren Farben geschildert. Zweifellos litten, zumal in Preußen, nicht nur die Universitäten unter dem massiven Druck staatlichen Gesinnungszwangs.[14] Auch die Verwirklichung der kommunalen Selbstverwaltung, die Stein ins Leben gerufen hatte, wurde lange hinausgezögert. Erst seit den 1840er Jahren waren die Sitzungen der Stadtverordnetenversammlungen in Preußen öffentlich. Eine Konstitution, eine parlamentarische Vertretung für ganz Preußen kam entgegen den Ankündigungen Friedrich Wilhelms III. nicht zustande. Statt dessen wurden lediglich in den einzelnen Provinzen in den 20er Jahren 'Provinzialstände' errichtet, die sich aber, besonders im Rheinland und in Westfalen, bis 1848 zunehmend politisierten. Hier wuchsen wie in den mittel- und süddeutschen Landtagen die ersten Parteibildungen heran. Breitere konservative Strömungen fanden sich in Preußen zuerst in der Verwaltung und in den Kirchen.[15] Daneben bestand jener preußisch-junkerliche Konservatismus, der die Herrschaftsverhältnisse des Landadels verteidigte und zu deren Sprecher sich von der Marwitz gemacht hatte.

Die Französische Revolution, die Herrschaft und die Kriegszüge Napoleons hatten einen derart nachhaltigen Eindruck in Europa hinterlassen, bei Regierenden wie Regierten, daß noch jahrzehntelang die Erregung in der Literatur, der Geschichtsschreibung und der Philosophie nachwirkte. 1837 brachte Thomas Carlyle seine dramatische Geschichte der Französischen Revolution heraus, die für das 19. Jahrhundert zum populären Standardbuch wurde. Hegels Philosophie ist ohne den Hintergrund seiner zeitgeschichtlichen Erfahrung kaum zu erklären. In der europäischen Literatur zog sich die Verarbeitung dieser historischen Entwicklung noch bis in die Romane von William Makepeace Thackeray (›Vanity Fair‹ 1847/48), die ›Geschichte zweier Städte‹ von Charles Dickens (1859), Leo Tolstois breitangelegtes historisches Panorama ›Krieg und Frieden‹ (1869) und Theodor Fontanes ›Vor dem Sturm‹ (1878) hin. Gerade an diesen Werken läßt sich studieren, wie 'Geschichte' in Bewußtsein umschlug und die Phantasie und das Denken des lesenden Publikums über Generationen hinweg in den Bann schlug.

Die europäischen Politiker der Jahre 1814/15, die sich zur militärischen Niederwerfung Napoleons aus Rußland, Österreich, Preußen, England und schließlich auch aus Frankreich selbst (nach der Restauration der bourbonischen Monarchie) zusammengetan hatten, sahen die Dinge etwas praktischer. Napoleon hatte bewirkt, daß die europäischen Diplomaten erstmals seit den Beratungen zum Westfälischen Frieden von 1648 auf dem Wiener Kongreß wieder zusammenkamen. Es sollten wiederum fast hundert Jahre vergehen, bis 1919 in Versailles ein vergleichbares Ereignis stattfand und der Völkerbund begründet wurde. In Versailles 1919 schienen schließlich jene Kräfte unter Führung der USA gesiegt zu haben, die 1814/15 in Wien unter Führung Metternichs von dem Zusammenspiel der konservativen europäischen Regierungen eingedämmt worden waren: die Kräfte des Fortschritts, des Liberalismus, der nationalen und der demokratischen Bewegungen.

Die konservativen Regierungen fanden sich in Wien zu einem Zweckbündnis zusammen, das keinen politischen Zukunftswurf für Europa erstellte, sondern lediglich die Aufgabe hatte, die Schrecken der jüngsten

Geschichte künftig zu verhindern. Von daher die Restauration der Monarchien und die territoriale Neuordnung Europas, die nicht zuletzt strategischen Überlegungen entsprangen: der Lösung der von der Revolution bzw. Napoleon eroberten Gebiete Belgiens, Hollands und des Rheinlands von Frankreich und die territoriale Verdoppelung Preußens, das jetzt mit den Provinzen Rheinland und Westfalen einen zweiten Schwerpunkt im Westen erhielt. Niemand dachte 1815 daran, daß durch die Erweiterung Preußens nach Westen hin überhaupt erst die spätere Militär- und Wirtschaftsmacht Preußen ermöglicht wurde. Es ging damals lediglich um die Sicherung des Status quo. So wurden weder für das zergliederte Italien noch für das Habsburgerreich und Osteuropa einschließlich Polens und schließlich auch nicht für Deutschland (mit dem neugeschaffenen 'Deutschen Bund') irgendwelche langfristigen Lösungen angezielt.

Als ein Muster der Diplomatie kann man die Lösung von Wien nur ansehen, wenn man berücksichtigt, wie labil die gesamteuropäische Situation 1815 war. Wirtschaftliche und industrielle Entwicklung – und Rivalität – wurden kaum berücksichtigt. Man sorgte sich um die politische, nicht um die industrielle Revolution. Lediglich die britische Tory-Regierung sah die Dinge realistischer und lehnte sowohl die von dem Zaren Alexander gewünschte antirevolutionäre Politik der Intervention in europäischen Staaten, wie z. B. in Spanien, als auch den Beitritt zu der eher deklamatorischen 'Heiligen Allianz' ab, die ein christliches Europa der Monarchen aus der Vergangenheit heraufbeschwor. Der britischen Regierung war das Ganze zu mystisch, und man bezweifelte den Common Sense der Deklaration. Der christlichste 'Monarch' Europas, zugleich derjenige mit der längsten Herrschaftskontinuität, der Papst – Pius VII. –, hegte gleichfalls große Vorbehalte und trat ebenso wie der ungläubige Sultan der Heiligen Allianz nicht bei.[16]

Konservative Ideologie

Offensichtlich reichten aber politische und administrative Lösungen nicht mehr aus, um die europäischen Verhältnisse wieder zu ordnen. Französische Adelige wie Joseph de Maistre und Louis de Bonald, die ihr Land hatten verlassen müssen, machten sich darüber Gedanken, wie die Revolution hätte verhindert werden können und was künftig an deren Stelle treten müsse. Schriftsteller wie Friedrich von Gentz und Adam Müller in Deutschland, deren an Kant geschultes aufklärerisches Denken erschüttert worden war, suchten gleichfalls Lösungen anzubieten und stellten erfreut fest, daß ihre Bemühungen auch von den Höfen, z. B. von Metternich, finanziell honoriert wurden. Burkes ›Reflections‹ wurde von Gentz ins Deutsche übertragen und eifrig studiert.

Seit dieser Zeit gibt es in Kontinentaleuropa eine konservative Theorie. Sie war nicht geschlossen und variierte von Land zu Land. Sie verband romantische Züge bei Novalis und Schlegel mit christlichen, ja theokratischen bei de Maistre und de Bonald, die Erinnerung an das mittelalterliche Europa der Gemeinschaften gegenüber den angeblich mechanisch-rationalistischen Ideen des Liberalismus bei Adam Müller und nationale, gelegentlich nordisch-germanische Vorstellungen bei Ernst Moritz Arndt und Friedrich Ludwig Jahn, deren nationale Hoffnungen sich an Fichtes ›Reden an die deutsche Nation‹ anlehnten und kaum noch in den Kontext des europäischen Konservatismus paßten.[17] Im übrigen entwickelten die europäischen Konservativen, je weiter der Alptraum der napoleonischen Herrschaft zurücklag, jeweils eigene, national geprägte Züge, die mit dem unterschiedlichen konfessionellen und verfassungsmäßigen Zuschnitt ihrer Länder zusammenhingen. England hatte eine lange parlamentarische Tradition, und Whigs und Tories kannte man dort nicht erst seit 1789. Die kontinentale revolutionäre Welle hatte zwar die Wachsamkeit der Tories nach innen wie nach außen geschärft, und die Niederwerfung eines Aufruhrs bei Manchester 1819 erhielt in Anlehnung an Waterloo die Bezeichnung 'Peterloo' (St. Peter's Fields), aber es gab seit Jahrhunderten ein gewähltes Parlament, dessen Wählerschaft indes eine verschwindende Minorität war und das nach wie vor von den Adelsgruppen beherrscht wurde. Ebenso begründete die Charte von 1814 in Frankreich ein Parlament, das gleichfalls von einer Minderheit, den Notabeln, gewählt wurde. Hier gab es ultrakonservativ-royalistische und liberale politische Gruppierungen, die sich in der Publizistik des Landes widerspiegelten.

Ähnlich sah es in den süddeutschen Ländern aus, die nach 1815 eine Verfassung erhielten. Baden galt als besonders fortschrittlich. Hier artikulierten sich die Anfänge des Parlamentarismus in Deutschland. Dagegen herrschte in Österreich und Preußen eine geschlossene Abwehr gegen jeden Ansatz einer Parlamentarisierung. In einem Zweckbündnis versuchten diese beiden ehemaligen Gegner den neugeschaffenen Deutschen Bund, dessen Bundestag in Frankfurt tagte, zu beherrschen. Weitab, nicht nur geographisch, sondern auch politisch, lag Rußland, wo die Autokratie des Zarentums unter Alexander I. ungebrochen weiterbestand. Aber auch hier kamen neue geistige und literarische Strömungen auf. Von diesem Ost-West-Gefälle in der Fortentwicklung der politischen Grundstrukturen Europas her ergab es sich fast zwangsläufig, daß der Westen eine kontinuierlichere Entwicklung liberaler Mentalität begünstigte, während die östlichen Staaten gleichermaßen den Zorn unterdrückter Intellektueller förderten und die Radikalisierung des politischen Denkens begünstigten, das losgelöst von den realen Möglichkeiten praktischer Umsetzung war. Die Grenze zwischen den Extremen dieses Ost-West-Gefälles verlief von 1815 bis 1848 mitten durch Deutschland. Da aber die konservativen Regierungen Preußens und Österreichs nicht nur den liberalen, nationalen oder gar demokratischen Ideen mißtrauten, sondern in jedem öffentlichen Nachdenken über die Politik nur Nachteile sahen, das war beispielsweise die Sicht Metternichs, blieben selbst die konservativen Theorien von Gentz, Müller, Baader und Schelling eher auf dem Papier, als daß sie die unmittelbare Regierungspraxis beeinflußten. Erst später, als seit den 30er Jahren eine konservative Publizistik entstand, wie durch die ›Evangelische Kirchenzeitung‹, die ›Historisch-politischen Blätter für das katholische Deutschland‹, die preußische ›Kreuz-Zeitung‹ und andere Zeitschriften, als konservative Abgeordnete, etwa im 'Vereinigten Preußischen Landtag' von 1847, Argumentationshilfe brauchten, zeitigten diese konservativen Theoreme und Ideologeme langfristig eine tagespolitische Wirkung und schlugen sich in Form von programmatischen Erklärungen der neuen konservativen Parteien nieder.

Adam Heinrich Müllers (1779–1829) ›Elemente der Staatskunst‹ (1810), aus einem Zyklus von 36 Vorlesungen entstanden, die er einem Kreis von Politikern vortrug, entwickelten eine romantische Staatsphilosophie. Anders als der Schweizer Karl Ludwig von Haller in seinen Bänden über ›Die Restauration der Staatswissenschaft‹ (1816–34) bezog sich Müller nicht auf konkrete Verfassungszustände aus vorrevolutionärer Zeit, die es für Haller gegenüber einem modernen bürokratischen Staat zu verteidigen galt, sondern er entwickelte in eher vagen Formulierungen den „organischen Gedanken", der allen Institutionen von Staat und Gesellschaft zugrunde liege. Müller erinnert an Burke, nur daß ihm dessen konkreter politischer Zugriff fehlte. Immerhin leitete Müller eine lange Reihe deutscher Autoren ein, die immer wieder versuchten, dem Phänomen Staat, sei es mit 'organischen' oder mehr systematischen Entwürfen, aber immer hochtheoretisch, beizukommen. Das Problematische solcher Ansätze bestand weniger in ihrem konservativen Charakter als eben in jenem hohen Abstraktionsgrad, der auch politische Hilflosigkeit ausdrückte. Gemeinsam war den meisten konservativen Theoretikern Europas die Sorge, daß durch den Rationalismus der Aufklärung, den Liberalismus der Revolution, der das Individuum emanzipierte, sei es den Bauern oder den Juden, Wertvolles verlorengegangen sei. So beginnt mit den konservativen Theoretikern, beispielsweise bei Müller und Baader, auch die moderne antikapitalistische Sozialkritik. Der Begriff der Entfremdung wird zwar erst später in Marx' Schriften entwickelt. Er findet sich aber in den Ansätzen bereits bei den Konservativen. Gemeinsam ist beiden Richtungen auch das Mißtrauen gegenüber der ausschließlichen Betonung individueller emanzipatorischer Rechte ohne Rücksicht auf die Gemeinschaft, so die Konservativen, oder auf die Gesellschaft, so die späteren Marxisten. Den Konservativen schwebte ein ursprünglicher

'gesunder', heiler, unzerstörter Zustand von Staat und Gesellschaft vor, den
sie in der Vergangenheit oder, wie Novalis, möglicherweise im Mittelalter
zu finden glaubten. Es bestand daher unter diesem Aspekt kein absoluter
Gegensatz zwischen dem konservativen Rückblick in die Vergangenheit
und den utopischen Zukunftsentwürfen der späteren europäischen Linken.[18] Was die konservativen Theoretiker gleicherweise von der liberalen
wie der späteren sozialistischen Linken unterschied, war ihre Skepsis gegenüber der menschlichen Natur und deren Möglichkeiten. Sie mochten nicht
daran glauben, daß alles von vornherein zum Guten angelegt sei, wenn man
nur, wie die liberale Wirtschaftstheorie von Adam Smith behauptete, erst
einmal die natürlichen Kräfte des Menschen freigesetzt oder, wie es der
Politische Liberalismus verlangte, die traditionellen Beschränkungen
der menschlichen Rechte durch Staat, Korporation und Kirche beseitigt
hatte.

Auch bezweifelte man, daß sich die menschliche Gesellschaft gar durch
Verfassungen und neue Gesetze bessern werde. Diejenigen Konservativen,
die sich gegen jede Veränderung sperrten, wurden zu Reaktionären, diejenigen, die bereit waren, sich unabweisbaren Veränderungen vorsichtig anzupassen, wurden zu Reformkonservativen. Bis 1830 herrschten auf dem Kontinent unter den Konservativen in Frankreich wie in Österreich und Preußen die Reaktionäre vor. 1830 hat Stendhal in seinem Roman ›Rot und
Schwarz‹ (›Le rouge et le noir‹) jene Welt zwischen Reaktion und Liberalismus im Frankreich der 1820er Jahre eingefangen, in der junge, begabte
und ehrgeizige Julien Sorel im Konflikt zwischen Opportunität und Widerstand zwischen den beiden ideologischen Blöcken zugrunde geht.

In diesem 1830 erschienenen Roman hat der Kampf zwischen der europäischen Rechten und Linken um die gesellschaftliche Selbstbehauptung
und politische Macht längst begonnen. In Deutschland setzte der Kampf
erst später ein. 1830 wurden in England die konservativen Tories von den
liberalen Whigs abgelöst, die zwei Jahre später die erste Parlamentsreform
durchführten. Aber zuvor, 1829, hatten die anglikanischen Tories bereits die
Katholikenemanzipation durchgeführt und damit den Weg zur Liberalisierung des politischen Lebens in England eingeleitet. 1830 entstand mit Unterstützung der britischen Politik der neue Staat Belgien, ein überwiegend
katholischer Staat mit einer liberalen Verfassung. Im katholischen Polen
kam es zu einem Aufstand gegen die russische Herrschaft. In Frankreich be-
seitigte die Julirevolution 1830 die Monarchie der Bourbonen und brachte
mit Louis-Philippe einen liberalkonservativen Monarchen auf den Thron.
Die konservative Herrschaft bröckelte in Europa. Die deutschen Verhältnisse blieben davon nicht unberührt. Die Niederwerfung des polnischen
Aufstands, der in ganz Europa mit Sympathie, aber ohne praktische Unterstützung begleitet wurde, und die anschließende Russifizierungspolitik in

Polen zeigten, daß die Liberalisierung kein Automatismus war. Sie mußte erkämpft werden, und selbst dann blieb sie gefährdet.

Im Dezember 1831 schrieb der 18jährige Medizinstudent Georg Büchner aus Straßburg unter dem Eindruck eines Besuchs des polnischen Freiheitskämpfers Ramorino in Straßburg an seine Familie nach Darmstadt: „Es sieht verzweifelt kriegerisch aus; kommt es zum Kriege, gibt es in Deutschland vernehmlich eine babylonische Verwirrung, und der Himmel weiß, was das Ende vom Liede sein wird. Es kann Alles gewonnen oder Alles verloren werden; wenn aber die Russen über die Oder gehen, dann nehme ich den Schießprügel, und sollte ich's in Frankreich tun. Gott mag den allerdurchlauchtigsten und gesalbten Schafsköpfen gnädig sein; auf der Erde werden sie hoffentlich keine Gnade mehr finden." [19] So klang die Stimme eines jungen deutschen Radikalen. [20]

Wenige Monate später hieß es in einem Brief Büchners nach Darmstadt: „Wenn in unserer Zeit etwas helfen soll, so ist es Gewalt. Wir wissen, was wir von unseren Fürsten zu erwarten haben. Alles, was sie bewilligen, wurde ihnen durch die Notwendigkeit abgezwungen. Und selbst das Bewilligte uns hingeworfen, wie eine erbittete Gnade und ein elendes Kinderspielzeug, um dem ewigen Maulaffen Volk seine zu eng geschnürte Wickelschnur vergessen zu machen." Nicht alle deutschen Studenten dachten wie Büchner. Aber es wird schwergefallen sein, die Feudalität der politischen Struktur in Deutschland, die ungebrochen weiterbestand, noch moralisch überzeugend zu legitimieren.

Die Julirevolution in Frankreich und der Kampf der Polen hatten besonders in Süddeutschland eine liberaldemokratische, republikanische Bewegung der Jugend ausgelöst, die, von Philipp Jakob Siebenpfeiffer und Johann Georg August Wirth organisiert, im Mai 1832 auf dem Schloß Hambach in der Pfalz eine Kundgebung von rund 20 000 Menschen zustande brachte. Man forderte die Vereinigten Freistaaten Deutschlands und ein konföderiertes republikanisches Europa. Ähnlich dachte die Bewegung des 'Jungen Italien' jenseits der Alpen, die gleichfalls die Vereinigung ihres Landes und die Beseitigung der österreichischen Vorherrschaft in Italien verlangte. Für jene Generation junger Deutscher waren Demokratie und Liberalismus noch eine europäische Bewegung. Die deutschen Regierungen reagierten auf das Hambacher Fest im Juli 1832 mit einem Verbot jeglicher politischer Druckschriften, politischer Vereine, politischer Versammlungen und Volksfeste, selbst das „öffentliche Tragen von Abzeichen in Bändern, Cocarden oder dergleichen . . . in anderen Farben, als jenen des Landes, dem der, welcher solche trägt, als Unterthan angehört", ja selbst das „nicht autorisierte" Flaggen von Fahnen, das Aufrichten von Freiheitsbäumen und „dergleichen Aufruhrzeichen" wurde unter Strafe gestellt. [21] Die Reaktion war ebenso platt wie obrigkeitlich geschraubt. Der mit dem

Namen Metternich verknüpfte Konservatismus deutscher Regierungen des sogenannten 'Vormärz' war nicht nur repressiv, sondern von einer geradezu albernen Schwerfälligkeit. Man war nicht nur antiliberal, sondern auch politisch erstarrt, letztlich lebensfeindlich.

Die Vorgänge von 1832 sind nicht nur unter ideologischen Aspekten zu bewerten. Wenn in England das Wort von den 'stupid old Tories' umging, was sollte man dann erst in Deutschland sagen? Aber seit den 30er Jahren gab es so recht keine Ruhe mehr. Die Industrialisierung, das Bevölkerungswachstum, die Aufwertung der Städte durch die Selbstverwaltung und die Auseinandersetzung in den süddeutschen Landtagen um die Pressefreiheit aktivierten das wirtschaftliche wie das öffentliche Leben in Deutschland. Mit ihrem ›Staatslexikon‹ schufen die beiden badischen liberalen Professoren Karl von Rotteck und Karl Theodor Welcker erstmals ein populäres Handbuch für das politisch interessierte deutsche Publikum, dem die politischen Grundbegriffe und die Praxis der Politik erläutert wurden. Beide Professoren hatten sich als oppositionelle Abgeordnete in der badischen Zweiten Kammer profiliert. Konservatismus und Reaktion wurden jetzt von ihren Gegnern definiert und offengelegt. Die von ihnen 1832 herausgebrachte liberale Zeitschrift ›Der Freisinnige‹ fiel unter das Verdikt des erwähnten Julibeschlusses der deutschen Regierungen. Umfangreichere Bücher, auch politischen Inhalts, durften noch erscheinen. Die Gefahr schien nicht so groß zu sein.

Das ›Staatslexikon‹ vertrat einen gemäßigten Liberalismus, ohne etwa auf die Einlösung von Demokratie und Volkssouveränität zu pochen. Es betonte die Rechte des Individuums gegen staatliche Willkür in Bürokratie, Polizei und Armee. Sein Einfluß auf die Bildung des süddeutschen Liberalismus war erheblich. Allmählich traten neue Parteien an die Stelle der Stände von Ritterschaft und Bürgerschaft in den Landtagen. Damit löste sich der gesellschaftliche Konservatismus des ständischen Systems, der 1815 restauriert worden war, allmählich auf. Die antimilitaristische Note, die Rotteck und Welcker dem süddeutschen Liberalismus gaben, hob sich merklich von dem preußischen Machtstaatsgedanken ab, den Hegel, bis er 1831 starb, in Berlin seinen Hörern vorgetragen hatte.[22]

Das Gegenstück des norddeutschen Liberalismus zu dem ›Staatslexikon‹ wurde ›Die Politik‹ (1835) des Historikers Friedrich Ch. Dahlmann. Er schrieb später eine Geschichte Dänemarks und eine Geschichte sowohl der Französischen als auch der Englischen Revolution. Er sympathisierte mit der britischen Verfassungsentwicklung und verwarf das französische Verfassungssystem als zu bürokratisch. Auf der Linie der Ideen Steins verstand er den Staat als „Selbstverwaltung" und als „Rechtsstaat". Der Rechtsstaat, d. h. die Zurückweisung fürstlicher Willkürherrschaft durch die Bindung des administrativen Handelns an Recht und Gesetz, war die Forderung, die

die gemäßigten Liberalen in Deutschland im Norden, im Rheinland und im Südwesten vereinte. Bei Dahlmann, der eine Zeitlang in Kiel gelehrt hatte, kamen auch stärker nationale Motive zum Zuge. Gemeinsam mit den Historikern Droysen, Waitz, Häusser u. a. vertrat er den 'Professoren-Liberalismus', der 1848 in der Frankfurter Nationalversammlung eine Rolle spielte.[23] Dahlmanns Bereitschaft, den Staat als Ordnungsfaktor zu bejahen, als eine „ursprüngliche Ordnung, ein[en] notwendige[n] Zustand", trug aber bereits konservative Züge und leitete zu den politischen Vorstellungen der späteren Nationalliberalen über.[24]

1840 starb der preußische König Friedrich Wilhelm III., der 43 Jahre regiert hatte und der Prototyp eines konservativen Monarchen gewesen war. In die ersten 20 Jahre seiner Regierung seit 1797, in denen er nicht immer eine glänzende Figur abgab, fielen dramatische Veränderungen der Innen- wie der Außenpolitik. Viele Entscheidungen, wie die inneren Reformen, wurden ihm förmlich abgerungen. Die seit 1815 eingeleitete restaurative Entwicklung bis zu seinem Tod entsprach weit eher seinem Naturell.[25] Der Bischof und Hofprediger Rulemann Friedrich Eylert veröffentlichte nach dem Tod des Königs eine umfangreiche, populär angelegte Biographie, die sich auf eigene Aufzeichnungen stützte und den privaten und familiären Alltag des Königs ausplauderte.[26] Sie vermittelte das Bild einer volkstümlichen preußischen Monarchie, das noch durch mehrere Generationen bis zu Wilhelm II. weitergegeben wurde. Die paternalistischen Züge dieses Bildes waren ausgeprägt. Es stellt einen Monarchen dar, der wie ein Gutsherr mit hoch und niedrig in seinem Land zusammenlebt, sich um alles kümmert und für alles sorgt, dem die kleinen Dinge ebenso wichtig sind wie Staatsgeschäfte und der sich mit seinem Volk in der Gläubigkeit des kirchlichen Lebens eng verbunden weiß. Eylert konnte gerade den kirchlichen Charakter der Verbundenheit nicht breit genug ausmalen. Mit diesem Bild der christlich-preußischen Monarchie hing es zweifellos auch zusammen, daß später Arbeiter, wenn sie der Sozialdemokratie beitraten, gleichzeitig ihren Kirchenaustritt erklärten. Beim sonntäglichen königlichen Kirchgang – wobei Eylert predigte – sah die Praxis von Thron und Altar folgendermaßen aus: „. . . weit . . . [davon] entfernt, daß die Theilnahme des Königs, seines Hauses und Gefolges, an dem öffentlichen Gottesdienste irgendeinen geräuschvollen, pomphaften spektakulären Prunk mit sich geführt hätte, war es vielmehr Sein hoher, andächtiger Ernst, Seine stille Hingabe an die Heiligkeit der Sache, welche die Ruhe und Andacht der immer zahlreich versammelten Gemeinde verbreitete. Der Gedanke, das Bewußtsein, mit dem tief verehrten und innig geliebten Landesvater an einer heiligen Stätte zur gemeinschaftlichen Erbauung vereinigt zu sein, sprach jedes Herz an und jeder, der Vornehme wie der Geringe, fühlte sich gehoben und erquickt."[27]

In einem ähnlichen Stil sprach Kaiser Wilhelm II. noch gegen Ende des Ersten Weltkriegs vor Krupp-Arbeitern in Essen. Allerdings ging das schließlich auch seinen engsten Mitarbeitern auf die Nerven. Im übrigen sah die Verehrung des Landesfürsten im 19. Jahrhundert in Preußen nicht viel anders aus als in Braunschweig, Sachsen, Mecklenburg, Hessen, Bayern oder Württemberg.

Es gibt auch keinen Grund für die Annahme, daß solche Stimmungsbilder, wie sie Eylert über das Familienleben des preußischen Königs detailliert beschrieb, die Bevölkerung nicht angesprochen hätte. Bereits Matthias Claudius (1740–1815) hatte in seinem ›Wandsbeker Boten‹ literarisch eindrucksvoll den 'Volkskonservatismus' des deutschen Alltags ausgedrückt. Lieder wie ›Der Mond ist aufgegangen‹, die eine „machtgeschützte Innerlichkeit" voraussetzen, sind von Generation zu Generation weitergegeben worden, weil sie der familiär-nachbarlichen Stimmungslage einer im Grunde genommen unpolitischen Bevölkerung entsprachen.

Wenn die deutschen Landeskinder Claudius' Verse aus derart gelagerter Überzeugung sangen, mußte es selbst aufrechten Liberalen in der Revolution von 1848 schwerfallen, die Dinge zu verändern. Aber die Bevölkerung der 40er Jahre war nicht mehr die der Jahrhundertwende. Auch gab es selbst auf der Ebene der Mentalitäten des Volkes und ihres literarischen Ausdrucks ein deutsches Nord-Süd-Gefälle: in Johann Peter Hebels ›Allemannischen Gedichten‹ (1803) und Karlsruher Almanach ›Der Rheinländische Hausfreund‹ (1809–1815) kommt ein offeneres, gewitzteres, kritisch-selbstkritischeres und muntereres Lebensgefühl des 'einfachen Mannes' zutage als im ›Wandsbeker Boten‹. Es gab im 19. Jahrhundert nicht nur *eine* deutsche Mentalität: Es gab mehrere, recht unterschiedliche Mentalitäten.[28] Die Gedichte und Lieder des Schlesiers Joseph von Eichendorff (1788–1857) wie sein Roman ›Ahnung und Gegenwart‹ (1815) und die Erzählung ›Aus dem Leben eines Taugenichts‹ drücken z. B. wiederum eine anders getönte Volksstimmung aus. In den 40er Jahren arbeitete Eichendorff ebenso wie die westfälische Dichterin Annette von Droste-Hülshoff an den Münchener ›Historisch-politischen Blättern für das katholische Deutschland‹ mit.[29]

Eylert war ein treuer Weggenosse Friedrich Wilhelms III. bei dessen kirchenpolitischen Plänen gewesen, die dieser seit 1815 vorantrieb. Die Hohenzollern waren reformierte Protestanten, der überwiegende Teil der Bevölkerung des alten Preußen dagegen lutherisch. Aufklärerische wie pietistische Stimmen drängten bereits im 18. Jahrhundert auf eine Vereinigung der beiden Konfessionen. Der reformierte Hofprediger August Friedrich W. Sack, der den jungen Friedrich Wilhelm III. in nüchterner Frömmigkeit erzogen hatte, hatte den Monarchen für diese Pläne gewonnen. Der Krieg gegen Napoleon seit 1813 löste bei vielen Theologen deutsch-christliche

Empfindungen aus, die, oft in drastischer Formulierung, in antifranzösischen Predigten und Gebeten ihren Niederschlag fanden.[30] Friedrich Wilhelm III. dachte nicht martialisch, wie überhaupt der deutsche Regierungskonservatismus der Restauration den Krieg verabscheute und ihn ja auch tatsächlich vermied. Die nationale Stimmung half, traditionelle Bedenken der Theologen gegen eine konfessionelle Vereinigung des Protestantismus in Preußen zu überwinden. Auch reformierte Theologen wie Schleiermacher, von dessen Predigten eine große Faszination auf das gebildete Publikum ausging, plädierten dafür. Schleiermacher hoffte, mit der kirchlichen Neuordnung die überkommene Verbindung von Thron und Altar zu beseitigen, Staat und Kirche zu trennen, um eine freiere Entwicklung des kirchlichen Lebens unabhängig von administrativen Personalentscheidungen und Regelungen des Predigtwesens zu ermöglichen. Friedrich Wilhelm III. dagegen dachte durch und durch staatskirchlich. Er besaß wenig Gespür für die religiöse Empfindlichkeit von Theologen, ob sie nun lutherisch, reformiert oder katholisch waren. Der preußische Kirchenbegriff war und blieb – bis 1918 – der der Anstaltskirche.

Dabei war es relativ gleichgültig, ob es sich um die Anstalt einer Garnison, einer Kirchengemeinde oder eines Gefängnisses handelte. Die preußische Kirchenbürokratie besaß ungemein rigide Züge. So kam im Luther-Jahr 1817 die Union der reformierten und lutherischen Kirchen in Preußen zustande, nicht aber die von Schleiermacher gewünschte Liberalisierung der Beziehungen zwischen Staat und Kirche. Zum Protest der Theologen beider protestantischer Konfessionen kam es jedoch erst, als der König mit Unterstützung Eylerts 1822 begann, in Form einer neuen Agende der neugeschaffenen protestantischen Union auch eine gemeinsame Liturgie zu verschreiben, die teilweise katholische Elemente in die inzwischen recht nüchtern gewordene evangelische Liturgie einführte. Jetzt wehrten sich die Geistlichen mit ihren Gemeinden. Die Auseinandersetzung zog sich über Jahre hin, bis Friedrich Wilhelm III. schließlich nachgab.

Seit dieser Zeit entstand jener religiöse Konservatismus in den protestantischen Kreisen Preußens, die der eigenen staatlichen Bürokratie und noch mehr dem liberalen Geist an den staatlichen Universitäten mißtrauten. In Pommern auf dem Gut Trieglaff traf sich eine Gruppe preußischer Adeliger seit 1820 zu Bibelstunden, um ein zurückgezogenes religiöses Leben im Sinne der neuen Erweckungsbewegung zu führen. Von „dem ganzen Quark von Philosophie" in Berlin, wie Gustav von Below sagte, hielt man dort nicht viel.[31]

Zu diesem Kreis stießen auch die Brüder Ludwig und Leopold von Gerlach. Bei den unpolitischen Anfängen blieb es aber nicht. Unter der Redaktion des Wittenberger Theologieprofessors Ernst Wilhelm Hengstenberg rief dieser Kreis 1827 die schon erwähnte ›Evangelische Kirchenzeitung‹ ins

Leben, die in moderner Form das Programm des neuen religiösen preußischen Konservatismus propagierte. Man hielt Distanz zur elitären Wissenschaftlichkeit. Um so wirksamer und massiver verstand man es, breite protestantische Mittelschichten, insbesondere die Geistlichkeit, zu beeinflussen. Es blieb auch nicht bei religiöser Erbauung.

So griff z. B. Ludwig von Gerlach in einem Aufsatz ›Der Rationalismus der Universität Halle‹ 1830 zwei der dortigen Theologieprofessoren an und warf ihnen eine „zynische Bibelkritik" vor. Die Tendenz der ›Kirchenzeitung‹ war bewußt bekenntnishaft. Das erklärt die Distanz zur liberalen Hochschulwelt und zu den modernen hermeneutischen Methoden. Tatsächlich ist der Konflikt zwischen wissenschaftlicher Theologie und Gläubigkeit nie aufgehoben worden. Er zog sich bis in das 20. Jahrhundert, bis in die Gegenwart hin. 1835 schrieb Gerlach in sein Tagebuch, auf die Entwicklung seines Kreises zurückblickend: „1819 und die folgenden Jahre wollten wir das Christentum herrnhutisch haben, in der stillen Kammer, unbekümmert um die, welche draußen sind. Jetzt soll das christliche Bewußtsein Kirche und Staat umfassen. Welche Aufgabe! Scheinbar widersprechend; denn je mehr wir nach außen gehen, desto mehr nimmt die Innigkeit ab." [32] Der politische Einfluß der ›Kirchenzeitung‹ wird deutlich, wenn man bedenkt, daß 1830 von den rund 15 000 Studenten an den deutschen Universitäten, von denen die fünf größten Berlin, Leipzig, München, Halle und Breslau waren, 44 % Theologie studierten. Von diesen fünf Universitäten lagen drei in Preußen, die sächsische Unversität von Leipzig in preußischer Nachbarschaft. [33] Bis zum Revolutionsjahr 1848 entwickelte sich die ›Evangelische Kirchenzeitung‹ zum kraftvollsten und breitenwirksamsten Sprachrohr des preußischen Konservatismus.

In der katholischen Welt sahen die Dinge etwas anders aus. Die Säkularisation von 1803 hatte die Soziologie des deutschen Katholizismus tiefgreifend verändert. Bis dahin war der Klerus ein Abbild der ständischen Gesellschaft gewesen. Die Bischöfe und Domkapitel wurden aus dem hohen und einfachen Adel bestellt. Seit 1803 aber wurden die Bischofssitze, ihres fürstlichen Charakters entkleidet, für den Adel uninteressant, da mit ihnen lediglich eine geistliche Aufgabe verbunden war. Eine neue Schicht des Klerus entstand. Da der Katholizismus in Bayern, dem Schwarzwald, am Main, im Rheinland und Westfalen sowie in Schlesien weit mehr von den bäuerlichen und kleinbürgerlichen Schichten getragen wurde als von den bürgerlichen Schichten, traten im 19. Jahrhundert häufig Bauernsöhne in die katholische Geistlichkeit ein. Der deutsche Katholizismus kannte auch nicht die Bildungstradition protestantischer Pfarrersfamilien.

Auch die europäische Situation der katholischen Kirche hatte sich geändert. Seit dem Konkordat mit dem napoleonischen Frankreich 1801 hatte der Papst in Frankreich wie überhaupt in Europa an Ansehen gewonnen.

Paradoxerweise trug auch die Beseitigung der engen Bindung von Kirche, Staat und Gesellschaft aus der Zeit von vor 1789 dazu bei. Das Papsttum wurde allmählich im 19. Jahrhundert wieder zu einer Autorität, eine Entwicklung, die mit der Verkündigung des Dogmas von der päpstlichen Unfehlbarkeit durch das Erste Vatikanische Konzil im Jahre 1870 einen Höhepunkt erreichte. Der Kirchenstaat selber war zu jener Zeit nur noch ein Spielball der politischen Mächte. Schriften wie François René de Chateaubriands ›Le génie du Christianisme‹ (1802) und Joseph de Maistres ›Du pape‹ (1817), das dem Papsttum eine ausgesprochen theokratische Stellung zuwies, hatten dazu beigetragen, das Ansehen des Papstes zu erhöhen. So richtete sich der Blick der deutschen und französischen Katholiken selbst im Zeitalter des aufkommenden Nationalismus über die Grenzen des eigenen Landes hinweg nach Rom. Im übrigen war de Maistres Buch bereits bei seinem Erscheinen wie auch de Bonalds Traditionalismus in seinem Buch über die philosophischen – gemeint sind die religiösen – Grundlagen der Gesellschaft (1830) schon etwas anachronistisch.[34]

Der liberale englische Historiker Thomas Macaulay schrieb im Oktober 1840 in einer Besprechung von Rankes ›Geschichte der Päpste‹ geradezu begeistert über die jahrhundertealte Tradition des Papsttums, das wie keine andere Institution Europas alle Wechselfälle der Geschichte überstanden habe.[35] Die Anziehungskraft der katholischen Kirche zeigte sich im 19. Jahrhundert an zahlreichen Konversionen gebildeter Protestanten zum Katholizismus. Die bekannteste Konversion wurde die John Henry Newmans, des späteren Kardinals und erfolgreichen Schriftstellers. In Frankreich wurde die katholische Kirche von 1815 bis 1830 eine feste Stütze der ultrakonservativen Royalisten. Katholizismus und eine gegenrevolutionäre und antiliberale Grundhaltung bedeuteten lange Zeit dasselbe. Im Verlauf der Französischen Revolution waren die Einrichtungen der christlichen Kirche zum ersten Mal einem direkten Angriff ausgesetzt. Die Schwächen der Kirche als Institution waren sichtbar geworden. Erst später zeigte sich, daß auch die „Vernunft", die nun zur Herrschaft berufen wurde, verletzlich war. Das religiöse Leben brauchte noch zwei Jahrzehnte, um den Schock der 1790er Jahre zu überwinden. Noch in den Schriften Georg Hertlings um 1900 ist die Erinnerung an die Revolution lebendig. Als der Geistliche Lamennais eine liberale Öffnung der Kirche vorschlug, reagierte Papst Gregor XVI. in seiner Enzyklika ›Mirari vos‹ (1832) scharf ablehnend. Die Kurie war aus ihrer defensiven Grundhaltung streng traditionalistisch und mißtraute grundsätzlich allen Neuerungen in Politik, Wissenschaft und im kulturellen Leben. Abgesehen von den konfessionellen Unterschieden ähnelte der katholische Traditionalismus der Haltung der ›Evangelischen Kirchenzeitung‹ in Preußen. Seit den 1830er Jahren entfaltete sich aber in dem französischen Katholizismus eine neue, liberale Richtung, die publizistisch von Félicité de Lamennais, Henri Lacordaire, Charles de Montalembert und innerkirchlich später von dem Bischof von Orléans, Felix Dupanloup, vertreten wurde. Hans Maier beschrieb diese Bewegung als den Anfang der „christlichen Demokratie" in Europa.[36]

Der Weg des deutschen Katholizismus bis 1848 spiegelt sich in der Biographie des Publizisten Joseph Görres, der sich als junger Mann in Koblenz für die Französische Revolution begeistert hatte, nach 1814 für liberale Freiheiten in Deutschland eintrat und in den 30er Jahren die ›Historisch-politischen Blätter‹ (München) begründete, die zum Aushängeschild des katholischen Konservatismus wurden. Eine neue Wende vollzog Görres 1837 nach dem sogenannten 'Kölner Ereignis'. Es ging dabei um die Opposition des Kölner Erzbischofs Klemens August Freiherr von Droste zu Vischering, eines westfälischen Adeligen, gegen die Mischehenpolitik der preußischen Regierung. Die Regierung wünschte, daß die Kinder protestantischer Beamter, die eine katholische Frau geheiratet hatten, protestantisch erzogen würden. Das Motiv war weniger religiöser als politisch-administrativer Natur. Friedrich Wilhelm wollte das preußische Element in der neuen Rheinprovinz stärken. Auf religiöse Empfindlichkeit nahm man dabei weniger Rücksicht. Der widerspenstige Erzbischof wurde in Festungshaft nach Minden gebracht. Das wiederum löste leidenschaftliche Proteste der rheinischen Katholiken aus, die Görres in seiner Schrift ›Athanasius‹ aufgriff und rhetorisch verstärkte. In ganz Deutschland erscholl der Protest gegen die Despotie der preußischen Bürokratie. Erst unter dem Nachfolger, Friedrich Wilhelm IV., der romantische Vorstellungen von der katholischen Welt des Mittelalters hegte, wurde der Konflikt in den 40er Jahren beigelegt. Der König kam zu dem Dombaufest 1842 nach Köln, und die Stimmung wurde versöhnlich. Gemeinsam planten Katholiken und Protestanten, aus der Ruine der Vergangenheit einen neuen Dom und vielleicht sogar ein neues Reich aufzubauen. Das Ganze war nicht ohne Theatralik. Die politisch-protestierende Grundstimmung der Katholiken blieb erhalten. Die Massenwallfahrt zum sogenannten 'Heiligen Rock' in Trier 1844 war eine politische Demonstration. 1848 standen die Katholiken zwischen Liberalen und Konservativen. In der Folgezeit entschlossen sie sich zu einer eigenen Parteigründung, aus der 1871 das Zentrum hervorging.[37]

IV
PARLAMENTE, PREUSSISCHE KONSERVATIVE,
KATHOLISCHES ZENTRUM
UND DAS REICH VON 1871, 1848–1878

Trotz der Zensur begünstigte die zunehmende Wirksamkeit der Buchverlage, Buchhandlungen, der Zeitschriften und Zeitungen seit den 30er Jahren die Vitalisierung und Politisierung des öffentlichen Lebens in Deutschland über die Grenzen der Kleinstaaten hinweg. Die Leistungen der Volksschulen förderten nicht nur die Alphabetisierung und den Bildungsstand der Bevölkerung. Sogar die Volksschullehrer, sozial nicht so geachtet, aber bereits unverzichtbar in dem nach wie vor überwiegend ländlichen Deutschland, entwickelten ein eigenes Standesbewußtsein und artikulierten gelegentlich ihre Kritik an der geistlichen Schulaufsicht, die das Bildungswesen im festen Griff hielt. Die neuen Wissenschaften, wie die Naturwissenschaften und die Technik, erweiterten die Interessen des bürgerlichen Publikums. In ganz Europa nahm das nationale Interesse zu, und nationale Autoren, nicht nur in Deutschland, Frankreich und England, sondern auch in den kleineren Staaten der Niederlande, der Schweiz, Dänemark und Schweden – oder wie Puschkin und Lermontow in Rußland – belebten die Literatur. Goethes 'Weltliteratur' verlor an Wertschätzung. Statt dessen wurde die Nationalliteratur interessanter. In Ländern wie Deutschland und Italien, die politisch nicht geeint waren, flossen literarische und nationalpolitische Interessen ineinander.[1]

Die Politisierung der Literatur zeigte sich in der politischen Lyrik des deutschen 'Vormärz'. Heinrich Heine verstand es in ›Deutschland. Ein Wintermärchen‹ (1844) politische Kritik und Poesie elegant zu verbinden.[2] Andere schrieben platter und direkter, so Ferdinand Freiligrath, der in seinen Sonetten ›Flottenträume‹ (1843) die Wünsche des nationalen Bürgertums nach einer deutschen Kriegsflotte zum Schutz der Handelsschiffahrt unterstützte.

Konservative Stimmen wie Annette von Droste-Hülshoff warnten vor der Politisierung der Literatur, so in dem Gedicht ›An die Weltverbesserer‹ (1844):

> Eh' du geprüft des Nachhalls Dauer
> Wirfst du den Stein – bedenke wohl,
> Wie weit ihn deine Hand wird treiben,
> Oft schreckt ein Echo, dumpf und hohl,
> Reicht goldne Hand dir den Obol,
> Oft trifft ein Wurf des Nachbars Scheiben.[3]

Veit Valentin hat in seiner ›Geschichte der deutschen Revolution von 1848/1849‹ die Welt vor 1848, jenen Komplex aus nationaler Literatur und Politik, 'Jungem Deutschland', nationalen und sozialen Interessen, bürgerlicher und höfischer Welt unter folgenden Aspekten beschrieben: Zollverein und Deutscher Bund; nationale und europäische Politik; Aristokratie, Mittelstand und Pauperismus; Verfassungsforderungen und aufkommende Sozialkritik; Belebung der öffentlichen Meinung; Entdeckung der 'Partei' und der Parteilichkeit und schließlich die nationale und liberale Bewegung, die im März 1848 die Revolution auslöste.[4] In einem größeren Bezugsrahmen fragt Guy Palmade: „Darf man dieses Europa mit seinen fließenden Grenzen von der weiten Welt absondern und es als etwas völlig Unabhängiges untersuchen? . . . Europas Geschichte war Weltgeschichte und wurde es immer mehr."[5] Nicht nur durch die zahlreichen deutschen Auswanderer in die USA, sondern auch umgekehrt durch die Rückwirkung des amerikanischen Unabhängigkeitskrieges, die Entstehung der nordamerikanischen Verfassung und der Erklärung der Menschenrechte gab es Verbindungen und Rückwirkungen zwischen der deutschen und der transatlantischen Entwicklung. Der Zusammenhang zwischen der monatelangen Diskussion in der Paulskirche über die deutschen Grundrechte und den ja vorhergegangenen französischen und amerikanischen Erklärungen über die Menschen- und Bürgerrechte aus dem 18. Jahrhundert ist offensichtlich. Es war das Dilemma des deutschen oder genauer: des preußischen Konservatismus, daß er diese Zusammenhänge nicht sehen, noch weniger positiv bewerten wollte. Seit dieser Zeit verstärkte sich die schroffe und eigenartige Absetzung des deutschen Konservatismus von der politischen Kultur des Westens.[6] Aber die Deutschen standen mit ihren Problemen nicht allein. Allerdings haben Konservative in der Regel nicht so weitfliegende Ideen wie die liberale oder die sozialistische Linke. Das gilt auch für die französischen und britischen Konservativen des Jahres 1848.

In England bewirkte die Parlamentsreform von 1832, die den Tories die Wahlkreise der 'rotten boroughs' nahm, das Ende der alten Tories und die Entstehung der neuen 'Conservative Party', die sich in der parlamentarischen Auseinandersetzung profilierte und mit Robert Peel ihren ersten führenden Politiker hervorbrachte. Als Peel gegen die Interessen des Landadels 1846 die Kornzölle aufhob, um der irischen Hungersnot entgegenzuwirken, aber auch unter dem Eindruck der Reden Richard Cobdens im Unterhaus, wurde er von den 'Backbenchers' seiner eigenen Partei unter Führung Benjamin Disraelis gestürzt. Die Folge war eine praktisch 20jährige Herrschaft der Liberalen im Viktorianischen England. Hier gab es bereits vor 1848 das europäische Musterbeispiel parlamentarischer Politik im Wechsel zwischen Konservativen und Liberalen. Die Wahlrechtsbewegung der 'Chartisten', die eine Ausweitung der Wahlrechte auf die Mittel- und Unterschichten verlangte, war das britische Gegenstück zu den revolutionären Bewegungen auf der anderen Seite des Kanals. Bereits unter Peel haben die britischen Konservativen jene Flexibilität entwickelt, die den stärker ideologisch fixierten kontinentalen Konservativen und Liberalen abging. Die deutsche wie die französische Politik des Jahres 1848 formulierte nicht nur Interessen, sondern bündelte sie in einem festen Satz von Ideologien. Das führte unter anderem dazu, daß die Dinge in Deutschland und Frankreich so ganz anders verliefen als zur gleichen Zeit in England. Dabei war die liberale und teilweise bereits sozialliberale Bewegung in England nicht minder stark als die liberale Bewegung des Kontinents.[7]

Die allgemeine Situation der deutschen wie der französischen Revolution von 1848 war ähnlich, jedoch mit einem wesentlichen Unterschied: In Deutschland gab es noch keine traditionellen parteipolitischen Gruppierungen, und nach wie vor bestand die Zergliederung in 39 größere und kleinere Staaten. In Frankreich schlossen sich 1848 die Gruppierungen der Rechten, die 'Legitimisten' und die gemäßigteren 'Orleanisten', zur Partei der Ordnung zusammen. Die Kräfte der 'Ordnung' konnten sich in beiden Ländern nach 1848 behaupten, weil die Linke, sozial heterogen in ihrem politischen Horizont, ihren liberalen und demokratischen Erwartungen nicht geschlossen war. In beiden Ländern schreckten die gemäßigten bürgerlichen Liberalen vor radikaleren demokratischen und gelegentlich bereits sozialistischen Forderungen des Kleinbürgertums und der neuen Fabrikarbeiterschaft zurück. In beiden Ländern setzt aber nach dem Erfolg der 'Kräfte der Ordnung' eine Entwicklung ein, in der sich die Rechte neu formierte, die älteren Konservativen abstieß und sich zu 'modernisieren' begann: in Frankreich durch den Bonapartismus, in Deutschland durch die Bismarcksche Politik, die sich seit 1867 auf die Einführung des allgemeinen Wahlrechts stützte und damit die Linke mit ihren eigenen Waffen zu schlagen suchte. Es war nicht mehr der Regierungskonservatismus der Zeit Metternichs bis 1848, der mit Zensur und Repression seine Geschäfte besorgte, sondern ein direkterer, aggressiverer, z. T. auch bewußt manipulierender Konservatismus, der sich seit der Mitte der 60er Jahre in Deutschland wie kurz zuvor in Frankreich zeigte. Wie kam er zustande?

Man muß erneut einen Blick auf Preußen werfen. Durch die Erweiterung nach Westdeutschland 1815, den Zuwachs der Bevölkerung von sechs auf elf Millionen und dem schnellen Bevölkerungsanstieg war Preußen innerhalb weniger Jahrzehnte fast ein anderes Land geworden. Es übte auf den gesamten norddeutschen Raum eine starke Anziehungskraft aus. Seit den 30er Jahren setzte, besonders im Ruhrgebiet, die Industrialisierung ein. Zugleich vitalisierten sich Wirtschaft und Handel, die ein starkes Interesse an einer einheitlichen Wirtschaftsgesetzgebung bis hin zur Normierung von Maßen und Gewichten hatten, um die Rückständigkeit gegenüber ausländischen Märkten, zumal dem britischen, zu überwinden.[8] Auch drängten nicht nur die liberalen Kräfte auf nationale Einheit. Selbst in der ›Evangelischen Kirchenzeitung‹ war dieser Trend spürbar. Nur argumentierte man dort ganz anders. Die kirchliche Gläubigkeit wurde zunehmend politisiert. Der Kampf dieser Zeitung gegen 'Deismus' und 'Rationalismus' richtete sich gegen theologische Abweichung. Der Kampf um die Sicherung kirchlicher Orthodoxie leitete fast fließend in den politisch-gesellschaftlichen Bereich über. Die informelle Bindung zwischen preußischer Monarchie und breiteren Bevölkerungsschichten wurde befestigt: durch religiöse Autorität und Anziehungskraft, nicht durch Zwang. Das war etwas Neues. Man streckte sogar tastende Fühler zum Katholizismus aus und verwies auf die gemeinsame antirevolutionäre Grundhaltung. 1829 brachte die ›Evangelische Kirchenzeitung‹ eine ›Szene aus der Geschichte der Französischen Revolution‹, in der sie einen katholischen Priester über die Rettung bürgerlicher Familien aus Marseille vor dem Zugriff der Guillotine berichten ließ: „Sie flüchteten nach Aix; Robespierre hatte ihren Tod bestimmt, sie wurden ergriffen, Männer, Weiber und Kinder, und unter Begleitung von Piken und Bajonetten ins Gefängnis gesteckt . . . An dem selbigen Tage, wo Robespierre durch ganz Frankreich das Fest des höchsten Wesens und der Natur verordnet hatte, waren Priester von Marseille nach Aix gekommen, um die Unglücklichen zu besuchen. Die Gebete waren erhört worden, Robespierre stürzte, und durch seinen Sturz wurden die unglücklichen Schlachtopfer befreit. Die Weisen des Jahrhunderts werden auch darin ein Spiel des Zufalls sehen, für die Gläubigen ist es Vorsehung eines gnädigen Gottes."[9]

Solche Publizistik verstand es, an Gefühle zu appellieren, für die Liberale weniger Sinn hatten. Im Sommer 1847, als sich bereits die wachsende Erregung des politischen Lebens abzeichnete, suchte die Berliner Kirchenzeitung den Brückenschlag zu den katholischen ›Historisch-politischen Blättern‹, löste aber eine freundlich-spöttische Zurückweisung aus. Verbinde nicht, fragten darauf die Berliner die Münchener, der mystische Leib der Kirche, wie im Evangelium beschrieben, Protestanten und Katholiken?[10] Diese Art der Argumentation war scheinbar vage und rein theologisch. Sie war aber durchaus realitätsbezogen und politisch. Der preußische Konservatismus bestand keineswegs aus Mystikern. Gleichfalls im Juni 1847 brachte die Kirchenzeitung eine Artikelserie des Hallenser Historikers Heinrich Leo, ›Christentum und das Deutsche Volk‹, in der er an die gemeinsamen christlichen Grundlagen der Anfänge des Deutschen Reichs seit der Zeit Karls des Großen erinnerte. In dieser Vorstellung eines christlichen Volks gab es natürlich keine konfessionellen Trennungen.[11] Der lange Beitrag Leos schloß: „Tief in jeder Deutschen Seele ruht noch der Gedanke an unser Kaiserthum aufgehoben; daß aber diese Krone, wenn sie je wieder getragen wird, nur von dem getragen werden kann, der sich nicht scheut, sich zum Kreuze zu bekennen, und daß dagegen die Shylockischen Geister in Deutschland noch wenig Aussicht auf Herrschaft haben, wird täglich von neuem klar." Leos Argumentation lief auf die Vorstellung von einem „Christlichen Staat" hinaus, der Juden wie Liberale gleicherweise aus der politischen Verantwortung heraushalten sollte: „Der christliche Staat, den die Abtrünnigen mit Füßen treten, er ist in Deutschland im Herzen des ganzen Volkes, selbst im Herzen derer, die ihn nicht bewußt zu fassen vermögen, eine lebendige Macht – und so lange wir diese Macht lebendig sehen, wollen wir noch an die Dauer unseres gottgeschaffenen, kirchengebildeten Deutschen Volkes den festen Glauben bewahren – aber wir schließen mit nochmaliger Wiederholung des Satzes, den wir zu erweisen gesucht haben: ohne Christenthum wäre nie ein Deutsches Volk erwachsen, und ohne Christenthum wird nie ein solches lebendig bleiben!" [12]

Im Umfeld solcher Gedanken bewegte sich ein junger Abgeordneter des Vereinigten Preußischen Landtags, der im Mai und Juni 1847 durch eine vehemente Attacke gegen die westdeutschen und ostpreußischen Liberalen erstmals auf sich aufmerksam machte: Otto von Bismarck, der 32jährige Abgeordnete der Stände von Magdeburg, Gutsbesitzer in der Mark Brandenburg und in Pommern.

Obwohl Bismarck gern als der Prototyp des preußischen Junkers dargestellt wird, entsprechen Herkunft und Erziehung, Bildung und Jugend nicht diesem Bild. Väterlicherseits konnten die Bismarcks auf eine lange Familientradition bis in das Mittelalter zurückblicken. Prägend für die Erziehung des jungen Bismarck war jedoch die Mutter. Ihr Vater, Ludwig Mencken, war ein führender Beamter unter Friedrich dem Großen und Friedrich Wilhelm II. gewesen. Die Menckens kamen aus dem sächsischen Leipzig. Ihre Familientradition wies eine Reihe von Juristen auf, Professoren und Praktiker. Das Lebensideal der Mutter war keineswegs das eines ostelbischen 'Krautjunkers'. Daher sorgte sie dafür, daß ihre beiden Söhne eine solide Ausbildung in Berlin erhielten. Otto besuchte dort zunächst das 'Plamannsche Institut', das sich an der Erziehungslehre Pestalozzis orientierte und von einem evangelischen Pfarrer gegründet worden war, anschließend das Friedrich-Wilhelm-Gymnasium in der Friedrichstraße und das Gymnasium zum 'Grauen Kloster'. Hier erhielt er eine neuhumanistische, vor allem an den Sprachen und der Literatur orientierte Bildung, aber zur Enttäuschung der Mutter machte die Schule keinen nachhaltigen Eindruck auf ihren Sohn. Ein neuer Wilhelm von Humboldt war Bismarck nicht. Immerhin wurde sein Interesse an der französischen und englischen Literatur, besonders an Shakespeare, geweckt. Im Herbst 1831 wurde er von Schleiermacher auf die Konfirmation vorbereitet. Er neigte damals eher zu pantheistischen und zu republikanischen Ideen als zur protestantischen Orthodoxie. [13] Auch das Jurastudium, zunächst in Göttingen, später in Berlin von 1832 bis

1835 verlief nicht ganz so, wie es sein sollte. Aber er bestand beide Examina. In Göttingen hatte sich Bismarck mit dem amerikanischen Studenten John Motley befreundet, der später in einem Roman ›Morton of Morton's Hope‹ (1839), Bismarck als „Otto von Rabenmarck" karikierte. Diese Freundschaft war eine der wenigen dauerhaften in Bismarcks Leben. Von den bekannten Hochschullehrern wie Dahlmann in Göttingen und Savigny, Ranke oder dem Geographen Carl Ritter in Berlin nahm Bismarck während seines Studiums kaum oder überhaupt nicht Notiz. Auf die Bemerkung seiner Frau über die Zeit an der Universität Berlin: „Ach, da bist du ja wohl täglich gewesen", soll er geantwortet haben: „Niemals." [14]

Eher lustlos trat Bismarck in den Verwaltungsdienst ein. Seinem Vater schrieb er am 29. September 1838: „Der preußische Beamte gleicht dem Einzelnen in einem Orchester; mag er die erste Violine oder den Triangel spielen: ohne Übersicht und Einfluß auf das Ganze muß er sein Bruchstück abspielen, wie es ihm gesetzt ist, er mag es für gut oder schlecht halten. Ich will aber Musik machen, wie ich sie für gut erkenne, oder gar keine. In einem Staate mit freier Verfassung kann ein jeder, der sich den Staatsangelegenheiten widmet, offen seine ganze Kraft an die . . . Durchführung derjenigen Maßregeln setzen, von deren Gerechtigkeit und Nutzen er die Überzeugung hat. Bei uns aber muß man, um an den öffentlichen Angelegenheiten Theil nehmen zu können, besoldeter und abhängiger Staatsdiener sein; man muß vollständig der Beamtenkaste angehören, ihre falschen oder richtigen Auffassungen theilen und jeder Individualität in Meinung und Handlung entsagen. Wo soll da Freude an der Berufserfüllung herkommen?" [15] Das war zweifellos ganz vernünftig gedacht und begründet. Auch den einjährigen Militärdienst 1838 in Berlin empfand Bismarck als abstoßend. Schließlich übernahm er seit 1839 die Verwaltung des Familienbesitzes. Erst jetzt war Bismarck 'Junker'. „Seine Zukunft schien ganz in den Mooren und auf den Feldern Ostelbiens zu liegen." [16] Aber auch hier brach der junge Mann gelegentlich aus: Den Gutsnachbarn galt er als der 'tolle Bismarck'. Eine Reise führte ihn 1841 nach England, wo er auch das 'House of Lords' kennenlernte, dann von Brighton nach Dieppe, eine beliebte Badereise der europäischen Aristokraten, über Frankreich in die Schweiz und wieder nach Pommern zurück. Bereits 1844 fühlte er sich relativ verbraucht, nachdem er noch einmal vorübergehend in den Verwaltungsdienst zurückgekehrt war.

Zu dieser Zeit kam er durch Moritz von Blanckenburg mit dem konservativen und religiösen Kreis der pommerschen Adeligen um Thadden sowie Ludwig und Leopold von Gerlach, letzterer Berater König Friedrich Wilhelms IV., zusammen. Die Töchter der Familien organisierten literarische Treffen. Man las auf Picknicks Shakespeare mit verteilten Rollen. An den Begegnungen bei solchen Unternehmungen schien Bismarck Gefallen zu finden – hier lernte er seine spätere Frau, Johanna von Puttkamer, kennen. Die Welt sah jetzt etwas freundlicher aus. In den Gesprächen mit den Brüdern Gerlach festigten sich auch seine konservativen Vorstellungen von den Aufgaben der preußischen Politik, der Stellung des Königs und des „christlichen Staates". Sein eigenwilliges Naturell gab er dabei nicht auf.

Die Aufgabe als Abgeordneter des Landtags regte ihn offensichtlich mehr an als die Tätigkeit im Verwaltungsdienst. Schon wenige Tage nach seiner Ankunft in Berlin meldete er sich zu Wort. In diesem Beitrag vom 17. Mai wollte er mit einer „Geschichtslegende" aufräumen, die im Landtag populär war, daß nämlich die Bewegung von 1813 gegen Napoleon aus dem Geist der Reformgesetzgebung seit 1807 entstanden sei. Es habe damals, erklärte er, keines anderen Motivs zum Handeln bedurft „als der Schmach, daß Fremde in unserem Lande geboten". Man protestierte. Bismarck las derweil in einer Zeitung, bis man sich beruhigte, und fuhr fort: „Es heißt meines Erachtens der Nationallehre einen schlechten Dienst erweisen, wenn man annimmt, daß die Mißhandlung und Erniedrigung, die die Preußen durch einen fremden Gewalthaber erlitten, nicht hinreichend gewesen seien, ihr Blut in Wallung zu bringen und durch den Haß gegen die Fremdlinge alle andern Gefühle übertäubt werden zu lassen." Es gab großen Lärm. Man hielt Bismarck vor, daß er damals (1813) ja noch nicht einmal gelebt habe. Der junge Abgeordnete lenkte ein: „Ich kann allerdings nicht in Abrede stellen, daß ich zu jener Zeit nicht gelebt habe, und es tat mir stets aufrichtig leid, daß es mir nicht vergönnt gewesen, an dieser Bewegung teilzunehmen; ein Bedauern, das vermindert wird durch die Aufklärung, die ich soeben über die damalige Bewegung empfangen habe. Ich habe immer geglaubt, daß die Knechtschaft . . . im Ausland gelegen habe: soeben bin ich aber belehrt, daß sie im Inlande gelegen hat, und ich bin nicht sehr dankbar für diese Aufklärung."[17] Es war Bismarcks erste öffentliche Begegnung mit den Liberalen. Er verstand sich als ein Mann der königlichen Regierung und beklagte sich in einem Brief an seine Braut: „Die besten Absichten . . . werden aus reinem Partheygeist verkannt und entstellt, und die Regierung befindet sich, bei vollständigem Recht, stets in der Minderheit . . . die Sache ergreift mich viel mehr als ich dachte."[18] Die Einberufung des Vereinigten Landtags, der sich aus den Provinzialständen zusammensetzte, war von Friedrich Wilhelm IV. verfügt worden, um Gelder für den Bau einer Eisenbahn von Berlin nach Ostpreußen bewilligen zu lassen. Metternich hatte diese vorsichtige Form der Parlamentarisierung für riskant gehalten. Tatsächlich politisierten sich der Landtag und die Abgeordneten, wie beispielsweise Georg von Vincke aus der Grafschaft Mark, nutzten die Situation, um weitergehende Rechte zu verlangen. Die Bewilligung der Gelder kam nicht zustande. Der junge Bismarck wurde zum Begründer der konservativen Minderheitsfraktion, welche die königliche Position vertrat, so in seinen Reden am 1. und 15. Juni. Seiner Braut schrieb er: „Die Verhandlungen hier sind sehr ernst, indem durch die Opposition alles zur Partheifrage gemacht wird, auch die jetzt vorliegende Eisenbahnsache. Ich habe mir viele Freunde und viele Feinde erworben, letztere mehr in, erstere mehr außerhalb des Landtags. Leute, die mich früher nicht kennen mochten, und auch solche, die ich noch nicht kenne, überschütten mich mit Zuvorkommenheit, und ich bekomme manchen gutgemeinten Druck von unbekannter Hand." [19]

So entstand der preußische Konservatismus als parlamentarische Fraktion 1847. Grundsätzlicher war Bismarcks Rede vom 15. Juni gehalten, in der er sich gegen die Absichten der Liberalen wehrte, den Juden nicht nur die zivilrechtliche Gleichberechtigung zu gewähren, sondern sie obendrein zu sämtlichen administrativen Ämtern in Gemeinde und Staat zuzulassen. In seiner Antwort auf den Krefelder Liberalen von Beckerath verteidigte Bismarck die Vorstellung eines „christlichen Staats". Sie sei nicht „finster und mittelalterlich": „Ich kann nicht leugnen, daß ich jenem großen Haufen angehöre . . ., welcher noch an Vorurteilen klebte, die er mit der Muttermilch eingesogen hat, dem Haufen, welchem ein Christentum, das über dem Staate steht, zu hoch ist." Es handele sich dabei auch nicht nur um Philosophie: „Ich bin der Meinung, daß der Begriff des christlichen Staates so alt sei, wie das ci-devant heilige römische Reich, so alt, wie sämtliche europäische Staaten, daß er gerade der Boden sei, in welchem diese Staaten Wurzeln geschlagen haben, daß jeder Staat, wenn er seine Dauer gesichert sehen, wenn er die Berechtigung zur Existenz nur nachweisen will, sobald sie bestritten wird, auf religiöser Grundlage sich befinden muß." Für ihn seien die Worte „Von Gottes Gnaden" kein leerer Schall. Dieser Staat habe die Aufgabe, die „Lehren des Christentums zu realisieren". Gebe man daher den Juden ein obrigkeitliches Amt, entziehe man dem Staat seine christliche Grundlage. Den Juden seien alle Berufe zugänglich, lediglich von „dem Hafen der Bürokratie" seien sie ausgeschlossen. [20] Die Vorstellung des „christlichen Staats" verband Bismarck mit dem Appell an die nationale Ehre: Man habe in der Diskussion auf das Beispiel England und Frankreich verwiesen. Dort aber seien die Juden „nicht zahlreich wie hier": „Ich möchte aber den Herren, die so gern ihre Ideale jenseits der Vogesen suchen, eins zur Richtschnur empfehlen, was die Engländer und Franzosen auszeichnet: das stolze Gefühl der Nationalehre, welches sich nicht so leicht und so häufig dazu hergibt, nachahmungswerte und bewunderte Vorbilder im Auslande zu suchen, wie es hier bei uns geschieht!" Bismarck verteidigte den „christlichen Staat" von Anfang an als „nationalen Staat". Als von Vincke und Beckerath in dieser Debatte ihm erneut einen „engen mittelalterlichen" Geist vorhielten, antwortete er: Die Opfer, die in den Befreiungskriegen gebracht worden seien, hätten nur dem „Vaterland", aber

nicht der „Emanzipation" gedient. Gemeint war die „Judenemanzipation".
Ein solches Opfer „ohne Nebenzwecke", das hieß ohne freiheitlich-recht-
lichen Absichten, habe „jedem Deutschen" abverlangt werden können.
„Wenn das eine mittelalterliche Ansicht ist, so bekenne ich mich dazu." Es
war in dieser Rede Bismarcks von „Deutschen", nicht von „Preußen" die
Rede.[21]
    Außerhalb der offiziellen Sitzungen konferierte Bismarck unablässig mit
den Gerlachs und den Ministern. Er hatte sich als Regierungsabgeordneter
profiliert. Am 17. Juli sandte er ein Rundschreiben heraus, in dem er für die
Gründung einer Zeitung warb, die „unabhängig von der Regierung und
deren Plänen, der Konservativen Partei . . . als Organ" dienen solle. Das Ziel
sei die „Erhaltung und besonnene gesetzmäßige Fortbildung des bestehenden Rechtszustands" und die Abwehr von Angriffen aus der „Tagespresse,
der Bürokratie, von der ständischer Opposition". Mit diesem Programm
löste sich die konservative Bewegung von dem bisherigen Regierungskonservatismus und formierte sich als eigene Partei. Die Zeitung war die ›Neue
Preußische Zeitung‹, die wegen des Eisernen Kreuzes im Titelkopf die
›Kreuz-Zeitung‹ genannt wurde. Da die Sitzungen des Landtags öffentlich
waren, wurde Bismarck in der Öffentlichkeit bekannt. Man gab ihm den
Spitznamen des „Vincke-Quälers". Sprecher wie Bismarck auf der einen
und Vincke auf der anderen Seite waren sich im klaren, daß sie Adelige
waren, der eine als Vertreter der konservativen, der andere als Vertreter der
liberalen Aristokratie. Der Landtag von 1847 war ein Ständeparlament.
Gewählte Volksvertreter gab es erst im darauffolgenden Jahr. Ende 1847
wurde der Landtag aufgelöst.
    Bismarck, der im Juli heiratete, unternahm eine neunwöchige Hochzeits-
reise in die habsburgischen Lande, nach Prag, Wien, Salzburg, in den
Meran und nach Venedig. Im Meran traf er mit Major Roon, dem späteren
Kriegsminister, in Venedig mit König Friedrich Wilhelm IV. zusammen, der
dort seinen Urlaub verbrachte, und seinen jungen Abgeordneten, den er in
Berlin geschnitten hatte, nach einem Theaterbesuch zum gemeinsamen
Essen einlud. Die Mutter Bismarcks kannte Friedrich Wilhelm seit seiner
Jugend, da Königin Luise die Waise an den Hof geholt hatte.
    Die Gedanken, die Bismarck im Landtag vorgetragen hatte, waren nicht
originär. Leopold von Gerlach hatte ihm einige Argumente und Konzepte
zugesteckt. Eine ausführliche Lehre des „christlichen Staats" entwickelte
der damals an der Universität Berlin lehrende Friedrich Julius Stahl, der
vor Jahren vom jüdischen zum protestantischen Glauben übergetreten war.
Es war eine abgewogene Theorie, die sich von dem 'Rationalismus' und
'Deismus' der Aufklärung wie von den Staatstheorien der idealistischen Philosophie Fichtes und Hegels absetzte. Dieser „christliche Staat" war vage in
seiner Begrifflichkeit, aber relativ eindeutig in seiner politischen Zielset-

zung: Er war nicht konfessionell, berief sich auf die jahrhundertalte Überlieferung des „christlichen Volkes" in Deutschland und Europa, verwarf
den alten Stände- und Patrimonialstaat und plädierte für einen „konstitutio-
nellen" Staat mit einer Balance der Rechte von Krone und Parlament,
setzte auf die öffentliche Unterstützung der Kirche, wobei Gläubigkeit,
Kirchlichkeit, Erziehung in Schule und Familie, die christliche Ehe als
etwas Verbindendes angesehen wurden. Auch wurde nicht scharf zwischen
Staat, Volk und Nation unterschieden, die Nation wurde als das „christliche
Volk" verstanden. Der Begriff der Nation war nicht so eindeutig wie der
entsprechende Verfassungsbegriff der Liberalen und nicht so aggressiv wie
der spätere Begriff der Nation bei Treitschke. Insgesamt war das Konzept
des „christlichen Staats" eine biegsame und flexibel konservative Theorie,
die viele Möglichkeiten offenhielt und in die Pflicht des Staates die Sorge
für das jetzt aufkommende Proletariat einbezog, wenn dabei auch primär
an den Aspekt der Sicherung christlicher, moralischer Lebensverhältnisse in
Ehe und Familie gedacht war. Der „christliche Staat" war kein nationaler
„Machtstaat", eher das konservative Prinzip einer allgemeinen Verantwortung für das Gemeinwesen, das „Staat", „Volk" und „Geschichte" miteinander verband.

   Auch die ›Evangelische Kirchenzeitung‹ griff im August 1847 in einem
Rückblick auf die Sitzungen des Landtags in einem ausführlichen Beitrag
die Rolle des „christlichen Staates" noch einmal auf.[22] Er sei, hieß es, „die
Kardinalfrage der Zeit, in Preußen nicht bloß, in ganz Deutschland"[23]. Sie
wehrte den Vorwurf der Mittelalterlichkeit ab: „Wollte man den Begriff des
christlichen Staats als ‚mysteriös' die Realität absprechen, so wird man sie
doch dem Begriffe des christlichen Volkes zugestehen müssen." Das gelte
nicht nur für Deutschland. „Schon der Grundbau des Staates, das Verhältnis zwischen Obrigkeit und Volk, ruht in den Reichen Europas auf christlicher Lebenswürdigkeit." Dafür gebe es geschichtliche Gründe: „Von der
katholischen Kirche haben die germanischen Völker seit Karl dem Großen
den Gedanken des echten Königthums als der erhabenen geheiligten Autorität, der Obrigkeit, die da von Gott ist, empfangen und der christlich-reli-
giösen Bewegung der englischen Puritaner und Independenten entstammt
der Gedanke der Freiheit und Selbstherrschaft des christlichen Volkes." Die
Argumentation war wenig konkret. Ihre historische Relevanz aber zeigte
sich darin, daß man sie noch in deutschen Parlamentsdebatten der Weimarer Republik über Fragen des Films und des kulturellen Lebens, etwa bei
Deutschnationalen und bei Zentrumspolitikern finden konnte, ja selbst
noch während kulturpolitischer Debatten in westdeutschen Länderparlamenten nach 1945.

   In dieser Argumentation bekam jeder politische Konflikt eine religiöse
Färbung. So warnte die ›Evangelische Kirchenzeitung‹ vor der „Flut der

neuen Denkart": „Jeder Blick auf die Presse, oder auf die ständischen Ver-
handlungen [in den Landtagen], da wo man keine allgewaltige Monarchie
sich gegenüber hat, zeigt uns in Deutschland diese drohende Gefahr, und
Frankreich, dieses bewunderte Vorbild, dürfte doch den Beweis liefern, wie
ohne die Hingebung an die von Gott verordnete Obrigkeit keine Macht der
Ordnung mehr besteht als die materiellen Interessen." Eigentlich gebe es in
Deutschland nur zwei politische Parteien, wurde der Gegensatz zwischen
Konservativen und Liberalen vereinfacht: „Christen und Nichtchristen".
Warum sei die mittelalterliche Ordnung verfallen? Weil die Bande, die die
Berufe miteinander verbunden hätten, gefallen seien und an ihre Stelle der
„Mensch und der Bürger" getreten sei. „Warum hat die Revolution alle
Unterschiede der Gesellschaft und alle Bande und Gruppen des Berufs
vernichtet in ein wüstes Element ungegliederten Bürgerthums?" Die Revo-
lution habe den „Bau der Gesellschaft entchristianisiert". So und ähnlich
lauteten die Argumentationsketten. Es blieb offen, wohin diese antirevolutionären, konservativen, „christlichen" Vorstellungen der ›Evangelischen
Kirchenzeitung‹ letztlich zielten. Immerhin war die Einberufung des Vereinigten Landtags für manche eine Überraschung gewesen, wie auch im
März 1848 das Nachgeben König Friedrich Wilhelms IV. gegenüber der
revolutionären Bewegung in Berlin und sein Spruch „Preußen geht fortan
in Deutschland auf". Solche Entscheidungen lagen aber durchaus im Rahmen jenes christlich-konservativen Programms, das im Jahre 1847 in Berlin
ausgedacht und formuliert wurde.

Die Bedeutung und die Leistungen der deutschen Revolution von 1848
werden leicht unterschätzt. Die Revolution war eine europäische Bewegung, die überall eine liberale und vor allem nationale Bewegung auslöste,
nicht nur im Deutschen Bund und im Habsburgerreich, sondern zugleich
auch in Italien und Osteuropa. Anfangs schien es, daß selbst Papst Pius IX.
mit dieser Bewegung in Italien sympathisierte. Die Zeit schien reif für
nationale und liberale Lösungen. Lediglich in Rußland bewegte sich kaum
etwas. In Wien dagegen wurde Metternich am 13. März 1848 nach 39jähri-
ger Amtszeit entlassen. Damit war das vormärzliche System des deutschen
Regierungskonservatismus beendet. Es waren überhaupt schlechte Zeiten
für Konservative. Die deutsche Nationalversammlung in Frankfurt stellte in
dem § 137 ihrer Verfassung den Gleichheitsgrundsatz auf: „Vor dem Gesetz
gilt kein Unterschied der Stände. Der Adel als Stand ist aufgehoben. Alle
Standesvorrechte sind abgeschafft. Die Deutschen sind vor dem Gesetz
gleich . . . Die öffentlichen Ämter sind für alle Befähigten gleich zugänglich." Lediglich die bestehenden regierenden fürstlichen Familien wurden
weiterhin anerkannt, außerdem war eine der fürstlichen Familien für das
Amt des „Kaisers der Deutschen" als Reichsoberhaupt vorgesehen. Immerhin war das in der Paulskirchenverfassung projektierte Reich keine Repu-

blik. Umstritten war, ob man sich für eine norddeutsche (preußische) oder süddeutsche (habsburgische) Lösung entscheiden sollte, zwischen einer 'kleindeutschen' und 'großdeutschen', wie es in der damaligen Terminologie hieß. Da bei diesem Streit auch das konfessionelle Moment ins Spiel kam, gingen Katholiken und Protestanten häufig getrennte Wege. Für jenen 'christlichen Staat', der den Berliner Konservativen seit 1847 vorgeschwebt hatte, gab es in der Nationalversammlung keine Basis. Er setzte eine Homogenität voraus, die dort nicht vorhanden war.

Als schließlich die Frankfurter Nationalversammlung sich dafür entschied, den preußischen König zum Kaiser zu wählen, wurde der Konflikt offenkundig: Friedrich Wilhelm IV. lehnte ab. Man war in Berlin nicht grundsätzlich nationalen Lösungen abgeneigt, wie die Folgezeit erwies. Die Paulskirchenversammlung, die bewußt ein monarchisch-konstitutionelles Reich anstrebte und keine Republik, hatte sich nach dieser Absage selber die Zukunft verbaut. Es war nicht nur das mangelnde Machtbewußtsein, an dem Frankfurt scheiterte. Man wußte im Grunde genommen auch keine gangbare Alternative. So kam es zu dem seltsamen Ende dieser großartigen Bewegung und zu den Ausläufern des 'Rumpfparlaments' und des Aufstands in Baden. Ein entscheidender Faktor für das Scheitern bestand in der Tatsache, daß die einzelnen Staaten mit ihren Regierungen und Verwaltungen, einschließlich ihrer Militärverwaltung, weiterbestanden, wenn auch z. T. unter neuen liberalen Regierungen seit 1848.[24]

Hier lag der ausschlaggebende innerdeutsche Widerspruch. Die Nationalversammlung hatte noch weniger als der Deutsche Bund vorher und nachher, der immerhin auf einer Übereinstimmung der Regierungen beruhte, wirklichen Boden unter den Füßen. Daran hätte sich auch wenig geändert, wenn weniger gebildete Professoren und mehr machtbewußte Politiker in das Frankfurter Parlament gewählt worden wären. Um so erstaunlicher ist die verfassungspolitische Leistung, welche die Paulskirche zustande brachte. Wesentliche Elemente der Verfassung von 1848 sind nicht nur in die spätere Weimarer Verfassung und in das Grundgesetz eingeflossen, einige gedankliche, sogar liberale Elemente finden sich in der 'oktroyierten' preußischen Verfassung von 1850, und selbst die Reichskonstruktion von 1871 wäre ohne die gedankliche Vorarbeit der Paulskirche kaum vorstellbar. Die Politik Bismarcks wäre kaum in der Lage gewesen, aus sich heraus oder von Preußen aus ein solches Reichskonzept zu entwickeln, wenn es nicht bereits einmal vorgedacht gewesen wäre.

Lediglich die katholischen Abgeordneten in Frankfurt entwickelten neben den wenigen 'konservativen' Abgeordneten politische Vorstellungen, in denen man einen 'nationalen Konservatismus' sehen konnte, wobei nicht ganz klar war, ob sie mehr zu konservativen oder zu liberalen Zielen neigten. Denn das katholische Mißtrauen gegen den Obrigkeitsstaat war, abgesehen von einigen Strömungen im bayerischen Katholizismus, vor allem in Preußen recht ausgeprägt. Überall bildeten sich 'Pius-Vereine', örtliche, religiöse Vereinigungen. 1848 kamen sowohl der erste Katholikentag in Mainz – dank der Liberalisierung des Versammlungsrechts – als auch die erste nationale katholische Bischofskonferenz in Würzburg zustande. Die katholische Bewegung trug – wie die der Liberalen – häufig progressive Züge. Im übrigen gingen die Abgeordneten unabhängig von ihrer politischen und konfessionellen Haltung durchaus mit eigenem Stolz und Selbstbewußtsein nach Frankfurt. Sie waren schließlich auch bereit, gemeinsam zu beraten und zu entscheiden. Entsprechende Erwartungen hegte die Wählerschaft. Man war im Prinzip eher offen. Die scharfe Konturierung der Parteigrenzen kam erst später, insbesondere seit 1871. So befanden sich unter den katholischen Politikern des Jahres 1848 in Frankfurt und in den Länderparlamenten Konservative, Liberale und Demokraten.

Der Frankfurter Nationalversammlung gehörte auch der 37jährige Pfarrer Wilhelm Emmanuel von Ketteler an, der für die westfälischen Kreise Tecklenburg und Warendorf gewählt worden war. Ketteler war ursprünglich preußischer Beamter gewesen, dann aber aus Protest gegen die preußische Politik (Kölner Wirren 1837) aus dem Dienst ausgetreten und katholischer Priester geworden. In Frankfurt setzte er sich für die kirchliche Unabhängigkeit gegenüber staatlichen Eingriffen ein. Von Mainz aus, dessen Priesterseminar seit Jahren eine liberale Haltung vertrat, lud man Ketteler zu Adventspredigten im Mainzer Dom im November und Dezember 1848 ein. Hier entwickelte er in sechs Predigten in Anlehnung an biblische Aussagen und an die Theologie des Thomas von Aquin ein Konzept über die „großen sozialen Fragen der Gegenwart". Er war einer der ersten, der den Begriff der „sozialen Frage" formulierte.[25] Das Mainzer Domkapitel wählte Ketteler 1850 zum Bischof dieses kleinsten katholischen Bistums in Deutschland. Der westfälische Katholik und Adelige stand den Berliner Ideen des 'christlichen Staats' kritisch gegenüber. Er hielt sie für oberflächlich und für zu protestantisch. Als Bischof von Mainz wurde er in den folgenden Jahren die bekannteste Gestalt des politischen Katholizismus. In seinen Schriften versuchte er, konservative, liberale und soziale Forderungen zu verbinden. Seit 1866 empfahl er den deutschen Katholiken, die Bismarcksche Lösung der Reichseinigung zu akzeptieren. Er sah in der preußischen Verfassung von 1850 wesentliche Elemente, die eine staatsunabhängige Entwicklung der katholischen Kirche ermöglichten. In seinen zahlreichen tagespolitischen Schriften und Stellungnahmen legte Ketteler die theoretischen Grundlagen für einen politischen Katholizismus.[26] Er starb 1877. Während des Kulturkampfes hatte er noch erleben müssen, daß sein Konzept der preußischen Lösung mehr Probleme in sich barg, als er vermutet hatte.[27]

1848 sah aber alles noch anders aus. Wie schwierig es war, sich überhaupt in der Öffentlichkeit als Konservativer zu behaupten, mußte der junge Bismarck erfahren, als er in dem Anfang April erneut einberufenen Vereinigten Landtag fast als einziger gegen eine 'Dankadresse' stimmte, mit der der Landtag den König auf eine liberale Linie verpflichten wollte. „Ich bin einer der wenigen", erklärte er unter dem Gelächter der übrigen Abgeordneten „welche gegen die Adresse stimmen werden", nicht weil er das Programm ablehne, sondern „aus dem alleinigen Grunde, weil ich mir nicht anders helfen kann."[28] Er halte den seit dem März eingeschlagenen Weg – das Entgegenkommen gegenüber der Revolution – für falsch. Inzwischen war das neue Ministerium der rheinischen Liberalen Camphausen und Hansemann gebildet worden. Der König hörte auf den Rat Vinckes. Bismarck war ein Außenseiter. Seiner Frau schrieb er, daß er in Berlin pausenlos von Thadden und von Gerlach in den letzten beiden Tagen „exekutiert", also offensichtlich mit Marschrouten versehen worden sei. „Ich langweile Dich mit Politik, mein armes Herz; aber der Mund geht über von der Fülle."[29] Seinem Bruder gegenüber beklagte er sich, daß er keine Chance habe, in die Preußische Nationalversammlung gewählt zu werden, die neben der Frankfurter 1848 einberufen wurde. „Ich weiß nicht, ob ich mich darüber freuen oder ärgern soll. Es ist mir Gewissenssache, mich mit allem Nachdruck um die Wahl zu bewerben." Da er keine Chance hatte, gewählt zu werden, agierte er außerparlamentarisch, unterstützte den Redakteur der jetzt täglich erscheinenden ›Kreuz-Zeitung‹, Hermann Wagener, verfaßte Zuschriften an Zeitungen und kümmerte sich mit Gerlach um den Aufbau einer konservativen Parteiorganisation,[30] die sich gegen Ende des Jahres den Namen 'Treubund für König und Vaterland' gab.

Das Parteiunternehmen trug fast konspirativen Charakter, da man zwischen dem Hof, den liberalen Ministern und der eigenen, noch schmalen Anhängerschaft auf dem Lande lavieren mußte. Er machte sich Vorwürfe, im Vereinigten Landtag nicht sicherer aufgetreten zu sein, und führte das auf die „blöde Unselbständigkeit" zurück, „in welche 10 Jahre geistig trägen Landlebens mich eingeschlämmt haben"[31]. Aus Pommern schrieb er politische Stimmungsberichte an die ›Kreuz-Zeitung‹. Den König bearbeitete er im August in einem längeren Schreiben, daß er auf keinen Fall einer Verschlechterung der wirtschaftlichen Lage des Landadels durch ein neues Steuergesetz zustimmen dürfe. Bismarcks persönliche wirtschaftliche Lage war gleichfalls prekär. Er sah die Dinge dramatisch und dramatisierte sie. „Und Sturz des Königthums in unseren Tagen, was heißt es andres als zwischen roter und blauer Republik einen Kampf auf Leben und Tod zu entzünden!", schrieb er im September in der ›Kreuz-Zeitung.

Eine Woche später schöpfte er aber bereits Hoffnung: Preußische und österreichische Truppen hatten in Frankfurt nach der Ermordung zweier konservativer Abgeordneter erfolgreich eingegriffen. „Nachdem die vereinigten Weisen der deutschen Nation zu Frankfurt", schrieb er in der ›Kreuz-Zeitung‹ über die Nationalversammlung, „5 Monate zusammengesessen und geschwatzt und beraten zu haben . . . und nachdem sie . . . nichts weiter zu Tage zu fördern gewußt haben als einen unermeßlichen, endlosen Wort-schwall, haben ein paar Bataillone preußischer und österreichischer Solda-ten weniger Stunden bedurft, um mit den Bajonetten das erste große Werk deutscher Einigkeit und Eintracht zustande zu bringen."[32] Hier taucht be-reits ein Verständnis von Politik auf, das bald seinen engeren Freunden in der Berliner 'Camarilla', wie sie sich selber nannte, unheimlich werden sollte. Ketteler hatte den Mord zum Anlaß genommen, am 21. September eine 'Leichenrede' zu halten und darin ganz andere Motive anklingen las-sen: „Wie konnte denn aber an solchen Männern eine solche Tat vollbracht werden? Bei allen Völkern der Erde ist ja der Vertreter des Volkes eine un-verletzliche Person. Wie konnte in unserem teuren Vaterlande, in unserem edelmütigen Deutschland, an deutschen Volksvertretern ein so übergrauen-hafter Mord begangen werden?"[33]

Bismarck kämpfte ruhelos weiter. Er sei, schrieb er Anfang Dezember aus seinem Gut Schönhausen, „wie ein Perpendikel zwischen hier und Ber-lin, Potsdam und Brandenburg hin und hergegangen . . . Indessen schmeichle ich mir nicht ohne Nutzen, die Schwanzklemmer mitunter ge-pfeffert zu haben, und sehe mit Befriedigung auf mein Tagewerk zurück."[34] Tatsächlich schienen sich die Dinge in Preußen zu wenden. Anfang Dezem-ber setzte ein königlicher Erlaß eine Verfassung in Kraft und löste die Preu-ßische Nationalversammlung auf, die zuvor bereits in die Stadt Branden-burg verlegt worden war. Gegen die liberal-demokratische Berliner Bürger-wehr war unter dem 'Oberkommandierenden der Marken' von Wrangel Militär eingesetzt worden. Die Presse- und Versammlungsfreiheit wurde wieder eingeschränkt.

Die anfangs geheime, jetzt offene Reaktion hatte sich gegenüber der libe-raldemokratischen Berliner Nationalversammlung durchgesetzt. Anfang des Jahres 1849 wurde ein Landtag nach dem neuen Dreiklassenwahlrecht gewählt. Bismarck kandidierte in der kleinen Stadt Brandenburg gegen den dortigen Bürgermeister und gewann zu seiner Überraschung knapp mit 154 gegen 129 Stimmen. Er hatte eine eindrucksvolle Wahlrede gehalten und seinen Wählern versprochen, „die alten Bande des Vertrauens zwischen der Krone und dem Volke wieder fester" zu knüpfen, „damit Gesetz und Ord-nung walte, damit der Wohlstand und das gemeinsame Interesse aller fried-lichen Bürger gefördert werde . . . Das sind meine Ansichten: wenn Sie da-hin mit mir einverstanden sind, dann bitte ich um Ihre Stimmen!"[35] Hier zeigten sich Ansätze zu einem etwas pragmatischeren Konservatismus, der sich merklich von den nach wie vor schrillen Tönen abhob, mit denen die ›Evangelische Kirchenzeitung‹ in fast jeder ihrer Nummern des Jahres 1848 die Sitzungen in Frankfurt begleitet hatte. Wer die Zeitung damals las, mußte fast meinen, die Welt stehe kurz vor dem Untergang.

Trotz allen Rückschritts hatte die neue preußische Verfassung einen Vorzug: der Landtag, jetzt in eine Erste Kammer (Herrenhaus) und eine Zweite Kammer (Abgeordnetenhaus) gegliedert, wurde eine dauerhafte Einrichtung in Preußen. Hier konnte sich Bismarck als Abgeordneter der Zweiten Kammer positiv profilieren. Als das Wahlresultat so gut wie sicher war, schrieb er: „Gestern wurden in der Freude über das Resultat schon wenigstens 50 Gesundheiten getrunken, meine natürlich auch; da waren über 200 Gäste, Bauern, Bürger und von Adel, wie Luther zu sagen pflegt; sie sangen 'Heil Dir im Siegerkranz' und 'Ich bin ein Preuße', wie wird das heut erst werden, wenn sie mich durchbringen sollten. Die Demokraten und Republikaner hörten meine Rede auch mit an, und selbst die Schlimmsten verhielten sich wenigstens ruhig, daß man die Mücken hörte, und einige von ihnen kamen nachher, shake-hands mit mir zu machen."[36]

Der neue Abgeordnete hatte inzwischen ein klares Konzept: „Verteidigung gegen Anarchie, Gleichheit vor dem Gesetz (aber gegen Abschaffung des Adels), gleiche Verteilung der Steuern nach Vermögen, soweit es erreichbar, Wahl nach Interessen und gegen Abschaffung geldwerther Rechte ohne Entschädigung, gegen Verminderung des stehenden Heeres, für strenge Preß- und Clubgesetze", faßte er seine Auffassung gegenüber dem Bruder zusammen. Aktuell gelte es „mehr die Angriffe der Anarchisten abzuwehren, als gleich die Mängel der Verfassung auszubessern; gelingt ersteres, so folgt das andre bald."[37] Der konservative Abgeordnete hielt sich an dieses Programm.

Seine politischen Reden in der Zweiten Kammer wurden entschiedener und zielbewußter. Auch standen die Konservativen, begünstigt durch das Dreiklassenwahlrecht, nicht mehr in einer hoffnungslosen Minderheitsposition. So wurde am 21. März 1848 ein Antrag auf Aufhebung des seit einigen Monaten bestehenden Belagerungszustands in Berlin von der Kammer mit 187 gegen 143 Stimmen abgelehnt. „Wir haben", erläuterte Bismarck seine Haltung, „im vorigen Sommer gesehen, wenn das Feuer der Berliner Straßenpolitik durch den Wind der Plakatenpresse und der Klubs angefacht wurde, so gab es Auftritte, die zu den schmachvollsten in der preußischen Geschichte gehören und gegen welche die Gesetze sich machtlos erwiesen."[38] Wer könne außerdem ernsthaft behaupten, daß die jetzige Kammer wirklich das Volk vertrete? „Wir sind gewählt von der Majorität der Wahlmänner und diese wiederum von der Mehrheit der Urwähler." Wie aber könnten die Minoritäten, um die es sich hier faktisch handele, von sich behaupten, den „Willen des großen preußischen Volkes" zu vertreten?

Das Konzept des eigenständigen Preußens, einer preußischen Politik und sogar eines preußischen Volkes wurde für den Abgeordneten Bismarck zu einer fixen Idee. Am deutlichsten wurde dies in seiner Rede am 21. April, in der er die Annahme der kurz zuvor von der Frankfurter Nationalversammlung beschlossenen Reichsverfassung durch den preußischen Landtag ablehnte. Hier ergab sich zum ersten Mal die Gelegenheit, Preußen gegen das Reich auszuspielen. 28 Länderregierungen hatten bereits der Verfassung zugestimmt. Bismarck sah in dem Vorgang eine Art Vergewaltigung Preußens, er sprach von „Oktroyierungsgelüsten" der Frankfurter Nationalversammlung. In Preußen gelte aber nur die neue Verfassung vom 5. Dezember. Es sei auch undenkbar, daß in Preußen und Deutschland zwei Verfassungen auf Dauer nebeneinander bestehen könnten. „Verfassungsmäßig" bedeute eben in Preußen etwas anderes als andernorts: „Mag in Belgien oder Frankreich, in Anhalt-Dessau oder da, wo der morgenrötliche Glanz der mecklenburgischen Freiheit strahlt, konstitutionell sein, was da will: hier ist nur das konstitutionell, was auf der preußischen Verfassung beruht."[39] Zudem vertrete Preußen sechzehn Millionen Deutsche. Das Allgemeine Wahlrecht der Frankfurter gebe jeder „Volksklasse" denselben politischen Einfluß, unabhängig von ihrer politischen Bildung und Urteilsfähigkeit. Die preußische Verfassung sei ein „sicheres Bollwerk gegen die Aristokratie der Intelligenz", zu der das Prinzip der Volkssouveränität der Frankfurter führe. Die Frankfurter Verfassung veranlasse den preußischen König, „seine bisher freie Krone als Lehen von der Frankfurter Versammlung anzunehmen". Der König werde wie jeder Fürst zum Untertan des Volks und höre auf zu regieren. Die Majorität könne jeden Augenblick die Staatsmaschinerie zum Stillstand bringen, indem sie das Budget ablehne und damit jede Macht im Staat neutralisiere: „Das scheint mir im hohen Grade gefährlich." Dieses Argument betonte die Regierungsautoriät gegenüber dem parlamentarischen Verfahren. Das war ein pragmatischer Konservatismus. Bismarck verstand es, das Problem bildhaft auszuschmükken: „Es wird nicht lange dauern, so werden die Radikalen vor den neuen Kaiser hintreten mit dem Reichswappen und ihn fragen: 'Glaubst du, dieser Adler sei dir geschenkt?' (Heiterkeit)." Wohin führe das? Das Parlament schicke die Regierung in außenpolitische und militärische Abenteuer, „während die Herren in Frankfurt gemütlich von den Taten unserer Krieger in den Zeitungen lesen, wie weit hinten in Dänemark die Völker aufeinanderschlagen"[40].

Sicherlich, die deutsche Einheit wolle ein jeder, sobald er nur deutsch spreche, „mit dieser Verfassung aber will ich sie nicht". Die Frankfurter „Souveränitätsgelüste" kämen ein Jahr zu spät, zu einem Zeitpunkt „wo Europa beginne, sich von dem Taumel der Revolution zu erholen". Was sei die Alternative? „Im schlimmsten Falle will ich aber, ehe ich sehe, daß mein König zum Vasallen der politischen Glaubensgenossen der Herren Simon und Schaffrath herabsteigt, lieber, daß Preußen Preußen bleibt." Man wolle das preußische Staatsgebäude, an dem Jahrhunderte gebaut hätten, einstürzen lassen. Die Frankfurter Krone möge glänzend sein. Aber das Gold, das dem Glanze die Wahrheit verleihe, wolle man sich in Frankfurt durch Einschmelzen der preußischen Krone besorgen. Vincke protestierte gegen die „antediluvianischen Anschauungen" Bismarcks und plädierte für die Annahme der Verfassung und weitere Verhandlungen. Bismarck, der an parlamentarischer Statur gewonnen hatte, konterte gegenüber der „Rede des verehrten Abgeordneten aus dem Sauerlande" mit der Bemerkung: Habe nicht Vincke selbst noch vor wenigen Wochen ähnlich gedacht und gesprochen? Offensichtlich habe er inzwischen eine innere Sintflut erlebt, die seine früheren Anschauungen fortgespült habe. „Mein und mein antediluvianischer Standpunkt ist mir noch ebenso lieb, als das Asyl in der Arche Noah, in welcher der verehrte Abgeordnete seine Ansichten jetzt unterzubringen sucht."[41] Die Rechte spendete Beifall und war mit dem Auftritt ihres jungen Mannes sehr zufrieden. Die Liberalen druckten diese Rede Bismarcks in zehntausend Exemplaren nach und verbreiteten das Bild dieses preußischen Reaktionärs in ganz Deutschland.[42]

Innerhalb einer Woche wurde der Landtag bereits wieder aufgelöst, Neuwahlen wurden ausgeschrieben. Bismarck sorgte sich wieder, nicht gewählt zu werden. Aber die politische Entwicklung war für ihn weiter günstig. Dennoch verfolgte die preußische Regierung unter dem neuen Außenminister Joseph Maria von Radowitz jetzt eine andere nationale Linie als der Abgeordnete Bismarck. Radowitz war Berufssoldat, Katholik, konservativ und seit Jahren ein persönlicher Vertrauter Friedrich Wilhelms IV. Als einer der wenigen konservativen Abgeordneten hatte er der Frankfurter Nationalversammlung angehört. So verfolgte er, wie auch von Vincke am 21. April vorgeschlagen hatte, den Plan, zu einer nationalen Lösung im Zusammengehen Preußens mit anderen Regierungen zu kommen. Durch die 'Erfurter Union' – Erfurt lag in Preußen – suchte er eine Vereinbarung zwischen den Regierungen und Länderparlamenten unter preußischer Führung zu erreichen. Radowitz stieß damit auf den Widerstand der Regierung Schwarzenberg, die, nachdem in Österreich und den habsburgischen Ländern die revolutionäre Bewegung niedergeworfen war, mehr Energie als bisher zur Abwehr der preußischen Politik aufwenden konnte. Auch Bismarck nahm an den Tagungen des 'Erfurter Parlaments' im April 1850 teil, wurde aber zunehmend ein innerpreußischer Gegner der Politik von Radowitz'.

Die Unionspläne scheiterten an einem eher skurrilen Vorfall, nachdem die österreichische Regierung versucht hatte, die alte Bundesversammlung in Frankfurt wieder ins Leben zu rufen: Bei einem internen Verfassungsstreit in Hessen rückten gleichzeitig preußische und österreichische Truppen ein. Es sah nach Krieg aus. Tatsächlich gab es nur ein kleines Scharmützel. Da der Schwager des preußischen Königs, Zar Nikolaus I., die Österreicher unterstützte, gab man in Berlin lustlos auf. Von Radowitz wurde entlassen. Sein Nachfolger von Manteuffel schloß mit Schwarzenberg in Olmütz ein Abkommen, das die Wiederbelebung des Deutschen Bundes und seiner Frankfurter Bundesversammlung vorsah. Manche sahen das als eine diplomatische Niederlage der preußischen Politik an. Als Vincke in der Kammer im Dezember 1850 die Ablösung Manteuffels beantragte, kam die Stunde Bismarcks, indem er die Haltung der Regierung geschickt verteidigte.

Der Streit mit Österreich sei kein Anlaß zum Krieg gewesen. Es sei ja lediglich ein „Prinzipienstreit". Bismarck entwickelte eine außenpolitische Theorie: „Die einzige gesunde Grundlage eines großen Staates, und dadurch unterscheidet er sich wesentlich von einem kleinen Staate, ist der staatliche Egoismus und nicht die Romantik, und es ist eines großen Staates nicht würdig, für eine Sache zu streiten, die nicht seinem eigenen Interesse angehört." Es sei leicht, in die Kriegstrompete zu stoßen und sich dabei am Kaminfeuer zu wärmen oder auf der Tribüne des Parlaments donnernde Reden zu halten, „und es dem Musketier, der auf dem Schnee verblutet, zu überlassen, ob sein System Sieg und Ruhm erwirbt oder nicht". Doch wehe dem Staatsmann, „der sich in dieser Zeit nicht nach einem Grunde zum Krieg umsieht, der auch nach dem Kriege noch stichhaltig ist". Denn was komme danach? Eine lange Perspektive von Schlachtfeldern und Brandstätten, „Elend und Jammer, von hunderttausend Leichen und hundert Millionen Schulden". „Werden Sie dann den Mut haben", fragte Bismarck die liberale Linke, „zu dem Bauer auf der Brandstätte seines Hofes, zu dem zusammengeschossenen Krüppel, zu dem vaterlosen Kinde hinzutreten und zu sagen: 'Ihr habt viel gelitten, aber freut euch mit uns, die Unionsverfassung ist gerettet'?[43] Oder wolle man gar die preußische Armee für dasselbe Prinzip ins Gefecht führen, „welches sie im März 1848 in den Straßen Berlins bekämpfte?" Wenn aber ein Prinzipienkrieg geführt werden müsse, sei es dann nicht sinnvoller, diesen nicht gegen Österreich, sondern gegen die Mehrheit in der preußischen Kammer zu führen, diese aufzulösen und Neuwahlen auszuschreiben? „Dann wäre es die Pflicht der Räte der Krone, sich zu erinnern, daß eine Kammer leichter mobil zu machen ist als eine Armee (Heiterkeit) und in einer Neuwahl das Volk zu fragen, ob es die Ansichten seiner Vertreter durch Wiederwahl gutheiße."[44]

Die Anerkennung für diese Rede ließ nicht lange auf sich warten. Im April 1851 wurde Bismarck auf Betreiben Gerlachs zum preußischen Gesandten in Frankfurt bestellt. Manchen erschien die Ernennung als riskant. Damit waren die Anfänge des preußischen parlamentarischen Konservatismus, soweit sie der junge Bismarck geprägt hatte, beendet; die finanziellen Sorgen, mit denen sich der Gutsherr Bismarck in den letzten Jahren ständig herumzuschlagen hatte, offensichtlich auch. Seit dieser Zeit begann der Alltag sowohl des preußischen Parlamentarismus wie der des preußischen

Konservatismus. Aber anders als die britischen Konservativen entwickelten sich die preußischen nach dem Fortgang Bismarcks nicht zu einer Regierungspartei, die Regierung, Parlament und Parlamentsfraktion eng miteinander verband. Einen Disraeli kannte der deutsche Parlamentarismus des 19. Jahrhunderts nicht, noch weniger einen liberalen Gladstone. Die äußere Ähnlichkeit der Parteinamen darf nicht darüber hinwegtäuschen, daß die Struktur der parlamentarischen Politik in Deutschland und England grundverschieden war und es auch nach 1867 und 1871 blieb.[45]

Der Verfassungkonflikt war in Preußen seit 1850 durch die ungeklärte Beziehung von Regierung und Parlament und – auf lange Sicht – durch das Dreiklassenwahlrecht programmiert. Der Konflikt zog sich im Grunde genommen fast über 70 Jahre bis 1918 hin. Es ging dabei nicht nur um formale Fragen, sondern auch um die Behauptung sozialer Machtpositionen. Mit der Stellung der Krone war auch die Stellung der Armee eng verflochten. Die konservativen Abgeordneten, häufig Gutsbesitzer, Verwaltungs- und Justizbeamte, Offiziere und gelegentlich Geistliche, Lehrer und Professoren, verstanden sich eher als Stützen konservativer Regierungen, weniger als eigenständige Politiker mit festen Forderungen an die Regierungen. Jenen politischen Profilierungsdrang, wie ihn der junge Landtagsabgeordnete Bismarck gezeigt hatte, findet man später im preußischen Abgeordnetenhaus und Herrenhaus nicht mehr. Dennoch sollte die Rolle des Preußischen Landtags nicht unterschätzt werden.

Er entwickelte sein eigenes Zeremoniell, besonders bei der feierlichen Eröffnung einer Sitzungsperiode. Tatsächlich kam hier auf den Sitzungen des Landtags in Berlin ein parlamentarisches Spiegelbild der großen und überwiegend kleinen Probleme der einzelnen Provinzen und Städte des Landes Preußen zustande. Mehrere Generationen von Abgeordneten durchliefen dieses Parlament seit 1849. Die oft recht langweiligen Protokolle der Sitzungen des Abgeordneten- und Herrenhauses sind gleichwohl ausgezeichnete Quellen über den Alltag des gesellschaftlichen und politischen Lebens in Preußen. Darüber hinaus wuchs dieses Land durch die parlamentarische Vertretung in einer Weise zusammen, wie es das vor 1848 kaum gegeben hatte. Es gab seitdem eine politische Öffentlichkeit. Die späteren Anklagen der Sozialdemokratie gegen ihren Ausschluß aus dem Landtag durch das Dreiklassenwahlrecht bestätigen die Bedeutung, die diesem Parlament beigemessen wurde. Sämtliche preußischen Gesetze wurden von dem Abgeordnetenhaus verabschiedet, für die innere Verwaltung, die Schulen, die Steuern und Finanzen, die Polizei, die Regelung der Beamtenfragen bis hin zum Staatshaushalt, dem wichtigsten jährlichen Gesetz, das das Parlament passieren mußte. Im übrigen waren Provinzialismus und Konservatismus in Preußen weithin identisch, und so blieb es bis 1918. Der auch unter dem Dreiklassenwahlrecht regelmäßig starke Anteil der Liberalen spiegelte die Soziologie Preußens in der zweiten Hälfte des 19. Jahrhunderts und die durch die Industrialisierung bewirkten Veränderungen in Wirtschaft und Gesellschaft wider. Darüber hinaus wirkten die Bahnlinien, die inzwischen die preußischen Provinzen miteinander verbanden, schon fast wie ein 'liberales' Element im Staatsgefüge.

Der provinzielle Charakter des preußischen Konservatismus bewirkte, daß Bismarck nach seiner Rückkehr aus dem diplomatischen Dienst 1862 nur noch begrenzt mit der bedingungslosen Treue seiner konservativen Gesinnungsfreunde rechnen konnte. Gerlach und die Gruppen um die ›Kreuz-Zeitung‹ und die ›Evangelischen Kirchenzeitung‹ opponierten gegen die nationalpolitischen Ambitionen, die Bismarck jetzt entwickelte. Sie drohten, die antirevolutionären Gemeinsamkeiten mit der österreichischen Politik und die Idee des christlichen Staats zu zerstören. Bismarck war 1866 51 Jahre alt. Tatsächlich nahm in dieser Zeit seine von Preußen aus betriebene nationale Politik eben jenen prinzipiellen Charakter an, den er 1851 ebenso eindrucksvoll wie nachdrücklich bloßgestellt hatte. So suchte er jenseits des Provinzialismus und des Traditionalismus der preußischen Konservativen neue parteipolitische Verbündete. Er fand sie in der liberalen Bewegung des 1859 entstandenen 'Nationalvereins', der auch Treitschke angehörte, und schließlich bei einem Teil der Liberalen innerhalb und außerhalb Preußens. Wie bei seinen Anfängen zog er immer noch eruptive Lösungen vor. Er ließ sich – abgesehen von seiner Ernennung zum preußischen Ministerpräsidenten 1862 – nie bitten oder auffordern, sondern er drängte. Die Politik Bismarcks seit den 1860er Jahren trug einen sehr persönlichen und riskanten Charakter. Er verstand sich nicht als der Vorsitzende oder gar nur als Aushängeschild einer konservativen Partei. Er betrieb eher Politik auf eigene Rechnung. Andere, einschließlich des preußischen Königs – seit 1861 Wilhelm I. –, hatten zu folgen. Es war nicht der einzige konservative Grundsatz, gegen den er verstieß. Der Angriff auf Österreich im Bündnis mit dem revolutionären Italien 1866, die preußische Einverleibung von Hannover, Kurhessen, Frankfurt 1866, um den preußischen Staat zu arrondieren, die Politik der preußischen Hegemonie gegenüber den süddeutschen Staaten seit 1866 verwarfen so ziemlich alles, was seit 1815 in regierenden Kreisen in Deutschland für heilig gehalten wurde. Bismarcks Ehrgeiz und Tatendrang kannten wenig überkommene Grenzen. Man begann in Europa zu rätseln, wohin seine Unternehmungen noch führen würden. Handelte es sich um einen deutschen Napoleon?[46]

In seiner Studie über den sozialen und politischen Konflikt in Preußen von 1858 bis 1864 fragt Eugene N. Anderson nach den Gründen, warum die preußischen Konservativen in so kurzer Zeit von 181 Sitzen 1855 auf 47 Sitze 1858, auf 15 Sitze 1861, auf 10 Sitze 1862 herabfielen und dann 1863 bei der ersten Wahl unter der Ministerpräsidentschaft Bismarcks in dem Verfassungskonflikt um die Heeresreform, bei der die liberale Mehrheit die Zustimmung zum Militäretat verweigerte, noch einmal auf 36 Sitze anwuchsen.[47] Die Konservativen des preußischen Abgeordnetenhauses waren keine Partei, die agierte, sondern höchstens reagierte. Ihre Ausstrahlungskraft war gering. Der Kampf um die Bewilligung des Militäretats spielte sich zwischen der Regierung und der liberalen Landtagsmehrheit ab. Erst Ende der 70er Jahre konnten sich die Konservativen auf ihre Art wieder profilieren, als sie als Anwalt der agrarischen Interessen auftraten. So standen sie ganz im Schatten der Politik der Reichseinigung. Ludwig von Gerlach und einige seiner Freunde waren entschiedene Gegner dieser Politik. Die meisten Konservativen dagegen begrüßten die militärischen Siege von 1864, 1866 und 1870, grollten aber wegen der dabei erfolgenden Rechtsbrüche und Verstöße gegen konservative Prinzipien.[48]

Anfangs zögernde, zunehmend stärker werdende Zustimmung fand die gewaltsame Politik der Reichseinigung bei dem bürgerlich-liberalen und nationalen Publikum. Nach dem Sieg über Österreich bat Bismarck im Abgeordnetenhaus um die 'Indemnität' für seine Verfassungsbrüche. Eine starke liberale Gruppe fand sich bereit, dieses Spiel mitzuspielen. Die Liberalen spalteten sich in den linken Flügel der 'Fortschrittspartei' und den rechten Flügel der 'Nationalliberalen', die wie die 'freikonservative' Abspaltung von den alten Konservativen sich entschieden hinter den neuen nationalen Kurs der preußischen Politik stellten. Das Spektrum der Parteien verschob sich. Die Nationalliberalen erweiterten die deutsche Rechte. Neben den preußischen Konservativen, geprägt von Landadel, Beamten und protestantischen Kirchenmännern, trat die modernere bürgerlich-nationale Bewegung der Nationalliberalen, deren Basis nicht mehr auf Preußen beschränkt war. Unter Führung von Rudolf von Bennigsen und Johannes von Miquel wurde sie zur dominierenden Partei in dem 1871 geschaffenen Reichstag, der, anders als in Preußen, nach dem allgemeinen Wahlrecht, also ohne irgendeine Beschränkung des Wahlrechts nach dem Vermögensstand, gewählt wurde. Daß eine rechte bürgerliche Politik auch mit dem allgemeinen Wahlrecht möglich sei, hatte bereits Napoleon III. seit 1850 in Frankreich vorexerziert.

Damit ließ sich aber die Bismarcksche Politik auf ein riskantes Spiel um die Wählerstimmen ein, das die überkommenen konservativen Maßstäbe sprengte, auch wenn die Reichsverfassung von 1871, die aus der Verfassung des Norddeutschen Bundes von 1867 hervorging, dem Reichstag weder ein Kontrollrecht gegenüber der Regierung einräumte noch eine parlamentarische Regierungsbildung aus den Mehrheitsfraktionen des Reichstags zuließ. Auch die Entscheidungen über Krieg und Frieden waren dem Reichstag genommen. Der Oberbefehl über das Heer lag beim Kaiser. Diese Konstruktion begünstigte nicht nur die Stellung der Armee als Staat im Staate, sondern konstruierte, was anfangs vielleicht kaum voraussehbar war, eine ganz neue politische Soziologie in Deutschland, die im kaiserlichen Hof wie in den nach wie vor bestehenden fürstlichen Höfen in den 39 'Bundesstaaten', dem Adel, der Generalität und dem Offizierskorps und schließlich auch der neuen Schicht der Großindustriellen eine neudeutsche Oberschicht schuf, die es in dieser Form bis dahin in Deutschland nicht gegeben hatte. Der informelle Einfluß dieser Oberschicht auf die Politik nahm noch zu, nachdem Bismarck 1890 die politische Bühne verlassen hatte.

Während der preußische Konservatismus in Berlin an intellektueller Ausstrahlungskraft und politischer Potenz verlor, meldete sich von Mainz aus eine neue konservative Stimme zu Wort, die eine andere Zukunft anvisierte: Der frühere Abgeordnete der Nationalversammlung und jetzige Mainzer Bischof Ketteler brachte im Februar 1862 eine Schrift ›Freiheit, Autorität und Kirche‹ heraus, die als Marschroute für die katholische Presse in Deutschland gedacht war. Ketteler sorgte sich darum, daß im Zuge der jüngsten deutschen Entwicklung der Katholizismus aus der Öffentlichkeit ganz zu verschwinden drohte. Die liberale Presse beherrschte derart die Öffentlichkeit, daß von katholischen Lebensäußerungen kaum noch etwas vernehmen zu sei, klagte er. Er warb bei den Katholiken für die deutsche Einheit. Sie müßten akzeptieren, daß es keinen modernen nationalen Staat mehr gebe, in dem lediglich *ein* religiöses Bekenntnis vorherrschend sei. Allerdings müsse auch die Politik aufhören, „die Religion als Mittel für ihre Zwecke" zu betrachten. „Wir glauben . . ., daß wir Katholiken trotz dieser vielfach der katholischen Kirche feindlichen Richtungen uns wohl vor dem Scheine hüten müssen, als ob die deutsche Sache uns fremd wäre." Man solle unterscheiden und sich „in der Liebe zum deutschen Vaterlande, zu seiner Einheit und Größe von niemanden übertreffen lassen"[49]. Man sei auch nicht auf die österreichischen Habsburger festgelegt, die 1806 die Kaiserkrone niedergelegt hätten. Die deutsche Einheit sei „kein Privatrecht des deutschen Kaisers, sondern ein Gesamtrecht des ganzen deutschen Volkes"[50].

Obwohl Kettelers Argumentation sowohl konservative als auch liberale Elemente übernahm, spürte er sehr genau, daß die neuen Parteien nicht nur Prinzipien, sondern auch blanke Interessen vertraten. So setzte er sich von der „Gottesgnadenlehre" und der Lehre des „christlichen Staats" ab: „Ich gestehe, daß ich das Königtum von Gottes Gnaden, wie es seit der Reformation von vielen katholischen und nicht-katholischen Fürsten und ihren Dienern verstanden wurde, für einen verwerflichen Götzendienst halte." Nicht nur die weltlichen Könige und Fürsten, die ganze Welt sei schließlich „von Gottes Gnaden". „Die persönliche Würde des Menschen" hänge von der Freiheit ab, sowohl der sittlichen als auch von der politischen und sozialen. Diese wiederum werde aber auch nicht von den Theorien des

„modernen Staats" gewährleistet, die den Staat nur als „Menschenwerk" ansehen, „obgleich er auch an gewissen deutschen Hochschulen seine Hoftheologen hat, die ihm einen gewissen evangelischen Schein geben sollten". Gemeint waren die liberalen Professoren. Die liberale Theorie führe zu „Gottesleugnung". Sie entspringe der Verblendung der Vernunft. Überhaupt seien die Begriffe „konservativ" und „liberal", die die gegenwärtigen politischen Kämpfe beherrschten, mehrdeutig. Für Kettelers Konservatismus standen Verfassungsfragen nicht an erster Stelle. Auch spielte er die Bedeutung der Wahlen herunter. Herrsche hier wirklich das Volk? Oder werde nach einem einmaligen Wahlakt die jeweilige Mehrheit der Kammer zum Souverän der Politik? Baden sei ein Land mit einem durch und durch katholischen Volk. Merke man etwas davon in der Zweiten Badischen Kammer? Ketteler sah in der Presse ein wirksames Instrument des parlamentarischen Lebens, um auch zwischen den Wahlen die katholische Meinung öffentlich zur Geltung zu bringen. Er besaß für einen Geistlichen einen ungewöhnlich klar denkenden politischen Verstand.

Noch entschiedener sprach er sich in seiner Schrift ›Deutschland nach dem Kriege von 1866‹, die im Januar 1867, unmittelbar nach dem Berliner 'Indemnitätsbeschluß', fertiggestellt worden war, für eine Annahme der preußischen deutschen Lösung durch die Katholiken aus. Man habe lange genug auf österreichische Lösungsvorschläge vergeblich gewartet. Ein längeres Warten sei nicht zu verantworten. Es führe offensichtlich nur zu neuem Unheil und militärischen Auseinandersetzungen. Damit entlastete er auch partiell das gewaltsame Vorgehen Bismarcks. Der interessanteste Aspekt dieser Schrift aber war der Hinweis auf den 'Primat der Innenpolitik' der gegenwärtigen preußischen auswärtigen Politik. Ketteler war wohl der erste, der dies deutlich – ohne die Formulierung zu verwenden – ausgesprochen hat. Aus dieser Sicht deutete er den 'Indemnitätsbeschluß' der letzten Tage. „Der innere Konflikt allein erklärt uns die sonst ganz unbegreifliche Tatsache, daß wir einen König, der seiner ganzen Lebensrichtung nach sich im tiefsten inneren Gegensatz zur Revolution befindet, der in seiner Jugend ein inniger Freund des Kaisers Nikolaus gewesen ist, daß wir eine große intelligente und wahrlich nicht gesinnungslose konservative Partei in Preußen in diesen Tagen in Alliance mit der Revolution auf den Schlachtfeldern und getragen von Prinzipien der Revolution in den diplomatischen Verhandlungen gesehen haben." Bismarck habe vor einiger Zeit erklärt, er sei gezwungen, im Kampf um die Existenz Preußens überall dort Hilfe zu suchen, wo er sie finden könne. Wie sei das zu verstehen? Preußens Macht habe sich in den letzten dreißig Jahren nur vergrößert. Niemand bedrohe es von außen, am wenigsten die schwachen deutschen Kleinstaaten. Nein, der Grund sei ein anderer: „Der innere Kampf der Parteien bedrohte die preußische Monarchie und deshalb griff man zur äußeren Politik und zu allen Bundesgenossen, die derselben Hilfe bringen konnten." Der Verfassungsstreit, die Auseinandersetzung der Regierung mit der Kammermehrheit in Preußen habe zu den auswärtigen Konflikten geführt. Nur durch den militärischen Sieg der liberal-nationalen Forderungen habe sich Bismarck die Indemnität beschaffen können. Das sei eine bedenkliche Erscheinung, „daß nämlich die Regierungen nur durch eine glänzende äußere Politik, nur durch Siege und Ruhm die inneren Schäden, an denen sie leiden, die Krankheiten ihrer inneren Zustände zudecken können" [51]. Ähnliches habe man bereits in Frankreich beobachten können, und man sei nicht sicher, ob nicht Napoleon III. dem Bismarckschen Vorbild einer „glänzenden Außenpolitik" folgen werde.

Der innere Konflikt in Preußen rühre auch nur oberflächlich von der Heeresorganisation her. Er liege tiefer begründet im Wesen des „modernen Konstitutionalismus". In England seien diese Probleme nicht so wichtig, weil man dort ein ausgeprägteres Gespür für die persönliche Freiheit habe als auf dem Kontinent. Denn in den übrigen europäischen Staaten werde der Staat inzwischen zu einer „Experimentieranstalt für Systeme" gemacht. Man leide unter einem „modernen Doktrinarismus" [52]. So spitze sich die Auseinandersetzung immer wieder auf die scheinbar unlösbaren Konflikte zwischen der Autorität der Regierung und der Majorität der Kammer zu. Man lasse sich auf außenpolitische Abenteuer ein, „um durch Schleswig-Holstein und Königgrätz auf kurze Zeit allen Widerspruch zu unterdrücken" und „die innere Revolution niederzuhalten". Daher könne man auch einem einzelnen nicht die gesamte Verantwortung an diesem Konflikt anlasten, so auch nicht Bismarck, der die Autorität und das monarchische Prinzip vertreten habe. „Dieser innere Konflikt scheint uns also die wahre Ursache des Krieges gewesen zu sein, während er selbst ein Symptom jener Krankheit war, an welcher das ganze europäische moderne Staatswesen durch seine falschen Staatsdoktrinen darniedergelegt." [53] Es bestehe die Gefahr, daß sich das europäische Völkerrecht in ein Völker-Faustrecht verwandele. [54]

Bei diesem begrenzten Verständnis für die Lage Bismarcks stellte Ketteler von seinem stärker katholisch geprägten Konservatismus her die Gesamttendenz der jüngsten preußischen Innen- und Außenpolitik in Frage. Er umschrieb sie mit dem Begriff des „Borussianismus". Hier standen sich der katholische westfälische Ketteler und der protestantische preußische Bismarck konzeptionell schroff gegenüber. Unter „Borussianismus verstehen wir nämlich eine fixe Idee über den Beruf Preußens, eine unklare Vorstellung einer Preußen gestellten Weltaufgabe, verbunden mit der Überzeugung, daß dieser Beruf und diese Aufgabe eine absolut notwendige sei, die sich mit derselben Notwendigkeit erfüllen müsse, wie der losgelöste Fels herabrollt". Entsprechend gelte es als unstatthaft, sich diesem Weltberuf im

Namen des Rechts entgegenzustellen. Plastisch beschrieb Ketteler die Anhänger des „Borussianismus": „Ist der Mann dieser Richtung ein begeister-
ter Diener seines Königs, so denkt er dabei an die Oberherrschaft eines absoluten preußischen Königtums; ist er Soldat, an einen preußischen Militärstaat mit seinem Kriegsherrn; ist er Bureaukrat, an eine Glorifizierung des
preußischen Bureaukratismus; ist er Prediger, an die Verbreitung des Protestantismus unter Führung des preußischen Königtums; ist er endlich ein
Fortschrittsmann, an den Sieg seiner Partei unter der preußischen Spitze,
wo dann die königliche Spitze natürlich nur so lange genutzt werden soll, als
sie Mittel für die Parteizwecke ist; sie alle aber, so verschieden im übrigen
ihre Ansichten sind, machen daraus eine fixe Idee, einen Beruf Preußens."[55]

Das Ganze sei aber „Doktrinarismus" und ein „willkürliches Phantasie-
gebilde", das seinen dankbarsten Boden bei den „Professoren und Logen"
finde. Bereits als Abgeordneter der Frankfurter Nationalversammlung habe
er die Meinung kennengelernt, daß Preußen bis zum Main ausgedehnt werden müsse. Eben diese Auffassung von dem „Berufe Preußens" habe den
jüngsten Krieg von 1866 ausgelöst. „Sie ist im Verlaufe des Krieges eine
starke Macht geworden, um denselben zu führen; sie hat nach den großen
Siegen alles in Preußen mit sich fortgerissen, selbst jene Kreise, die ihr ganzes Leben der Verteidigung des Rechts gewidmet haben; sie hat endlich die
Bedingungen des Friedens diktiert und herrscht augenblicklich fast ohne
Widerspruch in Preußen."[56]

Ketteler beschrieb die Gefahren, die der „Borussianismus" für ganz Europa heraufbeschwöre. Die Doktrin sei ihrer Natur nach aggressiv, „eine
Art Kriegserklärung an alles, was diesem Berufe entgegensteht". Warum
solle eigentlich der Beruf Preußens am Main oder gar an der Donau enden?
Aber auch für Preußen selbst sei diese Doktrin gefährlich. „Nicht Preußen
allein mit seiner Geschichte ist in der Welt; es gibt auch noch andere Völker
mit Selbstbewußtsein und älterer Geschichte." Was geschehe, wenn diese
ähnliche Theorien konzipierten? „Es ist eine wahre Torheit, zu glauben, daß
vor einem solchen doktrinären Hirngespinst vom Weltberuf die ganze Welt
stehen bleibt, und sich willenlos angliedern lassen werde. Je aufrichtiger wir
das Beste Preußens wollen, desto mehr können wir in solchen Richtungen
nur die Wege zum Verderben sehen."[57] Das waren schon fast prophetische
Worte.

Explizit wurde auch der inhärente Machiavellismus der neuen Doktrinen
widerlegt: Sie huldigten unbedingt dem Erfolg. Doch wer die „Revolution
in der niederen Politik" nicht haben wolle, dürfe sie auch nicht in der „höh-
ren" anstreben. Auch sei die Religion nicht dazu da, desgleichen zu rechtfertigen. Wieviel Unheil sei in den letzten dreihundert Jahren europäischer Geschichte entstanden, weil die Politik der Gewalt eine kirchliche Weihe erhal-

ten habe, wie unter den „ungerechten Kriegen Ludwig XIV.". „Diese öffentlichen Gebete, diese kirchlichen Dank- und Freudenfeste, diese ewigen neuen Eide sind nicht vom Guten."[58] Das Schrecklichste für Deutschland sei ein Bürgerkrieg. Man habe in der Geschichte schon oft genug darunter gelitten. Das dürfe sich nicht wiederholen. Aber gebe es jetzt noch einen Schutz dagegen? Müsse sich nicht, fragte der Bischof, Europa wieder auf Christus zurückbesinnen? „Christ oder Antichrist – das ist die Entscheidung."

Ketteler verstand zu differenzieren. So warf „Deutschland nach dem Krieg von 1866" nicht nur die „deutsche Frage", sondern zugleich die „soziale Frage" auf. Inzwischen hatten sich, z. T. unter dem Einfluß Ferdinand Lassalles, die ersten sozialdemokratischen Arbeitervereine gebildet. Ketteler hatte die Entwicklung aufmerksam beobachtet. Er sah hier ein neues Problem auf die Politik zukommen, für das die liberalen Wirtschaftstheorien keine Lösungen parat hielten. Er befürchtete, daß die Kluft zwischen Kapital und Arbeit wachsen werde. Dadurch werde nicht nur die „Masse der Menschen, die dem besitzlosen Arbeiterstande angehörten" zu unmenschlichen Entbehrungen geführt, sondern es werde schließlich zu „furchtbaren inneren sozialen Kämpfen zwischen Armut und Reichtum" kommen, wie man es aus der Antike kenne. Die neue sozialdemokratische Bewegung lege zumindest die Zustände mit größerer Anteilnahme und „Wahrheit" zutage. Aber auch sie biete lediglich doktrinäre Experimente als Rezepte an.[59] Noch bevor das Deutsche Reich von 1871 überhaupt bestand, hatte die katholisch-konservative Stimme aus Mainz den inneren und äußeren Konfliktstoff, der sich hier aufzutürmen schien, bereits recht zutreffend beschrieben. Eine geistliche Mahnung allein konnte allerdings die Probleme auch nicht lösen. In seiner Schrift ›Die Arbeiterfrage und das Christentum‹ (1864) hatte sich Ketteler bereits intensiver der Arbeiterprobleme angenommen und in Anlehnung an Lassalle die Errichtung von Produktionsgenossenschaften vorgeschlagen. Die Sozialdemokraten waren in der Rhein-Main-Gegend besonders aktiv und begannen, sich in den 60er Jahren von der liberalen Fortschrittspartei, mit der sie bisher kooperiert hatten, zu lösen.[60] Etwas verschämt – durch einen anonymen Brief mit der Bitte um Rückantwort nach Frankfurt ‘poste restante’ – hatte Ketteler sogar Lassalle um Rat gefragt: „Er selbst könne wegen seiner öffentlichen Stellung seinen Namen nicht preisgeben."[61]

Entgegen dem eher pazifistischen Verständnis der Außenpolitik Kettelers, für den der Krieg, anders als für Bismarck, kein Mittel der Politik war, und entgegen der Reserve katholischer Abgeordneter im preußischen Landtag gegen Militärausgaben, in der sie sich von den Fortschrittlern kaum unterschieden, ließen sich die meisten deutschen Katholiken von dem Sieg über Frankreich 1870/71 mitreißen. Hatte noch das Münster-Programm der neu entstehenden Zentrumspartei im Juni 1870 eine Anhebung der Steuern für Militärausgaben abgelehnt, formulierte das Soester Programm, das als das Grundsatzprogramm der neuen Partei galt, im Oktober 1870 bereits vorsichtiger, indem Punkt 7 ganz generell von der Einschränkung der Staatsausgaben sprach. Dennoch bestand in der neuen Partei des Zentrums eine Reserve gegenüber dem 'Borussianismus'.

Anfänge einer katholischen Partei hatte es bereits in den Zweiten Kammern von Preußen, Bayern, Württemberg und Baden gegeben. In Baden und Württemberg wehrten sich die katholischen Abgeordneten gegen die kämpferisch-antiklerikale Politik der dortigen Liberalen, die ihnen die Bekenntnisschule verweigerte. Im Norddeutschen Reichstag von 1867 arbeiteten die katholischen Abgeordneten August und Peter Reichensperger aus dem Rheinland, Hermann von Mallinckroth aus Westfalen und Ludwig Windthorst aus Meppen bei Osnabrück zusammen.

Bei der Namensnennung der 1870 gegründeten Partei schwankte man zwischen den Bezeichnungen 'Katholische Volkspartei', 'Konservative Volkspartei', 'Christlich-Konservative Volkspartei' und sogar 'Anti-Liberale Partei'. Man einigte sich schließlich auf die unverbindlichere Bezeichnung 'Zentrum', um jene Katholiken nicht zu verprellen, die seit 1848, besonders in Rheinland, liberal gewählt hatten. Das knapp gehaltene Soester Programm betonte die Rechte der Kirche, die Gleichberechtigung der Konfessionen, die kirchliche Trauung, die Unterstützung der Bekenntnisschulen, den Föderalismus in Form eines Bundesstaates für „das ganze deutsche Vaterland" unter Wahrung des Selbstbestimmungsrechtes der einzelnen Bundesstaaten, die Dezentralisierung der Verwaltung durch Stärkung der Gemeinden, Kreise und Provinzen gegenüber der zentralen Administration, die Beschränkung der Staatsausgaben und eine gerechte Besteuerung – und nahm in den beiden letzten Punkten soziale Forderungen auf: den Ausgleich der Interessen zwischen Kapital und Landbesitz auf der einen und der Arbeit auf der anderen Seite sowie die Stärkung des Mittelstandes, der Bauern und des Bürgertums, und schließlich die Schaffung einer sozialen Gesetzgebung zum Schutz der Arbeiterschaft vor moralischem und physischem Ruin. Ellen Lovel Evans bemerkt in ihrer Geschichte der Zentrumspartei, daß die Forderung nach Dezentralisierung der Verwaltung des Soester Programms effektiv erst durch die Alliierten Kontrollratsbeschlüsse nach 1945 zum Zuge gekommen sei.[62] Hier fanden sich antibürokratische Vorstellungen vom Aufbau der Verwaltung, die bereits Möser und Stein vorgetragen hatten.

Die Anfänge des Zentrums waren zugleich die Anfänge einer konservativen Volkspartei mit einer breiten Streuung der sozialen Interessen, die sie vertrat. In der sozialen Zusammensetzung der Partei und unter den gewählten Abgeordneten des preußischen Abgeordnetenhauses dominierte bis in

die 90er Jahre der Adel. Der langjährige Fraktionsvorsitzende im Preußischen Landtag von Schorlemer-Alst war der Begründer des westfälischen
Bauernbundes, der ersten schlagkräftigen agrarischen Interessenvertre-
tung. Seit den 90er Jahren begann sich die Soziologie des Zentrums zu ver-
bürgerlichen. Abgesehen von den konfessionellen Sonderwünschen lag das
Zentrum von den Konservativen, die sich inzwischen in Deutschland in
Deutschkonservative und die bismarcktreuen Freikonservativen gespalten
hatten, nicht allzuweit entfernt. Tatsächlich mußte es das Zentrum aber
bald erleben, daß es im Sturm des Kulturkampfs in eine Situation gedrängt
wurde, wo es sich am Ende fast Seite an Seite mit den Sozialdemokraten
und den Linksliberalen wiederfand. Der 'Borussianismus' entdeckte nach
den großen Erfolgen von 1870/71 den inneren Gegner im politischen Katholizismus, der einzigen Partei, die – solange die Sozialdemokraten noch
keine Rolle spielten – nichtborussianisch dachte und handelte. So nahmen
die Dinge in dem neuen, geeinigten Deutschland seit 1871 einen Verlauf,
wie ihn auch Ketteler nicht erwartet hatte.

Bismarck, 1871 56 Jahre alt, sah inzwischen die Politik überwiegend in
strategischen Kategorien. Wie er versuchte, das europäische Schachbrett
zugunsten seiner Lösungen zu verändern, glaubte er nach demselben
Muster das neue innenpolitische Schachbrett des Reichs konstruieren zu
können. Die Einführung des allgemeinen Wahlrechts, also eines demokratischen Wahlrechts für den Reichstag, aber nicht in den einzelnen Bundesstaaten und erst recht nicht in Preußen, ging offensichtlich auf seinen persönlichen Einfluß zurück. Das war manipulativ gedacht und unter der Voraussetzung durchgeführt, daß der Reichstag kein wirkliches politisches Mit-
wirkungsrecht gegenüber der Krone und Regierung habe. Bismarck hielt
nicht allzuviel von der Meinung anderer Leute und schon gar nicht von der
der Abgeordneten eines Parlaments. Das demokratische Wahlrecht rief
aber langfristig eine politische Struktur ins Leben, die eine Eigengesetzlich-
keit entwickeln mußte. Die erste Überraschung war, daß das Zentrum mit
18 % der Stimmen bei der ersten Wahl zum Reichstag 74 Sitze gewann.

Ketteler hatte in einem Wahlhirtenbrief vom 13. Februar 1871 darauf aufmerksam gemacht, daß die Katholiken in dem neuen Reich gegenüber dem
früheren Deutschen Bund sich in einer gänzlich veränderten Lage befänden
und es schwerfallen werde, sich gegenüber den „unerbittlichen Feinden der
Kirche" im Parlament zu behaupten. „Unsere Gefahr ist aber um so größer,
da aus diesem neu zu bildenden Deutschland fast zwölf Millionen Katholiken ausgeschieden sind, welche zu Österreich gehören, so daß die deutschen Katholiken, welche im alten Deutschland mehr als die Hälfte aller
Einwohner ausmachten, jetzt nur wenig über ein Dritteil gegen fast zwei
Dritteil Protestanten bilden. Es ist daher von der größten Bedeutung, daß
wir Abgeordnete wählen, welche nicht nur jenen feindlichen Bestrebungen

entgegentreten, sondern überdies Gesetze fordern, welche unser Gewissen für die Zukunft beruhigen."[63] Dabei trete der Unterschied zwischen gläubigen Katholiken und gläubigen Protestanten zurück. Werde man „eifrige Katholiken" und „eifrige Protestanten" in den Reichstag entsenden, müßte es möglich sein, solche Gesetze zu schaffen, „die einen wahren und bleibenden Frieden unter den christlichen Konfessionen begründen".

Es wurden aber auch „eifrige Liberale" gewählt, die zwar wie die Nationalliberalen viele ihrer Verfassungsprinzipien aufgegeben hatten und inzwischen der nationalen Erfolgspolitik huldigten, aber in ihrem Antiklerikalismus noch einen Rest an Oppositionsgeist bewahrt hatten. Diesen versuchten sie jetzt mit staatlicher Macht durchzusetzen. Bismarck, dem die konfessionellen Dinge an sich eher gleichgültig waren, ließ sich auf dieses Spiel ein. Er witterte auch beim Zentrum politische Gefahren, da sich die polnischen Abgeordneten, die Abgeordneten aus Hannover und aus dem soeben Frankreich abgenommenen Elsaß-Lothringen im Reichstag mit der Partei des Zentrums verbanden. Der Hannoveraner Windthorst war ein führender Mann der preußischen wie der Reichstagsfraktion des Zentrums. Im übrigen besaß der politische Katholizismus inzwischen mehrere Tageszeitungen, wie die einflußreiche ›Kölnische Volkszeitung‹.

Während deutsche Truppen nach Paris marschierten, tagte das Erste Vatikanische Konzil in Rom, das bereits am 18. Juli 1870 die Unfehlbarkeit des Papstes als Dogma beschloß. Das war zunächst ein innerkirchlicher Vorgang. Da aber seit dem ›Syllabus Errorum‹ von 1864 Papst Pius IX. aus einer geradezu beängstigenden Grundstimmung eine scharfe Verurteilung aller „modernen Irrtümer", darunter auch des Liberalismus und der modernen Wissenschaften, abgegeben hatte, wurde dies neue Dogma von den Liberalen Europas, nicht nur in Deutschland, als eine Kampfansage gegen alles, was das moderne Leben ausmache, aufgefaßt. Daher lösten diese Tendenzen in der katholischen Kirche überall antiklerikale Reaktionen aus. Deutsche Bischöfe wie Ketteler und Hefele hatten sich auf dem Konzil gegen die Dogmatisierung der Unfehlbarkeit ausgesprochen, nicht zuletzt, weil sie negative politische Änderungen im eigenen Land befürchteten.[64] Auch gab es überall in Europa liberale Katholiken, wie John Acton in England, Félix Dupanloup in Frankreich und Ignaz Döllinger in Deutschland, die eine Konfrontation der Kirche mit den modernen Wissenschaften vermeiden wollten.

Als Kampfansage gegen eine liberale Wissenschaft wurde die vatikanische Entscheidung aber eben auch in Deutschland aufgefaßt. Hinzu kam ein deutsch-liberal-protestantisches Geschichtsbild, das in dieser Situation an mittelalterliche Ansprüche päpstlicher Macht erinnerte. Dabei wurde geflissentlich übersehen, daß der Papst und die Bischöfe keine Fürsten mehr waren. Selbst Bismarck konnte sich nicht so recht vorstellen, daß ein

Papst praktisch kaum einen Einfluß auf katholische deutsche Reichstagsabgeordnete hatte. Tatsächlich versuchte er anfangs, den Papst zu bewegen, das Zentrum zu einer seiner eigenen Linie gefügigeren Politik zu veranlassen. Erst als dies erfolglos blieb, machte er sich die antiklerikale Bewegung des Kulturkampfes zu eigen. Die Auseinandersetzung im Reich wurde beispielsweise durch das Verbot des Jesuitenordens in einzelnen Ländern wie Baden, aber besonders in Preußen ausgetragen. Die Katholische Abteilung im preußischen Kultusministerium wurde aufgehoben, von Priesterkandidaten wurde ein Studium an staatlichen Universitäten verlangt, kirchliche Ernennungen von staatlicher Zustimmung abhängig gemacht. Der 'Maulkorberlaß' schränkte die Predigttätigkeit der Geistlichen ein, Politik gehöre nicht auf die Kanzel. Bischöfe wurden ihrer Ämter enthoben oder mußten das Land verlassen. Schließlich wurden weitere religiöse Orden – ausgenommen alle diejenigen, die sich der Krankenpflege annahmen – aufgehoben. Als die Zivilehe anstelle der kirchlichen Trauung eingeführt wurde, protestierten auch die evangelischen Theologen und die preußischen Konservativen. Nur wenige Liberale wie Eduard Lasker lehnten die repressiven Maßnahmen ab. Der Kulturkampf bewirkte, daß sich die Katholiken enger um ihre Geistlichen und Bischöfe und diese um den Papst zusammenschlossen. Das Zentrum als Partei wurde jetzt auch von Katholiken als notwendig anerkannt, die es bisher mit Skepsis betrachtet hatten. Bei den nächsten Reichstagswahlen stieg das Zentrum um 24 Sitze sogar auf 100 Sitze an. Auch wenn der Kulturkampf seit 1876 allmählich beigelegt wurde und Bismarck sich schließlich von den Nationalliberalen, die ihn getragen hatten, abwandte, der preußische Kultusminister Falk entlassen wurde und 1878 Bismarck sogar ein politisches Bündnis mit dem Zentrum und den Konservativen suchte, um die neue Zollgesetzgebung durchzubringen, blieb das Trauma des Kulturkampfes im deutschen Katholizismus noch jahrzehntelang erhalten.

Aber es handelte sich nicht nur um ein Problem von Kirche und Staat. Erstmals hatte der Staat des neuen Deutschen Reichs massiv und aggressiv in die innere Lebensform einer religiösen Gemeinschaft eingegriffen. Der scheinbare Kampf gegen den päpstlichen 'Machtanspruch' konnte kaum darüber hinwegtäuschen, daß mit Mehrheitsbeschlüssen eine Minderheit in ihrem ureigensten Lebensbereich vergewaltigt wurde. Ähnliche Verhaltensweisen zeigten sich bald darauf im Antisemitismus und in bestimmten Formen des Kampfs gegen die Sozialdemokratie. Das war mehr als Intoleranz. Es war das gewaltsame Wegdrängen der Andersartigkeit mit politischen Mitteln. Das neue Deutsche Reich war nicht nur durch Krieg entstanden, es begann auch sein Innenleben mit rüden Umgangsformen. Immerhin wurde der Kulturkampf nach vier Jahren abgebrochen. Aber mit dem Sozialistengesetz von 1878 wurde eine andere Formation zum Opfer eines politisch organisierten Verdrängungsprozesses: die Sozialdemokratie. Auch dieses Unternehmen erzeugte nur böses Blut und mußte nach zwölf Jahren ergebnislos abgebrochen werden: in demselben Jahr, in dem Bismarck aus dem Amt des Kanzlers ausschied.[65]

Als 1886 in Preußen die letzten Hinterlassenschaften aus der Gesetzgebung der Kulturkampfzeit beseitigt wurden, gab Bismarck, inzwischen 71 Jahre alt, vor dem Herrenhaus des preußischen Landtags eine längere Erklärung ab, aus der einige seiner ursprünglichen Motive sichtbar wurden. Inzwischen hatten sich die Beziehungen zum Vatikan erheblich verbessert, da Papst Leo XIII., anders als sein Vorgänger Pius IX., ein gewandter Diplomat war und es verstand, den deutschen Reichskanzler milder zu stimmen. Er habe den Eindruck, erklärte Bismarck, „daß ich bei dem Papste Leo XIII. mehr Wohlwollen und mehr Interesse für die Befestigung des Deutschen Reichs und für das Wohlergehen des Preußischen Staates finden würde, als ich zu Zeiten der Majorität des Deutschen Reichstags gefunden habe. Ich halte den Papst für deutschfreundlicher als das Zentrum. Der Papst ist eben ein weiser, gemäßigter und friedliebender Herr. Ob man das von allen Mitgliedern der Reichstagsmehrheit sagen kann, lasse ich dahingestellt."[66]

An einer Stelle dieser Rede kennzeichnete Bismarck, zugleich Reichskanzler und preußischer Ministerpräsident, seinen eigenen Konservatismus: „Nie bin ich Parteimann gewesen. Ich bin immer der Mann des Staates und des Königs geblieben."[67] Er hatte seit seinem ersten Auftritt im Preußischen Landtag 1847 so gedacht und gehandelt, was ihn aber nicht gehindert hatte, sich mit größtem Einsatz für den Aufbau der konservativen Partei einzusetzen. Vincke hatte dem Abgeordneten Bismarck seinerzeit im Landtag „mittelalterliche" und „antediluvianische" Denkweisen vorgehalten. Tatsächlich hat Bismarck bis in seine letzten Regierungsjahre daran festgehalten. Sätze von solcher Schlichtheit wie „nie ein Parteimann" und „immer der Mann des Staates und des Königs" hätte vermutlich nicht einmal mehr ein konservativer Hinterbänkler im britischen Unterhaus des Jahres 1886 gebraucht: und nicht nur deswegen, weil Queen Victoria eben eine Königin war. In Deutschland stand Bismarck mit solchen Auffassungen sicherlich nicht allein. Sie entsprachen weithin dem borussischen Staatsideal. Dem Königtum wurde hier noch ein politischer Glanz beigemessen, den es im Verfassungsleben Englands längst verloren hatte. Es genügt ein Blick in die zahlreichen Romane Anthony Trollopes, die die Welt des britischen Konservatismus der zweiten Hälfte des 19. Jahrhunderts einprägsam einfangen.[68]

‚Antediluvianisch' war aber auch Bismarcks Beurteilung der inneren Verhältnisse in der katholischen Kirche. „Der katholische Priester", erläuterte er dem Herrenhaus, „ist von dem Augenblick, wo er Priester ist, ein einregimentierter Offizier des Papstes." Er werde an die Wand gedrückt und vernichtet werden, „wenn er Priester bleiben und inzwischen gegen den Papst und gegen seinen Vorgesetzten kämpfen wollte . . . Denken Sie sich die uns näher liegende Stellung eines Offiziers des Königs von Preußen, der von der Ungerechtigkeit des Kriegs, in dem er mitfechten soll, vollständig überzeugt ist. Es wird darauf gar nicht ankommen; er wird thun, was befohlen ist, und er würde als Offizier ehrlos, seine Stellung nicht haltbar sein, wenn er seiner, in seinen Augen besseren und richtigeren Überzeugung über den Dienst, den er zu leisten hat, Ausdruck geben wollte." Das war geradezu klassischer Borussismus: die Deutung der Welt, sogar der sensiblen Welt des geistlichen Lebens aus der Perspektive des preußischen Offiziers! Aber es war nicht nur der alte Herr Bismarck, der so dachte. Eine jüngere Generation des preußischen Bürgertums ahmte den Denkstil begeistert nach und tradierte ihn über Jahrzehnte fort.

Die Veränderungen im deutschen Konservatismus des 19. Jahrhunderts spiegelten sich in den Tendenzen der Geschichtsschreibung, die im 19. Jahrhundert in Europa jene Rolle einnahm, die nach 1945 die Sozialwissenschaften spielten. Die Arbeiten Leopold von Rankes, der von 1825 bis 1871 an der Universität Berlin lehrte und zeitweilig als Berater König Friedrich Wilhelms IV. von Preußen und König Maximilians II. von Bayern galt, leben noch aus der Welt jenes Konservatismus, der 1848 untergegangen war. Dies gilt sogar für den ruhigen, abgewogenen und etwas getragenen Stil seiner Bücher, wie der ›Geschichte der romanischen und germanischen Völker‹ (1824) und seiner ›Geschichte der römischen Päpste im 16. und 17. Jahrhundert‹ (1834/36), die neben der ›Deutschen Geschichte im Zeitalter der Reformation‹ (1839–47) zu seinen eindrucksvollsten Werken zählt. Während sich jüngere Historiker begeistert auf die Nationalgeschichte stürzten, brachte der Nestor der deutschen Geschichtswissenschaft, von der Aktualität unbeirrt, seine ›Weltgeschichte‹ heraus (1881/1888): die er aber nur bis zum 11. Jahrhundert bringen konnte! Seine Neuausgabe der ›Preußischen Geschichte‹ erschien 1878, wenige Jahre nach der Reichsgründung. Sie endete mit einem Überblick über die letzten Jahre Friedrichs II., denen er bezeichnenderweise die Überschrift ›Jahre des Friedens‹ gab.[69] Von dem politischen Beben der Reichseinigung ist nichts zu spüren. Statt dessen bemerkte Ranke in der Vorrede, er wolle eingehender als zuvor nachweisen, wie der brandenburgisch-preußische Staat, dem heutzutage eine so große Rolle in der universalen Bewegung Europas und der Welt zu spielen beschieden sei, entstanden sei und wie es ihm ermöglicht wurde, sich „in die Reihe der europäischen Mächte zu erheben". Der Borussismus war Ranke fremd, ebenso wie der jetzt aufkommende deutsche Nationalismus und später der Imperialismus, dessen Anfänge er noch erlebte. Er starb 1886 im Alter von 90 Jahren. Politik und Geschichte vollzogen sich für Ranke in einem europäischen, ja weltweiten Rahmen. Das galt sogar für seine deutsche Reformationsgeschichte, die mit der Geschichte seiner ›Päpste im 16. und 17. Jahrhundert‹ korrespondierte. Ranke gehört zu den Begründern der modernen *europäischen* Tradition der Geschichtswissenschaft.[70]

Jüngeren Historikern wie Heinrich von Treitschke war Rankes Vorstellung von Geschichte zu irenisch. Sie verlangten klarere und schärfere Konturen, zumal in der Darstellung der eigenen nationalen Geschichte. Unter ihrem Einfluß ging allmählich das Bewußtsein der europäischen Tradition, das auch die deutschen Humanisten der Reformation wie Philipp Melanchthon nie aufgegeben hatten, verloren. Treitschke prägte mit publikumswirksamen Büchern ein neues Geschichtsbewußtsein, das in der historischen Verklärung des seit 1848 eingeschlagenen Weges der deutschen Einigung gipfelte. Die Tatsache, daß sich in benachbarten Ländern oft ähnliche Veränderungen vollzogen hatten, wurde dabei meist verdrängt. Geschichtswissenschaft wurde unbesehen zur nationalen Wissenschaft. Die negativen Wirkungen dieser Tendenz auf das politische und historische Bewußtsein der deutschen Gebildeten zeigten sich erst Jahrzehnte später. Vorerst war man begeistert und stolz auf die jüngsten Errungenschaften, und in gewisser Weise auch zu Recht. Denn es war gar keine Frage, daß sich nicht nur die materiellen, sondern auch die kulturellen Lebensmöglichkeiten auf dem Weg zur deutschen Reichseinigung seit der Gründung des Zollvereins enorm ausgeweitet hatten. So wollte man die gesamte deutsche Geschichte in einem anderen Licht sehen. Treitschke stand damit nicht allein. In Frankreich verfolgte Hippolyte Taine mit seinem Buch über ›Die Entstehung des modernen Frankreich‹ (›Les origines de la France contemporaine‹, 1875/93) eine vergleichbare geschichtspolitische Tendenz.[71]

Jede Zeit habe das Recht und die Pflicht, schrieb Gustav Freytag am Schluß seiner ›Bilder aus deutscher Vergangenheit‹ (1859/1867), die Geschichte neu zu schreiben und ihr eigenes Urteil zu fällen. Geschichte sollte mit der eigenen Lebenserfahrung verbunden sein. Freytag, der Germanist war, verwendete ausgiebig literarische Quellen und schrieb eine ungemein ansprechende und lebendige Geschichte des deutschen Alltags aus der germanischen Zeit bis in die eigene Gegenwart der 1840er Jahre. Die Vergleichbarkeit über die Epochen hinweg ergab sich aus der Form der Alltagsgeschichte. Durch die Historisierung wurde die eigene Gegenwart erst lebendig und wichtig. Freytag sympathisierte mit den Liberalen, und tatsächlich hatte seine Geschichte etwas Befreiendes an sich. Dabei wurden das Wirken Luthers und die Reformation besonders liebevoll ausgemalt. Freytag litt mit der deutschen Bevölkerung unter dem Dreißigjährigen Krieg. Insgesamt sah er einen allmählichen Fortschritt seit der Reformation bis hin zur Gegenwart. Moderne Philosophen wie Kant, Hegel und Schelling traten in dieser Perspektive in den Hintergrund, ebenso wie die Politik, die ja überwiegend fürstlich gewesen war, und die politische Geschichte. Freytag wollte, wie auch in seinen 'realistischen' Romanen ›Soll und Haben‹ und ›Die Journalisten‹, die nicht ganz so eindrucksvoll wie seine ›Bilder‹, aber populär waren, das Selbstbewußtsein des gebildeten Bürgertums stärken, ja überhaupt der deutschen Bevölkerung, den ehemaligen 'Untertanen', ein Gefühl des eigenen Wertes geben. Das war zweifellos eine große Leistung. Noch in den 1920er Jahren waren die illustrierten Ausgaben ›Bilder aus deutscher Vergangenheit‹ allgemein beliebt. Hier zeigte sich das neue Deutschland von einer sympathischen Seite.

Zu den Bewunderern Freytags zählte auch der jüngere Heinrich Treitschke. Beide gehörten zeitweilig dem Reichstag als nationalliberale Abgeordnete an. Seit 1864 – Treitschke war damals 30 Jahre alt – unterstützte er die Politik Bismarcks und profilierte sich als dessen historisches und publizistisches Aushängeschild par excellence. Unermüdlich schrieb Treitschke seit den 1860er Jahren Artikel in norddeutschen Zeitungen: in den süddeutschen fiel es schwerer, sie unterzubringen. Seit 1863 hatte er Professuren an den Universitäten Freiburg, Kiel und Heidelberg und seit 1874 in Berlin, wo er 1896 starb. Treitschke war fast taub. Dies mag vielleicht seine schon fast monomanische Produktivität zum Teil erklären. 1859 hatte er sich bei der Gründung des deutschen 'Nationalvereins' eingefunden. Später redigierte er die ›Preußischen Jahrbücher‹. Die Zeitschrift verstand sich als 'liberal'. Auch Treitschkes berühmte ›Deutsche Geschichte im 19. Jahrhundert‹ (1879/94), die bis zum Revolutionsjahr 1848 führt, sympathisierte mit der liberalen und nationalen Bewegung. Aber sein 'Nationalliberalismus' entwickelte zunehmend staatsautoritäre Züge. Während in England politische Theoretiker wie Walter Bagehot (›The English Constitution‹, 1867) und John Stuart Mill (›On Liberty‹, 1859, ›On Representative Government‹ 1861; ›On the Subjection of Women‹ 1869) oder der Historiker Thomas Macaulay (›The History of England‹, 1849/61) entscheidend zur Liberalisierung der politischen Kultur beitrugen,[72] drängte Treitschke das deutsche Publikum in eine illiberale Richtung. Er verstand es, einprägsam zu formulieren und mitreißend zu schreiben. Sein Stil hob sich merklich von dem gemächlich dahinfließenden Tonfall Rankes ab. Um so negativer war sein langfristiger Einfluß. Der süddeutsche Liberalismus der 30er und 40er Jahre, zumal der des Rotteck/Welckerschen ›Staatslexikons‹, erschien ihm, wie er Gustav Freytag einmal schrieb, verstaubt: ein „dicker Nebel" von Phrasen. Man müsse sein Urteil besser an der nationalen Politik Cavours in Italien und der bonapartistischen Politik in Frankreich schulen.[73] In einem Aufsatz ›Die Freiheit‹ (1861) wandte sich Treitschke gegen die liberale Philosophie in Mills ›On Liberty‹ und brachte als Alternative jenen fatalen Gedanken des „deutschen Wesens" ein.[74] Freiheit ist immer nur „deutsche Freiheit", eine zutiefst illiberale Vorstellung also, die rücksichtslos über den einzelnen und über Minderheiten hinweggeht. Die ständig historisierende Argumentation Treitschkes wirkt geradezu penetrant: als wenn es nichts anderes gäbe außer Geschichte. Dieser Aufsatz von 1861 ist bereits eine Absage an die liberale und humane Tradition. Der Schlußsatz lautete: „Gibt es irgendeinen Gedanken, der heute einen rechten Deutschen lauter noch als das Gebot der allgemein-menschlichen Pflicht zu sittlichem Mute mahnen kann, so ist es dieser Gedanke: was du auch tun magst, um reiner, reifer, freier zu werden, du tust es für dein Volk."

Seit der Reichsgründung entwickelte Treitschkes Publizistik einen Generalangriff auf das allgemeine Wahlrecht, den Föderalismus, das katholische Zentrum, die Sozialdemokratie, die Engländer, die Romanen und die Juden. Es ist verständlich, daß Treitschke zu den Autoren zählte, die auch noch von den Nationalsozialisten geschätzt wurden. Liberale Wissenschaftler wie Mommsen, Droysen und Virchow gaben öffentliche Erklärungen gegen Treitschkes Antisemitismus ab. Spätere Führer der Alldeutschen wie Heinrich Claß, Carl Peters und Friedrich von Bernhardi hatten zu den Hörern Treitschkes gehört. Mit Treitschkes Studenten zogen diese Lehren in die Schulklassen der Gymnasien und die Hörsäle der Hochschulen. Die chauvinistische Hochstimmung deutscher Hochschullehrer in den Anfängen des Ersten Weltkrieges wird aus der Wirkung Treitschkes zwar nicht verständlich, aber doch erklärlich. 1895, kurz vor seinem Tod, wurde Treitschke die Schriftleitung der ›Historischen Zeitung‹ übertragen. Die deutsche Geschichtsschreibung hat sich selbst nach 1945 schwer getan, sich von diesem nachhaltigen Einfluß zu befreien. Wirkt Treitschke in der nationalen Verengung des Geschichtsbildes nicht noch bis zur Gegenwart?[75]

Zur Rechtfertigung der gewaltsamen Reichseinigung erfand Treitschke ein seltsames Amalgam von deutscher Innerlichkeit und „deutschem Schwert", von nationalem Wollen, deutscher Geschichte und einem starken Staat, der sich in seiner militärischen Potenz darstelle und das Heer zur Schule der Jugend der Nation erkläre: deutsche Manneszucht gegen ungezügelten Parteigeist, so lautete sein Rezept in einem Beitrag ›Parteien und Fraktionen‹ aus dem Jahr 1871. Das alles wurde in einem arroganten, souverän-schulmeisterlichen Ton vorgetragen. Ein behutsames Interpretieren war nicht die Stärke dieses wortgewaltigen Mannes, der meinte, dem „deutschen Schwert" die „deutsche Feder" an die Seite stellen zu müssen.

Und doch wurden die Archaismen dieser neudeutschen politischen Theorie, die eher eine Art säkularisierter nationaler Theologie war, durchwoben von Sentimentalität: „Zum ersten Male seit den Tagen der Reformation stand die gesamte Nation zu großer Tat vereinigt; zum ersten Male, seit es ein Preußen gibt, schlug dieser Staat seine deutschen Schlachten, ohne daß Neid und Tadelsucht, Bruderhaß und Bruderkrieg ihm die Wege durchkreuzten. Die also im Heldenkampfe verbundene Nation empfängt jetzt in dem Deutschen Reichstag das Mittel, die Bahnen ihrer friedlichen Entwicklung selber zu bestimmen, in der Kaiserkrone ein Symbol ihrer Macht und Größe, das den Gedanken unserer Einheit verkörpert, mit der Wucht altheiliger Erinnerungen auf die Gemüter der Deutschen wirkt und die Fremden zwingt, nur noch von Deutschen, nicht mehr von Bayern und Badenern zu reden."[76]

Es klang bereits wie die Vorwegnahme der rührseligen NS-Brutalität während des Zweiten Weltkriegs, wenn es hieß: „Und stärker noch als die gemeinsame Freude und Bewunderung ergreift die Seelen die Gemeinschaft des heiligen Schmerzes; die Klänge des Siegesjubels verrauschen schnell, die Furchen des Kummers haften tief und lange. Wer zählt die Tränen, die der deutsche Weihnachtsbaum an diesem ersten Christfest fließen sah? Wer die hunderttausend bekümmerten Herzen von den Alpen bis zur See, die gleich einer großen gläubigen Gemeinde sich wieder emporrichteten an der Herrlichkeit des Vaterlandes? Nicht bloß die Jugend wird durch unser volkstümliches Heerwesen für den Dienst des Vaterlandes erzogen; auch das alte Geschlecht lernt an das neue Deutschland zu glauben, daß so ungeheure Erfahrungen die Staatsgesinnung eines ernsten, denkenden Volkes ganz unberührt lassen sollten? Nein, es liegt eine tiefe Notwendigkeit in der Härte und Erbitterung dieses Kampfes; er soll zugleich mit den Machtverhältnissen auch die Gedanken der Welt verwandeln."[77]

Treitschke überlieferte ein Bild der Bismarckschen Politik, das weitaus autoritärere und machtstaatlichere Züge annahm, als sie der Erfinder dieser Politik, der immer auch um seine Grenzen wußte, praktiziert hatte. Das Erbe Bismarcks bestehe, besagte diese neue Geschichtslegende, in der Fortführung des deutschen Berufs zur „Weltpolitik". Politik wurde zum Schicksal. Ihre Maßstäblichkeit ging dabei verloren.

Bereits in den Verfassungsberatungen des neuen Reichstags im Frühjahr 1871 wurde in einer Kontroverse zwischen dem nationalliberalen Abgeordneten Treitschke und dem katholischen Abgeordneten Ketteler – der Bischof gehörte für eine kurze Zeit dem Reichstag an – deutlich, daß das borussische Staatsverständnis illiberale Züge trug. Vergeblich bemühten sich Ketteler und die übrigen katholischen Abgeordneten, die Grundrechte der preußischen Verfassung in die Reichsverfassung zu übernehmen. Ketteler hatte sich bereits 1870 mehrfach an Bismarck gewandt. In der Debatte lehnte Treitschke die seitens der katholischen Vertreter angemeldeten Wünsche ab. Darauf erklärte Ketteler am 3. April 1871 vor dem Reichstag: „Der Herr Abgeordnete Treitschke . . . hat Sie gebeten, keinen Gesetzen Ihre Zustimmung zu geben, die den Bischöfen Veranlassung sein könnten, Rebellen an den Landesgesetzen zu werden. Ich will Ihnen, meine Herren, ein Mittel angeben, wodurch Sie diese Gefahr ein für allemal vermeiden werden . . .: geben Sie niemals Zustimmung zu Gesetzen, welche Rebellen gegen Gottes Gesetz sind. Dann werden auch wir gewiß niemals Rebellen gegen Landesgesetze sein." [78]

Bei dem Umschlag in das 'realpolitische' Machtstaatsdenken mag eine gewisse Aversion gegen die Tradition des deutschen Idealismus in der Philosophie von Kant bis Hegel, die Tradition der Klassik Schillers und Goethes und der Romantik in der Literatur mitgespielt haben. Geistig-literarische Strömungen erzeugen irgendwann Überdruß. Das neue Denken im Zuge des Fortschritts der positivistischen Wissenschaften gab sich bewußt realitätsbezogen. So entdeckte die europäische wie die deutsche Romanliteratur jetzt den 'Realismus' und 'Naturalismus', etwa in den Romanen und Erzählungen von Wilhelm Raabe, Theodor Storm und Theodor Fontane. [79] Wie bereits Freytag suchten diese Autoren bewußt die Welt des Alltags auf. Raabe beschrieb die Enge der sozialen Welt des deutschen Kleinbürgertums, das wie die Hauptfigur im ›Hungerpastor‹ die enge Provinzialität verlassen wollte, z. B. durch das Studium – in diesem Fall der Theologie. Dennoch blieben die Fesseln der Provinzialität nicht nur äußerlich, sondern auch geistig bestehen. Raabe belegte gleichsam, daß der politische Fortschritt der nationalen Einigung noch längst nicht automatisch jedermann befreite: im Gegenteil, die beschleunigte Industrialisierung löste nicht nur Hoffnungen, sondern auch soziale Ängste aus. Gegenüber Raabe wirkte die Welt in den Romanen Fontanes liberaler, offener und – zumindest literarisch – freundlicher. Dies gilt für ›Vor dem Sturm‹, ›Effi Briest‹ und ›Der Stechlin‹, wobei der alte Dubslav im letztgenannten Roman, Fontanes Spätwerk, schon fast wie eine positive und abgeklärte Stilisierung des alten Bismarck wirkt. Fontane verstand es, dem alten Brandenburg-Preußen noch einmal einen sympathischen und weltoffenen Glanz zu verleihen. Seine Romanwelt hob sich merklich angenehm von dem düsteren historisch-politischen Programm Treitschkes ab. Die Figuren in den Romanen Fontanes leben in unterschiedlichster Form miteinander oder sie werden, falls sie starre, überkommene Haltungen einnehmen, kritisch oder ironisch dargestellt. Für eine solche Liberalität war in Treitschkes Schriften wenig Platz. Daß die Politik auch die Kunst des Zusammenlebens ist, war seinem nationalen Programm fremd. Aber in den Romanen, Novellen und Erzählungen von Raabe, Storm und Fontane lebten die meisten der dort beschriebenen Figuren noch in einer Welt, die weitgehend Provinz war. Konservatismus und Provinzialismus waren noch längst nicht getrennt, ja diese Symbiose schien in der deutschen Politik in modernisierter Form seit den 1880er Jahren wiederaufzuleben. Die Romanwelt von Charles Dickens, in vielem, auch in ihrem Konservatismus, der der deutschen Autoren vergleichbar, wirkte demgegenüber bis in die sprachliche und literarische Gestaltung etwas moderner, ja demokratischer. [80]

1864 hatte James Bryce an der Universität Oxford seine Geschichte des

Deutschen Reichs ›The Holy Roman Empire‹ geschrieben, die ein Standard-
werk wurde. Im Vorwort zur Neuauflage von 1904 kommentierte er das
neue Deutsche Reich, das 1871 entstanden war. Mit der Einigung Italiens
und Deutschlands, beides Bestandteile des früheren mittelalterlichen
Reichs, habe sich die europäische Politik grundlegend geändert. Das gelte
aber auch für das Denken der einzelnen in diesen Staaten. An die Stelle der
Spiritualität des Mittelalters sei ein moderner, eher materialistisch geprägter Idealismus getreten. Auch sei das moderne Leben nüchterner geworden.[81]

Man habe sich anfangs gefragt – so Bryce –, ob die Einigung Deutschlands von 1871 angesichts der inneren Widersprüche in diesem Land überhaupt von Dauer sein werde. Erstaunlicherweise aber sei dies gelungen.
Dafür gebe es äußere und innere Gründe: "Among the causes which have
enabled the Federal Constitution to work smoothly and consolidated the
unity of the Nation, the first place must be assigned to the external pressure
which the presence of two formidable neighbour powers, France and Rus-
sia, has applied. An immense and highly-disciplined army has been deemed
a necessity; and the circumstance that nearly every citizen is or has been a
soldier has kept the spirit of German pride and German patriotism at a high
temperature, has inculcated the habit of obedience, has given an imposing
prestige to the Imperial Commander-in-chief."[82]

Bryce, später liberaler Abgeordneter im Unterhaus und britischer Bot-
schafter in Washington, Autor bedeutender politologischer Studien über die
USA, Südamerika, die modernen Demokratien und die internationalen Be-
ziehungen, sympathisierte mit dem neuen Deutschland und wandte sich im
Juli 1914 gegen einen Kriegseintritt Großbritanniens gegen Deutschland.[83]
Erst nach dem deutschen Angriff auf das neutrale Belgien und in Kenntnis
der von deutschen Truppen gegen die belgische Bevölkerung begangenen
Untaten änderte er seine Meinung – 1917 begrüßte er den Eintritt der USA
in den Krieg. Bis 1914 genoß Deutschland in England und vor allem in den
USA, deren Einwohnerschaft ja zu einem erheblichen Teil aus deutschen
Einwanderern bestand, viel Sympathie.

V

DIE NEUE RECHTE VON NATIONALLIBERALEN, DEUTSCHKONSERVATIVEN UND ZENTRUM GEGEN DIE NEUE LINKE DER SOZIALDEMOKRATIE 1878–1918

1878–1890

Auch wenn das neue Reich obrigkeitliche Züge zur Schau stellte, die Demonstration von Uniformen, Militär und Titeln im öffentlichen Leben bis
hin zu dem bezeichnenden Titel des 'Oberbürgermeisters' pflegte, dessen
Wahl bis 1918 in Preußen von der Zustimmung des Königs abhängig blieb,
war das Reich von 1871 nicht nur ein Obrigkeitsstaat. Die Verwaltung unter-
stand nicht dem Reich, sondern den einzelnen Bundesstaaten. Von Berlin
bis zur letzten Gemeinde, in der der Bürger dem 'Staat' begegnete, war es
ein weiter Weg. Auch stellten die demokratischen Wahlen zum Reichstag
mit der relativ breiten Palette an Parteien und Wahlmöglichkeiten nicht gerade Elemente eines Obrigkeitsstaates dar. Selbst zur Zeit des Kulturkampfs und des Sozialistengesetzes konnte man die Abgeordneten der bekämpften oder verbotenen Parteien des Zentrums und der Sozialdemokratie wählen, und man tat es mit wachsendem Erfolg. Dennoch läßt sich kaum
bestreiten, daß gerade unter der Kanzlerschaft Bismarcks ein bewußt mani-
pulativer Stil in die Politik und Verwaltung eingeführt wurde. Daß Bismarck
mit seinen engsten Beamten oft rüde umging, mag nicht verwundern, weil
er ja selbst in seiner Jugend der Tätigkeit des Beamten nichts abgewinnen
konnte. Die negativen Auswüchse waren häufig Folgen des Führungsstils,
nicht unbedingt die des 'Systems' selber.

Wie die Länderregierungen in den Landtagen, mußte sich die Reichsregierung im Reichstag für die Verabschiedung der Gesetze Mehrheiten besorgen. Da Bismarck sich nicht als 'Parteimann' verstand, war sein Verhältnis zu den Fraktionen des Reichstags und ihren Führern meist taktisch motiviert. Dementsprechend haftete seinen 'Koalitionen' etwas Willkürliches
an. Die Nationalliberalen, die mit ihm im 'Kulturkampf' kooperiert hatten,
wurden seit 1878/79 von dem Kanzler in den parteipolitischen Ruin getrieben, indem sie mit Gesetzesvorlagen wie dem Sozialistengesetz oder dem
Steuer- und Zollgesetz konfrontiert wurden, bei denen sie ständig zwischen
ihren Prinzipien und ihren Interessen entscheiden mußten. Tatsächlich
schien es, als habe die Nationalliberalen nur die kulturkämpferische Grund-

stimmung einige Jahre zusammenhalten können. Seit 1878 fiel die Partei auseinander. Bis dahin war sie unangefochten die mit Abstand stärkste Partei im Reichstag gewesen. Später übernahm das Zentrum diese Stellung und schließlich seit 1912 die Sozialdemokratie. Die Konservativen gaben sich 1876 den Namen 'Deutschkonservative', um ihren Gesinnungswandel zu dokumentieren. Die 'Freikonservativen', die sich besonders auf die Schwerindustrie stützten, nannten sich 'Reichspartei'. Die jeweiligen Bezeichnungen sind verwirrender als die Sache selbst. Die Rechtsliberalen nannten sich bis 1918 weiter 'Nationalliberale'. Sie kamen überwiegend aus Nordwestdeutschland und sympathisierten mit der Industrie, dem Bürgertum und der gehobenen Beamtenschaft. Die Linksliberalen firmierten unter den Bezeichnungen 'Fortschrittspartei' und 'Freisinnige', letztere eine besonders in Süddeutschland und der Schweiz beliebte Bezeichnung für die Liberalen. Die Linksliberalen, deren Heimat vor allem Südwestdeutschland wurde, rekrutierten ihre Wählerschaft aus der Handwerkerschaft, den freien Berufen, besonders der Rechtsanwälte, und aus Kreisen des Mittelstandes.

Außer den prinzipiellen Aussagen spielte in sämtlichen Parteien das regionale politische Milieu eine nicht zu unterschätzende Rolle. Das Territorium des Reichs war enorm groß, verglichen z. B. mit England. Die einzigen Parteien, die nach dem Rückgang der Nationalliberalen paradoxerweise 'Reichsparteien' wurden, waren jene beiden Parteien, die anfangs als 'Reichsfeinde' bekämpft wurden: das Zentrum und die Sozialdemokratie. Sie waren es, die die Idee einer nationalen Politik über die Revolution und den militärischen Zusammenbruch von 1918 hinweg an die Weimarer Demokratie weitergaben. Die Basis der Konservativen, der 'Deutsch-' wie der 'Freikonservativen', blieb im wesentlichen auf Preußen beschränkt. Sie wurden zudem seit den 90er Jahren zunehmend von großagrarischen und großindustriellen Interessen abhängig. Die Herrschaft der Konservativen in Preußen beruhte schließlich vor allem auf der Existenz des Dreiklassenwahlrechts, das sie mit Zähnen und Klauen bis zum Schluß der Monarchie in ungemein reaktionärer Form und blindem Klassenegoismus verteidigten.

Die Integration des Zentrums in die Politik des Reichs begann 1878 und geht im wesentlichen auf die Führung der Partei unter Windthorst zurück.[1] Ludwig Windthorst (1812–1891) wurde in der Nähe von Osnabrück geboren und besuchte wie ehedem Justus Möser das Gymnasium Carolinum dieser Stadt. Anfang der 1830er Jahre studierte der katholische Student Jura an der protestantischen Universität Göttingen zur gleichen Zeit wie Ketteler und Bismarck, die er damals noch nicht kannte. Anders als Bismarck verbrachte er die meiste Zeit seines Studiums innerhalb des Universitätsbetriebes.

Bei einem Studienabstecher nach Heidelberg, wo er mit der Rechtsschule der süddeutschen Liberalen Rotteck und Welcker vertraut wurde, beteiligte er sich an einer Abordnung der Heidelberger Studenten, die am Hambacher Fest teilnahmen. Die politischen Anfänge des späteren Führers der parlamentarischen Opposition gegen Bismarck waren bürgerlich-liberal. Unübersehbar war auch der Gegensatz in der äußeren Gestalt beider Politiker: Bismarck war groß und machte bereits von der äußeren Statur her einen herrschaftlichen Eindruck, Windthorst war klein und äußerlich eine weniger imponierende Erscheinung. Um so mehr hatte er gelernt, sich durch Leistung durchzusetzen und zu behaupten. Er war derjenige Reichstagsabgeordnete der Bismarckzeit, der mit Abstand den umfangreichsten Redeanteil in den Debatten aufweisen konnte. Lediglich Rudolf von Bennigsen, der Führer der Nationalliberalen, und August Bebel, der Führer der Sozialdemokraten, kamen ihm an parlamentarischer Rhetorik gleich.

Bismarck hielt Windthorst lange Zeit für einen Hannoveraner 'Welfen', der er im Grunde nicht war, und mißtraute ihm deswegen. Dabei mögen politische Schuldgefühle des Kanzlers mitgespielt haben, die mit der Einverleibung des 'welfischen' Landes Hannover 1866 in Preußen zusammenhingen: einem eher revolutionären als royalistischen Akt. Sein Profil gewann Windthorst in einer fast 35 Jahre langen politischen Karriere. Im Verlauf der 20jährigen Tätigkeit für das Zentrum im Reichstag gelang es ihm, dem Bürgerlichen, so unterschiedliche Gruppen und Interessen wie die schlesischen und westfälischen Adeligen, die rheinischen Bürger und die bayerischen und westfälischen Bauern im Zentrum zusammenbringen. Die nachhaltige Tradition des nationalliberalen Bismarck-Mythos hat später das Bild Windthorsts aus dem deutschen Geschichtsbewußtsein wieder verdrängt. Es bedurfte der Biographie einer amerikanischen Historikerin im Jahre 1981, um seine außerordentlichen und dauerhaften politischen Leistungen wieder in Erinnerung zu rufen.

Aus der politischen Tradition Osnabrücks hatte Windthorst manches von dem konservativen Rationalismus Mösers übernommen. Mösers geistigen Nachlaß hatte der liberal-konservative Osnabrücker Bürgermeister Stüve verwaltet, der 1848 in Hannover das 'Märzministerium' bildete. Windthorst hatte vergeblich für die Frankfurter Nationalversammlung kandidiert, war aber dafür 1848 in den Vereinigten Landtag von Hannover berufen worden. Wie Bismarck im Preußischen Landtag nahm er dort in den Debatten zur Frage der Annahme der Frankfurter Verfassung im Frühjahr 1849 Stellung, lehnte sie aber nicht ab, sondern schlug dilatorisch weitere Verhandlungen mit den Parlamenten und Regierungen der deutschen Staaten vor: unter Einbeziehung Österreichs, wobei aufgrund dieses Zusatzes wohl zu fragen ist, ob es sich hier nicht doch um eine verschleierte Ablehnung der Frankfurter Verfassung handelte. Zweimal wurde Windthorst für kurze Zeit in Hannover in ein Ministerium berufen. Hier entwickelte er sich zu einem Reformkonservativen. Eher von dem Rationalismus Mösers geprägt, blieben ihm die konservative Idee der deutschen Romantik, auch ihre Spielart einer katholischen Romantik, fremd. Er bevorzugte liberale Theoretiker wie Rotteck, Welcker, Thiers und Mill. Der Katholizismus spielte anfangs in seiner Politik, auch als er Führer der Regierungsfraktion im Hannoverschen Landtag wurde, keine entscheidende Rolle. Erst als Sprecher des Zentrums im Kulturkampf entwickelte er sich zum Grundsatzpolitiker und machte sich die Tradition des Naturrechts zu eigen, die später in der katholischen Sozial- und Staatslehre dominierend wurde. Im Grunde genommen war er ein pragmatischer konservativer Politiker. Sein katholisches Engagement in den 70er und 80er Jahren, das weit mehr aus seinem liberalen Rechtsempfinden als aus religiösem Doktrinarismus gespeist war, hat in der Öffentlichkeit den liberal-konservativen Grundzug seiner Politik verblassen lassen.

Bei der gewaltsamen Eingliederung Hannovers in Preußen 1866 war Windthorst bereits 54 Jahre alt. Im Norddeutschen Reichstag von 1867 befreundete er sich mit dem westfälischen Abgeordneten von Mallinckroth, der der preußischen Lösung der Einigung mit Sympathie gegenüberstand und der Windthorst in die katholische Fraktion einführte, aus der das Zentrum entstand. Große Bedenken hatten die katholischen Politiker gegen die Erklärung der Unfehlbarkeit des Papstes. Nach der Verkündigung des Dogmas akzeptierten sie jedoch die Entscheidung. Im Zollparlament hatte Windthorst Kontakte zu den süddeutschen Politikern knüpfen können und erstmals seine vermittelnden Fähigkeiten kennengelernt. Bei den Gegnern galt er gerade wegen dieser Kunst des Vermittelns als unglaubwürdig und unwahrhaftig, zumal in einer Zeit, als Politik in Prinzipienkämpfen bestand.

Die Konfrontation zwischen Windthorst und Bismarck kam früh, unmittelbar nach dem Beginn der Debatten über das Schulaufsichtsgesetz und der Ernennung Falks zum neuen preußischen Kultusminister. Bismarck, der die Reserve des Zentrums gegenüber der Regierung seit Monaten spürte, warf insbesondere Windthorst in einer Landtagsdebatte am 30. Januar 1872 vor, seine Partei gegen den Staat zu mobilisieren, worauf Windthorst konterte und fragte, ob der Ministerpräsident möglicherweise die eigene Person mit dem Staat verwechsele.[2] Windthorst blieb seitdem ein Stachel im Fleisch des preußischen Ministerpräsidenten und Reichskanzlers, der Sprecher einer großen Partei, die regelmäßig gegen die Regierung opponierte, bis 1878 eine Wende eintrat und beide Politiker sich erstmals arrangierten. Zuvor hatte sich Windthorst nicht gescheut, auch Anträge der Sozialdemokraten mit einzubringen, weil die wenigen sozialdemokratischen Abgeordneten noch nicht die erforderlichen Unterschriften zustande brachten. Ebenso lehnte das Zentrum, anders als die Nationalliberalen, das Sozialistengesetz im Reichstag ab. Es war selbst zur Genüge ein gebranntes Kind. Bei den Juli-Wahlen 1878 zum Reichstag war das Zentrum knapp vor den

Nationalliberalen die stärkste Partei geworden, obwohl es sich im Wahlkampf gegen das Sozialistengesetz ausgesprochen hatte, das im Herbst 1878 mit 221 gegen 149 Stimmen angenommen wurde. Windthorst hatte sich in der vorausgegangenen Debatte gegen die in dem Gesetz vorgesehenen massiven Eingriffe in die persönliche Freiheit ebenso wie gegen den Charakter des Ausnahmegesetzes verwahrt. Den Nationalliberalen hielt er vor, sie seien nicht liberal, den Konservativen, sie seien nicht konservativ, wenn sie sich dieser „Polizeiwirthschaft" anschlössen. Das Zentrum hat das politische Rückgrat, das es damals zeigte, nicht immer bewahrt.

Die Umkehr der innenpolitischen Bündnisse folgte 1879 mit den neuen Gesetzen über den Schutzzoll und das Tabakmonopol, die zugleich die Finanzen des Reichs aufbessern sollten. Im Mai 1879 kam es zu einer persönlichen Begegnung Bismarcks mit Windthorst. „Extra Zentrum nulla salus", erklärte Windthorst anschließend in Abwandlung des alten Spruchs „Außerhalb der Kirche kein Heil". Bei den folgenden Verhandlungen gab das Zentrum seine Zustimmung zu den neuen Gesetzen mit der Einschränkung, daß ein Teil der Einnahmen den Bundesstaaten zur Stärkung des Föderalismus zufließen müsse. Die Liberalen dagegen waren antiföderal. Bei der Vorbereitung der Abstimmung über dieses Gesetz zerfielen sie in einen rechten und linken Flügel. Die Nationalliberalen kamen bei späteren Wahlen nur selten über 50 Sitze hinaus.

Man hat aus der Zollschutzgesetzgebung von 1879 eine Wende der gesellschaftlichen Entwicklung in Deutschland abgeleitet, die zu einem sozialen Bündnis von Großagrariern und Großindustrie geführt habe. Zunächst war es aber nur ein politischer Schachzug.[3] Der Reichstag hatte bereits ein Eigengewicht in der deutschen Politik bekommen, was leicht übersehen wird.

Windthorsts großer persönlicher Vorzug als Parlamentarier war seine Selbstdisziplin. Während andere Redner, einschließlich des Reichskanzlers, ihre politischen Emotionen oft nur mühsam unter Kontrolle bringen konnten, oder wie Windthorsts Fraktionskollege und Rivale von Schorlemer-Alst, der westfälische Bauernführer, zu ungezügelten kraftvollen Aussprüchen neigten, blieb Windthorst immer kontrolliert. Auf direkte Angriffe des Kanzlers konnte er ruhig, gelassen und sachlich von seinem Abgeordnetensitz aus antworten. Seine Haltung trug dazu bei, dem Reichstag Autorität und Ansehen in der Öffentlichkeit zu verschaffen.

Ellen Lovel Evans hat darauf hingewiesen, daß das Zentrum nicht nur eine konfessionelle Partei, sondern zugleich eine Minderheitspartei war und in diesem Status Ähnlichkeiten mit der Tradition der britischen Whigs und der Liberalen Gladstones aufwies. Bezeichnenderweise vertrat es liberale Forderungen wie die Übernahme der Grundrechte aus der Preußischen Verfassung in die Reichsverfassung 1871 und brachte gelegentlich einen

Antrag zur Freilassung des sozialdemokratischen Abgeordneten Wilhelm Liebknecht aus dem Gefängnis ein. Demgegenüber verstanden die Nationalliberalen ihre liberale 'Identität' inzwischen als eine 'Kampfideologie', die sich im Kampf gegen eine politisch-religiöse Minderheit wie den Katholizismus bewähren mußte, so daß schließlich überzeugte Liberale wie Lasker, Bamberger und Richter zu dieser Art von 'Liberalismus' auf Distanz gingen.[4] Nur – so Evans – habe das Zentrum als Minderheit, anders als die britischen Liberalen, es nie geschafft, den Status einer Mehrheitspartei zu erlangen und in die Regierung zu kommen. Das Zentrum mußte, wenn es wie seit 1879 auf Politik und Gesetzgebung Einfluß nehmen wollte, mit den Konservativen zusammenarbeiten. Das verwischte die politischen Konturen gegenüber der eigenen Wählerschaft wie nach außen. Bei Reichstagskandidaturen kam es häufiger zu offener oder verdeckter Kooperation zwischen dem Zentrum, den Linksliberalen oder Sozialdemokraten. Generell spielte das ideologische Moment in der Bismarckzeit noch nicht eine so durchschlagende Rolle wie später in der Wilhelminischen Zeit. Man sah selbst die Politik noch etwas lockerer und gelegentlich etwas humorvoller.

Während der neue Papst Leo XIII. seit 1878 diplomatisch einen modus vivendi mit den neuen Staaten Europas suchte, mit der französischen Republik wie dem Deutschen Reich, um die Spannungen zwischen Kirche und Staat in Europa zu mildern, fand diese Linie nicht die unbedingte Zustimmung des Zentrums unter Windthorst. So war der päpstliche Nuntius in Deutschland, Maella, 1878 überrascht, daß das Zentrum mit der Ablehnung des Sozialistengesetzes und Wahlvereinbarungen mit Kandidaten der liberalen Linken und der Sozialdemokraten die deutsche Regierung brüskierte. Er mußte sich aufklären lassen, daß das Zentrum grundsätzlich gegen jedes Ausnahmerecht sei. Da sich die irenische Linie des Papstes mit der offensiven Politik des Zentrums kreuzte, kam es mehrfach während der 1880er Jahre zu Konflikten zwischen dem Zentrum und dem Vatikan, die Bismarck taktisch zu seinen Gunsten auszuwerten suchte.[5] Es war ein etwas seltsames Spiel. Inzwischen war Windthorst mit seiner 100köpfigen Fraktion im 397-köpfigen Reichstag zu einer Schlüsselfigur geworden. Dem Zentrum wurde der Vizepräsident des Reichstags zugestanden, ein politisch-symbolischer Vorgang. Unter dem neuen preußischen Kultusminister Robert von Puttkamer gelang es, gelegentlich auch die Berufung von Katholiken zu Professoren zu erreichen, so die Ernennung Georg von Hertlings an der Universität Bonn, der dort über zehn Jahre lang als Privatdozent ohne Stelle gewirkt hatte. Hertling wurde später als Philosophieprofessor nach München berufen und in den Reichstag gewählt, wo Windthorst ihm die Aufgabe zuwies, sich auf die neue Sozialpolitik zu spezialisieren. Windthorst neigte zu einer dirigistischen Führung seiner Fraktion, so daß sich der junge schwäbischen Reichstagsabgeordnete Gröber beklagte: „Gar nix anersch mer zu due als immer de Windthorst zu informieren."[6]

Durch seine konziliante Art bewahrte Windthorst einen freundlichen Umgangston auch zu den Gegnern. Der sozialdemokratische ›Vorwärts‹ nannte ihn den populärsten Mann des Reichstags.[7] Führungskämpfe innerhalb seiner Fraktion konnte er vermeiden. Lediglich die Spannungen zwischen der seelsorglich motivierten Politik des Vatikans unter Leo XIII. gegenüber Bismarck und der innenpolitisch motivierten Haltung des Zentrums führten seit 1886 zu einem Konflikt, der sogar den inneren Zusammenhalt des Zentrums gefährdete. Eine eigenartige Rolle spielt dabei Georg Kopp, seit 1881 Bischof von Fulda. Er war der Sohn eines Webers, arbeitete zunächst als Telegraphist und wurde später Priester. Die liberalen Traditionen des Zentrums waren ihm fremd. Er wünschte die Integration der Katholiken in den neuen Staat und wurde von Bismarck hofiert, der ihn in das Preußische Herrenhaus berufen ließ, um ihn gegen Windthorst ausspielen zu können. Hier im Herrenhaus brachte Bismarck auch 1886 die Gesetze zur Beendigung des Kulturkampfs ein. Kopp machte Konzessionen, die die Zentrumsfraktion im Abgeordnetenhaus bekämpften. Als das Zentrum wie bisher üblich das 'Septennatsgesetz' (Militärgesetz) wieder ablehnen wollte, ließ Bismarck die Fäden über die vatikanische Diplomatie spielen. Von dort aus wurden die Zentrumsführer gemahnt, ob sie denn wegen einer solchen Frage den religiösen Frieden aufs Spiel setzen wollten? Das vatikanische Mahnschreiben wurde von der Reichskanzlei in die Presse lanciert. Als Windthorst am 4. Februar 1887 zur Abschlußveranstaltung des damals laufenden Wahlkampfs im Kölner Gürzenich ankam, hörte er die Zeitungsjungen vor dem Gürzenich die neuesten Schlagzeilen ausrufen: „Der Papst gegen Windthorst!" „Der Papst gegen das Zentrum!" „Der Papst für den Septennat!"[8] So mußte sich Windthorst mit seinem 'Ungehorsam gegenüber dem Papst' öffentlich auseinandersetzen.

Windthorst spielte seine Situation zwischen Papst und Kanzler in der Gürzenich-Rede meisterhaft aus und verstand es, sein Publikum mitzureißen. Seit Tagen war über nichts anderes in Köln diskutiert worden. Er interpretierte seinen Zuhörern die päpstliche Note. Der Papst könne und wolle sich niemals in weltliche Dinge einmischen. Die Fraktion des Zentrums sei in ihrer Entscheidung völlig frei. Wenn es anders wäre, hätten die Gegner aus der Zeit des Kulturkampfs mit ihrem Vorwurf recht gehabt, daß das Zentrum nur der verlängerte Arm des Papstes sei. Es sei richtig, daß der Papst die Zustimmung zum Septennat empfohlen habe. Das aber sei diplomatisch zu verstehen. Wenn es möglich gewesen wäre, hätte man dem päpstlichen Wunsch durchaus folgen können: Es sei aber nicht möglich gewesen. Denn mit einer Zustimmung hätte man die ganze bisherige Existenz des Zentrums aufs Spiel gesetzt. Man hätte sich das Vertrauen der eigenen Wähler

verscherzt. Das Zentrum aber stehe ausschließlich in der Verantwortung
seiner Wählerschaft gegenüber. Nur dem habe es sich zu unterwerfen. Noch
mehr als jede andere Fraktion müsse es auf den Pulsschlag des Volkes
hören. Was Bismarck angehe, wer könne in die dunklen Stellen des Herzens
blicken? Wer wisse, was er wirklich wolle? Gehe es um das Septennat, oder
nicht viel mehr um eine blinde gehorsame Mehrheit, die sich zum gefügi-
gen Instrument des Willens des Kanzlers mache? Die Zeitungen hätten
schon geschrieben, Windthorst sei tot. Aber der alte Windthorst lebe noch!
Er werde diesen Leuten nicht den Gefallen tun zu „sterben". Man war im
Gürzenich von der „kleinen Exzellenz", wie Windthorst liebevoll genannt
wurde, hingerissen. Der Auftritt war so etwas wie der Gipfel seiner öffentlichen Karriere. Aber es war mehr: Hier wurden die Wurzeln eines demokratischen katholischen Konservatismus sichtbar, der noch über Jahrzehnte
nachzuspüren ist. Lebte nicht noch Heinrich Bölls späterer Kampf gegen
politische und gesellschaftliche Machtansprüche der Amtskirche aus diesem
Geist?[9]

Kopp wurde zum Fürstbischof von Breslau ernannt, 1893 zum Kardinal.
Windthorst starb 1891, ein Jahr nach dem Abtreten Bismarcks von der politischen Bühne. Wenige Jahre später war die Zeit Windthorsts bereits eine
große Vergangenheit und eine untergegangene Welt. In seine letzten parlamentarischen Jahre fällt noch der Kampf des Zentrums gegen die Sklaverei,
in dem sich deutscher und französischer Katholizismus zusammenfanden.
Es war die Zeit, als Kolonialismus und Imperialismus zu den neuen Themen
der europäischen Politik wurden.

Mit der Zustimmung zu der Sozialgesetzgebung der 1880er Jahre unterstützte das Zentrum die gouvernementale Politik. In anderen Fragen blieb
es in der Opposition. In dem konservativ-nationalliberalen Kartell hatte es
keinen Platz. Insgeheim sorgte man sich, daß das allgemeine Wahlrecht, die
Basis der Position des Zentrums, wieder beseitigt und durch ein indirektes
Wahlrecht, die Wahl des Reichstags durch die Landtage, in Preußen nach
dem Dreiklassenwahlrecht, ersetzt würde. Das hätte die Ausschaltung sowohl des Zentrums, der Linksliberalen und der Sozialdemokraten aus der
Politik bedeutet. So blieb die stärkste Fraktion im Reichstag eine Minderheitspartei. Eine wirkliche Chance, aus der Opposition in eine parlamentarisch geführte Regierung zu kommen, hatte sie nicht. Dementsprechend zurückhaltend verhielt man sich bei der Forderung nach einer parlamentarischen Regierungsweise. Sie hätte faktisch nur Deutschkonservative und
Freikonservative begünstigt. Es gelang auch dem Zentrum – im Gegensatz
zu den österreichischen Christlich-Sozialen unter dem Wiener Bürgermeister Karl Lueger –, sich von den antisemitischen Strömungen freizuhalten,
wie sie bei den deutschen sozialkonservativen Kreisen und dem Berliner
Hofprediger Adolf Stoecker populär wurden. Bei so vielen Imponderabilien

war eine völlig gradlinige Politik des Zentrums von 1871 bis 1891 ganz unmöglich.[10] Unter diesen Umständen erwies sich die Führung Windthorsts
für das Zentrum geradezu als ein Glücksfall.

Wie in allen europäischen Industriestaaten entstand auch in Deutschland
eine moderne, nicht zuletzt städtische Zivilisation. Plötzlich beginnend
wuchsen innerhalb weniger Jahrzehnte die neuen Großstädte in Deutschland heran, besonders im rheinisch-westfälischen Industriegebiet. Düsseldorf verwandelte sich in kurzer Zeit aus einer idyllischen, pittoresken alten
Residenzstadt mit Sinn für Kunst und Bohème zum Zentrum der Industrie
und des Handels an Rhein und Ruhr. In diesen Städten entwickelte sich ein
bis dahin unbekanntes wirtschaftliches, gesellschaftliches und politisches
Leben. Die Städte gründeten eigene Wirtschaftsunternehmen. Führende
deutsche Politiker wie Johannes von Miquel und Max von Forckenbeck waren
Kommunalpolitiker.[11] Die Entstehung neuer urbaner Lebensformen läßt
sich ebenso wie in Düsseldorf in Lyon oder in Sheffield beobachten.[12]

Industrialisierung, Urbanisierung im Innern und die neuen Transport-
möglichkeiten der Überseeschiffahrt nach außen veränderten in kurzer Zeit
die wirtschaftlich-gesellschaftlichen Strukturen. Die Politik, selbst wenn sie
erst wie im Deutschen Reich über rudimentäre Instrumente der Wirtschaftspolitik verfügte, konnte davon nicht unberührt bleiben. Augenfällig wurden
die Veränderungen an der rapiden Entwicklung Berlins, der neuen Reichs-
hauptstadt, zu einer europäischen Metropole. Berlin war der Sitz der neugeschaffenen Reichsbank, des institutionelle Trägers der neuen Reichswäh-
rung. Vor den neuen wirtschafts- und sozialpolitischen Forderungen, die
seit dem Ende der 1870er Jahre bereits an Reichstag und Reichsregierung
gerichtet wurden, schien die Dringlichkeit früherer kulturpolitischer Debatten schon fast zu verblassen. Die Krise der Liberalen in Deutschland wie in
England unter Gladstone hatte nicht nur äußere Gründe.[13] Die Liberalen
schienen mit den zivilisatorischen Lebensgeistern, die sie freigesetzt hatten,
nicht mehr so recht fertig zu werden. In Deutschland wie in England entstanden neue Formen eines Wirtschafts- und Sozialkonservatismus. Das
'demokratische Zeitalter' oder das 'Zeitalter der Massen', wie die Kultur-
philosophen später sagen sollten, hatte begonnen und leitete zu den Problemen des 20. Jahrhunderts über, während manche noch über die Kämpfe der
Jahrzehnte vor 1871 nachdachten und sie – wie Treitschke in seiner
›Geschichte des 19. Jahrhunderts‹ – historisch aufarbeiteten.

Der Wirtschaftsliberalismus, gefördert durch die preußische Gewerbe-
gesetzgebung der 1850er und 60er Jahre, hatte einen wichtigen Anstoß zur
Entstehung der Ruhrindustrie gegeben. So hatte sich der Staat weitgehend
aus der Kontrolle des Bergbaus zurückgezogen. In dieser Zeit nahm die
Produktion der Kohlezechen ebenso wie die Zahl ihrer Belegschaften
sprunghaft zu. 1850 gab es an der Ruhr knapp 13 000 Bergarbeiter, 1868

50000 und 1884 100000. 1850 betrug die Jahresförderung an Kohle eine Million Tonnen, 1900 lag sie bei 59 Millionen. In der Schwerindustrie fallen die Veränderungen am stärksten ins Auge. Die Unternehmer begannen, den Markt zu organisieren. Aus regionalen Anfängen entstanden Unternehmerverbände, die auf Kooperation mit der Verwaltung drängten. Die erste größere wirtschaftliche Interessenorganisation hatte Schorlemer-Alst mit dem Westfälischen Bauernbund 1862 zustande gebracht. Die verschiedenen Verbände der Industriellen schlossen sich 1876 zu dem einflußreichen 'Centralverband Deutscher Industrieller' zusammen. Verhandlungen mit den Gewerkschaften führten zur Gründung von Arbeitgeberverbänden.

In den 60er Jahren entstanden die ersten Fachgewerkschaften. Alle Interessenverbände suchten den Kontakt zu den Parteien oder brachten ihre Funktionäre in die Parlamente, so daß gelegentlich Verbands- und Parteiaktivitäten fließend ineinander übergingen. Die Landwirtschaft hielt Verbindung zum Zentrum, später unter dem Einfluß des ostelbischen Grundbesitzes zu den Deutschkonservativen, die Schwerindustrie zu den Freikonservativen. Der freikonservative Saargewaltige Karl von Stumm-Halberg trat seit den 1870er Jahren unverblümt und forsch als Sprecher der Schwerindustrie im Reichstag auf, dem er von 1871 bis 1881 und von 1889 bis 1901 angehörte. Dort verteilte er seine temperamentvollen Rundumschläge gegen Sozialdemokraten, Gewerkschaften, die 'Kathedersozialisten' unter den Professoren und linksorientierte evangelische junge Geistliche wie Friedrich Naumann.

Die Gewerkschaften konnten sich erst allmählich von den Fesseln ihrer zahlreichen Lokal- und Fachverbände befreien. Sie schlossen sich 1890 im Dachverband der 'Generalkommission' unter Carl Legien zusammen und orientierten sich an der Sozialdemokratie. Die besonders im rheinisch-westfälischen Industriegebiet starken christlichen Gewerkschaften kooperierten mit dem Zentrum, das auch Bergarbeiter als Abgeordnete in den Preußischen Landtag schickte. Die kleineren Hirsch-Dunckerschen Gewerkschaften kooperierten mit den liberalen Parteien. Die mittelständischen Raiffeisen-Genossenschaften fühlten sich den bürgerlichen Parteien verbunden. So waren auf allen Ebenen Wirtschaft und Politik mehr oder weniger fest miteinander verknüpft. Seit den 90er Jahren bestand eine Organisationsform von Wirtschaft und Politik, die sich bis zur Jahrhundertwende den Formen der Klassenstruktur in Deutschland entsprechend ausprägte, wie sie bis 1933 erhalten blieb.

Die wirtschaftspolitischen und -organisatorischen Zwänge führten dazu, daß die 'produktiven Klassen', wie es hieß, parteipolitische Querverbindungen suchten, um Mehrheiten für Wirtschaftsgesetze zustande zu bringen, so 1878 in der 'Volkswirtschaftlichen Vereinigung' des Reichstags, der 75 Abgeordnete der Deutsch- und Freikonservativen, 87 des Zentrums und 27 Nationalliberale angehörten: mit insgesamt 204 Abgeordneten eine Mehrheit des

Reichstags. Die 'Vereinigung' brachte die Schutzzölle von 1879 durch. Erfolg und Mißerfolg solcher 'Koalitionen' hingen natürlich von den Wahlergebnissen ab. Sie blieben schwankend, etwa nach den starken Verlusten der beiden konservativen Parteien 1881, als ihr Anteil von 116 auf 76 Sitze fiel. Das Zentrum war zwar im Kern eine konservative Partei, aber unter der Führung Windthorsts viel zu widerspenstig, um ein dauerhafter Partner zu sein. Bei den Reichstagswahlen von 1887, die unter dem Zeichen der Annahme oder Ablehnung des Rüstungsprogramms (Septennat) und der deutsch-französischen Spannungen standen, schien Bismarck erstmals mit dem 'Kartell der staatserhaltenden und produktiven Stände' eine konservative Sammlung gelungen zu sein, die über eine solide Mehrheit im Reichstag unter dem Schlagwort von 'Roggen und Stahl' verfügte, um alles in einem durchzusetzen: Förderung des landwirtschaftlichen Großgrundbesitzes wie der Schwerindustrie; Aufrüstung, um Stärke gegen ein Frankreich zu demonstrieren, das den Verlust von Elsaß-Lothringen nicht verwunden hatte; die Verlängerung des Sozialistengesetzes, um die Sozialdemokraten von der Politik fernzuhalten. Aber mit dem Wechsel in der Person des Kaisers verlor Bismarck seinen persönlichen Rückhalt und bei der Reichstagswahl von 1890 auch wieder seine konservative Mehrheit. Seit dieser Zeit finden sich immer wieder Bemühungen um regierungsfähige Reichstagsmehrheiten: um den 'Bülowblock' von 1907/09 oder die Gruppierung um die Wahl Hindenburgs zum Reichspräsidenten 1925; aber auch Bemühungen um eine Reichstagsmehrheit der linken Mitte: 1917 in der Reichstagsmehrheit der Friedensresolution, im Kabinett Max von Baden im Oktober 1918 und in der 'Weimarer Koalition' in der Nationalversammlung 1919/20 und im demokratischen Preußen der 1920er Jahre. Diese Bemühungen hatten zweifellos einen positiven Kern: Nur über solide Reichstagsmehrheiten ließ sich ein parlamentarisches Regierungssystem zustande bringen, das klare Verantwortlichkeiten schuf. Daß dies dauerhaft nicht gelang, blieb ein Dilemma der deutschen Politik bis Adenauer. Bis 1949 war die britische Politik – nicht nur in diesem Punkt – glücklicher.[14]

Seltsamerweise erwies sich als das Dauerhafteste der konservativen Politik Bismarcks nicht seine rechte Sammlungsbewegung, nicht seine internationale Politik, für die ihn viele Historiker gerühmt haben, nicht Preußen und die preußische Monarchie, der er sich zeitlebens verpflichtet fühlte, nicht einmal seine ureigene Schöpfung, das Deutsche Reich von 1871. Das alles ging in Etappen zwischen 1918 und 1945 unter. Das Dauerhafteste, von dem noch heute beide Teile Deutschlands profitieren, wurde die Reichsversicherungsordnung und System der sozialen Sicherheit, das in den letzten zehn Jahren der Kanzlerschaft Bismarcks geschaffen wurde.

1880 gab es in Deutschland bereits 5 Millionen Fabrikarbeiter. Daneben gab es eine fast ebenso große Zahl von Landarbeitern: Die deutsche Bevölkerung lebte 1871 noch zu zwei Dritteln auf dem Land. Seit den 40er Jahren wurde in der Presse, in den Kirchen und in den Parlamenten die 'soziale Frage' diskutiert, in der evangelischen Kirche die 'Innere Mission' ins Leben gerufen, und im Rheinland gründete der katholische Kaplan Adolf Kolping seinen 'Gesellenverein'.[15] Die 'Armenpflege' war traditionell eine Angelegenheit der Kirchen und städtischen Gemeinden. In Preußen gab es jedoch bereits für das Berg- und Hüttenwesen in den Knappschaften ein gesetzlich geregeltes System der sozialen Sicherheit. Lassalle und Ketteler wiesen in den 60er Jahren auf die Notwendigkeit staatlicher Interventionen hin und verwarfen die vorherrschende Theorie des Wirtschaftsliberalismus. Hermann Wagener, der Redakteur der ›Kreuz-Zeitung‹ und langjährige Mitarbeiter Bismarcks, später Beamter im preußischen Staatsministerium und konservativer Reichstagsabgeordneter, drängte gleichfalls auf staatliche Sozialpolitik.

Ein weiterer Impuls kam aus den Universitäten. Eine sozialkonservative Professorengruppe, von denen die bekanntesten Schmoller, Wagner und Brentano waren, fand sich 1873 mit Journalisten und Verwaltungsjuristen im 'Verein für Socialpolitik' zusammen. Anfangs als Agitationsforum zur Behebung der sozialen Mißstände und gegen den 'Manchesterliberalismus' gedacht, entwickelte sich der Verein bald zu einem seriösen wissenschaftlichen Gremium, das in langjähriger Arbeit das Konzept einer modernen staatlichen Sozialpolitik entwarf. Ähnliche Bestrebungen kamen in England in der 1883 gegründeten 'Fabian Society' zum Zuge, der der Schriftsteller George Bernard Shaw, die Sozialwissenschaftler Sidney und Beatrice Webb und der Kulturphilosoph William Morris angehörten.[16] Den Vorwurf, sie seien 'Kathedersozialisten', ließen sich die deutschen Sozialreformer bereitwillig gefallen: Sie plädierten weniger für soziale Milderung, Besserung und den Abbau von Mißständen, sondern gingen weit darüber hinaus: Die wissenschaftlichen Sozialreformer entwarfen einen Begriff des Staates und der staatlichen Verwaltung, der die grundsätzliche funktionale Zuständigkeit von Verwaltung und Gesetzgebung für die Regelung der sozialen Verhältnisse forderte. Man legte keine kurzatmigen Thesen vor, sondern schrieb umfangreiche Bücher und Studien.[17] Der bekannteste Theoretiker der Kathedersozialisten war Adolf Wagner. Der Staat sei, lehrte er, nicht nur ein „Rechts- und Machtstaat", sondern auch ein „Kultur- und Wohlfahrtsstaat". Das war modern und konservativ zugleich. Die mittelalterliche Stadt verstand sich im Prinzip nicht viel anders. Wagner wurde zum theoretischen Begründer des Sozialkonservatismus. Zur rationalen Begründung seiner Vorschläge formulierte er „das Gesetz der wachsenden Staatstätigkeit" in Anlehnung an Theorien Lorenz von Steins und Albert Schäffles. Die Liberalen hatten die staatliche Bürokratie einschränken wollen. Wagner vertrat die Auffassung, daß ein großer Staat seine Verwaltungstätigkeit grundsätz-

lich und notwendig ausdehnen müsse, um seine Aufgaben erfüllen zu kön-
nen. Dementsprechend entwickelte er eine moderne Finanztheorie. Der
Staat müsse über die festen Einnahmequellen hinaus nach neuen flexiblen
Einnahmen suchen, sei es durch neue Einzelsteuern oder durch umfangrei-
che staatliche Kreditaufnahmen. Damit wurde der Staat unmittelbar in das
System der Nationalökonomie einbezogen.

Die intellektuellen Auswirkungen dieser sozialreformerischen Theorie
lassen sich nicht exakt bemessen, aber sie waren erheblich. Sie prägten
einen neuen Typ von Beamten und Verwaltungsjuristen, der bald in die
Kommunalverwaltungen, Länder- und Reichsverwaltungen einzog. Der bekannteste von ihnen war Hans von Berlepsch, ein Mitglied dieses Vereins,
der in den 80er Jahren Regierungspräsident in Düsseldorf, später Oberpräsident der Rheinprovinz und in den 90er Jahren preußischer Handels-
minister war. Seit 1899 leitete er die 'Gesellschaft für Soziale Reform', die
Organisation der deutschen Sozialpolitiker, Sozialwissenschaftler und Sozial-
beamten. Das Funktionieren der deutschen Sozialgesetzgebung bleibt ganz
unverständlich, wenn man nicht diese breiten Gruppen sozialbewußter
Beamter in den deutschen Verwaltungen mitberücksichtigt, die sogar eng
mit den Gewerkschaftsfunktionären zusammenarbeiteten.

Bei der Entscheidung für die 1881 eröffnete Sozialgesetzgebung spielten
wesentlich politische Motive mit, nicht zuletzt das Erstarken der Sozialdemokratie, das bei Bismarck antirevolutionäre Ängste wachrief. Solche
Befürchtungen motivierten teilweise auch die Parteien der Konservativen,
Nationalliberalen und des Zentrums, die schließlich der Sozialgesetzgebung
im Reichstag zustimmten. Der unmittelbare politische Effekt blieb aber
aus, da sich die Sozialdemokraten keineswegs beruhigten, sondern ihre politische Führung sich unter den Ausschlußmaßnahmen des Sozialistengesetzes radikalisierte.

Durch den Einfluß der Sozialwissenschaftler auf die systematische Ausgestaltung der drei Sozialgesetze – des Unfallschutzgesetzes von 1883, des
Krankenversicherungsgesetzes von 1884 und des Gesetzes über die Alters-
und Invalidenversicherung von 1889 – kam schließlich ein Gesetzgebungswerk zustande, das die aktuellen Motive, die seine Geburt begleiteten, bald
überholte. Wagner hatte die Auffassung vertreten, daß staatliche Tätigkeit
die Verantwortung über Generationen hinweg zu tragen habe. Eben diese
Idee kam jetzt zum Zuge. Das deutsche System der sozialen Sicherheit beruhte im Prinzip auf der Eigenleistung der Versicherten. Lediglich bei der
Alters- und Invalidenversicherung wurde ein höherer Staatsanteil gewährleistet. Träger der Versicherung wurden die Versicherten, im wesentlichen
die Arbeitgeber und Arbeitnehmer. Die Verwaltung des Systems beruhte
trotz aller Unterschiede im einzelnen auf lokalen und föderalen Strukturen,
um die Selbstverwaltung zu ermöglichen. Obwohl ein Reichsversicherungs-

amt – eine der wenigen Reichsbehörden – geschaffen wurde, beschränkte sich die staatliche Intervention im wesentlichen auf die Rechtsaufsicht. Hinzu kam als weitere Kontrollinstanz die Sozialgerichtsbarkeit. Dieses System der sozialen Sicherheit war alles andere als ein obrigkeitlich organisiertes Versorgungssystem, selbst wenn Bismarck glaubte, so etwas geschaffen zu haben.

Tatsächlich bewirkte diese Sozialpolitik durch die Mitwirkung der Beteiligten von den Anfängen bis zur Gegenwart die ständige Kooperation der gewählten Vertreter der Arbeitgeber und der Arbeiter, d. h. praktisch die Gewerkschaftler, in den Organen der Sozialversicherung. Die Wirkung sprang nicht unmittelbar ins Auge. Sie zeigte sich aber bereits nach einigen Jahren und prägte die pragmatische Grundhaltung der deutschen Gewerkschaften vor dem Ersten Weltkrieg. Die Zusammenarbeit begründete jenes Denken in den Gewerkschaften, aus dem sie ihre Aufgabe als 'Ordnungsfaktor' verstanden. So hatte der deutsche Sozialkonservatismus über das in den 1880er Jahren begründete System der sozialen Sicherheit die offiziell durch das Sozialistengesetz verfemte Arbeiterbewegung, etliche ihrer aktiven Mitglieder in die Verwaltungsstellen der Sozialversicherung wieder zurückgeholt und, wenn auch begrenzt, integriert.[18]

Es handelte sich in der Terminologie des Verwaltungsjuristen „um den Charakter einer nicht weisungsgebundenen mittelbaren Staatsverwaltung", die das „Recht des Individuums auf Selbstorganisation" respektierte und „die Omnipotenz des Staates zugunsten des Individuums" einschränkte.[19] Der Staat fungierte zunächst als Gesetzgeber und Organisator. Ohne die staatliche Intervention wäre das System nicht möglich gewesen. Zugleich wurde ein Staatsdirigismus ausgeschaltet. So wurde dieses Gesetzgebungswerk zweifellos die größte Leistung des deutschen Konservatismus. Der Linken kann man es als Leistung nicht anrechnen: Die Sozialdemokraten und die Linksliberalen im Reichstag stimmten aus politischen Gründen dagegen.

In den Maitagen 1889 kam es im Reichstag zu einer ungewöhnlichen historischen Szene, als sich bei der dritten Lesung des Gesetzes über die Alters- und Invalidenversicherung zwei Redner zu Wort meldeten: Otto von Bismarck und August Bebel. Unmittelbar vorhergegangen war der erste große Streik im Ruhrgebiet, der spontan unter den Belegschaften mehrerer Zechen entstanden war und bald die gesamte Ruhrindustrie lahmgelegt hatte. Der Konflikt und die politischen Bewegungen, die er in Berlin bei dem Kanzler wie bei dem jungen Kaiser Wilhelm II. auslöste, hingen unmittelbar mit jenen Vorgängen zusammen, die bald zu der Entlassung des Kanzlers führten. Er habe, erklärte Bismarck am 18. Mai 1889, zum Schluß der Debatte noch einmal das Wort ergriffen, damit nicht der Eindruck entstehe, er habe den Gesetzentwurf nicht genügend unterstützt. Seine sachliche Begründung war etwas ungewöhnlich: „Ich habe lange genug in Frankreich gelebt, um zu wissen, daß die Anhänglichkeit der meisten Franzosen an die Regierung . . . wesentlich damit in Verbindung steht, daß die meisten Franzosen Rentenempfänger vom Staate sind . . . Die Leute sagen: wenn der Staat zu Schaden geht, dann verliere ich meine Rente; und wenn es 40 Franken im Jahre sind."[20] Das sei ganz menschlich und natürlich. Das gelte aber auch für Deutschland. „Sie werden das nicht leugnen, und ich glaube, daß, wenn Sie uns diese Wohltat von mehr als einer halben Million kleinen Rentnern im Reich schaffen können, Sie sowohl der Regierung – da ist es nicht nötig –, aber auch den gemeinen Mann das Reich als eine wohltätige Institution anzusehen lehren werden."

In derselben Rede setzte sich Bismarck mit der ablehnenden Haltung der Sozialdemokraten zu dem Gesetz auseinander: Die Führer der Partei lehnten das Gesetz ab, weil ihre Herrschaft darauf beruhe, daß die von ihnen mißgeleiteten Massen unzufrieden blieben. – „Täuschen wir uns doch darüber nicht, daß wir mit der Sozialdemokratie nicht wie mit einer landsmannschaftlichen Partei in ruhiger Diskussion sind, sie lebt mit uns im Kriege, und sie wird losschlagen, gerade so gut wie die Franzosen, sobald sie sich stark genug dazu fühlt. Und diese Stärke vorzubereiten . . . und alles, was diese Stärke zum Losschlagen, zur Erzeugung des Bürgerkrieges, zur Herstellung des Massentritts der Arbeiterbataillone schädigen kann, das werden sie natürlich bekämpfen; also wird ihnen auch jedes Entgegenkommen für die Leiden des armen Mannes, welches von Staats wegen geschieht, hinderlich sein, – das mindert die Unzufriedenheit, und Unzufriedenheit brauchen sie."[21] Offensichtlich verfolgte Bismarck die Angst vor der Revolution sein ganzes Leben lang, von den politischen Anfängen 1847/48 bis zum Ende seiner Kanzlerschaft.

Bismarck hatte am Samstag gesprochen. Am Montag, dem 20. Mai 1889, antwortete Bebel: Die Rede des Kanzlers könne nicht unbeantwortet bleiben. Ja, es sei richtig, man habe die Aufgabe, die Arbeiter aufzuklären, „was sie als Menschen und als Staatsbürger des 19. Jahrhunderts von Staat und Gesellschaft zu verlangen haben". Die Unzufriedenheit sei die „Mutter des menschlichen Fortschritts". Sei das nicht immer so gewesen? Wäre es ohne die Agitation des Nationalvereins etwa zu der deutschen Einigung gekommen? Gäbe es überhaupt den jetzigen Gesetzentwurf, wenn die Sozialdemokratie nicht ständig an die Unzufriedenheit der Arbeiter erinnert hätte? „Meine Herren, das haben wir erreicht, das ist unserer Agitation zu danken; und wenn die deutschen Arbeiter in Zukunft noch weit mehr erreichen werden, als sie bis jetzt schon erreicht haben, dann sind wir es, die Sozialdemokraten, denen sie dies danken." Bebel wehrte sich gegen die Verdächtigung als „Vaterlandsfeinde". „Meine Herren, Sie verwechseln dabei das Vaterland mit den Institutionen, die in diesem Vaterland zeitweilig

herrschen. Wir sind Deutsche so gut wie Sie, und wir hängen an diesem
Deutschland mit ebensoviel Liebe wie Sie. Aber wir sind der Meinung, daß
die Zustände in diesem Deutschland nicht die rechten sind."[22] Im übrigen
lehnten die Sozialdemokraten das Gesetz nicht aus prinzipiellen Gründen wie
die Fortschrittlichen ab oder wie einige Konservative, denen es zu weit ging:
„Wir umgekehrt sind allein gegen das Gesetz, weil es nicht weit genug geht,
weil es nicht entfernt die Hoffnungen, die Erwartungen, die der deutsche
Arbeiterstand an ein solches Gesetz stellen muß und stellt, befriedigt."[23]
Bezeichnenderweise sprach Bebel an dieser Stelle nicht von dem Proletariat
und der Arbeiterklasse, sondern vom „deutschen Arbeiterstand". Gab es
nur Gräben zu den Konservativen oder gar auch unbewußte Brücken?

Der erste große Streik im Ruhrgebiet, der dieser Debatte vorausging, war
Anfang Mai ausgebrochen. Jugendliche Bergarbeiter hatten spontan die
Arbeit auf der Zeche 'Präsident' in Bochum niedergelegt. Danach breitete
sich der Streik spontan, also nicht gewerkschaftlich organisiert, wie „ein
Unwetter mit Blitz und Donner" und „wie ein Präriebrand" aus, so die
nachträgliche bildliche Beschreibung der beiden Gewerkschaftsführer Otto
Huë und Heinrich Imbusch. Die Forderungen betrafen Lohnerhöhungen,
einen Acht-Stunden-Tag im Bergbau, Schutzvorrichtungen unter Tage und
eine Reform der Knappschaftsversicherung. Dahinter stand die Sorge vor
einer sozialen Verschlechterung der Bergarbeitschaft angesichts des sprung-
haften Wachstums der Kohleindustrie. Am 9. Mai standen 70 000 der
100 000 Bergarbeiter im Ausstand. Die Öffentlichkeit sympathisierte mit
ihren Forderungen. Die Aktion war in keiner Weise 'revolutionär', da sie aus
unpolitischen Anlässen entstanden war. Gutgläubig entsandten die Strei-
kenden eine Delegation aus drei Arbeitern nach Berlin, um ihre Wünsche
dort vorzubringen. Sie wurden von dem jungen Kaiser empfangen, der zu-
gestand, daß die Forderungen im Prinzip berechtigt seien. Auch Bismarck
hatte empfohlen, die Anliegen der Arbeiter moralisch anzuerkennen, jedoch auch eine Aussprache der Regierung mit den Unternehmern verlangt.
In der Frage des konkreten Vorgehens kam es erstmals zu einem Konflikt
zwischen dem 74jährigen Kanzler und dem 30jährigen Kaiser.[24]

Am 18. Mai bezog sich Bismarck auf den Streik im Ruhrgebiet. „Wir dürfen uns dem unmöglich aussetzen, daß die kleine Minorität der Kohlen-
viere uns jeden Tag in die Lage setzen kann, in die uns etwa die Landwirtschaft setzen kann, wenn sie uns das Brot abschneiden würde. Die Kohle ist
in vielen Provinzen so notwendig geworden wie das Brot es in allen ist, und
es müssen meines Erachtens von Staats wegen Vorkehrungen getroffen werden, daß die Kohle nicht plötzlich in drei Tagen der Menschheit entzogen
werden kann, daß nicht jede Wirtschaft am Kochen, jede Waschfrau am
Waschen, jede anderweitige Industrie verhindert wird."[25]

Auch Bebel griff den Streik im Ruhrgebiet in seiner Antwort auf. Habe

in der Rede des Kanzlers nicht auch „ein wenig das Echo" jenes Tons nach-
geklungen, „der in den Reden einer Allerhöchsten Person gegen die Deputation der Bergarbeiter einige Tage früher laut geworden ist"? Es scheine
fast, „daß die Ereignisse, welche jene Deputation nach Berlin führten, in
weit höherem Grade, als wir vermuteten und glaubten, diese höchsten und
hohen Herren irritiert hat" [26]. Tatsächlich waren alle Politiker der Rechten
wie der Linken irritiert. Denn der große spontane Streik an der Ruhr paßte
so recht in keinerlei Konzept. Aus dem Vertrauen, das dabei dem Staat ent-
gegengebracht wurde, von dem man erwartete, daß er sich zugunsten der
Arbeiter gegen die Ruhrunternehmer durchsetzen werde, sprachen auch
konservative Züge. Tatsächlich nahm sich der junge Kaiser der sozialpolitischen Fragen auch weiterhin an und sammelte um sich einen Kreis von
Sozialreformern, zu denen auch der katholische Kaplan Franz Hitze zählte;
er erhielt bald darauf den neugeschaffenen Lehrstuhl für 'Christliche Sozialwissenschaften' in Münster.

Ein Kronrat befaßte sich am 24. Januar 1890 mit der Frage des Arbeits-
schutzes. Ein entsprechender Erlaß wurde im Februar zur „Pflege des Friedens zwischen Arbeitgebern und Arbeitnehmern" publiziert. Bismarck war
erst gar nicht mehr um seine Zustimmung gefragt worden. Das Sozialistengesetz lief im selben Jahr aus, da sich keine Mehrheit mehr im Reichstag für
eine Verlängerung fand. Der Zentrumsabgeordnete Peter Reichensperger
erklärte am 5. November 1890 im Reichstag, die jüngste Geschichte habe
gezeigt, „daß die Arbeiterkreise in ihrer Mehrheit sich besonnener und zu-
gänglicher erwiesen haben gegenüber den Einflüsterungen der sozialdemokratischen Partei" [27]. Am 20. Februar 1890 hatten die Sozialdemokraten bei
den Reichstagswahlen mit 1,4 Millionen Stimmen ihren Stimmenanteil fast
verdoppelt. Sie gewannen 35 Sitze gegenüber 12 (1887). Die sozialreforme-
rische Euphorie des jungen Kaisers war allerdings nur von kurzer Dauer.
An die Stelle der Sozialreformer in seiner Umgebung traten bald die konservativen Schwerindustriellen Kardorff, Stumm und Krupp, um den Kaiser zu
beraten. In vielerlei Hinsicht wurden die politischen Karten in Deutschland
seit dem Abgang Bismarcks neu gemischt. Die drei Jahrzehnte des 'Wilhel-
minismus' begannen.

1890–1914

Die Zeit des Staatsaufbaus war in den 90er Jahren beendet. Man begann,
sich in dem neuen Reich einzurichten. In Europa wurde das als selbstverständlich hingenommen, ja teilweise, nicht zuletzt wegen seiner enormen
wirtschaftlichen Leistungen und des Standards der Verwaltung, der Wissenschaften und der allgemeinen Bildung der breiten Bevölkerungsschichten,
bewundert. 1894 konnte der Reichstag nach zehnjähriger Bauzeit das neue

monumentale Reichstagsgebäude beziehen. Die Wucht seines klassizistischen Stils sollte die Stärke der Nation demonstrieren.[28]

Die Verfassungsstruktur von 1871, die schon 1890 nicht mehr adäquat war, wurde beibehalten. Das kaiserliche Deutschland war jedoch trotz des demokratischen Wahlrechts keine Demokratie. Dementsprechend wäre es irreführend, die deutschen Parteien lediglich nach ihren Programmen und Aktivitäten zu beurteilen. Es entsteht leicht ein verzerrtes Bild. Dazu trägt auch die verbreitete Neigung bei, lieber die „Geschichte als die Politik und die politischen Strukturen des Kaiserreichs zu beschreiben"[29]. Der Kanzler war nominell „oberster Reichsbeamter". Auch die Reichsämter wie das Auswärtige Amt, das Reichsamt des Innern, das Reichsschatzamt und später das Reichskolonialamt und das Reichsministeramt waren nominell nur 'Behörden', obwohl sie sich bis 1914 zu selbständig arbeitenden Ministerien entwickelten. Auch mehrere Kanzler wie Bülow, Bethmann Hollweg und Michaelis wurden aus der Beamtenschaft berufen. Eine parlamentarische Regierungs- und Kabinettsbildung gab es bis zur Regierung Max von Baden im Oktober 1918 nicht. Folglich gab es auch keine direkte parlamentarische Verantwortlichkeit: weder des Kanzlers noch der Staatssekretäre. Faktisch mußte aber seit den 90er Jahren zunehmend auf die Wünsche der jeweiligen Mehrheitsparteien bei der Besetzung zumindest untergeordneter Beamtenstellen in den Reichsämtern, dies besonders seit 1914, Rücksicht genommen werden. Andererseits waren das Budgetrecht und die Gesetzgebungsrechte des Reichstags unbestritten. Von daher setzte bereits vor 1900 eine Tendenz zur Parlamentarisierung des Regierungssystems ein. Die Frage war, ob die größeren Parteien, wie die Liberalen in Preußen vor 1871, den Willen aufbringen würden, ihre Kompetenzen zu erweitern und dies herbeizuzwingen. Aber alle Parteien dachten viel zu partikularistisch, zu 'eigenbrötlerisch', zu deutsch (Hartung), um das Ziel zu verfolgen, Regierungspartei zu werden und aus dem Parlament die Regierung zu stellen.

Die Konservativen waren dazu im Reichstag zu schwach. Das Zentrum, wenngleich bis 1912 stärkste Reichstagsfraktion, verstand sich als eine Minderheitspartei, die Nationalliberalen hatten spätestens seit 1878/79 verfassungspolitisch völlig resigniert und sich 1884 in Heidelberg ein neues Programm gegeben, das nur noch an den Erhalt und den Ausbau des Bestehenden dachte. Sie wurden, da die 'Deutschkonservativen' sich praktisch auf die ostelbischen Gebiete beschränkten, die „konservative Partei für das westelbische Deutschland", das die bürgerlich-konservativen Wähler der Groß- und Mittelstädte ansprach.[30] Die Linksliberalen blieben eine Verfassungspartei, aber als solche neben den anderen bürgerlichen Parteien relativ isoliert und nicht mehrheitsfähig. Die Sozialdemokratie, die sich seit den 90er Jahren als eine willensstarke politische Massenpartei darstellte, dachte unter der Führung Bebels niemals daran, Regierungspartei zu werden. Die

SPD lebte noch aus der Erinnerung an das Sozialistengesetz. Das trug zur Radikalisierung der Programmatik seit dem Erfurter Parteitag von 1891 bei, durch die man sich von den übrigen Parteien isolierte. Erst mit dem wachsenden Einfluß der Gewerkschaften seit 1905/06 auf die Politik der SPD-Reichstagsfraktion, der auch der Vorsitzende der Generalkommission Legien angehörte, und seit dem Eintritt jüngerer pragmatischer SPD-Politiker in den SPD-Parteivorstand und die Reichstagsfraktion, wie Ebert, Scheidemann, David, Severing, Bauer und Frank, änderte sich allmählich die SPD. Seit 1917 war sie prinzipiell bereit, mit anderen Parteien Regierungsmehrheiten zu bilden. Im Oktober 1918 trat sie in das Kabinett von Max von Baden ein. Die heftigen ideologischen Flügelkämpfe zwischen Marxisten und grundsatzbewußten Pragmatikern lähmten die SPD des Kaiserreichs und verhinderten indirekt auch jeden verfassungspolitischen Fortschritt, wie er in England und Frankreich seit langem selbstverständlich war.

Aber auch die Deutschkonservativen dachten nicht daran, sich zu einer demokratisch-konservativen Mehrheits- und Regierungspartei zu entwikkeln. Sie kannten nur zu gut ihre eigene Schwäche und Aussichtslosigkeit. Der altpreußische Konservatismus verblaßte nach dem Abgang Bismarcks. Die Deutschkonservativen entwickelten zunehmend einen defensiven Charakter und verteidigten um jeden Preis ihre konservativen Positionen, die sie sich zumindest in Preußen und im Preußischen Landtag, dem Herrenhaus wie dem Abgeordnetenhaus, hatten sichern können. Sie waren, selbst im Interesse der Reichspolitik, zu keinerlei Konzessionen bereit. Lieber ließen sie, wie 1909 beim Sturz der Regierung Bülow, eine von ihnen mitgetragene Reichsregierung fallen. Das Regierungsdenken der Deutschkonservativen ging nicht über Preußen hinaus. Eine Reichsverantwortung kannten sie nicht. Ihre Programmatik entwickelte zunehmend nationalistische und esoterische Züge.[31]

Schließlich drohten die preußischen Konservativen während des Weltkrieges durch ihre ständige und regelmäßige Verweigerung einer Ablösung des bestehenden Dreiklassenwahlrechts die Reichspolitik gänzlich zu blokkieren. Das Ende der preußischen Monarchie und die Revolution von 1918 wurden durch diese extreme politische Intransigenz entscheidend mit herbeigeführt.

Anders als Preußen hatten Länder wie Baden, Württemberg und Bayern seit 1906 ihre Verfassungen demokratisiert und die Regierung parlamentarisiert. Bayern hatte seit 1912 praktisch eine parlamentarische Regierung. Allerdings weigerte sich in den drei Hansestädten Hamburg, Lübeck und Bremen, die eine stolze republikanische Tradition vorweisen konnten, das regierende Bürgertum, einer Demokratisierung des Wahlrechts zuzustimmen, da es sozialdemokratische Mehrheiten auf sich zukommen sah. In Hamburg fielen sämtliche drei Reichstagswahlkreise an die SPD, die dort 1903 63 %

der Stimmen erreichte. Hier kam es 1905/06 zu erbitterten Wahlrechtskämpfen, als die Bürgerschaft durch eine Wahlrechtsänderung die sozialdemokratische Flut abzuwehren suchte. Der SPD-Sprecher Stolten warnte, daß in Hamburg „Klassenhaß und Klassengegensätze zum Austrag kommen; denn wenn man den klassenbewußten Arbeitern einen solchen Faustschlag versetzt, wie soll sich dann noch Liebe zum Senat und Bürgerschaft zeigen?"[32] Tatsächlich bewirkte die rigorose Abschottung der Bürgerschaft in Hamburg 1906 lediglich eine Politisierung der kommunalen Öffentlichkeit, ein Vorgang, der sich auch in anderen deutschen Großstädten wie Leipzig, Bremen, München, Frankfurt, Köln und Düsseldorf vor 1914 feststellen läßt.[33] In den Stadtrepubliken von Hamburg und Bremen profilierte sich aber auch eine pragmatische und machtbewußte Sozialdemokratie. Ebert, der spätere Reichskanzler, hat seine ersten politischen Erfahrungen als Bürgerschaftsabgeordneter in Bremen sammeln können. Seit seinem Eintritt in den Parteivorstand der SPD 1905 betrieb er eine Modernisierung des Parteiapparates, zu der auch – er war ein praktischer Mann – die Einführung des Telefons und der Schreibmaschine diente.

Angesichts der partikularen Interessen, der regionalen, sozialen und konfessionellen Begrenzungen der im Reich agierenden Parteien, erhielt die Stellung des Kaisers eine politische Bedeutung, die sie zur Zeit der Kanzlerschaft Bismarcks nicht gehabt hatte und die auch die Monarchen z. B. in Belgien, England oder den skandinavischen Ländern längst nicht mehr hatten. Die Umgebung des Kaisers erhielt eine politische Funktion, die in der Verfassung nicht vorgesehen war, aber auch nicht von ihr ausgeschlossen wurde. Dort wurden praktische politische Personalentscheidungen getroffen, gleich, ob es sich um die Ernennung der Kanzler, der Staatssekretäre, der Inhaber der Reichsämter, der Mitglieder der Generalität und später im Krieg der Obersten Heeresleitung handelte.[34] Unter diesen Umständen wurden Charakter, Naturell und persönlicher Lebensstil Wilhelms II. von politischer Konsequenz. Deutscher Konservatismus von 1888 bis 1918 schlägt sich nicht zuletzt in der Biographie Wilhelms II. nieder. Damit soll keiner überzogenen Personalisierung der Geschichte Vorschub geleistet werden. Aber Personen wie Wilhelm II. werden automatisch wichtig, wenn ihnen die Verfassung und die politischen Verhältnisse einen solchen verhängnisvollen Status gewähren, wie das im Kaiserreich der Fall war. Dabei sind die politischen Fehlentwicklungen des Kaiserreichs keineswegs ausschließlich aus der Person des Kaisers abzuleiten. Es waren die Verhältnisse: Aber sie hätten durchaus anders sein können. Von einem Zwang zum Fatalismus aus der historischen Retrospektive kann keine Rede sein.

Die Zusammenhänge und Strukturen der Politik jener Zeit sind inzwischen gut erforscht.[35] Die Entpolitisierung des Bürgertums spiegelt sich in der Generationsabfolge in Thomas Manns auch damals schon viel gelesenen

Roman ›Die Buddenbrooks‹, der 1901 erschien. Die letzten Kapitel dieses Romans führen in die bürgerliche Welt des Kaiserreiches: Private Probleme und Sorgen verdrängten dort die öffentlichen.

Die Deutsch-Konservativen gewannen bei den Reichstagswahlen von 1890 73 Sitze (Freikonservative: 20), 1893 72 (Fr.: 28), 1898 56 (Fr.: 23), 1903 54 (Fr.: 54), 1907 60 (Fr.: 24), 1912 43 (Fr.: 14). Die Nationalliberalen gewannen bei der Reichstagswahl von 1890 42 Sitze, 1893 53, 1898 46, 1903 51, 1907 54, 1912 45. Die Linksliberalen (Liberale Vereinigung, seit 1910, VFP) gewannen 1890 66 Sitze, 1893 13 (Freisinnige Vereinigung: 24), 1898 12 (Freisinnige: + 29), 1903 9 (Freisinnige: + 21) 1907 14 (Freisinnige: + 28), 1912 42. Das Zentrum erzielte 1890 106 Sitze, 1893 96, 1898 102, 1903 100, 1907 105, 1912 91. Die Sozialdemokraten gewannen 1890 35 Sitze, 1893 44, 1898 56, 1093 81, 1907 43, 1912 110. Die Stärke der nationalliberalen Fraktion in den ersten drei Reichstagen von 1871, 1874 und 1877, die zwischen 125 und 155 Mandaten lag, erreichte seitdem keine Partei mehr. Seit den 90er Jahren kamen die Christlich-Sozialen des Berliner Hofpredigers Adolf Stoecker, eine Partei des sozialen Protestantismus, in den Reichstag. Ihre Mandate bewegten sich zwischen 3 und 16. Seit 1887 kandidierte die Antisemitische Partei, die die Zahl ihrer Sitze von 5 (1890) auf 13 bis 21 bei den folgenden Wahlen bis 1912 steigern konnte. Die Antisemiten fanden einen stärkeren Anhang in Hessen.

Die Konservativen nahmen in ihrem Berliner Tivoli-Programm von 1892 antisemitische Formulierungen auf, die noch nicht rassistisch wie später bei den Völkischen waren, sondern eine antiliberale und antisozialistische Stoßrichtung verfolgten. Sie glaubten, aber ohne nennenswerten Erfolg, damit verstärkte Resonanz bei bürgerlichen Wählerschaften zu finden.

Tatsächlich lag der Schwerpunkt der Konservativen in der ländlichen Gesellschaft. Seit der Gründung des agitatorisch radikal auftretenden 'Bundes der Landwirte' (1893) waren konservative Partei und großagrarische Interessenorganisationen eng verzahnt.[36] Das Programm der Konservativen sprach sich wie das des Zentrums für Bekenntnisschulen als „wichtigste Bürgschaft gegen die zunehmende Verwilderung der Massen und die fortschreitende Auflösung der gesellschaftlichen Bande" für die Erziehung aus. Weiter hieß es: „Wir verlangen für das christliche Volk eine christliche Obrigkeit und christliche Lehrer für christliche Schüler." Die Konservativen akzeptierten den bestehenden Nationalstaat. „Wir wollen die für unser Vaterland gewonnene Einheit auf dem Boden der Reichsverfassung in nationalem Sinne stärken und ausbauen." In diesem Punkt stimmten Nationalliberale und Konservative inzwischen überein. Der positiven nationalen Identifikation wurden aber zugleich betont aggressive, abweisende Aussagen gegen die Sozialdemokraten beigegeben: „Diejenigen Anhänger der Sozialdemokratie und des Marxismus, deren vaterlandslose und auf den Umsturz

gerichtete Bestrebungen weite Kreise unseres Volkes gefährden, sind als
Feinde der staatlichen Ordnung zu bekämpfen." Das waren nicht nur programmatische Formulierungen. In diesem Sinne agitierte man in Wahlkämpfen und in der konservativen Presse und in Parlamentsreden landauf
und landab. Die Parteien des Kaiserreichs von der Rechten bis zur Linken
verstanden es ausgezeichnet, ihre politischen Burgen mit Mauern, Gräben
und Geschossen voreinander abzuriegeln. Die politische Grundeinstellung
der Deutschen des Kaiserreichs bestand in einer ausgesprochenen Lager-
mentalität. Das ideologische Programm der Konservativen lautete folgendermaßen: „Hochhaltung von Christentum, Monarchie und Vaterland,
Schutz und Förderung redlicher Arbeit. Wahrung berechtigter Autorität,
das sind die obersten Grundsätze, welche die Deutsche Konservative Partei
auf ihre Fahne geschrieben hat."

Gegen die Verhärtung und Abschließung der protestantisch-konserva-
tiven Welt kämpfte seit den 90er Jahren eine Gruppe jüngerer Akademiker,
unter ihnen der Pfarrer Friedrich Naumann und die Sozialwissenschaftler
Max Weber und Ernst Troeltsch. Ihr Forum war der 'Evangelisch-soziale
Kongreß', der sozialpolitische Fragen diskutierte. Naumann brachte die
Zeitschrift ›Die Hilfe‹ heraus, deren Mitarbeiter für einen aufgeschlosse-
ren und moderneren sozialen Protestantismus gegen die reaktionären Tendenzen bei den Christlich-sozialen und in der Konservativen Partei, aber
auch in den lutherischen Kirchen Deutschlands und vor allem Preußens
kämpften. Naumann hatte nach einem Konflikt mit den kirchlichen Behörden sein Amt als Arbeiterpfarrer aufgeben müssen und arbeitete seither als
freier Journalist. Hinter seiner Bewegung stand viel Überzeugungskraft
und Idealismus. Als Karl von Stumm-Halberg am 9. Januar 1895 in seiner
Reichstagsrede zur 'Umsturzvorlage', ein Versuch, das Sozialistengesetz
wiederaufleben zu lassen, gegen die Sozialdemokraten wetterte, führte er
an, daß „Naumann und Konsorten" weitaus gefährlicher seien. Er bezweifelte, ob sie noch auf dem Boden des Christentums stünden. ›Die Hilfe‹, die
jüngere Protestanten ansprach, hatte damals eine Auflage von etwa 12000
Exemplaren.

In seine Kritik bezog Stumm auch die 'Kathedersozialisten' ein: „Meine
Herren, es hat sich namentlich hier in Berlin ein vollständiger Universitäts-
sozialismus herausgebildet, diese Herren herrschen ebenso unbeschränkt
wie in ihren Kreisen die Führer der Sozialdemokratie. Jeder Gelehrte,
namentlich jeder Professor der Nationalökonomie, der nicht in das sozialistische Horn stößt, wird boykottiert, er wird verfolgt, wird für unwissenschaftlich ausgegeben und kommt nach keiner Richtung vorwärts. Das sind
die Leute, welche unsere jungen Beamten ausbilden."[37] In derselben Rede
wandte sich Stumm gegen die Aufführung des Hauptmann-Stücks ›Die
Weber‹ in Berlin, nachdem das königliche Oberverwaltungsgericht in einem

aufsehenerregenden Urteil ein Verbot der Aufführung durch die staatliche
Zensur aufgehoben hatte und damit den Rechtsstaat gegenüber dem Obrigkeitsstaat sichtbar gemacht hatte. „In Berlin", erklärte Stumm, „wird unter
den Augen der Polizei oder vielmehr durch die Entscheidung des Oberver-
waltungsgerichts ein Stück ›Die Weber‹ aufgeführt, ein Stück, das in New
York verboten worden ist, das ihr früherer Genosse Most als das wirksam-
ste Mittel zur Verbreitung anarchistischer Ideen . . . hingestellt hat."[38] Naumann trat später nach einem vergeblichen Versuch einer eigenen Parteigründung, des 'Nationalsozialen Vereins', der nationale und demokratische
Ziele verband, den Linksliberalen bei und wurde während des Kriegs einer
ihrer profiliertesten Parlamentsredner. Seine politischen Ambitionen, wie
auch die seiner Freunde Weber und Troeltsch, gingen aber ursprünglich in
eine andere Richtung: Sie hofften, Wilhelm II. für ein gleicherweise nationales und liberales Reformprogramm zu gewinnen und mit ihm einen politischen Generationswechsel in der deutschen Politik herbeizuführen.
Naumanns bekanntes Buch ›Demokratie und Kaisertum‹ von 1900 diente
diesem Ziel. Er betrieb ausgiebig Wahlsoziologie, um die ideologische Er-
starrung und gegenseitige Abschottung des deutschen Parteiensystems zu
überwinden. Er favorisierte eine Art „sozialliberale Koalition von den Liberalen bis zu den Sozialdemokraten" und wollte dabei die „Feudalen" (Konservativen) und „Klerikalen" (Zentrum) außen vor stehenlassen. Rechne-
risch war ein solches Konzept nicht abwegig, es negierte aber die tatsächlichen politischen Verhaltensweisen, nicht zuletzt die gesellschaftliche
Macht des Konservatismus über die Grenzen der Parteien hinweg, vor
allem aber die politische Einstellung Wilhelms II., für den die Vorstellung
einer Kooperation mit den Sozialdemokraten undenkbar war. Die deutschen Oberschichten zogen eindeutige innenpolitische Feindbilder den Ver-
söhnungsabsichten Naumanns vor, wenngleich er allmählich ein geachteter
Publizist wurde. Seine eindringliche Sprache kam an.
    Im übrigen plädierten Naumann und Weber für ein Ziel, das die jüngere
und ältere Generation in Deutschland um 1900 miteinander verband: die
Stärkung des deutschen nationalen Machtstaates. Die Bismarcksche Außenpolitik hatte noch ausgeprägt defensive Züge gehabt, weil der Bestand
des neuen Deutschen Reichs gefährdet erschien. In der Wilhelminischen
Zeit war das außenpolitische Programm expansiv: Der Rausch der Modernisierung und Industrialisierung, von dem Naumann und Weber erfaßt waren,
begünstigte die machtstaatlichen Erwartungen. Nationale und militärische
Macht, wirtschaftliche Potenz und sozialer Wohlstand wurden als identisch
angesehen. Irgendwelche Selbstzweifel gab es dabei nicht. Wohl selten hat
die Idee eines nationalen Machtstaats so breite Unterstützung quer durch
die Generationen, die Parteien, die tragenden gesellschaftlichen und wirtschaftlichen Gruppen, ja auch durch die Universitäten und mehr oder weni-

ger offen durch die Kirchen gefunden, wie das in Deutschland seit der Jahrhundertwende geschah. Dabei spielte ein ins Nationale umgewandelter Fortschrittsglaube eine entscheidende Rolle. Wer wollte nicht fortschrittlich sein? Die außenpolitischen Spannungen, die eine solche nationalistische Politik einschließlich ihrer Rüstungspolitik erzeugte, nahm man hin wie den natürlichen Reiz der Spielatmosphäre, die die nationale Konkurrenz der europäischen Industrieländer untereinander mit sich brachte. Im Prinzip sah die Einstellung der führenden sozialen und politischen Schichten in Frankreich und England, in Österreich und Rußland nicht viel anders aus. Außen- und Militärpolitik waren in Europa längst nicht mehr nur eine Angelegenheit der Kabinette oder kleiner politischer Führungsgruppen.[39]

In all dieser Fortschrittseuphorie gab es seltsamerweise wenig Furcht vor den Schrecken eines Krieges. Die Modernität des Konzepts, wie es Naumann und Weber entwickelten, umschreibt Peter Theiner: „Der neue nationale Imperialismus bekam eine identitätsbildende Funktion. Jetzt stand nicht mehr die Versöhnung der Gemüter, sondern der darwinistisch gedeutete Kampf von Nationen und Klassen im Vordergrund. Etwa gleichzeitig öffnete sich Naumann der Option für eine industriewirtschaftliche Entwicklung. In deren Konsequenz lag die schrittweise Ablösung der konservativ-agrarischen Machteliten und der Aufstieg der Arbeiterschaft und eines politisch selbstbewußten Bürgertums zu den Schalthebeln politischer Macht."[40] Der nationale Sozialliberalismus Lloyd Georges dachte nicht viel anders. Nur fand sich in Lloyd George ein britischer Politiker, der dieses Programm auch tatsächlich personifizierte. Davon konnte in Deutschland angesichts der diffusen politischen Strukturen keine Rede sein. Dementsprechend fühlte sich auch niemand wirklich verantwortlich: weder die jüngeren Publizisten und nationalbewußten Sozialwissenschaftler noch die führenden Politiker der größeren Parteien und die leitenden Regierungsbeamten, die glaubten 'weisungsgebunden' zu handeln, noch der Monarch, der den neuen nationalen Imperialismus darstellerisch repräsentierte. Genau das war das Dilemma der deutschen Politik und des regierenden Konservatismus von den Deutschkonservativen über die Nationalliberalen bis hin zum Zentrum, jenen drei Parteien, die bis 1914 im Reichstag bei den entscheidenden Vorlagen über die Etat, die Steuerbewilligungen und die Rüstungsprogramme von 1911 bis 1913 die jeweiligen Mehrheiten bereitstellten.

Die taktisch motivierten parteipolitischen Scheinkompromisse, in die schließlich bei der letzten Heeresvorlage sogar die Sozialdemokraten einbezogen wurden, weil man ihnen eine Besteuerung der hohen Vermögen konzedierte, um die Wehrvorlage zu finanzieren, verdeckten in Form des politischen Selbstbetrugs die wirkliche politische Verantwortung, die man jeweils mit den parlamentarischen Beschlüssen einging. Das aufdringliche Pathos der deutschen Politik des Kaiserreichs stand in einem auffallenden Gegensatz zu der kaum zu verschleiernden politischen Feigheit der politisch Verantwortlichen: Die Schuld lag immer bei den anderen: bei den Juden, den Sozialdemokraten, den Katholiken, den Franzosen und den Briten. Das war die Kehrseite der Sucht nach politischen Feindbildern. Die Sozialdemokraten waren, fast zwangsläufig, gleichfalls nicht frei von solchen Phobien. Auch die französische Linke und Rechte neigte dazu, sich gegenseitig als Klerikale oder Antiklerikale zu perhorreszieren. So war die Dreyfus-Affäre, bei der es neben dem Kampf gegen den Antisemitismus auch um die republikanische oder die antirepublikanische Rolle der Armee ging, geeignet, anhand von Grundsatzfragen in der Tagespolitik innenpolitische Feindbilder zu schaffen. Nach der Trennung von Kirche und Staat in Frankreich 1905 zerfiel der Block der Linken aus Mangel an klaren Feindbildern. Seitdem gewann auch hier erneut der nationale Imperialismus an Faszination.[41] Die nationalistische und antideutsche Welle vermochte sogar bisherige Gegner wie Katholiken und laizistische Republikaner einander näherzubringen. Hatte nicht Papst Pius X. mit der Seligsprechung der Jeanne d'Arc bewiesen, daß auch Katholiken patriotische Franzosen waren?

Unter den fünf größeren deutschen Parteien und insbesondere unter den drei konservativen, den Deutschkonservativen, den Nationalliberalen und dem Zentrum, nahm das Zentrum eine Schlüsselrolle ein, da es fast konstant bei jeder Wahl bis 1912, der letzten vor der Revolution von 1918, mit etwa 100 Sitzen rechnen konnte.[42] Es behielt diese Schlüsselrolle auch in der Weimarer Republik bis 1933. Unter den gegebenen Umständen lag der Schwerpunkt des parlamentarischen Systems im Kaiserreich fast zwangsläufig beim Zentrum. Es war meist eine der Regierungsparteien, ohne selber bis zur Ernennung Hertlings zum Reichskanzler 1917 Ämter in der Regierung wahrzunehmen.

Windthorsts Nachfolger in der Führung des Zentrums, Ernst Lieber, betrieb unter den Kanzlern Caprivi und Hohenlohe weiter den bisherigen Kurs gleichzeitiger Nähe und Distanz zur Regierung. Das Zentrum arbeitete an der Fertigstellung des Bürgerlichen Gesetzbuchs (BGB) und eines Reichsfinanzierungsgesetzes mit. In Finanzfragen wurde die Fraktion für die Regierung unentbehrlich. Liebers Bereitschaft, der Regierung bei der Flottenvorlage entgegen dem bisherigen antimilitaristischen Kurs seiner Partei entgegenzukommen, stieß aber auf erheblichen inneren Widerstand besonders der rheinischen und bayerischen Abgeordneten. Die Flottenvorlage von 1898 wurde vom Zentrum abgelehnt, die Flottenvorlage von 1900 konnte mit den Stimmen des Zentrums passieren, allerdings nahmen 56 Zentrumsabgeordnete an der Abstimmung nicht teil.[43] Ernst Lieber, Peter Spahn und Georg von Hertling bemühten sich in dieser Zeit, das Zentrum im Reich und in Preußen bewußt auf einen gouvernementalen Kurs zu brin-

gen. Man versprach sich von einer solchen Politik langfristig ein Entgegenkommen gegenüber katholischen Zielen wie der Schulfrage und der Tätigkeit religiöser Orden, aber auch der Besetzung von Verwaltungsstellen mit
katholischen Beamten, die nach wie vor aus allen führenden Positionen in
Justiz, Verwaltung, Heer und Hochschulen herausgehalten wurden. Hertling nahm sich dieser Fragen der Integration der Katholiken in Staat und
Gesellschaft intensiv an. In zahlreichen Ansprachen, etwa auf den Katholikentagen, drängte er die katholischen Akademiker, aus ihrer Minderheiten-
position herauszukommen. Dem diente auch die von ihm begründete 'Görres-Gesellschaft', die noch heute als Vereinigung katholischer Akademiker
besteht. Der Philosophieprofessor fand eine Sprache, die verstanden
wurde.[44]

Mit Hertling begann die bewußte und dauerhafte Pflege des katholischen
Bildungsbürgertums, das sich in einer modernen Form die historischen
Traditionen der katholischen Kirche erschloß.[45] Die katholische Akademikerschaft in Deutschland, Geistliche wie Laien, wuchs langsam zu einer
Bildungsgemeinschaft zusammen. Theologen und Geisteswissenschaftler
suchten sich von den starren Fixierungen der Kulturkampfzeit und des
kirchlichen Antiliberalismus zu befreien. Diese neue Richtung verkörperte
die Zeitschrift ›Hochland‹. Diese 'Modernisierung' stieß zwar auf den Widerstand Papst Pius' X., der – anders als sein Vorgänger Leo XIII. – ein eher
unpolitischer Mensch war und noch weniger ein Diplomat, aber die 'Modernisierung' war kaum aufzuhalten. Eine Art innerkatholischer Erneuerung,
in England unter dem Einfluß Newmans, in Frankreich unter dem Einfluß
Charles Péguys und Maurice Blondels und in Deutschland unter bewußter
Wiederaufnahme der thomistischen Philosophie war überall in Europa fest-
zustellen. In Deutschland nahm die Bewegung weniger intellektuelle Züge
als in England oder mystische wie in Frankreich, sondern eher bildungsbür-
gerliche Formen an: Man lebte sich in eine Welt von Bildung und Wissenschaft ein, die bis dahin den meisten Katholiken verschlossen gewesen war.
Diese Veränderungen im deutschen Katholizismus sind nicht zuletzt Zeichen eines sozialen Wandels: Auch an den Universitäten wurde der Umgang
zwischen katholischen und protestantischen Theologen untereinander höf-
licher und kooperativer.[46]

Das von der Görres-Gesellschaft neu herausgebrachte ›Staatslexikon‹
entwickelte eine moderne konservative Theorie der Politik. Der Staat
wurde hier nicht im Sinne Hegels oder Treitschkes als 'Machtstaat' verstanden, sondern als 'Gemeinwesen' interpretiert. Mit dieser politischen Philosophie rückte der deutsche Katholizismus nicht nur parlamentarisch durch
das Zentrum, sondern auch geistig in die politische Mitte. Hertling verstand
es ausgezeichnet, diese Vorstellungen konservativer Philosophie auf dem
Hintergrund der Gesellschaft des Kaiserreichs anschaulich und einprägsam

zu formulieren, so in dem handlichen Taschenbuch ›Recht, Staat und Gesellschaft‹, das 1906 im Verlag Kösel in München erschien. Das Buch wird
von Historikern meist übersehen. Es ist aber eine vorzügliche Quelle für
das Studium des politischen Denkens in Deutschland vor 1914.[47]
   Mit dem 1890 gegründeten 'Volksverein für das katholische Deutschland', der besonders im Rheinland und in Westfalen wirkte, schuf sich der
Katholizismus eine Bildungsorganisation, die eigens die Arbeiterschaft ansprach und katholische Lebensweisen in Familie, Beruf und Alltag förderte.
Man ging dabei sehr praktisch vor. Bewußt wehrte der Volksverein die
häufig antiklerikale Kulturphilosophie sozialdemokratischer Bildungsver-
eine ab. Der Volksverein trug durchaus militante Züge. Die Christlichen
Gewerkschaften hatten sich inzwischen zu selbständigen Organisationen
entwickelt, die mit den sozialistischen Gewerkschaften, etwa bei Streiks,
selbstverständlich zusammenarbeiteten. Sie stellten bald einen eigenen linken Flügel des Zentrums dar, der sich deutlich vom bürgerlichen Flügel absetzte. Die Rolle des katholischen Adels, die bei der Gründung des Zentrums erheblich gewesen war, ging seit den 90er Jahren zurück. Um die
Jahrhundertwende entstand ein Richtungsstreit, der sich an die Frage
knüpfte, ob katholische Gewerkschaftler mit anderen Gewerkschaftlern zusammenarbeiten könnten und ob auch Nichtkatholiken in die Christlichen
Gewerkschaften aufgenommen werden können. Der Vatikan drängte auf
eine 'integralistische' Lösung. Aber wie zuvor Windthorst lehnten die
Christlichen Gewerkschaften klerikale Intervention ab. Gegenüber den
Freien Gewerkschaften setzten sich die Christlichen Gewerkschaften ab,
indem sie deren Klassenkampfideologie verwarfen. Moralischen und kirchlichen Rückhalt fanden die christlichen Gewerkschaftler in der Sozial-
enzyklika ›Rerum Novarum‹ Papst Leos XIII. von 1891. Die Spannungen
zwischen dem gewerkschaftlichen und dem bürgerlichen Flügel der Gewerkschaften nahmen besonders im Ersten Weltkrieg in größeren Städten
wie Köln und Düsseldorf zu und spiegelten sich in der katholischen Tagespresse wider. Der führende Mann des linken Zentrumsflügels wurde der
1903 in den Reichstag gewählte Matthias Erzberger.[48]
   In den Jahren von 1903 bis 1912 fand ein parlamentarischer Generationswechsel statt, wie er sich erst fünfzig Jahre später wieder in der Bundesrepublik vollzog, als Politiker wie Strauß, Schröder, Barzel, Wehner, Brandt,
Erler, Schmidt, Scheel in der CDU/CSU, SPD und FDP einen parlamentarischen Generationswechsel herbeiführten. 1903 kamen außer dem 28jäh-
rigen Erzberger der 40jährige Eduard David und der 38jährige Philipp
Scheidemann, beide bald bekannte Sprecher der SPD-Reichstagsfraktion,
in den Reichstag, 1907 der 47jährige Friedrich Naumann für die Linksliberalen, der 29jährige Gustav Stresemann für die Nationalliberalen und der
32jährige Bielefelder Gewerkschaftler Carl Severing für die SPD, 1908 der

44jährige Kuno Graf Westarp, Fraktionssprecher der Konservativen seit 1912, und 1912 der 41jährige Friedrich Ebert für die SPD. Sie alle waren, wie auch die modernen Sozialwissenschaftler um Max Weber und Ernst Troeltsch, in der Welt des Kaiserreichs politisch aufgewachsen. Seine politische Kultur, seine Ambitionen bildeten für sie den Boden, auf dem sie standen. Ganz selbstverständlich waren sie in das bestehende Parteiensystem und in ihre eigenen Parteien hineingewachsen. Für sie alle gab es prinzipiell keine Alternativen.

Anders als die Politiker der Führungsgruppe der Zentrumsfraktion war Erzberger, ein früherer Volksschullehrer aus Schwaben, kein Jurist wie Adolf Gröber, Peter Spahn und der Kölner Karl Trimborn oder Wissenschaftler wie Hertling. Er hatte sich durch unermüdliche Aktivität für den 'Volksverein' und die Christlichen Gewerkschaften und als Journalist in Württemberg[49] emporgearbeitet und galt als schlagfertiger Agitator in politischen Versammlungen gegen Linksliberale und Sozialdemokraten. In den Reichstag gewählt, setzte sich der junge Abgeordnete sofort von dem Honoratiorenstil der Führungsgruppe seiner Fraktion ab. Er ließ sich in Berlin nieder und entschied sich für das Leben eines Berufspolitikers. Erst seit 1902 erhielten die Abgeordneten Diäten. Mit einer enormen Energie machte sich Erzberger in wenigen Jahren mit allen wichtigen Sachgebieten vertraut, wurde ein Spezialist für Finanzfragen und dadurch ein unentbehrlicher parlamentarischer Partner der Reichsregierung. Die Geschäftigkeit des jungen Mannes und seine wachsende Popularität, seine ständigen Verstöße gegen die Konventionen des Parteiestablishments stießen natürlich auf den Widerstand der Fraktionsführung. Peter Spahn desavouierte den jungen Abgeordneten gelegentlich im Reichstag: Er vertrete nicht die Meinung der Fraktion, worauf Erzberger entgegnete: Es sei richtig. Er vertrete wie sein Parteifreund Spahn seine persönliche Ansicht.[50] Es ging um die Kolonialskandale, mit deren Aufdeckung sich Erzberger als politischer Rebell 1906 profilierte.

Erzberger hatte sich über die Praxis der deutschen Kolonialverwaltung in Südwestafrika informiert und im Reichstag die Haltung einzelner Beamter gegenüber der afrikanischen Bevölkerung schonungslos angeprangert: Auch Neger hätten eine unsterbliche Seele. Hauptziel seiner Attacken war der Leiter des Kolonialamts in Berlin, der den Angriffen Erzbergers im Reichstag ziemlich hilflos gegenüberstand.[51] Während in Norddeutschland, zumal in den Hansestädten, die afrikanischen Kolonien primär von der wirtschaftlichen Seite gesehen wurden, interessierten sich die Bevölkerung des Rheinlands und Süddeutschlands ebenso wie die Kirchen mehr für die moralischen und missionarischen Probleme, die sich in den Kolonien ergaben.[52] Erzberger durchbrach das Tabu, indem er die politisch-moralische Verantwortung gegenüber der Bevölkerung in den Kolonialländern offen

ansprach. Er war weder ein Gegner der Kolonien noch einer machtbewuß-
ten nationalen Politik. Die deutsche Flotten- und Rüstungspolitik unterstützte er ebenso naiv wie unkritisch. Sein außenpolitisches Weltbild vor
1914 war schlicht. Darin war er ein Kind des Kaiserreichs. Auf eine Rede
Churchills, der die britische Flotte als notwendig, die deutsche dagegen als
Luxus bezeichnet hatte, antwortete Erzberger 1912 in seiner munter-pole-
mischen Art: „Wenn der Satz ausgesprochen ist, daß unsere Flotte in
Deutschland ein Luxus ist, so muß ich dagegen auch ein Wort sagen. Für
einen Luxus kann unsere Flotte nur derjenige ansehen, der auf dem Standpunkt des Brandstifters steht, der hält die Feuerwehr auch für einen Luxus
(Heiterkeit), ein anderer aber nicht. Wir werden uns durch alle solche
Reden, mögen sie noch so sehr von maßgebenden Stellen in fremden Ländern
erfolgen, in der Erkenntnis nicht beeinflussen lassen, daß das deutsche Volk
in der Entwicklung, die es genommen hat, eine große Flotte braucht."[53]
Erzberger hatte England nie besucht.[54] Eine komplexere Sicht der Außenpolitik, die auch die Interessen der anderen Länder berücksichtigte, wie sie
Scheidemann in seinen außenpolitischen Reden im Reichstag darlegte, war
Erzberger, wie allen jüngeren konservativen deutschen Politikern, z. B.
auch Stresemann und Westarp, fremd. Seine außenpolitischen Ansichten
seien, meint Klaus Epstein, nicht „klüger als die der meisten seiner Zeitge-
nossen" gewesen: „Das europäische System von rivalisierenden souveränen
Staaten nahm er als gegeben hin und wünschte nur, darin Deutschlands
Sicherheit gewahrt zu sehen. Seine Beurteilung der diesem System ange-
hörenden Staaten war oft willkürlich und subjektiv." Für die in diesem Fall
notwendige Kassandra-Rolle wäre er nicht geeignet gewesen.[55]
    Die Kritik an den Kolonialskandalen hatte dazu geführt, daß Bülow als
Reichskanzler eine neue Mehrheit im Reichstag ohne das Zentrum, mit
dem er seit 1901 zusammenarbeitete, suchte. Es kam zu den Winterwahlen
des Jahres 1907, den 'Hottentottenwahlen', bei denen Zentrum und Sozialdemokraten isoliert und in die Opposition gedrängt wurden, während der
'Bülow-Block' im Reichstag eine neue Mehrheit von den Konservativen bis
zu den Linksliberalen zustande brachte. 1909 stürzte Bernhard von Bülow
einige Monate nach der 'Daily-Telegraph-Affäre', die sich zu einer Reichstagsdebatte über die Kompetenzen von Reichstag, Reichsregierung und
Kaiser ausgeweitet hatte.[56] Der Wunsch, in die gouvernementale Mehrheit
zurückzukehren, war beim Zentrum offensichtlich größer als die Bereitschaft, die Situation für eine Politik der Parlamentarisierung auszunutzen.
    Ebensowenig nutzte das Zentrum nach der Rückkehr in die Regierungs-
mehrheit 1909 die jetzt immer prekärer werdende Finanzsituation des Reichs
für eine Parlamentarisierung, wie es Friedrich Payer für die Linksliberalen
verlangte, die sich wieder auf ihre alte Verfassungstradition besannen.[57]
Das gouvernementale Integrationsdenken der Deutschkonservativen, der

Nationalliberalen und des Zentrums, dem sich Erzberger anschloß, nachdem seine erste Phase als politischer Rebell beendet war, war kaum geeignet, die Verantwortlichkeit der Regierung gegenüber dem Parlament einzu-
fordern. So selbstbewußt wie sich gelegentlich die Redner der Rechten im
Reichstag gaben, kann das doch kaum darüber hinwegtäuschen, daß sie
sich in allen kritischen Fragen, die von 1909 bis 1914 entstanden, insbesondere der Finanzreform und der Militärvorlagen von 1911, 1912 und 1913
letztlich eher zu einer Akklamationspolitik bewegen ließen, für die sie der
neue Kanzler Theobald von Bethmann Hollweg, ein geborener Vermittler,
gewinnen konnte. Aber auch hier wirkte sich wieder die ideologische Gegnerschaft zwischen dem Block der Rechten und den Linken im Reichstag,
besonders natürlich den Sozialdemokraten, als Entschuldigung für den
Verzicht auf politisches Handeln aus.

Zwei parlamentarische Situationen des Jahres 1913, also ein Jahr vor
Kriegsbeginn, machen dies deutlich: die Debatte um die große Heeresvorlage im April und die Debatte über die Zabern-Affäre im Dezember dessel-
ben Jahres. Das politische Gewicht dieser Debatten wird in historischen
Analysen der Vorkriegssituation meist unterschätzt.[58] In der ersten Lesung
der Heeresvorlage nahmen im April 1913 nach den Erklärungen des Kanzlers Bethmann Hollweg, der Sprecher sämtlicher Fraktionen, die mit Ausnahme Haases (SPD) die Vorlage gebilligt hatten, Scheidemann und Erzberger am 8. April Stellung. Beide brachten eine betont demokratische
Note in ihre Argumentation. Sie argumentierten nicht von der Regierung,
sondern vom 'Volk' her. Gemeinsam war ihren Reden die sachliche Kritik
der Vorlage, die von ihnen als unbegründet deklassiert wurde. Sie führten
eine selbstbewußte und aggressive Sprache, zogen aber schließlich entge-
gengesetzte Schlußfolgerungen. „Der Mangel einer wirklichen Begründung
der Vorlage mit ihren abenteuerlich kostspieligen Folgen, mit ihren unüber-
sehbaren weltpolitischen Konsequenzen, der vollständige Mangel jedweder
durchschlagender Gründe muß doch im Lande geradezu verblüffend wirken", erklärte Scheidemann.[59] Er hielt der Rechten vor: „Meine Herren,
was wir hier erleben, ist der Sieg der militärischen Autorität über die militärische Kontrolle. Wem von den Herren, die im vorigen Jahre dem Herrn
Kriegsminister 29000 neue Soldaten bewilligt haben, wäre auch nur im
Traum eingefallen, daß uns nach Ablauf von kaum zwölf Monaten eine so
ungeheuerliche Vorlage hätte gemacht werden können ... Aber das Un-
glückliche geschieht: die Reichstagsmehrheit läßt sich geduldig am Leit-
seil der Generalstäbler führen und sie bekennt sich zu dem Grundsatz:
'Credo quia absurdum.'"[60] Sei es inzwischen in der deutschen Politik so
bestellt, daß Militärvorlagen eingebracht würden, um die Regierung zu
halten? Er wisse, daß die Mehrheit des Reichstags nicht nationalistisch
sei, es gebe kaum „Rüstungsfanatiker" und „Eisenfresser", selbst auf

der Rechten. „Zugenommen hat bei uns nicht die Stärke nationalistischer Gedanken, sondern die Schwäche des parlamentarischen Bewußtseins." Man nehme die außenpolitische Entwicklung wie etwas Unabänderliches hin und verehre „unsere Militärverwaltung" gläubig wie „ein höheres Wesen".

Das Emporschnellen der Friedenspräsenzstärke des Heeres sei etwas „noch nie Dagewesenes, Unerhörtes und höchst Unheilvolles". Wie solle das Ausland reagieren? Dort müsse man sich sofort fragen: Gibt es Krieg? Die Wogen des Mißtrauens, „die heute schon ganz Europa in Unruhe versetzen", würden nur steigen. Es komme in der Politik nicht nur darauf an, „was man ist, sondern auch darauf, was man zu sein scheint". Was solle das sprunghafte Nachholen angeblicher Versäumnisse, das „blecherne Jahrhundertfeiergerede" im „Schüttelfrost des Wettrüstens"? „Alles das kann nicht den Eindruck erwecken, als hätten wir es mit zielklaren und zielsicheren Männern zu tun." Alle Theorien der Außenpolitik, die angeführt würden, stimmten doch nicht. Seien die jüngsten Machtverschiebungen auf dem Balkan tatsächlich eine Gefahr? Stürze man sich in die gewaltigsten Rüstungen aus „Angst vor Serbien und Bulgarien"? Welchen Wert habe unter diesen Umständen noch das Bündnis mit Österreich? Auf dem Balkan kämen keine deutschen Interessen ins Spiel. Schließlich sei Österreich nur zu einem Viertel ein deutscher Staat. Österreich könne nur überleben, wenn es ihm selbst gelinge, einen inneren Ausgleich zwischen den Nationen im eigenen Land herbeizuführen. Es sei nicht die Sache Deutschlands, sich dort einzumischen. Wenn dies Argument der Gefahr im Balkan offensichtlich fehlschlage, bemühe man den alten Erbfeind Frankreich herbei. Es wolle Deutschland überfallen. Wer glaube ernsthaft daran? Die Sozialisten beider Länder verträten eine Politik der deutsch-französischen Freundschaft. Die französische und die deutsche Regierung beteuerten beide ihre Friedensabsichten. Man müsse aber anerkennen, „daß die neue deutsche Militärvorlage in Frankreich als eine Bedrohung und als Vorbereitung zum Angriff aufgefaßt werden kann". Die Beziehungen seien ein psychisches Problem. Werde Deutschland auf die Rüstungsvorlagen verzichten, könne das französische Volk von „dem drückenden Alb der dreijährigen Dienstzeit", die kurz zuvor eingeführt worden war, wieder befreit werden. „Was uns der Bruderzwist der zwei größten Kulturnationen des europäischen Kontinents kostet, ist uns allen längst klar geworden." Aber der Tag werde kommen, „an dem sich die Hand der Deutschen freundschaftlich und vertrauensvoll in die Hand der Franzosen legen wird"[61]. Scheidemann wandte sich auch gegen die Kriegsphilosophie, die von einzelnen Verbänden, wie dem 'Deutschen Wehrverein', vertreten werde. Der Krieg fördere keine Tugenden, die für die Bevölkerung wünschenswert seien. Sei man sich schließlich auch darüber im klaren, welchen volkswirtschaftlichen Verlust es bedeute, wenn man jetzt weitere 136000 Soldaten einstellen wolle? Das treffe nicht nur die Arbeiter, sondern auch die kleinen Bauern. Das Zentrum spielte bei der Abstimmung über diese Heeresvorlage wieder eine Schlüsselrolle. Es war ja nach wie vor die stärkste Fraktion der Rechten im Reichstag. Erzbergers Entlarvung der Regierungsvorlage fiel noch schärfer aus als die Scheidemanns, weil er immer schnell Zahlen und Fakten als argumentative Waffen bereithielt. Er begann polemisch: „Die neue Vorlage bringt dem deutschen Volke Riesenlasten, und sie erfordert Riesenopfer bis nahezu in jede einzelne Familie des deutschen Volkes hinein ... Wenn man aber fragt, warum diese Opfer? – wenn man die Antwort darauf in der Rede des Herrn Reichskanzlers sucht, so wird man eine befriedigende Antwort nicht erhalten."[62] Der Kanzler habe weder begründet, warum 136000 Mann in die Kaserne gerufen werden müßten, noch warum eine einmalige Summe von einer Milliarde und fortdauernde Lasten in Höhe von jährlich fast 200 Millionen Mark aufzubringen seien. Habe nicht der Kanzler gesagt, daß Deutschland mit Rußland und den slawischen Nachbarn in freundschaftlicher Beziehung stehe, und seine warmen Gefühle gegenüber England ausgesprochen? Wo aber bestehe dann eigentlich noch eine Gefahr? Der Kanzler habe von dem „herausfordernden Widerstand von Montenegro" gesprochen: „Ich glaube nicht, daß der Herr Reichskanzler die neue Militärmacht von rund 140000 Mann gegen Montenegro ins Feld führen will."[63]

Natürlich wollte Erzberger mit dieser Entlarvung auch seine eigene Unentbehrlichkeit der Regierung demonstrieren. Tatsächlich bemühte er sich um eine überzeugende Begründung und deckte damit die parlamentarische Blöße und Argumentationsarmut des Kanzlers ab. Damit gab er aber zugleich der Vorlage über die militärisch-technische Begründung eine quasi demokratische Legitimation. Das war verhängnisvoll. Er teilte nicht die Meinung Scheidemanns, daß von Frankreich keine wirkliche Gefahr ausgehe. Bethmann hatte noch beschworen, daß die französische Regierung keine feindlichen Absichten gegen die deutsche Regierung hege. Dem stellte Erzberger gegenüber, daß „aber in breitesten Volkskreisen der chauvinistische Geist ganz gewaltig angewachsen und emporgepeitscht worden" sei. Habe nicht selbst der sozialdemokratische ›Vorwärts‹ noch vor einigen Wochen darauf hingewiesen? Das gleiche gelte für England.[64] Erzberger belegte seine Behauptung wieder mit Zitaten aus dem ›Vorwärts‹ und zog das Fazit: „Wenn man sich diese Dinge betrachtet, so kann man sich doch nicht auf den Standpunkt des Vorredners [Scheidemann] stellen, der von dem allgemeinen Gedanken geleitet war, als gehörte ein Krieg in den nächsten Jahren überhaupt zu den Dingen der Unmöglichkeit." In Frankreich wolle man die Provinzen Elsaß und Lothringen zurück. Doch komme es um diese beiden Provinzen zu einem Krieg, dann stehe mehr auf dem Spiel:

„Ein für uns unglücklicher Krieg würde die Zertrümmerung des Deutschen Reichs im Gefolge haben – darüber ist sich jeder vollkommen klar, der die Presse aller uns umgebenden Mächte genau liest. Daraus müssen wir doch die Konsequenzen ziehen. Es ist nun einmal unser Unglück, daß wir auf der Weltkarte Europas so gestellt sind, daß wir viel größere Opfer zu bringen haben als irgendein anderes Land, irgendein anderes Volk."[65]

Der gefährlichste Feind werde Rußland sein, das im letzten Jahr (1912) die allgemeine Wehrpflicht eingeführt habe. Erzberger belegt seine Argumente wieder mit Zitaten aus der sozialistischen Presse wie der ›Neuen Zeit‹. Er malte die Szene eines Zwei-Fronten-Kriegs zwischen Frankreich und Rußland aus. Jetzt könne Rußland in kurzer Zeit mobilisieren – das sei die neue Situation. Erzberger nahm das Argument Scheidemanns von den drückenden Militärlasten ernst. „Uns wäre es auch lieber, wenn wir mit weniger Soldaten durchkämen, wir sind über die Liebe zum blauen Tuch und über die zweierlei Farben längst hinaus, als daß wir uns dafür besonders begeistern könnten. Die Summen, die im Jahre 1912 in den 8 Hauptmächten der Welt mit 8040 Millionen Mark ausgegeben wurden, sind ganz fabelhafte Ausgaben, die bezahlt werden müssen." Aber man müsse auch sehen, welche Summen an Unglück dadurch von der Heimat ferngehalten würden. „Wenn ich es so betrachte, so weiß ich, daß es eine gewaltig hohe Versicherungsprämie gegen die Folgen eines Krieges ist. Aber es hat noch niemand auf der Welt sich angeboten, die Versicherung mit unserem Deutschen Reich billiger abzuschließen."[66]

Erzberger, der eine ungewöhnlich optimistisch veranlagte Natur besaß, hatte sich die fatalistische Argumentation des Rüstungsfiebers zu eigen gemacht. „Unser deutsches Volk hat keinen anderen Wunsch auf diesem militärpolitischen Gebiet, als den einen: die Erhaltung des ehrenhaften Friedens für das deutsche Vaterland, und den zweiten: alle Vorbereitungen zu einem raschen siegreichen Krieg der deutschen Armee zu treffen." Das waren die Kernsätze. Im übrigen folgten lange Ausführungen, in denen er dem Heer und dem Offizierskorps zu mehr Sparsamkeit riet. Das diente mehr der Popularisierung der Vorlage, die von Erzberger ohne Abstriche unterstützt wurde. Das Gewicht der Rede wurde durch die Absage an einen Hurrapatriotismus unterstrichen. Einen möglichen Krieg schloß Erzberger nicht aus. Unter dem „stürmischen Beifall" seiner Fraktion schloß er: „Das deutsche Volk ist friedfertig; von unserem deutschen Vaterlande wird keine Nation einen Angriffskrieg zu erfahren haben. Die neue Militärvorlage sehen wir nicht als eine Maßnahme an, die zum Kriege führen, sondern ihn verhindern soll, als einen Appell an die ganze Welt, die Friedfertigkeit des deutschen Volkes nicht zu mißbrauchen ... als einen Appell an die ganze Welt, daß unser Volk die große ihm gestellte Kulturarbeit ungestört fortführen und sich als einen gleichberechtigten Faktor der Kulturwelt zur Geltung bringen will."[67]

Es kam anders. Tatsächlich ermöglichte die Militärvorlage von 1913 den Angriff auf Belgien und Frankreich im nächsten Jahr. Der Sprecher der stärksten Fraktion der deutschen Rechten im Reichstag war zu leichtfertig über die tatsächlichen Probleme hinweggegangen und hatte sich in der Polemik gegenüber dem SPD-Sprecher ein allzu billiges Alibi besorgt. Darüber hinaus hatte er der Regierung wie der deutschen Militärverwaltung einen geradezu unschätzbaren Dienst geleistet: eine ausgezeichnete demokratisch-parlamentarische Begründung für die bis dahin größte Rüstungsmaßnahme des Reichs seit 1871. Erzberger hatte sogar die berühmte Resolution Windthorsts von 1890 dem Reichstag in Erinnerung gerufen: nämlich den Appell, „daß die verbündeten Regierungen Abstand nehmen von der Verfolgung von Plänen, durch welche die Heranziehung aller wehrfähigen Mannschaften zum aktiven Dienst durchgeführt werden soll, indem dadurch dem Deutschen Reiche geradezu unerschwingliche Kosten erwachsen müßten". Es berühre ihn „urkomisch", erklärte Erzberger, wenn nun die SPD-Sprecher dem Zentrum vorhielten, es sei von dieser Resolution abgewichen. Komisch oder nicht, es war der Fall.[68]

Das Zentrum hatte seine antimilitaristische Tradition aus der Windthorst-Zeit aufgegeben. Auch Kettelers europäisches Verständnis katholischer Politik war vergessen. Die Ideologisierung der Politik erlaubte es, Feindbilder zu produzieren und, das war das Entscheidende, danach zu handeln und parlamentarisch zu entscheiden. Die Rede Erzbergers zeigt unmißverständlich, daß auch das Zentrum ein Opfer dieser Ideologisierung der Innen- und Außenpolitik geworden war, einer Politik, die im Grunde genommen auf Fiktionen beruhte.[69] Bei der dritten Lesung der Heeresvorlage am 28. Juni 1913, nachdem Scheidemann nochmals eine eindringliche Rede gehalten und den Umfall des Zentrums innerhalb weniger Monate beklagt hatte, da es sich den beiden „Militärparteien" der Nationalliberalen und der Konservativen in dieser Frage angeschlossen habe, erklärte Erzberger: „Ich habe bei der ersten wie bei der zweiten Lesung gesagt, daß ein Umschwung eingetreten sei in der Beurteilung dieser Frage, daß diesen Umschwung die Masse des deutschen Volkes mitgemacht hat . . . Wer den politischen Verhältnissen nicht Rechnung trägt, ist ein politischer Petrefakt. Das will ich nicht werden, das überlasse ich anderen."[70] Das entsprach dem pragmatischen Verständnis der Politik, die Erzberger immer beibehielt. Es hatte ihn in diesem Fall auf einen Irrweg geführt. Er brauchte vier Jahre, um sich wieder davon zu befreien.

Aber selbst die SPD blieb 1913 ein Gefangener ihrer Ideologie. Als zur Finanzierung der Aufstockung des Heeres um 117000 Mann und 19000 Offiziere erstmals eine direkte Reichssteuer eingeführt wurde, die die ererbten Vermögen besteuerte, und die Konservativen sich anfangs weigerten, dem zuzustimmen, konnte das scheinbar 'sozialistische' Gesetz mit den Stimmen der SPD durchgebracht werden, ohne daß sich die Sozialdemokraten darüber Rechenschaft ablegten, daß sie damit das gesamte Rüstungspaket passieren ließen.[71] Im übrigen waren sich die meisten Reichstagsabgeordneten kaum darüber im klaren, welche Handlungsvollmachten sie dem Generalstab ausstellten.

Daß die Grundstimmung in Deutschland vor 1914 sowohl im Reichstag als auch in der deutschen Bevölkerung, wenn man von den Alldeutschen, dem Flottenverein und dem Wehrverein absieht, eher friedlich-antimilitaristisch war, zeigte sich in der erregten Debatte über die Zabern-Affäre. In der kleinen Stadt in der Nähe Straßburgs hatte der Ortskommandant auf eigene Faust nach einem lokalen Streit zwischen einem jungen deutschen und elsässischen Rekruten einige Zivilisten festnehmen lassen. Der Aufschrei der örtlichen Presse wurde bald von den deutschen Zeitungen übernommen und im Nu zu einem nationalen Thema. Die Militärverwaltung, besonders aber der Kaiser, suchten den Vorfall herunterzuspielen, selbst als die ersten Anfragen im Reichstag eingingen. Der Kanzler und der Kriegsminister, teilweise desinformiert, gaben alberne Erklärungen ab: Der „Rock des Königs", so wörtlich, müsse „unter allen Umständen respektiert werden".[72]

Die Erklärung des preußischen Kriegsministers von Falkenhayn wirkte geradezu aufreizend. Es gehe um das Ehrgefühl der Armee: „Was das Ehrgefühl der Armee bedeutet, das weiß jeder, der je eine scharfe Kugel hat pfeifen hören." Es lasse einen Soldaten nicht „einen Augenblick zweifelhaft sein, wenn es sich um die Wahl zwischen Schande und Tod" handele. Die Armee brauche nun einmal ihre jugendlichen Leutnants, die bereit seien, „ihr Leben für die Ideale ins Feld zu schlagen". „Die Armee ist eine furchtbare Waffe, und sie muß es sein, wenn sie ihrem Zwecke gerecht werden will."[73] Eine solche arrogante militaristische Sprache rief selbst den Zorn bürgerlicher Abgeordneter wach. Der Freiburger Rechtsanwalt und Zentrumsabgeordnete Fehrenbach hielt eine eindrucksvolle Rede, in der er mit dem Geist der Militärkaste abrechnete. „Meine Herren, was wir von dem Herrn Kriegsminister gehört haben – wenn nur dieser Mut, dieser unnötige Mut (große Heiterkeit), diese unnötige Forschheit und Schneid nicht in die Herzen all' der jungen Leutnants einzieht gegen unsere Zivilbevölkerung, sonst wird mir unheimlich. Wenn ich das Wort gehört habe – ich glaube fast nicht, daß es gefallen ist, – von dem Säbel, der einen anderen durchstechen soll . . . es wäre ein grausames Wort. Auch das Militär untersteht dem Gesetz und Recht (stürmische Zustimmung im Zentrum, links und bei den Sozialdemokraten), und wenn wir zu den Zuständen kämen, das Militär ‚ex lex' zu stellen und die Zivilbevölkerung der Willkür des Militärs preiszugeben, dann, meine Herren – Finis Germaniae!" Dieser 3. Dezember sei der „dies ater" für das Deutsche Reich. Eins sollten sich die Herren gesagt sein lassen: „Die Entrüstung ist nicht beschränkt auf den engen Kreis links des

Rheins, am Oberrhein. Die Entrüstung macht sich geltend durch das ganze Deutsche Reich. Halten Sie sich, Herr Reichskanzler, für stark genug, dieser Entrüstung mit den Mitteln Herr zu werden, die Sie bis jetzt versucht haben?"[74] Selbst die Nationalliberalen stimmten in den Protest ein. Mit 293 Stimmen gegen 54 und 4 Enthaltungen beschloß der Reichstag am folgenden Tag einen Mißtrauensantrag gegen den Kanzler. Aber dabei blieb es. Als Scheidemann am 9. Dezember einen Antrag zur Ablehnung des Etats einbrachte, um den Rücktritt des Kanzlers zu erzwingen, schloß sich wieder der Block der Rechten. Es gebe dafür keine verfassungsrechtliche Handhabe, erklärte Spahn für das Zentrum. Bethmann Hollweg konnte wieder sein Haupt erheben: „Meine Herren, das deutsche Volk in seiner Mehrheit wird nicht wollen, daß die kaiserliche Gewalt unter sozialdemokratischen Zwang gestellt wird."[75] So verpuffte die eindrucksvolle antimilitaristische Kundgebung. Der Reichstag brachte nicht den Willen auf, die parlamentarische Machtfrage zu stellen. Tatsächlich war der SPD-Antrag eher deklamatorischer Natur. Mit seiner Einbringung war er bereits angesichts der im Reichstag vorherrschenden politischen Mentalität gescheitert. „Bismarck mußte Deutschland erobern, um Preußen zu regieren. Würde Bethmann Hollweg Europa erobern müssen, um Deutschland zu regieren?"[76]

Erster Weltkrieg

Für den 4. August 1914 verzeichnet das Protokoll des Reichstags: „Heute Mittag um 1 Uhr fand die feierliche Eröffnung des durch Kaiserliche Verordnung vom 2. d. M. einberufenen Reichstags im Weißen Saale des Königlichen Schlosses durch Seine Majestät den Kaiser statt.

Der Eröffnung ging ein Gottesdienst voraus, und zwar für die Mitglieder der evangelischen Kirche um 12 Uhr im Dom. Für die Mitglieder der katholischen Kirche wurde um 12½ Uhr in der St. Hedwigskirche eine Segensandacht gehalten.

Nach der kirchlichen Feier versammelten sich die Abgeordneten zum Reichstag im Weißen Saale und nahmen daselbst in dem mittleren, dem Throne gegenüber gelegenen Raume Aufstellung.

Sobald die Abgeordneten zum Reichstage versammelt waren, erschienen unter Vortritt des Reichskanzlers die Bevollmächtigten zum Bundesrat und stellten sich links vom Throne auf.

Auf die Meldung des Reichskanzlers Dr. v. Bethmann Hollweg begaben sich Seine Majestät der Kaiser in den Weißen Saal, wurden beim Eintritt von der Versammlung mit dreimaligem Hoch empfangen, das der bisherige Präsident des Reichstags Dr. Kaempf ausbrachte, und nahmen vor dem Thron Stellung.

Hierauf geruhten Seine Majestät, aus der Hand des Reichskanzlers Dr. v. Bethmann Hollweg die Thronrede entgegenzunehmen und, das Haupt mit dem Helm bedeckt, zu verlesen."

Es folgte die Wiedergabe der Rede: „In schicksalsschwerer Stunde habe ich die gewählten Vertreter des deutschen Volkes um mich versammelt." Ein halbes Jahrhundert habe man auf dem Weg des Friedens „verharren" können. In „unbeirrbarer Redlichkeit" habe „meine Regierung" die Entwicklung aller sittlichen, geistigen und wirtschaftlichen Kräfte als höchstes Ziel verfolgt. Dann aber sei durch die „Ermordung meines Freundes, des Erzherzogs Franz Ferdinand", ein Abgrund aufgetan worden. „Mein hoher Verbündeter" Kaiser Franz Joseph sei gezwungen gewesen, die Sicherheit seines Landes zu verteidigen. „Uns" falle jetzt die Aufgabe zu, die „Kulturgemeinschaft der beiden Reiche" zu schirmen. Mit „schwerem Herzen" habe „ich meine Armee" mobilisieren müssen. Die russische Regierung habe dem „unersättlichen Nationalismus" nachgegeben. Daß sich auch Frankreich auf die Seite „unserer Gegner" gestellt habe, könne nicht überraschen. „Die Feindseligkeit, die im Osten und Westen seit langer Zeit um sich gegriffen hat, ist nun in hellen Flammen aufgelodert." „Uns treibt" – vernahmen die Abgeordneten – „nicht Eroberungslust, uns beseelt der unbeugsame Wille, den Platz zu bewahren, auf den Gott uns gestellt hat, für uns und alle kommenden Geschlechter." Man habe sich bemüht, das Äußerste abzuwenden. „In aufgedrungener Notwehr mit reinem Gewissen und reiner Hand ergreifen wir das Schwert." Historisch wurde eingeflochten: „Nach dem Beispiel unserer Väter fest und getreu, ernst und ritterlich, demütig vor Gott und kampfesfroh vor dem Feind, so vertrauen wir der ewigen Allmacht, die unsere Abwehr stärken und zu gutem Ende lenken wolle." Der Reichstag möge seine Entschlüsse „einmütig und schnell" fassen. Wilhelm II. erinnerte an seine Ansprache vom Vortag vom Balkon des Schlosses: „Ich kenne keine Parteien mehr, ich kenne nur noch Deutsche." Es gab ein „langanhaltendes brausendes Bravo". Der Kaiser fordert die Vorstände der Parteien auf, ihm in die Hand zu geloben, daß sie entschlossen seien, ohne Partei-, Stammes- und Konfessionsunterschiede mit ihm „durch dick und dünn, durch Not und Tod" zu gehen. Das geschah. Nach einem Hoch auf den Kaiser stimmten die Versammelten das Lied ›Heil dir im Siegerkranz‹ an. „Während Seine Majestät, nach allen Seiten mit Dank grüßend und vielen Abgeordneten die Hand huldvoll reichend, den Saal verließen, ertönten fortgesetzt brausende Hurrarufe."[77] Noch am selben Tag bewilligte der Reichstag die Kriegskredite, die finanzpolitische Zustimmung zum Kriegseintritt. Alle Fraktionen, einschließlich der SPD, stimmten zu.

Die wissenschaftliche Analyse der Vorgänge von Juni bis August 1914, die zum Kriegsbeginn führten, geht meist über diese Inszenierung in Kitsch und Kitt vom 4. August hinweg, weil sie kaum rationale Motive erkennen läßt. Sie ist aber für die politische Leichtfertigkeit der deutschen Politik jener Wochen symptomatisch. In keinem der am Krieg beteiligten westeuropäischen Länder wurden die parlamentarischen Kräfte so ausgeschaltet wie in Deutschland. Die Reichstagsabgeordneten wurden aus den Ferien zurückgerufen und mehr oder weniger vor vollendete Tatsachen gestellt. Kein Ausschuß tagte, um von der Regierung Rechenschaft zu verlangen. Die Sozialdemokraten machten sich Sorgen, weil sie ein Verbot ihrer Organisation befürchteten. Die bürgerlichen Parteien des Reichstags dachten nicht daran, Fragen zu stellen. Die Zentrumsfraktion als stärkste der konservativen Parteien war wie alle anderen von dem Beginn des Kriegs überrascht. Niemand wäre friedlich in den Urlaub gefahren, wenn man mit einem Krieg gerechnet hätte.

Ähnlich wie die Führer der Sozialdemokraten sahen die Führer des Zentrums 1914 eine einmalige Chance, endlich aus dem Odium der „Reichsfeindschaft" herauszukommen.[78] Obwohl in diesen Tagen in Reden und Predigten unglaublich oft Gott beschworen wurde, trugen die christlichen Konservativen wenig Bedenken, gegen ihre christlichen Brüder in Europa zu Felde zu ziehen, auch nicht gegen französische Katholiken. Im französischen Katholizismus sah es umgekehrt nicht anders aus. Ähnliches galt für die deutschen und die britischen Protestanten. Es gab einige wenige Ausnahmen, und die kritischen christlichen Stimmen gegen den Krieg verstärkten sich im Laufe der nächsten Jahre. In dem Schreiben ›Ubi Primum‹ vom 8. September an alle Katholiken und in zahlreichen weiteren Schreiben mahnte Papst Benedikt XV. vergeblich zum Frieden. Teilweise lösten diese Schreiben nur Aggression wegen der mangelnden „Neutralität" des Papstes aus.[79] Obwohl die Sozialisten der kriegführenden Länder ebenfalls den europäischen Bruderkrieg unterstützten, hatten sie doch zuvor dagegen gekämpft wie z. B. Jean Jaurès,[80] eine hervorragende Figur auf den internationalen Sozialistenkongressen in Stuttgart (1907) und Basel (1912), und immerhin blieb, nachdem sie sich dem 'Burgfrieden' in Deutschland und der 'Union sacrée' in Frankreich angeschlossen hatten, ein Minimum an schlechtem Gewissen vorhanden, das sich in den kommenden Jahren verstärkte.

Es wäre vereinfacht, die Kriegseuphorie der ersten Stunden nur aus materiellen Interessen zu erklären. Dafür waren die 'idealistisch' motivierten Erklärungen zu zahlreich. Sie erklären sich in Deutschland – in England und Frankreich war man natürlich auch begeistert[81] – teilweise aus den eigenartigen kulturellen Bewegungen der letzten zwanzig bis dreißig Jahre, die sich als 'modern' verstanden, aber meist offen oder verdeckt antimoderne, antiindustrielle und antiurbane ('Großstadtfeindschaft') Stimmungen und Mentalitäten artikulierten. Die Schriften Paul de Lagardes und Julius Langbehns populäres Buch ›Der Rembrandtdeutsche‹ sprachen breite Kreise der neuen bildungswilligen Mittelschichten an. Es waren Produkte der allgemeinen Säkularisierung. Sie boten einen nationalen Religionsersatz anstelle kirchlicher Lehren. Fritz Stern kennzeichnete die Tendenz dieses 'Schrifttums' sarkastisch, aber zutreffend als „vom Idealismus zum Nihilismus" führend. In den akademischen Strömungen der 'konservativen Revolution' der 20er Jahre, z. B. in den Schriften Moeller van den Brucks, lebte diese kulturnationalistische Mentalität weiter. Auch ein Ruhrindustrieller der 20er und 30er Jahre wie Albert Vögler liebte es, sich in öffentlichen Reden kulturpessimistischen Ergüssen hinzugeben. Es war eine diffuse intellektuelle Welt, die vornehmlich im vorpolitischen Raum angesiedelt war. Auch die Wandervogelbewegung vor 1914 und die Jugendbewegung der 20er Jahre berauschten sich an solchen Bildern und Weltanschauungen.[82]

Der deutsche Reichstag hatte keinerlei Einfluß auf die strategisch-politischen Entscheidungen der Kriegführung. Selbst die Regierung und der Kaiser verloren seit 1916 die politische Dominanz. In diesem Machtvakuum verlagerten sich seit der Bildung der Dritten Obersten Heeresleitung unter Hindenburg und Ludendorff die Entscheidungen zunehmend in den Generalstab, der – um dem vermeintlichen Versagen der Politiker entgegenzuwirken –, selber begann, den Krieg politisch und wirtschaftlich zu organisieren. Deutschland verwandelte sich in eine Kriegsgesellschaft.[83] Dabei gab es ein fast unglaubliches Ausmaß an gutem Willen und Beflissenheit. Das belegt am eindrucksvollsten und am traurigsten der Kriegsalltag der deutschen Städte. Das nationalkonservative Bürgertum, an der Spitze die Professoren der Universitäten, steuerte eine Flut von Erklärungen bei, um die Kampfmoral zu stärken und die Geschlossenheit der Nation zu erhalten.[84] Man war von der Mitarbeit der Gewerkschaften geradezu gerührt. Aus den gewerkschaftlichen Kreisen artikulierte sich aber auch bald Kritik, die auf die Verschlechterung der Versorgungslage hinwies. Der gewerkschaftliche Flügel des Zentrums lehnte sich gegen den Nationalismus der rechten bürgerlichen Gruppen in der Partei auf.

Für den Reichstag wurde der Alltag des Kriegs zur Routine. Seit 1915 aber gewann das Parlament an Gewicht, weil die beratende Mitwirkung der Abgeordneten unabdingbar wurde. Das Plenum tagte selten. Seit 1915 wurde regelmäßig der Haupt- und Finanzausschuß einberufen, der sämtliche gesetzlichen Vorhaben vorbereitete und dem bald der Kanzler und die Staatssekretäre regelmäßig berichteten. Das führte zu einer allmählichen Parlamentarisierung der deutschen Politik während des Krieges.[85] Bis 1915 wurden im Hauptausschuß nur selten kritische Stimmen geäußert. Die meisten Abgeordneten waren sich darüber im klaren, daß der Krieg in erster Linie „ein Wirtschaftskrieg" sei. Das wurde auch offen ausgesprochen. Da die Fronten bald erstarrt waren und sich kaum noch bewegten, erwartete man, daß die Entscheidung über Sieg oder Niederlage von der wirtschaftlichen Kraft der kriegführenden Länder abhänge. So konzentrierten sich auch die Beratungen des Hauptausschusses seit 1916 auf die Unterstützung des 'Hindenburgprogramms', der Zusammenfassung sämtlicher wirtschaftlicher Ressourcen, um den Gegner, damit war primär England gemeint, zu zermürben und die eigene Bevölkerung vor eben diesem Prozeß der 'Zermürbung' zu schützen. Die kriegtreiberische Agitation der Alldeutschen, die unverblümte Diskussion über die 'deutschen Kriegsziele' stellten aber bald den Mythos des Verteidigungskrieges, an den sich die Linke im Reichstag klammerte, in Frage. Die Äußerungen der Sozialdemokraten wurden aggressiver.

Am 11. Oktober 1916 sprach Scheidemann im Reichstag von der „Klassenherrschaft der oberen Zehntausend". „Sie führen den Klassenkampf von oben mit allen Mitteln und gegen jeden, der ihnen im Weg steht, während das Volk für einen Sieg auf den Schlachtfeldern blutet und daheim darbt."[86] Die innerparteiliche Position der SPD-Führer wurde schwierig, da inzwischen die Kritik aus der Arbeiterschaft an ihrer Kooperation mit der Regierung zunahm. Es bestand die Gefahr, daß sich die Führung ihrer Basis entfremdete. Der linke Flügel der SPD, der nicht mehr bereit war, die in regelmäßigen Abständen zur Kriegsfinanzierung aufgenommenen Kriegskredite zu billigen, trennte sich 1916 von der Mehrheit und gründete im April 1917 die 'Unabhängige Sozialdemokratische Partei' (USPD). Seitdem verschärfte sich die öffentliche Diskussion über die deutsche Kriegspolitik. Zwar schränkte die von den Militärs ausgeübte Zensur die Kritik wesentlich ein, dennoch ließ sich nicht jede Opposition unterdrücken. Kritische Äußerungen finden sich seit 1916 in den Debatten des Reichstags, des Hauptausschusses und in der sozialdemokratischen Presse.

Die bürgerlichen Parteien trugen noch die Politik nationaler Aufopferung mit. Im Zentrum und in der Fortschrittspartei wurden aber die Stimmen gegen die bestehende Militärdiktatur und die Kriegshetze der Alldeutschen und der Deutschkonservativen lauter. Der Führer der Deutschkonservativen, Graf Westarp, sprach im Reichstag von dem „deutschen Schwert", das alle Probleme lösen müsse. Die Deutschkonservativen und Nationalliberalen zeichneten sich in ihren parlamentarischen Reden durch eine martialische Diktion aus. Gustav Stresemann suchte eine enge Kooperation mit der Obersten Heeresleitung und galt allgemein als der 'junge Mann' Ludendorffs. Überhaupt sahen viele der bürgerlichen Abgeordneten ihre Aufgabe darin, die Kriegsmoral aufrechtzuerhalten. So sprach und arbeitete auch Friedrich Naumann, der hoffte, daß nach dem Krieg sein nationaldemokratisches Programm, nicht zuletzt die Milderung der Klassengegensätze, eingelöst werden könne. Überhaupt war die Vorstellung, daß der Krieg zahlreiche bis dahin ungelöste Probleme lösen werde, weit verbreitet. Man sprach in Anlehnung und Absetzung von den Idealen der Französischen Revolution von den 'Ideen von 1914' und von einem nationalen Kriegssozialismus, womit die zunehmende Verzahnung von Wirtschaft, Politik und Verwaltung gemeint war, die das liberale Wirtschaftssystem der Vorkriegszeit praktisch beseitigt hatte.

Die Politisierung des wirtschaftlichen Lebens und der administrative Zugriff auf die Wirtschaft bildeten eine der nachhaltigsten Folgen des Kriegs in allen Industrieländern. Wirtschaft und Gesellschaft haben sich von 1914 bis 1918 in Europa grundlegend verändert. Damit wurden auch die politischen Programme der Parteien aus der Zeit vor 1914 allmählich hinfällig. Die Kriegssituation zwang die deutsche Politik, 'Massenlösungen' zu suchen, die man vor 1914 grundsätzlich abgelehnt hatte. Seltsamerweise haben gerade die Nationalliberalen und Deutschkonservativen diesen Prozeß ermöglicht. Tatsächlich aber waren es die militärischen Technokraten des Generalstabs, die den traditionellen Widerstand der konservativen Parteiführer gegen einen Staatsdirigismus in der Wirtschaftspolitik und gegen die administrative Organisation der Massenproduktion brachen.[87] Die konservative Politik wurde zu einem ihnen willenlos ergebenen parlamentarischen Sprachrohr. Der seltsame Zauber jener Szene vom 4. August in Berlin war bald verflogen. Zwar hielt der Kaiser noch seine identitätsstiftenden Reden, er wurde aber von der militärischen Führung durch regelmäßig wiederholte Rücktrittsandrohungen Hindenburgs und Ludendorffs seit 1916 bald in den Schatten gedrängt. Deutschkonservative und Nationalliberale, flankiert von der alldeutschen und annexionistischen Presse, verbohrten sich hoffnungslos in ihren Nationalismus. Die geistige Welt Treitschkes schien späte Früchte zu tragen. Stimmen, die das Leiden aller Völker beklagten, wurden selten laut.

Währenddessen rückten die Sozialdemokraten und später auch die Fortschrittspartei und das Zentrum von der nationalistischen Propaganda ab. Sie opponierten nicht direkt gegen die Kriegspolitik der Regierung, distanzierten sich aber von der Militarisierung des öffentlichen Lebens in Deutschland – und erinnerten sich wieder an ihre alten Grundsätze. Bethmann Hollweg nahm eine vermittelnde Linie zwischen den 'Lagern' ein. Am 15. Mai 1917 warnte Scheidemann im Reichstag die Rechte: „Ein maßloses Unrecht an unserem Volke begehen die, die in demagogischer Absicht die Herrlichkeit eines Eroberungsfriedens mit glühenden Farben ausmalen, und die umgekehrt das Elend nicht schwarz genug schildern können, das eintreten müßte, wenn dieser Krieg keine Beute brächte."[88]

Inzwischen war in Rußland die Revolution ausgebrochen. Die USA waren nach der Wiederaufnahme des unbeschränkten U-Boot-Krieges durch Deutschland an der Seite der Entente in den Krieg eingetreten. Scheidemann drängte auf einen 'Verständigungsfrieden' mit den bisherigen

Gegnern. Seitdem ging das Wort vom 'Scheidemann-Frieden' um. „Nicht Vergewaltigung, sondern Verständigung!" erklärte Scheidemann, „es lebe der Friede! Es lebe das freie Europa!"[89] Naumann nahm für die Fortschrittler an diesem 15. Mai das Stichwort der 'Osterbotschaft' des Kaisers auf, die eine innenpolitische 'Neuorientierung' und die Beseitigung des alten preußischen Dreiklassenwahlrechts angekündigt hatte. Er forderte eine Parlamentarisierung und Demokratisierung der deutschen Politik.[90] Westarp für die Konservativen lehnte die Forderungen ab. Sie würden die Stellung des preußischen Königs als „Oberster Kriegsherr" beseitigen und damit die Tradition des deutschen Offizierskorps abschaffen. Hinter solchen Argumenten stand die Identifizierung von Staat und preußischer Armee.[91] Die Nationalliberalen lehnten im Mai 1917 gleichfalls eine Parlamentarisierung ab. Die entscheidende Frage war, wie sich das Zentrum verhalten werde.

Erzberger hatte in den ersten Kriegsjahren eng mit der Regierung zusammengearbeitet, einen eigenen Apparat für die Auslandspropaganda aufgebaut und zahlreiche Reisen ins Ausland, z. B. in die Schweiz und nach Rom, aber auch in die von den Deutschen besetzten östlichen Länder, wie Russisch-Polen und -Litauen, unternommen. Er betrieb Diplomatie auf eigene Faust und pflegte den Kontakt zu dem österreichischen Außenminister Czernin und dem päpstlichen Nuntius in Deutschland, Pacelli. Gleichzeitig behielt er mit einigen Generälen Kontakt. Er galt lange Zeit als Vertrauensmann Bethmanns im Reichstag. Das Zentrum hatte sogar den verschärften U-Boot-Krieg mit gedeckt. Seit dem Frühjahr 1917 änderte Erzberger jedoch in einer dramatischen Wende seine Haltung. Gestützt auf seine eigenen Informationen, wurde er zunehmend mißtrauischer gegenüber den offiziellen, beschönigenden Angaben der Regierung über die deutschen Kriegsaussichten. Auch registrierte er aufmerksam die veränderte Haltung der Sozialdemokraten. Er befürchtete, daß sie der nächsten Kriegsanleihe im Reichstag nicht mehr zustimmten und daß damit eine gravierende innenpolitische Eskalation eintreten würde.

Am 6. und 7. Juli unternahm Erzberger in der Sitzung des Hauptausschusses einen für alle überraschenden Vorstoß, der zu einer grundlegenden Wende der deutschen Innenpolitik führte. Er griff schonungslos die Admiralität an und warf ihr vor, daß sämtliche Erklärungen und Berechnungen über ihren U-Boot-Krieg falsch seien. Der Einsatz dieser Waffe habe sich als militärischer Fehlschlag erwiesen. Erzberger schwenkte auf die Scheidemann-Linie ein und forderte einen Verständigungsfrieden. Der Reichstag solle eine entsprechende Friedenserklärung abgeben und die Regierung auf dieser Linie einen Friedensschluß anstreben. Innerhalb weniger Tage fanden sich das Zentrum, die Fortschrittler und die SPD zu einem Bündnis zusammen, aus dem am 19. Juli 1917 die Friedensresolution des Reichstags hervorging. Mit der von Erzberger herbeigeführten Wende des Zentrums ergab sich eine ganz neue innenpolitische Konstellation. Jetzt standen zwei Drittel des Reichstags hinter der Forderung nach einem Verständigungsfrieden, nach Demokratisierung und Parlamentarisierung der deutschen Politik. Eine solche Konstellation hatte es seit 1871 noch nicht gegeben. Die zentrale Figur dieses Umschwungs war Erzberger. Die Rechte hat ihm diesen 'Ausbruch aus ihrem Lager' nie verziehen. Seit diesem Sommer 1917 entwickelte sich das Zentrum zu einer christlich-demokratischen Partei. Erstmals in der Geschichte des deutschen Parlamentarismus nahm eine konservative Partei demokratische Züge an. Es gab einige demokratische Traditionen aus der Zeit Windthorsts. Sie waren aber sowohl durch den nationalkonservativen als auch durch den sozialkonservativen Trend der Partei seit 1890 verdrängt worden. Insofern waren die Vorgänge im Juli 1917 tatsächlich ein Bruch. Der schmale rechte Flügel des Zentrums, dessen Sprecher der westfälische Graf von Galen war, hielt Erzberger schlichtweg für ein Unglück. Es gelang Erzberger aber, die Führung der Fraktion auf seine Seite zu ziehen. Die Militarisierung des öffentlichen Lebens war auch konservativen Zentrumspolitikern wie Gröber, Spahn und Fehrenbach längst unheimlich geworden. Das war nicht mehr das Deutschland, von dessen Verteidigung sie noch 1914 überzeugt gewesen waren. Fehrenbach brachte die Friedensresolution im Namen aller Parteien der neuen Reichstagsmehrheit ein und begründete sie.

Am 6. Juli hatte Erzberger dem Hauptausschuß vorgerechnet, daß jedes weitere Jahr Krieg Ausgaben in Höhe von 50 Milliarden verlange. Das sei nicht länger zu vertreten ohne Aussicht auf einen Frieden. Der erfolglose U-Boot-Krieg müsse eingestellt werden: „Durch die Aufgabe des U-Boot-Krieges werde man natürlich dem Frieden nicht näher kommen . . . Die Kriegführung müsse mit allen Mitteln weitergehen wie bisher. Aber wenn im Reichstag eine riesige Majorität – oder vielleicht alle Abgeordneten in dem Gedanken des 1. August 1914 zusammenfinden könnten: Wir stehen auf dem Standpunkt des Verteidigungskriegs und ziehen daraus alle Konsequenzen, wir streben einen Frieden des Ausgleichs an, der die Machtverhältnisse berücksichtigt, die durch den Krieg geworden sind, einen Frieden, der keine zwangsweise Unterdrückung von Völkern und Grenzteilen bringt, wenn der Reichstag das der Reichsregierung sagen könne, so sei das der beste Weg, der zum Frieden führe." Man möge sich, fügte Erzberger in der für ihn typischen Tonlage hinzu, „dabei gar nicht um die 25 000 Alldeutschen kümmern, sondern die Leute ruhig verrückt werden lassen. Sanatorien für sie zu bauen, sei viel billiger, als den Krieg noch ein Jahr lang fortzuführen."[92]

Erzbergers Fazit lautete: „Gewiß könne Deutschland keinen Unterwerfungsfrieden abschließen, der sein Volk ruiniere, aber unerbittlich und kalt müßten auch aus den gegebenen Verhältnissen mit dem Verstande die politischen Konsequenzen gezogen werden, auch für die innere Politik, sowohl in der Wahlrechtsfrage wie in der Frage der engeren Fühlungnahme zwischen Regierung und Parlament. Nie dürfe unser Volk dem Reichstag das grausame Wort entgegenschleudern: ‚Zu spät'. "[93] Mit dem aufsehenerregenden Vorstoß Erzbergers hatte sich auch das Zentrum nach den Reden Scheidemanns für die SPD und Naumanns für die Fortschrittler der Politik für einen Verständigungsfrieden, der Parlamentarisierung und Demokratisierung angeschlossen. Die Mehrheit des Reichstags war sich ihrer politischen Verantwortung bewußt geworden. Erstmals fand sich auch wieder eine Mehrheit für die Stimme politischer Vernunft. So deprimierend wie das Studium der deutschen Politik im Ersten Weltkrieg im Nachhinein wirkt, sollte doch diese Tatsache nicht verdrängt und vergessen werden.

Am 7. Juli suchte sich der Staatssekretär im Reichsmarineamt von Capelle gegenüber den Vorwürfen zu verteidigen. Helfferich als Staatssekretär des Innern kam ihm zu Hilfe. Man operierte mit Zahlenspielen und weigerte sich, das Problem zu sehen.[94] Westarp protestierte für die Deutschkonservativen gegen den Vorstoß Erzbergers vom Vortag: „Er [Westarp] und seine Freunde halten dieses Vorgehen für unverantwortlich, denn es wirke nach ihrer Auffassung wie ein Verbrechen am Vaterlande. Trotz der Vertraulichkeit der Verhandlungen hätte man gestern schon in den ersten Nachmittagsstunden in den Kreisen des politisch interessierten Berlin die Vorgänge im Ausschusse gekannt, und in Paris und London werde heute jedermann sagen, auch der Abgeordnete Erzberger sei nun denen beigetreten, die wie die Sozialdemokraten behaupteten: Deutschland könne in diesem Kriege militärische Erfolge nicht mehr erzielen . . . Das würde der Eindruck im Ausland sein. Dieser Eindruck sei wegen der Persönlichkeit des Herrn Abgeordneten Erzberger von besonderer Wirkung."[95] Scheidemann stellte sich hinter Erzberger. Man habe natürlich keine Beweise, daß es wirklich zu einem Frieden kommen werde. Die Kriegsstimmung in England und Frankreich sei immer noch groß „auf Grund des unverantwortlichen, geradezu verbrecherischen Verhaltens der Alldeutschen, die die ganze Welt verseuchten und gegen uns aufgebracht hätten. . . . In dem Augenblick, wo man im Ausland ihre Märchen zerstöre und vor aller Welt zeige, daß weder die deutsche Regierung noch der Reichstag damit etwas zu tun habe, werde dem Haß der Boden entzogen." Scheidemann wies auch auf die Konsequenzen für die innere Situation in Deutschland hin: „Wie groß der Hunger, die Not und die Verzweiflung ist, sei jedem bekannt. Es werde immer schlimmer, weil die Zahl der Familien, die niemand im Krieg verloren haben, immer geringer werde. Die schlechte Stimmung sei aber bei den Ausbrüchen der Verzweiflung, der Empörung in den Städten, wo die Arbeiter in den Streik eingetreten seien, nicht in letzter Linie darauf zurückzuführen, daß sich die Leute gesagt hätten, es bleibt uns nichts anderes übrig. Sie seien nicht bloß vom Hunger getrieben gewesen, sie hätten auch zum Ausdruck bringen wollen, wie sie die alldeutsche Agitation einschätzen und daß sie unter keinen Umständen einen Krieg weiterführen wollen, dessen Ziel die Vergewaltigung irgendeines anderen Volkes sei."[96] Das waren klare Worte. Im historischen Rückblick läßt sich die ungeheure Verhärtung der Einstellung der deutschen Rechten, selbst gegenüber dem Leiden des eigenen Volkes, kaum noch verständlich machen. Der Klassenegoismus, der ein eigenartiges Bündnis mit einem modernen militärischen Technokratentum eingegangen war, praktizierte eine brutale Rücksichtslosigkeit gegen die eigene Bevölkerung. Aus den Äußerungen Scheidemanns sprach ja nicht nur Propaganda. Sie waren auch nicht marxistisch, sondern menschlich.

In der Friedensresolution vom 19. Juli hieß es: „Der Reichstag erstrebt einen Frieden der Verständigung und der dauernden Versöhnung der Völker. Mit einem solchen Frieden sind erzwungene Gebietserwerbungen und politische, wirtschaftliche oder finanzielle Vergewaltigungen unvereinbar." Die Resolution forderte die Wiederherstellung der Freiheit der Meere nach dem Krieg, einen Wirtschaftsfrieden in den internationalen Beziehungen, die Schaffung internationaler Rechtsorganisationen. Fehrenbach erklärte in der Debatte am 19. Juli: „Und jetzt in dieser Stunde hielten wir den Augenblick für gekommen, ernstlich zum Frieden zu mahnen. Drei volle Jahre wütet der fürchterlichste aller Kriege. Unendliche Werte werden Tag für Tag vernichtet, Städte und Länder werden in Wüsteneien verwandelt, mit dem Blut der besten Söhne werden die Äcker gedüngt . . . Die Menschen richten sich in dem Kostbarsten, was sie haben, in dem Menschengut zugrunde und deshalb erhebt sich an der Schwelle des vierten Kriegsjahres die furchtbare Gewissensfrage, die alle Völker gleichmäßig an sich zu richten haben: Soll dieses Wüten auch noch ein viertes Jahr dauern? Wir haben vor unserem Gewissen und vor Gott uns verpflichtet erachtet, diesem Elend, soweit es an uns liegt, ein Ende zu machen."[97] Zentrum, SPD und Fortschrittler applaudierten.

In dieser Debatte sprachen sich von Schoenaich-Carolath für die Nationalliberalen und Westarp für die Deutschkonservativen gegen die Friedensresolution aus. Für die USPD, die einen weitergehenden Antrag einbrachte, begründete Haase die Ablehnung. Von Westarp verlangte den Kampf bis zum Sieg: „Gebiete von der Größe des Deutschen Reichs sind mit dem Blute unserer Brüder und Söhne gewonnen. An den ehernen Mauern weit ins Feindesland wird wie bisher jeder Anprall einer Welt von Feinden zerschellen. Dem bevorstehenden feindlichen Ansturm, in dem Flandern das Losungswort heißt, werden wir standhalten. Unsere U-Boote fügen England, das die ganze Welt gegen uns ins Feld führt, Monat für Monat, unüberwindlich und unabwendbar, einen Schaden zu, den es auf die Dauer nicht ertragen wird. Auf das Urteil unserer Heeresführer gestützt, erwarten wir mit unerschütterlicher Zuversicht den vollen Sieg unserer Waffen. Ihm allein werden wir den Frieden verdanken. Bis er eintritt, muß, will und kann unser Volk allen Entbehrungen, allen Schwierigkeiten unserer wirtschaftlichen Lage Herr werden." Westarp bekräftigte die annexionistischen Kriegszielforderungen der Deutschkonservativen. Schoenaich-Carolath erklärte: „Unsere Heere stehen nach wie vor in Feindesland. An ihrer Tapferkeit zerschellt jeder Ansturm. Größer als das Deutsche Reich sind die von ihnen besetzten Gebiete. Die Leistungen unserer U-Boote haben alle in sie gesetzten Erwartungen nicht nur erfüllt, sondern weit übertroffen." Die Unnachgiebigkeit der Deutschkonservativen und Nationalliberalen hatte nicht nur ideelle, sondern auch materielle Gründe. Man sprach das offen aus. Man war nicht bereit, die Eroberungen – „größer als das Deutsche Reich" – durch eine Friedensresolution wieder preiszugeben. Wofür hatte man dann eigentlich gekämpft? Inzwischen hatten große deutsche Wirtschaftsunternehmen wie Stinnes mit Unterstützung der Reichsregierung begonnen, ihre Wirtschaftsimperien auf die von den deutschen Truppen besetzten Gebieten auszudehnen. In Rußland war nach der Februarrevolution die zaristische Herrschaft zusammengebrochen. Warum sollte man bei einer solch günstigen militärischen Lage Friedenserklärungen abgeben? Die USA stellten im Sommer 1917 noch keine ernstliche militärische Gefahr dar.[98]

Bereits in der Debatte am 19. Juli zeichnete sich ab, daß die von Erzberger gewünschte geschlossene Haltung sämtlicher Parteien nicht zu verwirklichen war. Zwar hatte sich die Sozialdemokratie aufgrund der Erfahrung des Krieges zunehmend zu einer pragmatischen Partei gewandelt. Die SPD-Reichstagsfraktion nahm auch sofort das Angebot Erzbergers zu einer Kooperation auf. Die Sorgen, die sich die Sozialdemokraten machten, sind auf Hunderten von Seiten in den offiziellen Protokollen nachzulesen. Die Fortschrittler hatten bereits bei der Reichstagswahl 1912 mit der SPD zusammengearbeitet. Aber die Linke war nicht geschlossen. Die USPD verfolgte mit äußerstem Mißtrauen die sozialdemokratische und gewerkschaftliche Unterstützung der Kanzlerschaft Bethmann Hollwegs. Die Militarisierung des öffentlichen Lebens, die Streiks in mehreren Großstädten im Frühjahr 1917 verstärkten in der USPD die Neigung zur Ideologisierung der Politik und zum Prinzipienkampf. Das war verständlich. Es lähmte aber das politische Handeln der Linken. SPD und USPD verfolgten sich bald gegenseitig im Reichstag mit ihren Invektiven. In der starren prinzipiellen Haltung stand die USPD den Deutschkonservativen – so gegensätzlich die jeweiligen Ziele waren – nicht nach.

Lediglich die Nationalliberalen, von denen einige Abgeordnete mit der Friedensresolution sympathisierten, waren etwas flexibler. Die nationalliberale Grundhaltung war allerdings ausgesprochen opportunistisch: man orientierte sich an den vermeintlich Mächtigen. Diese befanden sich nach Ansicht der Nationalliberalen nicht in Berlin, nicht im Reichstag oder in der Regierung, sondern bei den Militärs in der OHL. So täuschte das eindrucksvolle Abstimmungsergebnis von 212 Stimmen für und 126 Stimmen gegen die Friedensresolution bei 17 Enthaltungen über die tatsächliche Handlungsfähigkeit des Reichstags hinweg.

Seit der Friedensresolution begann sich die politische Öffentlichkeit zu polarisieren. Die Gegner fanden sich in der im September neugegründeten 'Vaterlandspartei' zusammen, einer nationalkonservativen, 'überparteilichen' Sammlungsbewegung, die von der OHL unterstützt wurde. Sie war ein Vorläufer jener Sammlungsbewegung, die 1925 erfolgreich die Kandidatur Hindenburgs unterstützte. Die neue linke Mitte schuf sich gleichfalls in dem 'Volksbund für Freiheit und Vaterland' eine Bewegung, die von Sozialdemokraten, Katholiken und Fortschrittlern, auch von den Freien und Christlichen Gewerkschaften getragen wurde. Beide Bewegungen agitierten in allen größeren deutschen Städten mit Versammlungen und Publikationen gegeneinander. Der Vaterlandspartei gehörten 1,2 Millionen Mitglieder, dem Volksbund 4,2 Millionen (korporative) Mitglieder an; beide Verbände lösten sich 1918/19 auf.

Ein unmittelbarer Erfolg war der Friedensresolution nicht beschieden. Der Vorstoß Erzbergers hatte die Stellung Bethmann Hollwegs als Kanzler unmöglich gemacht. Mit dem bisherigen Unterstaatssekretär Georg Michaelis wurde dem Reichstag ein bis dahin relativ unbekannter Beamter als Reichskanzler vorgesetzt.[99] Von parlamentarischer Mitwirkung war keine Rede. Michaelis galt bei den Reichstagsabgeordneten als politisch unfähig und mußte das Amt auch bald wieder aufgeben. Gegenüber Scheidemann beklagte er sich, daß er bisher nur wie ein fünftes Rad am Wagen neben der Politik hergelaufen sei und seine politischen Kenntnisse auf der Zeitungslektüre beruhten. Durch eine ungeschickte Erklärung vor dem Reichstag wertete er die Friedensresolution ab. Auch die päpstliche Friedensnote vom 1. August 1917, an die die neue Reichstagsmehrheit große Hoffnungen knüpfte, wurde von Michaelis eher unwirsch behandelt. Allerdings stand der neue Staatssekretär des Auswärtigen von Kühlmann den Ideen der Reichstagsmehrheit nah. Schließlich wurde Michaelis durch Georg von Hertling ersetzt.[100] Hertling war seit 1912 Ministerpräsident von Bayern gewesen. Scheinbar hatte die neue Reichstagsmehrheit einen Politiker aus ihren Reihen als Kanzler erhalten. Möglicherweise war die Kanzlerschaft Hertlings tatsächlich als Entgegenkommen gedacht. Aber Hertling war inzwischen 74 Jahre alt, fast erblindet und gesundheitlich kaum noch in der Lage, ein solches Amt, noch dazu im Krieg, auszufüllen. Nur selten nahm er an Sitzungen und Beratungen teil. Die von Erzberger betriebene Politik der Parlamentarisierung und Demokratisierung lehnte er ab. Da die Fraktionsführung des Zentrums sich Hertling schon aus politischer Pietät verpflichtet fühlte, wurde durch dessen Ernennung die Position Erzbergers automatisch geschwächt.[101] Allerdings machte sich Hertling die Friedensresolution des Reichstags zu eigen, und bei seinem ersten Auftritt vor dem Reichstag als Kanzler am 29. November kündigte er die Aufnahme von Friedensverhandlungen mit der neuen sowjetischen Revolutionsregierung unter Lenin an. Hertling berief sich auf den Friedensappell des Papstes. Das klang hoffnungsvoll.

Inzwischen hatten die drei Parteien einen 'Interfraktionellen Ausschuß' gebildet, an dessen Beratungsangelegenheiten auch die Nationalliberalen teilnahmen. Er sollte die politische Aktivität der drei Parteien koordinieren und für einen kontinuierlichen Informationsfluß sorgen. Die tragenden Persönlichkeiten dieses Ausschusses waren Erzberger und Ebert. Der Zusammenhalt der drei Parteien blieb gefährdet, da immer wieder, je nach den inneren Stimmungen in den einzelnen Fraktionen, gegenseitiges Mißtrauen auftauchte. Es gelang jedoch, dieses Bündnis bis zum Oktober 1918 zusammenzuhalten. Die Protokolle des Interfraktionellen Ausschusses liegen in einer ausgezeichneten Edition vor, sie sind eine vorzügliche Quelle der innenpolitischen Bewegungen in der deutschen Politik seit 1917, in die die Öffentlichkeit jedoch kaum Einblick hatte. Man arbeitete meist im Verborgenen. Dennoch war die Politik der Reichstagsmehrheit wirksam, leider nicht immer erfolgreich.[102]

Dies zeigte sich bei den Verhandlungen mit Rußland, die in Brest-Litowsk geführt wurden. Die Reichstagsabgeordneten hatten darauf verzichtet, eigene Delegierte zu den Verhandlungen nach Brest zu schicken. So wurden sie nur aus zweiter Hand informiert. Von deutscher Seite wurden die Verhandlungen von den deutschen Diplomaten, an deren Spitze Kühlmann[103] stand, und von den Militärs, die als 'Sachverständige' hinzugezogen wurden, geführt. Anfangs schien sich eine Verständigung abzuzeichnen. Ludendorff, der nicht bereit war, gewonnenes Terrain im Osten preiszugeben, versuchte, von außen die deutsche Verhandlungsführung zu steuern, Kühlmann wehrte sich, blieb aber, da er unvorsichtigerweise auf direkte Unterstützung durch die Reichstagsabgeordneten verzichtet hatte, relativ isoliert. Auch Hertling als Kanzler, der nur begrenzt in der Lage war, die komplizierten politischen Spiele zu durchschauen, wurde weitgehend ausgeschaltet. Als der Kaiser im Januar 1918 versuchte, sich ein eigenes Bild von den Problemen zu machen und sich von General Hoffmann, der an den Verhandlungen in Brest teilnahm, informieren ließ, wurde er durch einen Zornesausbruch Ludendorffs und ein Rücktrittsgesuch Hindenburgs und Ludendorffs zur Raison gebracht. Er hat allerdings diese Demütigung durch die „Obersten Kriegsherren" nicht vergessen.[104]

Als die deutsche Delegation – die österreichischen, bulgarischen und türkischen Verbündeten spielten nur eine untergeordnete Rolle – auf Druck der OHL die Bedingungen verschärfte, brach der russische Verhandlungsleiter Trotzki die Verhandlungen abrupt ab und erklärte den Krieg – ohne Vertrag – für „beendet". Daraufhin rückten deutsche Truppen, ohne irgendeinen Widerstand anzutreffen, weit in russische Territorien vor, bis in die Nähe von St. Petersburg. Angesichts dieser bedrohlichen Situation für Rußland schloß die Regierung Lenins am 3. März den 'Diktatfrieden' von Brest-Litowsk ab. Die deutschen Bedingungen, durch die Rußland ein Drittel seines bisherigen Territoriums und die baltischen Provinzen verlor, wurden widerspruchslos akzeptiert. Für die Parteien der Friedensresolution war der Vertrag vernichtend. Es war ein Gewaltakt, kein Verständigungsfrieden. Ihre Politik war unglaubwürdig geworden.

Die Dinge waren für die Reichstagsmehrheit äußerst unglücklich verlaufen. Der Rüstungsstreik in Berlin, der im Januar 1918 ausbrach, hatte die Kräfte der SPD-Politiker absorbiert, die in das Streikkomitee eintraten. Das wiederum belastete den Zusammenhalt des Interfraktionellen Ausschusses, da Zentrum und Fortschrittspartei sofort zur SPD auf Distanz gingen. Erzberger rettete die Situation, indem er für die Haltung der SPD-Politiker um Verständnis warb. Man blieb zusammen. Aber der Einfluß auf die gleichzeitigen deutsch-russischen Verhandlungen ging verloren. Der Vertrag wurde dem Reichstag im März 1918 zur Abstimmung vorgelegt. Man kam in eine prekäre Situation. Als einzige Partei lehnte ihn die USPD ab. Die SPD sprach sich gegen den Gewaltfrieden aus, enthielt sich aber lediglich der Stimme, um den Eindruck zu vermeiden, als habe sie einen 'Friedensvertrag' abgelehnt.

Erzberger und mit ihm das Zentrum wagten nicht, nicht zuletzt aus Loyalität gegenüber der Regierung Hertling, sich gegen den Vertrag auszusprechen. Erzberger erntete dafür den Hohn und Spott der Rechten. Den Deutschkonservativen und Nationalliberalen war der Vertrag recht. Das ganz irrationale Verhalten der Parteien der Reichstagsmehrheit ist nur aus dem diffusen Zustand des deutschen Regierungssystems 1917/18, bei dem sogar die Regierung bereits als Entscheidungszentrale ausgeschaltet war, und den zahlreichen Loyalitätskonflikten der jeweiligen Reichstagsfraktionen der Mehrheit zu erklären. Rechtfertigen läßt es sich nicht. Deutschland war im Frühjahr 1918, wie das von den Sozialdemokraten im Reichstag offen ausgesprochen wurde, faktisch eine Militärdiktatur. Wer von den bürgerlichen Abgeordneten des Zentrums und der Fortschrittspartei hätte es gewagt, gegen den Vertrag zu stimmen, da jedermann wußte, daß die neue große Westoffensive, die den Sieg bringen sollte – sie führte zur Niederlage – unmittelbar bevorstand? [105]

Tatsächlich bewegte sich in der deutschen Politik seit dem Frühjahr 1918 so gut wie nichts mehr. Man beherrschte ein Riesenreich bis zum Kaukasus, und die Militärs erwarteten von Reichsregierung und Reichstag, daß sie Lösungen fänden, dieses Reich dauerhaft zu verwalten. Aus den USA verkündete inzwischen Wilson sein Programm für einen künftigen Frieden. Hertling begrüßte das Programm in einer öffentlichen Erklärung. Das war ehrlich gemeint. Aber was hatte der deutsche Kanzler noch zu sagen? Seit dem Sommer 1918 registrierten die Abgeordneten, wie von Monat zu Monat neue amerikanische Truppen in Europa landeten und die Verbände der Gegner auffrischten. Erst im September 1918 wurde der Hauptausschuß des Reichstags ungeschminkt über die militärische Lage informiert.

In dieser Situation zeigte es sich aber, daß sich das Parteienbündnis der Friedensresolution hatte behaupten können. Neue Aktivität setzte ein. Die bis dahin lautstarken Deutschkonservativen wurden von Tag zu Tag stiller, die Sozialdemokraten traten selbstbewußter auf. Sie drängten auf eine Ablösung Hertlings. Erzberger bearbeitete die SPD-Politiker, in eine neuzubildende Regierung einzutreten. Es ging schon nicht mehr nur um die 'Parlamentarisierung' und 'Demokratisierung', sondern darum, überhaupt noch eine politisch überzeugende Regierung zu bilden. Das Angebot Erzbergers an die SPD, in eine neue Regierung einzutreten, löste in der SPD-Reichstagsfraktion erhebliche Spannungen aus. Man schreckte vor dem Schritt zurück.

Auch der für das Amt des Kanzlers vorgeschlagene Prinz Max von Baden, ein Vorschlag des Stuttgarter Fortschrittlers Conrad Haußmann, löste bei der SPD Bedenken aus.[106] Schließlich erklärte sie sich nach einer Aussprache zwischen Max von Baden und Friedrich Ebert zum Regierungseintritt bereit. Scheidemann war als Staatssekretär, David als Unterstaatssekretär für die SPD vorgesehen. Die neue Regierung, die am 3. Oktober gebildet wurde, war eine Koalition der Parteien der Friedensresolution aus Zentrum, SPD und Fortschrittspartei. Die Regierung Max von Baden war von kurzer Dauer. Aber es war die erste parlamentarische Regierung Deutschlands. Obwohl das Kabinett mehrfach von Vertrauenskrisen erschüttert wurde, waren die Leistungen dieser Regierung erheblich. Es wurde nicht nur eine parlamentarische Verfassung eingeführt. Entscheidend war, daß diese Regierung im Sinne der Politik der Friedensresolution den Krieg beendete, indem sie Waffenstillstandsverhandlungen einleitete. Die Nationalkonservativen hatten vorerst ausgespielt. Allerdings gehörte auch der Nationalliberale Schiffers als Staatssekretär des Schatzamts der neuen Regierung an. Eine Schlüsselfunktion in dieser Koalition hatte wieder das Zentrum, das auch Erzberger als Staatssekretär benannte. Die Mitwirkung des Zentrums in dieser Regierung der linken Mitte war unabdingbar. Es hatte sich als konservative Partei nach links geöffnet. Das war die entscheidende innenpolitische Veränderung, die sich von 1914 bis 1918 in der deutschen Politik vollzogen hatte. 1914 wäre eine solche Koalition noch undenkbar gewesen. Erzberger, der 1913 die große Rüstungsvorlage unterstützt hatte, wurde von der neuen Regierung mit der Leitung der Waffenstillstandskommission in Compiègne beauftragt.

Entgegen den manchmal etwas vorschnellen Urteilen über die Ideologisierung der Politik und die „Zeit der Ideologien"[107] ist es wichtig, daran festzuhalten, daß die deutsche Politik während des Ersten Weltkriegs – zumindest für die Parteien der Mitte – einen bemerkenswerten Prozeß der Entideologisierung durchmachte und daß dadurch ein Handeln aus politischer Vernunft möglich wurde. Daraus gingen die modernen demokratischen Parteien hervor, die im Prinzip – natürlich nicht im Sinne einer schlichten historischen 'Identität' – heute noch bestehen.

Die eigentliche Machtprobe, die das Kabinett Baden durchzustehen hatte, war das Verhältnis zwischen Regierung und Oberster Heeresleitung. Zweimal, am 8. Oktober und am 17. Oktober 1918, hatte Ludendorff vor dem Kabinett zu berichten. Gleich zu Beginn ihrer Tätigkeit war die neue Regierung mit dem überstürzten Verlangen der OHL konfrontiert worden, um jeden Preis sofort um einen Waffenstillstand zu ersuchen. Bis dahin hatte nicht einmal der neue Regierungschef gewußt, daß die militärische Lage so katastrophal war. Unter dem Druck der von Ludendorff verbreiteten Katastrophenstimmung wurde die Note an Wilson herausgesandt. Solf als Staatssekretär des Auswärtigen hatte vergeblich darauf gedrängt, sie an sämtliche siebzehn gegnerische Staaten zu senden, um diese nicht unnötig diplomatisch zu verprellen. Als die erste amerikanische Antwortnote eintraf und Bedingungen gestellt wurden, schreckte die OHL wieder zurück und deutete an, der Krieg könne unter diesen Umständen vielleicht doch weitergeführt werden. Daraufhin versuchte das Kabinett, sich in der Aussprache mit Hindenburg und Ludendorff über die tatsächliche Lage Klarheit zu verschaffen. Die deutschen Divisionen, erklärte Ludendorff, seien nicht mehr kampffähig. „Wir wollen lieber zurückgehen, als uns schlagen zu lassen. Wir ziehen uns immer mehr zusammen."[108]

Als dennoch Meinungen lanciert wurden, daß, um den demütigenden Bedingungen der Antwortnote Wilsons zu entgehen, eine Wiederaufnahme des Kampfes, eine Art „Endkampf", möglich sei, wurde Ludendorff am 17. Oktober zusammen mit General Hoffmann erneut zur Berichterstattung nach Berlin gerufen. Man drängte im Kabinett auf Klarheit. Ludendorff antwortete ausweichend. Notfalls müsse man weiterkämpfen, als zu harte Bedingungen zu akzeptieren. Es gebe noch schlechtere Bedingungen, warf Baden ein. Darauf Ludendorff: „Schlechtere gibt es nicht." Baden: „O ja, sie brechen in Deutschland ein und verwüsten das Land." Ludendorff: „So weit sind wir noch nicht."[109] Am 20. Oktober telegraphierte die OHL nach Berlin, daß die amerikanischen Bedingungen nicht angenommen werden könnten. Es gehe um die deutsche Ehre. Das Kabinett fühlte sich überrumpelt. Erzberger lehnte eine Änderung des einmal eingeschlagenen Weges ab. Man sah die Gefahr, daß in dieser kritischen Situation Regierung und OHL in zwei Sprachen redeten. Am 25. Oktober schrieb Max von Baden einen Brief an Wilhelm II. Die OHL habe sich erneut in die politischen Fragen eingeschaltet. Es bestehe jetzt eine parlamentarische Regierung. Eine Doppelregierung scheide aus. Die beiden Heerführer, gemeint waren Hindenburg und Ludendorff, seien erneut nach Berlin gekommen. Dadurch werde die deutsche Antwort an die amerikanische Regierung gefährdet. Baden verlangte einen Wechsel in der OHL. Am nächsten Tag fanden sich Ludendorff und Hindenburg beim Kaiser ein. Sie drohten erneut mit ihrem Rücktritt. Zur Verblüffung Ludendorffs erklärte sich der Kaiser mit seinem Rücktritt einverstanden. Er könne gehen. Hindenburg habe zu bleiben. Als Nachfolger Ludendorffs bestellte das Kabinett General Groener. Damit war die entscheidende Machtprobe ausgestanden.

Vom 22. bis 26. Oktober beriet der Reichstag die Verfassungsänderungen: die Einführung der parlamentarischen Regierungsform und das Entscheidungsrecht des Reichstags über Krieg und Frieden. Baden sprach vom Ende des „Obrigkeitsstaats" und der „Mündigkeit des Volkes", Ebert von der „Geburtsstunde der deutschen Demokratie". Bisher seien, erklärte Ebert, Nation und Konfessionen in Deutschland von der politischen Mitwirkung ausgeschlossen gewesen. Aber ein großes Volk könne sich nicht auf Dauer von einer dünnen „Oberschicht", „von kleinen Gruppen auf Grund ererbter Vorrechte" regieren lassen.[110] „Engstirniger Polizeigeist, frivoles Säbelrasseln und provozierender Junkerübermut" habe „Haß und Verderben über uns gebracht." Man werde nicht vergessen, wer das Land in das Unglück gestürzt habe: „Der Tag der Abrechnung mit diesen Katastrophenpolitikern wird kommen, und dabei wird ihnen nichts, aber auch gar nichts geschenkt werden."[111] Naumann ließ in seiner Reichstagsrede vom 25. Oktober die deutsche Geschichte Revue passieren. Die Gedanken von 1848 seien nie realisiert worden. Bismarck habe das Land „diktatorisch zusammengefaßt", aber schon während des Krieges von 1871 habe es sich gezeigt, daß es ein Staat ohne Volk sei. Nicht erst seit 1914 seien in Deutschland zwei „kämpfende Köpfe" entstanden – gemeint waren Regierung und Armee –, die mit jeweils eigenen Apparaten versucht hätten, ihre Ziele durchzusetzen. Man habe mit gespaltener Zunge geredet, und niemand habe gewußt, „Wer ist Koch und wer ist Kellner"?[112] Naumann suchte nach verbindlichen Worten zur Überwindung der innenpolitischen Fronten und erinnerte an das gemeinsame Erbe von Kants Schrift ›Zum ewigen Frieden‹ und Lessings ›Erziehung des Menschengeschlechts‹. Dagegen malte Westarp für die Deutschkonservativen die seit dem 3. Oktober eingeschlagene Politik in den düstersten Farben aus. Er sprach von einer Verbindung von „Radikalisierung, Demokratisierung und Massenherrschaft". Die neue Richtung war für die Konservativen ein Alptraum. Mit der Verfassungsänderung sei zweierlei erreicht worden, was „gleichzeitig das Ziel der deutschen Demokratie und der Wunsch unserer Feinde ist: Die Entlassung und die Auswahl des Kanzlers und der Staatssekretäre ist der materiellen Entscheidung des Kaisers entzogen und der Beschlußfassung der Mehrheitsparteien des Reichstags übertragen worden." [113]

Tatsächlich war damit die politisch-gesellschaftliche Basis des preußischen Konservatismus zerstört. Man habe, erklärte Westarp, die „wertvollen Grundlagen" beseitigt, auf denen „entsprechend der jahrhundertelangen preußisch-deutschen Geschichte Bismarck das Deutsche Reich errichtet hatte, auf denen dieses Reich zu hoher Blüte emporgestiegen ist, und die sich in diesem Krieg bewährt haben".

Stresemann äußerte sich für die Nationalliberalen zurückhaltender. Sei die Mündigkeit des deutschen Volkes erst heute entstanden? Habe es nicht große Leistungen in Wissenschaft und Technik hervorgebracht? Die Nationalliberalen seien Monarchisten, aber „die Idee des Gottesgnadentums hat niemals im Liberalismus gewurzelt". Man habe im Fürsten „stets nur den durch Geburt und Rang an erster Stelle stehenden Bürger des Staates" gesehen. [114]

Man hat häufig geschrieben, die Parlamentarisierung und Demokratisierung der Verfassung in Deutschland im Oktober 1918 sei eine 'Revolution von oben' gewesen und lediglich auf den Druck der Obersten Heeresleitung hin entstanden. Die Dokumente sprechen eine ganz andere Sprache. Die demokratischen Parteien haben sich aus eigener Kraft durchgesetzt, und die demokratisch-parlamentarische Koalition hatte sich seit dem Juli 1917 vorbereitet. Niemand, am wenigsten die Nationalkonservativen, haben die Veränderung im Oktober 1918 als eine 'Revolution von oben' empfunden. Der moralische und politische Zusammenbruch der OHL im September 1918 hat diese Entscheidungen erleichtert. Nicht Ludendorff hat sich eine Regierung geschaffen, sondern die neue Regierung hat Ludendorff entlassen. Die kurzlebige Regierung Baden war keineswegs die schlechteste in der deutschen Geschichte. Sie ist weder aus der Geschichte der deutschen Rechten noch aus der Geschichte der deutschen Linken wegzudenken, auch wenn die Revolution im November 1918 diese Regierung, die keine Chance mehr hatte, populär zu werden, bald wieder aus dem historischen Bewußtsein verdrängte.

VI.
VON DER WEIMARER NATIONALVERSAMMLUNG
BIS HINDENBURG –
ORIENTIERUNGSLOSIGKEIT IN DER REPUBLIK, 1918–1933

Revolution 1918/19

Am 16. Oktober notierte Max von Baden in einer Aufzeichnung: „Der Wunsch, in Ehren unterzugehen, liegt sicher für den Einzelnen nahe, der verantwortliche Staatsmann muß aber damit rechnen, daß das Volk in seinen breiten Massen ein Recht hat, nüchtern zu verlangen, zu leben, statt in Schönheit zu sterben."[1] Er stand mit dieser Auffassung nicht allein. Führende Beamte der Reichskanzlei, insbesondere Simons, dachten ähnlich. Gemeinsam mit Simons bereitete Baden die Abdankungserklärung Kaiser Wilhelms II. vor. Als der Kaiser, der sich im Hauptquartier in Spa aufhielt, sich trotz eindringlicher Mahnungen Groeners weigerte zu unterzeichnen, entschlossen sich Baden und Simons, die Abdankungserklärung am 9. November ohne die Zustimmung des Kaisers zu publizieren. Das war eindeutig ein verfassungswidriger Akt. Aber er wurde von einer konservativen Überzeugung getragen, der die Erhaltung des Gemeinwesens wichtiger war als die Beachtung von Verfassungsfragen.[2] Wenige Stunden später übergab Baden im Verlauf einer Besprechung zwischen Mitgliedern des Kabinetts und einer Delegation der SPD in der Reichskanzlei die Geschäfte an Ebert.

Beide Seiten waren sich dabei darin einig, daß der Übergang zur Demokratie durch eine Nationalversammlung legitimiert werden sollte. Die Idee der Nationalversammlung war erst wenige Tage zuvor geboren. Das Protokoll vermerkt dazu: „Der Reichskanzler [von Baden]: Ich habe dem Kaiser bereits vorgeschlagen, daß im Reichstag ein Gesetzentwurf vorgelegt wird, der die Wahlen zu einer verfassungsgebenden deutschen Nationalversammlung betreffen würde. Die Versammlung würde dann entscheiden, wie Deutschland künftig regiert werden soll. – Herr Ebert: Mit dem Gedanken dieser Nationalversammlung könnten wir uns einverstanden erklären."[3]

Bereits am 4. November hatte es in einem Aufruf der Reichsregierung ›An das deutsche Volk!‹ geheißen: „Die Umwandlung Deutschlands in einen Volksstaat, der an politischer Freiheit und sozialer Fürsorge hinter keinem Staat der Welt zurückstehen soll, wird entschlossen weitergeführt."[4] Der Übergang zur Demokratie im November 1918 vollzog sich nicht ganz so abrupt, wie es äußerlich scheinen mochte. Unter den Verantwortlichen bestand in den Grundlinien ein minimaler Konsens für den Übergang zu einem demokratischen Gemeinwesen. Allerdings nahm die Erklärung Scheidemanns, die er kurz nach dieser Unterredung vom Balkon des Reichstags abgab, ›Es lebe die deutsche Republik‹, die Beantwortung der entscheidenden Frage an die Nationalversammlung, ob Monarchie oder Republik, bereits vorweg. Einmal in der Presse, war die Erklärung nicht mehr rückgängig zu machen, und sie wurde nie wieder zurückgenommen. Ebert war über das Vorpreschen Scheidemanns ohne vorherige Absprache mit seinen eigenen Freunden maßlos erzürnt.[5]

Der erste Aufruf der neuen Reichsregierung vom 9. November kündigte die Bildung einer SPD/USPD-Regierung an und im Sinne der Absprache mit von Baden die Wahlen zur Nationalversammlung. Nach der Wahl werde die Regierung „ihre Machtbefugnisse in die Hände der Vertretung des Volkes zurücklegen". Zugleich warnte der Aufruf der ersten deutschen Arbeiterregierung die Arbeiterschaft vor revolutionären Übergriffen gegenüber Leben und Eigentum anderer.[6]

Während so in Berlin inmitten der revolutionären Veränderungen bereits konservative Gedanken formuliert wurden, die mehr auf Behutsamkeit und Kontinuität bedacht waren, verhandelte fernab in Compiègne der konservative Demokrat Erzberger, der praktisch von der Revolutionsregierung als Staatssekretär übernommen worden war, über die künftigen außenpolitischen Geschicke des Landes. Formell ging es lediglich um die Unterzeichnung des Waffenstillstandsvertrags. Aber bezeichnenderweise hatte man die Leitung der deutschen Delegation einem Politiker, nicht einem General übertragen. Die Militärs waren darüber keineswegs unglücklich. Erzberger hatte die Aufgabe widerstrebend, aber verantwortungsbewußt übernommen.

Selbst das Auswärtige Amt war unvorbereitet. Als Erzberger dort vorsprach, um sich eine Vollmacht ausstellen zu lassen, reagierte man unwirsch: Man wisse gar nichts von den Verhandlungen. Auch sei, so führte Erzberger in seinen Erinnerungen die Reaktion im AA fort, eine von ihm gewünschte Urkunde „bisher in der Weltgeschichte überhaupt noch nicht ausgestellt worden". Darauf entgegnete Erzberger, „daß auch über den Weltkrieg und die Art des Waffenstillstands keine Vorakten vorhanden seien"[7]. Erzberger brachte einen Schuß Pragmatismus in die Außenpolitik. Bei seinem Besuch im Hauptquartier der OHL in Spa, wo er sich vor der Weiterfahrt nach Frankreich beriet, war erneut von „Weltgeschichte" die Rede. Die Besprechungen, die Erzberger in seinen Erinnerungen festhielt, waren scheinbar harmlos, faktisch aber im Nachhinein von erheblicher Bedeutung: „Am Schluß der Konferenz erschien Generalfeldmarschall von Hindenburg und sagte mir, daß es wohl das erstemal in der Weltgeschichte sei, daß nicht Militärs den Waffenstillstand abschließen, sondern Politiker;

er sei aber ganz damit einverstanden, zumal die Oberste Heeresleitung keine politischen Richtlinien mehr auszugeben habe; die Armee brauche unter allen Umständen Ruhe. Er verabschiedete sich von mir mit den Worten: ‚Reisen Sie mit Gott und suchen Sie das Beste für unser Vaterland herauszuholen.'"[8]

Erzberger war vorsichtig genug, vor der Anerkennung der als niederschmetternd empfundenen Bedingungen des Waffenstillstands die Zustimmung der OHL einzuholen. Sie wurde ihm ebenso wie die Zustimmung der neuen Reichsregierung telegraphisch übermittelt.[9] Erzberger hatte gegenüber Ferdinand Foch und den französischen und britischen Offizieren – Amerikaner waren an den Verhandlungen nicht beteiligt, die Europäer blieben unter sich – nur einen geringen Verhandlungsspielraum. Es gelang ihm, einige Verbesserungen zu erreichen. Erzberger brachte als Argument die bedrohliche Gefahr des Bolschewismus und der Anarchie infolge von Hungersnot ein, ohne damit Eindruck zu machen. Von vornherein verfolgte er hier in Compiègne wie auch später im Sommer 1919 ein außenpolitisches Konzept, das von Gemeinsamkeiten in der Interessenlage der europäischen Länder ausging. Er war außenpolitisch einer der weitsichtigsten Köpfe des neuen Deutschland. Darin war er auch manchen Sozialdemokraten überlegen, die sich, wie später Scheidemann, allzu schnell von der Katastrophenstimmung der Niederlage beeindrucken ließen. Erzberger war einer der ersten deutschen Politiker, die den Nationalismus der Kriegs- und Vorkriegszeit überwunden hatten. Immerhin erklärte er bei der Unterzeichnung des Vertrags am 11. November: „Ein Volk von siebzig Millionen leidet, aber es stirbt nicht", was Foch mit der Bemerkung quittierte: «Très bien!»[10]

Erst nach seiner Rückkehr nach Deutschland lernte Erzberger das Ausmaß der revolutionären Veränderungen kennen, die sich inzwischen vollzogen hatten: „In das Vaterland zurückgekehrt, fand ich dieses vollkommen verändert; selbst mein Dienstauto trug die rote Flagge, die ich sofort durch eine schwarzrotgoldene ersetzen ließ. Irgendein Schutz für Aufrechterhaltung der Ordnung war in Berlin nicht vorhanden."[11] Den Weg nach Compiègne nannte er „das Schwerste und Bitterste", das ihm auferlegt worden sei. Doch habe er das Bewußtsein, „für unser teures Vaterland gerettet zu haben, was überhaupt zu retten war". Erzberger repräsentierte 1918 einen christlich geprägten demokratischen Konservatismus, der nicht mehr nationalistisch war. Wenige Konservative sind ihm damals in dieser Haltung gefolgt.

Wie sehr sich innerhalb weniger Tage die politische Situation in Deutschland gewandelt hatte und wie wenig er dies bereits registriert hatte, mußte Erzberger in der Sitzung des Rats der Volksbeauftragten am 16. November erfahren, auf der er über das Ergebnis von Compiègne berichtete. Er regte, von Scheidemann unterstützt, eine propagandistisch von der Regierung vorbereitete Volksbewegung gegen die Waffenstillstandsbedingungen an, stieß dabei aber weder bei Ebert noch bei der Mehrheit der Volksbeauftragten und den Staatssekretären auf Gegenliebe. Hugo Preuß kommentierte den Vorschlag im Kabinett lakonisch mit der Bemerkung, daß sich eine solche Bewegung möglicherweise gar nicht gegen das Ausland, sondern gegen die eigene Regierung wenden könne: „Die Feinde sind weit und die Regierung ist nah." [12] Seitdem gewann die Linie Erzbergers, der weiterhin Leiter der deutschen Waffenstillstandskommission blieb, zunehmend an Realitätsbezogenheit.

Erzberger war nicht der einzige bürgerliche Politiker, der pragmatisch in der sozialdemokratischen Regierung mitarbeitete. Wie er wurden auch die Staatssekretäre Solf (Auswärtiges Amt), Schiffer (Schatzamt) und von Krause (Justizamt) übernommen. Der Fortschrittler und Berliner Staatsrechtslehrer Hugo Preuß leitete das Reichsamt des Innern. Seine Aufgabe war es, die künftige Verfassung auszuarbeiten. Preuß hatte in einem Beitrag ›Volksstaat oder verkehrter Obrigkeitsstaat‹ am 14. November im ›Berliner Tageblatt‹ ein dezidiertes Bekenntnis zur neuen Demokratie abgelegt. Bereits vor dem Krieg hatte er im Berliner Stadtrat mit der SPD zusammengearbeitet. Tatsächlich motivierte dieser Artikel die führenden SPD-Politiker, Preuß als Staatssekretär zu berufen. Die Sozialdemokraten besaßen kein eigenes verfassungspolitisches Programm. Sie dachten auch nicht daran, die Revolution als Räteherrschaft auf Dauer zu etablieren. So war ihnen Preuß willkommen. Tatsächlich hat er ihre Hoffnungen nicht enttäuscht, auch wenn es in der Diskussion über mehrere Punkte der neuen Verfassung zu Meinungsverschiedenheiten kam. Preuß wollte demokratisch-parlamentarische Traditionen aus der Zeit vor Bismarck, z. B. die Tradition der Frankfurter Nationalversammlung und die der kommunalen Selbstverwaltung, in die Weimarer Verfassung einfügen. Der Selbstverwaltungsgedanke, von Stein übernommen, wurde durch die Einführung des allgemeinen Wahlrechts demokratisiert. Da die Verbindungen zwischen den Parteien der Reichstagsmehrheit von 1917/18 auch während der drei Monate der Revolution von November bis Februar 1919 nicht abrissen, war die spätere Bildung der Weimarer Koalition aus SPD, Zentrum und DDP im Februar 1919 kein Zufall. Personell zeigte sich in der Übernahme von Erzberger, Schiffer und Preuß als Staatssekretäre die Kontinuität der parlamentarischen Demokratie, wie sie in dem letzten Monat des Kaiserreichs entstanden war, allerdings jetzt ohne die monarchische Spitze im Reich wie in den Ländern.

Die führenden SPD-Politiker wie Ebert und Scheidemann suchten die Zusammenarbeit nicht nur aus Taktik, sondern aus Überzeugung. Sie kannten sich und ihre eigenen Genossen aus dem täglichen Umgang nur allzu gut – und auch ihre Schwächen. Am 23. Dezember, kurz vor Weihnachten, mußten sich die Volksbeauftragten stundenlang mit Vertretern der eigentlich zum Schutz der Regierung bestellten Matrosen in der Reichskanzlei auseinandersetzen, die sich unter anderem darüber beschwerten, daß ihnen die Löhnung nicht rechtzeitig ausgezahlt worden sei, und die drohten, die Regierung festzunehmen.[13] Manche Genossen lösten bei den SPD-Politikern nicht nur Solidaritätsgefühle, sondern auch Alpträume aus. Da war es ihnen schon manchmal angenehmer, mit bürgerlichen Politikern und Beamten zusammenzuarbeiten, wobei ein Minimum an Sachlichkeit trotz aller politischer Distanz immer gesichert war.

Die Leistungen, die Ebert erbrachte, waren enorm. Er vertrat mit den übrigen Volksbeauftragten die Regierung gegenüber den Räten und dem Vollzugsrat der Arbeiter- und Soldatenräte Berlins, der sich als Kontrollorgan und bis zur Wahl des Zentralrats auf dem Rätekongreß im Dezember praktisch als politischer Souverän verstand. Dem mußten die Volksbeauftragten, ob sie es wollten oder nicht, Rechnung tragen. Das Mißtrauen der Räte richtete sich gegen jede Demonstration militärischer Macht. Die praktischen Forderungen einer sozialen Revolution wurden weniger genau artikuliert. Überall, nicht nur in Berlin, löste die Revolution eine politische Aufbruchstimmung aus, die sich nicht auf die Arbeiterschaft beschränkte und oft diffus war. Alfred Döblin hat sie in dem Roman ›November 1918‹ anschaulich erfaßt. Man mochte diese Stimmungen als naiv ansehen, aber sie waren real: Sie waren sicherlich nicht naiver als die Kriegsbegeisterung breiter Bevölkerungskreise von 1914 bis 1918. Auch die Politik Eberts und der Volksbeauftragten hob sich durch ihren Realismus in der Innen- wie Außenpolitik merklich von dem katastrophalen Erscheinungsbild der deutschen Regierung von 1916 bis 1918 ab, als unter den Kanzlerschaften Bethmann Hollwegs, Michaelis' und Hertlings kaum noch regiert wurde.

Während die Volksbeauftragten sich an die Räte und den Berliner Vollzugsrat banden, knüpften Ebert, Scheidemann und Landsberg, letztlich ohne Einspruch der USPD-Volksbeauftragten Haase, Dittmann und Barth, die schließlich resignierten und Ende Dezember wieder aus der Regierung austraten, die Fäden zu den katholischen und liberalen bürgerlichen Politikern und schließlich auch zu den Militärs. Groener als Chef der OHL, Scheüch als Kriegsminister und von Mann als Chef des Marineamts blieben im Amt. Sie nahmen an den Sitzungen des Kabinetts teil. Das war die Praxis des Kriegskabinetts der letzten Jahre gewesen, die beibehalten wurde. Auf der Linken löste das, keineswegs zu Unrecht, einiges Mißtrauen aus, und es brachte den SPD-Politikern bald die Schmähung als Regierungssozialisten ein. So naheliegend die Kooperation mit den bürgerlichen Politikern, meist früheren Abgeordneten war, so problematisch war die ebenso selbstverständliche Zusammenarbeit mit den Militärs.

Natürlich gab es sachliche Gründe, da die Rückführung des Heeres erfolgen mußte. Außerdem zeigte sich bald, daß auch nach Kriegsende nicht alle militärischen Probleme schlagartig beendet waren. Es gab kritische Situationen an den Grenzen im Osten. Schließlich lag die Verführung nahe, die Organisation militärischer Gewalt, solange sie noch intakt war, zur Niederwerfung spartakistischer Unruhen einzusetzen, die hier und da im Reich, auch in Berlin, aufflackerten. Die Volksbeauftragten hatten gelegentlich das Gefühl, auf einem Pulverfaß zu sitzen. Sie waren ohne jeden Übergang an die Schalthebel der Macht gelangt. Ihr Handeln, zumal bei dem mehrfachen Einsatz von Militär, entsprach nicht immer souveräner politischer Überlegung, sondern oft politischer Hilflosigkeit. Im Urteil ihrer Kritiker war diese Differenzierung politischer Motive irrelevant. Weder Ebert noch die übrigen SPD-Beauftragten, unter denen Noske sich den traurigen Namen des 'Bluthunds' zuzog, waren in einer beneidenswerten Lage. Es gab aber an der Wende der Jahre 1918/19 niemanden außer ihnen, der imstande gewesen wäre, die politische Verantwortung in einer revolutionären Situation zu tragen. Gerade bürgerliche Politiker und Beobachter, die einen Durchblick hatten, von Erzberger über Naumann bis zu Wissenschaftlern wie Meinecke, Troeltsch und Weber, waren sich dieser Tatsache voll bewußt.

Schließlich kannte nicht zuletzt Ebert selber seine Verantwortung und die Risiken seiner freiwillig übernommenen Aufgabe. Vor der Reichskonferenz, die die Reichsregierung und die inzwischen neugebildeten Länderregierungen im Kongreßsaal der Reichskanzlei am 25. November vereinte, erklärte er: „Zur Zeit durchleben wir eine grundstürzende Umwälzung Deutschlands. Vier Jahre wahnsinnigen Krieges mit dem Aufgebot der Volkskraft bis zum Äußersten, mit den entsetzlichsten Blutopfern und Zerstörungen an Kulturgütern, haben zu einem völligen Zusammenbruch Deutschlands geführt. . . . Als wir die politische Macht übernahmen, standen wir vor einem Trümmerhaufen. Wir waren nicht im Zweifel über die ungeheuren Schwierigkeiten, denen wir entgegengestellt wurden. Wir waren uns auch der großen Last der Verantwortung bewußt, die uns aufgebürdet worden ist. Unsere Pflicht gegen die Arbeiterklasse und gegen unser Volk gebot uns zu handeln." Das waren ungewöhnliche Worte, keine leere Rhetorik. Als Ziel der neuen Regierung nannte Ebert die „Durchführung und Sicherung der sozialistischen Demokratie" [14].

Ebert kündigte Sozialisierungsmaßnahmen an, warnte aber im selben Atemzug vor überzogenen Erwartungen. Es dürfe nichts geschehen, was letztlich infolge unüberbrückbarer innenpolitischer Spannungen die Einheit des Reichs gefährde: „Nur ein innerlich gefestigtes Deutschland vermag in einheitlichem und geschlossenem Handeln das Unglück zu meistern, das ohne Schuld unseres Volkes über uns alle hereingebrochen ist. Nur so, aber nur so ist es möglich, Deutschland zu retten." [15] Das war nicht nur eine

nationale Sprache, sondern zugleich eine nationale Motivation politischen
Handelns. Sie erklärt die spätere Haltung der sozialdemokratischen Politi-
ker bis zum Sommer 1919, die je nach politischer Couleur von den einen als
Verrat an der Arbeiterklasse, von den anderen als Verrat am deutschen
Volk, schließlich von beiden Seiten als Schwäche verurteilt wurde. Beide
Urteile waren ungerecht. Die Schwäche war nicht zu bestreiten. Aber wer
konnte nach der Katastrophe von einer deutschen Regierung ernsthaft
Stärke erwarten?

Mit der Einberufung der Reichskonferenz zeigte die neue Regierung,
daß sie von Anfang an einen breiten politischen Konsens anstrebte. Tatsächlich wurden Weichen gestellt, ohne daß diese Tatsache von der breiten
Öffentlichkeit voll erkannt wurde. Auf dieser Konferenz konnten auch Solf
und Erzberger für die Außenpolitik und die Waffenstillstandskommission
ihren Bericht abgeben. Solf nutzte die Situation sogar zu einigen kritischen
Bemerkungen zur politischen Lage: Die Revolution drohe zum „Untergang
des deutschen Volkes als Nation und als geschlossene Wirtschaftskraft" zu
führen. Er wolle aber die Revolution nicht anklagen, denn er glaube an eine
„glückverheißende Zukunft" der neuen deutschen Republik.[16] Erzberger
äußerte sich zurückhaltender und berichtete lediglich über den Waffenstillstand. Gegenüber Kritikern verteidigte Ebert die Aufnahme von Solf und
Erzberger in das Kabinett. Sie hätten seit 1917 auf dem Boden der Verstän-
digungspolitik gestanden und sich in ihren jetzigen Ämtern bereits bewährt.
Auch komme man an „Fachministern" in den Reichsämtern nicht vorbei.[17]
Obwohl in der Aussprache die gegensätzlichen politischen Erwartungen
und Ideologien der überwiegend von sozialistischen Vertretern besetzten
Reichskonferenz aufeinanderprallten, war es doch der neuen Reichsregierung gelungen, gegenüber lokalen und regionalen Bewegungen, die teilweise bereits zu einer 'Los-von-Berlin'-Bewegung geführt hatten, die nationale Gesamtverantwortung den Beteiligten sichtbar werden zu lassen. Ein
zweites, weniger beabsichtigtes Ergebnis brachte die Konferenz zustande:
die Einsicht in die Realität der föderalen Struktur des Reichs, die offensichtlich ganz unabhängig Bestand hatte, ob Könige, Herzöge, Großherzöge
oder demokratische und sozialistische Regierungen in den einzelnen Ländern regierten.

Nachdem sich der Rätekongreß in Berlin vom 16. bis 21. Dezember, der
sich in der Mehrheit aus Vertretern der MSPD zusammensetzte, für die
Wahlen zur Nationalversammlung und gegen eine Rätedemokratie entschieden hatte, war der Kurs der Regierung Ebert politisch abgesichert. Er
wurde tatsächlich konsequent bis zu dem Zusammentritt der Nationalversammlung am 7. Februar 1919 in Weimar weitergeführt. Die von den SPD-
Politikern betriebene Politik der Mäßigung hatte sich durchgesetzt und
wurde durch das Wahlergebnis, das den Parteien der neuen parlamentari-

schen Demokratie eine Zwei-Drittel-Mehrheit brachte, bestätigt. Aber es gab keine Ruhepause.

Die bürgerlichen Politiker arbeiteten in der Revolutionsregierung aus eigener Überzeugung, keineswegs nur aus Taktik mit. Man war, wie der frühere Nationalliberale Schiffer, überzeugt, daß das gestürzte System nicht zuletzt durch die Haltung Wilhelms II. untragbar geworden war. Immerhin war die bürgerliche Rechte in Deutschland noch entschlossener als die eher vorsichtigen Sozialdemokraten bereit gewesen, die Monarchie fallenzulassen. „Mein Entschluß", schrieb Schiffer später über den Eintritt in die Revolutionsregierung, „war schweren Herzens als ein Kompromiß zwischen politischem Empfinden und schlichtem Pflichtgefühl gefaßt worden. Aber er war, soweit es die Wahl zwischen Monarchie und Republik betraf, richtig. ... Die Sterbestunde der Monarchie hatte geschlagen." [18] Es sei nicht nur das Ende der Hohenzollern gewesen, die Wittelsbacher und die Wettiner, die Habsburger und die Romanows „mußten dran glauben". Es war ein gemeineuropäischer Vorgang, kein deutscher Alleingang. [19]

Die Weimarer Nationalversammlung

Bei den Anhängern der Konservativen, der Vaterlandspartei, den Alldeutschen und den Christlich-Sozialen lösten die ersten Novemberwochen einen Schock aus, sie verstummten. Dieser Zustand dauerte jedoch nicht allzu lange. Bereits Ende November bemühte man sich um die Gründung einer neuen Partei, die unter neuem Namen und unter den neuen Bedingungen die konservative Politik fortsetzen sollte. Der Name 'Deutschnationale Volkspartei' (DNVP) nahm die neuen Gegebenheiten hin. Man hütete sich vor monarchistischen Forderungen. Erst seit den 20er Jahren, nach dem Kapp-Putsch, wurden solche Stimmen wieder lauter. Auch hielt man von Westarp und von Heydebrandt, die als zu rechts galten, zurück. Sie wurden nicht in die Nationalversammlung geschickt. Statt dessen wurden anfangs Gemäßigte wie von Posadowsky und von Kardorff herausgestellt. Man stellte auch weibliche Kandidaten auf, und in der Folgezeit sollte sich zeigen, daß gerade die DNVP von dem neuen Frauenwahlrecht profitierte. Die DNVP-Landtagsabgeordnete von Tiling und die DNVP-Reichstagsabgeordnete Mueller-Otfried leiteten die 'Vereinigung Evangelischer Frauenverbände' in Deutschland. Das betont christlich-nationale Wertbewußtsein wirkte anziehend. Durch die Angestelltengewerkschaft des 'Deutschnationalen Handlungsgehilfenverbands' wurde die soziale Basis, die bisher auf Adel, Landwirtschaft und Beamtenschaft ostelbischer Prägung beruhte, erweitert. Von den etwa drei Millionen Stimmen bei den Wahlen am 19. Januar 1919 kamen zwar immer noch über die Hälfte aus den östlichen Gebieten, aber immerhin fast eine Million aus Mittel- und Westdeutschland, etwa 700 000 aus Süddeutschland und über 150 000 aus Norddeutschland (Hansestädte und Schleswig-Holstein).[20] Die oppositionelle DNVP spielte in der Nationalversammlung keine zentrale Rolle. Zudem war sie noch vergleichsweise gemäßigt. Erst mit dem neuen Programm vom April 1920 knüpfte man wieder an die radikalere Gangart aus der Zeit vor 1914 an und gab sich betont konservativ-monarchisch.[21] Deutschnationale Stimmungen waren auch in den lutherischen Pfarrhäusern der 20er Jahre vorherrschend. 1922 zählte die DNVP 700 000 Mitglieder. Die DNVP ist teilweise mit den katholischen Traditionalisten in Frankreich vergleichbar, die sich 1919 mit den früher von ihnen bekämpften Liberalkonservativen gemeinsam als neue Rechte nach dem Krieg formierten. Das Kriegserlebnis, die nationale Geschlossenheit gegenüber dem früheren Kriegsgegner Deutschland erwies sich dort als ein starkes, bindendes Moment.

Die Liberalkonservativen in Deutschland, die Nationalliberalen, schlossen sich im Dezember 1918 zur 'Deutschen Volkspartei' (DVP) zusammen. Die treibende Kraft war Gustav Stresemann. Anfängliche Überlegungen, mit den Linksliberalen der am 20. November neu gegründeten 'Deutschen Demokratischen Partei' (DDP) zusammenzugehen, scheiterten, da den meisten ehemaligen Nationalliberalen der linke Flügel der DDP, publizistisch vertreten von Theodor Wolff und dem ›Berliner Tageblatt‹, mit seinen Sympathien für die deutsche Revolution zu radikal war. Manche Nationalliberale wie Junck und von Richthofen hatten bereits in den letzten Kriegsjahren mit den Linksliberalen sympathisiert. Ein Zusammenschluß beider liberaler Parteien aber erwies sich als nicht durchführbar. Bei den Januarwahlen ging die DVP einige Listenverbindungen mit der DNVP ein, was dazu führte, daß ihr Wahlergebnis mit 4,4 % und 19 Abgeordneten relativ gering ausfiel. Stresemanns Haltung wurde von der jüngsten Vergangenheit geprägt. Er warf der Linken vor, „daß der Zusammenbruch der Heimat auch den Zusammenbruch der Front herbeigeführt hat, die sich so tapfer hielt. An dieser Zersetzung hat niemand so eifrig mitgewirkt wie das Berliner Tageblatt."[22] Erst recht nach dem Eintritt der DDP Naumanns, Payers und Haußmanns in die Regierung, der DVP in die Opposition im Februar 1919 blieben die beiden liberalen Parteien 'feindliche Brüder'. Die DVP trug nach wie vor nicht nur nationale Züge wie die DDP, sondern ausgesprochen nationalistische Züge. Da auch das Zentrum durch den Eintritt in die Regierung Scheidemanns der Links-Mitte-Koalition beitrat, sah sich die bürgerliche und nationale Rechte von DNVP und DVP mit 63 Sitzen in der Nationalversammlung erstmals in einer oppositionellen Minderheit gegenüber einer demokratischen Regierungsmehrheit von 329 Sitzen (SPD, Zentrum, DDP). Die Rechte teilte die Rolle der Opposition mit der Linken der USPD (22 Sitze).[23]

Die politischen Verhältnisse in der Weimarer Nationalversammlung lagen genau umgekehrt wie in der Abgeordnetenkammer in Paris. Dort vereinte der Block der nationalen Rechten insgesamt 433 der 613 Sitze. Die Regierung Lloyd George in England basierte auf einer liberal-konservativen Mehrheit, die aus den Wahlen Ende 1918 hervorgegangen war. Die Weimarer Nationalversammlung war damals das demokratischste Parlament Europas. Aber es stand relativ isoliert in der europäischen Szenerie da. Auch war mit Scheidemann zum ersten Mal ein Sozialdemokrat an die Spitze einer europäischen Regierung gekommen.[24] Es war nicht zu erwarten, daß dieser Regierung aus den westeuropäischen Ländern ein freundlich-milder Wind entgegenwehen würde. Klassengegensätze waren nicht nur in Deutschland ein bestimmender Faktor der Politik.

Das Zentrum erzielte bei den Januarwahlen 1919 19,7% der Stimmen und 91 Sitze. Anders als die DDP, die mit 18,5% 75 Sitze erreichte, hatte das Zentrum während des Wahlkampfs die SPD ideologisch entschieden bekämpft. Gemeinsamkeiten bestanden in der kritischen Bewertung der jüngsten Vergangenheit. Zudem dachte man im Zentrum über die Frage der Regierungsbeteiligung äußerst nüchtern. In einem ausführlichen Schreiben vom 24. Februar an den päpstlichen Nuntius Pacelli begründete Erzberger den Eintritt seiner Partei in die Regierung mit wichtigen außen- und innenpolitischen Gründen. Durch den Beitritt sei eine Zwei-Drittel-Mehrheit in der Nationalversammlung erreicht, die nach außen Stabilität verbürge. Noch gravierender waren die innenpolitischen Gründe: „Würde das Zentrum in die Opposition gegangen sein, so würde das neue Kabinett auf sehr schwankendem Boden stehen. Die parteipolitischen Kämpfe würden sehr scharf werden. Unser Land käme nicht zur Ruhe . . . Die Nationalversammlung würde bald zur Ohnmacht verurteilt werden und das Land der Anarchie zum Opfer fallen." Auch ermögliche der Eintritt einen wirksameren Schutz der Katholiken und einen Einfluß auf die Ausgestaltung des Verhältnisses von Kirche und Staat.[25] Es wird leicht übersehen, daß der Eintritt des Zentrums die Bildung einer starken demokratischen Regierung ermöglichte: Auch das gehört in die Geschichte des deutschen Konservatismus.

Katholiken, Linksliberale und SPD hatten diese Koalition bereits in dem Bündnis der Reichstagsmehrheit und im Kabinett Max von Baden vorbereitet. Lediglich der Form halber hatten die Sozialdemokraten bei der USPD wegen eines Eintritts in die Regierung angefragt. Deren Absage war in die Anfrage miteinbezogen gewesen. Das Zentrum als Regierungspartei der Kaiserzeit und sein bürgerlicher Zuschnitt brachten ein starkes Moment politischer Autorität. Aber es war zunächst nur ein Zweckbündnis. Dabei dachten Erzberger und der linke Flügel des Zentrums, der durch die Revolution erstarkt war, an dauerhafte Bindungen. Ein Bündnis mit den Sozialdemokraten war nicht nur national verantwortungsbewußt, es versprach

auch dem Zentrum viele Vorteile. Es war nach wie vor eine konfessions-
bewußte, aber keineswegs eine weltfremde Partei. Es kam eben darauf an,
sich mit den Sozialdemokraten, deren Wahlerfolg niemand bestreiten
konnte, zu arrangieren. Grundsätze hin, Grundsätze her – die deutsche
Situation war nun einmal so.

Mit der späteren Abtrennung des bayerischen Flügels als 'Bayerische
Volkspartei' – hier schlug die föderale Struktur der Weimarer Republik erstmals durch – mußte das Zentrum aber eine empfindliche Einbuße hinnehmen, selbst wenn man – jedenfalls anfangs – meist zusammenging. Bereits
hier stellte sich die Frage, ob die Konfession auf die Dauer noch ein verbindendes Moment war. In den Revolutionstagen hatten die schulpolitischen
Ankündigungen des preußischen USPD-Kultusministers Hoffmann über
die Einschränkung des Religionsunterrichts helle Empörung in katholischen Gebieten, besonders im Rheinland und in Westfalen, ausgelöst und
darüber hinaus separatistische Strömungen entstehen lassen. Auch wurden
Forderungen nach einer westdeutschen Republik (innerhalb des Reichs)
laut: ein Land, das in etwa dem späteren Nordrhein-Westfalen entsprochen
hätte. Zu dieser Zeit wurde der Kölner Oberbürgermeister Konrad Adenauer erstmals eine bekanntere Figur. Es waren vor allem die Sozialdemokraten, auch die rheinischen Sozialdemokraten, die sich vehement für die
Reichseinheit einsetzten. Sie waren überhaupt die einzige wirklich nationale und demokratische Partei. Man kann das nicht nur in den Debatten der
nationalen, sondern auch der Länder- und lokalen Parlamente verfolgen.
Sozialdemokraten waren nicht nur solidarisch untereinander, sondern auch
treue Männer ihres Volkes.

Sie waren auch die einzige Partei 1919, die die nationalen Interessen konsequent über die eigenen Partei- und Klasseninteressen stellte und ein
demokratisches, nationalstaatliches Konzept verfolgte: Eben daran ist sie
gescheitert, weil sich mit nationalem Idealismus nicht sämtliche innen- und
außenpolitische Probleme im Nachkriegsdeutschland lösen ließen. Das ist
aber kein Grund, über sie den Stab zu brechen.[26]

Das Zentrum knüpfte wie alle Parteien an die Traditionen aus der kaiserlichen Zeit an. Tatsächlich unterschied sich das Weimarer Zentrum nicht allzusehr von dem kaiserlichen.[27] Wie alle konservativen Parteien profitierte
es von dem Frauenwahlrecht: im Gegensatz zur Linken, die es durchgesetzt
hatte. Der weibliche Anteil unter der Zentrumswählerschaft wird mit 59 %
berechnet, der der DNVP mit 56 %, der der DVP wie der DDP mit 47 %.
Der weibliche Wähleranteil bei den Sozialdemokraten lag bei nur 43 % und
der der Kommunisten bei 37 %.[28] Offensichtlich stellten die Wählerinnen
der Weimarer Republik an alle Parteien recht präzise die Gretchenfrage:
„Wie hast du's mit der Religion?" Das Zentrum wurde eine ausgesprochene
'Frauenpartei', aber anders als bei den übrigen Parteien blieb sein Anteil an

weiblichen Abgeordneten gering. Christine Teusch, die spätere CDU-Kultusministerin von Nordrhein-Westfalen, eine Lehrerin aus Köln, gehörte der Nationalversammlung von Weimar an.

Es wäre etwas naiv, die größeren Parteien, die sich Ende 1918 bildeten – darunter auch die KPD in den letzten Dezembertagen, die noch nicht für die Januarwahlen 1919 kandidierte – ausschließlich nach ihren Programmen zu beurteilen. Die meisten von ihnen waren, wie bereits im Kaiserreich, 'Klassenparteien'. Die sachlichen wie die personellen Verbindungen zu den Gewerkschaften bei der SPD wie zur Industrie bei den bürgerlichen Parteien waren eng. So blieb es bis 1933. Lediglich das Zentrum trug bereits Züge einer 'Volkspartei'. Man machte auch in den Parlamentsdebatten gar keinen Hehl daraus, mit welcher industriellen Seite man sympathisierte. Der Krieg, der automatisch zu einer engen Verflechtung politischer und wirtschaftlicher Interessen geführt hatte, hatte diese Tendenz noch verstärkt. Das war für die neue Parteiendemokratie jedoch nicht unproblematisch, weil dadurch der politische Manövrierraum der Parteien und der Politiker erheblich eingeschränkt wurde. Es fehlten, außer beim Zentrum, die verbindenden Momente. Das Zentrum selbst war trotz seiner Möglichkeit, zwischen den Bürgerlichen und der Sozialdemokratie zu vermitteln, zu schwach, um zu dominieren. So hing alles von der Kompromißfähigkeit der Parteien untereinander ab. Sie wurde bereits im Frühjahr 1919, als die Bedingungen des Friedensvertrags bekannt wurden, auf eine ernste Probe gestellt.

Die Rolle, die der Ruhrindustrielle Stinnes, der sich während des Krieges ein riesiges Wirtschaftsimperium in Mitteleuropa geschaffen hatte, im Umfeld der DVP spielte, ist ausführlich erforscht.[29] Selbst nach dem Krieg versuchte Stinnes, bei den Waffenstillstandsverhandlungen über die deutschen Kohlelieferungen an Frankreich ein kräftiges Wort mitzusprechen, wurde aber dabei von Erzberger gebremst. Das führte gleich zu Beginn der Nationalversammlung zu einer heftigen Kontroverse zwischen dem DVP-Abgeordneten Vögler, einem engen Vertrauten von Stinnes, und Erzberger, wobei erstmals die Frage nach der Schuld an dem Krieg und der Niederlage aufgeworfen wurde. Leidenschaftlich verwahrte sich Erzberger gegen die Anwürfe der Industrie. Unter stürmischem Beifall der Linken wie des Zentrums erklärte Erzberger: „Ihre Herrschaft ist vorüber, glauben Sie mir das. Restlos."[30]

Gegen Ende des Krieges hatte Stinnes versucht, zwischen Industrie und Gewerkschaften eine Kooperation herzustellen, die zu der 'Zentralen Arbeitsgemeinschaft' am 15. November 1918 führte. Erstmals wurden die Gewerkschaften offiziell anerkannt. Der Achtstundentag wurde vereinbart. Die Industriellen wollten mit diesem Entgegenkommen die Gewerkschaftsführer gegenüber der innergewerkschaftlichen Opposition stützen und eine

'Bolschewisierung' der Arbeiterschaft verhindern, gleichzeitig die massive Intervention des Staates in die Wirtschaft während des Krieges beenden und die Autonomie der Wirtschaft wiederherstellen. Darin waren sich beide Seiten im Prinzip einig. Dementsprechend unterstützten die Gewerkschaften nur halbherzig die Sozialisierungsforderungen, wie sie in den Rätebewegungen gestellt wurden. Man war sich darin einig, daß die Wiedereingliederung der heimkehrenden Arbeiter und die Wiederbelebung der Wirtschaft wichtiger waren als grundlegende Veränderungen der Wirtschaftsstruktur. Von der Rechten bis zur gemäßigten Linken verlangte man auch eine Alternative zum Kapitalismus. Die Sozialisierungskommission stellte nach einigen Monaten ihre Arbeit ein. Um so schärfer wurden sozialistische Forderungen in den Spartakusgruppen, aus denen die KPD hervorging, und im linken Flügel der USPD gestellt. Die Radikalisierung gerade der jüngeren Arbeiterschaft im Ruhrgebiet, in Sachsen und einigen größeren Städten war unübersehbar. Sie mißtrauten den Arrangements der alten Parteien mit neuen Namen.[31]

Auch die Nationalversammlung diskutierte ausführlich die Fragen einer möglichen Sozialisierung. Schließlich ging aus diesen Debatten mit Unterstützung des Zentrums und dessen altgedienten Sozialpolitikers, des Geistlichen Franz Hitze, Professor für Christliche Sozialwissenschaften in Münster, das Betriebsrätegesetz von 1920 hervor.[32]

Als Ebert, wenige Tage später zum Präsidenten der Republik gewählt, noch als Volksbeauftragter zur Eröffnung der Nationalversammlung sprach, legte er Wert darauf, die jüngste Vergangenheit zu deuten, um keine Verfälschung der Geschichte aufkommen zu lassen: „Wir haben den Krieg verloren. Diese Tatsache ist keine Folge der Revolution. . . . Es war die Kaiserliche Regierung des Prinzen Max von Baden, die den Waffenstillstand einleitete, der uns wehrlos machte. Nach dem Zusammenbruch unserer Verbündeten und angesichts der militärischen und wirtschaftlichen Lage konnte sie nicht anders handeln. Die Revolution lehnt die Verantwortung ab für das Elend, in das die verfehlte Politik der alten Gewalten und der leichtfertige Übermut der Militaristen das deutsche Volk gestürzt haben. Sie ist auch verantwortlich für die schwere Lebensmittelnot."[33] Außenpolitisch vertrat Ebert eine bewußt nationale Haltung und lehnte Gebietsabtrennungen ab. Die Hoffnungen Eberts, der Sozialdemokraten wie überhaupt aller demokratischen Politiker in Deutschland richteten sich 1919 auf den amerikanischen Präsidenten Wilson, dessen Konzeption zu einer Neuordnung der internationalen Politik man sich weitgehend zu eigen gemacht hatte. „Im Vertrauen auf die Grundsätze des Präsidenten Wilson hat Deutschland die Waffen niedergelegt. Jetzt gebe man uns den Wilsonfrieden, auf den wir einen Anspruch haben", erklärte Ebert. Diese Erwartung sollte sich als illusorisch erweisen. Bereits das Kabinett Max von Baden hatte im Oktober so argumentiert. Tatsächlich kam das erhoffte Bündnis zwischen der aus der Revolution hervorgegangenen deutschen Demokratie und der amerikanischen Demokratie nicht zustande. Es scheiterte nicht zuletzt an der europäischen Interessenlage der britischen Politiker und besonders der Politiker der französischen Rechten. Die einfache Tatsache, daß es in Deutschland inzwischen ein neues politisches System gab, wurde dabei ignoriert. Auch mußte es schwerfallen, der französischen Bevölkerung, die vier Jahre lang gegen die Deutschen gekämpft hatte, klarzumachen, daß gleichsam über Nacht in Deutschland alles anders geworden sei. Darin gaben sich auch die deutschen SPD-Politiker einigen Illusionen hin.

Ebert knüpfte bewußt an die Tradition Weimars, der deutschen Klassik und des deutschen Idealismus an: „Jetzt muß der Geist von Weimar der Geist der großen Philosophen und Dichter wieder unser Leben erfüllen . . . So wollen wir an die Arbeit gehen, unser großes Ziel fest vor Augen, das Recht des deutschen Volkes zu wahren, in Deutschland eine starke Demokratie zu verankern und sie mit wahrem sozialen Geist und sozialistischer Tat zu erfüllen." [34] Wenige Tage später, bei seiner Wahl zum Präsidenten, erklärte Ebert vor der Nationalversammlung: „Ich will und werde als der Beauftragte des ganzen deutschen Volkes handeln, nicht als Vormann einer einzigen Partei. Ich bekenne aber auch, daß ich ein Sohn des Arbeiterstandes bin, des Sozialismus, und daß ich weder meinen Ursprung noch meine Überzeugung jemals zu verleugnen gesonnen bin. Indem Sie das höchste Amt des deutschen Freistaats mir anvertrauen, haben Sie – ich weiß es – keine einseitige Parteiherrschaft aufrichten wollen. Sie haben aber damit den ungeheuren Wandel anerkannt, der sich in unserem Staatswesen vollzogen hat, und zugleich auch die gewaltige Bedeutung der Arbeiterklasse für die Aufgaben der Zukunft." [35] Die Sozialdemokraten hatten in den letzten Monaten, auch unter dem Einfluß der demokratischen Programme Wilsons, die sie aufmerksam registriert hatten, ihre Konzepte modifiziert. Der Akzent ihrer Äußerungen lag weniger auf dem Sozialismus als auf der Demokratie. Es war nicht mehr die kaiserliche Oppositions- oder gar Revolutionspartei. Die Sozialdemokratie ging in die Weimarer Nationalversammlung als eine Partei der Demokratie. Damit war sie prinzipiell zur Kooperation mit anderen – auch bürgerlichen – Parteien bereit.

Der Rechten fiel es erheblich schwerer, sich auf den Boden der neuen Tatsachen zu stellen. Das zeigen die ersten Reden ihrer Fraktionssprecher vor der Nationalversammlung. Dennoch bekundeten die Äußerungen nicht nur des Zentrums, sondern auch der DVP und der DNVP zunächst guten Willen. Die Gewitterwolken zogen erst mit der Zunahme der außenpolitischen Spannungen auf, bis es im Sommer bei den Entscheidungen um den Versailler Vertrag zur Explosion kam, die den anfänglichen Konsens des guten Willens über die Parteigrenzen hinweg zerriß.

In den ersten Reden zur Regierungserklärung Scheidemanns suchten alle Sprecher der bürgerlichen Fraktionen noch nach der richtigen Tonlage. Während sich Sozialdemokraten wie Unabhängige offen zur Revolution bekannten, Naumann für die DDP dank seines rhetorischen Geschicks verbindende und verbindliche Worte fand, bemühten sich Gröber für das Zentrum und Graf Posadowsky-Wehner für die Deutschnationalen – beide traten als ehrwürdige Patriarchen mit wallendem weißen Vollbart auf –, auf mehr oder weniger verschlungenen Wegen die Revolution ungeschehen zu machen oder für vermeidbar zu erklären. Posadowsky-Wehner erinnerte an die große alte Zeit vor dem Krieg, lobte das damalige deutsche Ansehen in aller Welt, die Leistung der deutschen Selbstverwaltung und wehrte die historische Kritik der letzten Monate an Militarismus und der deutschen Schuld am Krieg ab. Die Rede wirkte eher nostalgisch als aggressiv. Etwas schlichter argumentierte Gröber, der die Revolution für überflüssig hielt, an die bereits realisierte Parlamentarisierung und Demokratisierung unter der Oktober-Regierung Max von Badens erinnerte und sich um eine Erklärung bemühte, warum sich das Zentrum bereit gefunden habe, die Demokratie anstelle des Obrigkeitsstaats zu akzeptieren und in die Regierung einzutreten. Der Sprecher der DVP, Rießer, enthielt sich gleichfalls aggressiver Töne und legte – er war von Beruf Bankier – ein ausführliches Bekenntnis zu einer liberalen Wirtschaft ab. Aggressivität entstand eher zwischen den Sozialdemokraten und der USPD, die offen ausgetragen wurde. Die Unabhängigen warfen den Sozialdemokraten, besonders Noske, vor, mit der Unterdrückung aufständischer Arbeiter in die Fußstapfen der alten Gewaltpolitik getreten zu sein. Haase als Sprecher der Unabhängigen empörte sich über die Roheit der Nationalversammlung, die sich von der Ermordung Karl Liebknechts und Rosa Luxemburgs am 15. Januar unberührt zeige. Ton und Stimmungslage der Debattenbeiträge, die Neigung der Redner, sich in Details zu verlieren, entsprachen dem Debattenstil des früheren Reichstags. Da die Redner zunehmend dazu neigten, die Tagespolitik zur Sprache zu bringen, spiegelten die Debatten die politische Gesamtsituation wider.

Die Weimarer Nationalversammlung ist bis heute von Historikern wie Politologen reichlich stiefmütterlich behandelt worden. Es gibt noch immer keine größere wissenschaftliche Studie. Wie man auch die Leistungen beurteilen mag, insbesondere das Verfassungswerk selber, niemand kann bestreiten, daß es sich um den bisher einzigen erfolgreichen Versuch handelt, eine nationale Demokratie mit Hilfe eines demokratisch gewählten Parlaments zu errichten und dieses auf einen breiten nationalen Konsens zu stützen: über die einzelnen Parteien, sozialen Schichten und Klassen hinweg, zudem unter der Voraussetzung der Gleichberechtigung von Mann und Frau. Die Paulskirchenversammlung war ein Männerparlament gewesen.

Sie hatte zudem die von ihr erarbeitete Verfassung nicht einlösen können. Der Parlamentarische Rat brachte mit dem Grundgesetz eine Verfassung zustande, die sich als dauerhafter als die Weimarer erwies. Aber der Parlamentarische Rat war keine Nationalversammlung.

Bereits 1919 vermißte man an der Nationalversammlung den großen parlamentarischen Stil und das Pathos des Neuen. Ihr fehlte der historische Glanz. Bei der Einbringung des Verfassungsentwurfs am 24. Februar 1919 bemerkte Hugo Preuß ironisch: „Es ist richtig: man vermißt – und nicht mit Unrecht, namentlich wenn man den augenblicklichen Zustand vergleicht etwa mit der Stimmung, wie sie in den Anfangstagen der Paulskirche zu Frankfurt am Main herrschte – den großen Schwung der Stimmung; aber übersehen wir doch darum nicht eine Hauptsache: es ist hier in zweimal 24 Stunden die vorläufige Verfassung zustande gebracht worden, etwas, was wir in der deutschen Geschichte noch nicht erlebt haben."[36] Preuß hatte recht.

Die Schwierigkeiten, mit denen man bald konfrontiert wurde, kamen weniger aus den Verfassungsfragen – der Verfassungsausschuß unter seinem Vorsitzenden Haußmann arbeitete sachlich und kontinuierlich, sondern aus den politischen Lasten der Vergangenheit, der Rolle der Reichswehr und der internationalen Situation. Mit dem Gesetz über die 'vorläufige Reichswehr', das hastig verabschiedet wurde, wurde dem durch die Revolution entmachteten Offizierskorps wieder ein gesetzlich geregelter Status zugebilligt. Der neue Außenminister Ulrich Graf von Brockdorff-Rantzau, auf Wunsch der SPD berufen, entwickelte sich bald zum Gegenspieler Erzbergers im Kabinett. Rantzau war eine schwierige und wenig flexible Persönlichkeit. Erzbergers Pragmatismus und Wendigkeit gingen ihm ab. Er übte keinen günstigen Einfluß auf Scheidemann aus und trug wesentlich mit dazu bei, das Kabinett in jene nationalpolitische Versteifung zu treiben, aus der man sich schließlich nur noch durch einen Rücktritt glaubte retten zu können. Auch die DDP nahm in der Debatte über die Friedensbedingungen bald eine unnachgiebige Haltung ein, wodurch die außenpolitische Kompromißfähigkeit der Regierung Scheidemann von Monat zu Monat mehr eingeschränkt wurde. DVP und DNVP, ohne Regierungsverantwortung, konnten das Geschehen gelassen beobachten. Sie gefielen sich bald darin, verbales Öl in das Feuer zu gießen. Scheidemann verstieg sich in der Kundgebung der Nationalversammlung in der Aula der Berliner Universität im Mai zu dem Ausspruch, die Hand müsse verdorren, die den Vertrag unterzeichne. Ebert und Erzberger erwiesen sich als die ruhenden Pole in der ersten Regierungskrise der Republik, obwohl auch sie von Selbstzweifeln geplagt wurden.[37]

Weimarer Koalition

Die Regierungskrise im Juni 1919 wertete die Reichswehr politisch weiter auf. Die Aussage von Groener und Hindenburg, daß eine Wiederaufnahme des Krieges nicht möglich sei, war praktisch ein Politikum, das den demokratischen Politikern die Annahme der für unhaltbar gehaltenen Friedensbedingungen im Juli ermöglichte. Erzberger hatte nüchtern darauf hingewiesen, daß die Alternative zur Nichtunterzeichnung, der Einmarsch der Gegner in Deutschland, Bürgerkrieg und möglicherweise der Zerfall des Reichs sei.[38] Die Mehrheit von Zentrum und Sozialdemokraten stimmte schließlich der Unterzeichnung zu, wobei sie im unmittelbaren Konnex auf Wunsch des Zentrums einen Kompromiß über die Regelung der Beziehungen von Kirche und Staat in der Schulfrage aushandelte, die in den Verfassungstext kam, der wenige Tage später verabschiedet wurde. Der Alltag der Weimarer Demokratie mit seinem dauernden Zwang zu politischen Kompromissen hatte längst begonnen. Die Krisensituation des Sommers 1919 zeigte, daß diese beiden Parteien, die Sozialdemokraten mit dem Rückhalt der Gewerkschaften und das Zentrum mit dem Rückhalt der katholischen Kirche, unfreiwillig zu den Trägern der Demokratie in Deutschland geworden waren. Anders als die flüchtig gewordene DDP konnten und wollten sie sich der politischen Verantwortung nicht entziehen. Die DDP trat auch nicht in das neugebildete Kabinett unter dem sozialdemokratischen Gewerkschaftsführer Gustav Bauer ein, das nur noch von der SPD und dem Zentrum getragen wurde.[39]

Bei den Verfassungsberatungen hatte es sich gezeigt, daß die Parteien der Nationalversammlung trotz ihrer prinzipiellen Ausrichtung zu einem erstaunlichen Pragmatismus fähig waren. Immerhin konnten die Beratungen nach einem halben Jahr abgeschlossen werden. Bei den konkreten Ausformulierungen gewannen die bürgerlichen Parteien durch ihre Juristen und Hochschullehrer einen größeren Einfluß, als es ihrer tatsächlichen Stärke in der Nationalversammlung entsprach. Sozialdemokraten kämpften primär um die Frage der wirtschaftlichen Ausgestaltung des Reichs, insbesondere um die Frage der Sozialisierung. Sie wünschten wegen der politisch-konservativen Vergangenheit der Kirchen, zudem in frischer Erinnerung an ihre politische Haltung während des letzten Krieges, die Beseitigung jeder Form von Staatskirchen. Ein förmlicher Beschluß über die Abschaffung des Adels kam nicht zustande. Statt dessen wurde lediglich der Satz „Adelstitel sind abgeschafft" in die Verfassung aufgenommen, die adelige Namensführung blieb weiter möglich.

Düringer (DNVP), Kahl (DVP), Beyerle und Mausbach vom Zentrum sowie der Stuttgarter Rechtsanwalt Conrad Haußmann (DDP) als Vorsitzender des Verfassungsausschusses formulierten die einzelnen Texte der

Verfassung und traten meist als Berichterstatter im Plenum auf. Breiten Raum nahm für alle Parteien der Rechten, von der DNVP über die DVP bis zum Zentrum, die Frage der künftigen Ausgestaltung der Beziehungen zwischen Kirche und Staat ein. Die Vorstellungen von DDP und SPD liefen auf laizistische Lösungen hinaus. Man fand nicht zuletzt dank der geschickten Vermittlung Naumanns eine Kompromißformel, die die Kirchen als „Religionsgemeinschaften" bezeichnete, ihnen den Status der Körperschaften des öffentlichen Rechts beließ, zusätzliche Staatsleistungen, die teilweise noch aus der Säkularisation von 1803 herrührten, beibehielt und schließlich aufgrund dieses Status das Recht auf Erhebung der Kirchensteuer ermöglichte, wenn die Kirchen bestimmte korporationsrechtliche Voraussetzungen erfüllten. Hinter diesen formalen verfassungsrechtlichen Lösungen stand die Wirklichkeit, daß auch in der Demokratie enge Verbindungen zwischen dem kirchlichen, gesellschaftlichen und politischen Leben bestanden. Die Deutschen waren auch 1919 noch, obwohl die Kirchen wegen ihrer engen Bindung an das von der Revolution hinweggefegte monarchische System an Ansehen verloren hatten, ein frommes Volk. Gerade wegen der ausgeprägten regionalen Verschiedenheiten gab es, genaugenommen, das 'Volk' weithin auch nur in den Kirchen und – mit Einschränkungen – in den größeren Parteien. Dort kam man zusammen. Im übrigen war das 'Volk' der politischen Reden ein relativ abstrakter Begriff. Bindungen und Verbindungen kamen aus der unmittelbaren Begegnung. Kirchengesangbücher geben oft mehr über das deutsche 'Volk' her als politische Texte.

Eine historische Leistung der Nationalversammlung bestand darin, daß sie erstmals so verschiedene Regionen, Parteien, insbesondere aber Konfessionen zusammenbrachte. Gerade von den Beratungen über die Beziehungen von Kirche und Staat ging ein Zwang zu überkonfessionellen und toleranten Lösungen aus. Der katholische Theologe Joseph Mausbach würdigte dies am 17. Juli vor der Nationalversammlung als Berichterstatter zu dem Abschnitt über die Grundrechte: „Es ist eine erfreuliche Tatsache, daß mitten in den Wirren und Gegensätzen unserer Zeit der Verfassungsausschuß seine Arbeiten über dieses Kapitel ohne erhebliche Kämpfe glatt und friedlich in wenigen Tagen erledigt hat (Bravo! bei den Sozialdemokraten). Das ist um so bezeichnender, als der Entwurf der Regierung nur einige allgemeine Grundsätze über die persönliche Religionsfreiheit der Individuen aufgenommen hatte und das ganze Material über die Religionsgesellschaften im Ausschuß selbst erarbeitet worden ist (Bravo! bei den Sozialdemokraten)."[40]
Im Zuge der Beratungen der Grundrechte über die Stellung von Frau und Mann kam man aber nicht über die formale Feststellung der Gleichberechtigung hinaus. Bedenklich, nicht zuletzt unter dem Aspekt des weiteren Verlaufs der deutschen Geschichte, war es, daß die Abschaffung der Todes-

strafe in namentlicher Abstimmung mit 153 gegen 128 Stimmen abgelehnt wurde.[41] In der vorausgegangenen Debatte hatten sich Adelbert Düringer und Wilhelm Kahl gegen die Abschaffung der Todesstrafe ausgesprochen. Düringer erklärte am 16. Juli vor der Nationalversammlung: „Außer dem Herrn Abgeordneten Dr. Sinzheimer sind noch der Herr Abgeordnete Katzenstein und Frau Pfülf in der Kommission für die Abschaffung der Todesstrafe eingetreten. Frau Pfülf möge es mir nicht übelnehmen, wenn ich ihr eine große kriminalistische Erfahrung nicht zutrauen kann. Schon ihre jugendliche Erscheinung spricht dagegen, daß sie große kriminalistische Erfahrungen gesammelt haben könnte. Was Frau Pfülf vorgebracht hat, können Sie in jedem Konversationslexikon lesen, wo die Gründe für und gegen die Todesstrafe erörtert werden. Aber, meine Damen und Herren! Mit Sentimentalität läßt sich diese Frage nicht lösen (Sehr richtig! im Zentrum). Ich erinnere Sie an die entsetzliche Erscheinung des Lustmörders. Wir verlangen den Schutz unserer Kinder und unserer Jugend (Sehr richtig). Wir verlangen ihn gegenüber solchen Auswüchsen der Gesellschaft."[42] Vorsichtiger argumentierte Kahl: „Ich verkenne in keiner Weise den Ernst und Idealismus, der hinter dem Antrage steckt, aber ich glaube, daß Ort und Zeitpunkt für diesen Antrag nicht richtig gewählt sind (Sehr richtig! – Widerspruch links. Zuruf bei den Sozialdemokraten: Wo denn sonst?) . . . Es hat mich immer einigermaßen seltsam berührt, daß der Anspruch eines Schwerverbrechers, wegen Mordes nicht mit dem Tode bestraft zu werden, zu den Grundrechten eines Volkes gehören soll (Sehr richtig. – Zuruf von den Unabhängigen Sozialdemokraten: Eines humanen Volks!)." Er bezweifle nicht die Motive der Antragsteller: „Aber Sie müssen auch das Rechtsgefühl des anderen Teiles des Volkes berücksichtigen (Sehr richtig! rechts), das heute noch einen wertvollen und notwendigen Besitzstand in der Todesstrafe erkennt."[43]

Die Frankfurter Nationalversammlung von 1848 hatte bereits die Abschaffung der Todesstrafe in ihre Verfassung aufgenommen, ausgenommen im Falle des Kriegsrechts und der Meuterei auf See. Das Rechtsdenken der Konservativen des Jahres 1919 entsprach in diesem Punkt eher dem der Konservativen zur Zeit Justus Mösers. Erst der Parlamentarische Rat hat 1948/49 die Abschaffung der Todesstrafe beschlossen. Oskar Cohn (USPD) hielt seinen konservativen juristischen Kollegen in der Nationalversammlung vor: „Ich folge Herrn Dr. Kahl und sage: es ist eine Kulturfrage höchsten Ranges, die wir hier zu lösen haben. Diese Kulturfrage muß anders gestellt und anders gelöst werden in unserer Zeit, wo es sich um die moralische Wiedergeburt eines ganzen Volkes handelt . . . Von diesem Gesichtspunkt aus gilt es die Abkehr von der Gewalt, Abkehr vom Morden, Schutz des Menschenlebens gegen die Todesstrafe."[44] Conrad Haußmann (DDP) erklärte sich grundsätzlich für die Abschaffung, hielt aber der USPD vor:

„Denjenigen gebe ich nicht das Recht, Vorkämpfer für die Abschaffung der Todesstrafe zu sein, welche fortgesetzt an die Gewalt appellieren (Sehr gut! bei den Deutschen Demokraten), welche die bolschewistischen und terroristischen Handgranaten für das beste Mittel erklären, den Staat aufzurichten, welche zu Mord und Gewalttaten übergehen, welche Geiseln erschießen lassen."[45] In einer politisch weniger angespannten Situation als im Juli 1919 wäre vermutlich die Abschaffung der Todesstrafe mit Mehrheit beschlossen worden.

Die Einführung des Art. 48 der Reichsverfassung über die Stellung des Reichspräsidenten und das ihm damit zugebilligte Ausnahmerecht war auch von der bürgerlichen Rechten pragmatisch als ein Notbehelf für kritische Situationen gedacht. Niemand hatte die Absicht, die verfassungsmäßigen Grundlagen für eine autoritäre Staatsführung unter Ausschaltung des Reichstags zu schaffen. An die Möglichkeit der Präsidialregierungen, wie es sie von 1930 bis 1933 geben sollte, hat man damals nicht gedacht.

Wenige Wochen nach der Abstimmung über den Versailler Vertrag konnte die Nationalversammlung mit 262 gegen 75 Stimmen die Verfassung verabschieden. SPD, Zentrum und DDP stimmten zu. Die bürgerliche Rechte von DVP und DNVP lehnte ebenso wie die wenigen Abgeordneten des Bayerischen Bauernbundes und die USPD ab. Die Verfassung war ein Dokument der politischen Mitte. Mit dem Zentrum hatte auch eine der konservativen Parteien zugestimmt. Die Regierung aber bestand jetzt nicht mehr aus drei, sondern nur noch aus zwei Parteien: der rot-schwarzen Koalition von Bauer und Erzberger, von SPD und Zentrum. Während zur gleichen Zeit in England am 19. Juli der 'Peace Day' gefeiert wurde, regierten in Deutschland unter diesem Frieden die früheren 'Reichsfeinde'. Die von Bismarck eingeleitete Phase der deutschen Politik schien beendet.

In dieser Situation begann die nationale Rechte sich wieder auf sich selbst zu besinnen und neue Kräfte zu sammeln. Bereits die Spannungen in der DDP, die zur Ablehnung des Friedensvertrages und zum Austritt aus der Koalitionsregierung geführt hatten, zeigten an, daß in bürgerlichen Kreisen nationalistische Stimmungen wieder erwacht waren. Die Arbeiter-und-Soldaten-Räte waren inzwischen aufgelöst, teilweise unter mehr oder weniger sanftem Druck der Regierung durch den Entzug der Gelder. Die Reichswehr bestand als Berufsarmee weiter. Die erste von einem SPD-Politiker geführte Regierung war zurückgetreten. DNVP und DVP bauten erst jetzt ihre Parteiorganisationen aus und formulierten ihre Programme. Dreiviertel Jahr nach der Revolution wollte man die politischen Karten neu mischen. Es mußte ein leichtes sein, den verantwortungsbewußten Parteien, die dem Friedensvertrag zugestimmt hatten, den 'Schwarzen Peter' zuzuschieben. Selten ist in Deutschland so billig und so primitiv eine parteipolitische Suppe gekocht worden. Nicht der Parteienstaat oder die parlamentarische

Demokratie waren problematisch, wie später die Juristen der deutschen Rechten wie Carl Schmitt und Ernst Forsthoff behaupten sollten, sondern die kleinen Gruppen der National- und Liberalkonservativen, hatten sehr früh begonnen, sie auszuhebeln. Auch dies geschah vermutlich nicht einmal aus der grundsätzlichen Absicht, die Demokratie zu beseitigen, sondern lediglich aus dem parteiegoistischen Interesse, die eigene Wählerbasis in der neuen Demokratie zu verbreitern. Irgendwelche großen Ziele waren damit nicht verbunden.

In den kritischen Wochen vor der Abstimmung über den Versailler Vertrag hatte es in den östlichen Provinzen Preußens, z. B. in Ostpreußen, Westpreußen, Pommern und Schlesien ‚Oststaatspläne‘ gegeben, die von örtlichen Politikern, Verwaltungsbeamten und Generälen systematisch vorbereitet worden waren und auf eine Abtrennung von Preußen und dem Reich und auf einen Sonderkrieg gegen Polen auf eigene Faust hinausliefen. Die Aktionen belasteten die Autorität der preußischen Regierung Hirsch (SPD), die wie die Weimarer Koalition von SPD, Zentrum und DDP gestellt wurde. Nur mit Mühe und mit Unterstützung Groeners hatte man dieses Hasardspiel abwehren können. Aus dieser Oststaat-Aktion im Sommer 1919 entstanden Kontakte, die später beim Kapp-Putsch erneut eine Rolle spielten. Parteipolitisch standen die Initiatoren der DNVP und der DVP nahe. Staatsstreichpläne nationalkonservativer Minderheiten bestanden bereits, als die Verfassung verabschiedet wurde.

Die Spannungen spiegelten sich auch in der kurzen Ansprache wider, die der Reichskanzler Gustav Bauer nach der Verabschiedung der Verfassung hielt und in der er versuchte, an die Gemeinsamkeiten aller Deutschen zu appellieren: „Eine neue Zeit beginnt; möge sie auch eine bessere sein. Heute setzen wir den ersten Fuß wieder auf festen Boden, nach fast fünfjährigem Marsch durch das Meer von Blut und Haß und Entbehrung . . . Nicht einmal in dieser feierlichen Stunde will ich den tiefen Riß zu verhüllen versuchen, der durch das Volk geht. Kriegs- und Friedenserlebnisse haben uns auseinander gebracht; wir stehen in parteipolitischer Gegnerschaft zueinander. Aber, meine Damen und Herren, es ist mir Pflicht und Bedürfnis, heute auch einmal von dem anderen zu sprechen, wir sind auch Landsleute, Blutsverwandte, Deutsche! (Lebhafter Beifall) wir stehen in einer unlösbaren Schicksalsgemeinschaft. Wir könnten gar nicht auseinander, selbst wenn wir wollten (Sehr richtig!), selbst wenn uns der Friedensvertrag nicht wie eine unlösbare Fessel aneinanderschmiedete.“[46]

Eine Woche zuvor war der Riß, von dem Bauer sprach, allen sichtbar geworden. Er ging nicht nur durch die Parteien, er hatte eine historische Dimension: die Wertung der neuen deutschen Demokratie vor dem Hintergrund der jüngsten Vergangenheit. Die Auseinandersetzung war von Angriffen der Deutschnationalen auf Erzberger und die neuen Regierungspar-

teien ausgelöst worden, denen vorgeworfen wurde, durch ihre Haltung
während des Krieges, insbesondere durch die Politik der Friedensresolution
vom Juli 1917, die tatsächlich die Weimarer Demokratie wie die Weimarer
Koalition vorbereitet hatte, die Niederlage im Krieg mit vorbereitet und
politisch verantwortet zu haben. In einer quasi-parlamentarischen Argumentation wurden die jetzigen Regierungsparteien für ein vergangenes Geschehen haftbar gemacht, als sie noch in der Opposition und außerhalb jeglicher
Regierungsverantwortung standen. Es war der Hebel, mit dem die Rechte
versuchte, politisch wieder in der neuen Republik Fuß zu fassen. Die Gemäßigteren in der DNVP wie von Delbrück, Hergt, von Posadowsky-Wehner,
meist frühere Regierungsbeamte, die bei allen Vorbehalten zu einer grundsätzlichen Kooperation bereit waren, auch einer älteren Generation angehörten, wurden allmählich zurückgedrängt. Radikalere Haltungen, die
auch von dem Grafen Westarp, der nicht der Nationalversammlung angehörte, vertreten wurden, kamen seit dem Sommer 1919 zum Zuge. Angesichts der Spannungen, die die öffentliche Meinung spaltete, verlangte
die DDP-Abgeordnete Gertrud Bäumer, die „Überwindung der Zerrissenheit im Innern". Wegen der „Pogromgefahr", die gegenwärtig die weltweite
Politik bestimme, argumentierte sie, sei es „schädlich und unangebracht",
dieser Welt auch noch „dieses Schauspiel" im Innern zu bieten.[47] Sie erhielt
lebhaften Beifall.

Unmittelbar im Anschluß an ihre Rede brachte jedoch der mecklenburgi-
sche Gutsbesitzer und Major der Reserve, der 51jährige Albrecht von
Graefe, die parlamentarische Attacke der DNVP gegen die schwarz-rote
Koalition vor. Seine Sprache war maßlos aggressiv. „Als Opposition haben
wir keine Veranlassung, Ihnen den Rückblick zu schenken. Wir allerdings
wollen uns ansehen, wodurch die jetzige Regierung und ihre unmittelbare
Vorgängerin auf den Platz Bismarcks gekommen sind, um sein Werk zu zerstören (Großer Lärm links). Die Verfassung, mit der Sie die alte Bismarcksche umwarfen, beweist, daß Sie sein Werk zerstören (Sehr richtig! rechts –
Andauernder Lärm links). Wozu der Lärm? Der Kasus macht mich
lachen." Die sozialdemokratische Agitation während des Krieges habe das
Heer zermürbt und den Zusammenbruch herbeigeführt. Der jetzt abgeschlossene Friedensvertrag sei das Debakel und das Ergebnis jener Verstän-
digungspolitik, die die Regierungsparteien 1917 begonnen hätten. „Und
nun stehen die Männer, die die deutschen Truppen, als sie zurückkamen,
mit den Plakaten empfingen: 'Friede, Freiheit, Brot', die von dem großen
Verständigungsfrieden sprachen, vor der großen Pleite ihrer Politik."

Erzberger, auf diese Attacke vorbereitet, konterte mit einer langen Rede,
in der er die Geschichte der deutschen Innenpolitik während des Krieges
abrollen ließ und anhand von Dokumenten das bewußte Kriegstreiben ent-
hüllte. Seine Enthüllungen, die sich auf eigene Erfahrungen stützten, wirk-

ten selbst auf seine eigenen Parteifreunde und die Sozialdemokraten wie ein Schock. Sie zerstörten die Illusionen des Verteidigungskrieges, von der ja selbst Sozialdemokraten bis zu diesem Tage noch nicht ganz abgekommen waren. Die Rede ist neben Erzbergers Rede vor dem Hauptausschuß des Reichstags am 6. Juli 1917 ein Schlüsseldokument der deutschen Parlamentsgeschichte. „Wir nehmen den Kampf auf", erklärte er. „Wir werden den Kampf gegen die Partei, die der Redner heute vertreten hat, mit aller Entschiedenheit und aller Rücksichtslosigkeit im Interesse unseres Volkes führen, weil wir von der Überzeugung durchdrungen sind, daß die Wiederkehr der Elemente, die sich in der Deutschnationalen Partei organisiert haben, den vollendeten Ruin unseres Vaterlandes für alle Zukunft bedeuten würde." [48]

Der Kampf der Demokraten gegen das, was 1933 kam, das zeigt die Rede Erzbergers, begann schon 1919. Aber Erzberger war kein Sozialdemokrat, sondern ein Christlicher Demokrat des Zentrums, insofern auch ein konservativer Politiker. Sein Kampf richtete sich gegen die ewig Gestrigen, die nicht imstande waren, zu lernen und sich neu zu besinnen. „Wenn ich zurückdenke an den November und Dezember, wie in Berlin die konservativen Herren knieschlotternd durch die Straßen wanderten und die Flucht ergriffen . . . und wenn ich daneben halte, daß heute der Abgeordnete von Graefe eine solche Rede überhaupt halten kann, so ist ja das allein schon eine Errungenschaft der Revolutionsregierung. Im Januar hätte der Herr Abgeordnete Graefe nicht den Mut gehabt, in einer öffentlichen Versammlung eine solche Rede überhaupt zu halten." [49]

Deutschland hatte, erklärte Erzberger im historischen Rückblick auf die Frage nach der Schuld am Zusammenbruch, „das können wir heute offen aussprechen", überhaupt keine Regierung, sondern eine Militärdiktatur. „Das ist das Unglück des deutschen Volkes, daß es die Militärs allein herrschen und die Politik der ruhigen Vernunft und der sachlichen Erwägung nicht zu Worte kommen ließ . . . Es herrschte geradezu ein System in Deutschland, daß in dem Moment, wo die Politik sich einmal vorwagte, es immer die allmächtigen Militärs waren, die gegen diese schwache Politik auftraten . . . Das ist die tiefste Wurzel der gegenwärtigen Revolution, das ist ihr Untergrund." [50] Es habe immer wieder Friedensmöglichkeiten gegeben, auch bei den Bemühungen des Präsidenten Wilson 1916 vor der Verschärfung des U-Boot-Krieges. Die deutsche Seite habe jede Friedensmöglichkeit verworfen. Ein entscheidender Punkt sei immer die mangelnde Bereitschaft gewesen, Belgien wieder freizugeben. Die Interessen der rheinisch-westfälischen Schwerindustrie hätten einen Kompromiß in der belgischen Frage unmöglich gemacht. [51] Man habe ständig hinter dem Rücken des Reichstags mit der OHL kooperiert. Erzberger zitierte aus einem Briefwechsel zwischen Ludendorff und Helfferich vom Juli bis Oktober 1917, also unmittel-

bar nach der Verabschiedung der Friedensresolution. „Das ist die geheime
Politik, die hinter dem Rücken des Reichstags und des deutschen Volkes
möglich gewesen ist auf Anleitung und Wunsch der Obersten Heeresleitung
unter Nachgeben der politischen Instanzen . . . Das belgische Problem war
die Hauptursache, warum der Krieg so entsetzlich lange und so furchtbar er-
bittert geführt worden ist, und war ein Hauptgrund dafür, daß das deutsche
Volk in diesem ungeheuren Weltringen zusammengebrochen ist . . . Wie oft
aber hat der Reichstag, wie oft haben Zentrum, Demokraten und Sozialdemokraten von den damaligen Regierungsstellen, immer und immer wieder endlich einmal ein klares Wort über Belgien verlangt. Ist auch nur einmal diesem unserem Wunsch willfahrt worden? Dann kommt heute der
Herr Abgeordnete von Graefe und sagt, die Sozialdemokraten hätten während der ganzen Kriegsdauer in Deutschland regiert . . . Davon hat niemand etwas gemerkt außer dem Herrn Abgeordneten von Graefe."[52]
Erzberger trug seine Enthüllungen breit und in seiner eindringlichen parlamentarischen Rhetorik vor. Die Historiker brauchten noch über vierzig
Jahre, um mit dem Buch Fritz Fischers ›Griff nach der Weltmacht‹ den im
Prinzip gleichen Sachverhalt erneut vorzutragen. Selbst dann, 1961 und danach, gab es Zorn und Entrüstung über diese deutsche 'Nestbeschmut-
zung'. Der Erste Weltkrieg hat nicht nur die deutsche Geschichte des
20. Jahrhunderts geprägt und offenbar als Paradigma für viele weitergelebt,
er hat auch eine kontinuierliche Entwicklung der Parteien blockiert, weil
die politischen Emotionen, die die Kriegspolitik ausgelöst hatten, auf der
bürgerlich-nationalen Rechten wie auf der extremen Linken nie abgebaut
wurden. Diese Tatsache steht auch einer systematischen Analyse der deutschen Parteien und des deutschen Konservatismus im 20. Jahrhundert im
Wege.[53]
Es wäre unrealistisch zu übersehen, daß die deutsche Politik des Jahres
1919 auch an einigen ungelösten praktischen Problemen litt. Es war nicht
gelungen, für ein so großes Land ein klares und übersichtliches Parteiensystem zu schaffen, etwa in zwei oder drei größeren Lagern. Zwar gab es im
Laufe der 20er Jahre Versuche, ähnlich der Entwicklung in Frankreich zwei
größere Lager, ein rechtes, bürgerlich-nationales, und ein linkes um die
SPD zu schaffen. Aber es blieb bei Ansätzen. Die regionalen, konfessionellen und ideologischen Fixierungen, auch die meist sehr lokal und regional
gebundene politische Mentalität der politisch Aktiven stand einem über-
greifenden politischen Denken und Handeln entgegen. Deutschland war
eben nach wie vor ein großes Land, in dem die Regionen, die durch das Wei-
terbestehen von siebzehn Ländern praktisch Verfassungsschutz genossen,
prägend blieben. Sämtliche Parteien waren unter dem Aspekt ihrer Hoch-
burgen Regionalparteien, d. h. auch in bestimmten Regionen praktisch
überhaupt nicht vertreten. Die regionale Prägung selbst der nationalen

Politik mußte zwangsläufig sämtliche politische Entscheidungen beeinflussen. Die nationale Öffentlichkeit, wie sie sich in der Presse darstellte, bot keineswegs ein getreues Spiegelbild der tatsächlich vorhandenen Meinungen und Interessen. Die Tatsache, daß durch die in dem Friedensvertrag verlangten Reparationen der stärkste Sachzwang zu einer einheitlichen nationalen Finanzpolitik ausging, trug nicht gerade dazu bei, einem Land mit einer größtenteils unpolitischen Bevölkerung das Verständnis für die nationalen Probleme zu erleichtern. So wirkte zwangsläufig die Außenpolitik durch die Reparationsforderungen wie ein ständiger Stachel in der deutschen Innenpolitik. Es bedurfte eines hohen Grades an praktischer Vernunft und Standvermögens, an Einsicht und Verantwortungsbewußtsein, um den Versuchungen, die daraus für bürgerlich-nationale Parteipolitik entstanden, zu widerstehen. Abgesehen von den Zentrumspolitikern waren es nur wenige, wie Stresemann auf der bürgerlichen Rechten, die sich den Anforderungen gewachsen zeigten. Der Rückhalt des Zentrums beruhte ähnlich wie bei den Sozialdemokraten darin, daß die Partei traditionell nicht nur eine deutsche, sondern eine europäische Partei war. Sozialdemokratie und Christliche Demokratie waren europäische politische Bewegungen, die im 19. Jahrhundert entstanden waren. Die populäre Kritik an der Demokratie in Deutschland richtete sich dementsprechend gegen die Herrschaft der 'Funktionäre', der 'Kapläne' und der 'Juden'. Sie alle waren, so wollte man es dem nationalen Publikum schmackhaft machen, 'fremdbestimmt'. Sie waren es natürlich auch. Nur war der größere geistige Zuschnitt für das Zusammenleben der Nationen etwas Positives.

Wie tief sozialpsychische Motive in die politischen Haltungen einflossen, belegen die Begründungen, die die bürgerlich-nationale Rechte zur Ablehnung der neuen Verfassung in der Nationalversammlung vorlegte. Adelbert Düringer erklärte für die DNVP: „Wenn die Demokraten die Verfassung 1871 abgelehnt haben, weil sie ihnen nicht demokratisch genug war, lehnen wir diese Verfassung ab, weil sie uns nicht konservativ genug ist. Wir bleiben Anhänger der Monarchie, die republikanische Staatsform wird uns allerdings an der Erfüllung unserer staatsbürgerlichen Pflichten nicht hindern. Wir achten den Willen der Volksmehrheit, der sich für diese Staatsform entschieden hat. Wir wünschen eine Stärkung der Stellung des Präsidenten, der jetzt nur noch ein Dekorationsstück ist. Das Schwergewicht liegt nicht bei ihm, sondern bei den Parteien und Fraktionen. Man brauchte keine Prophetengabe, um vorauszusagen, daß das deutsche Volk sich noch einmal nach dem 'alten Obrigkeitsstaat' zurücksehnen wird."[54]

Für die DVP führte ihr Sprecher Heinze historische Begründungen an: „Der Geist, der in ihr [der Verfassung] vorherrscht, ist der Geist einer extremen Demokratie, und daraus folgt das Bestreben, alles gleichzumachen, daraus folgt ein weitgehendes Mißtrauen gegen die von der Demokratie selbst eingesetzten Gewalten, daraus folgt ein übertriebenes Bestreben nach Popularität und ein Mangel an Sinn für die unbedingten Staatsnotwendigkeiten. Man wirft uns vor, wir hingen zu sehr an der Vergangenheit von 1871. Sie (nach links) hängen an einer Vergangenheit, die weit mehr zurückliegt, an der von 1848, und welcher Geist war es, der die Verfassungen dieser beiden Epochen beherrschte? 1871 war es der Geist der Tat. 1848 war es der Geist der Ideologie und des Theoretisierens. Die neue Verfassung lehnt sich auch im großen wie im kleinen bewußt an die von 1848 an: unsere schwarz-weiß-rote Fahne hat man heruntergeholt zugunsten der schwarz-rot-goldenen, die Beseitigung von Titeln und Orden, die Abschaffung des Adels hat man ausgesprochen. Als ob man organisches Leben durch papierene Paragraphen beseitigen könnte. Man schmäht die Bismarcksche Herrschaft als eine Gewaltherrschaft. Nichts ist falscher als das. Es hat niemals eine Verfassung gegeben, die die lebendigen Organismen des Staatslebens in der Weise zur Entfaltung zu bringen verstanden hat ... Die alte Verfassung hat den Weltkrieg nicht verschuldet, und wenn wir ihn vier Jahre ausgehalten haben, so lag das an der Festigkeit, die sie auszeichnete."

Mit Ausnahme des katholischen Zentrums hatten sich die bürgerlichen Parteien, vor allem die protestantisch geprägte liberal-konservative der DVP und die nationalkonservative der DNVP, noch nicht auf den Boden der neuen Demokratie gestellt. Ihre Linie war nicht nur konservativ, sie war obendrein antidemokratisch. Das unterschied die Rechte in Deutschland von der Rechten in Frankreich und England. Erzberger war der einzige Politiker aus den früheren konservativen Parteien des Kaiserreichs, der sich entschlossen die neue demokratische Lebensform zu eigen gemacht hatte und sie mit neuen Inhalten, auch staatserhaltenden, zu füllen suchte.

Bereits in der Dreierkoalition unter Scheidemann hatte Erzberger eine dominierende Rolle gespielt. Tatsächlich ging die Annahme des Friedensvertrages, was ihm die Rechte ankreidete, wesentlich auf seinen Einfluß als Außenpolitiker zurück. In dem neuen Kabinett Bauer wandte er sich als Finanzminister den innenpolitischen Reformen zu. Sie zielten alle auf eine organisatorische Konsolidierung des Reiches ab. Das galt für die Übernahme der Eisenbahnen durch das Reich, die die neue Verfassung vorsah, die Einführung einer reichseinheitlichen Finanzverfassung, der erstmaligen Schaffung einer Finanzverwaltung des Reiches, die bis dahin von den Bundesstaaten ausgeübt worden war, mit Reichsbeamten und Reichsbehörden in den Ländern, die ein gerechtes und gleichmäßiges Verfahren bei der Einziehung der Steuern sichern sollte. Entscheidend aber war die Zurückdrängung der Länder zugunsten des Reiches, indem seine Finanzreform dem Reich weitgehend das Finanzmonopol sicherte und die bis dahin bestehende regionale und sogar lokale Finanzhoheit wesentlich zurückschraubte. Denn entgegen den Behauptungen des DVP-Sprechers war der Bismarckstaat im Innern ein äußerst schwaches Gebilde gewesen: Die Figur des Kaisers verdeckte die inneren Schwächen dieses Staates nur notdürftig.

Das hatte staatsorganisatorisch durchaus mit zur Auflösung der staatlichen Autorität im Verlauf des Krieges und zur Einrichtung einer Militärdiktatur unter Hindenburg und Ludendorff geführt. Es gab keinen anderen Politiker im Deutschland des Jahres 1919, der sich dieser Tatsache so sehr bewußt war wie Erzberger. In seiner großen Enthüllungsrede am 25. Juli hatte er dies offen ausgesprochen. Aber er war kein Politiker des Klagens, sondern des Handelns. In einer unglaublichen Eile zog er aus seinen Erkenntnissen praktische Konsequenzen. Noch bevor die Nationalversammlung 1919 in die Sommerpause gehen konnte, lag ihr das Konzept der großen Finanzreform vor. Es war von Erzbergers Vorgängern Schiffer und Dernburg vorbereitet worden. Der erfahrene Parlamentarier, der es durch die Ausschüsse und durch die Nationalversammlung brachte, war Erzberger. Nachdem die Sozialdemokraten Ebert in das Amt des Reichspräsidenten gebracht hatten, war Erzberger im Kabinett Bauer mit Abstand der stärkste und erfolgreichste Politiker. Da seine Finanzreform bewußt auf eine stärkere Besteuerung der hohen Einkommen und der Kriegsgewinne ausgerichtet war, realisierte er sozialdemokratische Vorstellungen, die die damaligen SPD-Politiker kaum hätten durchsetzen können. Persönlich brachte ihm dies den schon fast abgrundtiefen Haß der Rechten ein. Der Spruch 'Erzberger – Reichsverderber' war gängige Münze der politischen Umgangssprache. Erzbergers Angriffe auf die Verzahnungen zwischen Industrie und Politik auf der bürgerlichen Rechten während des Krieges wirkten extrem provozierend und lösten maßlose Reaktionen aus. Sozialdemokraten neigten eher zu pauschalen Verdikten des Kapitalismus: sie waren vergleichsweise erträglicher.

Die Notwendigkeit einer neuen Finanzordnung leitete Erzberger aus der neuen Verfassung ab: „Nun ist es anders geworden! Das Reich hat ein anderes Gefüge bekommen. Es ist nicht mehr ein Bundesstaat, der hervorgegangen ist aus der Willenserklärung einer Reihe von Monarchen, sondern es ist ein großer Schritt in der unitarischen Richtung gemacht worden; das jetzige Reich ist ein Werk des Willens des gesamten deutschen Volkes . . . Aus der Umgestaltung der Verfassung aber mußte sich auch eine Verschiebung hinsichtlich der Steuergewalt ergeben. Praktisch waren bisher die Einzelstaaten die eigentlichen Steuersouveräne in Deutschland." [55] In Zahlenrelationen sah das so aus: „Unmittelbar vor dem Kriege hatte das Reich einen Bedarf von 40 Prozent aller Steuereinnahmen, Länder und Gemeinden forderten 60 Prozent. Jetzt steht das Verhältnis nicht nur umgekehrt, sondern man kann etwa sagen, daß 75 Prozent des Steuerbedarfs auf das Reich und 25 Prozent auf Länder und Gemeinden entfallen." [56]

Selbstverständlich war die Stärkung der Zentralgewalt keine persönliche Erfindung Erzbergers. In allen Staaten Europas war während des Krieges der staatlichen Zentrale eine bis dahin nicht gekannte organisatorische Kraft zugewachsen. Allerdings setzte Erzberger diesen Zustand im Blick auf künftige politische Lösungen fruchtbar um. Dabei kam es ihm wesentlich auf die Einebnung gravierender sozialer und regionaler Unterschiede der Vermögens- und Lebensverhältnisse an. Er dachte weit über den Tag hinaus. Sein grundsätzlicher Optimismus sah aber nicht jene wirtschaftlichen Krisenzeiten voraus, die auf die Republik zukommen sollten. So wurden die Gemeinden finanzpolitisch im Zuge dieser Steuerreform regelrecht entmachtet. Jahrelang sollte der Deutsche Städtetag Klage führen. Seit 1929/30 brachen die kommunalen Haushalte unter den ihnen aufgebürdeten Fürsorgelasten praktisch zusammen. Die Republik hatte durch die Finanzreform ihren treuesten Bündnispartnern, den Großstädten, jede finanzielle Flexibilität für Krisenzeiten genommen. Parteipolitisch bewirkte die Finanzreform, daß sich das bayerische Zentrum von der Mutterpartei trennte, sich als Bayernpartei neu konstituierte und in späteren Jahren zunehmend auf Rechtskurs ging. Langfristig zeigte sich aber die Solidität der Erzbergerschen Finanzreform nicht zuletzt darin, daß die 1920 eingeführte Finanzorganisation und das entsprechende Finanzsystem in den Grundzügen in der Bundesrepublik bis zur Gegenwart bestehen.[57]

Während Erzberger mit ungemeiner Zielstrebigkeit und Durchsetzungskraft die Finanzreform in die Wege leitete, setzte die öffentliche Kampagne gegen seine Person ein, die der frühere Staatssekretär des Innern, Karl Helfferich, ein Bankfachmann, hochbegabt und ambitioniert, mit einer Artikelserie in der konservativen ›Kreuz-Zeitung‹ unter der Überschrift ›Fort mit Erzberger!‹ unmittelbar nach der Unterzeichnung des Friedensvertrags startete: „Das ist Herr Erzberger, der während des Waffenstillstands der Entente half, uns finanziell zu knebeln, der unsere Handelsflotte in die Häfen der Entente steuerte! Das ist Herr Erzberger, der uns nach Versailles geführt hat, der während der Friedensverhandlungen den Feinden seine Bereitwilligkeit zu erkennen gab, den Schand- und Knechtschaftsfrieden bedingungslos zu unterzeichnen, der damit die Auslieferung des Kaisers und anderer deutscher Männer auf dem Gewissen hat, der aber in Erkenntnis seines Werkes sich vor der Unterzeichnung seines Friedens zu drücken wußte! Das ist Herr Erzberger, dessen Name trotzdem für alle Zeit mit Deutschlands Not und Deutschlands Schmach unlösbar verbunden sein wird!"[58]

Kein Politiker der Linken wurde mit solcher Aggressivität von der deutschen Rechten als Zielscheibe ihrer Empörung auserkoren wie der Zentrumspolitiker Erzberger. Da Erzberger im Verlauf der letzten fünf Jahre seine politische Haltung grundlegend geändert hatte, fiel es nicht schwer,

Widersprüche in seiner Persönlichkeit aufzuweisen und diese 'auszuweiden'. Dem Steuerreformer wurde Steuerhinterziehung vorgeworfen. Erzberger blieb nichts anderes übrig, als einen Beleidigungsprozeß gegen Helfferich anzustrengen, der mit großem publizistischem Aufwand von Januar bis März 1920 stattfand, zu einer milden Verurteilung Helfferichs führte, ihm jedoch in der politischen Substanz der gegen Erzberger erhobenen Vorwürfe weitgehend recht gab. Darauf trat Erzberger als Finanzminister zurück. Wenige Tage nach der Beendigung des Prozesses ereignete sich der Kapp-Putsch, an dem Helfferich selber nicht beteiligt war.

Die Kampagne gegen Erzberger wurde von einer Kampagne gegen die Auslieferung des Kaisers und der deutschen Kriegsverbrecher begleitet, die der Friedensvertrag forderte. Tatsächlich sind diese Punkte des Vertrages durch eine einvernehmliche Regelung, an deren Vermittlung Erzberger beteiligt war, nie eingelöst worden. Das Ganze war aber publikumswirksam. Hinzu kam die bevorstehende Entlassung von Offizieren im Zuge der vertraglichen Reduzierung des Heeres auf 100 000 Mann. Damit war, schien es, der Stolz der preußisch-deutschen Armee dahin. Mancher Offizier bäumte sich dagegen auf. Außerdem stand die Abtretung der östlichen Territorien an Polen an. All das ließ sich propagandistisch wirksam auswerten. Dabei wurde die aufkommende nationalistische Welle weniger von den in der Nationalversammlung vertretenen Parteien als überwiegend von außerparlamentarischen Kräften geleitet. Nationalistische Stimmungen verbanden sich erstmals mit antidemokratischen Anklagen. Die Haltung der konservativen Parteien, der DVP und besonders DNVP war äußerst ambivalent. Kuno Graf Westarp, der frühere Fraktionsvorsitzende der Deutschkonservativen im kaiserlichen Reichstag, stand im direkten Kontakt zu den Putschisten. Er wurde im Sommer 1920 für die DNVP wieder in den Reichstag gewählt, der an die Stelle der Nationalversammlung trat.

Der Kapp-Putsch vom 13. März erwies sich als klägliches Unternehmen. Immerhin hatten die Putschisten vorübergehend die Reichsregierung wie die Nationalversammlung nach Stuttgart vertreiben können und deren Autorität geschwächt. Der eindrucksvoll befolgte Aufruf zum Generalstreik und die ablehnende Haltung der Beamtenschaft gegenüber der putschistischen 'Regierung Kapp' bewiesen, daß die Mehrheit der deutschen Bevölkerung hinter der Demokratie stand. Politische Gefahren drohten, das wurde auch deutlich, von radikalen Minderheiten und von zahlreichen Unzufriedenen bis hin zu jugendlichen Akademikern, die der Krieg aus der Bahn geworfen hatte. Es waren meist jüngere Menschen, die sich an der Ermordung demokratischer Politiker beteiligten und denen Hugo Haase (USPD), Walther Rathenau (DDP) und schließlich Matthias Erzberger zum Opfer fielen; Erzberger am 25. August 1921 bei einem Spaziergang in der Nähe seines Kurortes im Schwarzwald, zu einem Zeitpunkt, als er die Rückkehr in die Politik vorbereitete. Der SPD-Politiker Philipp Scheidemann hatte ein Attentat knapp überstanden. Die amoralische Welt jener jugendlichen Attentäter, einer verlorenen Generation, hat Ernst von Salomon in seinem autobiographischen Roman ›Die Geächteten‹ verklärt.

Der Verlust an begabten Politikern, den die junge Demokratie erlitt, war enorm. Erzberger dachte damals an eine spätere Kanzlerschaft; Naumann, der im Sommer 1919 starb, hätte zweifellos eine Anwartschaft auf das Präsidentenamt gehabt und in diesem Amt eine vermittelnde Rolle zwischen der Linken und der Rechten spielen können. Das sind Unwägbarkeiten. Sie müssen aber genannt werden, um pauschale Urteile über eine vermeintliche historische Zwangsläufigkeit zu vermeiden, die aus dem tatsächlichen Verlauf einer politischen Entwicklung unbegründet eine historische Gesetzlichkeit konstruieren.

Der Kapp-Putsch hatte die Rechte, insbesondere die politischen Hasardeure in diesem Lager, entlarvt, zugleich aber auch die Autorität der rotschwarzen Koalition von SPD und Zentrum erheblich geschwächt.[59] Innerhalb der SPD begann eine Kampagne gegen den Reichswehrminister Gustav Noske, dem zu Recht mangelnde Wachsamkeit gegenüber dem Offizierskorps vorgeworfen wurde. In Königsberg hatte der sozialdemokratische Oberpräsident Winnig die putschistische Regierung unterstützt. Er wurde amtsenthoben und aus der Partei ausgeschlossen. Die SPD war nach einer Regierungstätigkeit von kaum mehr als einem Jahr bereits politisch verbraucht. Man muß fairerweise sagen, daß die Leistungen, die diese Partei und ihre Politiker vom Herbst 1918 bis zum Sommer 1919 zu erbringen hatten, jedes normale Maß überschritten. Zudem waren sie praktisch unvorbereitet in die Verantwortung getragen worden. Der Heroismus des revolutionären Anfangs vom November 1918 war entblättert. Dies erfuhren die Sozialdemokraten bei den Reichstagswahlen am 6. Juni 1920. Fast erleichtert schieden sie aus der Reichsregierung aus.

Bei diesen Wahlen fiel ihr Stimmenanteil von 11,5 Millionen (im Januar 1919) auf 6,1 Millionen, von 37,9 auf 21,6 %. Dafür gewann die USPD 18 % gegenüber 7,6 % der Stimmen. Erstmals kam die KPD mit 2 % der Stimmen und mit 4 Sitzen in den Reichstag.[60]

Gab es seit 1918 eine politische Theorie der Demokratie oder auch eine Theorie des Konservatismus in Deutschland? Naumann hatte in seiner großangelegten ersten Rede vor der Nationalversammlung am 13. Februar im Rückblick auf die Veränderungen während des Krieges und durch die Revolution Vorstellungen von einer nationalen Demokratie entwickelt, die zwischen der Linken und der Rechten zu vermitteln suchte. Der Kerngedanke war die 'Demokratisierung', die er bereits in seiner Reichstagsrede vom 15. Mai 1917 in die parlamentarische Debatte eingebracht hatte. Naumann verstand es ausgezeichnet, die neue Situation zu interpretieren und zu rechtfertigen. Er erteilte der Monarchie eine Absage: „Durch den Krieg ist die letzte große Probe der Monarchie gemacht worden, und der Befähigungsbeweis der Monarchie wurde nicht geliefert im großen Fegefeuer der Weltgeschichte", hatte er unter dem Beifall der DDP und SPD ausgeführt: „Die Monarchie hat uns nämlich im Krieg nicht die Einheit gebracht. Einheitlicher als wir waren demokratisch eingerichtete Völker . . . Alle die vier Jahre hat ferner die oberste Stelle jenes historische Gefühl nicht gehabt, das ihr sagte, wann der Friede endgültig und unvermeidlich war."[61]

Naumann argumentierte wie immer historisch. Das war überzeugend, aber nicht unproblematisch. Ein demokratischer Staat kann kaum auf eine systematische Legitimierung seiner Aufgaben verzichten. Den handelnden Politikern war dies, das belegen die Parlamentsprotokolle, sehr bewußt. Aber es gab keine Theorie des demokratischen Staats. Max Weber entwarf 1919 in seinem berühmten Vortrag vor Münchner Studenten ›Politik als Beruf‹ einige Maximen für das Handeln von Politikern, darunter die Qualifikationen „Leidenschaft, Augenmaß und Verantwortungsbewußtsein". Damit war aber noch nichts über Inhalt und Aufgaben der Politik gesagt. Es fällt auf, daß die hervorragendsten Verfassungsrechtler der Nationalversammlung Theologen waren, so der evangelische Kirchenrechtler Wilhelm Kahl, der sich in der Nationalversammlung noch für die Beibehaltung der Todesstrafe, in späteren Jahren aber für deren Abschaffung aussprach, und der katholische Moraltheologe Joseph Mausbach. Kahl, der an der Universität Berlin lehrte, verfaßte 1919 eine Schrift ›Die deutsche Kirche im deutschen Staat‹. Mausbach, der an der Universität Münster lehrte, warb auf den Katholikentagen für die Weimarer Verfassung.[62]

Er verteidigte die Demokratie gemeinsam mit Zentrumspolitikern wie Adenauer gegenüber obrigkeitlichen und monarchischen Strömungen, wie sie der Münchner Erzbischof Faulhaber vertrat. Bereits vor dem Ersten Weltkrieg hatte er im deutschen Katholizismus für eine Öffnung gegenüber den Problemen der modernen Gesellschaft und für mehr Liberalität geworben. Es war kein Zufall, daß die theoretische Interpretation der neuen Weimarer Demokratie von Theologen kam. Die Vorstellung von einem unabhängig von historischen Entwicklungen existierenden Gemeinwesen in Deutschland wurde tatsächlich überwiegend in den Kirchen tradiert, eine Entwicklung, die sich seit dem 16. Jahrhundert verfolgen läßt. Das ist auch der tiefere Grund, warum das Verhältnis von Kirche und Staat so intensiv in der Weimarer Nationalversammlung diskutiert wurde. Tatsächlich sind, sowohl in der Weimarer Republik, unter dem Nationalsozialismus als auch nach 1945 bis zur Gegenwart immer wieder wesentliche Impulse des politischen Denkens aus den Kirchen gekommen, weil sie die einzigen großen Verbände geblieben sind, die ein Gefühl nationaler politischer Verantwortung gelehrt haben. Daß sie in ihren Erklärungen bis hin zu Wahlhirtenbriefen zugleich auch an ihre eigensten Belange dachten, belegt nur, daß auch Kirchen in Deutschland nicht weltfremd sind.[63]

Eine systematische Theorie der parlamentarischen Demokratie, wie sie die Politikwissenschaft nach 1945 in Anlehnung an angelsächsische Theorien entwickelte, gab es in der Weimarer Republik nicht, wohl den staatsrechtlichen Kommentar zur Verfassung von Gerhard Anschütz. Auch die Sozialdemokratie entwickelte keine eigene demokratische Theorie. Die führenden Politiker, die dieses Problem kannten, hatten andere Sorgen. In den Schriften der SPD und in ihren Parteitagsbeschlüssen der Weimarer Zeit kursierten immer noch jene meist aus der Vorkriegszeit übernommenen marxistischen Theoreme, die sich gegenüber der täglichen politischen Praxis merkwürdig hölzern und steril ausnahmen. Eine theoriebewußte jüngere Generation wie Theodor Haubach und Carlo Mierendorff ging in späteren Jahren bewußt auf Distanz zu diesen programmatischen Klischees, ohne aber in der Jugendbewegung, von der sie beeinflußt wurde, überzeugende Alternativen zu finden.

Politik konnte, wie das Beispiel Erzbergers zeigte, auch auf Theorie verzichten, wenn die richtige praktisch-politische Einsicht vorhanden war. Das gilt nicht nur für konservative Politiker, sondern allgemein. Theorien allein lösen noch keine Probleme. Aber für die vielen, die der Politik mehr oder weniger passiv gegenüberstanden, zumal für das akademische Publikum, bedurfte es wohl überzeugender Theorien, die die neue Demokratie intellektuell begründeten. Hier klaffte ein Vakuum. Katholische Akademiker mochten im ›Staatslexikon‹ der Görres-Gesellschaft, das – von Hertling begründet – seit 1889 erschienen war, in der fünften fünfbändigen Auflage 1926/32 einen Ersatz finden. Aber im allgemeinen gab es wenig.

In dieser Situation erschien bereits im November 1919 Oswald Spenglers Streitschrift ›Preußentum und Sozialismus‹, die als ein Angriff auf die neue Verfassung und auf den Friedensvertrag gedacht war. Die Argumentation war konfus, aber wirksam. Es ging darin nur um große Dinge: In einer Demokratie geht es meistens nur um kleine. Es war von einer Epoche der Kriege die Rede, von nationalen Schicksalsentscheidungen zwischen den germanischen Rassen, einem metaphysischen Gegensatz zwischen englischer und preußischer Werthaltung. Später wiederholte Spengler diese historisch-politische Philosophie in dem bekannten Buch ›Der Untergang des Abendlandes‹ (1918–22) und in der Schrift ›Jahre der Entscheidung‹ (1933). Hartnäckig betrieb er aus der Studierstube seine metaphysischen politischen Spekulationen, bis er 1933 in ›Jahre der Entscheidung‹ erklärte: „Wir sind in das Zeitalter der Weltkriege eingetreten ... Es bedeutet den Übergang von der Staatenwelt des 18. Jahrhunderts zum Imperium mundi." Gegenüber solchen historischen Schwelgereien 'weißer Revolutionäre' konnten schlichte Formeln wie 'Friede, Freiheit, Brot', wie sie die demokratischen Politiker 1918/19 verkündet hatten, nur als die Kleingeistigkeit des sozialdemokratischen 'Kapitalismus von unten' mit akademischer Verachtung gestraft werden.

Spengler behauptete später, daß mit ›Preußentum und Sozialismus‹ die „nationale Bewegung" ihren Anfang genommen habe. Tatsächlich entwikkelte sich fernab jeder praktischen Politik in den 20er Jahren ein schillerndes Spektrum rechter Ideologien, die unermüdlich die deutsche Identität neu zu stiften suchten und von denen eine suggestive Faszination ausging. Diese Literatur, später als 'antidemokratisches Denken' beschrieben, erfaßte breite Kreise der deutschen Akademikerschaft, die überwiegend der DVP und DNVP nahestanden oder, wenn sie katholisch waren, dem Zentrum, das nicht ganz so anfällig dafür war. Dafür aber entstanden in der katholischen Akademikerschaft andere metaphysisch begründete Theoreme und Reichsideologien, die nicht minder reaktionär waren.

Die Suche der 'verlorenen Generation' nach neuen Wegen und Ausdrucksmöglichkeiten war keine deutsche Sondererscheinung, sondern eine europäische Bewegung. Thomas Stearns Eliot hat die Gefühle dieser Generation in seinem bekannten Gedicht ›The Waste Land‹ poetisch eingefangen. Bei Paul Claudel, François Mauriac, Georges Bernanos in der französischen, bei Gilbert Keith Chesterton, David Herbert Lawrence, Evelyn Waugh in der englischen Literatur spürt man diese Bewegung. Aber in England kannte man auch Akademiker wie John Maynard Keynes und die Theoretiker der 'Fabian Society', deren politisches Denken um die praktischen Probleme der Tagespolitik kreiste. In keinem der großen Industrieländer Europas wurden die Politiker von den Intellektuellen derart im Stich gelassen wie im Deutschland der 20er Jahre. Als man den Fehler in den 30er Jahren wiedergutmachen wollte und die 'nationale Revolution', die 'linken Leute von rechts' unter dem akademischen Fußvolk, aber auch die Hochschullehrerschaft bereit waren, gefangen in der eigenen Verblendung, die Politik zu unterstützen, um Deutschland zu 'befreien', führte diese Aktivität vollends zur Unterstützung politischen Unheils. Erst die Jahre von 1933 bis 1945 brachten die akademische Rechte in Deutschland – viel zu spät – zur Besinnung.[64]

1924 erschien die geistesgeschichtliche Untersuchung ›Die Idee der Staatsräson in der neuren Geschichte‹ des liberalkonservativen Historikers Friedrich Meinecke, der sich als 'Vernunftrepublikaner' zur Weimarer Demokratie bekannte. Unter dem Eindruck der militärischen und nationalistischen deutschen Politik während des Ersten Weltkrieges setzte er sich kritisch mit den Fragen von Macht und Ethik in der Geschichte der Staatstheorie, insbesondere mit der Politik Friedrichs des Großen auseinander. Es war ein Ansatz, den 'Machtstaat' historisch-kritisch zu durchleuchten. Aber Meinecke versuchte, wie in allen seinen Werken bis zum Überdruß, zu 'ver-

stehen'. Er neigte zu historisierender Verschwommenheit. Eine historische
Rechtfertigung und Begründung demokratischer Politik bot das Buch auch
nicht; es repräsentiert, wie Meineckes ›Entstehung des Historismus‹ von
1936 und die nachdenkliche Schrift von 1946 ›Die Deutsche Katastrophe‹,
die Kontinuität historisch-politischen Denkens liberalkonservativer akademischer Kreise über die politischen Krisen der deutschen Geschichte des
20. Jahrhunderts hinweg. Meineckes Werke belegen geradezu klassisch die
Intelligenz und historische Belesenheit, aber auch die unüberwindliche
Enge des politisch-sozialen Horizontes dieses Autors.

Der praktische Alltag der Republik

Die Rätebewegung 1918/19 hatte auf der Rechten von der DNVP bis zum
Zentrum antibolschewistische Strömungen sichtbar werden lassen. 1919
wurde in Berlin eine 'Vereinigung zur Bekämpfung des Bolschewismus' gegründet, die mit Plakaten warb, auf denen vor dem Hintergrund eines Auf-
standes ein mit einem Dolch bewaffneter 'Untermensch' eine fliehende
deutsche Frau von hinten brutal zu erstechen suchte. Hier wurde bereits wie
zunehmend in den 20er Jahren mit werbewirksamen sozialpsychologischen
Mitteln gearbeitet. Von wem die Bedrohung kommen sollte, von innerdeutschen bewaffneten Proletariern oder von außerdeutschen russischen oder
gar asiatischen 'Untermenschen', war aus dem Plakat nicht zu ersehen. Als
die Rätebewegung 1919 abebbte und auch die deutschen Truppen aus dem
Baltikum im Sommer 1919 abgezogen worden waren und offensichtlich weder im Innern noch von außen eine 'bolschewistische Gefahr' bestand, ließ
der Antibolschewismus der Rechten nach. Die Sozialdemokraten standen
seit 1918 allen proletarischen Gewaltaktionen äußerst ablehnend gegenüber, wie die bürgerlichen Parteien lehnten sie den russischen 'Bolschewismus' ab. Die politische Sprache, die beispielsweise Chefredakteur Friedrich
Stampfer im ›Vorwärts‹ artikulierte, war eindeutig „antibolschewistisch".[65]
Es waren die Regierung Scheidemann und der SPD-Reichswehrminister
Noske, die 1919 Arbeiteraufstände mit militärischer Gewalt niederwerfen
ließen, wie auch z. B. die kommunistische Ruhrarmee, die sich nach dem
Kapp-Putsch 1920 gebildet hatte, unter einem SPD-Kanzler bekämpft
wurde. Immerhin zeigte der SPD-Reichstagsabgeordnete Carl Severing,
der spätere preußische und Reichsinnenminister, so viel Fingerspitzenge-
fühl, daß er die Kämpfenden durch Verhandlungen wieder auseinander-
brachte.
    Während die französische Rechte und die britischen Konservativen seit
1918 durchweg eine antibolschewistische Haltung gegenüber dem revolutionären Rußland einnahmen und von 1918 bis 1920 die antirevolutionären

Truppen in Rußland offen unterstützten, war das Verhältnis der deutschen Rechten gegenüber dem neuen Sowjetrußland merkwürdig ambivalent. Die russische Oktoberrevolution war ja nicht ohne indirekte deutsche Unterstützung möglich geworden. Militärs in der Reichswehr sahen die russische Situation häufig aus einer seltsam verengten strategischen Sicht und ganz unpolitisch. So kam es bereits unter dem Zentrumskanzler Wirth 1921 – gegen den Widerstand Eberts – zu ersten geheimen Kontaktaufnahmen mit der Roten Armee, die General Seeckt einleitete.[66] Der deutschnationale Berliner Historiker Otto Hoetzsch, der 1919 in die Redaktion der ›Kreuz-Zeitung‹ eintrat, galt als ausgezeichneter Rußlandkenner.[67] Der 1922 von Rathenau abgeschlossene Rapallo-Vertrag, der wiederum den Vorstellungen des sozialdemokratischen Reichspräsidenten entgegenlief, ging in eine ähnliche Richtung.

Rathenaus innen- wie außenpolitisches Weltbild war vieldeutig. Brockdorff-Rantzau, von 1922 bis 1928 deutscher Botschafter in Moskau, dachte in Vorstellungen einer deutsch-russischen Schicksalsgemeinschaft. Seltsamerweise war die Rechte in Deutschland derart auf ihre nationalen Aversionen gegen Frankreich fixiert, daß sie lieber weltpolitischen Träumen nachhing als, was ja eigentlich näher lag, gemeinsame politische und soziale Interessen mit der bürgerlichen Rechten jenseits des Rheins und jenseits des Kanals zu suchen. Die Borniertheit der europäischen Rechten im nationalen Gegeneinander beruhte allerdings bei allen Beteiligten auf Gegenseitigkeit.[68] So ist die Parallelität der Haltung der deutschen und französischen Rechten im Jahre 1919 geradezu verblüffend: Auf beiden Seiten handelte man aus der gleichen Blindheit und fesselte sich gegenseitig mit langlebigen Fallstricken. Selten ist eine Außenpolitik, selbst von liberal-konservativen Parteien, von derart irrationalen Motiven vorangetrieben worden, die jeder Vernunft einer modernen internationalen Wirtschaftspolitik hohn sprachen. Die Politiker der französischen Rechten, die mit dem Slogan umgingen 'L'Allemagne paiera', waren auch von ihren einsichtigeren britischen und amerikanischen Partnern nicht zu bremsen.[69]

Die Schlingen, mit denen sich die europäischen Länder in Versailles aneinander gefesselt hatten, belasteten nicht nur die jeweiligen Beziehungen der Länder untereinander, insbesondere die deutsch-französischen Beziehungen und das internationale Wirtschaftssystem, sie wirkten auch in regelmäßigen Abständen auf die Innenpolitik, ja selbst auf die inneren Verhältnisse in den bürgerlich-nationalen Parteien zurück, was übrigens weder für ihr politisches Selbstbewußtsein noch für ihre politische Substanz sprach. Der einzige deutsche bürgerliche Politiker, der erfolgreich bis 1929 versuchte, die Interessen der Rechten wie der nationalen Politik überhaupt zusammenzuführen und nach außen zur Geltung zu bringen, war Gustav Stresemann. Er trat nach der Ermordung Erzbergers dessen politische

Nachfolge in den bürgerlichen Parteien an und nahm, wenngleich mit stär-
ker liberalkonservativen Zügen, zahlreiche politische Fäden, die Erzberger
bereits gesponnen hatte, wieder auf, bis schließlich nach seinem Tode 1929
und nach dem Rücktritt des SPD-Kanzlers Hermann Müller (und dessen
Tod 1931) die letzten Politiker, die die deutsche Politik aus dem Krieg in die
Republik übergeleitet hatten, von der politischen Bühne abgetreten waren.
Ebert war bereits 1925 gestorben. Natürlich belasteten diese personellen
Verluste die Kontinuität der deutschen Politik. Man darf diesen Faktor der
Generationenfrage nicht unterschätzen. Politische Systeme steuern sich
nicht von selbst.

Stresemanns Anfänge waren prosaisch.[70] Er hatte mit einer Dissertation
über die ›Entwicklung des Berliner Flaschengeschäfts‹ promoviert und war
damit ganz im häuslichen Rahmen geblieben: der Vater war Bierhändler. Er
durchlief die Ochsentour als Verbandsfunktionär der mittelständischen Industrie und kam 1908 mit 28 Jahren für die Nationalliberalen in den Reichstag. Während des Krieges galt er als der 'Mann Ludendorffs'. Noch 1920
spielte er eine dubiose Rolle im Zusammenhang mit dem Kapp-Putsch.
Nach dem Ausscheiden Erzbergers aus der Politik, dem Erfolg der DVP bei
den Wahlen vom Juni 1920, bei der sie 62 statt bisher 20 Mandate gewann,
weitete sich sein politischer Horizont. Er akzeptierte die Pragmatik der
deutschen Innen- wie Außenpolitik, obwohl auch er immer noch wie viele
andere Politiker der deutschen Rechten gelegentlich zu schwülstigen Formulierungen im Stil deutscher Vereinsreden neigte.

Seine Chance kam, als 1923 der passive Widerstand gegen die gewaltsame
Besetzung des Ruhrgebiets durch französische und belgische Truppen unerwartet die Parteien des Reichstags, von der Rechten bis zur Linken, zeitweilig eine verschworene Gemeinschaft bilden ließ. In der Reichstagsdebatte
vom 6. bis 18. April 1923 trat er im Anschluß an von Rosenberg (Außenminister), Müller (SPD), Marx (Zentrum), Hoetzsch (DNVP), Gothein
(DDP) als Sprecher der DVP auf und begründete in einer äußerst geschickten Rede, in der er die Anregungen seiner Vorredner aufnahm, die Notwendigkeit geschlossenen politischen Handelns hervorhob, die Stärkung der
Regierung forderte. Unter stürmischem Beifall und Händeklatschen auf
den Tribünen erklärte er: „Unsere Aufgabe ist es meines Erachtens, mit
aller Entschiedenheit den Staat, wie er ist, zu stützen, ... und um ihn zu scha-
ren und ihn zu verteidigen, seine Führung zu unterstützen und durch eine
Politik nationaler Besonnenheit, durch Zusammenfassung der Kräfte diejenige Zukunft uns zu sichern, auf der einmal, wenn wir das Reich, den
Staat und die Einheit über diese Zeiten hinweggerettet haben, andere weiter aufbauen werden, die uns dankbarer sein werden, im Rückblick auf das,
was wir ihnen bewahrt haben, als manche Kritiker der Gegenwart, die an
Stelle positiver Mitarbeit lediglich negative Kritik in diesen Zeiten leisten."[71]

Am 13. August beauftragte Ebert den 45jährigen mit der Bildung eines Kabinetts der 'großen Koalition', dem die DVP, die SPD und DDP und das Zentrum angehörten. Zum erstenmal ging die SPD – seit 1922 wieder mit der USPD vereinigt – mit der Partei der Finanz-, der Großindustrie und der Intelligenz eine gemeinsame Regierung ein, die nur bis zum 2. November bestand. Inzwischen war der passive Widerstand, der erhebliche nationale Emotionen ausgelöst hatte, unter der Regierung Stresemann abgebrochen worden, weil die finanziellen Folgen und die Katastrophe der schwindelerregenden Inflation nicht mehr zu verantworten waren. Die Mark konnte stabilisiert werden. Die Regierung zerbrach, als sich das Kabinett weigerte, nach der Absetzung der SPD-geführten Regierung Zeigner in Sachsen mit demselben Mittel der Reichsexekution auch gegen Verfassungsbrüche der bayerischen Regierung vorzugehen. Am 23. November verlor Stresemann, kurz nach dem Zusammenbruch des Hitlerputsches in München, die Vertrauensfrage mit 231 gegen 156 Stimmen. Zu den gegnerischen Stimmen zählte die SPD, die bis 1928 aus der Regierungsverantwortung ausschied. Fünf Jahre lang gab es nur noch Kabinette der Rechten. Stresemann blieb bis 1929 Außenminister. In dieser Zeit leitete er seine Politik der Kooperation mit den westeuropäischen Regierungen ein.

Das außenpolitische Klima war günstig, nachdem 1924 in Großbritannien erstmals ein Labour-Politiker, Ramsay MacDonald, ein Kabinett gebildet und in Frankreich der Linksliberale Édouard Herriot den nationalkonservativen Poincaré abgelöst hatte, unter dessen Regierung die Ruhrbesetzung eingeleitet worden war. Es schien, als würde in die Beziehungen zwischen den westeuropäischen Regierungen mehr politische Vernunft einziehen. In Zusammenarbeit mit dem französischen Außenminister Aristide Briand erreichte Stresemann durch den Locarno-Vertrag eine vertragliche Absprache über die Anerkennung der deutsch-französischen Grenzen und die Aufnahme Deutschlands in den Völkerbund. Um die mißtrauisch gewordenen sowjetischen Politiker nicht zu verprellen, wurde 1926 in dem Berliner Vertrag ein Neutralitätsabkommen mit Sowjetrußland abgeschlossen. Mit dem Dawes-Plan von 1924 und dem Young-Plan von 1928 wurden Verhandlungen von Sachverständigen eingeleitet, die vernünftigere Regelungen in der leidigen Reparationsfrage schaffen sollten. Stresemann und Briand wurde der Friedensnobelpreis verliehen.

Stresemanns Außenpolitik, auch in ihrer vorsichtigen Distanz zu Rußland, lag auf der Linie der Sozialdemokraten, die sie unterstützten. Schwierigkeiten bekam der Parteivorsitzende der DVP aus den eigenen Reihen, die dem scheinbaren Kurswechsel Stresemanns nicht zu folgen vermochten. Außer politischen Gründen kamen die kleinlichen Bosheiten, wie sie in den zwischenmenschlichen Beziehungen sämtlicher Parteien recht ausgeprägt waren, hinzu. Stresemann verfügte über ein enormes Stehvermögen. Zor-

nig hatte er auf einer Fraktionssitzung am 5. November 1923, als die prekäre Aktion gegen Bayern zur Debatte stand, seine Parteifreunde angefah-
ren: „Ich bin das Hundeleben satt – Intrigen der DVP – Stellung des pommerschen Landbundes – Vaterlandsverrat ... Wenn die Banden in Berlin
eindringen sollten – ich gehe nicht nach Stuttgart wie 1920 die Regierung
Bauer während des Kapp-Putsches, dann sollen die mich niederschießen an
dem Platz, an dem zu sitzen ich ein Recht habe."[72] Die politische Kultur
der Weimarer Republik war und blieb rauh.

Kurz vor seinem Tod erreichte Stresemann auf der Haager Konferenz
1929 einen festen Termin für die Rheinlandräumung und damit die Beseitigung eines schmerzenden Stachels im Fleisch der deutschen Rechten. Aber
es gelang ihm nie, in den eigenen Reihen volle Zustimmung zu finden.
„Kampagnen der Verleumdung und Beschimpfung sowie bittere Kämpfe im
Reichstag begleitet den Beginn jeder neuen Phase seiner Politik."[73]

Der Young-Plan, der als wesentlicher Fortschritt für ein Arrangement
über die Reparationen galt, wurde von der sich inzwischen formierenden
'Nationalen Opposition' zum Gegenstand einer innenpolitischen Kampagne gegen alles, was tatsächlich oder vermeintlich links war, gemacht.
Man benutzte dazu das Instrument des Volksbegehrens, das die „demokratischste Demokratie der Welt", wie es 1919 der SPD-Reichsinnenminister
formuliert hatte, auch den innenpolitischen Gegnern, ja Feinden zur Verfügung stellte. Das Volksbegehren geriet in die politischen Turbulenzen, die
die Wirtschaftskrise und das Einsetzen der Massenarbeitslosigkeit 1929
auslösten.

Seit den Wahlen vom Juni 1920 regierten im Reich bis 1928 meist bürgerliche Koalitionen, in denen regelmäßig das Zentrum vertreten war, das
häufig den Kanzler stellte. Den Anfang machte der 68jährige Freiburger
Konstantin Fehrenbach mit einem Kabinett aus Zentrum, DDP und DVP.
Von ihm „ging keine politische Initiative" aus. Fehrenbach machte den Eindruck „eines redlichen, liebenswürdigen alten Mannes, der aber weder
nach eigener Ansicht noch nach dem Urteil anderer, dem Amte des Reichskanzlers gewachsen war"[74]. Sehr früh machte sich auf der deutschen Rechten die Neigung bemerkbar, politische Verantwortung durch Scheinlösun-
gen abzuwälzen: indem man ältere, menschliches Vertrauen erweckende
Persönlichkeiten in die Politik berief, wie 1925 auch bei der Wahl Hindenburgs zum Reichspräsidenten, oder indem man parteilose Fachleute mit
politischen Ämtern betraute, wie 1922/23 während der Kanzlerschaft Wilhelm Cunos und 1925/26 der Kanzlerschaft des früheren Essener Oberbürgermeisters Hans Luther, eines 'bürgerlichen Technokraten'. Bereits das
Kabinett Fehrenbach hatte sich als völlig ungeeignet erwiesen, die Repara-
tionsfragen anzugehen. Es mußte unter zunehmendem außenpolitischen
Druck nach einem Jahr demissionieren. Die von dem 42jährigen Joseph

Wirth, einem Politiker des linken Flügels des Zentrums und früheren Gymnasiallehrer für Mathematik, erneuerte Weimarer Koalition nahm sich zwar sofort der Reparationsfrage an: Dabei ging es um einen Modus der Zahlungen, der die deutsche Leistungsfähigkeit berücksichtigte. Wirth zog sich dadurch freilich das Verdikt eines 'Erfüllungspolitikers' zu. Unter seiner Regie schloß Rathenau 1922 den Rapallo-Vertrag mit Rußland. Wirth hatte die vage Vorstellung, die 'Erfüllungspolitik' im Westen durch eine 'Ostpolitik' gleichsam wettzumachen. Ebert fühlte sich dabei von Wirth hintergangen.[75]

In den folgenden Jahren zählte Wirth gemeinsam mit dem christlichen Bergarbeiterführer Imbusch und dem Gewerkschaftsjournalisten Joos zum linken Flügel des Zentrums, der regelmäßig auf eine Erneuerung der Koalition mit dem Sozialdemokraten drängte, wie sie sich in Preußen bewährt hatte, und mißtrauisch das Liebäugeln des rechten Flügels mit den Deutschnationalen und die Aktivität des christlichen Gewerkschaftsführers Adam Stegerwald beobachtete, dessen Bekenntnis zur Republik vage blieb und der korporativen, nicht demokratischen Zukunftsvorstellungen anhing.[76] Das Zentrum der 20er Jahre war weder eine geschlossene noch eine handlungsstarke Partei. Darin unterschied es sich kaum von den übrigen bürgerlichen Parteien.

Eher zwiespältig als überzeugt entschloß sich das Zentrum 1925, bei der Reichspräsidentenwahl den 62jährigen Parteivorsitzenden und rheinischen Katholiken Wilhelm Marx als Kandidaten in das Rennen zu schicken. Konfessionelle Sympathien und Antipathien spielten mangels anderer klarer Kriterien bei dieser Wahl keine unwichtige Rolle. Daß sich im zweiten Wahlgang auch die Sozialdemokraten hinter Marx stellten, empfanden manche überzeugte Katholiken eher als ein Unglück, weil dies ganz dem offiziellen Selbstverständnis widersprach. In diesem Wahlkampf zog sich Marx die heftige Kritik der Parteilinken zu, weil er Hindenburg praktisch ungeschoren gelassen und nicht einmal dessen mangelnde politische Erfahrung bloßgestellt habe. Dagegen hatten die Anhänger Hindenburgs keine Scheu, dem Zentrum vorzuhalten, sich bei dieser Wahl an die SPD „verkauft" zu haben.[77]

Gelegentlich wurde auch Adenauer als Anwärter für die Kanzlerschaft ins Spiel gebracht, aber er galt als zu selbstbewußt, und Stresemann, der sich während seiner langen Außenministerzeit als der führende Politiker der jeweiligen Kabinette verstand, konnte einen solchen Schritt verhindern. Während sich in den einzelnen Ländern, wie in Preußen unter Otto Braun (SPD), politisch führungswillige Regierungen durchsetzen konnten, blieben die Reichskabinette angesichts der komplizierten Parteikonstellation und der zahlreichen föderalen Probleme geschwächt. Auch war ein Regierungsamt, solange die Reparationsprobleme auf Deutschland lasteten, nicht übermäßig attraktiv.

Zu den Erfolgen der bürgerlichen Regierungen zählte die Einführung der Arbeitslosenversicherung 1927 unter dem Arbeitsminister Heinrich Brauns, einem katholischen Geistlichen des rechten Zentrumsflügels, der wie Stresemann zu den am längsten amtierenden Ministern der Republik zählte. Das System der Arbeitslosenhilfe von 1927 besteht, ebenso wie das Finanzsystem von 1920, in seinen Grundzügen bis zur Gegenwart. Anders als die frühere Erwerbslosenfürsorge beruhte die neue Regelung auf dem Versicherungsprinzip und wurde aus Beiträgen finanziert. Es war 1927 nicht abzusehen, daß drei Jahre später an der Frage der Beitragssätze die Reichsregierung scheitern sollte. Die sozialpolitischen Neuerungen, die mit dem Betriebsrätegesetz von 1920 begannen, waren erheblich. Dazu zählte auch die Neuregelung des Schlichtungswesens, das von der Tarifautonomie ausging. Bei den bürgerlichen Parteien war es das Zentrum, bei dem die Sozialpolitik traditionell zu den Schwerpunkten zählte, das seine Impulse von christlichen Sozialwissenschaftlern wie Franz Hitze, dem 'Volksverein für das katholische Deutschland' und der christlichen Arbeiterbewegung erhielt.

Publizistische Unterstützung erhielten die Sozialpolitiker des Zentrums von der in Dortmund erscheinenden ›Westdeutschen Arbeiterzeitung‹ und der Frankfurter ›Rhein-Mainischen Volkszeitung‹, in deren Redaktion der junge Walter Dirks arbeitete. Der Kreis des Frankfurter Linkskatholizismus wurde von dem Physiker Friedrich Dessauer und dem Frankfurter Stadtpfarrer Jacob Herr in den 20er Jahren ins Leben gerufen. Er versammelte eine jüngere Generation katholischer Schriftsteller und Sozialwissenschaftler. Die Publikationen des Kreises, wie die RMV, erschienen im Verlag Josef Knecht in Frankfurt. Das Buch des Theologen Theodor Steinbüchel ›Der Sozialismus als sittliche Idee‹, aber auch die Nähe der Frankfurter 'Akademie der Arbeit' ließen hier das Konzept eines „Sozialismus aus christlicher Verantwortung" entstehen, das nach 1945 von Walter Dirks und Eugen Kogon in den ›Frankfurter Heften‹ wiederaufgegriffen wurde. Der Kreis pflegte bewußt eine enge Bindung an die katholische Kirche und löste zahlreiche reformerische Impulse aus, die noch Jahrzehnte nachwirkten.[78]

Die 1923 zwangsläufig durch den passiven Widerstand herbeigeführte Mobilisierung öffentlicher Erregung über außenpolitische Fragen schlug sich im Ergebnis der Reichstagswahlen vom Mai 1924 nieder, das das Parteienspektrum verschob: Die DDP erhielt nur noch 5,7% der Stimmen und 28 Sitze, die SPD erreichte nur noch 20,5% und 100 Sitze. Das Zentrum konnte sich mit 13,4% und 65 Sitzen behaupten. Die vom Zentrum inzwischen getrennt agierende BVP erhielt 16 Sitze. Stresemanns DVP hatte mit 9,2% 45 Sitze erreicht und gegenüber 1920 20 Sitze verloren. Die Gewinner waren auf der Rechten die DNVP, die mit 106 Sitzen stärkste Fraktion wurde, und die Deutsch-Völkische Partei, die mit 32 Sitzen (6,5% der Stimmen) mehr Sitze als die DDP bekam. Auf der Linken hatte die KPD das Erbe der 1922 aufgelösten USPD mit 12,6% der Stimmen und 62 Sitzen angetreten.

Erstmals schlug bei dieser Wahl der für die Verhältnisse der Weimarer Republik charakteristische Stadt-Land-Gegensatz unmittelbar im Wahlergebnis durch. Die rechtsradikalen Völkischen erzielten ihre größten Stimmenanteile in den ländlichen Gebieten von Mecklenburg, Franken, Oberbayern-Schwaben, Niederbayern sowie in Thüringen, Merseburg, dem östlichen Niedersachsen und Ostpreußen.[79] Die Wahlen zeigten, wie labil die Parteienlandschaft und wie anfällig die Wählerschaft für die Umsetzung außenpolitischer Beschwörungsformeln im Abstimmungsverhalten war. Das Ergebnis der Wahl war ein Rechtsruck, der erstmals die DNVP in den Vordergrund schob. Da sie sich schwer tat, ein eigenes Rollenverständnis bei der Regierungsbildung und bei den Abstimmungen im Reichstag zu finden, mußte im Dezember 1924 ein zweites Mal zum Reichstag gewählt werden, wobei sich die Parteien der Mitte wieder erholten: Das Zentrum erreichte 69 Sitze (13,6% der Stimmen), die DDP 32 (6,3%), die DVP 51 (10,1%), die BVP 19 (3,8%). Der DNVP verblieben (zusammen mit dem Reichslandbund) 110 Sitze (20,5%). Die SPD wurde mit 131 Sitzen wieder stärkste Fraktion (26%). Sie stellte mit dem schlesischen Abgeordneten Paul Löbe den Reichstagspräsidenten. Die KPD fiel auf 45 Sitze (9%). Die Rechtsradikalen, die sich jetzt Nationalsozialisten nannten, fielen mit 14 Sitzen (3%) wieder zurück. Das Wahlergebnis war zweifellos von der 1924 einsetzenden wirtschaftlichen Stabilisierung beeinflußt. Die innenpolitische Verschiebung zugunsten der Rechten blieb bestehen: die DNVP war Regierungspartei geworden, die SPD blieb bis zur nächsten Reichstagswahl 1928 in der Opposition.[80]

Die Unsicherheit der Rechten zeigte sich daran, daß regelmäßig dem Zentrum und dessen Vorsitzendem Wilhelm Marx die Initiative für die Regierungsbildung zufiel. Die Deutschnationalen scheuten die direkte politische Verantwortung. So kam 1925/26 das Kabinett des Parteilosen Hans Luther zustande. Die Gefahr eines solchen Führungsstils, der alles andere als machtbewußt war, lag in der Vernebelung der Verantwortlichkeit und in der Irreführung der Öffentlichkeit. Es war auch nicht der Führungsstil moderner konservativer Parteien mit einem ausgeprägten Gespür für politische Autorität.[81] Auch kamen die deutschnationalen Politiker überwiegend aus den ländlichen Gebieten, zudem unterstützt von politisch heimatlos gewordenen Militärs, Beamten, Professoren und Geistlichen, die oft große Worte machten, aber seltener etwas zur Sache beitragen konnten. Die Modernität urbaner Lebensverhältnisse lehnten sie aus ideologischen Gründen, obwohl sie von ihr profitierten, ab. Das Parteiwesen lag ihnen im Grunde genommen nicht. Es fehlte ein Sinn für politische Effektivität.

Bevor Paul von Hindenburg als Kandidat für die Reichspräsidentschaft

1925 aufgestellt wurde, gab es ein langes parteipolitisches Vorgeplänkel. [82] DNVP-Politiker hatten sich rechtzeitig über die 1925 turnusgemäß anstehende Wahl Gedanken gemacht, weil sie dem Amt eine wichtige politische Funktion beimaßen. Der Tod Eberts, der sich dort großes Ansehen erworben hatte, führte zu vorgezogenen Wahlen. Im ersten Wahlgang erreichte keiner der von den einzelnen Parteien aufgestellten Kandidaten eine Mehrheit. Es war ein buntes Kandidatenspektrum gewesen. Die Parteien der Weimarer Koalition schlossen sich zu einem 'Volksblock' zusammen, der an den 'Volksbund' von 1917 erinnerte, und benannten Wilhelm Marx als ihren Kandidaten. Seine Chancen waren günstig. Auf der Gegenseite gründeten DVP, DNVP und BVP einen 'Reichsblock' für eine gemeinsame Kandidatur der nationalen Rechten. Ursprünglich war der Duisburger Oberbürgermeister Karl Jarres (DVP) vorgesehen. Seine Kandidatur wurde von der Ruhrindustrie unterstützt; es gab aber erhebliche Zweifel, ob er sich gegen Marx durchsetzen werde.

In dieser Situation kam der Name Hindenburg ins Spiel. Der alte Herr hatte sich in Hannover zur Ruhe gesetzt und eigentlich kein Interesse, eine politische Rolle zu spielen. Er bezweifelte auch, ob er dafür geeignet sei. Die DVP, zumal Stresemann, versuchte, seine Kandidatur zu verhindern, weil auch sie an seinen Fähigkeiten zweifelte und eine monarchistisch-militaristische Signalwirkung im Ausland befürchtete. Daraufhin lehnte Hindenburg eine Kandidatur ab. Schließlich gelang es den DNVP-Politikern, die die DVP überspielten, doch noch, ihn zur Kandidatur zu bewegen. Im übrigen glaubte der 'Reichsblock' bis zum Wahltag nicht an einen Erfolg. Die Wahlstimmung der Rechten war eher gedrückt. Auch war zweifelhaft, ob der Mythos Hindenburgs noch wirksam war. Mit 14 635 000 Stimmen gegenüber 13 751 000 für Marx gewann aber Hindenburg. Da der KPD-Kandidat Thälmann 1 931 000 Stimmen erzielte, bekam Hindenburg eigentlich keine Mehrheit: Jedenfalls waren mehr Stimmen auf seine Gegner insgesamt als auf ihn selbst entfallen.

Nach der Wahl herrschte die Meinung vor, daß die Alternative nicht so zugespitzt gewesen war, wie es anfangs schien. Offensichtlich aber hatten selbst Katholiken, Männer wie Frauen, nicht den Katholiken Marx, sondern den Protestanten Hindenburg gewählt, weil ihnen die Unterstützung von Marx durch die SPD verdächtig erschien. Andererseits hatten sozialdemokratische Wähler offensichtlich nicht Marx gewählt, weil er ihnen während des Wahlkampfes zu behutsam mit dem Gegenkandidaten umging. Die Wahlkampfstrategen des 'Reichsblocks' hatten für Hindenburg, der kaum im Wahlkampf auftrat, das Image des überparteilichen Kandidaten aufgebaut und den Kandidaten der Weimarer Koalition mit dem Bild der Parteizerrissenheit belastet. Unerwartet ging ihre Rechnung auf. Die tatsächlichen politischen Verhältnisse änderten sich nach der Wahl Hinden-

burgs zunächst kaum. Er legte den Eid auf die Verfassung der Republik ab
und war offenkundig willens, sein Amt loyal auszuüben. Seitdem aber standen die Türen im Haus des Reichspräsidenten Politikern der Rechten offen,
die ihnen unter Ebert so gut wie verschlossen gewesen waren. Auch war
erstmals jene demokratische Mehrheit der Nationalversammlung von 1919
von einer nationalen Gegenbewegung geschlagen worden. Die Struktur der
öffentlichen Meinung hatte sich verändert. Zur Schärfung des politischen
Verantwortungsbewußtseins der Rechten trug das aber kaum bei. Innerhalb der DNVP bekämpften sich bald die 'staatstragenden' Politiker und
der antidemokratisch-antiparlamentarische Flügel, der sich seit 1929 zur
'nationalen Opposition' stilisierte. Doch 1925 standen die Zeichen noch
nicht auf Sturm.

Am 16. Dezember deckte Scheidemann in einer aufsehenerregenden
Reichstagsrede die geheime Aufrüstung der Reichswehr auf. Mit großer
Sorge betrachte er – so Scheidemann – die Situation der Reichswehr: „Wir
verstehen es durchaus, daß es Offizieren, die mit ihrem ganzen Fühlen und
Denken in der vergangenen Zeit, in dem früheren System wurzeln, außerordentlich schwer wird, sich in die neuen staatlichen Verhältnisse einzu-
leben." Das Verständnis finde jedoch dort seine Grenze, wo das Verhalten
der Reichswehr zu einer Bedrohung des inneren Friedens und zu einer Ge-
fährdung einer friedlichen Außenpolitik werde. „Eine bewaffnete Macht,
die in ihren wesentlichen Teilen ihre eigene Politik treibt, die der Politik der
Demokratie und des Friedens geradezu entgegengesetzt ist, kann nicht in
dem Zustande, in dem sie sich befindet, erhalten werden."[83] Die Anklage
gipfelte in dem Satz, daß „die Reichswehr sich mehr und mehr zu einem
Staat im Staate entwickelt hat, zu einem Staate, der seinen eigenen Gesetzen folgt und seine eigene Politik treibt"[84]. Scheidemann belegte seine
Behauptungen mit dem Hinweis auf Kontakte der Reichswehr zu paramili-
tärischen rechtsradikalen Organisationen und auf heimliche Kontakte zur
Roten Armee sowie auf die nicht durch den öffentlichen Haushalt gedeckte
Finanzierung aus Mitteln der privaten Wirtschaft.

Es war das erste Mal, daß die Reichswehr in dieser massiven Form öffentlich ins Gerede kam. Die SPD brachte einen Mißtrauensantrag gegen die
Regierung Marx ein, der aus einem ganz anders motivierten Kalkül von der
DNVP mitgetragen wurde und die Regierung zu Fall brachte. Sachlich bewirkte der Vorstoß nichts, statt dessen kam eine neue Regierung Marx unter
Beteiligung der DNVP zustande. Der neue DNVP-Innenminister von Keu-
dell hatte 1920 Verbindung zum Kapp-Putsch gehabt. Seit 1926 war Kurt
von Schleicher an die Stelle Seeckts als Leiter der Wehrmachtsabteilung im
Reichswehrministerium getreten. Als politisch umtriebiger Mann nutzte er
die Chance, enge politische Fäden zum Amt des Reichspräsidenten zu
spinnen. Scheidemanns Warnungen waren berechtigt.[85]

Das neue Kabinett Marx, das schließlich im Januar 1927 zustande kam und dem außer dem Zentrum die DNVP, die DVP und die BVP angehörten, beabsichtigte, ganz andere Probleme als die der Reichswehr zu bewältigen. Starke Kreise des Zentrums drängten seit Jahren darauf, das seit 1920 geplante Schulgesetz fertigzustellen und nach dem Beispiel Bayerns ein Konkordat mit dem Vatikan abzuschließen. Den Zentrumspolitikern ging es darum, wegen ihrer konfessionellen Minderheitensituation ein für allemal die konfessionelle Volksschule gesetzlich abzusichern. Man erwartete von der DNVP mit ihrem betont zur Schau getragenen religiösen Engagement Entgegenkommen. Die Rechnung ging nicht auf. Die DVP wollte nicht in den Geruch kommen, eine 'klerikale' Kulturpolitik zu betreiben. Am ehesten hätten sich die Zentrumspolitiker in dieser Frage möglicherweise, wie das in Preußen geschah, mit der oppositionellen SPD verständigen können. Im Februar 1928 brach das Kabinett an den Meinungsverschiedenheiten zwischen Zentrum und DVP in der Schulfrage auseinander. Stresemann hatte seiner Fraktion Nachgiebigkeit in der Frage des Schulgesetzes empfohlen.

Die Linke innerhalb des Zentrums, als deren Sprecher Wirth auftrat, warf Marx vor, er habe sich wegen der Schulfrage unnötig von der DNVP in ein rechtes Fahrwasser ziehen lassen. Auf dem Dortmunder Katholikentag 1927 hatte Prälat Wilhelm Kaas geäußert, daß sich die katholischen Schulforderungen noch am leichtesten von einer autoritären Regierung einlösen ließen. Marx widersprach ihm: „Für eine katholische Minderheit in einem demokratischen Staat werde es immer Schwierigkeiten geben." [86] Das Zentrum, dessen Wähler- und Mitgliederschaft sich seit 1919 natürlich verändert hatte, war gegen Ende der 20er Jahre nicht mehr die Partei des bewußten demokratischen Engagements Erzbergers aus dem Jahre 1919. Martin Spahn, Historiker, Sohn des langjährigen Zentrumsabgeordneten im Kaiserreich Peter Spahn, war zur DNVP übergetreten, die einen eigenen Katholikenausschuß gegründet hatte. Die DNVP bot aber auch in einer seltsamen Toleranz völkischen Gruppen, die zu einem 'neuheidnischen' Wotanskult neigten, eine Heimstatt an. Überzeugte Demokraten im Zentrum – das war nach wie vor die Mehrheit – hatten sich im 'Reichsbanner Schwarz-Rot-Gold' der Sozialdemokraten zur Verteidigung der Republik gegen rechtsgerichtete Wehrverbände wie den 'Stahlhelm' zusammengefunden.

Die Reichstagswahl im Mai 1928, die unter vergleichsweise normalen Bedingungen durchgeführt wurde, brachten der bürgerlichen Rechten, die sich nicht als besonders regierungsfähig erwiesen hatte, eine Niederlage, und den oppositionellen Sozialdemokraten, aber auch der KPD erhebliche Stimmengewinne. Die DNVP hatte die größten Einbußen. Sie verlor 30 Sitze und kam mit 14,2% auf 73 Sitze. Das Zentrum hielt sich mit 12,1%

und 61 Sitzen. Die DVP verlor an Stimmen und behielt mit 8,7% 45 Sitze. Die oppositionelle DDP blieb bei 4,8% mit 25 Sitzen, die BVP bekam 3,1% und 17 Sitze. Die Sozialdemokraten schnitten mit 29,8% und 153 Sitzen gut ab, die KPD kam auf 10,6% mit 54 Sitzen. Die Abgeordneten der KPD ergingen sich in einer aggressiven Sprache, wie später auch die Nationalsozialisten: eine Sprache, die das Parlament in den sechzig Jahren seines Bestehens seit 1871 noch nicht gehört hatte. Die radikale Sprache der KPD war nicht immer ohne Witz, doch die pauschal verdammende aggressive Tonlage war vorherrschend. Die Schwäche der bürgerlichen Rechten, der es nach der Hindenburg-Wahl von 1925 nicht gelungen war, das politische Handeln zu konzentrieren, zeigte sich daran, daß bei dieser Wahl erstmals kleinere Parteien in den Reichstag kamen, wie die 'Wirtschaftspartei', die Christlich-nationale Bauern- und Landvolkspartei und die 'Bauernpartei'. Diese kleineren Parteien zogen auch in die Kommunalparlamente und Landtage. Im Preußischen Landtag, der am gleichen Tag gewählt wurde, konnten sich die Parteien und die Regierung der Weimarer Koalition behaupten. Hier erreichte das Zentrum 1929 das 'Preußenkonkordat', das sie für das Reich vergeblich in einer bürgerlichen Regierung angestrebt hatte. Preußen hatte nicht nur eine Regierung der linken Mitte, es war auch das am besten regierte Land der Weimarer Republik.[87]

Der Wahlkampf von 1928 war von allen Seiten verbissen geführt worden. Man tat sich schwer, moderne massenwirksame und griffige Wahlparolen zu finden. Aus Randfragen machte man Grundsatzfragen. Dies entsprach wohl einer deutschen Grundhaltung. Die SPD hatte mit dem Slogan 'Keine Panzerkreuzer, sondern Kinderspeisung' gekämpft, was gut gemeint, aber nicht ganz überzeugend war. Unter dem bereits erkrankten Hermann Müller, der als solider und vertrauenerweckender Politiker galt, fand sie sich mit der DVP, der DDP und dem Zentrum zu einer großen Koalition zusammen. Die oppositionelle DNVP entschloß sich, einen radikaleren Kurs einzuschlagen.

Im Zentrum kam es 1928 zu einem Führungswechsel. Wilhelm Kaas wurde zum Parteivorsitzenden, ein Jahr später Heinrich Brüning, der dem Reichstag seit 1924 angehörte, zum Fraktionsvorsitzenden gewählt. Bei der DNVP verband sich der Führungswechsel mit einem Richtungskampf. Im Oktober 1928 löste Alfred Hugenberg Kuno von Westarp als Parteivorsitzenden ab. Die rechten Rebellen hielten den Gemäßigten das schlechte Wahlergebnis vor. Hugenberg trimmte seine Partei auf einen rechtsradikalen Kurs und suchte in der 'nationalen Opposition', der 'Harzburger Front' eine Verbindung mit den außerparlamentarischen Kräften wie dem 'Stahlhelm' bis hin zu den Nationalsozialisten herzustellen. Aus Protest legte Westarp 1929 den Vorsitz der Reichstagsfraktion nieder. Die DNVP war gespalten. Hugenberg, der über den Scherl-Konzern einen Teil der Massen-

presse beherrschte, unterstützte seit 1929 das Volksbegehren gegen den
Young-Plan, das zu einer ausgesprochen nationalistischen Hetzkampagne
entartete und verheerende Folgen zeitigte.

Das Kabinett Müller, das keinen schlechten Start gehabt hatte, scheiterte, als die Bewältigung der über Nacht ins Riesige angewachsenen Probleme der Wirtschaftskrise anstanden, an dem extremen Partikularismus
der Interessen der Parteien, vor allem der SPD und der DVP. Persönliche
Umstände kamen hinzu. Stresemann starb 1929 nach längerer Krankheit.
Damit fehlte der Politiker, der die DVP ständig daran erinnerte, daß Politik
mehr sei als die Vertretung industrieller Interessen. Müller war seit längerem krank und brachte nicht die Kraft auf, seine Fraktion davon abzubringen, in der Auseinandersetzung um die Beiträge zur Arbeitslosenversicherung allein der gewerkschaftlichen Linie zu folgen.

Mit dem Rücktritt Müllers und der Ernennung Brünings zum Kanzler
einer 'Präsidialregierung' kam 1930 ein Verfassungszustand zustande, der
von der Nationalversammlung 1919 nie beabsichtigt gewesen war: die Regierung durch Notverordnungen bei Tolerierung durch das Parlament. Die
Idee einer 'unpolitischen' Regierung war bereits bei den Kabinetten Cuno
und Luther aufgetaucht. Die Gefahr einer Präsidialregierung bestand
darin, daß sich die Institution des Reichspräsidenten zum politischen Angelpunkt und zu einer Art Drehbühne entwickeln konnte, auf der plötzlich Persönlichkeiten agierten, die von niemandem dorthin bestellt waren. Anscheinend hat nicht einmal Brüning, der wie viele andere Politiker der Rechten
eine geradezu neurotische Verehrung vor dem greisen Reichspräsidenten
empfand, sich die Situation bewußtgemacht, für die er sich zur Verfügung
stellte. Die Details der politischen Szene, die auch anders hätten ausfallen
können, sind dabei gar nicht so wichtig. Es bringt auch wenig, obwohl es
naheliegt, im Nachhinein historische Alternativen anzubieten. Die Dinge
liefen in ihrer tatsächlichen Konsequenz mit rapider Schnelligkeit ab.

In den Jahren von 1930 bis 1933 wiederholte sich in der deutschen Politik
jener Vorgang, wie er sich bereits in den Jahren von 1916 bis 1918 abgespielt
hatte: die Aushöhlung jeder verfassungsmäßigen politischen Autorität, sowohl des Parlaments als auch der Regierung. Zugleich trat erneut die Generalität als eine Art Nebenregierung auf und gewannen schwerindustrielle,
großagrarische Interessen, massenwirksam von der Rechtspresse verkauft,
einen bestimmenden Einfluß auf die politischen Abläufe. Die strukturelle
Parallelität der Situation von 1916 bis 1918 und von 1930 bis 1933 ist kaum
zu übersehen. Brüning war zweifellos ein verantwortungsbewußter Politiker, anders als Schleicher und Papen, die ihm jeweils kurzfristig im Kanzler-
amt folgten, als die Drehbühne zu rotieren begann.[88] In eigenartigem
Leichtsinn begab sich Brüning aber, zudem aus idealistischen Motiven, freiwillig in eine gefährliche Lage. Demokratie ist nicht nur eine Frage des

Bekenntnisses, sondern vor allem der Spielregeln, die einzuhalten sind. Brüning war der erste Kanzler der Republik, der diese demokratisch-parlamentarischen Spielregeln aufgegeben hat. Ein erfahrener konservativer Politiker schreibt auch keine Wahlen aus, wie dies Brüning für den September 1930 tat, als die Nationalsozialisten ihren ersten großen Durchbruch schafften, ohne sich zuvor intensiv Gedanken darüber gemacht zu haben, wie die Wahl wohl ausgehen könne.

Unter der Kanzlerschaft Brünings kam 1932, von ihm selber anfangs nur zögernd initiiert, die Wiederwahl Hindenburgs als Reichspräsident zustande: mit Unterstützung der Wählerschaft der früheren Weimarer Koalition, einschließlich der sozialdemokratischen. Der Kandidat Hindenburg wurde im zweiten Wahlgang auf der einen Seite von dem nationalsozialistischen Kandidaten Hitler und auf der anderen Seite von dem kommunistischen Kandidaten Thälmann bekämpft. Bei dieser Wahl am 14. April 1932 erreichte Hindenburg mit 53 % der Stimmen die absolute Mehrheit. Auf Hitler entfielen 35,8 % und auf Thälmann 10,2 %. Wenn man sich nicht auch noch aus der historischen Retrospektive von der suggestiven Faszination der Person Hitlers erfassen läßt, zeigt dieses Ergebnis, daß die Mehrheit der Bevölkerung nach wie vor eine positive, politische gemäßigte Lösung erhoffte, die aus der Krise führen sollte. Wann hatte bis dahin jemand in Deutschland bei einer politischen Wahl schon 19 Millionen Stimmen auf sich vereinen können? Eine stille Hoffnung bei den Linken, daß der Konservatismus doch noch heilende Kräfte entfalten werde? Deutsches Vertrauen auf deutsche Treue?

Eine wirkliche Lösung war es offensichtlich nicht. Wenn Hindenburgs Kandidatur schon 1925 problematisch war, war sie es erst recht 1932. Als erster wurde Brüning desillusioniert. Eineinhalb Monate nach seiner Wiederwahl entließ Hindenburg ohne zwingenden Grund auf eine Intrige Schleichers hin seinen Kanzler, der ihm dieses Wahlergebnis ermöglicht hatte. Die Regierung der Weimarer Koalition in Preußen unter Otto Braun (SPD), die nach den Landtagswahlen im April über keine parlamentarische Mehrheit mehr verfügte, wurde von dem neuen Kanzler Franz von Papen durch einen Staatsstreich amtsenthoben. Die politische Bühne hatte eine Position eingenommen, die bereits jenseits des Feldes lag, das man sinnvoll als politischen Konservatismus bezeichnen kann. Die deutsche Politik gewann erneut, wie bereits im Ersten Weltkrieg, einen merkwürdig inzüchtigen Charakter. Es gab ja nicht nur deutsche Probleme. Die Anstrengungen Erzbergers und Stresemanns, die deutsche Politik in die europäische Politik einzubinden, schienen vergeblich. Der Konservatismus als europäische Tradition politischen Handelns drohte sich wieder in engstirnige Selbstbezogenheit aufzulösen. Anfang der 30er Jahre waren nicht nur die Demokratie, die Republik, die Verfassung gefährdet. Auch die Konservativen waren gefährdet. Sie schienen bereit, jeden Halt, den konservatives Denken und konservative Politik in unumstößlichen Werten, Maßstäben und Bindungen suchen und die dadurch auch die Politik relativieren, aufzugeben. Die Verabsolutierung der Politik und die Legitimierung des Freund-Feind-Denkens in den Schriften Carl Schmitts, die Sucht zur Entscheidung und zur Tat um jeden Preis in den Schriften der 'Konservativen Revolution' von Ernst Jünger und Hans Zehrer bis zu Edgar Jung, Wilhelm Stapel und August Winnig war der intellektuelle Ausdruck dieser destruktiven Tendenzen, die einer pseudo-utopischen Welt des 'Dritten Reichs', wie der Titel eines Buches von Moeller van den Bruck lautete, erwartungsvoll entgegensahen. Stimmen liberalkonservativer Autoren wie die des Bonner Romanisten Ernst Robert Curtius, des Berliner Historikers Friedrich Meinecke und Thomas Manns, die daran erinnerten, daß es außer diesen Eruptionen deutschen Geistes auch noch Traditionen europäischer Geistigkeit gebe, berührten die konservativen Revolutionäre kaum.[89]

VII.
DAS KONSERVATIVE DEBAKEL 1933.
WIDERSTAND GEGEN DEN NATIONALSOZIALISMUS, 1933–1945

1933 beseitigten die Nationalsozialisten nicht nur die Weimarer Demokratie, sondern zugleich die Parteien und die Presse der politischen Rechten. Selbst wenn Zeitungen wie die ›Deutsche Allgemeine Zeitung‹ weiterbestanden, waren sie nicht mehr unabhängig. „Der Elan der Nationalsozialisten fand seine Ergänzung in dem zerrütteten Selbstvertrauen der alten Eliten der Gesellschaft", bemerkt David Schoenbaum. Das Jahr 1918 hatten sie überstanden, nicht aber das Jahr 1933: „Mit ihnen fiel das ganze Gebäude der deutschen bürgerlichen Gesellschaft – die Parteien, die Universitäten und die Kirchen."

Das ist überspitzt formuliert. Denn die Sozialstruktur der deutschen Gesellschaft änderte sich keineswegs von heute auf morgen. Es gab weiterhin freie und akademische Berufe, Geschäftsleute und Industrielle, Offiziere, Lehrer, Geistliche, Angestellte, Handwerker, Groß- und Kleinhändler. Die Kirchen übten weiter ihre Tätigkeit aus. Auch der deutsche Alltag blieb und veränderte sich nur allmählich, so als z. B. bereits am 1. Mai 1933 in zahlreichen Städten Krankenschwestern und Ärzte, Arbeiter und Unternehmer und viele andere geschlossen hinter den Hakenkreuzfahnen marschierten, um dem neugeschaffenen 'Tag der Arbeit' zu huldigen. Politik ist meist eine Sache von Minderheiten. So war es auch nach 1933, wobei allerdings ein massiver Druck von den NS-Organisationen ausging, um sämtliche gesellschaftlichen Schichten politisch zu uniformieren. Es ist erstaunlich, wie bereitwillig sich gerade das Bürgertum kujonieren ließ und die Haltung von Duckmäusern annahm. Max Frischs Stück ›Herr Biedermann und die Brandstifter‹ ist mehr als eine intelligent erfundene Persiflage. Man pflegte die Kumpanei mit den Brandstiftern im eigenen Haus und bewirtete sie zugleich.

Gelegentlich wird leichthin vom 'deutschen Volk' gesprochen, als wenn es wirklich die von den Nationalsozialisten postulierte Einheit gegeben hätte. Die soziale Differenzierung der deutschen Gesellschaft bestand aber weiter: bis 1945 und selbstverständlich darüber hinaus. Zwar war die politische Rechte formell zerschlagen worden. Die Deutschen waren nicht plötzlich alle zu NS-Sprachrohren geworden, sondern hatten eigene Vorstellungen, die teils zustimmend, teils ressentimentgeladen, gelegentlich, wenn auch seltener, ablehnend die Politik der neuen Regierung und ihrer politischen Truppen in den Gemeinden und Städten beobachteten. Die Gleichschaltung erfaßte noch nicht jeden einzelnen in einer nationalen Gesellschaft von 70 Millionen.

Am 31. Januar 1933 notierte Jochen Klepper, Assistent am Berliner Rundfunk, der sich als religiöser Sozialist verstand, allerdings kurz zuvor aus der SPD ausgetreten und eher ein 'konservativer' Schriftsteller war, in seinem Tagebuch: „Hitler ist Reichskanzler. Im Funk müssen wir fast alle mit unserer Entlassung rechnen, obwohl es schon der reaktionäre Rundfunk war." Am 11. Februar lautete seine Eintragung: „Die Arbeitswoche im Funk schloß mit einer dreistündigen Besprechung zwischen allen Leuten der Vortragsabteilung ab. Welch merkwürdige Einheitsfront hat sich jetzt den Nationalsozialisten gegenüber ergeben! Nun gelten wir alle als gleich verdächtig, gleich demokratisch, gleich liberal, gleich kulturbolschewistisch. – Diese 'nationale' Erhebung ist furchtbar." [1]

August Winnig, der zur bürgerlichen Rechten übergewechselte frühere Gewerkschaftsführer, der vor 1933 in Büchern, Broschüren, Leitartikeln für die ›Berliner Börsenzeitung‹ die NS-Ideologie, zumal in seinem Buch ›Vom Proletariat zum Arbeitertum‹, geradezu heraufbeschworen hatte und für viele jüngere Schriftsteller, darunter auch Ernst Jünger, eine Vaterfigur geworden war, wurde einige Monate nach der Regierungsübernahme durch Hitler vorsichtiger in seiner Beurteilung des neuen Systems. Nicht zuletzt stieß ihn der Stil ab. In Potsdam, seinem Wohnort, fand er sich mit einem Kreis älterer konservativer Professoren, Akademiker und leitender Verwaltungsbeamter zusammen. In diesen 'Potsdamer Gesprächen' artikulierte sich aber ein ganz passives Mißtrauen, das sich vornehmlich an dem äußeren Erscheinungsbild des Nationalsozialismus stieß: „Was sich heute als Deutschland darstellt: ich muß mich jedesmal abwenden, wenn es vor meinen Augen auftaucht, etwa diese Buben bei ihrem Exerzieren im Mirbachpark, wo schon der Vierzehnjährige sich als Führer fühlt und die Arroganz herauskehrt, die er den Erwachsenen absieht; oder die Weibsbilder, die rennen wie die Faßbinder, um einen Blick auf ihren Abgott zu erhaschen; oder die Aufzüge der Arbeitsfront, wo die Massen dahinziehen, den Ameisen und Termiten gleich, Wesen ohne Eigenwert, entseeltes Volk in pervertiertem Gehorsam . . . Das ist nicht mehr mein Deutschland." [2] Die Konservativen, als sie spürten, daß sie verdrängt wurden, waren natürlich nicht begeistert. Immerhin fungierte Hindenburg als Reichspräsident bis zu seinem Tod 1934 noch als konservatives Aushängeschild des Ganzen. Das vermittelte bei allem Erschrecken ein wenngleich unbegründetes Gefühl von Geborgenheit. Auch traute man der Reichswehr als einem Garanten der Ordnung, bis nach dem Mord an Schleicher 1934 der erste Schock erfolgte. Seit der Fritsch- und der Blomberg-Krise 1938 erschien älteren Konservativen die Reichswehr als einzig mögliche politische Alternative zu dem NS-System, wenn es denn überhaupt eine gab.

1933 konnten die Nationalsozialisten jedoch noch mit einer breiten Welle konservativer Zustimmung aus dem Offizierskorps und der Generalität, der Industrie, dem Mittelstand, der Universitäten und auch aus den Reihen der Kirchen rechnen. Niemand protestierte gegen das Ermächtigungsgesetz, die Aufhebung der Grundrechte durch die Notverordnung vom 28. Februar, die Auflösung der Gewerkschaften Ende April, die Beseitigung der Parteien im Juni. Zahlreiche Hochschullehrer, bekannte wie der Freiburger Philosoph Martin Heidegger in seiner Rektoratsrede und weniger bekannte, gaben ungebeten in Reden und Schriften wissenschaftlich begründete Zustimmungsadressen. An der Bücherverbrennung am 10. Mai beteiligten sich in den Hochschulorten Studenten, Assistenten und jüngere karrierebewußte Dozenten. Das war mehr als ein symbolischer Akt. Es war zugleich ein Ausdruck der geistigen Verirrung eines sozial verunsicherten Bildungsbürgertums.

Unmittelbar wirkte sich die Einschüchterung des bürgerlichen Milieus in der Verwaltung aus, von der Reichs- über die Länder- bis zur Kommunalverwaltung. Eine Handhabe bot das Gesetz zur 'Wiederherstellung des Berufsbeamtentums', das mit Hilfe teils politischer (antisemitischer), teils 'technischer' Gründe die Absetzung von Beamten, in der Regel durch Versetzung in den Ruhestand, ermöglichte. Die meisten Oberpräsidenten (in Preußen), Regierungspräsidenten, Oberbürgermeister und Bürgermeister, die konservativ oder liberal eingestellt waren, wurden ausgewechselt und durch Parteimitglieder oder 'loyale' Beamte ersetzt, so Adenauer in Köln, Lehr in Düsseldorf und Jarres in Duisburg. Lediglich der deutschnationale Carl Goerdeler in Leipzig konnte sich noch bis 1936 halten. Er und der preußische Finanzminister Johannes Popitz zählten zu den wenigen konservativen leitenden Beamten, die den Umbruch von 1933 politisch überlebten. In der Berliner 'Mittwochsgesellschaft', die von Popitz geleitet wurde, fand diese Gruppe einen politischen Klub zum internen Meinungsaustausch.

In der Kommunalverwaltung betrieben die örtlichen Nationalsozialisten eine regelrechte Beutepolitik, soweit sie nicht von den Aufsichtsbehörden gehindert wurden. 1936 waren 60 % der Stellen der Kommunalverwaltungen in Deutschland von Nationalsozialisten besetzt.[3] An den 23 deutschen Universitäten wurden etwa 15 % des wissenschaftlichen Personals aufgrund des neuen Beamtengesetzes 1933 entlassen.[4] Natürlich wirkten sich solche Maßnahmen auf die Mentalität der Beamten, auch derjenigen mit einer bewußt konservativ-nationalen Haltung, aus. Insbesondere fehlten die für das kommunale bürgerliche Milieu so wichtigen Kommunalparlamente, die sich in der Weimarer Republik zu äußerst debattenfreudigen Gremien entwickelt und ausgiebig selbst die großen Fragen der Nation diskutiert hatten.

Besonders schwierig gestaltete sich die politische Orientierung für die nachwachsende jüngere Generation, der die Verhaltensmuster genommen waren. Der junge Heinrich Böll, in den 30er Jahren Gymnasiast in Köln, dessen Familie den Nationalsozialismus ablehnte, besorgte sich 'oppositionelle' Literatur: die Bücher und Gedichte von katholischen Autoren wie Werner Bergengruen, Gertrud von Le Fort und Reinhold Schneider, die sich politisch alle in einem konservativen Horizont bewegten, wobei ihre gelegentlich etwas dunkle, vage und mit religiösen Bildern durchsetzte Sprache eine sensible Persönlichkeit wie die des jungen Böll sicherlich ansprach. Diese Literatur repräsentierte eine unpolitische kirchengeschichtlich geprägte literarische Welt. Hinzu kamen katholische Autoren wie Gilbert Keith Chesterton und Evelyn Waugh aus England, Paul Claudel und Georges Bernanos aus Frankreich, die den europäischen Katholizismus der 30er Jahre artikulierten.[5] Von Reinhold Schneider las Böll während des Krieges hektographierte Sonette, die damals in Deutschland kursierten.

Im protestantischen Gymnasium Johanneum in Hamburg, das Walter Jens, damals 'Hitler-Junge', besuchte, war es schwieriger, oppositionelle Literatur aufzutreiben. Deutschlehrer zogen gelegentlich Fontane nationalsozialistischen Autoren wie Baldur von Schirach vor. Immerhin fand sich auch hier ein Studienrat, der den jungen Jens nachhaltig über die Liederlichkeit und Verlogenheit der Produkte der nationalsozialistischen Alltagskultur aufklärte.[6]

Nach der anfänglich breiten Welle der Zustimmung, die 1933 Hochschullehrer aller Fachrichtungen, nicht zuletzt die der Geisteswissenschaften und Theologie, erfaßte und sich mehr durch sprachliche Gefühlsaufwallung als durch reflektierte Argumentation auszeichnete, gab es in den späteren Jahren nur eine begrenzte Anzahl ideologisch exponierter nationalsozialistischer Professoren an deutschen Hochschulen, die Rassismus, Faschismus, Militarismus und andere NS-Ideologeme 'wissenschaftlich' vertraten. Manche Theologen, gedrängt von ihren Kirchen, rückten bewußt von dem neuheidnischen, wie es hieß, „Mythos des zwanzigsten Jahrhunderts" und anderen antichristlichen Aussagen des Nationalsozialismus ab. Die bekanntesten protestantischen theologischen Gegner wurden der ältere Karl Barth in Bonn, der schließlich nach Basel ging, und der junge Dietrich Bonhoeffer in Berlin.[7]

Das Problem Hochschule und Nationalsozialismus stellte sich aber nicht nur auf der intellektuellen Ebene, sondern ebenso auf der menschlichen: es war die Frage nach der Zivilcourage. Das belegen die Erinnerungen Carlo Schmids, der damals Privatdozent war, für Tübingen und die des Mathematikers Heinrich Behnke für Münster.[8] Behnkes Aufzeichnungen sind ebenso kritisch wie anschaulich und informativ. „Die Würde der Universität", schreibt er, „ging mit der Machtübernahme verloren."[9] Die Einführung des Führerprinzips in den Hochschulen, die ständigen Versuche zu politischer Einflußnahme von außen, z. B. durch NS-Gliederungen, auf die Hochschulen ließen ein Klima des Mißtrauens und kleinkarierter geistiger Enge entstehen, von dem sich die Universitäten auch nach 1945 nicht so bald befreien konnten. Der Verlust an geistiger Liberalität im akademischen Umgang war nächst der Vertreibung jüdischer Hochschullehrer der größte Schaden, den die Universitäten 1933–1945 erlitten.

Einer der exponiertesten Wissenschaftler, der den NS-Staat ideologisch rechtfertigte und dies sogar mit einer im allgemeinen gänzlich unüblichen Brillanz trat, war der Staatsrechtler Carl Schmitt, der selbst nach 1945 noch, wohl wegen der Faszination, die von seinem Denkstil ausging, die Staatsrechtslehre der Bundesrepublik beeinflußte. Er verstand es, Unrecht zu Recht zu erklären. Auf solchem Hintergrund deklarierte er nach dem 'Röhm-Putsch' von 1934: „Der Führer schützt das Recht." [10]

Nachdem die Nationalsozialisten die Spitze von Staat und Verwaltung und auf der unteren Ebene die kommunalen politischen Positionen erobert hatten, wurden konkurrierende politische und gesellschaftliche Organisationen wie die Parteien und Gewerkschaften ausgeschaltet oder wie im Fall der Handelskammern, Handwerkskammern, der Arbeitgeber und Arbeitnehmer in der neu geschaffenen 'Deutschen Arbeitsfront', sowie in neu geschaffenen Vereinen und berufsständischen Organisationen gleichgeschaltet. Daneben erhielt sich aber bis 1945 auch ein im Kern bürgerliches, meist konservatives Milieu in der Verwaltung, beim Militär, in der Wirtschaft und in den Hochschulen und Schulen. Auch die Kirchen blieben weithin intakt. Die evangelische Kirche wehrte in den Anfangsjahren nach heftigen inneren Auseinandersetzungen schließlich mit Erfolg den direkten politischen Übergriff ab, eine Erfahrung, deren Erinnerung nach 1945 weitergegeben wurde. Ein direkter Eingriff in die katholische Kirche wurde nicht versucht. Die deutsche Gesellschaft war selbst von 1933 bis 1945 nicht völlig monolithisch.

Da aber überzeugte Nationalsozialisten in allen Institutionen auftraten, konnte es zu einer geschlossenen einheitlichen Reaktion gegenüber den Zugriffen, Erwartungen und Einflußnahmen der Nationalsozialisten kaum kommen. Offener, bewußter Widerstand fand nur selten statt. Der Widerstand aus der Arbeiterschaft, der sich in größeren Städten verfolgen läßt, war bis 1936 durch die Gestapo erdrückt worden. Der massivste Zugriff auf das bürgerliche Milieu vollzog sich durch den Gesinnungszwang, den Nationalismus, Rassismus und Antisemitismus, Militarismus und jene pseudoreligiösen Kultbewegungen, die die Kirchen als 'Neuheidentum' bezeichneten, ausübten.

Vorbehalte gegen diesen Zugriff gab es auf allen Ebenen. Sie verdichteten sich schließlich in einigen Führungsgruppen in Verwaltung, Militär und – am geringsten – in der Wirtschaft. Aus den Universitäten kam keine nennenswerte Gegenbewegung. Der meist verdeckte Machtkampf zwischen nationalsozialistischen und konservativen Führungsgruppen führte schließlich zum direkten politischen Widerstand, für den das Attentat des 20. Juli 1944 als Fanal zählt.

1933 begann der politische Machtkampf zwischen Konservativen und Nationalsozialisten fast als Komödie, die aber bald in eine Tragödie umschlug – wenn man dem unwürdigen politischen Spiel überhaupt einen gewissen Sinn unterstellen kann. Was immer im einzelnen über die Rolle der Konservativen seit 1933 gesagt und geschrieben wurde, und es ist nicht wenig, niemand kann bestreiten, daß führende Persönlichkeiten der konservativen Rechten in Politik, Militär und Wirtschaft direkt oder indirekt Hitler in den Sattel geholfen haben: unter ihnen von Papen, von Schleicher, Vögler und mancher andere, die entscheidende Rolle des greisen Reichspräsidenten Hindenburg und seiner Umgebung nicht zu vergessen. Man erwartete etwas von Hitlers Machtübernahme: etwas Positives. Niemand bedauerte die ersten Schritte der neuen Regierung Hitler, der ja anfangs überwiegend Konservative angehörten: von Papen als Vizekanzler, von Neurath als Außenminister, Hugenberg (Wirtschaft), Gürtner (Justiz), Schwerin von Krosigk (Finanzen), von Blomberg (Reichswehr), von Eltz-Rübenach (Post und Verkehr) und der Stahlhelmführer Seldte (Arbeit). Der 30. Januar 1933 war weniger eine „Machtergreifung" als eine „Machtübergabe".[11] Der Theatralik der 'nationalen Erhebung' entsprach das Spektakel von Potsdam am 21. März, wo sich Hitler wie ein Schüler vor Hindenburg verneigte.

Der Abschluß des Reichskonkordats mit dem Vatikan im Juli 1933, mitgetragen von den deutschen katholischen Bischöfen, mußte, obwohl die Verhandlungen bereits vor 1933 begonnen hatten, wie eine politische Absegnung des neuen Systems wirken: Kirchen stehen nun einmal im öffentlichen Raum.

Mit dem Ermächtigungsgesetz vom 23. März gelang der Regierung Hitler die rechtliche Absicherung durch eine Zweidrittelmehrheit des am 5. März neu gewählten Reichstages, bei dessen Wahl die Nationalsozialisten nur 43,9 % der Stimmen erzielt hatten. Die deutschnationale Zustimmung war durch die Koalition gesichert. Die Kommunisten waren bereits ausgeschaltet, die Sozialdemokraten verweigerten die Zustimmung. Die liberale 'Staatspartei' zählte nur noch fünf Abgeordnete. Daher fiel die parlamentarische Entscheidung faktisch innerhalb der Zentrumsfraktion. Noch am Morgen des 23. März erklärte Brüning vor der Fraktion, „er könne sich kaum für ein Ja entscheiden, selbst wenn man anerkenne, daß man eine moralische Verantwortung für eine Zustimmung trage"[12]. Schließlich stimmte die Reichstagsfraktion des Zentrums unter Prälat Kaas zu und gab damit nicht nur die parlamentarische Demokratie, sondern auch seine eigene stolze parlamentarische Tradition auf – ein trauriger Vorgang. Damit war das letzte parlamentarische Hindernis für die Etablierung der Regierung Hitler, die von konservativen Reichstagsabgeordneten als eine 'autoritäre'

verstanden wurde, gefallen. Diese Resignation aus Streitunlust entschied
parlamentarisch alles. Man muß Brüning zugute halten, daß er sich bis zum
Schluß gegen diese Selbstpreisgabe wehrte.

Seit dem 23. März fiel die Opposition der demokratischen Parteien nicht
mehr ins Gewicht. Mit ihrer gewaltsamen und freiwilligen Auflösung noch
im Sommer 1933 war die parlamentarische Demokratie gänzlich beseitigt
und damit die vitale Realität einer offenen Opposition, die es im deutschen
Reichstag seit 1871 immer gegeben hatte, auch im Ersten Weltkrieg. Opposition, wenn überhaupt, konnte nur noch aus anderen staatlichen Organisationen kommen. Hier fiel unerwartet jenen Konservativen, die sich in Verwaltung, Diplomatie, Reichswehr, Justiz hatten halten können, eine Schlüs-
selstellung zu, vorausgesetzt, daß sie überhaupt bereit waren, sie wahrzunehmen. Sebastian Haffner hat das pointiert so formuliert: „Wirklich gefährlich konnte die konservative Opposition gegen Hitler nie werden, und
die Kette seiner leichten Erfolge gegen sie reißt nicht ab. Es war die einzige
Opposition, die ihm bis zum Schluß zu schaffen machte; die einzige, die
eine wenn auch geringe Chance hatte, ihn zu Fall zu bringen, und die wenigstens einmal auch den Versuch dazu machte." [13]

Wirtschaft

Seit langem wird darüber diskutiert, welche Rolle die Wirtschaft bei der
'Machtübernahme' und im späteren System der Nationalsozialisten gespielt
hat. [14] Auch wenn die Wirtschaft nur begrenzt durch finanzielle Unterstützung den Nationalsozialisten in den Sattel geholfen hat, ist kaum zu bestreiten, daß der Schwerindustrie wie Kreisen des Mittelstandes bestimmte Ziele
wie der 'Antimarxismus', d. h. der Kampf gegen Sozialdemokratie und Ge-
werkschaftsbewegung, sympathisch waren. In der ›Berliner Börsenzeitung‹
hatte August Winnig in diesem Sinn regelmäßig seine Leitartikel verfaßt.
Dem deutschen Bürgertum, schrieb er am 10. April 1932, am Tage des zweiten Wahlgangs zur Reichspräsidentenwahl, laste ein schwerer politischer
Fehler an. Es sei „die bürgerliche Scheu vor der Berührung, vor jeder Berührung mit der Masse". Ohne diese Scheu wäre der „Marxismus" wie in
England eine bedeutungslose Sekte geblieben. „Jetzt bietet sich dem Bürgertum eine neue Möglichkeit: Die Masse, die man im Grunde doch schon
endgültig verloren gegeben hat, erhebt sich, vom Genius der Geschichte berührt, und greift mit Millionen harter Fäuste nach der Sache der Nation."
Die Hoffnungen tasteten nicht mehr „ins Leere". Im Nationalsozialismus
sei „eine Kraft emporgewachsen, die der Bürger nie schaffen" konnte. Von
hier aus könnten „alle deutschen Dinge ein neues Gesicht erhalten". [15]
Ähnlich hatte Winnig in der Broschüre ›Was wir vom Nationalsozialismus

erwarten. Zwanzig Antworten‹ in seinem Beitrag ›Der Weg zur nationalen Arbeiterbewegung‹ argumentiert.[16] Die Revolution von 1918 habe, so Winnig, diesen ersten positiven Ansatz wieder zunichte gemacht. Jetzt richte sich die Hoffnung des Bürgertums auf eine nationale Arbeiterbewegung, auf die Nationalsozialisten. Winnig hatte den Sturz Brünings begrüßt und das Kabinett Papen als einen ersten Schritt, in dem sich die „Auslese aus der alten Oberschicht" – das „Kabinett der Barone" – mit der „erneuerten Massenbewegung in eine sehr reale Beziehung" setzte, gefeiert. Jetzt sei es die „Pflicht der Oberschicht", der „Bildner und Lehrer der ihm nachrückenden Teile des Volkstums zu sein, wie es die Geschichte will."[17] Hatte Winnig noch im Oktober 1932 geschrieben: „Die Herrschaft der Linken ist gebrochen", kommentierte er besorgt das Ergebnis der Reichstagswahl vom November 1932, bei der die Nationalsozialisten wieder zwei Millionen an Stimmen eingebüßt hatten: „Man müßte schon absichtlich die Augen schließen, wenn man nicht sähe, was diese Zahlen andeuten. Sie zeigen leider, daß die Enttäuschung schon begonnen hat. Man kann dieses nicht ernst genug nehmen." Die Parole für erneuerungswillige Kräfte laute „jetzt oder nie"[18].

Bewußt appellierte Winnig an die Schuldgefühle des nationalkonservativen Bürgertums: sein historisches Versagen gegenüber der Arbeiterbewegung des 19. Jahrhunderts. Die politische Psychologie der Argumentation in einer führenden Wirtschaftszeitung war nicht ohne Raffinesse. Wer konnte ernsthaft angesichts der Massenarbeitslosigkeit seine Verantwortung auch für die Arbeiterschichten leugnen? Daß es sich bei den Nationalsozialisten weniger um eine Arbeiterbewegung handelte und sie ihre Stimmen nicht zuletzt aus ländlichen, protestantischen, kleinstädtischen, mittelstädtischen und mittelständischen Wählerschichten holten, mochte dabei weniger ins Gewicht fallen. Es ging um Stimmungen. Winnig bot dem Bürgertum einen politisch-psychologischen Weg des Übergangs an. Er präsentierte die Nationalsozialisten positiv als eine neue Partei neben anderen, älteren oder veralteten. Sein Rat als gestandener Mann der deutschen Arbeiterbewegung: Man könne es wagen. Man könne vertrauen. Winnig war in national-konservativen, bürgerlichen Kreisen eine hochgeschätzte Persönlichkeit. Auch General Ludwig Beck hielt viel von ihm.

Die Ernennung Hitlers zum Reichskanzler am 30. Januar 1933 begrüßte Winnig als „Deutschlands Erhebung 1933", und er gab diesem Ereignis eine antiwestliche Deutung: der Aufstand Europas gegen den „Geist der Französischen Revolution". Zudem sei die Kanzlerschaft Hitlers nicht nur ein deutsches Ereignis: „Europa ist im Aufstand. Es steht auf gegen Frankreich, gegen die mörderische Herrschaft seiner Ideen."[19] „Nun ist die Schwelle überschritten – der deutsche Widerstand ist Herr des Staates geworden! Das ist mehr als ein Regierungswechsel. Es ist der Sieg des deutschen Willens über den französischen Geist in der deutschen Politik. Die deutsche Politik der

Deutschen." In einer emphatischen Grundstimmung meinte er einen Gruß an die übrigen Völker Europas richten zu müssen: „Wir ringen mit euch um den neuen Weg! Ehre sei Gott in der Höhe!"[20]

Es war in jenen Tagen überhaupt viel in nationalbürgerlichen Feierstunden, so an den Universitäten, von Gott die Rede, weniger von Hitler. Es war eine Art Wahlkampfeuphorie, die den politischen Selbstbetrug, dem man sich hingab, überdeckte: Eskapismus vor der Wirklichkeit, zu dem auch die Inszenierung des Tages von Potsdam beitrug, den Winnig so hochstilisierte: „Nie ist Deutschland so preußisch gewesen wie heute. Nie hat preußischer Geist das Reich so unbedingt beherrscht wie in dieser deutschen Erhebung." In diesem Kommentar fielen auch die folgenden Worte, mit dem das neue System von dem demokratischen der Weimarer Republik abgesetzt wurde: „In der Verheißung: 'Friede – Freiheit – Brot' lag die grundsätzliche Verwerfung preußischer Verhaltensweisen. Dieses hätte in jener Lage nichts verheißen, sondern Kampf, Gehorsam und Entbehrung gefordert."[21] Das waren in der Sache wie im Stil unausgegorene Formeln. Dergleichen wurde in der deutschen Presse von der nationalen bis hinunter zur lokalen Ebene innerhalb weniger Wochen 1933 allgemein üblich.

Es fällt schwer, die Regierungsübernahme Hitlers im Januar 1933 lediglich als manipulativen Vorgang zu deuten. Sie war durchaus gewollt.[22] Winnigs Urteil über die politischen Verhältnisse in Frankreich 1933 war ganz falsch. Denn seit 1919 waren in Frankreich erstmals Koalitionsregierungen zum Zuge gekommen, die sich bewußt vom Geist der Französischen Revolution absetzten. Die französische bürgerliche Rechte war nationalistisch und der deutschen Rechten in vielen ähnlich. Dagegen vertrat die Linke eher die Politik eines künftigen Ausgleichs mit Deutschland. Gemeinsam war der deutschen und französischen Rechten auch die massive Aversion gegen die verschiedenen Formen der Arbeiterbewegung, die Aktivitäten der Gewerkschaften, der sozialistischen Parteien, besonders der kommunistischen, die sich seit 1919 gebildet hatte. Theoretisch hätten die Rechten beider Länder durchaus kooperieren können – wenn sie eben nicht der aus dem Krieg übernommene Nationalismus getrennt hätte, der sie zwang, das andere Land nach wie vor als 'Feind' zu betrachten. Bis 1933 war der Nationalismus das verbindende Moment innerhalb der französischen Rechten, dann wurde er vom Antibolschewismus abgelöst: ausgerechnet in dem Augenblick, als in Deutschland tatsächlich ein 'Feind' entstanden war, den man aber eher, ähnlich wie das konservative Bürgertum in Deutschland es tat, als eine stabilisierende Kraft in der Abwehr der 'bolschewistischen' Gefahr ansah.

Wie in allen europäischen Industriestaaten war auch in England die Lage zwischen den Oberschichten und der Arbeiterschaft äußerst gespannt. Dabei spielte das Mißtrauen gegen die frühere Kriegspolitik der Liberalen eine wichtige Rolle, verstärkt durch die Erfahrungen der Entbehrungen und der gerade in England seit dem Anfang der 20er Jahre hohen Arbeitslosigkeit. Der britische Generalstreik von 1926, ausgelöst durch einen Lohnstreik der Bergarbeiter, war von der konservativen Regierung mit großer Härte abgewehrt worden. Die ersten Labour-Regierungen unter Mac-Donald 1924 und 1929 bewiesen, daß die Sozialisten keine Revolutionäre waren und zudem in der praktischen Politik auch nur mit Wasser zu kochen vermochten. Die Kommunisten spielten in England in den 20er Jahren, anders als in Deutschland und in Frankreich, nur eine unbedeutende Rolle. In den 30er Jahren, nach dem Machtantritt Hitlers, ging der ständige Appell im britischen Parlament zur Rüstung und Verteidigung gegen ein aggressives Deutschland von einem einzelnen konservativen Abgeordneten aus: von Winston Churchill, während die konservative Regierung, die an innenpolitischer Konsolidierung interessiert war, keine große Neigung zeigte, Hitler als Feind zu erkennen. Auch hier gibt es eine gewisse Ähnlichkeit zur Einstellung des deutschen nationalkonservativen Bürgertums. Man dachte primär von den wirtschaftlich-sozialen Interessen aus. Von daher gesehen mochte vielen das neue Sowjetsystem als bedrohlicher erscheinen als der Nationalsozialismus. War nicht auch die Olympiade in Berlin 1936 eine friedliche, die internationale Verständigung fördernde Veranstaltung?[23]

Zwei nationalkonservative Politiker haben eine herausragende Rolle in der deutschen Wirtschaft sowohl in der Weimarer als auch in der NS-Zeit gespielt: Hjalmar Schacht (1877–1970) und Albert Vögler (1877–1945). Schacht, Sohn eines Kaufmanns, in Tingleff/Schleswig geboren, hatte ein breit angelegtes Studium in Nationalökonomie, Soziologie, Germanistik und Medizin absolviert und 1903 seine Karriere im Bankwesen bei der Dresdner Bank begonnen. Während des Ersten Weltkrieges wurde er mit der Gründung der belgischen Notenbank in dem von Deutschland besetzten Belgien betraut. Aus dieser Zeit stammte seine politische Tätigkeit als Bankfachmann, auch seine Perspektive einer koordinierten Bank- und Außenpolitik und sein praktizierter Nationalismus. Seit 1916 leitete er die Nationalbank, die 1922 mit der Darmstädter Bank fusionierte. 1918/19 war er Mitbegründer der DDP und ordnete sich dem demokratisch-liberalen Lager zu. Einen ersten größeren Erfolg erzielte er 1923 als Reichswährungskommissar durch die Einführung der Rentenmark, mit der die deutsche Währung nach der exorbitanten Nachkriegsinflation stabilisiert wurde.

Als Reichsbankpräsident von 1923 bis 1930 bekämpfte er die Politik der Auslandskredite, die vor allem von den Städten zum Aufbau einer neuen Infrastruktur betrieben wurde. Seine nationalistische Bankpolitik, eigenmächtig ohne Rücksicht auf die jeweiligen Reichsregierungen betrieben, behielt er konsequent bei. Mit einer Denkschrift zum Young-Plan, die sich gegen die Koalitionsregierung des sozialdemokratischen Kanzlers Müller richtete, reihte er sich 1929 publizistisch in die 'Nationale Opposition' ein. Zuvor war er auf der Pariser Sachverständigenkonferenz gemeinsam mit Vögler als deutscher Delegierter zurückgetreten. Persönlich begegneten sich Schacht und Hitler zum ersten Mal im Januar 1931 bei Göring. Geduldig hörten er und der Ruhrindustrielle Fritz Thyssen sich den Führer der NSDAP einen ganzen Abend lang an.

1930 trat Schacht als Reichsbankpräsident zurück und agierte seitdem um so offener für die antidemokratischen Gruppen der 'Nationalen Opposition'. Er unterstützte die Harzburger Front und betrieb zusammen mit Vögler im November 1932 vergeblich die Ernennung Hitlers zum Reichskanzler durch eine Intervention bei Hindenburg. Die Regierung Hitler setzte Schacht im März 1933 wieder als Reichsbankpräsidenten ein. Obwohl Marktwirtschaftler, unterstützte er die NS-Wirtschaftspolitik zur Arbeitsbeschaffung und die Anfänge der Aufrüstung. Das lag auf der Linie seines nationalistischen Verständnisses einer deutschen Politik. Von 1934 bis 1937 verwaltete er kommissarisch das Amt des Reichswirtschaftsministers. Erst allmählich kam er zur Vernunft und versuchte, auf Hitler einzuwirken, von den Kriegsvorbereitungen, die jeder sinnvollen Finanzpolitik hohn sprachen, abzulassen. Er trat im November 1937 zurück, verwaltete aber das Ressort des Reichsbankpräsidenten noch bis 1939 und blieb bis 1944 formell 'Minister', was jedoch im NS-Staat mit seinem anarchischen Kompetenzensystem nicht allzuviel besagte. Er stand seit längerem in Kontakt mit Goerdeler und arbeitete seit dem Ende der 30er Jahre mit dem konservativen Widerstand zusammen. Seine politische Rolle blieb dubios.[24]

Im Zusammenhang mit dem Attentat vom 20. Juli 1944 wurde Schacht festgenommen und in ein KZ gebracht. Im Nürnberger Prozeß gegen die Hauptkriegsverbrecher wurde er freigesprochen, im innerdeutschen Entnazifizierungsverfahren zu Arbeitslager verurteilt, 1950 aber freigelassen. Er gründete in Düsseldorf eine Außenhandelsbank. Seine nach 1945 veröffentlichten, belehrend gehaltenen Schriften dienten, ähnlich wie die von Papens, der Rechtfertigung seines früheren politischen Verhaltens und seiner eigenen politischen Irrtümer.[25]

Albert Vögler zählte seit der Mitte der 20er Jahre zu den bekanntesten Industriellen Deutschlands. Von 1926 bis 1945 gab es kaum eine Entscheidung innerhalb der deutschen Schwerindustrie, an der Vögler nicht mitgewirkt hätte. Mit ihm trat ein Vertreter der neuen Generation von Industriemanagern, die selber nicht Unternehmer waren, an die Spitze der deutschen Wirtschaft. Er trat die Nachfolge des 'Ruhrkönigs' Hugo Stinnes an. Vögler wurde am 8. Februar 1877 als Sohn eines Steigers in Essen-Borbeck geboren. Er besuchte das Gymnasium in Essen bis zum 'Einjährigen'; es folgte für zwei Jahre eine Lehre in der Maschinenfabrik und Gießerei Isselburger Hütte. Anschließend studierte er an der Technischen Hochschule Karlsruhe

Maschinenbau und legte 1901 sein Examen ab. Nach verschiedenen Tätigkeiten in Herne, Osnabrück und einem Studienaufenthalt in England trat
der junge Ingenieur 1906 in die Dortmunder Union AG für Eisen- und Stahl-
industrie ein, einem Unternehmen des Stinnes-Konzerns, das vier Jahre
später mit der Deutsch-Luxemburgischen Bergwerks- und Hütten AG ver-
schmolzen wurde. Von Stinnes gefördert, begann Vöglers schneller Aufstieg.
1912 wurde er Vorstandsmitglied der Deutsch-Lux und übernahm bereits
drei Jahre später als Generaldirektor die Gesamtleitung des Unternehmens. 1917 wählte man ihn zum Vorsitzenden des 'Vereins deutscher Eisen-
hüttenleute'. Damit war er in die 'Ruhraristokratie' der Krupp, Stinnes,
Thyssen, Haniel, Klöckner und Kirdorf aufgenommen. Der Einfluß Vöglers
vergrößerte sich mit der von Stinnes betriebenen Erweiterung des Kon-
zerns. Nach dem Tode von Stinnes setzte Vögler dessen Trust-Politik fort.
1926 entstand der größte Stahlverbund Europas, die 'Vereinigten Stahl-
werke', die aus der Fusion des Rheinelbe-Konzerns mit dem Thyssen-Kon-
zern und dem Phoenix-Konzern hervorgingen. Vögler war Generaldirektor
dieses Verbundes bis 1936. 1940 übernahm er den Vorsitz im Aufsichtsrat.
Wie üblich, gehörte er zahlreichen anderen Aufsichtsräten, teils als Mitglied, teils als Vorsitzender, an.

Im Gegensatz zum Pragmatismus seines auf Effizienz bedachten wirtschaftlichen Handelns stand Vöglers fast schon sentimentaler Hang zum
Romantisch-Idealistischen. In einer Rede vor dem „Verein deutscher Eisen-
hüttenleute" führte er aus: „In den Höhlen, in denen das erste Steinbeil gefunden wurde, aus dem das ungeheure Maschinenwesen unserer Zeit er-
wuchs – die gewaltigen Ozeanriesen, der fliegende Mensch, das drahtlose
Wort – in diesen selben Höhlen wohnte auch das erste Idyll! Es war vielleicht von Kinderhand gemalt, ein Kreis, ein Stern, aber aus diesem Mach-
werk entstanden die Meisterwerke der Alten, wurde Dürers, wurde Rem-
brandts große Kunst. Die Höhle selbst wölbte sich zur ewigen Kuppel von
St. Petri und wuchs zum Himmel in dem gotischen Dome am deutschen
Rhein. Die Dome am Rhein und die Bergwerkstürme an der Ruhr sind aus
derselben Schöpferseele geboren. Lassen Sie uns das nie vergessen. Und
wenn es in der heutigen Zeit oft scheint, als ob die Türme der Technik die
Dome erdrückten, tief im Innern wissen wir, daß es etwas gibt, was höher
ist als aller menschlicher Verstand, das, oft verspottet und bedrängt, immer
wieder die Führung der Menschheit übernehmen wird, und wir wissen, aus
der ungeheueren Arbeit und aus den Wirren dieser Zeit wird die Menschheit den Weg zur höheren Einheit finden."[26] Vögler entschied sich für den
Nationalsozialismus auch aus Gesinnung und nicht nur aus Opportunität,
oder weil es die Klassenlage vorschrieb. Die Biographie Albert Vöglers liefert für die geistig-politische Haltung eines Industriellen der 20er und 30er
Jahre ein anschauliches Beispiel.

Vögler trat 1918, ebenso wie Stinnes, der aus den früheren Nationalliberalen hervorgegangenen und von Stresemann geführten Deutschen Volkspartei bei. 1919 wurde er für den Wahlkreis des Regierungsbezirks Arnsberg in die Weimarer Nationalversammlung gewählt, in der die DVP in der Opposition gegen die Koalition von SPD, Zentrum und Deutsche Demokratische Partei stand. Das Agieren in der politischen Öffentlichkeit war im Grunde genommen nicht Vöglers Metier. Von sich selbst sagte er, er sei „kein Politiker".[27] Dennoch nahm er zu den meisten politischen Fragen einen entschiedenen Standpunkt ein. Seiner Neigung zur Pseudoromantik entsprach sein religiös motivierter Nationalismus, den er einmal auf einer Tagung der DVP in die Worte kleidete: „Ich glaube an Deutschland wie an Gott."[28]

In seiner ersten Rede vor der Nationalversammlung 1919 hatte Vögler erklärt, daß er sein Mandat als Sachwalter der Interessen der Industrie wahrnehme.[29] In diesem Sinne kritisierte er in derselben Rede mit maßloser Schärfe Erzberger, dem er vorwarf, zu den Verhandlungen über das Waffenstillstandsabkommen nicht Hugo Stinnes, seinen Konzernherrn, hinzugezogen zu haben. Von 1920 bis 1924 vertrat Vögler die DVP im Reichstag. Er war der Hauptsprecher jener Richtung innerhalb der DVP, die für ein enges Zusammengehen der DVP mit der DNVP eintrat. 1924 trat er als Gegner der Stresemannschen Außenpolitik der 'Nationalliberalen Vereinigung' bei, einem Zusammenschluß vorwiegend ruhrindustrieller DVP-Politiker, die vor den Reichstagswahlen im Juni 1924 die bisherigen DVP-Wähler aufforderte, die DNVP zu wählen. Vögler selbst kandidierte bei diesen und bei den folgenden Wahlen nicht mehr für die DVP. Im November 1933 wurde er über die Einheitsliste der NSDAP in den nationalsozialistischen Reichstag gewählt.[30]

Anders als Stresemann, der gleichfalls als Interessenvertreter seine politische Laufbahn begonnen hatte, ist Vögler niemals Berufspolitiker geworden. Seine politischen Entscheidungen wurden von den angeblichen Sachzwängen und Notwendigkeiten der Wirtschaft bestimmt. Bezeichnend ist eine Stelle aus einem Brief Vöglers an den Wirtschaftsjournalisten Gustav Stolper, der die Zeitschrift ›Deutscher Volkswirt‹ herausgab. Stolper hatte bei den Reichtagswahlen am 14. September 1930 für die 'Deutsche Staatspartei' kandidiert. Vögler schrieb ihm, er bezweifle, ob die Kandidatur wohlüberlegt sei: „Ich sehe vollständig von der Wahl der Partei ab, sondern fürchte nur, daß Sie, ob Sie wollen oder nicht, den wirtschaftlichen Fragen nicht mehr objektiv gegenüberstehen können. Es sind in Zukunft Parteifesseln angelegt. Aber selbst, wenn Sie sich von diesen losmachen könnten, es wird Sie keiner mehr für objektiv halten."[31] Vögler legte in einem aufsehenerregenden Akt am 11. Mai 1929 sein Mandat als deutscher Delegierter der Sachverständigenkonferenz nieder, weil ihm die Höhe der Reparationsforderungen als wirtschaftlich unsinnig erschien. Er begründete in einer Rede vor dem 'Langnamverein' seinen Entschluß damit, daß er die Formel einer politischen Lösung der Reparationsfrage nicht akzeptieren könne: Es handele sich beim Young-Plan um ein rein wirtschaftliches Problem.[32] Vöglers 'fachmännische' Entscheidung war der Auftakt einer fanatischen Kampagne Hugenbergs und Hitlers gegen die Reichsregierung, die die Republik ihrem Untergang zutrieb.

1932 plante Hugenberg, Vögler oder den Prinzen Oskar von Preußen als gemeinsamen Kandidaten von DNVP und NSDAP bei der Reichspräsidentenwahl gegen Hindenburg aufzustellen.[33] Der Plan scheiterte an Hitler, der selbst kandidierte. Da Vögler 'Nur-Wirtschaftler' war, fiel es ihm nicht schwer, sich dem Nationalsozialismus anzupassen. Nach den Novemberwahlen 1932 forderte er gemeinsam mit dem Bankier des Stahlvereins, Curt von Schröder, und Schacht die Industrie – allerdings vergeblich – auf, durch eine Petition Hindenburg zu veranlassen, Hitler zum Reichskanzler zu ernennen.[34] Seit 1933 war Vögler Mitglied des Generalrats der Wirtschaft.

Zur Vorbereitung der Reichstagswahl vom 5. März 1933 hatte Hermann Göring am 20. Februar etwa zwanzig Industrielle zu einer Besprechung eingeladen, darunter neben Vögler und Schacht auch Gustav Krupp von Bohlen und Halbach, Georg von Schnitzler und Carl Bosch von den IG Farben. Carl Duisberg, der Chef der IG Farben, der 1935 starb, stand den Nationalsozialisten ablehnend gegenüber. Die Industriellen wurden gebeten, den Wahlkampf zu unterstützen. Das Opfer werde, erklärte Göring, „um so leichter zu tragen sein, wenn man sich vor Augen halte, daß diese Wahlen bestimmt die letzten sein werden, mindestens in den nächsten zehn Jahren, wahrscheinlich aber in den nächsten hundert Jahren".[35] Schacht schlug einen Betrag von 3 Millionen für die Parteien der Koalitionsregierung, NSDAP und DNVP, vor.

1936 geriet die Zusammenarbeit zwischen Wirtschaftskonservativen und der Regierung Hitler in eine Krise. Die Wirtschaftskonservativen strebten eine Öffnung des Außenhandels an, während Göring, der inzwischen an politischem Einfluß gewann, sich auf eine Autarkiepolitik festlegte. Äußerlich ging es dabei um die Frage der Beschaffung von Rohstoffen. Sie war mit dem Streben nach der Etablierung und der Sicherung einer unabhängigen Rohstoffversorgung für einen späteren Krieg gekoppelt. Beide Ziele – Marktwirtschaft und Autarkie – waren nicht zu vereinbaren. Die Auseinandersetzung wurde zu einer Machtprobe um die Dominanz in der Wirtschaftspolitik. Dabei drifteten die Nationalkonservativen in Reichswehr und Wirtschaft auseinander, da beide Gruppen versuchten, die Wirtschaftspolitik unter ihrem Einfluß zu behaupten. Schacht dachte in Weltmarktkategorien und nahm mit dem britischen Botschafter wegen der Rückgabe der ehemaligen Kolonien in Togo und Kamerun Kontakte auf, gab aber zu, daß es ihm dabei mehr um die Besänftigung der nationalsozialistischen Autarkiepolitiker ging. Bei den Diskussionen innerhalb der Regierung berief er sich auf seinen Sachverstand. Dabei konnte er sich auf die Unterstützung Vöglers verlassen. Aber das Reichswehrministerium spielte nicht mit, so daß die Konservativen aus der Wirtschaft in die Isolation gerieten. Auch Carl Goerdeler drängte in einer Denkschrift, die Aufrüstung wie die jetzt gleichfalls forcierte Kunststoffproduktion zu begrenzen und statt dessen den Handel und die innerdeutsche Nachfrage zu beleben und zu „geordneten" wirtschaftlichen Verhältnissen zurückzukehren.[36] Aber die Regierung war nicht mehr auf die Mitarbeit der Konservativen angewiesen. Es gab inzwischen jüngere loyale Beamte und Ingenieure, auf die man zurückgreifen konnte. Der Spanische Bürgerkrieg begünstigte zudem die Autarkiepolitiker. Vögler kritisierte offen in einem Memorandum vom Juli/August die Autarkiepläne und schlug statt dessen die Aufnahme von Handelsbeziehungen zur Sowjetunion vor.[37]

Göring und Hitler legten sich in diesen Wochen endgültig auf das Rüstungsprogramm mit all seinen wirtschaftlichen Konsequenzen fest. Hitler traf seine Entscheidung auf dem Obersalzberg und beauftragte Göring mit der Vorbereitung des Vierjahresplans, der das Rüstungsprogramm ankurbeln sollte. Die interne Diskussion in der Regierung wurde abgebrochen. Als die Entscheidung auf dem Nürnberger Parteitag der NSDAP im September verkündet wurde, lud man auch die konservativen Kritiker zur Teilnahme ein. Nur wenige folgten. Regierungsintern erläuterte Göring auf der Sitzung des Ministerrats am 4. September die Entscheidung. Er wies die Konzepte Goerdelers und Schachts zurück. Gegenüber den Vorschlägen zu wirtschaftlichen Kontakten mit der Sowjetunion verwies er auf die von Rußland ausgehende Gefahr und die Verschlechterung der internationalen Position Deutschlands: „Alle Maßnahmen müssen ergriffen werden, als befänden wir uns tatsächlich im Zustand einer unmittelbaren Kriegsgefahr."[38]

Ende des Jahres 1936 waren die nationalkonservativen Wirtschaftspolitiker von den nationalsozialistischen Aufsteigern taktisch ausgeschaltet worden. Seitdem blieb ihnen nur noch die Möglichkeit, sich zurückzuziehen, zu bremsen oder im dritten Rang als Mitläufer zu kooperieren. Vögler schwankte zwischen der zweiten und dritten Möglichkeit, Schacht zwischen der ersten und der zweiten. Einen Monat vor Beginn des Zweiten Weltkrieges faßte Ulrich von Hassell in seinem Tagebuch ein Gespräch mit dem 78jährigen Stuttgarter Industriellen Robert Bosch zusammen: „Er [Bosch] hatte eine geringe Meinung von den politischen Fähigkeiten der Armee und der Industrie, besonders der rheinisch-westfälischen, die zufrieden sei, wenn sie verdiene, und daher restlos auf Hitler reingefallen sei."[39]

Vöglers Wirkungskreis beschränkte sich nicht nur auf Wirtschaft und Politik. Er galt als ein Mann von Welt.[40] Auf Grund seines ausgeprägten Interesses für die naturwissenschaftlich-technische Forschung war er sich des engen Zusammenhangs von Forschung und moderner Wirtschaft bewußt. In den Geisteswissenschaften suchte er seine 'idealen' Werte, die er in der Wirtschaft vermißte. „Vögler erträumte sich", schreibt sein Biograph, „für seine letzten Jahre eine nutzvolle Tätigkeit in den großen Instituten der Forschung und wissenschaftliche, nicht zweckgebundene Arbeit." Sein teresse an der Forschung „stand im Ruhrgebiet einzig da"[41]. Er vermochte erhebliche Mittel für Wissenschaft und Forschung flüssig zu machen. Seit 1917 gehörte er der Kaiser-Wilhelm-Gesellschaft an, der späteren Max-Planck-Gesellschaft. 1920 wurde er in den Senat der KWG gewählt, 1925 zum Schatzmeister. 1940 trat Vögler die Nachfolge Carl Boschs als Präsident der KWG an, die während des Krieges ihre Arbeit ungehindert fortsetzen konnte.

Seit den 20er Jahren führte er den Vorsitz in der Förderergesellschaft der Universität Münster, der damals einzigen Universität Westfalens. Die Gesellschaft war während des Ersten Weltkrieges aus einer Kontaktgruppe zwischen Hochschullehrern und Ruhrindustriellen entstanden, die der Kommandierende General des VI. Armeekorps in Münster initiiert hatte.[42]

Mit der Errichtung der Reichswerke 'Hermann Göring', die primär für die innerdeutsche Rohstoffbeschaffung zuständig waren und während des Krieges zu einem gigantischen Konzern, der auch die besetzten Gebiete erfaßte, ausgebaut wurden, geriet die Ruhrindustrie schließlich in die Defensive. Göring mokierte sich über die „Klobrillen-Perspektive" in nationalen Belangen bei den Ruhrindustriellen und äußerte in einem Gespräch mit Vögler: „Nun bin ich nicht mehr von Ihnen abhängig, Sie haben mich lange genug an der Nase herumgeführt!"[43] „Der Aufbau der Reichswerke lieferte einen entscheidenden Schlüssel zum Verständnis der fortschreitenden Nazifizierung der Wirtschaft", schreibt Richard Overy, „Die Reichswerke waren auch in keiner Weise ein kapitalistisches oder 'staatskapitalistisches' Unternehmen, trotz der Tatsache, daß sie den gleichen Rechtsstatus genossen wie die Privatunternehmen. Die Reichswerke waren von Anfang an als ein staatseigener, vom Staat betriebener, in die vom Nationalsozialismus beherrschte Wirtschaft integrierter Komplex, als industrielles Instrument zur Erreichung spezifisch nationalsozialistischer Ziele gedacht." Sie waren „ein typisches Produkt einer faschistischen Wirtschaft"[44].

In den folgenden Jahren blieb Vögler nichts anderes übrig, als zu versuchen, die Interessen der Privatwirtschaft gegenüber den Reichswerken zu behaupten. An eine solche Entwicklung hatte 1933 wohl kaum einer der nationalkonservativen Wirtschaftsführer gedacht. Die Unternehmen konkurrierten durch Abwerben von Fachpersonal gegeneinander. Im November 1939 protestierten die Stahlindustriellen Poensgen und Vögler auf einer Konferenz mit General Thomas, daß es ein Irrwitz sei, „die Stahlkapazität der Reichswerke weiter auszubauen, denn die Errichtung ihrer Hochöfen würde mehr Stahl verbrauchen als diese tatsächlich vor 1943 würden produzieren können"[45].

Erst während des Krieges, 1942, als der Stern Görings zu sinken begann und Albert Speer das Reichsministerium für Bewaffnung und Munition übernahm, gewann die Ruhrindustrie wieder an Einfluß. Vögler wurde in diesem Jahr in den Rüstungsrat des Ministeriums und in den Industrierat beim Oberkommando der Wehrmacht berufen. Diese Beteiligung konnte aber nur noch den Zweck haben, die Effizienz der Rüstungsindustrie zu steigern und die Interessen der privaten Ruhrindustrie zu sichern. Tatsächlich erlebte sie bis kurz vor Kriegsende einen enormen Aufschwung. „Es war die große Zeit der deutschen Wirtschaft. Lag der Index der Gesamtrüstungsproduktion im Durchschnitt der Monate Januar bis Februar 1942 bei 100, so im Juli 1942 bei 153, im Juli 1943 bei 229, im Juli 1944 bei 322."[46]

Speer gelang es, die gesamte Rüstungsproduktion zu konzentrieren, die Rivalität zwischen den Unternehmungsführungen zurückzudrängen, wobei er gleichzeitig den einzelnen Unternehmungsleitungen größeren Spielraum gewährte. Davon profitierte auch Vögler, der zu den engeren Mitarbeitern Speers zählte und dem dessen technokratischer Führungsstil entgegenkam. „Die Ausschaltung jeglicher Kritik nach oben", schreibt Speer in seinen Erinnerungen, „hatte im Laufe der Jahre dazu geführt, daß Fehler und Pannen, Fehlplanungen oder Parallelentwicklungen an der Spitze gar nicht mehr registriert wurden. Jetzt gab es Gremien, in denen diskutiert, Mängel und Fehlgriffe aufgedeckt und ihre Beseitigung besprochen werden konnte."[47] Der Führungsstil Speers förderte die technische Leistungsbereitschaft, die Selbstzweck wurde und nicht mehr nach dem Wozu und Wohin fragte. Vöglers Grundhaltung des 'Nur-Ingenieurs' entsprach dieser Tendenz. Tatsächlich gelang es Speer, zwei Jahre lang jede Kritik aus den Kreisen der Parteiführung an seinem Stil abzublocken. Ausdrücklich wurde ihm gewährt, daß eventuelle Strafverfolgungen gegen seine Mitarbeiter aus den Unternehmungsführungen nur mit ausdrücklicher Genehmigung des Rüstungsministeriums erfolgen dürften. So konnte er auch nach dem 20. Juli die Industriellen Vögler, Meyer (MAN), Haniel und Reusch (Gutehoffnungshütte), die durch Aussagen Goerdelers belastet worden waren, vor einem Zugriff der Gestapo schützen.[48]

Vögler machte Speer 1942 auf die Vernachlässigung der Kernforschung aufmerksam. Speer nahm die Anregung auf und schlug Hitler am 6. Mai die Bildung eines 'Zentralausschusses' des seit 1937 bestehenden Forschungsrates vor, dem Göring vorstehen sollte. In den Ausschuß wurden Göring als Vorsitzender, ferner Speer und Vögler berufen. Das Ziel ließ sich aber kaum erreichen, weil der administrative Apparat während des Krieges nur noch begrenzt intakt war. In den beiden letzten Kriegsjahren sah Vögler den wirtschaftlichen Untergang vor Augen. Er galt als 'Defätist', arbeitete aber bis zum Kriegsende weiter mit dem Rüstungsministerium zusammen. Speer beschreibt eine Szene vom November 1944: „Als ich . . . mit Albert Vögler zusammentraf, um die durch die Fliegerangriffe verzweiflungsvoll gewordene Lage an der Ruhr zu besprechen, fragte er mich unverblümt: ‚Wann wird nun endlich Schluß sein?'" [49] Vögler nahm sich am 13. April beim Einmarsch der Amerikaner in das Ruhrgebiet in seinem Haus in Wittbräuke bei Dortmund das Leben. Wie kaum eine andere Biographie zeigt sein Leben die Risiken und Gefahren eines modernen, sich technokratisch-unpolitisch gebenden Konservatismus.

Nationalkonservative

Der konservative Widerstand gegen Hitler und das NS-System läßt sich, vereinfacht, in zwei Gruppen einteilen. Die erste konservativ-nationale Gruppe, die ältere Generation, umfaßte Zivilisten wie Carl Goerdeler, Johannes Popitz, Ulrich von Hassell und Militärs, darunter Ludwig Beck, Hans Oster, Erwin von Witzleben. Sie waren noch von der Welt des Kaiserreichs vor 1914 geprägt. Zur zweiten Gruppe der jüngeren Generation, vorwiegend des Kreisauer Kreises, zählten die Zivilisten Hellmuth von Moltke, Peter Graf Yorck von Wartenburg, Adam von Trott zu Solz, Hans Bernd von Haeften, Dietrich Bonhoeffer, Alfred Delp und die Offiziere Claus Graf Schenk von Stauffenberg, Fabian von Schlabrendorff und Henning von Tresckow sowie Fritz-Dietlof von der Schulenburg. Nicht alle Mitglieder dieser jüngeren Generation hätten sich ausdrücklich als konservativ bezeichnet. Sie pflegten den Kontakt zu Gewerkschaftlern und Sozialdemokraten wie Wilhelm Leuschner und Julius Leber, Carlo Mierendorff und Theodor Haubach und den christlichen Gewerkschaftlern Jakob Kaiser und Bernhard Letterhaus.

Für die meisten dieser Konservativen hatte die Regierungsübernahme Hitlers 1933 keinen Bruch bedeutet. Die Opposition entstand erst danach aus der Konfrontation mit der Praxis der NS-Herrschaft. Theologen wie der Protestant Bonhoeffer und der Katholik Delp dagegen standen dem Nationalsozialismus von Anfang an scharf ablehnend gegenüber.

Goerdeler, in Schneidemühl in Westpreußen geboren, Sohn eines Amtsrichters und zeitweiligen freikonservativen Landtagsabgeordneten, war 1933 49 Jahre alt. Seine Gymnasialzeit und sein Jurastudium fielen noch in die Zeit vor 1914. Nach einer kommunalpolitischen Laufbahn in Solingen und Königsberg wurde der deutschnationale Politiker 1930 zum Oberbürgermeister von Leipzig gewählt, eine der größten Städte Deutschlands. Seine Familie besaß für ihn einen besonders hohen Stellenwert. Die Amtszeit als Oberbürgermeister betrug damals zwölf Jahre. Seit dem 19. Jahrhundert zählte diese Funktion zu den interessantesten politischen Tätigkeiten in Deutschland. Die bekanntesten Oberbürgermeister der 20er Jahre waren Jarres in Duisburg, Luther in Essen, Lehr in Düsseldorf, Adenauer in Köln, Schmidt und Scharnagl in München. Das Amt verlangte von dem Träger nicht nur Verwaltungskönnen und Fähigkeit zum praktisch-konzeptionellen Denken, sondern auch Geschick im Umgang mit den Stadtverordnetenversammlungen, die zu Beginn der 30er Jahre von den Kommunisten auf der Linken über die Sozialdemokraten und bürgerlichen Parteien bis zu den Nationalsozialisten auf der Rechten parteipolitisch breit gefächert waren und sich dementsprechend artikulierten. Goerdeler war eine kantige Persönlichkeit. Er verstand es, mit solchen Problemen fertig zu werden.

Die Wirtschaftskrise seit 1929 veranlaßte ihn, sich intensiv mit wirtschaftspolitischen Fragen zu befassen und dazu zu publizieren. Er unterstützte die Brüningsche Politik und trat wegen der Opposition Hugenbergs gegen Brüning 1931 aus der DNVP aus. Als Berater Hindenburgs wurde er zum 'Reichskommissar für Preisüberwachung' ernannt. Dabei hielt er selbst in dieser Krisenzeit streng an marktwirtschaftlichen Konzepten fest und lehnte eine massive staatliche Intervention in die Wirtschaft ab. Er war kein Keynesianer. Aus außen- wie innenpolitischen Gründen gab er der Regierung Hitler eine Chance, um, wie er rückblickend 1937 schrieb, „das hohe Ideal der Lebens- und Arbeitskameradschaft zur Grundlage des Lebens der Nation zu machen" und das Land „innerlich zu einen". Bedenken kamen erst später. Die Macht sei mißbraucht, die „natürlichen Wurzeln und moralischen Grundlagen menschlichen Zusammenlebens" angetastet worden. „Da aber die Natur immer siegt", so Goerdelers politische Philosophie, „und da ein menschliches Zusammenleben ermöglichendes Moralgesetz ebenfalls eine Naturnotwendigkeit ist, muß die Partei hieran zerbrechen."[50]

In diesen Sätzen wird knapp und schlicht – Goerdeler war kein komplizierter Denker – der konservative Vorbehalt sichtbar, der dann 1937 zum freiwilligen Ausscheiden Goerdelers aus dem Amt des Oberbürgermeisters in Leipzig führte. Unter der Regierung Hitler hatte er erneut das Amt des 'Reichskommissars für Preisüberwachung' übernommen und versucht, in Denkschriften auf die Wirtschaftspolitik Einfluß zu nehmen.

Er glaubte anfangs an eine Chance, mit Hilfe der Nationalsozialisten die politische Struktur des Staates neu zu gestalten. „Zum ersten Male seit der Gründung des Reichs durch Bismarck", erklärte er am 24. März 1933 vor dem Rat der Stadt Leipzig, „ist die Möglichkeit gegeben, die Verfassung des Reichs und der Länder, das Recht der Gemeinden . . . so zu gestalten, wie es nach den Erfahrungen der letzten Jahre den Lebensinteressen des deutschen Volkes, seiner Eigenart, seinem nationalen Willen und seiner Ehre entspricht."[51] Goerdeler arbeitete an der Ausarbeitung der 'Deutschen Gemeindeordnung' (DGO) von 1935 mit, wobei er erfolgreich darauf drängte, die wirtschaftliche Betätigung der Gemeinden entsprechend seinen eigenen marktwirtschaftspolitischen Vorstellungen einzuschränken. Das politische Modell, das ihm dabei vorschwebte, war das eines Verwaltungsstaats. Die DGO sah die Einsetzung der leitenden Verwaltungsbeamten der Städte durch die staatlichen Aufsichtsbehörden vor. Die eigentliche Tradition der deutschen Selbstverwaltung, das bürgerschaftliche Element, wurde dabei ausgeschaltet. 1944 klagte Goerdeler: „Das Gemeindeleben ist verödet, die Selbstverwaltung tot, die Bürger kennen kaum noch den Namen ihres Bürgermeisters, geschweige denn die von der Partei ernannten, im Verborgenen blühenden Gemeinderäte."[52]

Goerdelers Verwaltungskonservatismus hatte aber mitgeholfen, diese Entwicklung herbeizuführen. Seine anfängliche Haltung gegenüber dem NS-System war naiv. Sein Rücktritt hing mit einem Kompetenzstreit des Oberbürgermeisters mit den Leipziger Ortsgewaltigen der NSDAP zusammen, die ohne Goerdelers Einwilligung das Mendelssohn-Bartholdy-Denkmal vor dem Gewandhaus entfernt hatten, ein äußerlich vergleichsweise harmloser Anlaß. Durch diesen Schritt wurde er mit einem Schlage in ganz Deutschland bekannt. Als politischer Beamter stand ihm eine Pension zu. Er war für andere Aufgaben frei und wurde bald der führende Kopf der konservativen Opposition. Formell abgedeckt wurden die Aktivitäten und die Auslandsreisen, die er seither unternahm, durch seine Zusammenarbeit mit der Stuttgarter Firma Bosch, die auch den früheren DDP-Reichstagsabgeordneten Theodor Heuss unterstützte.

Goerdeler verfaßte weiter Denkschriften, jetzt als konzeptionelle Grundlage für die oppositionelle Bewegung nach einer erfolgreichen Beseitigung der NS-Herrschaft. Er wollte das Prinzip der kommunalen Selbstverwaltung auf den größeren staatlichen Rahmen übertragen. Dem Parteiensystem, das er als destruktiv empfand, stand er mißtrauisch gegenüber. Als Praktiker strebte er eine feste Einbindung der Gewerkschaften in den Staat an. Er nahm Kontakte zu führenden Gewerkschaftern und Sozialdemokraten auf, die auch in eine von ihm zu bildende Regierung nach dem Sturz Hitlers aufgenommen werden sollten. Die jüngere Generation der Kreisauer betrachtete Goerdelers verfassungspolitische Konzepte mißtrauisch. Sie verspürten darin ein Nachwehen seiner deutschnationalen Vergangenheit. Im Nachhinein weiß man nicht, was aus Goerdelers Verfassungsplänen bei einem Erfolg geworden wäre. Er zeichnete sich durch Mut, Einsatzbereitschaft und ein ungewöhnliches politisches Verantwortungsgefühl aus. Schließlich bildete die erste Regierung nach 1945 gleichfalls ein Oberbürgermeister der Weimarer Zeit, Adenauer, der freilich anders als Goerdeler nicht nationalpolitisch eingestellt war. Adenauer hatte sich nach seiner Amtsenthebung 1933 jeder politischen Aktivität enthalten.

Ludwig Beck, geboren in Biebrich am Rhein, Sohn eines promovierten Eisenhüttenfachmanns und Unternehmers, war 1933 53 Jahre alt. Seine militärische Karriere begann mit dem Regierungsantritt Hitlers. In seiner Kindheit wurden er und sein Bruder von den Eltern „im Geist eines strengen disziplinierten Humanismus" erzogen, „der im starken Kontrast zu dem leeren Bombast und der kulturellen Dekadenz des wilhelminischen Deutschland stand".[53] „Die Familie Beck ... hatte wenig gemein mit der neuen wohlhabenden deutschen Mittelklasse, zu der sie eigentlich gehörte. Ihr zurückgezogenes kultiviertes Leben beschwor ein anderes Deutschland, das Land der 'Dichter und Denker'."[54]

Die politische Haltung des Vaters war nationalliberal, verbunden mit einer allgemeinen Sympathie für Preußen, das Kaiserreich und die erstarkte Stellung Deutschlands. Das alles wurde selbstverständlich und unreflektiert hingenommen. Die Entscheidung für die Offizierslaufbahn fiel bereits 1898. Seitdem vollzog sich Becks Leben im Bannkreis der Armee, ihrer eigenen Welt von Werten, ihrer politischen Isolation und der politischen und sozialen Blindheit des militärischen Erziehungssystems in Deutschland. Er galt im Offizierskorps als ungewöhnlich begabt und gebildet. Die Professionalisierung als Militär war selbstverständlich. Er durchlief drei Jahre lang die Kriegsakademie und trat anschließend in den Generalstab ein. Bereits ein Jahr nach der Heirat 1916 starb seine Frau. Seitdem lebte er allein und konzentrierte sich auf seinen Beruf. Er neigte zu einem militärischen Asketentum, das seinen Hang zur Reflexion begünstigte. Den Krieg verbrachte er als Stabsoffizier. Von der Abdankung Wilhelms II. 1918 war er sehr betroffen. Er hing an dieser Welt mit einer unkritischen Loyalität und respektierte auch Ludendorff. Sein politisches Weltbild wurde bis in die 30er Jahre nahezu bruchlos von der Erfahrung in der kaiserlichen Monarchie und Armee geprägt.

Aus dieser Haltung begrüßte er wie Goerdeler ohne Vorbehalte die Machtübernahme Hitlers. 1935 wurde er Generalstabschef. Er befürwortete in öffentlichen Reden den starken Staat und die damit gegebene Stellung der Armee. Seine politische Haltung entsprach bis 1937/38 der eines gebildeten militärischen Technokraten. Gleichsam zur Traditionswahrung versuchte er – vergeblich – eine Verständigung zwischen Ludendorff und Hitler zu vermitteln. Die Ermordung der Generäle Schleicher und Bredow 1934 im Zuge der Niederwerfung des 'Röhm-Putsches' nahm er hin. Beck hatte in den 30er Jahren wenig Kontakt zu Zivilisten. Noch 1937 formulierte er, daß „das Verständnis für die Wehrmacht und für die Arbeit des Soldaten im Reiche Adolf Hitlers in einem Maße vorhanden ist, daß uns kein anderes Volk in dieser Hinsicht übertrifft"[55].

Die ersten Maßnahmen gegen die Juden und die antikirchliche Haltung des Systems lösten Bedenken aus. Er wurde später ein regelmäßiger Kirchgänger, wie überhaupt die Zahl der Kirchenbesucher in der Reichswehr seit dem Ende der 30er Jahre ungewöhnlich zunahm. Der Generalstabschef befürwortete nicht die Vorbereitung eines Krieges. In dieser Haltung war er sich mit dem Chef des französischen Generalstabs, Gamelin, grundsätzlich einig, den er im Juni 1937 in Paris besuchte. In Becks offiziellem Bericht über diese Begegnung am 17. Juni hieß es unter anderem: „General Gamelin suchte die Gelegenheit, um seinen Standpunkt darzulegen, daß angesichts der ungeheuren Leiden und Nöte, die ein Krieg mit sich brächte – wie wir alle aus eigener bitterer Erfahrung wüßten –, jeder an verantwortlicher Stelle stehende Soldat es als seine vornehmste Aufgabe betrachten müsse, Kriege zu vermeiden und keinerlei Auseinandersetzung leichtfertig zu beginnen."[56] Beck gab zu verstehen, daß er die französische Armee für stärker als die deutsche halte. Es war sein erster förmlicher Vorbehalt gegen deutsche Kriegspläne. Hitler soll später (1944) zu Jodl über diesen Paris-Besuch gesagt haben: „Als er [Beck] zurückkam, wackelte er förmlich mit dem Kopf. Ich habe immer gesagt: Ich halte Gamelin nicht einmal für einen Schlaukopf. Wenn er ein Genie gewesen wäre, hätte er nicht Gewehr bei Fuß zugeschaut, wie ich aufrüste. Es ist sehr interessant, die Beurteilung von Gamelin [durch Beck] zu lesen: die beiden großen Heroen der Menschheit haben sich da getroffen."[57] Hier standen sich zwei politische Ziele diametral gegenüber. Beck glaubte noch an die Überzeugungskraft seines Sachverstandes. Als militärischer Technokrat war er nicht frei von politischer Naivität.

Die Blomberg- und die Fritsch-Krise, die das Ehrgefühl des Offiziers trafen, lösten die moralische Distanzierung zu Hitler aus. Als 1938 der 'Fall Grün', die Besetzung der sudetendeutschen Gebiete der Tschechoslowakei, vorbereitet wurde, protestierte Beck in mehreren Denkschriften gegen die Auslösung eines Krieges und versuchte vergeblich, den gesamten Generalstab zum Rücktritt zu bewegen. Hitler konterte direkt und persönlich in mehreren Ansprachen vor Offizieren. Eine wirkliche Machtprobe fand nicht statt. Beck trat im August 1938 als Generalstabschef zurück und fügte sich sogar dem Wunsch Hitlers, den Rücktritt nicht publik zu machen. Beck war kein Politiker. Das Motiv seines Rücktritts war die persönliche Ehre, keine politische Demonstration. Etwa seit dieser Zeit begann seine Zusammenarbeit mit Goerdeler. Man traf sich häufiger mit dem preußischen Finanzminister Popitz in der Berliner 'Mittwochsgesellschaft', die zum informellen Kontaktorgan der Opposition wurde. Hier trugen die führenden Konservativen ihre Vorstellungen einer künftigen politischen Ordnung vor. Man pflegte einen engen persönlichen und familiären Kontakt untereinander. Nur so war eine vertrauensvolle Zusammenarbeit überhaupt möglich.[58]

Die 'Mittwochsgesellschaft' war eine exklusive Vereinigung, die seit dem 19. Jahrhundert in Berlin bestand und der jeweils sechzehn Persönlichkeiten des kulturellen und politischen Lebens angehörten. Zu ihnen zählten u. a. Popitz, Beck und von Hassell. Die Leitung lag seit Beginn der 40er

Jahre bei Popitz. Johannes Popitz entsprach dem Typ eines gebildeten, asketischen, kantianisch geprägten preußischen Verwaltungsbeamten. Als Jurist hatte er 1920 mit dem damaligen Finanzminister Erzberger, später – inzwischen Staatssekretär – mit dem sozialdemokratischen Reichsfinanzminister Hilferding eng zusammengearbeitet. Er war parteilos, entwickelte im Laufe seiner Dienstzeit ein ausgesprochenes Sensorium für verwaltungs- und finanztechnische Probleme. 1932 fertigte er das Gutachten ›Der künftige Finanzausgleich zwischen Reich, Ländern und Gemeinden‹ an. Es berührte einen neuralgischen Punkt der Verfassungsstruktur. Aus diesen Überlegungen entstand 1940/41 sein Entwurf eines 'vorläufigen Staatsgrundgesetzes' als 'Gesetz über die Wiederherstellung geordneter Verhältnisse im Staats- und Rechtsleben', ein Beitrag bereits zu den Zukunftsplänen der Opposition ebenso wie der Vortrag, den er am 2. Juni 1943 vor der Mittwochsgesellschaft über ›Die künftige Gestaltung der Sozialordnung‹ hielt. Es verblüfft die Kontinuität des verwaltungspolitischen Denkens über so unterschiedliche, sich gegenseitig ausschließende parteipolitische Konstellationen hinweg. Den Nationalsozialisten galt sein Sachverstand als unverzichtbar, so daß ein Rücktrittsangebot 1938 – begründet als Protest gegen die Gewaltmaßnahmen gegen Juden – nicht angenommen wurde. So blieb Popitz noch bis 1944 im Amt, allmählich aber von nationalsozialistischer Seite, zumal von Himmler, mißtrauisch beobachtet. Er pflegte den persönlichen Kontakt zu zahlreichen Persönlichkeiten des wissenschaftlichen und literarischen Lebens und repräsentierte mehr als andere die zweideutige Welt jenes deutschen Bürgertums, das sich von dem NS-System und seiner politischen Unkultur innerlich distanzierte, aber in diesem System lebte und arbeitete. Mehrere Freunde und Bekannte von Popitz' hatten 1933 Deutschland verlassen. Wie Goerdeler neigte er noch in den 40er Jahren zu monarchischen Lösungen. Seine Beziehungen zu der jüngeren Generation des Widerstandes gestalteten sich schwierig.[59]

Flexibler war der Diplomat Ulrich von Hassell, der zwischen der jüngeren und älteren Generation des konservativen Widerstandes zu vermitteln suchte. Er war 1933 52 Jahre alt, der Sohn eines preußischen Offiziers und Enkel des Flottenbauers Tirpitz, seit 1918 Mitglied der DNVP. Er trat in den Auswärtigen Dienst ein und war von 1932 bis 1937 Botschafter in Rom. Wegen seiner deutschnationalen Einstellung sympathisierte er 1933 mit der Regierung Hitler. Bedenken gegen die außenpolitische Linie kamen ihm seit 1936. 1938 wurde er in den vorläufigen Ruhestand versetzt. Seit dieser Zeit entstanden seine Kontakte zu Goerdeler und Beck. Man sah in ihm den außenpolitischen Sprecher der Opposition. Seine Tagebücher, die bereits 1946 veröffentlicht wurden, sind eine eindrucksvolle Quelle für interne Vorgänge und Überlegungen innerhalb des Widerstandes. Hassell war ein entschiedener Gegner der seit 1936 anlaufenden Vorbereitung des Krieges.

Durch Aussprachen mit dem Staatssekretär des Auswärtigen Amtes, Ernst von Weizsäcker, später durch Kontakte mit dem Geschäftsträger der amerikanischen Botschaft in Berlin, Kirk (1940), mit dem Internationalen Roten Kreuz, während einer Begegnung mit dem Vertreter des britischen Foreign Office in der Schweiz im Februar 1940, versuchte er vergeblich, ausländische Politiker für eine alternative Lösung zu gewinnen. Er warnte vor der „bolschewistischen Gefahr", vertrat aber insgesamt das Konzept einer unabhängigen deutschen Position zwischen Ost und West.[60]

Der energischste, zielbewußteste Vertreter der konservativen militärischen Opposition war zweifellos Hans Oster. Der Sohn eines Pfarrers der reformierten französischen Gemeinde in Dresden wurde 1888 geboren. Er war überzeugter Protestant, hatte eine glückliche Kindheit und Jugend verbracht und entwickelte eine wache und kritische Intellektualität. Er besaß ein weltoffenes, lebensbejahendes Naturell. 1907 trat er in das Heer ein und wurde in Sachsen ausgebildet. Er heiratete 1912 und hatte fünf Kinder. Unbekümmert, wie die meisten jungen Offiziere, begrüßte er den Kriegseinsatz 1914. Die Niederlage 1918 bedeutete für ihn einen Schock. Der Weimarer Republik stand er fremd gegenüber, ebenso dem aufkommenden Nationalsozialismus. Der Tag von Potsdam und dessen politische Theatralik widerte ihn an. Anders als die meisten Offiziere und Generäle stand er dem NS-System schon früh, spätestens seit den Morden im Juni 1934, ablehnend gegenüber. Er hatte 1932 wegen einer Liebesaffäre das Heer verlassen müssen und trat im Oktober 1933 in die Abwehrabteilung des Reichswehrministeriums ein. Seine Karriere wurde von dem mit ihm befreundeten Wilhelm Canaris, dem Leiter der Abwehr seit 1935, gefördert. Seine persönliche Bekanntschaft mit den meisten Vertretern der späteren militärischen Opposition rührte bereits aus den 20er Jahren her. Die Generäle von Witzleben, Thomas und Olbricht kannte er aus dem Wehrkreiskommando Dresden, von Brauchitsch und Halder aus dem Stab der 6. Division in Münster. Die Kooperation der Generalität mit der NS-Regierung seit 1933 beobachtete er mit Mißtrauen. Oster unterstützte 1938 Becks Bemühungen, die Generalität gegen die Kriegspläne zusammenzuführen. Seit dieser Zeit liefen seine Putschpläne an. „Sein Einfallsreichtum und seine geistige Beweglichkeit bei diesen Vorbereitungen muten revolutionär an, waren aber vielleicht typisch für Oster, dem zu allem entschlossenen Konservativen, der auch vor der Gefahr eines Bürgerkrieges nicht zurückschreckte."[61]

Im Herbst 1938 bereitete Oster mit Hilfe des Berliner Wehrkreises erstmals eine Aktion vor, bei der die Infanterie-Division des Generalmajors Graf von Brockdorff-Ahlefeldt Schlüsselpositionen in Berlin, darunter die Zentrale der Gestapo, den Deutschlandsender in Königswusterhausen und das Regierungsviertel zu besetzen hatte, Hitler verhaftet und vor ein Gericht gestellt werden sollte. Oster befürwortete, Hitler sofort zu töten: ein lebender Hitler sei unkalkulierbar. Der Putsch konnte angesichts der Verständigung Hitlers mit Daladier und Chamberlain in München nicht durchgeführt werden. Da weitere Putschpläne angesichts der Haltung der Generalität aussichtslos erschienen, informierte Oster am 8. Oktober 1939 die Niederlande über den Berliner Militärattaché Sas über die deutschen Angriffspläne. Das war, ebenso wie eine ähnliche spätere Information 1940 an Dänemark und Norwegen, 'Landesverrat'. Tatsächlich war Oster der einzige unter den Konservativen, der bis zu Beginn des Krieges im Rahmen seiner Möglichkeiten in der Abwehr den Widerstand konsequent betrieb. Zu Beginn des Krieges waren seine Hände weitgehend gebunden. So versuchte er, die diplomatischen Bemühungen der Opposition um Kontaktaufnahme mit der Diplomatie der gegnerischen Länder über die Abwehr zu decken. Deutlicher als andere, die in nationalkonservativen Idiosynkrasien befangen waren, hatte er bereits nach dem 30. Juni 1934 erkannt, daß die nationalsozialistische Politik nichts anderes als die „Methode einer Räuberbande" war.

Es kann hier nicht darum gehen, generell die Geschichte der Industrie, der Armee oder gar die deutsche Geschichte in den Jahren 1933 bis 1945 zu beschreiben, ja nicht einmal die des Widerstandes, der breit gefächert war und nicht nur Konservative aus dem Bürgertum, dem Adel, der Beamtenschaft und der Reichswehr erfaßte. Es soll vielmehr – wiederum nur skizzenhaft – das praktisch-politische Verhalten herausragender einzelner des konservativen Lagers vorgestellt werden. Tatsächlich bestand der Kern des konservativen Widerstandes aus einer kleinen Gruppe, der es schließlich bis zu dem Attentat des 20. Juli 1944 nicht gelang, selbst innerhalb des Kreises von Beamtenschaft, Generalität und Industrie ihre Basis so zu verbreitern, daß der Umsturz 1944 trotz des zunächst gescheiterten Attentats hätte zum Zuge kommen können. Die Mehrheit dieser Kreise scheute oder weigerte sich bis zum bitteren Ende, die Widerstandsgruppe zu unterstützen oder ihre Aktionen mitzutragen. Wieweit breitere Schichten der Bevölkerung bereit gewesen wären, mitzuwirken, darüber war sich selbst die konservative Widerstandsgruppe nicht im klaren, und aus der historischen Retrospektive ist das noch schwieriger zu beurteilen.

In von Hassells Tagebuch findet sich eine Eintragung vom Oktober 1939, die aufschlußreich ist. „Abends bei Kamekes mit Winnigs. Sympathischer, ernster Mann, kein sehr großes Format, aber klug. Er erzählte von seinen Vorträgen in Industriestädten und großen Betrieben. Nach seinen Eindrücken steht die überwältigende Mehrheit der Arbeiterschaft dem Nationalsozialismus völlig fern. Wiederholt habe er beobachtet, daß die aktiven Parteileute [der NSDAP] unter den Arbeitern von den anderen gemieden würden; Betriebsführer hätten ihm gesagt, sie müßten diese Leute gesondert arbeiten lassen."[62] Die Aufzeichnung illustriert die Beurteilung der Situation durch die Konservativen. Die Tagebücher von Hassells liefern ein eindrucksvolles Bild der Motive, der politischen Beurteilungen und der Entwicklung dieser Gruppe in der Zeit von 1938 bis 1944. Von Hassel verfügte aufgrund seiner Diplomatenlaufbahn über zahlreiche Kontakte. Obwohl 1933 in die NSDAP eingetreten, war er 1938 in den Ruhestand versetzt worden. Seitdem arbeitete er mit Goerdeler und Popitz zusammen. Regelmäßig führte er Gespräche mit dem Staatssekretär im Auswärtigen Amt, Ernst von Weizsäcker, mit Schacht, mit dem britischen Botschafter in Berlin, Henderson, den er seit Jahren persönlich kannte, und mit Generälen, darunter der Oberbefehlshaber des Heeres von 1938 und 1941, von Brauchitsch. Vergeblich versuchte er, ihn in die Widerstandsgruppe herüberzuziehen. Von Hassell kannte sich in den Interna des persönlichen Umfeldes der Nazigrößen wie Hitler, Göring, Goebbels gut aus. Gelegentlich besuchte Hitler eine mit von Hassell befreundete Familie zum Weihnachtsfest. A. J. P. Taylor hat zu Recht darauf hingewiesen, daß der 'Weltkrieg' nach der Kriegserklärung an die Sowjetunion und die USA erst 1941 begann, demgegenüber seien die Vorgänge zwischen 1939 und 1941 historisch nur "a matter of historical curiosity".[63] Das mag so sein oder auch nicht. Jedenfalls fand in den Jahren 1938 bis 1941 noch einmal ein klägliches Spiel zwischen den europäischen Nationalkonservativen statt, wobei für alle beteiligten europäischen Nationalkonservativen, die deutschen, die britischen und die französischen, der unberechenbarste Faktor bei ihren Überlegungen die deutsche nationalsozialistische Regierung war.[64]

Eine Tagebucheintragung von Hassells während der sogenannten Sudetenkrise kennzeichnet die Einstellung und die Sorgen der deutschen Konservativen: „Internationale Gewitterstimmung. Innen wachsende Depression unter dem Druck der Parteiherrschaft und der Kriegsfurcht. Heydrich in Nürnberg [Parteitag] wieder in voller Pracht. Reden Hitlers alle demagogisch mit scharfen Angriffen gegen die gesamte Oberschicht gesalzen, so auch die Schlußrede beim Parteitag, die in wildem Polterton vorgetragen wurde. Der gesteigerte Haß gegen die Oberschicht ist besonders hervorgerufen durch die Warnungen der Generäle [außer Keitel] vor dem Kriege. Hitler ist sehr geladen gegen sie und beschimpft sie als 'feige'. Zugleich nimmt die Abneigung gegen selbständige Charaktere zu. Wer nicht kriecht, gilt als hochmütig. Das ist auch der Kern meiner Lage. Heydrich hat Plessen in Rom ausdrücklich gesagt, bei ihnen gälte ich allgemein als hochmütig. Auch könne Ribbentrop mich nicht leiden."[65]

Diese subjektiven Urteile beleuchten die Situation besser als distanzierte generalisierende Aussagen. Von Hassell bemühte sich in diesen Tagen über Kontakte mit Henderson und von Weizsäcker, der Kriegsgefahr zu steuern. Henderson beklagte sich über die Unzugänglichkeit des deutschen Außenministers Ribbentrop. Ein Krieg sei zu vermeiden, wenn „das Naziregime nicht diesen furchtbaren Haß gegen sich in der ganzen Welt und besonders auch in England erzeugte"[66]. Henderson vermittelte in diesen Tagen den Besuch des britischen Premiers Chamberlain in Bad Godesberg und dessen Begegnung mit Hitler.

Nach der Münchner Konferenz zwischen Hitler, Mussolini, Daladier und Chamberlain, die die Kriegsgefahr vorerst bannte, hielt von Hassell eine Notiz fest, die die Unsicherheit und faktische Einflußlosigkeit der deutschen Konservativen charakterisiert: „Aber die Frage ist, ob dieser Erfolg nicht durch den ganzen Verlauf einen ganz anderen Charakter erhalten hat als die bisherigen. Hitler muß jetzt fühlen, daß er uns an den Rand des Krieges gegen die halbe Welt gebracht hat und daß diejenigen recht hatten, die an den Ernst Englands usw. glaubten. Die Welt – von den Deutschen allerdings nur der Teil, der außer den deutschen amtlichen Nachrichten auch andere gehört hat – wird einen sehr schlechten Geschmack im Munde behalten, und der Haß gegen Hitlers Methoden muß tief gefressen haben. Wird Hitler jetzt zum ersten Male bei seiner Gottähnlichkeit bange werden?"[67]

Eine ähnliche Irritation gab es in diesen Wochen unter den britischen Konservativen, die mit Chamberlain und Halifax die Regierung stellten. Eine Minderheit unter Führung Churchills war über das Nachgeben in München entrüstet, die Mehrheit stellte sich hinter den 70jährigen Premier. Aber überall in England waren die konservativen Gruppen, selbst die Familien, zerstritten. Die Kontroverse war zugleich Ausdruck eines Generationenkonflikts innerhalb der Konservativen.[68]

Churchill verurteilte in einer scharf formulierten Rede am 5. Oktober die „Niederlage" von München. Von Hassells Beurteilung der außenpolitischen Situation war zutreffend. Wie die breiteren Bevölkerungsschichten dachten, war schwer auszumachen.[69] Bei den britischen Konservativen um Chamberlain spielte die Sorge mit, eine Situation wie die vor 1914 zu vermeiden.[70] Der Krieg war das Übel schlechthin. Aber es fehlte der entsprechende Verhandlungspartner in Deutschland. Hitler war nicht Goerdeler und Ribbentrop nicht von Hassell. Hinzu kam bei den Konservativen in England wie in Frankreich die vage Vorstellung, daß es noch Schlimmeres gebe als den Nationalsozialismus Hitlers: den Bolschewismus. In Frankreich kritisierten nur wenige wie Paul Reynaud das Abkommen von München. Die französischen Parteien wurden zudem noch stark von den Klassenformationen geprägt, wobei die nationale Rechte im Verlauf der 30er Jahre 'pazifistischer', dagegen die Linke umgekehrt 'militaristischer' wurde. Am 14. Juli 1935 hatte die Linke der Armeeparade auf den Champs-Elysées Beifall geklatscht. Die politisch-soziale Zerrissenheit des Landes machte die einheitliche Formulierung einer nationalen außenpolitischen Linie gegenüber der deutschen, zunehmend aggressiver werdenden Politik schwierig. Das Zusammenfallen von Parteipolitik und Klassenbewußtsein war eines der entscheidenden Hindernisse für sämtliche Konservativen in den größeren europäischen Ländern der 20er wie der 30er Jahre, eine klare Linie der europäischen Politik zu finden. Es waren nicht zuletzt die Nationalsozialisten, die dieses Vakuum aufspürten und sich zunutze machten; dabei mag die nationalsozialistische Verachtung nicht nur der deutschen, sondern auch der europäischen Oberschichten mit hinzugekommen sein: Jedenfalls erklärt sicher auch die rüde Art, mit der die Nationalsozialisten ihre Außenpolitik betrieben, den Zorn der jüngeren britischen Konservativen über das Versagen ihrer eigenen politischen Führung in München.

Die internationalen Spannungen, die sich seit dem Sommer 1938 verdichteten, lösten zwei oppositionelle Bewegungen aus, die versuchten, das Risiko eines Krieges, wie er durch den für den 30. September geplanten Angriff auf die Tschechoslowakei hätte ausgelöst werden können, abzuwenden. Bei der einen handelte es sich um den Plan eines Putsches durch Militärs, bei der anderen um verschiedene diplomatische Kontakte mit englischen Politikern, die darauf abzielten, einen solchen Putsch durch die britische Politik indirekt abzudecken. Beide Unternehmen blieben erfolglos. Nach dem Rücktritt Becks hatte sich schließlich eine ernstzunehmende Gruppe höherer Offiziere, darunter von Witzleben, von Stülpnagel und Oster, zu einer Aktion zusammengefunden, die auch von dem Berliner Polizeipräsidenten Fritz von der Schulenburg unterstützt wurde. Als Leiter einer provisorischen Regierung war Schacht vorgesehen. Es schien, als würden auch von Brauchitsch als Oberbefehlshaber des Heeres und sein neuer Generalstabschef Halder für den Fall kooperieren, daß Hitler tatsächlich den Angriff anordne und daß durch die Reaktion Frankreichs und Englands ein Krieg drohe. Mehrere Besucher in England, darunter von Kleist-Schmenzin, von Trott zu Solz, Kordt und Goerdeler suchten, allerdings unkoordiniert, Unterstützung bei englischen Politikern wie Vansittart, Lloyd George und Churchill, deren Reaktion jedoch abwartend oder ablehnend war.[71] Der geplante Putsch war in dem Augenblick erledigt, als in Berlin bekannt wurde, daß der Vermittlungsversuch der Vier in München am 27./28. September zum Erfolg geführt hatte: Die Militäropposition fand nicht statt.

Rückblickend läßt sich sagen, daß sich im September 1938 die größte Chance in der Zeit von 1933 bis 1945 ergeben hatte, Hitler und der nationalsozialistischen Kriegspolitik zu widerstehen, sowohl für den deutschen wie für den europäischen Konservatismus. Sie verging, und sie wurde vertan. Einige Wochen später, mit den Ausschreitungen gegen die Juden in Deutschland am 9. November, der 'Reichskristallnacht', war das Klima in Europa schon wieder düsterer geworden. Chamberlains "peace for our times" hatte sich als Selbsttäuschung erwiesen.[72] Wurde die NS-Politik anfangs von den überzeugten Konservativen ledig-

lich als abenteuerlich klassifiziert, fanden sich allmählich andere Kategorien. Das Wort 'Dschingis Khan' fällt für Hitler. Reflektierter ist die Eintragung von Hassells vom 28. November 1938: „Sehr interessanter Artikel des
bisher deutschfreundlichen, jetzt stark abgekühlten Lord Lothian im ›Observer‹. Er hat erfaßt, daß Hitler in der tschechoslowakischen Frage Gewalt
anwenden wollte und daran verhindert worden ist. Klarer als Lord Lothian
kann man die Gesamtlage zwischen 'Totalitären' und 'Demokratien' nicht
erkennen und darlegen. Er hofft, daß sich Sittlichkeit und Freiheit gegenüber der brutalen Gewalt schließlich durchsetzen werden, auch in den totalitären Staaten selbst." Solche Erwartungen deckten sich mit denen der
deutschen konservativen Opposition.

Der Hitler-Stalin-Pakt vom August 1939 gewann, unabhängig von seiner
unmittelbar kriegsauslösenden Wirkung, noch eine zusätzliche politische
Bedeutung für die Beurteilung des Nationalsozialismus. Wenige Tage nach
dem Abschluß des Pakts notierte von Hassell: Jetzt seien alle Elemente in
Europa, „die in uns noch einen Schutzwall oder Angriffsfaktor gegen den
Bolschewismus erblickten, von uns innerlich abgeschwenkt, wobei noch
offen bleibt, wie weit der Pakt lediglich ein unaufrichtiges Auskunftsmittel
autoritärer Regime darstellt, wie weit ein endgültiges Zusammenrücken auf
der Basis weiterer Nationalisierung der Sowjets und weiterer Bolschewisierung des Nazismus entspricht"[73]. In einer späteren Analyse Hassells heißt
es: Die NS-Politik handele in „völliger geistiger Verwirrung". Man habe alle
wichtigen Positionen, so die Ostsee und die Ostgrenze, durch die Aufgabe
der baltischen Staaten an Rußland preisgegeben und „im Konfliktsfall mit
Rußland auch die Erzzufuhr aus Schweden". Er fügte hinzu: „Alles tritt
aber zurück gegen die unbekümmerte Auslieferung eines großen wichtigen
Teiles des Abendlandes, zum Teil deutsch-lutherischer Kultur, zum Teil altes
Österreich, an den Bolschewismus, den wir angeblich im fernen Spanien
auf Tod und Leben bekämpft haben."[74] Der außenpolitischen schließt sich
die innenpolitische Analyse des Vorgangs an: „Das Vorrücken des Bolschewismus auf der ganzen Front und dicht an unserer Grenze zusammen mit
den notwendigen sozialistischen Folgen einer Kriegswirtschaft muß auch in
Deutschland innerpolitisch Folgen gefährlichster Art haben. Als weiteres
Moment kommt der von Hitler propagierte Bevölkerungsaustausch dazu,
der viele Hunderttausende ja Millionen wurzelloser Existenzen schaffen
und uralte Traditionen, vor allem deutsche Traditionen, zerstören
würde."[75] Solche Urteile waren zugleich Selbstermahnungen, den inneren
Widerstand zu stärken. Entsprechende Anstöße wiederholen sich immer
wieder bis 1944. Es ist ein zähes Kämpfen, das unablässig darauf hinaus-
läuft, den Kreis der zuverlässigen Mitarbeiter der Opposition zu vergrö-
ßern. Immer wieder stößt man auf die Tatsache, daß die Generalität nur begrenzt dazu bereit war. Hassells Tagebucheintragungen werden im Laufe

dieser Jahre zu einem Dokument des ständigen Durchhaltens und Sich-Wie-
deraufraffens inmitten einer Flut von Unglücksnachrichten, Enttäuschungen und Fehlschlägen. Goerdeler erwies sich als einer der Unerschütter-
lichen, der immer dann noch Hoffnung schöpfte, wenn andere wieder einmal
Glauben und Hoffnung aufgegeben hatten.

Trotz aller Bemühungen des Widerstands verlief die Besetzung Dänemarks und Norwegens im April 1940, anschließend die Hollands und Belgiens geradezu generalstabsmäßig ab. Doch war die Bevölkerung dieser
Länder nicht zur Kooperation bereit. Die Regierungen – außer in Dänemark – gingen ins Exil nach England, die Bevölkerungen unterwarfen sich
äußerlich der Gewalt und es gab wenige Quislinge. Das Überrollen Frankreichs wirkte zumal in England wie ein Schock. Mit der Etablierung des
Regimes von Vichy in Südfrankreich unter General Pétain entstand ein weiterer autoritärer Staat, der von der bürgerlichen Rechten regiert wurde, die
parlamentarische Verfassung abschaffte und an die Stelle der revolutionären Parolen ‘Liberté’, ‘Egalité’ und ‘Fraternité’ die Losung ‘Travail’, ‘Famille’
und ‘Patrie’ setzte. Die Gewerkschaften und Unternehmerverbände wurden aufgelöst. Gustave Thibon, der als Theoretiker des Systems von Vichy
gilt, sprach von „organischen Gemeinschaften“. Die leitenden Regierungs-
ämter wurden überwiegend mit Fachleuten aus den Universitäten, der Wirtschaft und Verwaltung besetzt.[76]

Das Regime von Vichy war ein Staat, dessen Konstruktion vermutlich
nicht allzuweit von den Vorstellungen entfernt lag, wie sie Goerdeler,
Popitz und von Hassell in ihren Denkschriften und Vorträgen 1940 vor der
Mittwochsgesellschaft in Berlin entwickelt hatten. Von Hassell sprach damals über den organischen Staatsgedanken bei dem Freiherrn vom Stein,
der allerdings vor der Industrialisierung und vor der Entstehung der modernen Demokratien konzipiert worden war. Hier regte sich ein Suchen nach
Haltung und solider Ordnung in der Vergangenheit und nach historischer
Verankerung. Als Strohhalm muß auch der Vorschlag nach einer Wiederein-
führung der Monarchie verstanden werden. Diese Verfassungspläne stießen
auf die heftige Kritik der jüngeren Generation im Kreisauer Kreis. Die konzeptionelle Hilflosigkeit erklärt sich aber auch aus der Tatsache, daß es in
der modernen deutschen Geschichte nie einen originären Denker der Demokratie und des Parlamentarismus gegeben hatte: keinen Jefferson, keinen Mill, keinen Bagehot. Selbst nach 1945, als die Bundesrepublik sich zu
einer vitalen parlamentarischen Demokratie entwickelte, geschah das dank
der *praktischen* Bemühungen demokratischer Politiker. Das politisch-theo-
retische Defizit des konservativen deutschen Widerstandes liefert jedoch
noch keinen Grund, den Stab über diese Gruppe zu brechen, die immerhin
versuchte, ein Minimum an Substanz, Liberalität, Humanität und politischer Verantwortung zu retten und an spätere Generationen weiterzu-

geben. Es handelt sich um mehr als persönliche Tapferkeit, die zu würdigen ist.

Es gab praktisch keine Kontakte der konservativen deutschen Widerstandsgruppen zu der französischen bürgerlichen Rechten von Vichy, trotz ideologischer Übereinstimmung. Noch weniger gab es Kontakte oder eine Zusammenarbeit mit der französischen Résistance, die die Kollaboration Pétains verurteilte und sich aus einem breiten politischen Spektrum zusammensetzte, von den Kommunisten bis zu den Christlichen Demokraten. Den Nationalkonservativen des deutschen Widerstandes ist es nie wirklich gelungen, ihrem eigenen historischen Gefängnis zu entrinnen: Sie schlossen sich weder dem europäischen Konservatismus noch der europäischen Résistance an. Ihr politischer Horizont endete an den nationalen Grenzpfählen. Ein zweites Vorurteil kam erschwerend hinzu: Es gelang den Nationalkonservativen nicht, ihr Selbstverständnis als Oberschicht, das eng mit dem nationalen Selbstverständnis zusammenhing, aufzugeben oder zu relativieren. Sie waren keine Demokraten. Wegen dieser Einstellung lag ihnen irgendeine Zusammenarbeit mit der Résistance Frankreichs, Belgiens, der Niederlande, der skandinavischen Länder oder auch des polnischen Widerstandes nicht. So kreisten letztlich alle ihre Hoffnungen um das Militär, das sich wiederum für eine politische Aktion nicht zuständig fühlte.

Ende Januar 1940 notierte von Hassell, nachdem wieder einmal eine geplante Aktion der Militärs nicht zustande gekommen war: „Der preußische Gehorsam sitzt da wirklich nicht mehr fest, wo er unumgänglich nötig ist, nämlich bei der Truppe und dem Offizierskorps, aber in der obersten Region, wo der Gehorsam durch eigenes Urteil und politische Verantwortung ergänzt werden müßte, wird er um so sklavischer und gegen bessere Erkenntnis angewendet. Diese Generale, die die Regierung stürzen wollen, verlangen deren Befehl, um zu handeln!" [77]

Am gleichen Tag notierte er: „Gegen Abend bei Beck: sehr klug und ruhig, sieht aber zur Zeit auch keinen Weg. Goerdeler kam zufällig nachher auch. Wir aßen im 'Krug' in Dahlem und gingen dann zu Popitz. Bis ein Uhr Unterhaltung über die bei einem Umschwunge zu treffenden ersten Maßnahmen. Wir waren uns über den akademischen Charakter leider ganz klar, trotzdem ist es nötig. Popitz und ich fast immer einig. Goerdeler wollte abwegigerweise sofort eine Volksabstimmung machen, über deren Ausgang er viel zu sanguinisch dachte. Popitz hatte Karten über die Neueinteilung des Reichs anfertigen lassen (in Länder), zum Teil etwas zu stark vom praktischen Verwaltungsmann gedacht, statt vom politischen Empfinden her." [78]

Geistig-literarisches Leben

Politischen Widerstand aus den deutschen Universitäten gab es nicht. Eine Ausnahme bildete der Kreis der 'Weißen Rose' an der Universität München 1942/43, eine studentische Widerstandsgruppe, die ihre Impulse u. a. aus der katholischen Jugendbewegung erhielt. In Flugblättern klagten sie das nationalsozialistische Unrechtssystem an. Obwohl die Grundlagen des NS-Staates dadurch nicht gefährdet wurden, hat man diesen intellektuellen Widerstand nach seiner Aufdeckung brutal niedergeschlagen. Professor Kurt Huber, die Geschwister Hans und Sophie Scholl und ihre Kommilitonen Christoph Probst, Alexander Schmorell und Willi Graf wurden vom Volksgerichtshof zum Tode verurteilt und hingerichtet. Diese Reaktion zeigt, daß jeder geistige Widerstand, wenn er sich offen artikulierte, mit Lebensgefahr verbunden war.

Politisch mißliebige Hochschullehrer waren bereits 1933/34 in den Ruhestand versetzt worden oder hatten sich entschlossen, zu emigrieren. Die Welle spontaner und oft lächerlicher Zustimmungsadressen, deren bekannteste die des Freiburger Philosophen Martin Heidegger war, ebbte später ab. Der NS-Dozentenbund versuchte, sich personalpolitisch durchzusetzen. Vor allem Geisteswissenschaftler erwiesen sich für nationalsozialistischen Unsinn als anfällig. Viele Professoren zogen sich in die Grauzonen der 'Fachwissenschaft' zurück. So wurden manche Universitätsseminare zu Stätten geistigen Trübsinns. Diese Erscheinung hing damit zusammen, daß die althumanistische Tradition Europas an deutschen Universitäten, anders als in Frankreich, England und Italien, weniger ausgeprägt war oder nur in einer philologisch verengten Kümmerform bestand. Der erasmische Geist der Liberalität, Intellektualität, Spiritualität und des lebendigen Wortes besaß in der deutschen Universitätsgeschichte nur schwache Traditionen. Das ist kein Sonderphänomen der Zeit von 1933 bis 1945, erklärt aber wesentlich das Versagen der deutschen Universitäten 1933 – und vorher. [79]

Doch gab es nicht nur Mitläufer und Opportunisten. Der katholische Existenzphilosoph Peter Wust in Münster versammelte durch seine bewußte Distanz zu den zeitgenössischen Ideologien einen großen Hörerkreis um sich, ohne einen politischen Widerstand zu formulieren. In diesem Klima entstanden auch die Predigten, die Kardinal Clemens August Graf von Galen ungestraft 1941 in Münster gegen das NS-System und dessen Eingriffe in den privaten Bereich (Euthanasie) und den der Kirche hielt. Es war einer der wenigen Fälle, wo man nicht wagte, gegen offene Opposition einzugreifen, ein Zeichen dafür, daß das Scheitern des Widerstandes auch, wenn auch sicherlich nicht nur, mit einem Mangel an Zivilcourage zusammenhing. Eine geistige 'reservatio mentalis' gegenüber der NS-Ideologie war an den Universitäten und Schulen allerdings häufiger anzutreffen, wenn sie auch nur mehr oder weniger vorsichtig geäußert wurde.[80]

Das literarische Leben in der Zeit von 1933 bis 1945 wurde nicht völlig unterdrückt, es bewahrte sich eine Eigenständigkeit jenseits und innerhalb der von der Reichsschrifttumskammer verwalteten ideologischen Produktion. Aber der Zuschnitt dieser unabhängigen Literatur trug in Sprache und Stil, in ihren Metaphern und Themen, in ihrem Rückzug auf eine religiös geprägte und christliche Literatur nicht nur konservative, sondern auch passiv-resignative Züge. Da die Welt und Sprache jener Literatur dem literarischen Empfinden und Geschmack nach 1945 so fremd geworden ist, ist sie weitgehend vergessen worden. Sie hatte zweifellos Substanz, zumindest wurde das von jenen zahlreichen Lesern empfunden, die, abgeschlossen von rationaler Information und Diskussion, eine ideologisch nicht gebundene Ansprache suchten und sie nur hier fanden. Dazu zählten Jochen Kleppers Roman ›Der Vater. Roman eines Königs‹ über Friedrich Wilhelm I. von Preußen (1937), Reinhold Schneiders Erzählung ›Las Casas vor Karl V.‹ (1938), die den Protest des Dominikaners gegen die menschenunwürdige Behandlung der Indios durch die Spanier im 16. Jahrhundert gestaltete, die Kirchenlieder und Gedichte von Rudolf Alexander Schröder, Werner Bergengruens ›Der Großtyrann und das Gericht‹ (1935), ein Schlüsselroman, in der Renaissance angesiedelt, der einen nachhaltigen Eindruck hinterließ.

Viel gelesen, obwohl verworren und von antisemitischen Äußerungen nicht frei, wurde die Schrift von August Winnig ›Europa. Gedanken eines Deutschen‹ von 1937, die Kurt Ihlenfeld im Eckart-Verlag herausbrachte. Konservative Stimmen fanden sich in Gertrud Bäumers Romanen ›Adelheid. Mutter der Königreiche‹ (1936), ›Wolfram von Eschenbach‹ (1938), ›Die Macht der Liebe. Der Weg des Dante Alighieri‹ (1942) und in Ernst Jüngers ›Auf den Marmorklippen‹ (1939). Literarische Kreise trafen sich in Privatwohnungen und lasen und besprachen die Literatur. „Vor dem Abend bei Plettenberg religiöser Nachmittag bei . . ." heißt es 1943 in einer Tagebuchnotiz von Hassells. „Sehr bemerkenswerte Leute: Guardini, der mir persönlich gefiel, besser als seine Schriften, August Winnig, Gertrud Bäumer, Geistliche der drei Konfessionen. Thema: 'Verkündigung', das heißt, wie kann man heutigen Menschen das Christentum nahebringen."[81]

Die oft gedrückte Atmosphäre dieser religiös-literarischen Kreise wird in den Erinnerungen von Reinhold Schneider, ›Verhüllter Tag‹ (1952), und in den Tagebüchern Jochen Kleppers festgehalten.[82] Klepper nahm sich 1942 zusammen mit seiner jüdischen Frau das Leben. Reinhold Schneider, der sich nach 1945 zu einem christlichen Pazifismus bekannte und die westdeutsche Wiederaufrüstung öffentlich verurteilte, schrieb damals das Sonett ›Allein den Betern‹, das hektographiert in Deutschland, auch unter den

Soldaten an der Front, verbreitet wurde. Es drückte die hoffende wie resignative Grundstimmung dieser literarisch-religiösen Kreise aus.[83] Die Jugend, die eine solche Haltung in direkte Aktionen hätte umsetzen können, befand sich im Einsatz an der Front. Das Sonett lautet:

> Allein den Betern kann es noch gelingen,
> Das Schwert ob unsern Häuptern aufzuhalten
> Und diese Welt den richtenden Gewalten
> Durch ein geheiligt Leben abzuringen.
>
> Denn Schwerter werden nie den Himmel zwingen.
> Was sie vereinen wird sich wieder spalten,
> Was sie erneuern, über Nacht veralten,
> Und was sie stiften, Not und Unheil bringen.
>
> Jetzt ist die Zeit, da sich das Heil verbirgt,
> Und Menschenhochmut auf dem Markte feiert,
> Indes im Dom die Beter sich verhüllen.
>
> Bis Gott aus unsern Opfern Segen wirkt
> Und in den Tiefen, die kein Aug' entschleiert,
> Die trocknen Brunnen sich mit Leben füllen.[84]

Ein gebildetes, meist einfaches bürgerliches Publikum suchte in dieser Literatur eine Zuflucht vor jener politischen Welt, die es nicht beeinflussen konnte und die es mit innerem Erschrecken registrierte. In manchem setzte sich hier eine geistig-literarische Tradition fort, die nicht großbürgerlich war, sondern aus jenen breiten Kreisen kam, die Anfang des 19. Jahrhunderts Matthias Claudius oder Johann Peter Hebel, später Ludwig Uhland, Eduard Mörike, Wilhelm Raabe, Theodor Storm und Adalbert Stifter gelesen hatten, deren Welt ja nie untergegangen war und die in den Texten von Hans Carossa im 20. Jahrhundert sich noch immer als heile Welt darstellte. Selbst Wolfgang Borcherts Erzählungen und sein Drama ›Draußen vor der Tür‹, die nach 1945 das kaum noch aussprechbare Verletztsein der jungen Kriegsgeneration ausdrückten, leben noch aus der Erinnerung an diese aus dem 19. Jahrhundert überlieferte literarische Welt.

Als stärkste Kraft des inneren Zusammenhalts und der Tradition der Generationen über Jahrhunderte hinweg erwies sich während des Krieges und in der Nachkriegszeit für große Teile der deutschen Bevölkerung die geistliche Lyrik des Kirchenlieds. Das war sehr deutsch. Die evangelischen und katholischen Gesangbücher waren die populärsten Dokumente dieser Tradition. Zu den Liedern, die Paul Gerhard und Andreas Gryphius während des Dreißigjährigen Krieges geschrieben hatten, suchten auch die Deutschen während des Zweiten Weltkrieges Zuflucht, in ihnen fanden sie Trost und Halt. Damals wie dreihundert Jahre zuvor hatten sie das Gefühl, daß die Politik, „über sie gekommen" sei: ein Gefühl von Frömmigkeit und Hilflosigkeit zugleich.

Der Kreisauer Kreis

In dem Aufsatz ›Glaube, Religion, Kirche und der deutsche Widerstand
gegen den Nationalsozialismus‹ (1980) erinnerte Klemens von Klemperer
an einen zentralen Punkt der Widerstandsbewegung.[85] Das wird meist als
selbstverständlich hingenommen, weil die historische Forschung mehr an
den politischen Problemen oder an einzelnen Phasen des Widerstands einschließlich des Attentats vom 20. Juli 1944 interessiert ist, weniger an den
Motiven und Einstellungen, aus denen sich für eine Minderheit die Entscheidung zum Handeln ergab. Die Konturen des Widerstandes wurden
erstmals zusammenfassend in Hans Rothfels' Buch ›Die deutsche Opposition gegen Hitler‹ dargestellt, das ursprünglich aus Vorträgen für ein ameri-
kanisches Publikum entstanden war.[86] Seitdem ist der Widerstand intensiver erforscht und kritisch beleuchtet worden, allerdings auch mit dem Ergebnis, daß die Klarheit der Konturen verwischt wurde.[87] Rothfels und
Klemperer haben gezeigt, daß die jüngere Generation im 'Kreisauer Kreis'
die entscheidenden Antriebskräfte aus ihrer christlichen Überzeugung erhielt, die mehr war als ein lediglich äußeres religiöses Bekenntnis. Das Alter dieser Gruppe von Akademikern lag überwiegend zwischen dreißig und
vierzig Jahren. Zu ihr zählten der Rechtsanwalt James Hellmuth Graf von
Moltke, nach dessen Gut in Schlesien der Kreis benannt wurde, wenngleich
sich die meisten Kontakte auch dieser Gruppe in Berlin abspielten, ferner
der Verwaltungsbeamte Peter Graf Yorck von Wartenburg, die Diplomaten
Adam von Trott zu Solz und Hans Berndt von Haeften, der Wirtschaftswis-
senschaftler Horst von Einsiedel, der frühere Landrat des Kreises Rends-
burg Theodor Steltzer, der Pädagoge und Sozialdemokrat Adolf Reichwein
sowie die früheren SPD-Politiker Carlo Mierendorff, Theodor Haubach und
Julius Leber.[88] Aus der Bekennenden Kirche kamen Eugen Gerstenmaier
und der Pfarrer Harald Poelchau, aus der katholischen Kirche die Münchener Jesuitenpatres Alfred Delp, Augustinus Roesch und Lothar König.
Dieser Kreis, der 1940 entstand, entwarf nach drei Treffen in Kreisau zu
Pfingsten 1942, im Oktober 1942 und zu Pfingsten 1943 ›Grundsätze für die
Neuordnung‹ als Programm für einen politischen, sozialen, wirtschaftlichen
und kulturellen Neubeginn nach der Hitler-Herrschaft. Der Kreis verfolgte
zunächst keine unmittelbaren Aktions- und Verschwörungspläne wie die
ältere Generation um Beck, Goerdeler, von Witzleben und Oster. Doch
jener Gesprächskreis von acht oder neun Teilnehmern, der in Kreisau tagte,
zog eine größere Gruppe von Freunden und Sympathisanten an wie den
Oberverwaltungsgerichtsrat Paulus van Husen, den schlesischen Rechtsanwalt Hans Lukaschek, den Juristen Hans von Dohnanyi, der gemeinsam
mit Oster in der Abwehr in Berlin arbeitete, und dessen Schwager, den
evangelischen Theologen Dietrich Bonhoeffer. Die Verbindung zwischen

der älteren und jüngeren Generation stellte Fritz-Dietlof von der Schulenburg her, seit 1939 stellvertretender Oberpräsident in Schlesien, eine selbstbewußte und handlungsfreudige Persönlichkeit. 1942 wurde er als Abtei-
lungsleiter in das Reichsinnenministerium berufen. Er galt als erfahrener
Verwaltungspraktiker der jüngeren Generation und als Gegenpol zu Goer-
deler. Zu diesem Kreis der Widerstandsbewegung zählte auch der frühere
Zentrumspolitiker und Rechtsanwalt Joseph Müller, nach 1945 Münchener
Oberbürgermeister, der als Kontaktmann zum Vatikan arbeitete, und in
Berlin Joseph Wirmer, gleichfalls ein Zentrumspolitiker und Rechtsanwalt.
Man pflegte die Verbindung zu ehemaligen Gewerkschaftlern wie dem hessischen SPD-Politiker Wilhelm Leuschner und den Zentrumspolitikern
Jakob Kaiser und Bernhard Letterhaus. Die Zahl der direkt und indirekt
Beteiligten war natürlich erheblich größer. Nach dem 20. Juli 1944 sind über
7000 Personen unter den Verdacht der Mitwirkung an der Verschwörung
festgenommen worden. Konrad Adenauer, der der älteren Generation angehörte, aber nicht die Auffassung der meist protestantischen Nationalkonservativen teilte, war am Widerstand nicht beteiligt, aber er war aufgrund
seiner alten Kontakte informiert.

Die Tatsache, daß zahlreiche Mitglieder des Widerstands aus dem Adel
und der Generalität kamen, hat dazu beigetragen, das Bild dieses Widerstands sowohl innerhalb als auch außerhalb Deutschlands 1944/45 zu verzer-
ren. Die deutsche Bevölkerung war natürlich über Details der zahlreichen
Kontakte nicht informiert. Hitler prangerte den Widerstand in seiner ersten
Erklärung nach dem Attentat über den Rundfunk als das Werk einer verbrecherischen Clique der ihm so verhaßten alten Oberschicht an. Churchill
deutete in seiner Rede vor dem Unterhaus wider besseren Wissens das Attentat als einen internen Machtkampf, als einen Ausrottungskampf unter den
Machthabern. Unter den Eigenbedürfnissen der britischen Propaganda litt
die Fähigkeit, im Blick auf den Gegner, die Deutschen, zu differenzieren.
Churchills Politik neigte ohnehin nicht zu Differenzierungen. Die mangelnde Beachtung der Stimmen des 'anderen Deutschland', jener, die aus
dem deutschen Widerstand kamen, wie auch jener der politischen Emigranten, z. B. der Sozialdemokraten, war zweifellos ein Fehler der alliierten
Politik in den letzten Jahren des Krieges, die sich aus strategischen und pro-
pagandistischen Gründen ein einfaches Totalitarismus-Konzept und Deutsch-
land-Bild zurechtgelegt hatte.[89]

Aber auch spätere Historiker ließen sich, bedingt durch die extremen
Bedingungen, unter denen dieser Widerstand zu arbeiten hatte, wie auch gelegentlich durch die Dramatik des 20. Juli leicht darüber hinwegtäuschen,
daß die Entstehung und die Tätigkeit des deutschen Widerstands im Grunde
genommen ein naheliegender Vorgang für ein Land mit den politischen und
kulturellen Traditionen waren, wie sie sich aus der deutschen Geschichte

ergeben hatten. Insofern gehört ein Gutteil des Widerstandes unmittelbar in die Geschichte des deutschen Konservatismus. Es bringt auch nicht viel, wenn man die Neuordnungspläne, zumal der jüngeren Generation der Kreisauer, aus diesem historischen Kontext löst, wie das gelegentlich geschieht. Weitaus entscheidender als die Formulierung dieser Pläne war die Art und Weise, wie sie zustande kamen, wer an ihnen mitwirkte und von welchen Absichten und Einsichten die Beteiligten geleitet wurden.[90]

Die Überlegungen der Kreisauer über die Grundrechte, die außer der Respektierung der Würde der menschlichen Person das Recht auf Arbeit wie auf Eigentum garantieren sollten, erinnern an den spontanen Vorstoß, den Friedrich Naumann im Frühjahr 1919 im Verfassungsausschuß der Weimarer Nationalversammlung unternahm, indem er den verblüfften Abgeordneten seinen breit gefächerten, etwas unpraktisch anmutenden Grundrechtekatalog vorlegte. Tatsächlich wurden entsprechende Formulierungen in die Weimarer Verfassung aufgenommen, nicht zuletzt deswegen, weil auch Ebert die Aufnahme von Grundrechten in die Verfassung wünschte. Hinter solchen Überlegungen bei Ebert und Naumann wie später bei den Kreisauern stand der Gedanke, daß es notwendig sei, gemeinsame Grundsätze zu finden, die imstande waren, die bestehenden Klassengegensätze und ideologischen Barrieren innerhalb der Politik, zu denen traditionell der konfessionspolitische Gegensatz zählte, zu überwinden. Die Politik, besonders die deutsche Politik, brauchte ein Minimum an Konsens über die festeingefahrenen und überlieferten sozialen, wirtschaftlichen und ideologischen Gräben hinweg. Es war auch nicht illiberal, wenn man versuchte, politische Gegner zu einer Verständigung auf den Minimalkonsens zu gewinnen. Manche Überlegungen der Kreisauer wirken aus der Retrospektive weniger utopisch als vielmehr betont idealistisch. Im übrigen gab es keinen öffentlichen Handlungsrahmen, innerhalb dessen diese Ideen während der NS-Zeit umgesetzt werden konnten.

Weder die Nationalkonservativen noch die Kreisauer entwarfen in ihren Verfassungsplänen eine moderne parlamentarische Demokratie. Andererseits unterschied sich die politische Entwicklung, wie sie sich in der Nachkriegszeit in Westdeutschland in den Jahren von 1945 bis 1949 vollzog, mit der starken Rolle der Gemeinden und der Länder nicht allzu sehr von den entsprechenden Verfassungsvorstellungen dieses Widerstandes: mit einem wesentlichen Unterschied, nämlich daß an die Stelle des nationalen Staates oder zentraler staatlicher Organe die Besatzungsmächte und deren Behörden getreten waren. Die Annahme der Widerstandsgruppen, nach der Niederwerfung der Herrschaft Hitlers das Land ohne Berücksichtigung der innenpolitischen Verhältnisse der benachbarten europäischen Länder, zumal der westlichen, aufbauen zu können, war derjenige Teil ihres Programms, der am ehesten illusorisch war. Die extreme Ausnahmesituation, in der sich

das politische Denken der jüngeren Generation der Kreisauer vollzog, warf
sie auf sich selbst zurück und zwang sie gewissermaßen zu einer Form politischer Innerlichkeit. Das war kaum vermeidbar.

Die Ablehnung des Nationalsozialismus bei den meisten Mitgliedern des
Kreisauer Kreises war jedoch zweifellos grundsätzlicher Natur und oft religiös motiviert. Ihre akademische Bildung, die für die adeligen Mitglieder
des Kreises prägender war als die soziale Herkunft, verstärkte die Neigung,
alles prinzipiell zu begründen. Vor dem Volksgerichtshof beschrieb Moltke
später den Gegensatz zwischen dem Nationalsozialismus und dem Widerstand – für seine Person – als den zwischen nationalsozialistischer und
christlicher Überzeugung. Andererseits bemühten sich gerade die Theologen dieses Kreises wie Bonhoeffer und Delp, sich von kirchlichen Denktraditionen, die noch aus dem 19. Jahrhundert übernommen waren, zu
lösen: z. B. von der unkritischen und oft banal-vordergründigen Vermischung
von Religion, Kirche, Gesellschaft, Kultur, Politik und Monarchie, wie sie
in den Kirchen bis 1918 selbstverständlich gewesen war. Das Sich-Absetzen
von diesen Denktraditionen hatte nicht nur theologische, sondern politische Konsequenzen: zumal in einem Land, das so stark kirchlich geprägt
war wie Deutschland, daß selbst die Nationalsozialisten diese Bastion nicht
erobern oder vernichten konnten.[91]

Die Gedankenwelt der Kreisauer läßt sich weit besser aus der philosophischen Situation der 20er und 30er Jahre als aus der beliebten, rückblicken-
den Konfrontation mit den späteren Verfassungszuständen in der Bundesrepublik erklären. Manche Anhaltspunkte gibt etwa Karl Jaspers' bekannte
Schrift ›Die geistige Situation der Zeit‹ von 1931. Damals hatte Jaspers, der
eher zum Agnostizismus neigte, auch geschrieben: „Ohne die in kirchlicher
Tradition geborgene Religion ist in der Welt kein philosophisches Selbst-
sein, ohne dieses als Gegner und Stachel keine wirkliche Religion. In einem
Menschen ist nicht alles."[92] Die jüngere Generation der Kreisauer deutete
ihr Verhältnis zur Politik im Sinne der zeitgenössischen Philosophien exi-
stentiell, um sich von den traditionellen Verkrustungen der deutschen Politik zu befreien, aus denen sie auch, und sicherlich nicht zu Unrecht, die
Ermöglichung des Nationalsozialismus erklärten. Sie wollten sich von überkommenen bürgerlichen und adeligen Klassenpositionen wie von einem politisierten Verständnis der Kirchen lösen. Daß dies nicht einfach 'existen-
tiell' zu lösen war, bildete natürlich ein anderes Problem.[93] Tatsächlich ist
das politische Denken niemals in der deutschen Geschichte so gewaltsam
auf die kritische Durchleuchtung der Grundlagen des eigenen politischen
Handelns zurückgeworfen worden, wie das zwischen 1933 und 1945 und
schließlich intensiviert seit 1938 unter dem Eindruck der politisch organisierten Vernichtung von Leben im eigenen Land und in den eroberten Ländern geschah. Die Kreisauer gehörten zu den ersten, die sich in Deutsch-

land bewußt der verantwortlichen Reflexion der Grundlagen der Politik stellten. Die Aussage des Grundgesetzes, „die Würde des Menschen ist unantastbar. Sie zu achten und zu schützen ist Verpflichtung aller staatlicher Gewalt", ist nur aus dieser Vorgeschichte zu verstehen. Sie distanziert sich von einem Verständnis der Politik, die das politische Handeln ausschließlich auf die Organisation reduziert. 'Organisiert' war die deutsche Politik in der Tat – bis hin zur Katastrophe von 1945.

Im August 1940 schrieb Yorck an Moltke: „Im Gegensatz zu Ihnen meine ich, daß Staatslehre überhaupt nur von der Theologie zu begründen ist. Ohne eine solche Begründung kommt man rettungslos in das Dilemma zwischen Gesinnungs- und Verantwortungsethik, wie es Max Weber in seinem Vortrag ›Politik als Beruf‹ aufgezeichnet hat." Er fuhr fort: „Entweder ist das Ziel der Ethik das eigene Seelenheil, weltlich ausgedrückt die Selbstachtung. Dann bleibe ich stecken in der abstrakten Freiheit der Gesinnungsethik, die zwar autonom ist, aber nie zur Gestaltung kommt, sondern sich vorher aufreibt; oder Ziel der Ethik ist eine objektive Gestalt, ein Werk oder eine Gemeinschaft. Dann drängt sich als dauerhafte Gestalt der Gemeinschaft sehr bald der Staat als Selbstzweck auf. Dann endet man in der konkreten Notwendigkeit der Verantwortungsethik, die zwar gestaltet, aber heteronom bleibt und damit der eigentlichen Menschenwürde entbehrt."

Webers Vortrag von 1919 hatte die politische Erfahrung des Wilhelminischen Kaiserreichs verarbeitet und als 'Vermächtnis' an die akademische Jugend der Weimarer Republik weitergegeben. Es war kein Zufall, daß Yorck von Wartenburg eben diese Teilung der politischen Ethik ablehnte. In seinen Äußerungen vor 1940 schlugen sich Meinungen und Erfahrungen jener akademischen Jugendbewegung der 20er Jahre nieder, der die meisten Mitglieder der jüngeren Generation des Widerstandes angehört hatten. Die meisten Kreisauer kannten sich bereits in den 20er Jahren aus der Schüler- oder der Breslauer Studentenschaft, die von dem bekannten Kultursoziologen Eugen Rosenstock-Huessy beeinflußt wurde. Dazu zählten Einsiedel, Moltke und Trotha, ferner Reichwein, Mierendorff und Haubach, die aus der jungsozialistischen Bewegung innerhalb der SPD kamen. Mierendorff und Haubach kannten sich aus der gemeinsamen Schulzeit in Darmstadt. Andere kamen aus der katholischen, gymnasialen und studentischen Jugendbewegung, so aus 'Neudeutschland' und dem 'Quickborn', deren Ideen in den Schriften Romano Guardinis formuliert wurden. Die Gemeinsamkeit innerhalb dieser akademischen Jugendbewegungen war größer als das Trennende politischer oder religiöser Überzeugungen. Sie alle waren bis zum Beginn der 30er Jahre in einen Beruf eingetreten, als Rechtsanwälte, Verwaltungsjuristen, Journalisten oder Seelsorger. Einige von ihnen hatten durch ein Auslandsstudium in England oder den USA ihren Horizont erweitert. Moltke, der sich einen ausgesprochen englischen akademischen Denkstil angeeignet hatte, hatte in den 20er Jahren daran gedacht, eine Stellung beim Völkerbund in Genf zu übernehmen. Er errichtete später ein Anwaltsbüro in Berlin, das zahlreiche Auslandskontakte mit sich brachte. Trott zu Solz hatte aus seiner Studienzeit in Oxford Freunde und Bekannte in England, mit denen er nach seinem Eintritt in das Auswärtige Amt in Kontakt blieb. Ingesamt war die Generation der Kreisauer offener, weltläufiger und ideologisch nicht so fixiert wie die ältere Generation des Widerstandes um Goerdeler und Popitz.

Eine gemeinsame Aussprache zwischen diesen beiden Widerstandsgruppen, die sehr gespannt verlief, kam im Januar 1943, also eineinhalb Jahre vor dem Attentat des 20. Juli, in der Wohnung Yorcks in Berlin zustande. Die Kreisauer waren vor allem gegenüber Goerdeler mißtrauisch, der ihnen zuviel taktierte. Von Hassell und Popitz suchten zu vermitteln. Von Hassell notierte in seinem Tagebuch über diese erste Aussprache, die für die künftige Kooperation entscheidend war: „Recht interessant, aber im Grunde wenig befriedigend, eine große Aussprache der 'Jungen' und der Alten bei [Yorck von] W[artenburg]. Die 'Jungen', die im Gegensatz zu den Alten nach außen als Einheit auftraten, wurden geistig von dem mir wenig sympathischen, angelsächsisch-pazifistisch . . . Gen[eralstabs]chef [Moltke] geführt. Am besten gefiel mir wieder Roggenmüller [Gerstenmaier], mit dem Geißler [Popitz] und ich schon vorher eine Aussprache hatten. Geibel [Beck] leitete sehr weich und zurückhaltend. Scharfer, von Pfaff [Goerdeler] bewußt, aber erfolglos verschleierter Gegensatz zwischen diesem und den Jungen, vor allem auf sozialem Gebiet, Pf[aff = Goerdeler] ist doch eine Art Reaktionär. Die Einheit der Jungen bezieht sich übrigens nicht auf Lehrberg [Schulenburg], der realpolitischer ist, allerdings einer von den 'Saulussen'."[94]

Seit dieser Begegnung erweiterte sich der Kreis der am Widerstand beteiligten Personen, denen auch Hochschullehrer, der Jurist Hans Peters in Berlin und der Wirtschaftswissenschaftler Günter Schmölders in Köln angehörten und zu dem bald auch die Gewerkschaftler hinzugezogen wurden.

Auf der dritten Zusammenkunft in Kreisau zu Pfingsten 1943, vom 12. bis 14. Juni, waren die ›'Grundsätze für die Neuordnung‹ im wesentlichen fertiggestellt. Sie lagen in einer redaktionellen Überarbeitung in einer Ausfertigung Moltkes vom 9. 8. 1943 vor. Ger van Roon, der am intensivsten die politischen Pläne untersucht hat, bemerkt dazu: „Damit war ein Programm für die großen Linien des Aufbaus nach dem Zusammenbruch fertig, hinter dem die Gruppen standen, die beim Aufbau nach der Auffassung der Kreisauer eine wichtige Rolle spielen sollten: die Arbeiterschaft und die Kirchen."[95] Man hatte auch ein Konzept erarbeitet, das die Bestrafung von NS-Verbrechen vorsah, und an dem der katholische Bischof von Berlin, Konrad von Preysing, mitgearbeitet hatte. Es lief unter der Bezeichnung

›Bestrafung von Rechtsschändern‹. Eine „erste Weisung an die Landesver-
weser", d. h. an die neu zu berufenden Präsidenten der einzelnen Länder,
diente der Vorbereitung des politischen Umsturzes. Auch wenn konzeptionell eine wirkliche Einigung zwischen allen Mitwirkenden nie erzielt wurde,
zumal bei neuralgischen Fragen der künftigen Wirtschaftsstruktur, Sozialisierung oder Privatwirtschaft, bestand doch in Deutschland eine konstruk-
tive, zum Handeln bereite Opposition, eine politische Alternative, die im
wesentlichen konservativer Natur war. Nicht nur die älteren Konservativen,
auch die Kreisauer machten sich Sorgen, daß möglicherweise die Alternative zum Nationalsozialismus, der von ihnen wegen seines verbrecherischen Charakters bekämpft wurde, der 'Bolschewismus' sei. Ungelöst blieb
die zentrale Frage, das zeigte auch der Ausgang des Attentats vom 20. Juli,
wie und mit welchen Mitteln die Nationalsozialisten zu entmachten seien.
     Die Vorstellungen der Kreisauer liefen auf einen ganz anders gearteten
Staatsbegriff hinaus. Sie wollten nicht den starken Staat nach innen und
nach außen, an den nach wie vor die ältere Generation dachte, die von
Monarchie und Kaiserreich geprägt war. Sie hatten die pluralistische Gesellschaft der Weimarer Republik vor Augen und drängten auf eine enge Verbindung der Politik zu den gesellschaftlichen Kräften, in erster Linie zu den
Kirchen und den Gewerkschaften.
     Äußerst kritisch beurteilten die Kreisauer die Macht der deutschen Wirt-
schaft. Die ›Grundsätze für die Neuordnung‹ forderten die Auflösung der
„Monopole, Kartelle, Konzerne" und einen „geordneten Leistungswettbe-
werb" im Einklang mit den „Interessen der Gesamtheit" und schließlich die
Sozialisierung der Schlüsselindustrien: „Das Gemeinschaftsinteresse der
Wirtschaft an den Großindustrien erfordert in besonderem Maße bei diesen
Industriezweigen eine straffe Wirtschaftsführung des Staates. Schlüssel-
unternehmen des Bergbaus, der eisen- und metallschaffenden Industrie,
der Grundchemie und der Energiewirtschaft werden in das Eigentum der
öffentlichen Hand überführt werden."[96] Das ging sehr weit. Zwar tauchten
solche Forderungen zur politischen Kontrolle der Schwerindustrie schon
häufiger in der Geschichte des deutschen Parlamentarismus auf, so in den
Debatten über politische Krisensituationen in der Ruhrindustrie, aber es
war das erste Mal, daß sie in einem konservativen Programm erschienen. Es
waren ähnliche Ideen wie jene, die 1951 zu dem Beschluß des Bundestages
mit den Stimmen der CDU und der SPD zur Einführung der Mitbestimmung in der Montanindustrie führten.[97]
     Solche Forderungen entsprangen weder marxistischen noch staatskapita-
listischen Ideen, sondern kamen aus jenen Ideen von 'Gemeinschaft', die in
der katholischen und sozialdemokratischen Jugendbewegung der Weimarer
Demokratie kursierten. Sie waren kein Abklatsch des 19. Jahrhunderts. So
gesehen lassen sich diese Ideen auch nicht ohne weiteres mit den Begriffen

liberaler oder marxistischer Wirtschaftstheorien einfangen. Auch der Staats-
begriff der Kreisauer war im Grunde genommen nicht allzu weit von dem
der Weimarer Verfassung entfernt, der erst durch die faktische Stärkung der
Präsidialgewalt in den 30er Jahren umfunktioniert worden war. Die Kreisauer lehnten sowohl den Obrigkeitsstaat wie den autoritären Staat ab. Der
Staat war für sie, wie es später der SPD-Bundestagsabgeordnete Adolf
Arndt formulierte, nicht etwas „Letztes", sondern etwas „Vorletztes".[98]
Von daher kam die Betonung der personalen Würde des Menschen. Ebenso
war ihnen in der internationalen Politik der Nationalstaat des 19. Jahrhunderts fremd. Seit den 20er Jahren waren die Kreisauer entweder durch ihre
Auslandsaufenthalte und durch ihre Freundschaften mit dem europäischen
kulturellen Leben vertraut oder relativierten aus ihrer religiösen oder
sozialistischen Überzeugung den Nationalstaat. So hieß es etwa in den
›Grundsätzen‹: „Die freie und friedliche Entfaltung nationaler Kultur ist
mit der Aufrechterhaltung absolut einzelstaatlicher Souveränität nicht
mehr vereinbar. Der Friede erfordert die Schaffung einer die einzelnen
Staaten umfassenden Ordnung."[99]

Die Konstruktion des Staatsaufbaus in den ›Grundsätzen‹ „von unten
nach oben" bedeutete eine Schwächung der zentralen staatlichen Gewalt.
Die Kreisauer betonten wie auch Goerdeler und Hassell das Selbstverwal-
tungsprinzip und werteten die Städte und Gemeinden, die in der Weimarer
Republik durch das Reichsfinanzgesetz von 1920 politisch heruntergestuft
worden waren, wieder auf. Nur auf der kommunalen Ebene sahen sie ein
direktes Wahlrecht vor.[100] Alle anderen Parlamente, Landtage und der
Reichstag sollten indirekt gewählt werden: die Landtage von den Stadt- und
Kreisvertretungen, der Reichstag von den Landtagen. Die Länder sollten
einen überschaubaren Zuschnitt erhalten, ihre Einwohnerschaft sollte zwischen drei bis fünf Millionen liegen, „um eine wirksame Selbstverwaltung
zu ermöglichen". Das lief natürlich auf eine Bremsung der Effektivität
staatlichen Handelns hinaus. Die Nichtwählbarkeit von Militärs – der „Waf-
fenträger", so lautete die Formulierung – war als weiteres Moment der Kontrolle politischer Macht gedacht. Wieweit eine solche Staatsstruktur effektiv
gewesen wäre, ist eine andere Frage. Möglicherweise hätte sie politische
Muffigkeit und Enge erzeugt. Das Problem der Parteien wurde in den
›Grundsätzen‹ nicht angeschnitten. Das hing zweifellos damit zusammen,
daß man noch nicht wußte, wie man mit der NSDAP und ihren Anhängern
nach einem Verbot fertigwerden sollte. Tatsächlich war das ein unwägbarer
Faktor. Niemand konnte sicher sagen, wie groß die tatsächliche Anhängerschaft der Nationalsozialisten war. Von daher erklärt sich der bewußte Bezug auf die Gewerkschaften und die Kirchen, denen die ›Grundsätze‹ eine
dominierende Stellung einräumten: Es waren die einzigen Bewegungen, zu
denen man Vertrauen hatte.

Die Diktion der ›Grundsätze‹ trug einen bewußt ethischen Charakter. Es war kein kühler Verfassungstext, aber er war klar und nüchtern. Bezeichnenderweise findet sich in den Aussagen über den Reichskanzler, der vom „Reichsverweser" (Präsident) ernannt wurde, eine Klausel, die auf die später in das Grundgesetz eingefügte Konstruktion des „Mißtrauensvotums" verweist: „Der Reichstag hat das Recht, die Abberufung des Reichskanzlers mit qualifizierter Mehrheit zu verlangen, sofern er zugleich dem Reichsverweser die Berufung eines neuen Reichskanzlers vorschlägt."[101] Der Geist der Jugendbewegung der 20er Jahre fand sich in den Passagen über die Erziehung, wo es hieß: „Die Charaktererziehung bildet einen anständigen Menschen religiöser Grundhaltung, der gute Sitte und Rechtlichkeit, Wahrheit und Aufrichtigkeit, Nächstenliebe und Treue vor seinem Gewissen zur Richtschnur seines Denkens zu machen imstande ist." Ähnliche Vorstellungen finden sich in den Schriften Guardinis, der religiösen Sozialisten und in den Konzepten der 1926 von dem preußischen Kultusminister Bekker ins Leben gerufenen 'Pädagogischen Akademien', an deren Entstehung Adolf Reichwein als persönlicher Referent Beckers unmittelbar beteiligt gewesen war. Reichwein hatte bis 1933 eine Professur für Politik und Staatsbürgerkunde an der neugegründeten Pädagogischen Akademie Halle ausgeübt. Er entwickelte einen neuen Lehrstil, der sich von dem oft etwas altväterlich wirkenden Lehrgebaren der Universitäten positiv abhob.[102]

1965 setzte sich Ralf Dahrendorf kritisch mit den politischen Konzeptionen des Widerstandes auseinander. „Der deutsche Widerstand gegen Hitler ist", schrieb Dahrendorf, „ein Ruhmesblatt deutscher Geschichte; aber er ist kein Schritt auf dem Wege der deutschen Gesellschaft zur Freiheit."[103] Dahrendorf untermauerte diese Behauptung mit seiner Interpretation des Nationalsozialismus als einer „sozialen Revolution", die erstmals in der deutschen Geschichte der „Modernität" zum Zuge verholfen habe. Dementsprechend warf er der Widerstandsbewegung vor: „Wenn es richtig ist, daß das Nazi-Regime aus den Erfordernissen der Etablierung seiner totalen Herrschaft heraus eine soziale Revolution bewirken mußte, dann läßt sich der Widerstand gegen das Regime als gegenrevolutionär beschreiben." Seine Kritik spitzte er schließlich in der Formulierung zu: „Wo die nationalsozialistische Revolution wider Willen Modernität hervorbrachte, strebte die Gegenrevolution nach der Erhaltung der traditionalen Bindungen von Familie und Klasse, Region und Religion. Während die soziale Revolution des Nationalsozialismus der Durchsetzung totalitärer Formen galt, aber damit zugleich die Grundlagen liberaler Modernität schaffen mußte, läßt die Gegenrevolution sich nur als Aufstand der Tradition, damit der Illiberalität und des Autoritarismus einer nachwirkenden Vergangenheit verstehen."

Dahrendorfs Behauptungen sind historisch wenig begründet. Ansätze zu einer liberalen Modernität sind in der NS-Ideologie und ihrer Praxis kaum

nachweisbar. Wie man mit dem Meinungs- und Gesinnungsterror des Nationalsozialismus ein Moment der Liberalität verbinden kann, bleibt fraglich.
Auch dürfte die Modernität, wenn man darunter nicht gerade den Bau von
Autobahnen versteht, schwer belegbar sein, es sei denn in einer recht zwei-
felhaften Ambivalenz: Die Herrschaft der Gewalt und die Vernichtung von
Leben war tatsächlich von einer noch nie dagewesenen 'Modernität' in der
europäischen und deutschen Geschichte. Selbst das Wilhelminische Kaiserreich hatte seine schärfsten politischen Gegner, die Sozialdemokraten, auch
die des linken Flügels wie Karl Liebknecht und Rosa Luxemburg wohl be-
spitzelt und in ihrer Meinungsfreiheit beschränkt, sie inhaftiert, aber nicht
offen und rücksichtslos umgebracht.

Dahrendorf läßt in seinen Thesen zum Widerstand das Augenmaß vermis-
sen. Die Betonung des „Gemeinschaftsgedankens" in den Vorstellungen
des Widerstandes war nicht unproblematisch, aber ihre Gesamttendenz war
nicht einfach illiberal oder – wie auch gesagt worden ist – antiparlamen-
tarisch. Dahrendorf übersieht das praktische politische Problem, wie der
Widerstand bei einem erfolgreichen Umsturz damit fertig werden sollte, daß
bei den letzten Abstimmungen vor dem Krieg immerhin über 90 % der Bevölkerung nationalsozialistisch gestimmt hatten.[104] Natürlich waren diese
Abstimmungen inszeniert – sie bildeten sicherlich auch nicht die Grundlage
für die Schaffung einer 'liberalen Modernität' –, aber es gab unbestreitbar
für die Gruppen des Widerstandes zahlreiche unwägbare Faktoren, auch
nach einem Umsturz und der Beseitigung der NS-Herrschaft.[105]

Wie schwer man sich tut, den Widerstand angemessen historisch darzu-
stellen, zeigt sich auch in der ›Deutschen Verwaltungsgeschichte‹. Der
Band 4, ›Das Reich als Republik und in der Zeit des Nationalsozialismus‹
befaßt sich nirgendwo eingehend mit dem Widerstand, obwohl aus ihm zahlreiche Konzepte zur Verwaltungspraxis und Neuordnung der Verwaltung
einschließlich der Neugliederung der Länder entwickelt wurden, ganz abgesehen von dem grundsätzlichen Problem jenes Ethos' der Verwaltung, die ja
immer Verwaltung „für andere" ist.[106] Andererseits unterwirft sich diese
›Verwaltungsgeschichte‹ massiv der normativen Kraft des bloß Faktischen,
indem sie detailliert über die Verwaltung der während des Zweiten Weltkriegs eroberten und besetzten Gebiete berichtet. Dagegen scheinen die
Sorgen, Pläne und Konzepte des deutschen Widerstands nicht zu existieren.

„Die Rede vom heroischen Untergang angesichts einer unausweichlichen
Niederlage ist im Grunde sehr unheroisch, weil sie nämlich den Blick in die
Zukunft nicht wagt", schrieb Dietrich Bonhoeffer an der Wende der Jahre
1942/43. „Die letzte verantwortliche Frage ist nicht, wie ich mich heroisch
aus der Affäre ziehe, sondern wie eine kommende Generation weiterleben
soll."[107] Ähnlich dachten die meisten in den Kreisen des Widerstands. Obwohl sie nur eine verhältnismäßig kleine Gruppe darstellten und ständig

gegen Fehlschläge und Enttäuschungen ankämpfen mußten, gaben sie nicht auf. Andererseits waren sie auch nicht nur eine verschworene Gemeinschaft, eine Art Sekte. Der Widerstand war politisch. Von daher erklären sich auch die Bemühungen dieser Gruppe um eine Zusammenarbeit mit der militärischen Opposition. Da sich ein großer Teil der männlichen Bevölkerung, zumal die Jugend, weitab von Deutschland in den besetzten Ländern und an den Fronten befand, war an einen wie auch immer gearteten Volksaufstand nicht zu denken. Ein Umsturz konnte in dieser Situation praktisch nur von den Generälen und Offizieren ausgehen. Der 20. Juli 1944 war mehr als ein Attentat. Darüber waren sich auch die NS-Gewaltigen im klaren. Ihre Reaktion fiel dementsprechend brutal aus. War die Aktion des 20. Juli völlig vergeblich?

„Ich bin nicht imstande, zu sagen, welche Wirkung ein Gelingen des Attentats auf die Truppe gehabt hätte," schreibt Peter Bamm in seinem autobiographischen Roman ›Die unsichtbare Flagge‹ über die Einstellung der Soldaten an der Front in Rußland. Nur wenige seien in der Lage gewesen, die Zusammenhänge zu durchschauen. „Den Tyrannen hat die Bombe des Grafen Stauffenberg nicht getötet, aber das Idol, das die Anderen [Nationalsozialisten] um ihn geschaffen hatten, das hat sie in der Tat zerfetzt." [108] Daß es überhaupt möglich war, eine so große Bevölkerung jahrelang für diese Vernichtungsmaschinerie einzuspannen, bleibt unerklärlich und ungeheuerlich; das politische Versagen der Militärs bleibt unfaßbar. Aber es gab Kräfte, die den entschlossenen Willen hatten, ihr Land aus dieser Lage zu befreien und die, obwohl nicht blindlings, bereit waren, persönlich jedes Risiko auf sich zu nehmen. Sie waren nicht nur Einzelkämpfer. Sie wurden in ihrem Widerstand von ihren Familien mitgetragen. Es wäre eine fragwürdige Geschichtsschreibung, die das vergessen oder unterschlagen würde. Zur unverzichtbaren Erinnerung zählen auch die Briefe, die von den Männern des Widerstands vor ihrer Hinrichtung aus dem Gefängnis geschrieben wurden. [109]

Die Aufzeichnung ›Nach zehn Jahren‹, die Bonhoeffer ein halbes Jahr vor seiner Verhaftung zum Jahresende 1942 an seine Freunde im Widerstande verschickte, enthielt eine Passage über die ‚Zivilcourage‘, die in der deutschen Geschichte in einem eigenartigen Zusammenspiel von unpolitisch verstandener ‚Freiheit‘ und ‚Gehorsam‘ zugunsten einer Verantwortung für Ordnung und System immer unterdrückt worden sei. Das war in der Tat ein entscheidender Punkt. „Seine Freiheit aber wahrte der Deutsche darin – und wo ist in der Welt leidenschaftlicher von der Freiheit gesprochen worden als in Deutschland von Luther bis zur Philosophie des Idealismus? –, daß er sich vom Eigenwillen zu befreien suchte im Dienst des Ganzen. Beruf und Freiheit galten ihm als zwei Seiten derselben Sache. Aber er hatte damit die Welt verkannt; er hatte nicht damit gerechnet, daß seine Bereitschaft zur Unterordnung, zum Lebenseinsatz für den Auftrag mißbraucht werden könnte zum Bösen. Geschah dies, wurde die Ausübung des Berufes selbst fragwürdig, dann mußten alle sittlichen Grundbegriffe des Deutschen ins Wanken geraten. Civilcourage aber kann nur aus der freien Verantwortwortlichkeit des freien Mannes erwachsen. Die Deutschen fangen erst heute an zu entdecken, was freie Verantwortung heißt."[110]

Es lohnt sich, an dieses Zitat zu erinnern, wenn allzu unreflektiert und naiv von 'deutscher Identität' gesprochen oder sie sogar herbeigesehnt wird. „Wenn die mannigfachen Verfassungsvorschläge des Widerstands vergessen sind – sie waren bald überholt –", schreibt Eberhard Bethge in seiner Biographie des evangelischen Theologen, werde diese „Analyse Bonhoeffers über die deutsche Verschwörung vielleicht noch interessant bleiben. In der Fähigkeit, dem Geist Ausdruck zu verleihen, in welchem gehandelt wurde, ist er ein fortwirkender Zeuge des Widerstandes."[111]

Bonhoeffers geistiger Werdegang war für die meisten deutschen lutherischen Theologen ganz untypisch. Seine ersten wissenschaftlichen Arbeiten waren von Heidegger und Barth beeinflußt. Theologische Studien in New York öffneten seinen Horizont und lösten ihn aus den politischen Traditionen des deutschen Protestantismus. Bereits vor 1933 hatte er enge Kontakte zur ökumenischen Bewegung, so zu Visser't Hooft und zu Bischof Bell in Chichester, auf die er während seiner konspirativen Tätigkeit und Auslandsreisen, abgedeckt durch einen Auftrag der deutschen Abwehr, zurückgreifen konnte. Bischof Bell war es, der im britischen Oberhaus eine eindrucksvolle Rede gegen die Politik des 'unconditional surrender' hielt. Während die Auslandskontakte des deutschen Widerstands, auch die über den Vatikan, die der Münchener Rechtsanwalt und frühere Zentrumspolitiker Joseph Müller vermittelte, ergebnislos blieben, weil die Kriegspolitik der Gegner bereits zu festgefahren war und sie in festen Bündnisverpflichtungen standen, sich zudem dem Gesetz der eigenen Propaganda unterworfen hatten, blieben die kirchlichen Kontakte, die auf einer langjährigen menschlichen Vertrauensbasis beruhten, letztlich die einzig erfolgreichen und dauerhaften des Widerstands. In seiner ›Ethik‹, die Bonhoeffer 1939 verfaßte, hatte er die traditionelle lutherische Zwei-Reiche-Lehre überwunden, die die deutsche Haltung 'machtgeschützter Innerlichkeit' ermöglicht hatte und gegenüber dieser Lehre 'Welt' als das eigenständige Tätigkeitsfeld des Christen beschrieben. Gewiß waren dies theologische Aussagen ohne unmittelbar praktischen Bezug. Sie beeinflußten aber die kirchlich-politische Mentalität. Das zeigte sich nicht zuletzt seit den 1960er Jahren, als Bonhoeffers Schriften eine internationale theologische Neubesinnung anregten, die protestantische wie katholische Lehrmeinungen gleichermaßen erfaßte. Letztlich überzeugte an Bonhoeffer die Einheit von Person und von Glauben, Denken und Handeln.

DEMOKRATISCHER KONSERVATISMUS: CDU/CSU, SEIT 1945

Nachkriegszeit

In den beiden Nachkriegsjahren 1945/46 entstand in zahlreichen deutschen Städten und Gemeinden ein weithin unpolitischer 'Volkskonservatismus des Alltags'.[1] Man machte die Erfahrung, daß man mit dem 'Führer' sterben, aber ohne 'Führer' immerhin überleben konnte. In vielen westdeutschen Großstädten gab es im Frühjahr 1945 Auseinandersetzungen darüber, ob man die Städte den nahenden amerikanischen Truppen kampflos übergeben oder befehlsgemäß bis zur Selbstvernichtung kämpfen sollte. Vernünftige, auch Nazi-Ortsgewaltige, waren zur Übergabe bereit. Aber der Terror arbeitete bis zuletzt. Der Aachener Oberbürgermeister, der seine Stadt als erste noch 1944 übergeben hatte, wurde im März 1945 von einem 'Werwolf'-Kommando umgebracht. Für große Bevölkerungsteile hatten die Nazis moralisch ausgespielt. Die Besatzer wurden häufig sehnsüchtig erwartet. Man wollte Ordnung und Schutz, um überhaupt leben, sich mit dem Nötigsten versorgen und die Familien, soweit sie noch bestanden, wieder zusammenführen zu können. Die Nähe wurde wichtig. Das Gemeindeleben, der politischen wie der kirchlichen Gemeinden, erhielt vorübergehend eine Bedeutung, wie es sie weder vorher noch nachher gegeben hatte und gab.

In den ersten Wochen und Monaten nach dem 8. Mai waren es vor allem Frauen, ältere Menschen und Kinder, die das Leben der 'Deutschen' verkörperten. Erst allmählich kamen die Soldaten und Kriegsgefangenen zu ihren Familien zurück. Das war auch ein Grund, warum es selten zur Abrechnung mit örtlichen NS-Bonzen kam, anders als in Italien, ganz anders auch als 1918, als die deutschen Soldaten, in die Heimat zurückgekehrt, sämtliche Potentaten von den Thronen der Länder und die Bürokraten aus den Amtsstuben vertrieben, um Politik und Verwaltung in die eigene Hand zu nehmen. Die Organisationen der SPD und Gewerkschaften, die die Revolution von 1918/19 ermöglichten, waren während des Ersten Weltkriegs intakt geblieben.

In Heinrich Bölls Kriegsromanen ›Der Zug war pünktlich‹ (1949) und ›Wo warst du, Adam?‹ (1951) schlägt sich diese Mentalität nieder, die das Leben bewahren wollte und den Krieg als ein sinnloses Geschehen verwarf. Seinem zweiten Roman setzte Böll ein Zitat des katholischen Schriftstellers

Theodor Haecker als Motto voran: „Eine Weltkatastrophe kann zu manchem dienen. Auch dazu, ein Alibi zu finden vor Gott. Wo warst du, Adam?
Ich war im Weltkrieg." Durch die Thematik dieser 'Trümmerliteratur' wie
durch die schlichte und einprägsame Sprache wurde Böll der beliebteste
Schriftsteller der Nachkriegsjahre. Seine im rheinisch-katholischen Milieu
angesiedelte Welt des einfachen Mannes trägt ausgeprägt konservative
Züge, zudem ist sie nicht ganz frei von Sentimentalität, auch wenn sich Böll
später politisch auf der Linken engagierte. Konservatismus und Pazifismus
schlossen sich seit 1945 nicht mehr aus.[2] Mancher christliche Konservative
dachte ähnlich wie Reinhold Schneider, der 1952 in seinen Erinnerungen
›Verhüllter Tag‹ schrieb: „Denn die Herrschaft der zwölf Jahre kam nicht
von ungefähr, sondern aus einer der deutschen Geschichte wesenseigenen
Möglichkeit – sonst hätte sie schwerlich die unbestreitbare Zustimmung gefunden . . . Es ist und bleibt Schuld – und nicht Notwendigkeit –, daß jene
Möglichkeit vollzogen wurde. Aber sie war da. Und sie ist ein Element nicht
nur deutscher, sondern aller Geschichte."[3]

In den Nachkriegserzählungen Wolfgang Borcherts – wie ›Der Kaffee ist
undefinierbar‹ und ›Die Küchenuhr‹ – oder seinem Heimkehrerdrama
›Draußen vor der Tür‹ wurde eine resignative und ohnmächtig-protestie-
rende Stimmung verdichtet, die versuchte, die Erfahrungen und Leiden des
Krieges zu verarbeiten. Borchert starb 1947 im Alter von 26 Jahren. Sein
Gesamtwerk in einem Band, 1949 herausgebracht, spiegelt literarisch die
Welt der Nachkriegszeit in einer Stadt wider: in Hamburg; bis 1981 erreichte das Buch eine Auflage von 425000. Keineswegs alle Deutschen wollten nur vergessen.

Nach 1945 war es aber nicht die Jugend, die wie 1918 versuchte, die
Politik in den Griff zu bekommen: Die Politik der Nachkriegsjahre war überwiegend eine Sache der älteren Generation, vor allem jener den demokratischen Parteien der Weimarer Zeit entstammenden Kommunal- und Landes-
politiker, die 1933 ihres Postens enthoben worden waren. Gelegentlich fand
man sich spontan zu örtlichen Mehrparteienkomitees zusammen, wie zu
jenem, das der 49jährige Carlo Schmid 1945 in Tübingen organisierte. Meist
griffen die Besatzungsbehörden ein, hielten sich aber im wesentlichen dann
doch an diesen Personenkreis. Es zeigte sich, daß keineswegs die gesamte
Bevölkerung nationalsozialistisch gewesen war, was manchen Besatzungs-
offizier überraschte.[4] Auch die sowjetischen Besatzungsbehörden, die als erste das kommunale politische Leben wieder in Gang setzten und Zeitungen
zuließen, folgten anfangs dem Mehrparteienkonzept, obwohl bereits andere Konzepte vorlagen, wie sich bald bei der Auseinandersetzung um die
Vereinigung von SPD und KPD zeigen sollte. Die KPD erzielte bei den ersten Landtagswahlen in den drei westlichen Zonen meist über 10% der
Stimmen.

In Köln wurde Adenauer von den amerikanischen Besatzungsbehörden in sein früheres Amt als Oberbürgermeister eingesetzt. Er war jetzt 69 Jahre alt und geriet bald in Konflikt mit den britischen Offizieren, die den Amerikanern folgten. Kurz nach der Eröffnung der ersten (ernannten) Kölner Stadtverordnetenversammlung im Oktober 1945 wurde Adenauer von den britischen Behörden wieder entlassen. Er selbst führte diese Aktion auf die Umtriebe der gegnerischen örtlichen SPD zurück: Die Rivalität des parteipolitischen Lebens hatte wieder begonnen. Die Kölner SPD hatte bei den Briten moniert, daß Adenauer eine zu weiche Personalpolitik gegenüber den früheren NS-Kommunalbeamten plane. Tatsächlich beobachtete Adenauer das Reeducation-Programm der Briten, das ihm nach Alter und Naturell gänzlich fremd war, mit Mißtrauen.[5] Er neigte zu Großzügigkeit bei dem Wiedereintritt ehemaliger NSDAP-Mitglieder in den Beamtendienst. „Ich bin sicher nicht dafür, daß man Nationalsozialisten, die schwere Schuld auf sich geladen haben, frei laufen lassen sollte, auf der anderen Seite ist mir jedoch die Schwäche der menschlichen Natur bekannt, und jeder, der einmal in einem Polizeistaat gelebt hat, wird verstehen, wieviel Mut es erforderte und welche Gefahr es für den einzelnen und seine Familie bedeutete, sich gegen den Staat aufzulehnen ... Heroismus ist nicht alltäglich."[6]

Es ist erstaunlich, wie schnell sich das parteipolitische Leben in Deutschland nach der Niederlage reaktivierte. Bereits im Sommer 1945 bildeten sich in zahlreichen Städten politische Gruppierungen. Das Milieu, aus dem heraus sie entstanden, war häufig bürgerlich-kirchlich, vor allem in Nordwestdeutschland und Bayern, oder bürgerlich-liberal, vor allem in Südwestdeutschland, und in den Großstädten und Industrieregionen gewerkschaftlich-sozialdemokratisch. Es waren das Milieu und die jeweilige Mentalität, die zusammengenommen verbindend wirkten. Die Entwicklung in der sowjetischen Zone verlief anfangs ähnlich, begünstigt durch die russische Besatzungsmacht. Der Rundfunk stand ausschließlich unter Kontrolle der Besatzungsbehörden, aber zum ersten Mal nach Jahren konnte man wieder zivilere Stimmen aus dem Rundunk vernehmen, der ein vorzügliches Instrument der Reeducation wurde, nicht zuletzt Jazz aus den amerikanischen Sendern, der bald beliebter wurde als die bisherigen Siegesmärsche oder die Berieselung mit deutschen Volksliedern. Kulturelles und politisches Leben gingen früh getrennte Wege. Die neuen deutschen Rundfunkanstalten entstanden 1946 unter Mitwirkung der Parteien, Kirchen, Gewerkschaften, Universitäten und Verbände. Hier formierte sich die neue westdeutsche Gesellschaft, die in dieser Verbände-Konstellation im Prinzip bis heute besteht, auch wenn das aus den Sendungen selbst nicht direkt deutlich wird. Die neugegründeten Zeitungen lehnten sich meist an eine der neuen Parteien an. Sie bedurften einer Lizenz der Besatzungsbehörden.[7]

Bei der Neugründung der Parteien der Rechten auf der örtlichen Ebene spielten die kirchlichen Bindungen eine wesentliche Rolle, weil die Kirchen die einzigen Gemeinschaften geblieben waren, die noch relativ intakt waren und deren Gemeindeleben verschiedene Berufe, Familien und Generationen verband. Man war während der letzten zehn Jahre enger zusammengerückt. An manchen Orten ging die Gründung einer christlich-demokratischen Partei aus Widerstandsgruppen hervor, so in Köln, Düsseldorf, Freiburg; in Wuppertal fand sich eine Gruppe um Gustav Heinemann, Otto Schmidt und den Bankier Robert Pferdmenges, einen Freund Adenauers, zusammen.[8]

Waren die Anfänge der christlich-demokratischen Partei, die schließlich den Namen 'Christlich-Demokratische Union' (CDU) und in Bayern den Namen 'Christlich-Soziale Union' (CSU) in der Tradition der 'Bayerischen Volkspartei' der Weimarer Zeit annahm, noch diffus, gewann die von Kurt Schumacher von Hannover aus wieder ins Leben gerufene SPD früh klare politische Konturen. Als Vorbild prägte sie auch den Formierungsprozeß der CDU, die nicht unmittelbar an eine Parteitradition vor 1933 anknüpfte, sondern verschiedene Traditionen bürgerlicher, konservativer und konfessioneller Parteien zusammenfaßte, insbesondere des Zentrums, ferner der DDP, der DVP und der DNVP. Daneben entstand erneut das Zentrum, das an den politischen Katholizismus der Weimarer Zeit anknüpfte und bei den ersten Wahlen durchaus Erfolge hatte. Als zweite bürgerliche Partei neben der CDU formierte sich die FDP, dazu traten kleinere Parteien, so die Vertriebenen-Partei ('Bund der Heimatvertriebenen und Entrechteten', BHE) und die rechtsnationale Deutsche Reichs-Partei (DRP). Die innen- und außenpolitische Linie der Christlichen Demokraten war anfangs unscharf. Es gab bewußt nationalstaatliche Vorstellungen bei Jakob Kaiser in Berlin,[9] auch Überlegungen in Richtung auf eine christliche Arbeiterpartei nach dem Vorbild der britischen Labour Party, die in der hessischen CDU von den Publizisten Eugen Kogon und Walter Dirks, den Begründern der linkskatholischen ›Frankfurter Hefte‹, propagiert wurden.[10]

Dirks, früher Redakteur der ›Rhein-Mainischen Volkszeitung‹, vertrat einen christlichen Sozialismus. Er kam aus der katholischen Jugendbewegung der 20er Jahre und ist einer der wenigen, die die Faszination jener Bewegung bis in die Gegenwart in zahlreichen, immer wieder originären Beiträgen weitergegeben haben. Er wurde Kulturredakteur des Westdeutschen Rundfunks in Köln und vertrat, ähnlich wie Böll, eine katholische Spiritualität, die sich enttäuscht, aber nicht mißmutig, von der 'verbürgerlichten' CDU abwandte. Er warf das Wort von der „Restauration" 1949 in die öffentliche Debatte.[11]

In Italien hatte sich nach dem Zusammenbruch des Faschismus gleichfalls eine christlich-demokratische Partei gebildet, die 'Democrazia Cristiana', die die bestimmende politische Kraft des Landes unter Alcide de Gasperi wurde. Sie gewann ebenso wie die CDU die Unterstützung bürgerlich-liberaler Kräfte, die sogar die Nähe der DC zur vatikanischen Politik hinnahmen, um eine Erholung des Landes zu sichern, aber auch aus einer instinktiven Abwehrhaltung gegenüber der kommunistischen Partei im eigenen Land.[12] Wie die Bildung weiterer christlich-demokratischer Parteien in anderen Ländern Europas zeigt – das 'Mouvement républicain populaire' (MRP) Georges Bidaults in Frankreich, die katholischen Parteien Hollands und Belgiens – war die Christliche Demokratie eine europäische politische Bewegung. Sie war nicht neu. Ihre Anfänge lagen im 19. Jahrhundert, besonders in Frankreich und Deutschland.[13] Erzberger hatte am Ende des Ersten Weltkrieges die Idee der Christlichen Demokratie aufgegriffen, sie aber wegen seines frühen gewaltsamen Todes 1921 nicht durchsetzen können. Erzberger und kein anderer Politiker, weder Bismarck noch jemand sonst, war der historische Vorläufer Adenauers. Im Stil gab es erhebliche Unterschiede. Adenauer kam erst als 73jähriger zu seiner Kanzlerschaft. Blickt man auf die Generation, so ist nicht ohne Interesse, daß Erzberger wie Adenauer fast gleichaltrig waren. Erzberger war 1875, Adenauer 1876 geboren.

Bemerkenswert an der neuen Partei der CDU/CSU war die Überwindung des politischen Konfessionalismus, der den Katholizismus seit dem 19. Jahrhundert geprägt und sich häufig genug als ein Hindernis der politischen Kompromißfähigkeit erwiesen hatte: Sogar im Jahre 1917 bei der abweisenden deutschen Reaktion auf die päpstliche Friedensvermittlung, aber auch bei seltsamen politischen Geschäften, wie jenes im Juni 1919 geschlossene, als sich das Zentrum bereit erklärte, dem Versailler Vertrag zuzustimmen, wenn gleichzeitig die SPD bereit sei, die katholischen Schulwünsche in der Verfassung des Reichs zu verankern. Die Annäherung zwischen Katholiken und Protestanten in Deutschland während der NS-Zeit hatte diese Möglichkeit einer politischen Zusammenarbeit gefördert, die sich im Parteinamen hinter dem schlichten Wort 'Union' verbarg. Die Sozialdemokratie, insbesondere ihr neuer Vorsitzender Schumacher, der in den 20er Jahren dem rechten Flügel der SPD angehörte und mit einer Arbeit über den ›Staatsgedanken in der deutschen Sozialdemokratie‹ promoviert hatte, hat lange Zeit das Neue in der westdeutschen Christlichen Demokratie verkannt und statt dessen versucht, sie mit Kategorien und Klischees wie „klerikal", „kapitalistisch", „abendländisch-karolingisch" abzustempeln, ohne zu erkennen, daß ihre eigene nationalstaatliche Begrifflichkeit inzwischen auf tönernen Füßen stand.

Tatsächlich versuchte Schumacher gegen den parteiinternen Widerstand der SPD-Oberbürgermeister Kaisen (Bremen), Brauer (Hamburg) und Reuter (Berlin) das Rad der Geschichte um zwölf Jahre zurückzuschrau-

ben. Das war ein vergebliches Unterfangen und nicht frei von Krampf, obwohl es sowohl von einem leidenschaftlichen nationalen Idealismus getragen wurde als auch von dem Bemühen, eine Situation wie die von 1871 bis
1933, als die SPD als antinational gegolten hatte, zu vermeiden. Schumacher versuchte in seiner politischen Rhetorik, die nationale Idee für eine
jüngere Generation über das Jahr 1945 hinüberzuretten. Niemand konnte
ihm, der Jahre im KZ verbracht hatte und nach einer Armamputation, später einer Beinamputation, in seiner hageren, abgehärmten Gestalt gleichsam das personifizierte Abbild des geschlagenen Deutschland darstellte,
nachsagen, daß sein nationales Pathos nicht redlich und überzeugend sei.
Schumacher, nicht Adenauer, war die populärste politische Figur im Nachkriegsdeutschland bis 1949. Auf Massenveranstaltungen warb er erfolgreich
für den 'demokratischen Sozialismus'.

Schumacher hämmerte der westdeutschen Bevölkerung ein demokratisches politisches Bewußtsein ein. Die Christlichen Demokraten, tatsächlich
nicht frei von jenem Besitzstandsdenken, das ihnen ihre Gegner vorhielten,
waren kaum in der Lage, ein ähnliches politisches Pathos zustande zu bringen. Schumacher, aber auch sozialdemokratische Redner wie Ernst Reuter,
der in seinen Reden das politische Verständnis der westlichen Demokratien
vermittelte, bereiteten das öffentliche Klima für eine künftige Demokratie
vor, noch bevor sie als Verfassungstext umschrieben und beschlossen war.[14]
Die Christdemokraten profitierten davon mehr als ihnen bewußt war.

Selbstbewußt erklärte Schumacher 1947 in seiner Rede auf dem Parteitag
der SPD in Nürnberg, einer alten Hochburg der Sozialdemokraten, aber
auch dem Ort der ominösen Parteitage der NSDAP und der 'Nürnberger
Gesetze': „Die Weltöffentlichkeit hat durch den Zweiten Weltkrieg und die
Propaganda in den letzten beiden Jahren wohl etwas zu stark unter dem
Eindruck gestanden, daß das heutige Deutschland das zusammengebro-
chene Dritte Reich sei." [15] Selbstbewußt war auch der Angriff auf die Politik
der 'De-industrialisierung', der Demontage großer Werke der Schwerindustrie durch Briten und Amerikaner. Der wesentliche Beitrag Schumachers
bestand in der Definition der Demokratie in bewußter Absetzung vom
Kommunismus: „Es geht hier um die entscheidende Frage, ob die kommunistische Politik in Deutschland nicht die entscheidende Störung jeder deutschen Möglichkeit überhaupt ist." Die Demokratie beruhe auf dem „Prinzip der Gegenseitigkeit und der Ehrlichkeit". Sie könne nur leben, „wenn
die Menschen selbständig sind und den Willen zur Objektivität" hätten:
„Aber die technokratische und geradezu kriegswissenschaftliche Hand-
habung der politischen Mittel durch die Kommunisten führt zum Gegenteil." [16] Eine solche Sprache lag den Christlichen Demokraten nicht. Ihre
Aussagen zur Politik waren oft eher moralischer Natur. Überhaupt war
ihnen die starke Betonung des Politischen, die die Sozialdemokraten in die

Öffentlichkeit der Nachkriegszeit einführten, eher fremd. Man war konservativ, nicht zuletzt aus einem generellen Mißtrauen gegenüber der Politik und einer Politisierung der gesellschaftlichen und politischen Bereiche. Hier tauchten die ersten grundlegenden Differenzen zwischen den beiden großen politischen Lagern in Westdeutschland auf. Die Äußerungen der Christlichen Demokraten beschränkten sich auf ein Minimum an Grundsätzen und Programmforderungen. Man wollte den Übergriff des Politischen weitgehend einschränken. Nicht von ungefähr stellte sich später im Sprachgebrauch die Rede von der 'Stunde Null', gemeint war das Jahr 1945, ein. Für Sozialdemokraten gab es diese 'Stunde Null' nicht. In seiner ersten öffentlichen Rede vor der Universität Köln im März 1946 beschrieb Adenauer die eigene politische Philosophie: Schutz des Individuums vor Übergriffen des Staates, Selbstverantwortung des einzelnen, der christliche Glaube als die gemeinsame Basis der politischen Gemeinschaft, ein föderativer Staatsaufbau und die Schaffung der Vereinigten Staaten von Europa.[17]

Adenauer widmete sich nach seiner zweiten Amtsenthebung als Oberbürgermeister, die er den Briten immer wieder vorhielt, dem Aufbau der neuen Partei, zunächst im Rheinland und in Westfalen. Er wurde als Vertreter der CDU in den 1946 geschaffenen Beirat der Britischen Zone berufen. Rückblickend auf die Zeit von 1933 bis 1945 notierte er in seinen Erinnerungen: „Der Nationalsozialismus hätte in Deutschland nicht zur Macht kommen können, wenn er nicht in breiten Schichten der Bevölkerung vorbereitetes Land für seine Giftsaat gefunden hätte. Ich betone, in breiten Schichten der Bevölkerung. Es ist nicht richtig zu sagen, die hohen Militärs oder die Großindustriellen tragen allein die Schuld." Der Nationalsozialismus war für ihn ein Ausdruck der „materialistischen Weltanschauung", die er auch in dem Kommunismus wiederentdeckte. Demgegenüber formulierte er seine eigenen Überzeugungen: „Die Auffassung von der Vormacht, von der Allmacht des Staates, von seinem Vorrang vor der Würde und der Freiheit des einzelnen widerspricht dem christlichen Naturrecht. Nach meiner Auffassung muß die Person dem Dasein und dem Rang nach vor dem Staate stehen. An ihrer Würde, Freiheit und Selbständigkeit findet die Macht des Staates sowohl ihre Grenze wie ihre Orientierung."[18]

Das war eine konservative Philosophie, wie sie in Deutschland selten formuliert worden war, auch nicht im 19. Jahrhundert, als sich der Konservatismus nicht für den Schutz der einzelnen Person, sondern für den Schutz eines Standes oder einer Klasse oder einer Konfession einsetzte. Es war ein demokratischer Konservatismus: „Demokratie ist mehr als parlamentarische Regierungsform, sie ist eine Weltanschauung, die wurzelt in der Auffassung von der Würde, dem Werte und den unveräußerlichen Rechten eines jeden einzelnen Menschen . . . Wer wirklich demokratisch denkt, muß Achtung vor dem anderen, vor dessen ehrlichem Wollen und Streben haben." In dem letzten Punkt stimmte Adenauer prinzipiell mit seinem Gegner Schumacher überein.

Die CDU konnte eine ausufernde Programmdiskussion vermeiden, weil die meisten ihrer Grundsätze und ihre politische Philosophie nicht in den Parteigremien, sondern im Vorfeld der Partei, in den Kirchen und religiösen Vereinigungen ausgesprochen und weitergegeben wurden. Man kann diese Partei nicht aus dem Umfeld lösen, aus dem sie entstand. Die Parteiorganisation war anfangs relativ locker und erinnerte noch an die Honoratiorenstruktur bürgerlicher Parteien der Weimarer Republik und des Kaiserreichs. Erst später verschaffte sich die Partei eine ausgebaute Parteimaschinerie, die nicht nur in der Wahlkampfzeit in Aktion trat. Das war zu einer Zeit, als sich die Parteien aufgrund der staatlichen Parteifinanzierung bereits fest etabliert und häuslich eingerichtet hatten und der Elan und die große Erregung der ersten Jahre bereits verrauscht und zum Teil auch vergessen waren.

1946/47 mit den ersten Wahlen zu den Landtagen der neugeschaffenen Länder zeigte es sich, daß SPD und CDU relativ gleich stark waren. Die CDU dominierte in Süddeutschland und in Nordrhein-Westfalen, die SPD in Hessen, Niedersachsen, Bremen, Hamburg und Berlin. Schumacher rechnete den Delegierten des SPD-Parteitages im Juni 1947 vor, daß, die Stimmenergebnisse aller Landtagswahlen der Britischen Zone zusammengerechnet, die SPD um über 600 000 Stimmen vor der CDU liege. Tatsächlich war das Rennen zwischen den beiden neuen politischen Lagern bis 1949 unentschieden. Die CDU beklagte sich, daß die SPD von der britischen Labour-Regierung unterstützt werde; die SPD klagte, daß sie von der britischen Schwesterpartei im Stich gelassen werde. Tatsächlich hatte die SPD bei der personellen Besetzung des Nordwestdeutschen Rundfunks, der von den Briten lizensierten überregionalen Hamburger Tageszeitung ›Die Welt‹ und der neugeschaffenen 'Deutschen Presse Agentur‹ (dpa) günstiger abschnitten.

Vergleicht man die Parteitagsprotokolle, Reden, politische Zeitungsartikel und Kommentare der Jahre 1945 bis 1949 mit entsprechenden Dokumenten aus der Zeit vor 1933, von der Zeit von 1933 bis 1945 gar nicht zu reden, so fällt auf, daß bei aller Differenzierung der politischen Meinungen der Parteien eine gewisse Allgemeinverbindlichkeit der Themen und Diskussionsgegenstände bestand, eine Form von Öffentlichkeit, die es in dieser Homogenität vor 1933 in Deutschland nicht gab. Das hängt zweifellos mit der Rolle der Medien zusammen, des Rundfunks und der Zeitungen, die die Tagesmeldungen und Kommentierungen über ganz Deutschland verbreiteten. Man wußte im großen und ganzen immer Bescheid über das, was anstand. Das ist nicht so selbstverständlich, wie es zunächst scheinen mag. Von 1933 bis 1945 hatte es diese Öffentlichkeit überhaupt nicht gegeben, keine differenzierten politischen Meinungen, keine öffentliche Diskussion. So entstand durch die Medien in diesen Nachkriegsjahren eine politische Gemeinschaft, die sich aber, indem die Spannungen zwischen den westlichen und der östlichen Zone zunahmen, wieder zu teilen begann; auch das mitbedingt durch die Rolle der Medien. Zwar verfolgte man in der sowjetischen Zone weiterhin die Tagesinformationen aus dem Westen, aber die Möglichkeit zur Teilnahme an dieser öffentlichen innerdeutschen Diskussion wurde allmählich beendet. Das war insgesamt gravierender als die radikalen politischen Maßnahmen, die in der östlichen Zone zur Aufhebung des Großgrundbesitzes und der Verstaatlichung der Schwerindustrie führten. Die innerdeutschen Spannungen eskalierten mit der Berliner Blockade 1948/49, die unmittelbar nach der Währungsreform in Westdeutschland begann.

Die Haltung gegenüber der kommunistischen Entwicklung in der östlichen Zone war unter den Parteien Westdeutschlands relativ einheitlich. Am stärksten fühlte sich die SPD betroffen, da sie in der sowjetischen Zone und vor allem in Berlin, das von den vier Alliierten kontrolliert wurde, mit dem östlichen Vorstoß konfrontiert wurde, KPD und SPD zur SED zu vereinigen und das 'Bündnis der Arbeiterklasse' wiederherzustellen. Dieses Konzept stieß auf die strikte Ablehnung der westdeutschen Sozialdemokraten, besonders Schumachers in Hannover und Reuters in Berlin. Die Christlichen Demokraten konnten diesen Bruderkampf als nicht unmittelbar Betroffene beobachten.

Die westdeutschen Gewerkschaften, die sich als Industriegewerkschaften organisierten und 1949 als Einheitsgewerkschaft im DGB zusammenschlossen, nahmen wie die SPD eine antikommunistische Haltung ein. In den Industriegebieten gab es, wie in der Weimarer Zeit, eine größere KPD-Wählerschaft. Gelegentlich wurde die KPD, so in Nordrhein-Westfalen, an der ersten Landesregierung beteiligt. Die künftigen Koalitionen waren nicht von Anfang an vorgeprägt. Die antikommunistische Haltung der SPD war nicht neu. Sie ging ebenso wie die des Zentrums auf die Novemberrevolution 1918 und ihr zeitliches Umfeld zurück; seither hatte man eine 'Bolschewisierung' der deutschen Arbeiterschaft befürchtet und bekämpft.[19]

In den Anfängen der CDU gab es starke Kräfte, die einen christlichen Sozialismus befürworteten. Die Abneigung gegen das große Kapital und die Schwerindustrie, denen die Zusammenarbeit mit den Nationalsozialisten angelastet wurde, war weit verbreitet. Das Ahlener Programm der CDU von 1947 forderte die Sozialisierung der Schlüsselindustrien, und der Bochumer Katholikentag 1949 faßte einen Beschluß über die Einführung der Mitbestimmung. Der soziale Katholizismus, vertreten durch Christliche Gewerkschafter, katholische Arbeiterverbände, aber auch durch Geistliche wie die Dominikaner in Walberberg bei Köln, die in der Nachkriegszeit eine rege Aktivität entfalteten und ihr Kloster für die Besprechungen der CDU-Gründer zur Verfügung stellten, versuchten, Einfluß auf die programmatische Entwicklung der CDU auszuüben. Der anfangs relativ unbekannte Ludwig Erhard konnte erst später den von ihm vertretenen marktwirtschaftlichen Kurs anstelle von planwirtschaftlichen Konzepten und Sozialisierungsforderungen durchsetzen. Unterstützt wurde er dabei von amerikanischer Seite. Die britische Labour-Regierung unter Attlee verfolgte Sozialisierungspläne im eigenen Land.[20]

Aber die Situation der britischen Regierung war, bedingt durch die internen wirtschaftlichen und finanzpolitischen Schwierigkeiten gegenüber den USA, derart geschwächt, daß sie kaum noch einen bestimmenden Einfluß auf die künftige deutsche Wirtschaftspolitik nehmen konnte. Nach der Währungsreform von 1948 zeigten sich die ersten Erfolge des neuen Wirtschaftskurses und die Anfänge jener Entwicklung, die später als 'Wirtschaftswunder' bezeichnet wurde. Die generelle Aufhebung der 1945 weiter beibehaltenen Zwangswirtschaft stand in Aussicht. Die CDU nahm in dieser Zeit Züge einer konservativ-liberalen und christlichen Partei an, mit einer starken sozialen Komponente. Das war zwar sehr breit angelegt, aber offensichtlich erfolgreich. Vor allem gelang es, die divergierenden Kräfte und Interessen zu einem politischen Bündel zusammenzuführen. Eine solche konservative Partei, mit diesem Profil und dieser Führungskraft hatte es bisher in Deutschland nicht gegeben. Lediglich die Sozialdemokraten der Kaiserzeit und der Weimarer Zeit konnten entsprechende Leistungen vorweisen. Man begann mehr an die Gegenwart und Zukunft als an die Vergangenheit zu denken. Tatsächlich gelang es Adenauer, dem neuen Parteivorsitzenden, mit List und Tücke die SPD in die Ecke der ewig Gestrigen zu manipulieren. Auch kam der puritanische Einschlag der Schumacher-Partei nicht überall in Westdeutschland an.

Mit der Neubildung der Länder begann sich die politische Landschaft in Westdeutschland zu konturieren. Die Neugründung Nordrhein-Westfalens war von der CDU befürwortet, von der SPD, die anfänglich ihren Sitz in Hannover hatte, abgelehnt worden. Der erste Ministerpräsident des Landes war der christliche Gewerkschaftler Karl Arnold. Adenauer führte die CDU-Landtagsfraktion in Düsseldorf. In Schleswig-Holstein war für die CDU Theodor Steltzer als Ministerpräsident gewählt worden, der dem Kreisauer Kreis angehört hatte. Fortan mußte man bei der Besetzung von Stellen CDU-intern immer auf den Ausgleich zwischen den einzelnen Gruppen achten: Katholiken und Protestanten, unternehmerfreundlichen und gewerkschaftsfreundlichen Parteifreunden. Letztere organisierten sich in den 'Sozialausschüssen' der Partei. Innerhalb des Widerstands vor 1945 hatte allgemein ein erhebliches Mißtrauen gegenüber den Parteien bestanden. Tatsächlich versuchten auch die Ministerpräsidenten der neuen Länder, den

Einfluß der Parteien nicht zu stark werden zu lassen. Man kooperierte sogar mit den Ministerpräsidenten der Länder der sowjetischen Zone, zuletzt bei dem Versuch, zu einer gesamtdeutschen Politik zu gelangen auf der Münchener Ministerpräsidentenkonferenz 1947, die jedoch scheiterte. Den Parteivorsitzenden, besonders Schumacher und Adenauer, war die Politik der Länder-Ministerpräsidenten zu fürstlich-gouvernemental: eine Politik im alten Stil. Sie wachten mit Argusaugen, daß diese ihre Positionen nicht überzogen. Die Dominanz der Parteien über die Länder setzte sich schließlich mit der Einrichtung des Wirtschaftsrats der amerikanisch-britischen Bizone in Frankfurt im Sommer 1947 durch, eines von den Landtagen bestellten parlamentarischen Gremiums, das auch die Verwaltungsdirektoren, eine Art Ersatzregierung, zu wählen hatte.

Hier kam es im Juli zu einem Konflikt bei der Besetzung des Postens des Direktors für Wirtschaft und Finanzen. Da die meisten Länderminister für Wirtschaft inzwischen SPD-Politiker waren, wünschten die CDU-Vertreter diesmal einen Mann aus ihren Reihen. Die SPD sah in diesem Amt eine Schlüsselposition. Weder Schumacher in Hannover noch Adenauer in Düsseldorf waren im Wirtschaftsrat vertreten, sie steuerten aber ihre jeweiligen Fraktionen von außen. Als man sich nach mehreren Versuchen nicht einigen konnte, erklärte die SPD am 23. Juli, daß sie in die Opposition gehen und keinen der fünf Verwaltungsdirektoren wählen werde. Alle fünf Posten fielen an die CDU. Zum ersten Mal hatte sich die Politik der Parteien in der Öffentlichkeit durchgesetzt. Es gab keine reine 'Sachlichkeit' mehr. Der SPD-Fraktionsvorsitzende Erwin Schoettle teilte mit, daß nach dieser Wahl eine Zusammenarbeit mit der bürgerlichen Mehrheit nicht mehr möglich sei. Die SPD werde keine „Form der hemmungslosen Opposition" vertreten. „Es wird die Form einer praktischen konstruktiven Opposition gegen Maßnahmen sein, von denen wir sicher sind, daß sie sich zum Schaden des deutschen Volkes auswirken werden. Wir werden uns bemühen, den Vorschlägen, die wir mißbilligen, bessere Vorschläge entgegenzustellen, und wir werden diejenigen, die Träger einer anderen wirtschaftspolitischen Auffassung sind, bei jeder Gelegenheit zwingen, Farbe zu bekennen."[21]

Man bekannte Farbe. Seit dieser Zeit etablierte sich in der politischen Gesellschaft Westdeutschlands eine Dramatik des parlamentarisch-demokratischen Spiels, das es in dieser Attraktivität in der bisherigen deutschen Geschichte noch nicht gegeben hatte. Gerade in seinen Anfängen zog der westdeutsche Parlamentarismus leidenschaftliche Naturen an, die in der Lage waren, die Öffentlichkeit in ihren Bann zu ziehen. Dabei verband sich oft politische Passion mit einer bemerkenswerten Fähigkeit, komplizierte Sachfragen in die parlamentarische Debatte einzubringen und auf einen Punkt zu bringen. Die Entstehung des parlamentarischen Lebens ist eines der faszinierendsten Kapitel der deutschen Nachkriegsgeschichte. Nicht zuletzt durch den Wahlkampf zum ersten Bundestag im Sommer 1949 wuchs West-deutschland zu einem politischen Gemeinwesen zusammen. Das war mehr als ein Verfassungsstaat.

Der umstrittene Posten des Wirtschaftsdirektors, dessen Besetzung auch innerhalb der CDU umkämpft war, war schließlich mit Unterstützung der FDP mit Ludwig Erhard besetzt worden, einem 50jährigen Wirtschaftswis-senschaftler aus Fürth bei Nürnberg, der in den 20er Jahren bei Franz Oppenheimer promoviert hatte. Wie die meisten der späteren führenden Politiker der Bundesrepublik, auch Adenauer, stammte er aus einfachen so-zialen Verhältnissen. Die soziale Herkunft der Politiker der Bundesrepublik war demokratischer, egalitärer als die anderer westlicher Demokratien. Den westdeutschen Konservativen war häufig anzumerken, daß sie nicht Schulen wie Eton, Oxford oder Cambridge durchlaufen hatten. Die klein-bürgerliche Attitüde der Hackordnung im Umgang untereinander, in der sie erzogen und aufgewachsen waren, war den meisten demokratischen Poli-tikern Westdeutschlands nicht fremd.

Der westdeutsche Parlamentarismus, wie er über die Landtage und den Wirtschaftsrat entstand, lehnte sich an das britische parlamentarische Mo-dell an. Die beiden führenden Politiker von SPD und CDU, Schumacher und Adenauer, operierten beide aus der britischen Zone, deren Rundfunk von den Journalisten der Reeducation geprägt war. Ein solches Modell läßt sich nicht einfach oktroyieren. Es war offensichtlich plausibel. Attlees und Bevins Labour-Regierung hatten für die deutschen Sozialdemokraten, Churchills frühere Rolle als siegreicher Premierminister und später als kon-servativer Oppositionsführer für die Christliche Demokratie parlamentari-schen Vorbildcharakter. Tatsächlich gelang es den größeren Parteien von SPD, CDU und FDP im Parlamentarischen Rat 1948/49, sich auf eine Ver-fassung zu einigen, die die Regeln des parlamentarischen Lebens nach briti-schem Muster, insbesondere die Rolle von Regierung und Parlament zum zentralen Gegenstand des neuen Regierungssystems machte. Gegenüber anfänglich betont föderativen politischen Konzeptionen mit einer starken Stellung der Länder setzte sich schließlich die Auffassung durch, die dem Bundesstaat eindeutig ein Übergewicht gegenüber den Ländern gab. Es war nicht schlecht, daß Schumacher und Adenauer bei Beratungen daran dachten, den künftigen Staat so zu konzipieren, daß er auch auf ihre eigene Person als möglicher Kanzler zugeschnitten war. Von daher erklärt sich die Stärkung der Regierung durch Einführung des Mißtrauensvotums. Der Ge-danke der Effektivität spielte eine für die politische Geschichte Deutsch-lands ganz ungewöhnliche Rolle bei den Verfassungsberatungen. Hier lag einer der Gründe für den späteren Erfolg des Grundgesetzes.

Auch wenn Weimar und der Ausgang der Weimarer Republik als drohen-des Menetekel den Mitgliedern des Parlamentarischen Rats ständig vor

Augen stand, kann man doch nicht übersehen, daß es ideelle Gemeinsam-keiten zwischen dem Parlamentarischen Rat von 1948/49 und dem Verfas-sungsausschuß von 1919 gab. Es gab sogar personelle Kontinuität. Die Nachfolge des DDP-Abgeordneten und Schwaben Conrad Haußmann im Verfassungsausschuß von 1919 trat im Bonner Parlamentarischen Rat der frühere DDP-Reichstagsabgeordnete, jetzt Vertreter der schwäbischen FDP, Theodor Heuss an.[22] In seiner ersten Rede vor dem Bundestag als neugewählter Bundespräsident berief er sich ausdrücklich auf sein politi-sches Erbe und auf seinen Lehrer Friedrich Naumann, der 1919 den Vor-schlag der Grundrechte in die Verfassung eingebracht hatte. 1948 erinnerte man in Westdeutschland bewußt an das Erbe der Nationalversammlung von 1848. Die Paulskirche ist seitdem ein Symbol der Tradition der parlamenta-rischen Demokratie geblieben. Auch Heuss erinnerte in seiner Rede vom 12. September 1949 vor dem Bundestag daran, daß er in einem Elternhaus aufgewachsen sei, das ihm die „Legende von 1848" vermittelt habe. Dort habe er bereits gelernt, daß „Demokratie und Freiheit" nicht nur Worte, sondern „lebensgestaltende Werte" seien. Auch wäre er ohne seine spätere Zusammenarbeit mit Naumann nicht das geworden, „was ich bin". Nau-mann habe ihm das Wissen vermittelt, „daß die Nation nur leben kann, wenn sie von der Liebe der Massen des Volkes getragen wird"[23].

Heuss verstand es ausgezeichnet, gegenüber dem inzwischen selbstver-ständlich gewordenen harten Kampfgeist der parteipolitischen Kontrahen-ten dem parlamentarischen Spiel seine eigene Würde zurückzugeben: zu-mindest in Worten. Er wurde in seiner ruhigen, bedächtigen Art, mit seiner tiefen, langsam formulierenden Stimme allgemein beliebt. Er konnte be-schwichtigen und ausgleichen. Da er aus der Naumannschen Tradition des Liberalismus kam, verstand er es, mit klugen Worten und Formulierungen die neue parlamentarische Demokratie des Grundgesetzes mit der deut-schen Geschichte zu verbinden. Viel stärker als SPD und CDU brachte er ein liberal-konservatives und bewußt deutsches literarisches und geistiges Moment in die sonst politisch recht militante Welt der neuen westdeutschen Demokratie ein. Er war bemüht, die Wogen, gelegentlich etwas weihevoll, zu glätten und bemühte sich insbesondere hinter den Kulissen, den persön-lich-freundschaftlichen Kontakt zwischen den Politikern in zahlreichen Briefen aufrechtzuerhalten, ja, auch jüngeren Politikern, wie Willy Brandt, Mut zuzusprechen. Wie kaum ein anderer wußte Heuss darum, daß auch Parteipolitiker Menschen sind.

Als Vorsitzender des in Bonn tagenden Parlamentarischen Rats verstand es Adenauer, sich politisch zu profilieren. Aus verfassungsrechtlichen De-tailberatungen hielt er sich heraus. Statt dessen wartete er, bis die Kontro-versen diskutiert und zu einer Klärung gebracht waren. Zur gleichen Zeit verhandelte er mit den Militärgouverneuren über strittige Fragen des künftigen Besatzungsstatuts und des Ruhrstatuts, die alle die Souveränität der späteren Bundesrepublik betrafen. Unmerklich übernahm er damit bereits regierungsähnliche Funktionen. Als Präsident des Parlamentarischen Rats, untertrieb er in seinen Erinnerungen, „hatte ich vor allem die Aufgabe, dafür zu sorgen, daß seine Arbeit zu einem positiven Ergebnis führte"[24]. Es gelang, zwischen den Fraktionen, zumal der jeweils 27köpfigen CDU- und SPD-Fraktion sowie der 5köpfigen FDP-Fraktion, ein kooperatives Klima zu schaffen. Die Deutsche Partei, das Zentrum und die KPD waren mit jeweils zwei Angeordneten vertreten. Carlo Schmid, der erst nach 1945 in die SPD eingetreten war und in der NS-Zeit als Privatdozent an der Universität Tübingen ohne feste Stelle gearbeitet hatte, ein engagierter politischer Wissenschaftler, eher liberal-konservativ, Sozialdemokrat aus kritischem Nachdenken und Überzeugung, leitete den für die Verfassungsberatungen entscheidenden Hauptausschuß des Parlamentarischen Rats. Schmid, ein Vertrauter Schumachers, aber ganz ohne dessen schroffes Naturell, konnte mit Adenauer zusammenarbeiten, war aber dessen politischer Schläue nicht ganz gewachsen.[25]

Der Grundkonsens entstand aus einem weitgehenden Konsens der Demokraten. Carlo Schmid, der in Frankreich geboren war, französisch sprach und mit der französischen Literatur eng vertraut war, vertrat wie Adenauer die Westorientierung und die europäische Einbindung der deutschen Politik, obwohl außenpolitische Fragen bei den Verfassungsberatungen nicht unmittelbar anstanden. Dem konservativen Mißtrauen gegenüber einem überstarken Staat entsprangen die Passagen des Grundgesetzes, die den Schutz der Familie und das Erziehungsrecht der Eltern als Verfassungsgarantien einführten. Obwohl enge Beziehungen zwischen den Christlichen Demokraten und den Kirchen bestanden, wurde auf eine neue verfassungsrechtliche Aussage über den Status der Kirchen verzichtet, weil diese bei Liberalen und Sozialdemokraten Bedenken auslöste. Man einigte sich auf die Übernahme der entsprechenden Artikel der Weimarer Verfassung von 1919, die auf diesem Wege in einigen Textpassagen in das Verfassungsrecht der Bundesrepublik übernommen wurden. Sie trugen einen liberalen Charakter. Die Bundesrepublik wurde kein klerikaler Staat. Es gab aber in rechtskatholischen Kreisen Enttäuschung. Aus den Erfahrungen der jüngsten deutschen Geschichte war man sich über die Abschaffung der Todesstrafe nach einigen Diskussionen über die Parteien hinweg einig; auch die Sicherung des politischen Asylrechts zählte viel.

Es sollte sich bald zeigen, daß die neue Verfassung der Bundesrepublik von 1949 praktikabler war als die des benachbarten Frankreich. Dort brauchte man noch bis in die 70er Jahre, bis politische Belastungen, die Jahrzehnte zurücklagen, überwunden waren. Natürlich kam dort der Prozeß der Dekolonisation hinzu. Obwohl der politische Handlungsspielraum der Bundesrepublik bis 1955 durch das Besatzungsstatut eingeschnürt blieb, brauchte man sich in Westdeutschland mit keinem jener schwierigen Probleme herumzuschlagen, die sich für die französische und britische Politik aus der kolonialen und imperialen Tradition des eigenen Landes ergaben. Tatsächlich reisten bereits zu Beginn der 50er Jahre junge Franzosen durch Westdeutschland, um die politischen, sozialen und wirtschaftlichen Fortschritte, wie sie es sahen, mit der Rückständigkeit ihres eigenen Landes zu vergleichen und zu diskutieren.[26] Selbst gegenüber England, dessen Politik direkt und indirekt zur politischen Neuformierung Westdeutschlands beigetragen hatte, hatte die Bundesrepublik, wie sich bald zeigen sollte, einen Startvorsprung. Nicht nur die Parteien, auch die Gewerkschaften und die gesamte industrielle Organisation bis hin zu dem Mitbestimmungsgesetz von 1951 und dem Betriebsverfassungsgesetz von 1952 waren neu. So brachte die konservative politische Struktur der Anfänge der Bundesrepublik einen Modernisierungsschub mit sich. Erst einige Jahrzehnte später entdeckte man, daß jene 'Modernität' der 50er Jahre steril war, als man es im Rausch des vermeintlichen Neuanfangs geglaubt hatte.

Wahlkampf 1949

Mit der Vorbereitung des Wahlkampfes für die erste Bundestagswahl, die am 14. August 1949 stattfand, profilierten sich die beiden größeren Parteien SPD und CDU nach dem Modell der Labour Party und der Konservativen in England, wo zur gleichen Zeit die Vorbereitung der nächsten Wahlen zum Unterhaus anlief. Sowohl in den Programmpunkten wie im Wahlkampfstil gab es Ähnlichkeiten. Es war der erste Wahlkampf in Westdeutschland: An irgendwelchen Vorbildern mußte man sich orientieren. Durch eine Gegenüberstellung von Porträts der Wahlkämpfer Attlee und Schumacher auf der linken und Churchills und Adenauers auf der rechten Bildleiste machte der ›Spiegel‹ am 28. Juli 1949 auf die Parallelität der jeweiligen Wahlkämpfe aufmerksam. Die entsprechende Zeile unter dieser Bildreihe lautete: „Giftige Worte: Englands Labour und Deutschlands Sozialdemokraten beschuldigen die Konservativen und die CDU des Programm-Plagiats."

Die CDU hatte im April die 'Düsseldorfer Leitsätze' verabschiedet, in denen sie von einem „Christlichen Sozialismus" abrückte und sich den Wirtschaftsliberalismus Erhards, der erst jetzt in die CDU eingetreten war, zu eigen machte. Wie die britischen Konservativen verstand man sich seitdem als eine wirtschaftsliberale Partei. Der eingängige Begriff der 'sozialen Marktwirtschaft' sollte zugleich verdeutlichen, daß man von einem aggressiven und rücksichtslosen Konkurrenzliberalismus abrückte. Bereits in dem ersten Bundestagswahlkampf trat das konservative Moment weitaus stärker in Erscheinung als das christliche des Parteinamens, das immer ein wenig wie schillerndes Dekor wirkte. Adenauer selber sah in den Bischöfen eher Kapläne eines familieneigenen Unternehmens. Die Vorstellung einer klerikalen Abhängigkeit auch von seiner eigenen, der katholischen Kirche war ihm fremd. Schumacher, der in einer Wahlkampfrede in Gelsenkirchen von der katholischen Kirche als der „fünften Besatzungsmacht" sprach, deutete die Beziehung zwischen CDU und Kirchlichkeit falsch. Auch war ihm, der im westpreußischen Kulm geboren und aufgewachsen war, die Mentalität der rheinisch-westfälischen Bevölkerung fremd. Sie irritierte ihn. Vergeblich suchten Kaisen, Kopf und Reuter Schumacher von seinen aggressiven Attacken auf einen selbstgemachten Popanz abzubringen. Für Schumacher war die ganze Welt des parteipolitischen Gegners nichts anderes als eine „klerikal-konservativ-kapitalistische" Masche. So schöpfte er auch größten Verdacht, als bereits während des Wahlkampfes im Sommer 1949 Europapläne und die mögliche künftige Aufnahme der Bundesrepublik in den Europarat diskutiert wurden. Er verstieg sich hier aus dem Engagement des Wahlkämpfers wider bessere Einsicht in eine Ablehnung, von der er sich auch später nicht mehr frei machen konnte.

In geradezu brüderlicher Übereinstimmung aber legten sich die führenden Wahlkämpfer von SPD und CDU in diesem Wahlkampf mit der britischen Regierung an. Man wußte sehr genau, daß die britische Labour-Regierung finanzpolitisch von den USA abhängig geworden und dort relativ unbeliebt war. Der ›Spiegel‹ berichtete sehr distanziert und mit knappen Informationen über den deutschen Wahlkampf, dafür aber ausführlich über kirchliche Ereignisse wie die 'Evangelische Woche' in Hannover und über den Berliner Bischof Otto Dibelius sowie über die Vorbereitungen zu dem Bochumer Katholikentag, der unter dem Motto stand 'Gerechtigkeit schafft Frieden'. Ausgiebig informierte der ›Spiegel‹ ferner über die Ankunft Thomas Manns in Frankfurt. Über die außenpolitische Linie des Wahlkampfes hieß es dagegen am 28. Juli: „Westdeutschlands favorisierte Bundestagsbewerber schlagen im Kampf um die Bonner Siegespalme in schöner Eintracht auf den Demontage-Sündenbock ein." Der britische Labour-Außenminister Bevin habe sich von Schumacher fragen lassen müssen, „ob Großbritannien nur Krieg geführt habe, um sich 'unbequemer Konkurrenzfirmen' zu entledigen ... Einsicht forderte auch der christliche Demokrat Adenauer von dem britischen Außenminister. Man solle endlich Schluß machen mit Rache und Demontage." Von der Reaktion Bevins wurde, gleichfalls im Wahlkampf, berichtet, er habe diese Angriffe aus Deutschland als „reine Wahlpropaganda" abgetan: „Wir haben genug von den Erklärungen deutscher Parteiführer gegen die britische Politik."[27] Tatsächlich hatten die deutschen Parteivorsitzenden schnell gelernt, in kluger Ausnutzung der außenpolitischen Konstellation, die eigenen nationalen wirtschaftlichen Interessen zur Geltung zu bringen. Daran änderte nicht einmal der gelegentlich geradezu feindselige Ton der Wahlkampfsprache etwas. Im übrigen sah man, daß hinter der Demontagepolitik nicht nur eine Politik der 'Entmilitarisierung' stand, sondern auch der Versuch, dem deutschen Wirtschaftskonkurrenten jenseits des Kanals den Anfangsstart nicht allzu leicht zu machen. Das große politische Pokerspiel hatte längst wieder begonnen.

Während sich die CDU den Erhardschen Wirtschaftsliberalismus zu eigen machte und Erhard selber als einen der häufigsten Redner im Wahlkampf auftreten ließ, legte sich die SPD programmatisch auf die Sozialisierung der Schlüsselindustrie und ein planwirtschaftliches Konzept fest. Das bedeutete für viele Wähler aber nur die Fortsetzung der Zwangswirtschaft, die man seit Jahren kannte und deren man überdrüssig war. Das Sozialisierungsprogramm verlor durch die Sozialisierungspraxis in der Sowjetzone erheblich an Zugkraft. Überhaupt wurden die politischen Zustände im östlichen Deutschland zum negativen Gradmesser politischer Programmvorstellungen in Westdeutschland. Von daher taten sich die Sozialdemokraten, die sich weitaus schärfer als die Christdemokraten von den Kommunisten abgesetzt hatten, schwer, ihre komplizierten Vorstellungen den Wählern plausibel zu machen. So kam es zu der Niederlage der SPD am 14. August, die für viele eine Überraschung war. Seitdem stand die SPD, die noch ein Jahr zuvor die eindrucksvollste politische Kraft Westdeutschlands gewesen war, in dem Geruch, die Partei der 'Grämlinge' zu sein. Sie verhielt sich auch dementsprechend und machte aus ihrer Opposition eine Mission. Adenauer begünstigte diese Entwicklung, indem er gegen den Rat zahlreicher CDU-Politiker, darunter Karl Arnolds und Heinrich von Brentanos, eine Koalition mit der SPD im Bundestag strikt ablehnte und statt dessen nicht nur eine Koalition mit der FDP, sondern auch mit der rechtslastigen Deutschen Partei vorzog. Er strebte diese konservative Lösung bewußt an, mehr aus praktischem Kalkül als aus ideologischer Motivation.

Adenauer, der eine schlichte Sprache liebte, drückte dies in simplen Formeln aus, von denen keine intellektuelle Faszination ausging. Als am Wahltag der Kölner Reporter des NWDR im Rhöndorfer Haus Adenauers die Kabel für ein Interview legen ließ, entdeckte er auf dem Klavier zwei Bände Beethoven, Schumanns ›Kinderszenen‹ und Griegs ›Lyrische Stücke‹. Daneben lag das Buch von Alois Schulte ›Tausend Jahre deutsche Geschichte und deutsche Kultur am Rhein‹, das 1925 im Verlag Schwann in Düsseldorf erschienen war: Das warf ein Schlaglicht auf Adenauers Welt- und Geschichtsbild.

Über das Gespräch mit den Journalisten an jenem Sonntagnachmittag berichtete der ›Spiegel‹: „„Soll ich Ihnen was aus meinen Lieblingsbüchern vorlesen?', fragte der alte Herr seine Gesprächsrunde. ,Nein, nicht Edgar Wallace.' Die ganze Welt wisse sowieso schon, daß er den gerne lese. Sein

Lieblingsbuch sei aber der ›Taugenichts‹. Über Eichendorff habe er sogar
KZ Brauweiler vergessen. Und Kiplings ›Dschungelbuch‹. ‚Das habe ich
Samstag im Bett gelesen. Nach meiner letzten Wahlrede in Godesberg.‘ In
Kiplings Dschungel, erläuterte der Ex-Präsident [des Parlamentarischen
Rats], gebe es Gesetze, die auch gehalten würden. Merkwürdig: ‚Die Beute
des Wolfes gehört ihm nur. Er verschlingt sie, wie ihm es beliebt. Das Pack
darf nur daran rühren. Wenn er die Erlaubnis gibt.‘ Das sei offensichtlich
Führerprinzip. – 17.30 Uhr gongte es zur Kaffeetafel.“ [28]
Der ›Spiegel‹ war von dem Wahlergebnis und der Niederlage der SPD
sehr angetan. Der 26jährige Rudolf Augstein analysierte und kommentierte: „Die Stimmen sind gezählt. Die Würfel über die Sozialisierung sind
gefallen. 246 mit Gewißheit sozialisierungsfeindliche Kandidaten sitzen im
Deutschen Bundestag 146 Sozialisten gegenüber, wenn man zehn Zen-
trumsstimmen als möglichen Zuzug für beide Gruppen beiseite läßt. Die
erste verlorene Sozialisierungsschlacht auf westdeutscher Ebene wird auch
die letzte sein.“ Nur die Nachkriegssituation hätte eine Chance für eine solche durchgreifende Maßnahme geboten, diese sei jetzt vorbei. Als Gründe
für das Ergebnis nannte Augstein: „Die SPD, die sich wie die anderen
Parteien damit genug sein ließ, den ‘Kampf um ein starkes Deutschland’ zu
führen, kann sich mühelos selbst ausrechnen, warum sie den Kampf um die
Sozialisierung so hart verloren hat. Keiner ihrer Kandidaten konnte den
Wählern verraten, wie denn die Sozialisierung präzis aussehen solle. Für die
Sozialisierung wurde ebenso ein Blankoscheck verlangt wie für die geplante
Planwirtschaft. Es half der Partei da auch wenig, daß sie den Kampf um
Berlin, um die Ostzone und um die Ost-Oder-Gebiete proklamierte. Denn
wer hat diesen Kampf nicht proklamiert, und was hat er bisher genützt?“
Augstein sprach von „Vernunftwahlen“. Der Wähler habe die Gelegenheit
wahrgenommen, sich „von vernünftigen Sentimentalitäten“ leiten zu lassen. Der „Ratlosigkeit der Parteien“ habe, das müsse man auch zu ihre Entschuldigung sagen, „die Ratlosigkeit der Wähler“ entsprochen. Alle seien
eben noch gelähmt. So habe man der älteren Generation eine Chance gegeben: „Vier Jahre Alters-Regierung . . . werden vielleicht nicht schaden,
wenn die jüngeren Deutschen es derweil fertigbringen, sich auf sich selbst
(und nicht auf Otto Straßer) zu besinnen. Einen eisigeren Ansporn als die
losgelassene Seele des Ostens gibt es hierfür nicht.“ Was immer später an
Mythen über die Anfänge der Bundesrepublik entstand, die Beteiligten des
Jahres 1949 selber sahen diese entscheidende Wahl mit einer gewissen
Gelassenheit und mit pragmatischer Nüchternheit. Man sprach nicht einmal
von einem historischen Ereignis, sondern nahm die Dinge einfach hin, wie
sie kamen. Die Bundesrepublik war in ihrer Geburtsstunde von jeder
Staatsmythologie frei.
Dies belegen auch die erste Regierungserklärung, die Adenauer am

20. September für die Koalitionsregierung aus CDU/CSU – FDP – DP abgab, wie auch die Antwort des Oppositionsführers. In seiner Art, irrationalen Vorgängen eine rationale Deutung zu geben und dem eigenen politischen Willen damit den Charakter des sachlich Unumstößlichen zu geben, nannte Adenauer seine Wahl und die Bildung der Koalitionsregierung eine „logische Konsequenz der politischen Verhältnisse". Manche mußten sich noch an seinen politischen Stil gewöhnen, der unbedingte Klarheit schuf, wo für andere noch alles unklar war. Ähnlich wie Augstein interpretierte Adenauer das Wahlergebnis: als eine Entscheidung zwischen „Planwirtschaft" und „sozialer Marktwirtschaft": „Das deutsche Volk hat sich mit großer Mehrheit gegen die Planwirtschaft ausgesprochen." Die parlamentarische Demokratie hätte zumal bei den Wählern der jüngeren Generation „schwersten Schaden" erlitten, wenn etwa eine große Koalition gebildet worden wäre. Regierung und Opposition wurden mit älterer und jüngerer Generation gleichgesetzt. Aus dieser Logik warb der Regierungschef um Verständnis für die Lage seiner parteipolitischen Gegner. Es sei abwegig, „der Sozialdemokratischen Partei Vorwürfe zu machen, weil sie sich nicht bereit gefunden hat zu einer sogenannten großen Koalition", was die Sozialdemokraten verlegen mit Gelächter quittierten. Dieser Stil wurde in den kommenden Jahren vorherrschend und gehörte zu jener politischen Phase, die als 'Kanzlerdemokratie' bezeichnet wurde. Sie beruhte auch auf dem bewußten Ausspielen des Generationskonflikts. Bis zum Schluß der Kanzlerschaft Adenauers 1963 gelang es der oppositionellen SPD nicht, sich aus den Fesseln dieses Spiels zu befreien.

Diese erste Regierungserklärung Adenauers vom 20. September 1949 ist ein klassisches Dokument in der Geschichte des deutschen Konservatismus: „Der Fortschritt gegenüber den Verhältnissen, die seit 1945 bei uns bestanden, auch gegenüber den Zuständen des nationalsozialistischen Reichs, ist groß. Zwar müssen wir uns immer bewußt sein, daß Deutschland und das deutsche Volk noch nicht frei sind, daß es noch nicht gleichberechtigt neben den anderen Völkern steht, daß es – und das ist besonders schmerzlich – in zwei Teile zerrissen ist. Aber wir erfreuen uns doch einer wenigsten relativen staatlichen Freiheit. Unsere Wirtschaft ist im Aufstieg. Wir haben vor allem aber wieder den *Schutz der Persönlichkeitsrechte*. Niemand kann bei uns, wie das im nationalsozialistischen Reich der Fall war und wie es jetzt noch in weiten Teilen Deutschlands, in der Ostzone, zu unserem Bedauern der Fall ist, durch Geheime Staatspolizei oder ähnliche Einrichtungen der Freiheit und des Lebens beraubt werden. Diese Güter: Rechtsschutz, Schutz der persönlichen Freiheit, die wir lange Jahre nicht besaßen, sind so kostbar, daß wir trotz allem, was uns noch fehlt, uns darüber freuen müssen, daß wir diese Persönlichkeitsrechte wieder besitzen." [29]

Adenauer entwickelte eine eigene Doktrin über die Beziehungen zwischen Regierung und Opposition, die sich an dem britischen Modell des Parlamentarismus anlehnte. Es ist selten in der politischen Geschichte Deutschlands, daß ein soeben bestellter Regierungschef in seiner Regierungserklärung die positive Rolle der Opposition würdigt: „Ich bin der Auffassung, daß die Opposition eine Staatsnotwendigkeit ist, daß sie eine staatspolitische Aufgabe zu erfüllen hat, daß nur dadurch, daß Regierungsmehrheit und Opposition einander gegenüberstehen, ein wirklicher Fortschritt und eine Gewöhnung an demokratisches Denken zu erzielen ist. Ich bin weiter der Auffassung: bei den labilen Verhältnissen, wie sie in Deutschland herrschen, ist es viel richtiger, wenn die immer vorhandene Opposition sich klar im Parlament selbst zeigt, als wenn sie, da infolge einer großen Koalition im Parlament keine wesentliche Opposition hätte ausgeübt werden können, außerhalb des Parlaments in nicht kontrollierbarer Weise um sich greift." [30]

Adenauer ist dieser Doktrin bis zum Ende seiner Kanzlerschaft 1963 treu geblieben. Erst danach bildete sich vorübergehend eine große Koalition (von 1966 bis 1969) und zugleich eine vehemente außerparlamentarische Opposition. Verglichen mit späteren Regierungserklärungen wirkt diese erste geradezu bescheiden und schlicht, obwohl die Akzente klar gesetzt und die Konturen unverwechselbar waren. Sie wurde in einem freundlich-sorgenvollen Ton vorgetragen, und selbst Zwischenrufe des kommunistischen Abgeordneten Renner wurden schalkhaft aufgenommen und als „freundliche Unterbrechungen" quittiert. Mehrfach wurde die sozialstaatliche Linie der künftigen Politik betont, gekoppelt mit der Festlegung der Wirtschaftspolitik auf das marktwirtschaftliche Prinzip: Soziale Leistungen setzten wirtschaftliche Leistungen voraus. [31] Der Abbau der seit über fünfzehn Jahren bestehenden Zwangswirtschaft, angefangen mit der Kohle- und Wohnbewirtschaftung, wurde angekündigt.

Bereits in dieser Regierungserklärung wurde als gesellschaftspolitisches Programm jene 'nivellierte Mittelstandsgesellschaft' anvisiert, wie sie später von Helmut Schelsky beschrieben wurde: „Wir sind durchdrungen von der Überzeugung, daß dasjenige Volk das sicherste, ruhigste und beste Leben führen wird, das möglichst viele mittlere und kleinere unabhängige Existenzen in sich birgt." Vom Wortlaut her war nicht klar, wer exakt gemeint war. Faktisch lief diese Politik der 'unabhängigen Existenzen' in den nächsten zwanzig Jahren darauf hinaus, über den traditionellen 'Mittelstand' des Handwerks hinaus auch den neuen Mittelstand der Angestellten und die Arbeiterschaft, die 'Arbeitnehmerschaft', wie es bald hieß, durch eine gezielte Politik der Eigentumsförderung, von der Kapitalbildung über das Sparen bis zum Erwerb von Eigenheimen, zu jener 'unabhängigen Existenz' zu verhelfen. Durch die Politik des Lastenausgleichs für Kriegsgeschädigte, Vertriebene aus den Ostgebieten und Flüchtlinge aus der östlichen Zone wurde dieses Ziel in einem Umfang eingelöst, der weit über die Klassen der 'Arbeiterschaft' und des 'Mittelstandes' hinausging. Denn die Gruppen, die durch den Krieg und seine Nachwirkungen geschädigt worden waren, waren quantitativ mindestens ebenso groß wie die traditionell Benachteiligten. Der Zuzug der Flüchtlinge und Vertriebenen, die auf die Bundesländer ungleich verteilt wurden, veränderte die Sozialstruktur der deutschen Gesellschaft grundlegend. Damit änderten sich auch die Formeln der Politik.

Fast unscheinbar wirkte der Satz der Regierungserklärung: „Die sozial- und gesellschaftspolitische Anerkennung der Arbeitnehmerschaft macht eine Neuordnung der Besitzverhältnisse in den Grundindustrien notwendig." Es war die Ankündigung des Mitbestimmungsgesetzes, die innerhalb von eineinhalb Jahren eingelöst wurde. Noch vorsichtig tastend nahm man sich der Probleme der Frauen an, deren Situation äußerlich schon deshalb zu einem Politikum geworden war, da nach dem Krieg die Zahl der Frauen die der Männer weit überwog. Man nannte das in der kaltschnäuzigen bevölkerungspolitischen Terminologie 'Frauenüberschuß'. Die Bundesregierung setzte ein 'Frauenreferat' ein. Insgesamt wurde die Zuständigkeit der Sozialpolitik bewußt erweitert und auch die Jugend mit einbegriffen: „Wir werden überhaupt versuchen, unsere Pflicht gegenüber der jungen Generation anders zu betrachten, als das früher geschehen ist. Die junge Generation, dessen wollen wir uns immer bewußt bleiben, trägt die Zukunft Deutschlands in ihren Händen."[32] In den nächsten Jahren setzte eine systematische Förderung der Jugend ein, durch die Einrichtung der Jugendwohlfahrtspflege und die Förderung der organisierten Jugendbewegung.

Selten gab es in der deutschen Geschichte des 20. Jahrhunderts eine solche positive Zuwendung der Politik zu der Jugend wie in den 50er und 60er Jahren. Das zeigte sich an der steigenden Zahl der Studierenden an den Hochschulen, der finanziellen Förderung des Studiums durch das 'Honnefer Modell', das spätere 'Bafög', und dem erheblichen Aufwand zur Förderung und Verbesserung der Ausbildung. Erst seit der Studentenbewegung der späten 60er Jahre flaute das öffentliche Interesse an der Jugend wieder ab und schlug dann, Anfang der 80er Jahre, in ein öffentliches Desinteresse um. Die ältere Adenauer-Generation hatte ein sorgfältigeres Gespür für den Faktor Jugend in Politik und Gesellschaft.

Unbelastet von außenpolitischen Sorgen und Verpflichtungen – die erste Bundesregierung kannte noch kein Auswärtiges Amt – und unter der außenpolitischen Schutzherrschaft der Alliierten, die in der 'Hohen Behörde' eine Anlaufstelle für die Bundesregierung errichtet hatten, konnte das erste Regierungsprogramm sich auf die inneren Probleme konzentrieren, ein Zustand, den es seit 1871 noch nicht gegeben hatte. Die Politik der Bundesrepublik in ihren Anfängen ähnelte fast der einer mittelalterlichen Stadt:

Sie konzentrierte sich ganz auf sich selber. Die Enge der Mauern empfand man anfangs nicht als bedrückend, sondern eher als angenehm.

Obwohl die Fragen der Aufnahme der Bundesrepublik in das westliche Verteidigungssystem bereits öffentlich diskutiert wurden, tauchten sie in der Regierungserklärung nicht auf und wurden nur ironisch im Zusammenhang mit Zwischenrufen gestreift. Außenpolitische Fragen wurden im Rahmen der innenpolitischen Situation behandelt. Das waren die Fragen der Kriegsgefangenen in Rußland, die Situation der Vertriebenen aus den Ostgebieten und in diesem Kontext die Grenzfrage, die territoriale Abgrenzung Deutschlands gegenüber Polen, die Oder-Neiße-Linie, ein Dauerthema der westdeutschen Außenpolitik bis zum Warschauer Vertrag von 1972 unter der Regierung Brandt. Obwohl die Bundesrepublik unmittelbar keine Grenze zu Polen hatte, nahm Adenauer diesen Punkt im Zusammenhang mit der Erörterung des „Loses der Vertriebenen" ausdrücklich auf. Aus einer sozialen Frage wurde ein außenpolitischer Programmpunkt. Adenauer berief sich auf die Grundsätze der Atlantik-Charta von 1941 und die Formulierung des Potsdamer Abkommens, wonach die künftige Grenze gegenüber Polen einem Friedensvertrag vorbehalten bleiben solle. Man verwies auf internationales Recht: Forderungen wurden als Rechtsforderungen erhoben. Im übrigen sah das Besatzungsstatut keinen außenpolitischen Spielraum vor. Von der russischen Politik wurde erwartet, daß „unsere Landsleute auch in der Ostzone und in dem ihnen unterstehenden Teil von Berlin das Leben in Freiheit führen können, das deutschem Herkommen, deutscher Erziehung und deutscher Überzeugung entspricht". Das war das einzige nationale Moment der Regierungserklärung. Im übrigen optierte man für den Westen: „Es besteht für uns kein Zweifel, daß wir nach unserer Herkunft und nach unserer Gesinnung zur westeuropäischen Welt gehören." Genannt wurden Frankreich, Italien, England, die Benelux-Länder und die skandinavischen Länder.

Zum ersten Mal sprach sich eine konservative Regierung in Deutschland für einen Ausgleich mit Frankreich aus: „Der deutsch-französische Gegensatz, der Hunderte von Jahren die europäische Politik beherrscht und zu so manchem Kriege, zu Zerstörungen und Blutvergießen Anlaß gegeben hat, muß endgültig aus der Welt geschafft werden." [33] Das Protokoll verzeichnete „lebhaften Beifall". Unter Berufung auf Bevin sprach Adenauer von einer künftigen Freundschaft zwischen Deutschland und England, erwähnte den Eintritt in eine Europäische Union und dankte den USA. Noch nie habe ein siegreiches Land dem besiegten Land bei dem Wiederaufbau so geholfen, wie dies jetzt geschehen sei.

Die deutsche Teilung wurde mit einer versöhnlich klingenden Bemerkung angeschnitten. Sie sei durch die Spannungen unter den Siegermächten entstanden und zeitbedingt: „Auch diese Spannungen werden vorübergehen. Wir hoffen, daß dann der Wiedervereinigung mit unseren Brüdern und Schwestern in der Ostzone und in Berlin nichts mehr im Wege steht." Die erste Regierungserklärung von 1949 enthielt noch kein außenpolitisches Programm. Der abschließende Hinweis auf den „Geist christlich-abendländischer Kultur" wurde mit der Erwartung verknüpft, „daß es uns mit Gottes Hilfe gelingen wird, das deutsche Volk aufwärts zu führen und beizutragen zum Frieden in Europa und in der Welt"[34]. Versöhnlich gab sich diese Erklärung auch gegenüber der am leidenschaftlichsten diskutierten innenpolitischen Frage, der Entnazifizierung, einer Forderung der Potsdamer Konferenz. Durch sie sei „viel Unglück und Unheil" angerichtet worden. Die wirklich Schuldigen an den Verbrechen sollten „mit aller Strenge bestraft" werden: „Aber im übrigen dürfen wir nicht mehr zwei Klassen von Menschen in Deutschland unterscheiden: die politisch Einwandfreien und die Nichteinwandfreien." Auch die Frage einer Amnestie sei zu prüfen.[35]

Die Entnazifizierung wurde im Jahre 1950 praktisch eingestellt. Dieses historische Versöhnungsprogramm wurde bald als 'Restauration' kritisiert. Tatsächlich vereinfachte dieses Urteil die Auseinandersetzung mit der jüngsten Vergangenheit auf eine äußerst simple Weise. Es gab noch andere Fragen als die der Bestrafung der Schuldigen. Die Restauration, verstanden als eine 'Erholung' von der Vergangenheit, war durchaus politisch gewollt. Die Geschichtlichkeit der Situation wurde ausgeklammert und beiseite geschoben. Man ging davon aus, daß die Karten neu gemischt worden seien.

Im Zusammenspiel der Regierungserklärung und der Rede des Oppositionsführers Schumacher ergab sich im September 1949 eine paradoxe Situation: Während Adenauer nationale Fragen kaum berührt hatte und auch die Fragen des Rechtsradikalismus, Antisemitismus und auch des Linksradikalismus nur gestreift hatte, griff die Rede Schumachers gerade nationale Punkte bewußt auf. Er erinnerte daran, daß die Sozialdemokratie seit über achtzig Jahren eine internationale Bewegung sei und bereits in ihrem Heidelberger Programm von 1925 die 'Vereinigten Staaten von Europa' gefordert habe. Das alles klang defensiv. Schumacher rückte diejenigen Punkte in den Vordergrund, bei denen Adenauer zurückhaltend gewesen war: Warum habe die Regierungserklärung kein Wort zu dem deutschen Widerstand und den Opfern des Faschismus gesagt? Sie gehörten zu „den wenigen außenpolitischen Aktiven des deutschen Volkes". Man könne nicht „gegen den Nazismus sein, ohne der Opfer des Nazismus zu gedenken"[36]. Auch die Äußerungen über die Juden seien zu matt und schwach gewesen, die furchtbare Tragödie der Juden im Dritten Reich sei nicht erwähnt worden. „Die Hitlerbarbarei hat das deutsche Volk durch Ausrottung von sechs Millionen jüdischer Menschen entehrt."[37]

Die deutsche Frage sei zu zurückhaltend behandelt worden. „Mögen nun viele Leute diesen Zustand der Spaltung Deutschlands für relativ und vorübergehend zufriedenstellend erachten, wir Sozialdemokraten können das nicht. Die Frage der deutschen Einheit kommt hinein in jede andere politische Frage, die Deutschland berührt. Diese Frage kommt nicht mehr von der Tagesordnung. Wir können niemanden als einen Freund des deutschen Volkes empfinden, dessen praktische Politik die deutsche Einheit auf der demokratischen Grundlage verweigert und behindert." [38] Eben diese Koppelung jeder politischen mit der 'nationalen Frage' hatte die Regierungserklärung zu vermeiden versucht. Während Adenauer selbst zu den Kommunisten nur zurückhaltend Stellung bezogen hatte und dies zudem in allgemein gehaltenen Formulierungen, griff Schumacher diesen Punkt gezielt auf. Die deutschen Kommunisten betrieben die „Auftragserfüllung" der sowjetischen Auftraggeber. Wirklich begegnen könne ihnen nur die Partei des demokratischen Sozialismus, also die SPD. Es entstehe eine neue innenpolitische Gefahr: „Nicht die sozialrevolutionäre, sondern die nationalrevolutionäre Parole des Ostens kann heute eine Gefahr für die deutsche Einheit und für die werdende Bundesrepublik bilden." [39] Es bestehe die Gefahr eines „neuen Nationalismus" und eines „Neofaschismus" im Kommunismus. Schumacher erwähnte die „eisigen Stürme des kalten Krieges", an denen sich bereits „manche Leute in Deutschland den Charakter erkältet hätten".

Adenauer hatte so gesprochen, als gebe es keinen Kalten Krieg. Regierungserklärung und Oppositionsrede lagen – abgesehen von ihrer verbalen Ausdruckskraft – in vielen Punkten letztlich nicht so weit auseinander. Ein Satz wie „die deutsche Einheit ist nicht möglich in der Form einer russischen Provinz oder eines sowjetischen Satellitenstaates" hätte auch in der Regierungserklärung stehen können. In einer Umkehrung der traditionellen Programmaussagen präsentierte sich die deutsche Rechte im Herbst 1949 als 'westlich' und in nationalen Bekenntnissen zurückhaltend, die deutsche Linke, aus ihrem Nachholbedarf heraus, gebärdete sich als die entschiedenste nationale Partei. Schumachers SPD verstand sich 1949 als Träger der nationalstaatlichen Idee, weniger die CDU Konrad Adenauers. Das ist einer der markantesten Wendepunkte in der Geschichte des deutschen Konservatismus im 20. Jahrhundert.

Gegenüber den verbindlich gehaltenen sozialen Tönen der Regierung suchte Schumacher deren Klassencharakter herauszustellen. „Aus dem Wesen und der Zusammensetzung dieser Regierung heraus besteht die große Gefahr, daß dieser neue Staat ein autoritärer Besitzverteidigungsstaat werden kann." Die Bemerkung wurde mit „Lachen aus der Mitte" beantwortet. [40] Die SPD könne sich kein demokratisches Staatswesen vorstellen, „bei dem die Arbeiter eine so geringe Rolle spielen, daß die Regierungserklärung das Wort 'Arbeiter' nicht einmal erwähnt" und selbst die Gewerkschaften unerwähnt lasse. [41] Die Diktion der Rede Schumachers

erinnerte etwas an die Weimarer Zeit. Den Schleier konservativer Behutsamkeit vermochte seine Rede nicht zu zerreißen. Was immer sich in den
letzten zwanzig Jahren, seit 1929, in der europäischen Gesellschaft verändert hatte: offensichtlich bestand nach wie vor in allen westeuropäischen
Industrieländern eine Klassenstruktur, die sich in den Parteien und ihren
Forderungen niederschlug. Würde es den Politikern gelingen, angesichts
der divergierenden Interessen den notwendigen Konsens in der nationalen
Politik zu erreichen? [42]
   Damit hatte man sich in den nächsten zehn Jahren auseinanderzusetzen.
In dieser Zeit festigten sich die großen Parteien zu relativ geschlossenen
politischen Familien. Dabei gab sich die CDU seit dem Wahlsieg von 1957,
der ihr die absolute Mehrheit brachte, gerne als Staatspartei mit Anfällen
von Selbstgefälligkeit, während die SPD unter ihrem tapferen und redlichen
Vorsitzenden Ollenhauer, der nach dem Tode Schumachers 1952 die Partei
ohne das Pathos seines Vorgängers führte, vorerst die Rolle des ewigen Ver-
lierers einnahm und obendrein, wenn sie nicht als marxistischer Wolf im
demokratischen Schafspelz verteufelt, ein wenig mitleidsvoll belächelt wurde.

Kanzlerschaft Adenauers und nachfolgende Regierungen

   Von 1949 bis 1966 dominierte die CDU/CSU in der deutschen Innen- und
Außenpolitik. Die drei ersten Legislaturperioden – Bundestagswahlen fanden 1953, 1957 und 1961 statt – waren noch eine Periode des 'State-Building'
und wurden von den Beteiligten auch so gesehen. Parallel dazu verlief die
'Staatsbildung' der DDR, die 1949 gegründet wurde. 1952 wurden in der
DDR die Länder – Thüringen, Sachsen, Sachsen-Anhalt, Brandenburg und
Mecklenburg – zugunsten der neuen Bezirke abgeschafft. Mit der Verstaatlichung der Betriebe und der 'Kollektivierung' der Landwirtschaft wurden
nicht nur die Reste der traditionellen Besitz- und Einflußverhältnisse beseitigt, sondern die gesamte Ökonomie wurde erstmals auf ein politisch ver-
waltetes Wirtschaftssystem umgestellt, das es so in der deutschen Wirtschaftsgeschichte bisher noch nicht gegeben hatte. Um so bewußter, ja
bekenntnishafter wurde die 'Marktwirtschaft' in Westdeutschland propagiert. Sie funktionierte aber auch ohne Bekenntnisse. Aus der politischen
Diktion, die die beiden Staaten Deutschlands in den folgenden Jahren her-
vorbrachten, hätte ein neutraler historischer Beobachter den Schluß ziehen
können, daß die Tradition der deutschen Klassengesellschaft in einer staatsrechtlichen Lösung historisch aufgehoben worden sei.
   Bereits im November 1918 waren in der 'Zentralen Arbeitsgemeinschaft'
die Gewerkschaften von den Unternehmern wie auch vom Staat als Tarif-
vertragspartner offiziell anerkannt worden. Das Betriebsrätegesetz, das die

Nationalversammlung 1920 verabschiedete, hatte die betriebsinternen Arbeitsverhältnisse geregelt. An diese Entwicklung knüpfte man nach 1949 wieder an. Erleichtert wurde die Integration der Gewerkschaften 1949 durch die Bildung der 'Einheitsgewerkschaft' des DGB, die sämtliche Industriegewerkschaften zusammenfaßte. Daneben bestanden allerdings 'Berufsgewerkschaften' der Angestellten (DAG) und Beamten (DBB). Bereits im Widerstand während der NS-Zeit hatte man sich eingehend mit der künftigen Regelung der gewerkschaftlichen Verhältnisse befaßt. Die Einheitsgewerkschaft trat an die Stelle der bis 1933 bestehenden politisch oder religiös geprägten Richtungsgewerkschaften, wie sie nach 1945 noch in Frankreich und Italien weiter bestanden. Die gewerkschaftliche Situation in England war noch komplizierter. Das Verhältnis der CDU/CSU zu den Gewerkschaften unterschied sich von dem der britischen Konservativen. Die CDU-Regierung suchte von Anfang an die Kooperation mit dem DGB, der unter der Führung Hans Böcklers (SPD) stand. Adenauer und Böckler kannten sich persönlich seit den 20er Jahren aus der Kölner Stadtverordnetenversammlung. Höhepunkt dieser Zusammenarbeit wurde die Einführung der Mitbestimmung in der deutschen Stahl- und Kohleindustrie 1951 durch ein Bundesgesetz. Sie war einmalig in Europa. Es ist nicht abwegig zu sagen, daß damit die sich über ein Jahrhundert hinziehenden Klassenkämpfe in der deutschen Schwerindustrie beendet wurden. Vorbereitet wurde das Gesetz, das in erster Linie für die Großunternehmen an Rhein und Ruhr galt, durch die Politik der Labour-Regierung in der britischen Zone. Auch hatten die Nürnberger Kriegsverbrecherprozesse und politische Einsicht führende Industriemanager bewogen, einer paritätischen Mitbestimmung ihre Zusage zu geben. Dennoch kam es im Frühjahr 1951 zu heftigen Debatten im Bundestag, weil sich die FDP als Regierungspartei weigerte, dem Gesetz, das von CDU und SPD getragen, aber von der Regierung eingebracht worden war, zuzustimmen. Es war nicht zuletzt der persönliche Einfluß Adenauers, der die Verabschiedung des Gesetzes ermöglichte.

Die Zusammenarbeit Adenauers mit dem DGB-Vorsitzenden Böckler hatte bereits das Petersberger Abkommen vom 22. November 1949 ermöglicht, durch das die Bundesregierung den Demontagestopp von den drei westlichen Alliierten und den Beitritt der Bundesrepublik zu dem internationalen Ruhrstatut erreichte. Dabei hatte Adenauer mit der ihm eigenen politischen Schläue in geheimer Kooperation mit dem DGB die oppositionelle SPD überspielt, was den hintergangenen Kurt Schumacher in der Aussprache des Bundestags am 24. November 1949 zu dem zornigen Ausruf „Kanzler der Alliierten" veranlaßte.[43] Die historische Bedeutung des Mitbestimmungsgesetzes wird leicht übersehen. Das Gesetz paßt auch nicht ganz in das Bild von der CDU als einer konservativen Partei.

Erst in den 70er Jahren nahm die CDU die Betonung des Christlichen, das bei Andersdenkenden leicht Animosität auslöste, etwas zurück und hob stärker den liberal-konservativen Charakter der Partei hervor. Religiöse Motive spielten übrigens in beiden großen Parteien eine Rolle, in der SPD verstand sich Gustav Heinemann, ein Protestant, als christlicher Politiker. Als CDU-Innenminister im ersten Kabinett Adenauer trat er bereits 1950 wegen Differenzen in der Verteidigungspolitik zurück. 1952 gründete er die 'Gesamtdeutsche Volkspartei', und 1957 trat er der SPD bei, als deren Kandidat er 1969 zum Bundespräsidenten, zum zweiten sozialdemokratischen Präsidenten seit Ebert, gewählt wurde. Ebenso wie Heinemann kam auch Johannes Rau, der Kanzlerkandidat der SPD bei der Januarwahl 1987, von der GDP zur SPD.

Die Gesamtdeutsche Volkspartei zeigte Ähnlichkeiten mit dem 'Nationalsozialen Verein' Naumanns von 1900. Beide Parteien wurden von politisch engagierten Protestanten getragen, die versuchten, der aktuellen Tendenz zur Blockbildung zwischen links und rechts entgegenzuwirken. Eben daran scheiterten auch beide Gruppen. Naumann schloß sich schließlich den Linksliberalen, Heinemann der SPD an. Ihr Einfluß auf die jeweiligen parteipolitischen Entwicklungen im Kaiserreich wie in der Bundesrepublik war erheblich größer, als es die etwas mageren Zahlen der Wählerstimmen ausdrückten, die sie für ihre kurzlebigen Parteien gewinnen konnten.

Das Godesberger Programm der SPD hat unter dem Einfluß von Gustav Heinemann und Adolf Arndt den Kirchen bewußt eine Rolle im öffentlichen Leben zugebilligt und sich darin von früheren Programmen merklich distanziert. Die Kontakte zu den Kirchen trugen dazu bei, ein Minimum an politischem Konsens trotz scharfer politischer Rivalität unter den Parteien zu sichern. Häufig bieten die Kirchen in der Bundesrepublik eine Art Hinterland für die Parteipolitiker. Kirchentage sind immer größer und populärer als Parteitage. Gerade die Kirchen halten auch die Verbindung zwischen beiden Teilen Deutschlands zwar unsichtbar, aber dennoch wirksam aufrecht.

Von Anfang an betrieben die CDU-Regierungen den Eintritt in den Europarat (1950), den Eintritt in ein europäisches Verteidigungsbündnis und die Europäische Gemeinschaft für Kohle und Stahl (Montanunion, 1952). Die Europäische Verteidigungsgemeinschaft (EVG) scheiterte zwar 1954 an der Ablehnung durch die französische Nationalversammlung, dafür trat die Bundesrepublik 1955 der NATO bei. So diente die neugeschaffene Bundeswehr nicht wie die Armee zur Bismarckzeit der nationalstaatlichen Selbstbehauptung. Begünstigt wurde die europäische Orientierung der CDU durch gleichgesinnte christlich-demokratische Politiker in Frankreich wie durch den aus Lothringen stammenden Robert Schuman und Alcide de Gasperi in Italien. Zusammen mit Adenauer schmiedeten diese drei ein neues Konzept für Europa, von dem Kritiker bissig meinten, es ähnele dem

Reich Karls des Großen. Die britischen Konservativen schlossen sich nur zögernd dieser europäischen Politik an, die 1957 zur Schaffung der EG führte. Seit 1958 verhinderte aber der nationalkonservative Kurs de Gaulles den Beitritt Englands, bis ihn 1973 die konservative Regierung Heath gegen den Widerstand der Labour Party durchsetzte.

So zog eine konservative Regierung in der Bundesrepublik seit 1949 einen Schlußstrich unter die von Bismarck eingeleitete nationalkonservative deutsche Politik. Die Haltung der CDU war nicht einheitlich. Politiker wie Jakob Kaiser und Gustav Heinemann verlangten mehr Initiativen zur Erhaltung der deutschen Einheit. Die föderale Struktur der Bundesrepublik war als konservatives Verfassungselement gedacht, sie sollte einer möglichen Übermacht der Zentrale vorbeugen. Nachträglich hat sich die Einrichtung der Länder als relativ unproblematisch erwiesen. In den Jahren der CDU-Dominanz erwiesen sich die Länder als ein politisches Auffangbecken für die Sozialdemokraten, die bei den Verfassungsberatungen mit Argusaugen – und mit Erfolg – darauf geachtet hatten, daß den Ländern keine überhöhte Kompetenz zugewiesen wurde. Die populärsten Sozialdemokraten der Nachkriegszeit residierten als Länderchefs in Bremen, Hamburg, Niedersachsen und Hessen: Kaisen, Brauer, Kopf und Zinn. Der erste sozialdemokratische Bundeskanzler Brandt wurde als Regierender Bürgermeister von Berlin bekannt. Der Wechsel von der CDU/FDP-Regierung in Bonn zur CDU/SPD-Regierung 1966 und schließlich zur SPD/FDP-Regierung 1969 wurde in Nordrhein-Westfalen vorbereitet, wo sich der Kölner Sozialdemokrat Heinz Kühn eine Mehrheit erobert hatte.

Auch wenn sich die ersten CDU-Regierungen bemühten, den neuen Staat mit Würde auszustatten – Adenauers Auftreten im Parlament und in der Öffentlichkeit trug wesentlich dazu bei –, war die Bonner Demokratie in ihren Anfängen eher schlicht, aber populär. Die örtliche Basis der Parteien bestand im Grunde genommen aus Vereinen. Dazu gehörte die entsprechende Vereinsmentalität. Hier wurden die Kandidaten für die Stadträte und Kreistage aufgestellt und die Delegierten zu den überörtlichen Parteigremien nominiert. Die CDU war in ihre örtliche Basis eingebunden wie alle Parteien. Wahlkämpfe waren beliebt, ebenso wie die Rededuelle im Bundestag, die in den Debatten um das Ja oder Nein zu einer atomaren Verteidigung Ende der 50er Jahre einen Höhepunkt erreichten. Damals profilierte sich Strauß mit seinem bajuwarischen Habitus ebenso wie der Sozialdemokrat Erler, der wie die Verkörperung preußischer Nüchternheit wirkte.

Bundestagsdebatten wurden im Rundfunk übertragen. Man diskutierte zu Hause weiter und beurteilte die Auftritte der eigenen Parteisprecher im Bundestag. Es gab Identitätsgefühle, nicht so sehr mit dem Staat, sondern mit der eigenen Partei. Eben diese Parteilichkeit verankerte die Demokratie in der Bevölkerung. Das Aufkommen der Politischen Soziologie seit dem Ende der 60er Jahre, besonders gefördert von der Bundeszentrale und den Landeszentralen für politische Bildung, hat das demokratische Empfinden stärker eingeebnet und normiert, aber auch das Bewußtsein gegen antidemokratische Strömungen geschärft. Die politische Bildung mit ihrem ausgeprägten Systemdenken hat aber auch der politischen Vitalität der 50er und der ersten Hälfte der 60er Jahre zum Teil den Schwung genommen. Die westdeutsche Demokratie wurde seitdem geordneter, die politischen Sprachformeln schliffen sich ein. Das Bild des einzelnen Abgeordneten, dem das Grundgesetz eine Vorzugsstellung einräumte, verblaßte. Dazu trug auch das Fernsehen bei, das die Spitzenpolitiker bevorzugt und die einzelnen Abgeordneten nicht besonders schätzt.

Einer der wenigen Abgeordneten, die sich bewußt auf ihr Gewissen beriefen, war der Münsteraner Bundestagsabgeordnete Peter Nellen. Ein überzeugter Katholik, von der katholischen Jugendbewegung 'Neudeutschland' geprägt, gebildet, politisch und religiös belesen, setzte sich Nellen im Bundestag als CDU-Abgeordneter vehement für die Wehrdienstverweigerung aus Gewissensgründen ein und kritisierte in seinen Schriften jene Moraltheologen, die mit ethischen Argumenten die atomare Rüstung zu rechtfertigen suchten. Das sei, erklärte Nellen, geradezu pervers und unchristlich. Er verwarf die antibolschewistisch geprägte „Atomtheologie". Durch sie werde der Bolschewismus „als Ideologie schon wirksam genug" und „als Imperium politisch und militärisch mächtiger als uns lieb" zu einer Übermacht „heraufgesteigert und satanisiert".[44] Nellen ließ sich von der aus dem christlich-demokratischen Milieu kommenden Kritik an seinem persönlichen Engagement nicht beirren und trat schließlich zu einer Zeit zur SPD über, als noch in Münster öffentlich erklärt wurde, ein guter Katholik könne nicht SPD wählen. Es gab jedoch und gibt wenig Bundestagsabgeordnete, die ein individuelles politisches Profil zeigen. Das ist eine der größten Schwächen der bundesrepublikanischen Demokratie. Die Schwierigkeiten kommen nicht nur aus der Praxis des allgemein üblichen Fraktionszwangs. In diesem Punkt ähnelt Bonn immer noch Weimar.[45] Ein Churchill, der als konservativer Abgeordneter jahrelang gegen die Politik seiner eigenen Regierung opponierte und dann in einer kritischen Situation zum Regierungschef bestellt wurde, wäre nach den Usancen der westdeutschen Demokratie kaum möglich. Politische Alternativen können höchstens von führenden Politikern der Länder kommen, kaum aus dem Bundestag und aus der eigenen Bundestagsfraktion. Das bedeutet eine Versuchung zur außerparlamentarischen Opposition, wenn das Parteienbild zu monoton wird.

Die bedeutendsten europäischen konservativen Nachkriegspolitiker waren alte Herren, die nicht zu bewegen waren, sich auf die Ruhebank zurückzuziehen. Manche Karriere jüngerer Politiker, wie die Anthony Edens in

England, wurde dadurch behindert.[46] Churchill schied als britischer Premierminister 1955 im Alter von 80 Jahren aus, Adenauer gab die Kanzlerschaft 1963 im Alter von 87 Jahren, de Gaulle seine Präsidentschaft in Frankreich 1969 im vergleichsweise 'jugendlichen' Alter von 79 Jahren auf. De Gaulle wurde durch den negativen Ausgang des von ihm selber eingeleiteten Referendums zum Rücktritt gebracht. Gemeinsam war allen drei konservativen Politikern Westeuropas offensichtlich das Gefühl, in ihrer Person einer durch den Krieg und die Nachkriegszeit verunsicherten jüngeren Generation die eigene politisch-geschichtliche Erfahrung weitergeben zu müssen. Für Frankreich und England bedeutete das die Beendigung der kolonialen Vergangenheit. Der politische Mythos, der sich in Churchill und de Gaulle zeigte, schien das zu erleichtern. Adenauer brachte keine große nationale Vergangenheit in die deutsche Politik ein – noch weniger Walter Ulbricht, sein Gegenpart in der DDR –, dafür vertrat Adenauer aber jene politische Haltung, die die Politik als etwas Selbstverständliches hinnahm, ohne jene bizarren ideologischen Zutaten, wie sie für die Intellektuellen der Linken und der Rechten der Weimarer Republik so selbstverständlich gewesen waren.

Das Bedeutende an Adenauers Politik war vielleicht, daß sie auf bedeutungsschweres Gehabe verzichtete, jedenfalls auf ein weltgeschichtliches oder weltpolitisches Pathos. Darin unterschied er sich kaum von den SPD-Politikern der Weimarer Republik. Seine langjährige Erfahrung als Kommunalpolitiker einer der größten deutschen Städte mag mitgespielt haben, die zu einem Pragmatismus des Handelns zwang. Adenauers Politik bestand wesentlich in der konsequenten Einsicht in die vorgegebenen Grenzen und die darin enthaltenen Möglichkeiten. Es war eine Politik ohne Träume.

Um so leichter konnte man sich im privaten Leben wieder Träumen hingeben. Es ist auffallend, daß während der Kanzlerschaft Adenauers sich erstmals in der bundesdeutschen Literatur mehrere Autoren zu Wort melden, die breite Schichten der Bevölkerung ansprachen, kritisch die NS-Vergangenheit verarbeiteten und zugleich außerhalb Deutschlands große Anerkennung fanden. Dazu zählen Schriftsteller wie Heinrich Böll sowie Günter Grass (›Die Blechtrommel‹ 1959) und Siegfried Lenz (›Die Deutschstunde‹ 1968). Böll und Grass appellierten in ihren zahlreichen politischen Erklärungen beständig an den 'Common sense' der politischen Gemeinschaft, den sie als selbstverständlich voraussetzten. Das war bis dahin in der deutschen Geschichte des 19. und 20. Jahrhunderts selten vorgekommen. Es gab erstmals einen minimalen Konsens der politischen Werte, wie die Auflagenhöhen der Publikationen dieser Autoren offensichtlich indirekt belegen.

Politische Reflexionen der Konservativen sind im allgemeinen, sagt man, etwas dürftig. Das mag damit zusammenhängen, daß junge Konservative, wie es in England heißt, lieber Geschäfte, junge Linke lieber Programme machen. So kann man die Wirksamkeit des Konservatismus der Kanzlerschaft Adenauers vielleicht besser am Godesberger Programm der SPD von 1959 als in CDU-Programmen studieren. Nirgendwo ist die neue politische Gesellschaft der Bundesrepublik so sorgfältig beschrieben, eruiert und bewertet worden wie in den Programmdiskussionen der westdeutschen Sozialdemokraten auf ihrem Stuttgarter Parteitag von 1958 und dem Godesberger Parteitag von 1959.[47] Die CDU war von dem neuen Programm derart irritiert, daß ihr später als Erwiderung nicht viel anderes einfiel als die Behauptung, das ganze Programm sei eine Täuschung, ein Betrug des Wählers, um an die Macht zu kommen. Die SPD sei nach wie vor eine marxistische Partei.

In der Debatte des Bundestags am 30. Juni 1960, in der sich die SPD bereit erklärte, das Verteidigungssystem der Bundesrepublik und die NATO-Mitgliedschaft mitzutragen, erklärte Wehner seinen erstaunten politischen Gegnern in den Reihen der CDU und FDP: „Finden die demokratischen Kräfte in der Bundesrepublik, ungeachtet ihrer Gegensätze, die weder bagatellisiert werden sollen noch bagatellisiert werden dürfen, das Verhältnis zueinander, das von der Verantwortung jeder einzelnen Partei gegenüber dem Volksganzen in unserem geteilten Vaterland bestimmt wird? . . . Nach unserer Ansicht jedenfalls sind die Zeichen der Zeit so zu deuten: nicht Selbstzerfleischung, sondern Miteinanderwirken im Rahmen des demokratischen Ganzen, wenn auch in sachlicher innenpolitischer Gegnerschaft. Innenpolitische Gegnerschaft belebt die Demokratie. Aber ein Feindverhältnis, wie es von manchen gesucht und angestrebt wird, tötet schließlich die Demokratie, so harmlos das auch anfangen mag. Das geteilte Deutschland . . . kann nicht unheilbar miteinander verfeindete christliche Demokraten und Sozialdemokraten ertragen." Wehners Rede zog einen Schlußstrich unter ein 100jähriges Dilemma der deutschen Parteiendemokratie und des deutschen Parlamentarismus. Sie läutete zugleich das Ende des Konservatismus der Kanzlerschaft Adenauers ein. Die Phase der Restauration in der deutschen Innenpolitik lief Anfang der 60er Jahre aus.[48]

Seither läßt sich ein merklicher Wandel in der geistig-politischen Szenerie Westdeutschlands feststellen. In den 50er Jahren hatte noch die Existenzphilosophie Martin Heideggers, Jean-Paul Sartres, Albert Camus' eine starke Faszination auf die Bildungsschichten ausgeübt. Die Lehrpläne der Schulen, der Pädagogischen Akademien, die Publikationen der Bundeszentrale und der Landeszentralen für politische Bildung neigten noch zu vagen, oft eher stimmungsvollen als rationalen Aussagen. Geschichte galt als Bildungsmacht im Sinne einer Einstimmung in die Vergangenheit und in die Überlieferung. Hermann Heimpel, Theodor Heuss und Benno Reifenberg hatten, vielleicht etwas eilig, als Herausgeber die fünf Bände der ›Großen Deutschen‹ von 1953 bis 1956 im Großformat herausgebracht. Man hatte im ursprünglich geplanten Volumen von nur vier Bänden eine Reihe großer Deutscher schlichtweg vergessen. Das wurde in dem fünften Band nachgeholt, wo für das 20. Jahrhundert noch die Firmengründer Daimler und Benz, der Bildhauer Wilhelm Lehmbruck, der Maler Ernst Ludwig Kirchner und der Berliner Regisseur Max Reinhardt, der Freiburger liberale Wirtschaftswissenschaftler und Theoretiker der sozialen Marktwirtschaft Walter Eucken und schließlich als letzter der kurz zuvor in Ost-Berlin gestorbene Bert Brecht aufgenommen wurden.

Die Tendenz dieses Projektes war offenkundig: Man wollte anhand einzelner hervorragender historischer Persönlichkeiten ein Gespür für die deutsche Vergangenheit über den historischen Nihilismus der NS-Zeit hinaus erhalten. Später rief Heinemann, der offen erklärt hatte, Deutschland sei ein „schwieriges Vaterland", die Historiker dazu auf, auch die verschütteten demokratischen, liberalen und parlamentarischen Traditionen der deutschen Geschichte zu erforschen und sie dem Publikum zu vermitteln.

Man tat sich 1963 in der CDU bei dem Wechsel der Kanzlerschaft von Adenauer zu Erhard schwer. Adenauer gab deutlich zu verstehen, daß er an der Kompetenz seines Nachfolgers, besonders auf dem Gebiet der Außenpolitik, Zweifel hegte. Der neue Außenminister Gerhard Schröder versuchte, die Außenpolitik behutsam weiterzuführen. Äußerlich scheiterte die liberalkonservative Regierung 1966 an Meinungsverschiedenheiten über den Haushalt. Seit längerem drängten Kräfte in der CDU wie der Wohnungsbauminister Paul Lücke und in der SPD Herbert Wehner auf eine 'große Koalition'. Diese Lösung wurde auch von dem Bundespräsidenten Heinrich Lübke favorisiert. Brandt, der Kanzlerkandidat der SPD seit 1961, übernahm in der Regierung Kiesinger das Außenministerium. Kurt Georg Kiesinger hatte vor 1945 der NSDAP angehört, Wehner, der das Gesamtdeutsche Ministerium übernahm, vor 1945 der KPD. Zur gleichen Zeit gelangte die NPD, die offenkundig Anhänglichkeit an die 'große' Zeit vor 1945 zeigte, in mehreren Ländern in die Landtage. Aber anders als bei der NSDAP handelte es sich hier weniger um eine Partei der Jugend als um eine Partei der Alten.[49]

Die Große Koalition boxte die Notstandsgesetze durch, von denen später nur noch selten gesprochen wurde. Teile der SPD-Basis, nicht zuletzt überzeugte Gewerkschaftler, die gegen die Notstandsgesetze protestierten, waren über den Drang der Parteispitze zur Macht entsetzt. 1968 verbreitete sich auch in der Studentenschaft Mißtrauen. Zum ersten Mal in der deutschen Universitätsgeschichte des 20. Jahrhunderts bekannte man sich offen zur Linken. Man entdeckte auf dem Weg der Vergangenheitsbewältigung die Revolution von 1918, die Rätebewegung, Rosa Luxemburg und Karl Liebknecht und sah darin eine historische Alternative zu der fatalen Entwicklung der deutschen Geschichte bis zum Ende des 'Dritten Reiches'.

Dabei spielte ein Gefühl für historische Gerechtigkeit mit. Insgesamt aber neigten die Debatten an den Hochschulen eher zu ideologischer Fixierung als zu Offenheit und Liberalität.

Die Bundespräsidentenwahl und die Bundestagswahl von 1969 eröffneten den Weg, aus der großen Koalition herauszukommen. Seit der Wahl Heinemanns zum Bundespräsidenten sprach die SPD vom Machtwechsel. In der dreijährigen Oppositionszeit hatte sich die FDP unter ihrem neuen Vorsitzenden Walter Scheel von der Nähe zur CDU gelöst; Ralf Dahrendorf galt als intellektueller Star der FDP.

Eine Veränderung der geistig-politischen Szenerie seit den 60er Jahren zeigte sich an den Hochschulen auch in der Einrichtung zahlreicher Lehrstühle für Politologie und Soziologie, Fächer, die in den angelsächsischen Ländern eine lange Tradition hatten. Als eigenständiger deutscher Beitrag zur Soziologie wurde Max Weber wiederentdeckt. An die Stelle eines vagen, weltanschaulichen Denkens trat zunehmend systematisches, politisch-soziologisches Analysieren. Im Zusammenhang mit der Wahlkampfforschung wurden Meinungsumfragen außerordentlich populär. Lustvoll entdeckte man die westdeutsche Gesellschaft als Beobachtungsobjekt und nahm ihr jene Unschuld, in der sie während der 50er Jahre dahingedämmert war. Die Existenzphilosophie verschwand – außer bei den Theologen – fast ganz. An ihre Stelle trat ein Rationalismus von einer manchmal geradezu trunkenen Nüchternheit. Am Sternenhimmel der westdeutschen Philosophie verblaßte Heidegger, als neuer Stern erschien die Theorie von Jürgen Habermas. Studenten, Lehrer, Hochschullehrer, die noch in den 50er Jahren mit Ausnahme weniger gestandener Liberaler und Sozialdemokraten aus stimmungsvoller Überzeugung CDU gewählt hatten, begannen, erst zaghaft, dann häufiger, SPD zu wählen. Bis dahin galt die SPD noch in weiten Kreisen des Bildungsbürgertums als nicht gesellschaftsfähig. Man brach mit öffentlichen Tabus, politischen und sexuellen. Das allgemeine Klima liberalisierte sich.

Die organisierte Öffentlichkeit in Presse, Rundfunk und Fernsehen hatte sich inzwischen etabliert und die größeren Tages- und Wochenzeitungen hatten feste Marktanteile erobert. Die publizistische Landschaft Westdeutschlands war überschaubar. Der ›Spiegel‹ am Montag, die ›Zeit‹ am Donnerstag strukturierten die akademische Woche. Die Illustrierte ›Stern‹ und die ›Frankfurter Rundschau‹ schlugen einen Kurs ein, den man vereinfacht als linksliberal bezeichnen kann. Die ›Welt‹ und die ›Frankfurter Allgemeine‹ ordneten sich dem nationalkonservativen bzw. dem liberalkonservativen Lager zu. Seitdem ist die publizistische Öffentlichkeit relativ deutlich konturiert. Durch die 'Spiegelaffäre' 1963 wurde die Öffentlichkeit scharf politisiert. Erstmals war es der Presse indirekt gelungen, einen Minister, den CSU-Verteidigungsminister Strauß, zu stürzen. Rudolf Augstein und der in

Franco-Spanien vorübergehend verhaftete Spiegel-Redakteur Conrad Ahlers
waren die Helden des Tages.

Der Regierung Erhard folgte die erste und einzige große Koalition von
CDU und SPD unter Kiesinger und Brandt. In diese Zeit fällt der Beginn
der außerparlamentarischen Opposition, die sich im wesentlichen aus der
Studentenschaft rekrutierte und durch die Vermittlung der Medien eine
Bedeutung und Brisanz erhielt, die sie anders vermutlich nicht erreicht
hätte. Der studentische Protest erhielt durch die jahrelange Debatte über
die Notstandsgesetze stets frische Nahrung. Zunächst richtete er sich gegen
die Welt der Hochschulen, in denen tatsächlich von der Gemeinschaft von
Lehrenden und Lernenden oft wenig zu spüren war. Sie hatten eher den
Charakter von Großbetrieben mit einer Tendenz zur Bürokratisierung des
wissenschaftlichen Studiums. Zahlreiche Hochschullehrer bemühten sich,
den Generationskonflikt ernsthaft auszutragen. Tatsächlich aber wurde mit
der Reform der Hochschulen durch neue Gesetze die Tendenz zur Bürokratisierung nur noch verstärkt. Paradoxerweise fand die deutsche Studentenschaft in diesen Jahren erstmals in ihrer Geschichte den intellektuell-
politischen Anschluß an die Welt: von Frankfurt über Paris bis Berkeley in
Kalifornien und Tokio in Japan, den Zentren der studentischen Protestbewegung. Die britischen Hochschulen dagegen wurden von der Bewegung
kaum berührt.[50]

Die Etablierung der überregionalen Presse, der beiden bundesweiten
Fernsehprogramme ARD und ZDF, der Parteien, aber auch eines nationalen Feiertages wie des 17. Juni, nationale Kongresse, zahlreiche Organisationen und Kirchentage, die jährlichen Messen, darunter auch die Frankfurter Buchmesse, die zur größten der Welt wurde, hatten in Westdeutschland
zu Anfang der 60er Jahre ein Forum der nationalen Öffentlichkeit entstehen
lassen, wie es dies in Deutschland so noch nicht gegeben hatte. Die relative
Homogenität der pluralistischen Gesellschaft Westdeutschlands hing natürlich auch mit der Kleinräumigkeit und der Übersichtlichkeit der Bundesrepublik zusammen – dies im Vergleich mit der Großräumigkeit des Deutschen Reiches.

Karl Jaspers, der bereits in den 50er Jahren die Entwicklung der Bundesrepublik kommentiert hatte (›Die Atombombe‹, 1958; ›Freiheit und Wiedervereinigung‹, 1960), kritisierte 1966 in seiner Schrift ›Wohin treibt die
Bundesrepublik?‹ die westdeutsche Parteiendemokratie.[51] Es sprach ein
weitverbreitetes intellektuelles Unbehagen aus, das, so wurde Jaspers von
Kritikern vorgehalten, an die Abneigung Weimarer Rechtsintellektueller
gegen die Parteidemokratie erinnere. Wie bereits Sokrates bezichtige
Jaspers die Demokratie der „Nichtigkeit": „Beide, Sokrates und Jaspers,
verachten im Grunde den Durchschnittsbürger."[52]

Ein Verdikt des westdeutschen Konservatismus lieferte das Taschenbuch

›Der CDU-Staat‹ (1967), das wegen seiner neomarxistischen Begrifflichkeit nicht leicht zu lesen war, aber breite Resonanz in der studentischen Linken fand.[53] Der Begriff 'CDU-Staat' wurde auch bei Neuauflagen beibehalten, als längst andere Koalitionen bestanden.

Die westdeutsche sozialliberale Linke dagegen setzte seit den 60er Jahren euphorisch auf die Reform des Bildungswesens. Die Schriften von Georg Picht über die deutsche Bildungskatastrophe und von Hildegard Hamm-Brücher über Staatsbürgerrecht und Bildungsrecht wurden populäre Programmschriften. Alles schien machbar. Ralf Dahrendorfs ›Gesellschaft und Demokratie in Deutschland‹ wurde das Handbuch des aufgeklärten Bildungspolitikers; es wurde zum Manifest des Sozialliberalismus, das die historisch-politische Orientierung der SPD/FDP-Koalition von 1969 bis 1982 umschrieb.[54] Dahrendorfs sozialliberales Konzept setzte gegenüber tatsächlichen und vermeintlichen Harmoniebestrebungen der Rechten, deren 'affirmativen' Tendenzen und deren Formeln von einer 'formierten Gesellschaft' auf Konflikt: Konflikt überall, in der Gesellschaft, in der Politik, zwischen und in den Parteien, selbst in den Familien. Tatsächlich nahm die Quote der Ehescheidungen – mit oder ohne den Einfluß dieser Lehre – in der Bundesrepublik erheblich zu. Man war zeitweilig von der Konflikttheorie derart fasziniert, daß ein evangelischer Kirchentag sich das Motto gab: 'Mit Konflikten leben'. Es ist nicht zu bestreiten, daß die Konfliktthesen zahlreiche Verkrampfungen lösten – und neue Verkrampfungen begründeten.

Von 1969 bis 1982 in der Opposition, blieb die CDU von ihrer bisherigen Domäne, der Außenpolitik, ausgeschlossen. Der Warschauer Vertrag, der Moskauer Vertrag und der Grundlagenvertrag mit der DDR kamen Anfang der 70er Jahre ohne ihre Mitwirkung zustande.[55] Der Versuch, die Regierung Brandt durch ein Mißtrauensvotum 1972 zu stürzen, scheiterte knapp. Es fiel den Konservativen schwer, sich in der Oppositionsrolle zurechtzufinden. In der Regierung Schmidt sahen sie gelegentlich neidvoll ein Musterbeispiel des modernen Konservatismus. Weil starke Gruppen in der SPD ähnlich empfanden und Helmut Schmidt den Rückhalt in seiner eigenen Partei, zumal für sein ureigenstes Feld, die Verteidigungspolitik, verlor, konnte die CDU unter Helmut Kohl und durch die 'Wende' der FDP von der sozialliberalen zu einer liberalkonservativen Koalition die Regierung 1982 zurückerobern. Sie gewann auch die Bundestagswahl 1983. In der folgenden Regierungszeit wurde durch eine Reihe von Skandalen – von den 'Spendenaffären' über Affären um den Bundesnachrichtendienst bis zur Affäre 'Neue Heimat' – Verflechtungen von Politik, Wirtschaft und Geschäft sichtbar, die deutlich machten, daß die großen Parteien allzu leicht der Versuchung erlagen, sich als 'Staatsparteien' bequemer zu betten und zu polstern.

Im Gemeinsamen Markt glichen sich seit den 60er und den 70er Jahren die Lebensverhältnisse der westeuropäischen Länder einander an. Die Politiker kamen häufiger zu Besprechungen zusammen. Der deutsch-französische Vertrag, den Adenauer und de Gaulle abschlossen, sah regelmäßige Treffen zwischen den politischen Chefs der beiden Länder vor.[56] Die politischen Führungsschichten der westlichen Welt neigten zu einem pragmatischen Stil. Brandt und Schmidt verstanden es ausgezeichnet, sich auf dem internationalen Parkett zu bewegen. Damit änderte sich das Image der Bundesrepublik nach außen. Schmidt pflegte in seiner Regierungszeit einen guten Kontakt zu dem liberalen französischen Staatspräsidenten Giscard d'Estaing, Kohl seinerseits zu dem sozialistischen Staatspräsidenten François Mitterand. Schmidt wie Kohl entdeckten in dem Partner ein vertrautes Naturell. Seit den Europawahlen von 1979 bildeten die europäischen Parteien Fraktionsgemeinschaften. Dabei wurde offenkundig, daß die nationalen Parteien seit dem 19. Jahrhundert ihre gemeinsamen Wurzeln in der europäischen Politik und der Geschichte hatten.

Lediglich die britischen Konservativen, die klassische Partei des Konservatismus, zeigten sich nicht beglückt, mit den kontinentalen Christlichen Demokraten eine Fraktionsgemeinschaft einzugehen: Sie blieben in Straßburg für sich. Die Europäisierung veränderte den politischen Zuschnitt der Parteien. Die schweren Probleme, die sie in ihren eigenen Ländern zu lösen haben, besonders die seit Jahren bestehende Massenarbeitslosigkeit, sind damit noch nicht bewältigt.

Die Vergrößerung der Professorenschaft, die Politisierung der Hochschulen seit 1968 und die vorübergehende Hätschelung der Universitäten durch die Öffentlichkeit ließen ein enormes akademisches Selbstbewußtsein entstehen, das sich in zahlreichen Stellungnahmen, Erklärungen, Analysen zu aktuellen sozialen, politischen und bildungspolitischen Fragen in der überregionalen Presse äußerte. Als einer der ersten hatte der Soziologe Helmut Schelsky mit seinen Büchern über die ›Soziologie der Sexualität‹ (1955) und über die ›Skeptische Generation‹ (1957) es verstanden, die Aufmerksamkeit der westdeutschen Öffentlichkeit zu erregen.[57] Die Soziologie folgte in den 50er Jahren noch einem liberalkonservativen Impuls. Als aber seit den 70er Jahren die systemkritischen politisch-soziologischen Publikationen wie Pilze aus dem Boden schossen, meinte Schelsky, der diese Bewegung selber ursprünglich gefördert hatte, die Notbremse ziehen zu müssen. In seinem Buch ›Die Arbeit tun die anderen. Klassenkampf und Priesterherrschaft der Intellektuellen‹ (1975) rechnete er mit der akademischen Bewegung der 'Neuen Linken' ab und handelte sich dafür den Verriß seines Buches durch Rudolf Augstein, Ralf Dahrendorf und Heinrich Böll ein, die alle auf seiner Anklageliste gestanden hatten.

Hermann Lübbe, der politische Philosophie lehrte und von 1966 bis 1969

SPD-Staatssekretär im Düsseldorfer Kultusministerium für den Bereich der Hochschulen gewesen war, schloß sich, nachdem er 1971 die deutsche akademische Szene verlassen hatte und nach Zürich gegangen war, in zahlreichen Vorträgen und Aufsätzen der 'Neuen Rechten' an, die wie die 'Neue Linke' eine ausschließlich akademische Bewegung war.[58] Schelsky und Lübbe waren häufig Gastredner vor konservativen Kreisen in Wirtschaft und Politik. Ihre Texte und Äußerungen trugen dazu bei, das etwas dürftige intellektuelle Image des westdeutschen Konservatismus ein wenig aufzupolieren. Insgesamt aber blieb die 'Neue Rechte' wie die 'Neue Linke' eine innerakademische Angelegenheit, auch wenn die Auseinandersetzung zwischen beiden Gruppen mit großer Leidenschaftlichkeit, Erbitterung und nicht selten verbissen geführt wurde. Die Brillanz der 'Neuen Linken' wie der 'Neuen Rechten' verblaßte in den 80er Jahren, als das Interesse der Öffentlichkeit an den Hochschulen nachließ und die aufkommende Akademikerarbeitslosigkeit andere Fragen aufwarf, zu deren Lösung weder die 'Neue Linke' noch die 'Neue Rechte' einen positiven Beitrag leisteten.

Unmittelbar vor der Bundestagswahl 1987 wurde ein 'Historikerstreit' begonnen, in der ›Zeit‹, der ›Frankfurter Allgemeinen‹, der ›Frankfurter Rundschau‹ und im ›Spiegel‹. Es ging um die Bewertung der von Deutschen verübten Verbrechen während der NS-Zeit. Forderungen nach der Stiftung deutscher Identität wurden laut. Man brauche ein positives Bild der deutschen Geschichte. Worauf aber läuft die Diskussion hinaus? Ein offiziöses deutsches Geschichtsbild, wie es die DDR und die SED lange Zeit systematisch förderten und von dem man sich jetzt vorsichtig zu distanzieren beginnt,[59] kann wohl kaum gemeint sein. Kritiker warnen vor einer „Geschichtspolitik". Die Geschichte des deutschen Konservatismus zeigt, daß hinter dem euphorischen Ruf nach deutscher Identität mehr Probleme und Tücken stecken, als mancher gerne wahrhaben möchte.

In der ›Encyclopaedia Britannica‹ bemerkte 1974 Peter Viereck rückblickend über die Entwicklung des europäischen Konservatismus seit 1945: „So erweist sich der Konservatismus in Europa als eine beherrschende Kraft in den größeren Staaten. Er kommt in Parteien von unterschiedlichem Charakter zum Ausdruck. Diese Parteien vertreten traditionelle bürgerliche Werte und lehnen unnötige staatliche Einwirkung auf die Wirtschaft und jeden radikalen Eingriff in die Einkommensverteilung ab. Sie zeichnen sich durch das Fehlen einer Ideologie aus, oft sogar einer eindeutig formulierten politischen Philosophie. Das ist aber unwichtig für die praktische Politik, da sie den Konservatismus der Grundstimmung ['conservatism of temperament'] als das eigene Verständnis in die politische Auseinandersetzung einbringen, ebenso wie dauerhafte kulturelle Werte, die für die Kontinuität und Stabilität von großer Bedeutung sind."[60]

Diese Umschreibung trifft auf die deutsche CDU nur begrenzt zu. Denn

alle westdeutschen Parteien, auch die CDU, legen Wert darauf, sich regelmäßig prinzipiell zu äußern. Das mag mit der Tradition des deutschen Idealismus zusammenhängen. Eine Partei ohne prinzipielles Selbstverständnis
scheint ein Unding zu sein. Am 3. Juni 1979 gab die britische Wochenzeitung ›Observer‹ einen Überblick über die Parteien, die sich an dem damals
auslaufenden Wahlkampf für die erste Direktwahl zum Europaparlament in
Straßburg beteiligten. Der Beitrag versuchte, dem britischen Publikum die
Ideen der christlich-demokratischen Parteien in Belgien, Deutschland und
Italien verständlich zu machen. Die politischen Programme dieser Parteien,
hieß es, konzentrierten sich regelmäßig auf fundamentale Prinzipien wie
persönliche Freiheit, Demokratie und Menschenrechte, Prinzipien, die,
wurde lakonisch kommentiert, bei den politischen Parteien Amerikas und
Englands 'far granted', als selbstverständlich gelten.[61]
Tatsächlich neigt die CDU, auch unter ihrem agilen Generalsekretär Hei-
ner Geißler, dazu, alte Prinzipien neu aufzupolieren und mit neuer Verve
dem Publikum schmackhaft zu machen. Prinzipien haben für alle westdeutschen Parteien die Funktion farbiger Parteifahnen, hinter denen man die
eigenen Mannschaften in die Wahlschlachten führen kann. Das entspricht
offensichtlich deutschen Bedürfnissen. Die Sucht zum Grundsätzlichen ist
nach wie vor auch in der politischen Publizistik weit verbreitet. So unterschiedliche politische Naturelle wie der Journalist Günter Gaus und der
Historiker Michael Stürmer saugen mit Genuß an dieser Droge.[62]
Der Parteiapparat der CDU, der sich während der Oppositionsjahre
unter der sozialliberalen Koalition 1969 bis 1982 gründlich erholte, verjüngte
und organisatorisch erneuerte und zur Überraschung der parteipolitischen
Gegner erfolgreiche Wahlstrategien entwickelte, hängt aber weniger an
Prinzipien als an der Maxime 'Modernität', wie sie der nordrhein-westfäli-
sche CDU-Politiker und 'Querdenker' Kurt Biedenkopf propagiert und der
sich auch der erfinderische württembergische Ministerpräsident Lothar
Späth verschrieben hat. Der Stuttgarter Oberbürgermeister Manfred Rom-
mel verkörpert den Typus des pragmatischen, aufgeschlossenen, konservativen Kommunalpolitikers aus der Tradition der deutschen Selbstverwaltung.
Demgegenüber wirkte der bayerische Ministerpräsident Franz-Josef Strauß
fast schon wie ein alter 'Tory' aus früheren Zeiten des deutschen Konservatismus.[63] Insgesamt aber zeigt die bürgerliche Rechte Europas in Westdeutschland, in Frankreich und England erstaunliche Gemeinsamkeiten: in
dem Anspruch auf den sozialen Aufstieg der breiten Mittelschichten, in
einer gewissen Gläubigkeit gegenüber Modernität und technologischem
Fortschritt und in dem Wunsch, lästige Fesseln der eigenen, bereits historisch gewordenen Tradition des Konservatismus zu überwinden. Tatsächlich
waren die drei 1988 regierenden europäischen Konservativen Thatcher, Kohl
und Chirac nicht allzu weit voneinander entfernt: weder in der Generation

noch in der sozialen Herkunft und in den politischen und wirtschaftspolitischen Perspektiven. Die konservative Pflege überkommener Werte der politischen und menschlichen Kultur würde man, scheint es, sogar nicht ungern
der europäischen Linken überlassen, wenn man für diesen Preis aus den
Wahlen als Sieger hervorgehen kann.

Bei der Bundestagswahl am 25. Januar 1987 fiel der Stimmenanteil der
CDU/CSU von 48,8% auf 44,3%. Es war, wurde sogleich kommentiert,
das schlechteste Ergebnis seit der Bundestagswahl von 1949 und nur insofern von 'historischer' Bedeutung. Aber auch die SPD kam nicht über 37%
hinaus. Dafür verbesserten sich die Grünen, die zum zweiten Mal in den
Bundestag kamen, auf 8,3% und die FDP auf 9,1%. Die Wählerschaft
äußerte offenkundlich ihren Verdruß über die Selbstgefälligkeit der großen
Parteien. Der Anteil der FDP, die seit 13 Jahren mit Hans-Dietrich Gen-
scher den Außenminister stellt, erscheint niedrig. Aber wann hatte die DVP
Gustav Stresemanns in der Weimarer Republik einen höheren Stimmenanteil? Politiker der Bundesrepublik stilisieren sich inzwischen gern im Blick
auf die alten Parteivorsitzenden wie Adenauer und Brandt als 'Enkel'. Dahinter verbirgt sich eine gewisse historisch-politische Hilflosigkeit in der Umschreibung des eigenen politischen Willens. Auch die Regierungserklärung
Kohls vom 18. März 1987 ›Die Schöpfung bewahren – die Zukunft gewinnen‹ enthielt konservative Nostalgie. Historische Definitionen aber lösen
noch keine aktuellen Probleme.

ANMERKUNGEN

I. Deutscher Konservatismus (S. 5–16)

[1] E. Eppler, Ende oder Wende. Von der Machbarkeit des Notwendigen, Stuttgart 1975.

[2] M. Greiffenhagen, Das Dilemma des Konservatismus in Deutschland, Frankfurt a. M. [2]1986. – Bezeichnenderweise werden in dem kurzgefaßten Überblick der Geschichte konservativen Denkens von Philippe Beneton in der Reihe ›Que sais-je?‹ mit Ausnahme der Schrift von Ferdinand Tönnies ›Gemeinschaft und Gesellschaft‹ (1883) deutsche Autoren gar nicht erwähnt, sondern lediglich franz., engl. u. amerik. Autoren des 18., 19. und 20. Jh. (Ph. Beneton, Le Conservatisme, Paris 1988).

[3] Vgl. F. C. Carsten, Geschichte der preußischen Junker, Frankfurt a. M. 1988.

[4] Eine kritische sozialwissenschaftliche Analyse dieser deutschkonservativen-deutschnationalen Richtung des Konservatismus liefert der Sammelband: D. Stegmann, B.-J. Wendt, P.-C. Witt (Hrsg.), Deutscher Konservatismus im 19. und 20. Jahrhundert. Festschrift für Fritz Fischer, Bonn 1983.

[5] C. Amery, Die Kapitulation des deutschen Katholizismus heute. Nachwort von Heinrich Böll, Reinbek 1963.

[6] E. Burke, Reflections on the Revolution in France and on the proceedings in certain societies in London relative to that event, ed. C. D. O'Brien, Harmondsworth 1969, S. 194.

[7] Vgl. R. Sennet, Verfall und Ende des öffentlichen Lebens. Die Tyrannei der Intimität, Frankfurt a. M. 1983.

[8] Mr. Burke's Speech at the Guildhall in Bristol, previous to the late elections in that city upon certain points relative to his parliamentary conduct, 1780, in: The Works of the Right Honourable Edmund Burke. A new edition Bd. III, London 1808, S. 360f. (Übers. durch Vf.)

II. Nation, Revolution und die Anfänge konservativer Politik in Deutschland, 1770–1815 (S. 17–45)

[1] Vgl. allgemein J. Weis, Conservatism in Europe 1770–1945. Traditionalism, Reaction and Counter-Revolution, London 1977. – Textausgaben der beiden Schriften von Burke und Paine in den Pelican-Classics: Burke, Reflections on the Revolution in France, hrsg. v. C. C. O'Brien, Harmondsworth 1976; Paine, Rights of Man, hrsg. v. H. Collins, Harmondsworth 1976; in der Reihe ›Modern Ideologies‹: N. O'Sullivan, Conservatism, London 1976 (europäische Aspekte: Frankreich, Deutschland, Großbritannien); zur intellektuellen 'Szene' Europas: W. Stark, Literature and

Thought. The Romantic Tendency – Rousseau, Kant, in: A. Goodwin (Hrsg.), The American and French Revolutions 1763–93 (= The New Cambridge Modern History Bd. 8), Cambridge 1979, 55–80.

² C. McClelland, State, Society and University in Germany 1700–1914, Cambridge 1980.

³ Die beiden umfassendsten Arbeiten zur Entstehung des Konservatismus in Deutschland von Meinecke und Epstein berücksichtigen kaum die politische Struktur und die Abhängigkeit des politischen Denkens von ihr. F. Meinecke, Die Entstehung des Historismus (1936), München 1965; K. Epstein, Die Ursprünge des Konservatismus in Deutschland. Der Ausgangspunkt: Die Herausforderung durch die Französische Revolution 1770–1806, Berlin 1973 (zuerst engl.: The Genesis of German Conservatism, Princeton 1966). Beide Werke liefern eine breit angelegte Einführung in die geistigen Verästelungen der Anfänge konservativen Denkens in Deutschland. Historismus und Konservatismus sind bei Meinecke weithin identisch. Nach einer Darstellung der 'Aufklärungshistorie' (Voltaire, Montesquieu, Gibbon, Burke u. a.) folgt bei Meinecke die als 'Deutsche Bewegung' benannte Genealogie des 'Historismus': Lessing, Winckelmann, Möser, Herder, Goethe. Meineckes Analysen sind zweifellos scharfsinnig, aber auch sehr 'historisch' und insofern ambivalent. Es fehlt ein klares Verständnis von Politik und politischer Verantwortung. Aristoteles' 'Politeia' ist dem Historismus gänzlich fremd: von daher auch die Überbewertung der 'Geschichtlichkeit'.

⁴ Vgl. dazu auch als Gegenstück zu Meineckes 'Historismus' die Kapitel ›Politische Funktion der Öffentlichkeit‹ und ›Bürgerliche Öffentlichkeit – Idee und Ideologie‹ in: J. Habermas, Strukturwandel der Öffentlichkeit, Darmstadt 1969/1979, 76 bis 171.

⁵ Sehr informativ: W. Martens, Die Botschaft der Tugend. Die Aufklärung im Spiegel der deutschen moralischen Wochenschriften, Stuttgart 1971. Einige Themenstichworte, die die Eigenart der Wochenschriften einfangen: „erdichteter Familienkreis", „fingierte Briefe und ihre Funktion", „Rokokopoesie", Hamburger 'Patriotische Gesellschaft', „nützliche und vernünftige Religion", „Würde des Menschen", „Leidenschaft am Zügel der Vernunft", „christliche Sterbekunst", „unpolitischer Patriotismus", „das Ignorieren der großen Welt durch Wochenschriften", „Annäherung von Bürgertum und Adel", „Distanz zu den Handwerkern", „das lesende Frauenzimmer".

⁶ W. Ribhegge, Geschichte der Universität Münster. Europa in Westfalen, Münster 1985.

⁷ J. Möser, Sämtliche Werke, Bd. 14/1: Osnabrückische Geschichte. Allgemeine Einleitung (1768); bearb. v. P. Göttsching, Oldenburg 1964, 40f. Zu Möser: E. Beins u. W. Pleister, Sammlung der Briefe Mösers, Hannover 1939. Ausführlich: Epstein, 345–92. Zur Entstehung des 'konservativen Denkens' bei Möser: K. Mannheim, Das konservative Denken, in: H.-G. Schumann (Hrsg.), Konservatismus, Königstein i. Ts. ²1984, 24–75. Mösers ›Osnabrückische Geschichte‹ sei, bemerkt Mannheim zu Recht, wenn auch aus den Quellen gearbeitet, „doch im wesentlichen Konstruktion" (73, Anm. 96).

⁸ P. Burke, Helden, Schurken und Narren. Europäische Volkskultur in der frühen Neuzeit, München 1985, 26.

⁹ Zur Kontroverse um die Schrift Friedrichs d. Gr.: G. P. Gooch, Friedrich der Große, München 1986, 156–64.

¹⁰ Möser, Werke, S. 139.

¹¹ Ebd., 153.

¹² Goethes Werk (Weimarer Ausgabe), 1. Abt., 28. Bd., Weimar 1890, S. 238 u. 241. Zum europäischen Kontext der geistigen Bewegungen des 18. Jahrhunderts: N. Hampson, The Enlightenment. An Evaluation of Its Assumptions, Attitudes and Values, Harmondsworth 1968 (dort eine Bewertung Herders, 239 ff.); R. Grimsley (Hrsg.), The Age of Enlightenment 1715–1789, Harmondsworth 1979 (über Deutschland: 407–21).

¹³ L. Bergeron u. a., Das Zeitalter der europäischen Revolution 1780–1848 (= Fischer Weltgeschichte Bd. 26), Frankfurt a. M. 1969, 110 f.

¹⁴ So die sonst scharfsinnige und weithin zutreffende Analyse von O'Sullivan, insbes. das Kapitel ›The German Conservative Tradition: Romanticism and Power‹ (58–81).

¹⁵ W. H. Bruford, German Constitutional and Social Development 1795–1830, in: NCMH 9, 1965, 372.

¹⁶ Eversmann an Stein, 25. 8. 1794, in: Freiherr vom Stein. Briefe und amtliche Schriften; bearb. v. E. Botzenhart, hrsg. v. W. Hubatsch, Bd. I, Stuttgart 1957, S. 391–97.

¹⁷ Ebd., 293.

¹⁸ Stein an Eversmann, 1. 9. 1794, ebd., 398.

¹⁹ Ebd., 426, 29. 9. 1975.

²⁰ Brief an Wallmoden, 22. 6. 1795: «Cette malheureuse paix qui, des malheurs qui nous attendent, contient le principe, cause une aigreur dans l'Empire contre la cour de Berlin, qui n'est que trop fondée, sur l'abandon perfide de l'Allemagne. Mille brochures paraissent, l'une plus violente que l'autre.» Ebd., 420.

²¹ Stein an Prinz Louis Ferdinand, 17. 11. 1796, ebd., 438.

²² Heinitz als zuständiger Minister gab am 16. 1. 1801 folgende dienstliche Beurteilung Steins ab: „Hat die Gabe, insbesondere bei Generalarbeiten, die Sache durch mühsamen Fleiß wohlvorzubereiten und hierbei seine auf Reisen und durch fortgesetzte Lektüre vermehrte Kenntnis anzuwenden, übersieht schnell und leicht die verschiedenen Verbesserungen seiner vier Westphälischen Provinzen, negotiiert sich mit den Ständen und hat richtige Staatsgrundsätze, die er bei Verhandlungen mit den Nachbarn in Anwendung zu bringen weiß, zumal er mit der Deutschen Staatsverfassung durch seinen Aufenthalt in Regensburg und Wetzlar sehr bekannt ist." Ebd., 503.

²³ Ebd., 508.

²⁴ G. Ritter, Freiherr vom Stein, Eine politische Biographie, Stuttgart ³1981, 71: „Immerhin wäre es ungerecht zu vergessen, daß er damals, in abhängiger Stellung, nicht ohne weiteres gegen den Strom schwimmen konnte ... Auch er gehörte dem ancien régime, der Gesellschaft des 18. Jahrhunderts, mit Leib und Seele an, trotz aller Kritik an den Härten des friderizianischen Staates und seiner Gesellschaftsordnung, die er mit vielen aufgeklärten Köpfen des Epigonenzeitalters teilte" (72 f.).

²⁵ Stein an Heinitz, 13. 2. 1798: «Je considère l'agrandissement des deux puissances militaires comme un événement nécessaire et désirable pour l'Allemagne et les

sécularisations comme un acheminement cette réunion totale, et ja ne puis par conséquent trouver bon un système absolument opposé à ce but, comme il entretient l'affaiblement de l'Allemagne et amène la dissolution et la chute de grands états qui le composent.» Botzenhart/Hubatsch, Stein I, 468.

²⁶ Brief von Heinitz, 11. 2. 1798, ebd., 466.

²⁷ Ebd., 558.

²⁸ Schreiben an Sack, 11. 9. 1802, ebd., 563. Ferner: „Ich wiederhole es, soll der Westphälinger und überhaupt der Deutsche mit seiner Verfassung zufrieden sein, so lasse man ihm seine provincial ständische Verfassung. Wir haben beyde das Vorteilhafte derselben im Clev.- und Märckischen kennen lernen." Ebd., 563 f.

²⁹ Ludwig von Vincke. Darstellung der inneren Verwaltung Großbritanniens. Mit Einleitung von B. G. Niebuhr, 1815. Die Schrift entstand 1807/8.

³⁰ Brief von Vincke an Stein, 8. 8. 1800; Botzenhart/Hubatsch, Stein I, 499.

³¹ Ebd., 498.

³² Stein an Kammerdirektor Müller, 25. 11. 1804, ebd., 776 f.

³³ Denkschrift ›Über die zweckmäßige Bildung der obersten und der Provinzial-Finanz- und Polizei-Behörden in der preußischen Monarchie‹ (Nassauer Denkschrift, Juni 1807), in: Botzenhart/Hubatsch, Stein II, 395.

³⁴ Ebd.   ³⁵ Ebd., 394.

³⁶ Vgl. dazu die Würdigung Rankes, insbesondere seiner ›Deutschen Geschichte im Zeitalter der Reformation‹ in dem Vortrag von A. G. Dickens, Ranke as Reformation Historian (The Stenton Lecture 1979), University of Reading 1980. Dickens verweist nicht nur auf den internationalen, europäischen Ansatz dieser „deutschen Geschichte", sondern auch auf die zentrale Bedeutung, die die Geschichte der Regionen und Städte und schließlich auch der Reichstage des 16. Jahrhunderts erhält; sie ist vor allem „deutsche" und dann erst „Reformationsgeschichte". Pikant ist der Nachweis von Dickens, daß die Leistung Rankes, der als einer der Begründer der modernen Quellenforschung gilt, wesentlich auf der intelligenten Verarbeitung der Masse der damals bereits vorhandenen Sekundärliteratur und weniger der Primärquellen beruht.

³⁷ Rundschreiben Steins an die Mitglieder des General-Departments 24. 11. 1808, in: Botzenhart/Hubatsch, Stein II/2, S. 988–92.

³⁸ Ebd., 989.

³⁹ F. A. L. von der Marwitz. Ein märkischer Edelmann im Zeitalter der Befreiungskriege; hrsg. v. F. Meusel, Bd. II/1, Berlin 1913, 239.

⁴⁰ Ebd., 245.   ⁴¹ Ebd., 250.

⁴² Zur Gegenüberstellung von Stein und Marwitz: G. A. Craig, Das Ende Preußens. München 1985, 14–37.

III. Restauration, Regierungskonservativmus und politische Religiosität, 1815–1848 (S. 46–65)

¹ R. Friedenthal, Goethe. Sein Leben und seine Zeit, München 1968, 608.

² Der Topos vom urdeutschen Märchen wird inzwischen bezweifelt, nachdem H. Röllecke herausgefunden hat, daß gerade die bekanntesten Märchen, die Doro-

thea Viemann den beiden jungen Forschern erzählt hatte, der Erzählerin vermutlich von ihren hugenottischen Vorfahren überliefert wurden, also aus Frankreich stammen. Tatsächlich finden sich Märchen wie Rotkäppchen (Petit chaperon rouge), Aschenputtel (Centillon), Dornröschen (La belle au bois dormant), Däumerling (Le petit poucet), Der gestiefelte Kater (Le chat botté) bereits in der populären Märchensammlung von Charles Perrault (1626–1703), ›Histoires ou contes du temps passé‹ (1697): Perrault, Contes; hrsg. von Jean-Pierre Collinet, Paris 1981.

[3] J. Grimm, Selbstbiographie. Ausgewählte Schriften, Reden und Abhandlungen; hrsg. von U. Wiss, München 1984, 23 f.

[4] Ebd., 33.   [5] Ebd., 49.

[6] Ebd.   [7] Ebd., 50 f.

[8] Ebd., 63.

[9] Vgl. dazu das Kapitel ›Cultural Nationalism: The Grimms Brothers' Fairy Tales‹, in: L. L. Snyder, Roots of German Nationalism, Bloomington/London 1978, 35–54.

[10] A. Lees, Cities Perceived. Urban Society in European and American Thought 1820–1940, Manchester 1985, 239–47.

[11] Amtsblatt der Kgl. Regierung zu Münster Nr. 45, 7. 11. 1818, 355.

[12] Vgl. Th. Nipperdey, Deutsche Geschichte 1800–1866. Bürgerwelt und starker Staat, München ⁴1987, 470–82.

[13] F. Wiedmann, Hegel in Selbstzeugnissen und Bilddokumenten, Reinbek 1965, 67.

[14] Vgl. W. Hardtwig, Vormärz. Der monarchische Staat und das Bürgertum, München 1985, 33–49. – Zur Praxis der Repression: H.-G. Husung, Protest und Repression im Vormärz. Norddeutschland zwischen Restauration und Revolution, Göttingen 1983.

[15] B. Vogel, Beamtenkonservatismus. Sozial- und verfassungsgeschichtliche Voraussetzungen der Parteien in Preußen im frühen 19. Jahrhundert. in: D. Stegman, B. J. Wendt, P.-Ch. Witt (Hrsg.), Deutscher Konservatismus im 19. und 20. Jahrhundert, Bonn-Bad Godesberg 1983, 1–32.

[16] Vgl. D. Thomson, Europe Since Napoleon, Harmondsworth 1966, 82–159.

[17] Zur Entwicklung der konservativen Theorie: K. Mannheim, Das konservative Denken. Soziologische Beiträge zum Werden des politisch-historischen Denkens in Deutschland (1929), in: H.-G. Schumann (Hrsg.), Konservatismus, Königstein i. Ts. ²1984, 24–75; Weiss, 26–55; E. J. Hobsbawm, The Age of Revolution 1789–1848, London 1984, 285–306; H. Gollwitzer, Europabild und Europagedanke. Beiträge zur deutschen Geistesgeschichte des 18. und 19. Jahrhunderts, München ²1964, 179–226. – Zur Entstehung des Konservatismus in Frankreich eingehend: J. Godechat, La contre-revolution 1789–1804, Paris ²1984.

[18] Zur Entstehung der 'Utopie' als vorwärts wie rückwärtsbezogenem Denkmodell, vgl. W. Ribhegge, Thomas More: Utopia (1515), Geschichte als Gespräch, in: Die alte Stadt 10, 1983, 327–47.

[19] G. Büchner, Werke und Briefe, München 1984, 247 f.

[20] Ebd.

[21] Hardtwig, 178 f.

[22] J. Droz, Europe Between Revolutions 1815–1848, London 1967, 148.

²³ Droz, 152f.; W. Carr, A History of Germany 1815–1945, London 1979, 20.
²⁴ R. Rürup, Deutschland im 19. Jahrhundert 1815–1871, Göttingen 1984, 157.
²⁵ Vgl. H. Obenau, Anfänge des Parlamentarismus in Preußen bis 1848, Düsseldorf 1984.
²⁶ Rulemann, F. Eylert, Charakterzüge und historische Fragmente aus dem Leben des Königs von Preußen Friedrich Wilhelm III., 3 Bde., Magdeburg 1843–1845.
²⁷ Ebd. I, 334.
²⁸ J. P. Hebel, Poetische Werke, München 1961.
²⁹ P. Stöcklein, Eichendorff in Selbstzeugnissen und Bilddokumenten, Reinbek 1963.
³⁰ Vgl. B. Beuys, Und wenn die Welt voll Teufel wär. Luthers Glaube und seine Erben. Fünfhundert Jahre Protestantismus, Reinbek 1984, 414–32.
³¹ Ebd. 430. Eine ausführliche Beschreibung der Vorgänge um die Union und den 'Agendenstreit' liefert Eylert in Bd. 3 seiner ›Charakterzüge‹.
³² E. L. von Gerlach, Aufzeichnungen aus seinem Leben und Wirken, I, Schwerin 1903, 185.
³³ McClelland, 148.
³⁴ Vgl. L. J. Rogier u. R. Aubert, J. M. Knowles (Hrsg.), Geschichte der Kirche, IV, Zürich 1966, 293–315. Zur Situation in Frankreich: J. Jardin u. H.-J. Tudesq, La France des notables 1815–1848, Paris 1973; A. Cobban, Frankreich von Ludwig XIV. bis de Gaulle, München 1966, 337–49.
³⁵ Macaulay, Critical and Historical Essays Contributed to the Edinburgh Review, I, London 1966, 127–49.
³⁶ H. Maier, Revolution und Kirche. Zur Frühgeschichte der christlichen Demokratie, München 1973. Zum Verhältnis von katholischer Welt und bürgerlicher Gesellschaft: B. Groethuysen, Die Entstehung der bürgerlichen Welt- und Lebensanschauung in Frankreich, 2 Bde., Frankfurt a. M. ²1978; J. Ch. Petitfils, La Droite en France de 1780 à nos jours, Paris 1979, 9ff.
³⁷ Vgl. K. Buchheim, Geschichte der christlichen Parteien in Deutschland, München 1966, 67–103; K.-E. Lönne, Politischer Katholizismus im 19. Jahrhundert, Frankfurt a. M. 1986; C. Bauer, Deutscher Katholizismus. Entwicklungslinien und Profile, Frankfurt a. M. 1963.

IV. Parlamente, preußische Konservative, katholisches Zentrum und das Reich von 1871, 1848–1878 (S. 66–104)

¹ G. Procacci, History of the Italian People, Harmondsworth 1978, 272–305.
² L. Kopelew, Ein Dichter kam vom Rhein. Heinrich Heines Leben und Leiden, München 1986, 316–25.
³ Zur Rolle der Literatur in den Schulen und zur Entwicklung des Deutschunterrichts: H. J. Frank, Dichtung, Sprache, Menschenbildung. Geschichte des Deutschunterrichts von den Anfängen bis 1945, 2 Bde., München 1976; M. Kraul, Das deutsche Gymnasium 1780–1980, Frankfurt a. M. 1984; F. Blättner, Geschichte der Pädagogik, Heidelberg ¹⁵1980. – Zum sozialen Hintergrund A. von Droste-Hülshoffs: M. Lavater Slomen, Annette von Droste-Hülshoff. Einsamkeit und Leidenschaft, Zürich 1950.

⁴ V. Valentin, Geschichte der deutschen Revolution von 1848–1849, I, Köln ²1970, 246–337, Zitat 337.

⁵ G. Palmade, Das bürgerliche Zeitalter (Fischer Weltgeschichte Bd. 27), Frankfurt a. M. 1974, 9 f.

⁶ Vgl. D. Blackbourn u. G. Eley, Mythen deutscher Geschichtsschreibung. Die gescheiterte bürgerliche Revolution von 1848, Frankfurt a. M. 1980.

⁷ G. M. Trevelyan, History of England (1926), London 1962, 639–58; R. Blake, The Conservative Party from Peel to Thatcher, London 1985, 60–95.

⁸ J. Ziekursch, Politische Geschichte des neuen deutschen Kaiserreichs, I, Frankfurt a. M. 1927, 4.

⁹ Evangelische Kirchenzeitung v. 18. 2. 1929, 108.

¹⁰ Ebd., 2. 6. 1847, 435.

¹¹ Christentum und das Deutsche Volk, in: ebd., 23. 6., 1. 9., 4. 9., 13. 11., 17. 11., 20. 11., 24. 11. 1847.

¹² Evangelische Kirchenzeitung v. 24. 11. 1847, 918.

¹³ L. Gall, Bismarck. Der weiße Revolutionär, Berlin 1980, 27–31; A. Palmer, Bismarck, Bergisch-Gladbach 1978 (London 1976), 12–16.

¹⁴ Gall, 34.

¹⁵ Otto von Bismarck, Werke in Auswahl, I, Darmstadt 1962, 22 f.

¹⁶ Palmer, 27.

¹⁷ Bismarck, Werke, I, 138.

¹⁸ Brief vom 18. 5. 1847, ebd., 139.

¹⁹ Brief vom 8. 6. 1847, ebd., 152.

²⁰ Ebd., 155–161, hier 158 f.

²¹ Ebd., 160 f.

²² Evangelische Kirchenzeitung v. 11. 8. und 14. 8. 1847.

²³ Ebd., 11. 8. 1847, 634.

²⁴ Vgl. J. A. S. Grenville, Europe Reshaped 1848–1878, Glasgow 1982, 62; Carr, History of Germany, 34–63; W. Siemann, Die Frankfurter Nationalversammlung 1848/49 zwischen demokratischem Liberalismus konservativer Reform, Frankfurt a. M. 1976; M. Botzenhart, Deutscher Parlamentarismus in der Revolutionszeit 1848/1850, Düsseldorf 1977.

²⁵ ›Die großen sozialen Fragen der Gegenwart‹. Predigten gehalten im Dome zu Mainz, in: J. Mumbauer, Wilhelm Emmanuel von Kettelers Schriften, München 1911, 210–320.

²⁶ E. Iserloh, Der Katholizismus und das Deutsche Reich von 1871, in: Westfälische Zeitschrift 133, 1983, 57–76.

²⁷ K. Buchheim, Ultramontanismus und Demokratie. Der Weg der deutschen Katholiken im 19. Jahrhundert, München 1963.

²⁸ Bismarck, Werke, I, 171, Rede vom 2. 4. 1848.

²⁹ Ebd., 173.

³⁰ Brief an von Below-Hohendorf, 3. 7. 1848, ebd., 179 f. – Detailliert über die Anfänge der konservativen Parteigründung in Preußen: W. Schwentker, Konservative Kreise und Revolution in Preußen 1848/49. Die Konstituierung des Konservatismus als Partei, Düsseldorf 1988.

³¹ Brief an Ludwig von Gerlach vom 7. 7. 1848, ebd., 182.

[32] Kreuz-Zeitung v. 22. 9. 1849, ebd., 192.

[33] Mumbauer, 190, Rede vom 21. 9. 1848.

[34] Bismarck, Werke, I, 198.

[35] Ebd., 201.

[36] Brief vom 5. 2. 1848, ebd., 202.

[37] Brief an den Bruder vom 10. 2. 1848, ebd., 202.

[38] Ebd., 206.   [39] Ebd., 215.

[40] Ebd., 219.

[41] Ebd., 220f.

[42] Palmer, 60.

[43] Bismarck, Werke, I, 335.

[44] Ebd., 344.

[45] G. Grünthal, Parlamentarismus in Preußen 1848/49–1857/58. Preußischer Konstitutionalismus. Parlament und Regierung in der Reaktionsära, Düsseldorf 1982; K. E. Pollmann, Parlamentarismus im Norddeutschen Bund 1867–1870, Düsseldorf 1985.

[46] J. Joll, Prussia and the German Problem 1830–66, in: NCMH 10, 493–521; Carr, 87–124; Grenville, 301–329; G. Craig, Geschichte Europas, München 1983, 173–185.

[47] E. N. Anderson, The Social and Political Conflict in Prussia 1858–1864, New York ²1968, 352.

[48] Anderson, 380; vgl. 352–31.

[49] Mumbauer, 25.

[50] Ebd., 23.   [51] Ebd., 57f.

[52] Ebd., 59.   [53] Ebd., 61.

[54] Ebd., 129.   [55] Ebd., 63f.

[56] Ebd., 66.

[57] Ebd., 67.

[58] Ebd., 74.

[59] Ebd., 135.

[60] H. Wachenheim, Die deutsche Arbeiterbewegung 1844 bis 1914, Köln 1967, 82f.

[61] H. Oncken, Lassalle. Zwischen Marx und Bismarck, ND Stuttgart 1966, 362.

[62] E. L. Evans, The German Center Party 1870–1933. A Study in Political Catholicism, Carbondale 1981, 32.

[63] Mumbauer, 184f.

[64] R. Aubert, Geschichte der Kirche, V/1: Vom Kirchenstaat zur Weltkirche. 1848 bis zum Zweiten Weltkrieg, Zürich 1976, 52–63.

[65] Zu dem Komplex der 'Reichsfeinde' und dessen historischer Wirkung: H.-U. Wehler, Das Deutsche Kaiserreich 1871–1918, Göttingen ⁶1985, 96–100. Zum Kulturkampf: Carr, 132ff.; U. Tal, Christians and Jews in Germany: Religion, Politics and Ideology in the Second Reich 1870–1914, Ithaca 1975; Evans, 55–94.

[66] Stenographische Berichte über die Verhandlungen des Landtags. Herrenhaus, 12. 4. 1886.

[67] Ebd., 184.

[68] H. Uppendahl, Parlamentarismus im politischen Roman. Analyse des britischen Regierungssystems seiner Zeit, Dülmen 1976.

⁶⁹ Inhalt der einzelnen Kapitel dieses Abschnitts: Politik während des Erbfolge-
kriegs; Erwerbung von Ostfriesland; Coccejische Justizreform; Administration und
Armee; Kirche, Wissenschaften; Gesellschaft von Sanssouci; Meinungen und Regierungsweise des Königs.

⁷⁰ Vgl. die begeisterte Rezension Macaulays über die englische Übersetzung der
›Geschichte der Päpste‹, in: Edinburgh Review Oktober 1840, in: Th. Macaulay,
Critical and Historical Essays, I, London 1866, 127–49. Eine neuere kritische Würdi-
gung: A. G. Dickens, Ranke as Reformation Historian (The Stenton Lecture 1979),
Reading 1980.

⁷¹ H. Taine, Les origines de la France contemporaine, 6 Bde., Paris 1876–1899;
dt.: Die Entstehung des modernen Frankreich, 2 Bde., Leipzig 1877–91.

⁷² J. S. Mill, On Liberty; hrsg. von G. Himmelfarb, Harmondsworth 1978; W. Bagehot, The English Constitution; hrsg. von R. H. S. Crossmann, Glasgow 1983;
Th. Macaulay, The History of England, hrsg. von H. Trevor-Roper, Harmondsworth
1979.

⁷³ Treitschke an Freytag, 28. 1. 1866: „Diese Welt von fables convenues zu zerstören erfordert Zeit und auch mein politischer Horizont muß inzwischen freier und
weiter werden. Nun weiß ich nichts, was das politische Urteil so bildet wie die Betrachtung der italienischen und bonapartistischen Dinge. Cavours Reden erschlie-
ßen mir eine Welt neuer Ideen. Ich behaupte, nie gab es eine offenere Politik als jene
des vielgescholtenen Macchiavellisten." H. v. Treitschke, Aufsätze, Reden und
Briefe, V: Briefe und Gedichte; hrsg. von K. M. Schiller, Merseburg 1929, 655. Dazu
auch Treitschke an Bismarck, 14. 6. 1866, ebd., 666–68.

⁷⁴ Treitschke, Aufsätze II, 1929, 9–42.

⁷⁵ W. Ribhegge, Stellenweise Glatteis. Über den Zustand der deutschen Geschichtswissenschaft, in: Die Zeit, 6. 2. 1987. Zu Treitschke: G. Iggers, Heinrich
Treitschke, in: H.-U. Wehler (Hrsg.), Deutsche Historiker, II, Göttingen 1971, 66 bis
80; A. Dorpalen, Heinrich von Treitschke, New Haven 1957, die umfassendste kri-
tisch-abwägende Darstellung; ferner: Weiss, Conservatism in Europe, 71–89, wo
sich der Autor mit Bismarck und Treitschke befaßt: "Treitschke's extremely popular
views transformed to the legacy of Bismarck into far cruder more reactionary, authori-
tarian and violent terms than would have been acceptable to the practical-minded
master of forceful manipulation towards limited and realistic ends. Indeed Treitschke's work forms a bridge between nineteenth-century traditionalism and the revolutionary reactionaries of the twentieth century."

⁷⁶ Parteien und Fraktionen (1871), in: Treitschke, Aufsätze III, 612.

⁷⁷ Ebd.

⁷⁸ Reichstag I Bd. 1, 1871, 109. Dazu E. Iserloh, Der Katholizismus und das Deutsche Reich von 1871. Bischof Kettelers Bemühungen um die Integration der Katholiken in den kleindeutschen Staaten, in: D. Albrecht u. a., Politik und Konfession,
Berlin 1983, 213–29.

⁷⁹ Vgl. F. W. J. Hemmings (Hrsg.), The Age of Realism, New Jersey 1978, 146–
262.

⁸⁰ Vgl. H. Nürnberger, Fontane; H. Oppermann, Raabe; J. N. Schmidt, Dickens,
alle als Rowohlt-Monographien, Reinbek 1980, 1984, 1978.

⁸¹ J. Bryce, The Holy Roman Empire, London 1928, 500.

[82] Ebd., 486.

[83] The American Commonwealth (1888), South America (1912), Modern Democracies (1921), International Relations (1922); vgl. Bryce (1838–1922), in: Encyclopaedia Britannica, Bd. 4, Chicago 1962, 301.

V. Die neue Rechte von Nationalliberalen, Deutschkonservativen und Zentrum gegen die neue Linke der Sozialdemokratie, 1878–1918 (S. 105–157)

[1] M. L. Anderson, Windthorst. A Political Biography, Oxford 1981. Zur Politik der 1880er Jahre auch dies. u. Kenneth Barkin, The Myth of the Puttkamer Purge and the Reality of the Kulturkampf: Some Reflections on the Historiography of Imperial Germany, in: Journal of Modern History 54, 1982, 647–86.

[2] Anderson, Windthorst, 153 f.

[3] Vgl. ebd., 231–37 u. 441 f.

[4] Ebd., 197 f.   [5] Ebd., 214 f.

[6] Ebd., 242.   [7] Ebd., 243.

[8] Ebd., 346.

[9] Ebd., 346–52.

[10] R. Morsey, Die deutschen Katholiken und der Nationalstaat zwischen Kulturkampf und Erstem Weltkrieg, in: Historisches Jahrbuch 90, 1970, 31–64.

[11] Vgl. H. Jäger (Hrsg.), Städtische Entwicklungen im Industriezeitalter, Köln 1978; H. Pohl (Hrsg.), Kommunale Unternehmen. Geschichte und Gegenwart, Wiesbaden 1986; W. Ribhegge, Eine preußische Stadt in Westfalen: Hamm. Historische Aspekte einer modernen Großstadt, in: Die alte Stadt 13, 1986, 165–83. Über die Rolle der Nationalliberalen in den Städten des Rheinlandes: J. J. Sheehan, Liberalism and the City in Nineteenth Century, in: Past and Present 51, 1971, 116–37.

[12] N. Stone, Europe Transformed 1878–1919, Glasgow 1983.

[13] J. J. Sheehan, German Liberalism in the Nineteenth Century, Chicago 1974.

[14] Zur 'Sammlungspolitik' von 1876–1918 vgl. Wehler, Kaiserreich, 100–05.

[15] J. Höffner, Adolf Kolping 1813–1865, in: H. Heimpel u. a. Die großen Deutschen, III, Frankfurt a. M. 1956, 356–62.

[16] M. D. Biddiss, The Age of the Masses, Harmondsworth 1977, 122 f.

[17] A. Wagner, Grundlegung der Politischen Ökonomie (1876), Leipzig [3]1892; A. Schäffle, Das gesellschaftliche System der menschlichen Wirtschaft, Tübingen [2]1867; A. Wagner, Finanzwissenschaft, Leipzig [2]1877. Wagner war eine Zeitlang freikonservativer Abgeordneter im preußischen Abgeordnetenhaus, trat aber später aus seiner Partei wegen ihres Widerstandes gegen die Sozialpolitik aus.

[18] H. Henning, Aufbau der Sozialverwaltung, in: K. G. A. Jeserich u. a. (Hrsg.), Deutsche Verwaltungsgeschichte, III: Das Deutsche Reich bis zum Ende der Monarchie, Stuttgart 1984, 275–310; G. A. Ritter, Zur Geschichte der sozialen Ideen im 19. und frühen 20. Jh., in: Handbuch der Sozialpolitik; hrsg. von B. v. Maydell u. W. Kannengießer, Pfullingen 1988, S. 12–65.

[19] Ebd., 309.

[20] Reichstag, Bd. 107, 1889, 1835.

[21] Ebd., 1831 f.

²² Ebd., 1846.

²³ Ebd., 1848.

²⁴ W. Ribhegge, Schwerindustrie, Gewerkschaften und Politik an der Ruhr im 19. und 20. Jahrhundert, in: Westfälische Zeitschrift 135, 1985, 132 ff.; M. Koch, Die Bergarbeiterbewegung im Ruhrgebiet zur Zeit Wilhelms II., Düsseldorf 1954; A. Gladen, Die Streiks der Bergarbeiter im Ruhrgebiet in den Jahren 1889, 1905 und 1912, in: J. Reulecke (Hrsg.), Arbeiterbewegung an Rhein und Ruhr, Wuppertal 1974, 111–48.

²⁵ Reichstag, Bd. 107, 1889, 1836.

²⁶ Ebd., 1845.

²⁷ Reichstag, Bd. 111, 1890.

²⁸ U. Haltern, Architektur und Politik. Zur Baugeschichte des Berliner Reichstags, in: E. Mai u. S. Waetzholdt, Kunstverwaltung, Bau- und Denkmalpolitik im Kaiserreich, Berlin 1981, 75–102.

²⁹ Dagegen arbeiten Carr und Craig jeweils bewußt die politischen Strukturen heraus.

³⁰ F. Hartung, Deutsche Verfassungsgeschichte, Stuttgart 1950, 287.

³¹ Zu den politischen und ideologischen Wandlungen der preußischen 'Deutsch-Konservativen': H. J. Puhle, Agrarische Interessenpolitik und preußischer Konservatismus im wilhelminischen Reich 1893–1914. Ein Beitrag zur Analyse des Nationalismus in Deutschland am Beispiel des Bundes der Landwirte und der Deutsch-Konservativen Partei, Hannover 1967; J. N. Retallack, Notables of the Right. The Conservative Party and Political Mobilization in Germany 1876–1918, London 1988.

³² J. Bolland, Die Hamburger Bürgerschaft in alter und neuer Zeit, Hamburg 1959, 69.

³³ M. Nolan, Social Democracy and Society. Working Class Radicalism and Society in Düsseldorf 1890–1920, Cambridge 1981.

³⁴ I. V. Hull, The Entourage of Kaiser Wilhelm II. 1888–1918, Cambridge u. a. 1982; M. Balfour, Kaiser Wilhelm II. und seine Zeit, Frankfurt a. M. 1979 (engl. 1964).

³⁵ Zur Verwaltungsstruktur des Reichs: R. Morsey, Die Aufgaben des Norddeutschen Bundes und des Reiches, in: Deutsche Verwaltungsgeschichte, III, 138–85.

³⁶ Puhle, Interessenpolitik; G. Eley, Reshaping the German Right, New Haven 1980.

³⁷ Reichstag, Bd. 138 1895, 210.

³⁸ Zur öffentlichen Diskussion über das Drama ›Die Weber‹, die Emotionen des Pro und Contra, die das Stück 1893 in der deutschen Presse auslöste vgl. H. Schwab-Felisch, Hauptmann: Die Weber. Dichtung und Wahrheit, Frankfurt a. M. 1963, Anhang.

³⁹ M. Howard, Der Krieg in der europäischen Geschichte. Vom Ritterheer zur Atomstreitmacht, München 1981. Zu Weber: H. N. Fügen, Max Weber in Selbstzeugnissen und Bilddokumenten, Reinbek 1985; W. J. Mommsen, Max Weber und die deutsche Politik, Tübingen ²1974. Zu Naumann: Th. Heuss, Friedrich Naumann. Der Mann, das Werk, die Zeit, Stuttgart 1937; P. Theiner, Sozialer Liberalismus und deutsche Weltpolitik. Friedrich Naumann im Wilhelminischen Deutschland 1860–1919, Baden-Baden 1983.

[40] Theiner, 306. F. Naumann, Die Politik Kaiser Wilhelms II., Vortrag, 19. November 1903 in München.

[41] M. Rebérioux, La Republique radicale? 1898–1914, Paris 1975, 148 ff.

[42] Informativ, nicht zuletzt wegen des selten angewandten vergleichenden Ansatzes: U. Mittmann, Fraktion und Partei. Ein Vergleich von Zentrum und Sozialdemokratie im Kaiserreich, Düsseldorf 1976; Th. Nipperdey, Die Organisation der deutschen Parteien vor 1918, Düsseldorf 1961; G. A. Ritter (Hrsg.), Die deutschen Parteien vor 1918, Köln 1973.

[43] Evans, German Center Party, 130.

[44] A. Dyroff, Reden, Ansprachen und Vorträge des Grafen Georg von Hertling mit eigenen Erinnerungen an ihn, Köln 1929.

[45] Vgl. G. von Hertling, Augustin. Der Untergang der antiken Kultur, München 1904.

[46] W. Ribhegge, Geschichte der Universität Münster, 118–143; J. Mausbach, Die katholische Moral und ihre Gegner. Grundsätzliche und zeitgeschichtliche Betrachtungen, Köln 1911.

[47] G. von Hertling, Recht, Staat und Gesellschaft, München 1906.

[48] M. D. Fogarty, Christian Democracy in Western Europe 1820–1953, London 1957; generell: H. McGeod, Religion and People of Western Europe, Oxford 1981.

[49] Über das politisch-soziale Milieu des Zentrums in Württemberg, aus dem Erzberger hervorging: D. Blackbourn, Class, Religion and Local Politics in Wilhelmine Germany. The Center Party in Württemberg before 1914, Wiesbaden 1980. Über die vergleichbare Situation im Rheinland und Westfalen: J. Sperber, Popular Catholicism in Nineteenth Century Germany, Princeton 1984. Generell zur Situation des Zentrums: J. K. Zeender, The German Center Party 1890–1906, Philadelphia 1976; R. J. Ross, Beleaguered Tower. The Dilemma of Political Catholicism in Wilhelmine Germany, Notre Dame/Ind. 1976.

[50] Reichstag, Bd. 216, 1906, 2049.

[51] K. Epstein, Matthias Erzberger und das Dilemma der deutschen Demokratie (1959), Berlin 1976, 70–78.

[52] Kritisch zur Geschichte und Praxis der deutschen Kolonialverwaltung: H. Gründer, Geschichte der deutschen Kolonien, Paderborn 1985; zu dem Komplex der Missionsarbeit: K. Hammer, Weltmission und Kolonialismus. Sendungsideen des 19. Jahrhunderts im Konflikt, München 1981; S. Neill, A History of Christian Missions, Harmondsworth 1984, 322–96.

[53] Vgl. P. Kennedy, The Rise of Anglo-German Antagonism 1860–1914, London 1980; W. J. Mommsen, Domestic Factors in German Foreign Policy before 1914, in: Central European History 6, 1973, 3–43; Reichstag, Bd. 284, 24. 4. 1912, 1277; Epstein, 92 f.

[54] Epstein, 94.

[55] Ebd., 94.

[56] Craig, Deutsche Geschichte, München 1980, 253 f.; Epstein, 105.

[57] Craig, 254.

[58] Vgl. B. Bond, War and Society in Europe 1870–1970, Bungay/Suffolk 1984, 72 bis 99; G. A. Craig, Die preußisch-deutsche Armee 1640–1945. Staat im Staate, Düsseldorf ²1980.

[59] Reichstag, Bd. 289, 1913, 4563.

[60] Ebd., 4564.

[61] Ebd., 4569.

[62] Ebd., 4570.

[63] Ebd., 4570.

[64] Ebd., 4570.

[65] Ebd., 4571.

[66] Ebd., 4573.

[67] Ebd., 4581.

[68] Ebd., 4573.

[69] Zur Bedeutung der 'Mentalität' – und nicht nur der des Militärs – in der Vorkriegszeit vgl. Howard, 146 ff.

[70] Reichstag, Bd. 290, 1913, 5905.

[71] Vgl. Craig, Deutsche Geschichte, 263.

[72] Reichstag, Bd. 291, 1913, 6157.

[73] Ebd., 6190.

[74] Ebd., 6167.

[75] Ebd., 6281.

[76] Stone, Europe Transformed, 197; dort auch eine generelle Beschreibung der inneren deutschen Verhältnisse, 159–197; zu Zabern: H.-U. Wehler, Der Fall Zabern: Rückblick auf eine Verfassungskrise des Wilhelminischen Kaiserreichs (1963), in: ders., Krisenherde des Kaiserreichs 1871–1918, Göttingen ²1979, 70–88.

[77] Reichstag, Bd. 306, 1914, 1 f.

[78] Evans, Center Party, 203; J. K. Zeender, The German Center Party During World War I: An International Study, in: Catholic Historical Review 42, 1957, 442 bis 44; Epstein, Erzberger, 116 f.

[79] Aubert, Geschichte der Kirche, V/1, 177; Johnson, History of Christianity, 477 ff.

[80] H. Abosch, Jean Jaurès. Die vergebliche Hoffnung, München 1986.

[81] J. Stevenson, British Society 1914–45, Harmondsworth 1984, 21–102; P. Bernard, La fin d'un monde 1914–1929, Paris 1975; P. Renouvin, La Crise Européenne et la Première Guerre mondiale 1904–1918, Paris 1969, 222 ff. Zur Entstehung des 'dogmatic Teutonism' von Treitschke über den Wagner-Kreis in Bayreuth zu H. St. Chamberlain, Ludwig Woltmann und Friedrich von Bernhardi: Biddiss, Age of the Masses, 116–18.

[82] F. Stern, Kulturpessimismus als politische Gefahr. Eine Analyse nationaler Ideologie in Deutschland, Bern 1963 (engl.: The Politics of Cultural Despair, 1961); K. v. Klemperer, Konservative Bewegungen zwischen Kaiserreich und Nationalsozialismus, München o. J. (engl.: Germany's New Conservatism, 1957); G. Kratzsch, Kunstwart und Dürerbund. Ein Beitrag zur Geschichte der Gebildeten im Zeitalter des Imperialismus, Göttingen 1969.

[83] J. Kocka, Klassengesellschaft im Krieg 1914–1918, Stuttgart ²1978; Deutschland im Ersten Weltkrieg, 3 Bde., Berlin (Ost) 1968/69; U. Cartarius (Hrsg.), Deutschland im Ersten Weltkrieg, München 1982.

[84] K. Schwabe, Wissenschaft und Kriegsmoral. Die deutschen Hochschullehrer und die politischen Grundlagen des Ersten Weltkrieges, Göttingen 1969.

[85] R. Schiffers u. a., Der Hauptausschuß des Deutschen Reichstags 1915–1918, 4 Bde., Düsseldorf 1981/83; W. Ribhegge, Routine im Ersten Weltkrieg. Die Beratungen des Hauptausschusses des Deutschen Reichstags, FAZ v. 16. 4. 1985.

[86] Reichstag, Bd. 308, 1916, 1709.

[87] G. Feldman, Army, Industry and Labor in Germany 1914–1918, Princeton 1966 (dt. 1986) beschreibt ausgezeichnet diese Veränderungen.

[88] Reichstag, Bd. 310, 1917, 3391.

[89] Ebd., 2395.

[90] Ebd., 3425–30.

[91] Ebd., 3432.

[92] Hauptausschuß, Bd. 3, 1918, 1528.

[93] Ebd., 1529.

[94] Ebd., 1539–47.

[95] Ebd., 1553.

[96] Ebd., 1551.

[97] Reichstag, Bd. 310, 1917, 3573.

[98] Zu der Verflechtung von Politik, militärischer Strategie, wirtschaftlichem Imperialismus und der Kriegszielforderung der deutschen Rechten: F. Fischer, Griff nach der Weltmacht. Die Kriegszielpolitik des kaiserlichen Deutschland 1914/18 (1961), Düsseldorf 1984. Für die Zähigkeit der Legendenbildung der Deutsch-Konservativen und Nationalliberalen, später der DNVP und der DVP, spricht die Tatsache, daß diese Offenlegung der Zusammenhänge von Wirtschaft, Politik und Kriegführung erst 1961, 44 Jahre nach der Friedensresolution des Reichstags, erschien.

[99] D. Klein, Georg Michaelis, in: W. von Sternburg (Hrsg.), Deutsche Reichskanzler, Königstein i. Ts. 1985, 115–21.

[100] E. Deuerlein, Georg von Hertling, in: ders., Deutsche Kanzler von Bismarck bis Hitler, München 1968; K. Eitel, Georg von Hertling, in: Sternburg (Hrsg.), 123 bis 35.

[101] R. Morsey, Die deutsche Zentrumspartei 1917–1925, Düsseldorf 1966.

[102] E. Matthias u. R. Morsey (Hrsg.), Der Interfraktionelle Ausschuß 1917/18, 2 Bde., Düsseldorf 1959; K. Epstein, Der interfraktionelle Ausschuß und das Problem der Parlamentarisierung 1917–1918, in: ders., Vom Kaiserreich zum Dritten Reich, Geschichte und Geschichtswissenschaft im 20. Jahrhundert, Berlin 1971, 111–33; W. Ribhegge, Frieden für Europa. Die Politik der deutschen Reichstagsmehrheit 1917/18, Essen 1988; U. Bermbach, Vorformen parlamentarischer Kabinettsbildung in Deutschland. Der interfraktionelle Ausschuß 1917/18 und die Parlamentarisierung der Reichsregierung, Köln 1967.

[103] R. von Kühlmann, Erinnerungen, Heidelberg 1948, 469–581.

[104] Eine ausführliche Dokumentation der Vorgänge in Brest wie in Berlin um die Friedensverhandlungen liefert: W. Hahlweg (Hrsg.), Der Friede von Brest-Litowsk, Düsseldorf 1971.

[105] Ausführlich: Ribhegge, Frieden.

[106] L. Gall, Max von Baden, in: Sternburg (Hrsg.), 137–43; Max von Baden, Erinnerungen und Dokumente, Berlin 1927.

[107] K. D. Bracher, Zeit der Ideologien. Eine Geschichte des politischen Denkens im 20. Jahrhundert, Stuttgart 1981.

[108] E. Matthias u. R. Morsey (Hrsg.), Die Regierung des Prinzen Max von Baden, Düsseldorf 1962, 118. Zu dieser Quellenedition vgl. K. Epstein, Der ungeeignete Mann. Die Regierung des Prinzen Max von Baden, in: ders., Kaiserreich, 135–166.

[109] Matthias u. Morsey (Hrsg.), Regierung, 239.

[110] Reichstag, Bd. 314, 1918, 6161.

[111] Ebd., 6165.

[112] Rede Naumanns, 25. 10. 1918, in: ebd., 6166–72.

[113] Ebd., 6177.

[114] Ebd.

VI. Von der Weimarer Nationalversammlung bis Hindenburg – Orientierungslosigkeit in der Republik, 1918–1933 (S. 158–205)

[1] Matthias u. Morsey (Hrsg.), Regierung von Baden, 216.

[2] Dazu Max von Baden in seinen Erinnerungen: „Ich wußte, daß ich formell nicht berechtigt war, ohne Einverständnis des Kaisers die Veröffentlichung vorzunehmen. Aber ich hielt es für meine Pflicht, den mir als feststehend mitgeteilten Entschluß des Kaisers bekanntzugeben, solange es noch einen Sinn hatte. Außer mit Simons sprach ich mit niemandem über mein Vorhaben."

[3] S. Miller u. H. Potthoff (Hrsg.), Die Regierung der Volksbeauftragten 1918/19, Düsseldorf 1969, 6.

[4] G. A. Ritter u. S. Miller (Hrsg.), Die deutsche Revolution 1918/19, Frankfurt a. M. 1968, 48.

[5] Ph. Scheidemann, Memoiren eines Sozialdemokraten, II, Dresden 1930, 313.

[6] „Menschenleben sind heilig. Das Eigentum ist vor willkürlichen Eingriffen zu schützen. Wer diese herrliche Bewegung durch gemeine Verbrechen entehrt, ist ein Feind des Volkes und muß als solcher behandelt werden. Wer aber in ehrlicher Hingabe an unserem Werk mitschafft, von dem alle Zukunft abhängt, der darf von sich sagen, daß er im größten Augenblick der Weltgeschichte als Schaffender zu des Volkes Heil mit dabei gewesen ist." In: Ritter u. Miller (Hrsg.), 75 f.

[7] M. Erzberger, Erlebnisse im Weltkrieg, Stuttgart 1920, 326.

[8] Ebd., 327.

[9] „Abends 8 Uhr wurde mir ein Funkspruch der Obersten Heeresleitung übermittelt, in dem in einer Reihe von Punkten Erleichterungen erbeten wurden; dann kam der lapidare Satz: 'Gelingt Durchführung dieser Punkte nicht, so wäre trotzdem abzuschließen.' Die Depesche war von Generalfeldmarschall von Hindenburg unterzeichnet." Erzberger, Erlebnisse, 335.

[10] Ebd., 336.

[11] Ebd., 340.

[12] Miller u. Potthoff (Hrsg.), 61.

[13] Vor dem Kabinett und Zentralamt berichtete Ebert am 28. 12. über die Vorfälle. Ebd., 78.

[14] Ebd., 152.

[15] Ebd., 153.

[16] Ebd., 161.

[17] Zur Rolle der bürgerlichen Politiker innerhalb der Regierung der Volksbeauftragten: W. Elben, Das Problem der Kontinuität in der deutschen Revolution. Die Politik der Staatssekretäre und der militärischen Führung vom November 1918 bis Februar 1919, Düsseldorf 1965.

[18] Vgl. E. Schiffer, Ein Leben für den Liberalismus, Berlin 1951, 83–142.

[19] Ebd., 209f.

[20] W. Liebe, Die Deutschnationale Volkspartei 1918–1924, Düsseldorf 1956, 17. – Die 1919 entstandenen Ausschüsse der DNVP befaßten sich mit den Themen 'Landwirtschaft', 'Beamte', 'Heer und Flotte', 'Industrie' und 'Technik', 'Banken und Handel', 'Evangelische Geistlichkeit', 'Hochschullehrer', 'Freie Berufe', 'Lehrerschaft', 'Gewerblicher Mittelstand', 'Studenten', 'Ärzteschaft', 'Kaufmännische und Privatangestellte', 'Arbeiterschaft', 'Jugendbewegung', 'Sozialbeamtinnen', 'Schwesternschaft', ebd. 18.

[21] Ebd., 19. Vgl. G. Mehnert, Evangelische Kirche und Politik 1917–1919, Düsseldorf 1959, 139–50.

[22] Brief an einen Parteifreund vom 25. 11. 1918. W. Hartenstein, Die Anfänge der Deutschen Volkspartei 1918–1920, Düsseldorf 1962, 45.

[23] Die Nationalversammlung zählte insgesamt 421 Sitze. 7 Sitze fielen auf Splitterparteien. Gewählt wurde in 36 Wahlkreisen nach dem reinen Proportionalwahlrecht, das keine Beschränkung wie die 5%-Klausel kannte. Vgl. A. Milatz, Wähler und Wahlen in der Weimarer Republik, Bonn 1965, 29–39.

[24] Scheidemann, Memoiren eines Sozialdemokraten.

[25] Epstein, Erzberger, 328f.

[26] Von daher ist die Studie von H. A. Winkler nicht ganz unproblematisch: Von der Revolution zur Stabilisierung. Arbeiter und Arbeiterbewegung in der Weimarer Republik 1918 bis 1924, Bonn 1984. Zur Haltung der Sozialdemokraten in lokalen Parlamenten: W. Ribhegge, Die Anfänge der kommunalen Demokratie in Düsseldorf. Die Stadtverordnetenversammlung im Nachkriegsjahr 1919, in: Düsseldorfer Jahrbuch 60, 1986, 133–64. Bei den Januarwahlen 1919 entfielen auf die SPD 37% der Stimmen und 163 Sitze, auf die USPD 7% und 22 Sitze.

[27] Evans, The German Center Party, 242.

[28] Die Berechnungen beziehen sich auf die Reichstagswahl 1924, ebd., 242.

[29] P. Wulf, Hugo Stinnes. Wirtschaft und Politik 1918–1924, Stuttgart 1979.

[30] E. Heilfron (Hrsg.), Die Deutsche Nationalversammlung im Jahre 1919, I, Berlin 1920, 332; 10. Sitzung am 18. 2. 1919.

[31] Zur Entwicklung der Beziehungen zwischen Industrie und Gewerkschaften während des Krieges: G. D. Feldman. Army, Industry, and Labour in Germany 1914–1918, Princeton 1966.

[32] L. Preller, Sozialpolitik in der Weimarer Republik, Düsseldorf 1978, entwickelt eingehend die Traditionslinien der deutschen Sozialpolitik, einschließlich ihrer konservativen Züge.

[33] Heilfron (Hrsg.), I, 9.

[34] Ebd., 9.

[35] Ebd., 93.

[36] Heilfron (Hrsg.), II, 677.

[37] Das Kabinett Scheidemann, 13. Februar bis 20. Juni 1919, bearb. von H. Schulze, Boppard a. Rh. 1971.

[38] Epstein, Erzberger, 356 f.

[39] Zur Situation 1919: J. Joll, Europe Since 1970, Harmondsworth 1976; Carr, 265 ff.; Craig, Deutsche Geschichte, 346 ff.; E. Kolb (Hrsg.), Vom Kaiserreich zur Weimarer Republik, Köln 1972; B. Droz u. A. Rowley, Histoire génerale du XXe siècle, I, Paris 1986. Zur Rolle Wilsons bei der Entstehung der deutschen Demokratie zusammenfassend: H. Brogan, The Pelican History of the United States of America, Harmondsworth 1985, 488 ff.

[40] Heilfron (Hrsg.), VI, 4001 f.

[41] Ebd., 3941.

[42] Ebd., 3864.

[43] Ebd., 3967.

[44] Ebd., 3869.

[45] Ebd., 3870.

[46] Ebd., VII, 451.

[47] Ebd., 147, 25. Juli 1919.

[48] Ebd., 151, 157.

[49] Ebd., 158.

[50] Ebd., VIII, 163.

[51] Ebd., VII, 166 ff.

[52] Ebd., 169.

[53] Ein struktureller Ansatz, vergleichbar dem von S. H. Beer (Modern British Politics, Parties and Pressure Groups in the Collectivist Age, London 1982) kann für die Geschichte der deutschen Parteien in dieser klaren Konturierung nicht verfolgt werden, einfach deswegen, weil hierzulande die 'Politik' ständig von der 'Geschichte' überlagert, wohl manchmal auch 'vergewaltigt' wurde.

[54] Heilfron (Hrsg.), Nationalversammlung, VII, 348.

[55] Zitat bei Epstein, 377 f.

[56] Zitat, ebd., 378.

[57] Vgl. ebd., 382 f.; H. Goslar, Erzberger in Weimar. Einige Erinnerungen, in: Germania 3. September 1921, Zitat bei: Epstein, 382.

[58] K. Helfferich, Fort mit Erzberger, Berlin 1919, vgl. Epstein 392–413.

[59] Craig, Armee, 407–15; J. Erger, Der Kapp-Lüttwitz-Putsch. Ein Beitrag zur deutschen Innenpolitik 1919/20, Düsseldorf 1967, informativ für die politischen und parteipolitischen Zusammenhänge; W. Ribhegge, August Winnig, Bonn 1973, 218 bis 32.

[60] J. Rovan, Geschichte der deutschen Sozialdemokratie, Frankfurt a. M. 1980, 140.

[61] Rede Naumanns, 13. 2. 1919, in: Heilfron (Hrsg.), Nationalversammlung, I, 127.

[62] Kahls bekanntestes Werk erschien bereits 1894: ›Lehrsystem des Kirchenrechts und der Kirchenpolitik‹; Mausbachs renommierteste Arbeit: Die katholische Moral und ihre Gegner. Grundsätzliche und zeitgeschichtliche Betrachtungen, Köln 1911.

[63] Zu den Beziehungen von Kirche und Politik: K. Scholder, Die Kirchen und das Dritte Reich, I: Vorgeschichte und Zeit der Illusionen 1918–1934, Frankfurt a. M.

1977; Mehnert, Evangelische Kirche und Politik 1917–1919; H. Lutz, Demokratie im Zwielicht. Der Weg der deutschen Katholiken aus dem Kaiserreich in die Republik 1914–1925, München 1963.

[64] Über dieses trübsinnige Kapitel der deutschen Geistesgeschichte gibt es eine breite Literatur, so daß die seltsamen Eruptionen dieser 'nationalen Bewegung' nicht mehr im Detail ausgeführt werden müssen. Vgl. die zusammenfassenden Darstellungen: K. Sontheimer, Antidemokratisches Denken in der Weimarer Republik, München 1962/1983; K. D. Bracher, Zeit der Ideologien. Eine Geschichte des politischen Denkens im 20. Jahrhundert, Stuttgart 1981 (beide Werke geben einen ausführlichen Überblick über die einschlägige Literatur). Zu dem europäischen Aspekt intellektueller Bewegungen in den 20er Jahren: M. Bradbury u. J. McFarlane, Modernism, Harmondsworth 1981; P. Thibault, L'âge des dictactures 1918–1947, 117–24; M. D. Biddiss, The Age of Masses; Weiss, Conservatism 131–73; eine neuere Auseinandersetzung mit den Ideologien der 20er Jahre und den späteren Nachwirkungen gibt: P. Johnson, A History of the Modern World. From 1917 to the 1980s, London 1983. Zum literarischen und geistigen Kontext: A. E. Dyson, Literature 1895–1939; R. Bambrough u. W. R. Matthew, Philosophy and Religious Thought, in: NCMH 12, 613–64.

[65] P. Lösche, Der Bolschewismus im Urteil der deutschen Sozialdemokratie 1903–1920, Berlin 1967.

[66] I. Schulze-Bidlingmeier, Joseph Wirth, in: W. v. Sternburg (Hrsg.), Deutsche Reichskanzler, 222.

[67] Liebe, 43.

[68] Vgl. Ph. Bernard, La fin d'un monde 1914–1929, Paris 1975, 107–25.

[69] Brogan, 500ff.

[70] Vgl. G. Craig, Deutsche Staatskunst von Bismarck bis Adenauer, Düsseldorf 1961, 80.

[71] Reichstag, Bd. 359, 10505–627; Stresemanns Rede vom 17. 4. 1923: 10572–80; Zitat: 10580.

[72] Zitat bei Sternburg, Gustav Stresemann, in: Sternburg, 262.

[73] Craig, Staatskunst, 93.

[74] P. Wulf, Konstantin Fehrenbach, in: Sternburg, 215.

[75] Schulze-Bidlingmaier, in: ebd. 225.

[76] Evans, 302.

[77] Ebd., 299f.; Zeender, The German Catholics and the Presidential Election of 1925, in: Journal of Modern History 35, 1961, 377–78; U. v. Hehl, Wilhelm Marx 1863–1946. Eine politische Biographie, Mainz 1987.

[78] L. Preller, Sozialpolitik in der Weimarer Republik, Düsseldorf 1949/1978, zur Arbeitslosenversicherung von 1927: 363ff. – W. Spael, Das katholische Deutschland im 20. Jahrhundert. Seine Pionier- und Krisenzeiten 1890–1945, Würzburg 1964.

[79] Milatz, 116.

[80] M. Stürmer, Koalition und Opposition in der Weimarer Republik 1924–1928, Düsseldorf 1967.

[81] Vgl. Beer, British Political Parties, 245–385.

[82] A. Dorpalen, Hindenburg in der Geschichte der Weimarer Republik, Berlin 1966.

[83] Reichstag, Bd. 391, 8577.

[84] Ebd., 8577.

[85] Vgl. Craig, Deutsche Geschichte, 460 ff.

[86] Evans, 329.

[87] Vgl. H. Schulze, Otto Braun und Preußens demokratische Sendung, Frankfurt a. M. 1977.

[88] Vgl. G. Jasper, Die gescheiterte Zähmung. Wege zur Machtergreifung Hitlers 1930–1934, Frankfurt a. M. 1986.

[89] Sontheimer, 113–41; E. R. Curtius, Deutscher Geist in Gefahr, 1932; kritisch zu Curtius: Jasper, 211 ff.; zur Situation an den Universitäten K. H. Jarausch, Deutsche Studenten 1800–1970, Frankfurt a. M. 1984, 152–62.

VII. Das konservative Debakel 1933. Der Widerstand gegen den Nationalsozialismus, 1933–1945 (S. 206–251)

[1] J. Klepper, Unter dem Schatten deiner Flügel. Aus den Tagebüchern der Jahre 1932–1942, Stuttgart 1971, 33 f.

[2] A. Winnig, Aus zwanzig Jahren, Hamburg 1948, 65 f.

[3] D. Schoenbaum, Die braune Revolution, Eine Sozialgeschichte des Dritten Reichs, Köln 1968, 263.

[4] P. Lundgren, Wissenschaft im Dritten Reich, Frankfurt a. M. 1985, 12: 313 ordentl., 109 ao. Professoren, 75 Honorarprofessoren, 322 Privatdozenten, 42 Lektoren, 232 Assistenten, 133 Mitarbeiter an wissenschaftlichen Institutionen. 1939 waren 60 % der ordentlichen Professoren erst seit 1933 ernannt worden.

[5] K. Schröter, Heinrich Böll in Selbstzeugnissen und Bilddokumenten, Reinbek 1982, 46.

[6] W. Jens, Mein Lehrer Ernst Fritz, in: M. Reich-Ranicki (Hrsg.), Meine Schulzeit im Dritten Reich. Erinnerungen deutscher Schriftsteller, München 1984, 106–116.

[7] Vgl. K. D. Erdmann, Deutschland unter der Herrschaft des Nationalsozialismus 1933–1939 (= Gebhardt, Handbuch der deutschen Geschichte, Bd. 20), München 1980, 170–181.

[8] C. Schmid, Erinnerungen, Bern 1979; H. Behnke, Semesterberichte. Ein Leben an deutschen Universitäten im Wandel der Zeit, Göttingen 1978; zum Vergleich auch die etwas dubiosen, aber das Zeitkolorit erhellenden Erinnerungen des Germanisten B. von Wiese, Ich erzähle mein Leben, Frankfurt a. M. 1982.

[9] Behnke, 116. Vgl. Ribhegge, Universität Münster, 184–209.

[10] Vgl. die knappe, informative Kurzbiographie in: G. Taddey (Hrsg.), Lexikon der deutschen Geschichte, Stuttgart 1979, 1085.

[11] Erdmann, ebd.

[12] R. Morsey (Hrsg.), Die Protokolle der Reichstagsfraktion und des Fraktionsvorstandes der deutschen Zentrumspartei 1926–1933, Mainz 1969, 513.

[13] S. Haffner, Anmerkungen zu Hitler, München 1980, 76.

[14] D. Petzina, Autarkiepolitik im Dritten Reich. Der nationalsozialistische Vierjahresplan, Stuttgart 1968; K. Gossweiler, Großbanken – Industriemonopole –

Staat, Ökonomie und Politik des staatsmonopolistischen Kapitalismus in Deutschland 1914–1932, Berlin 1971; H. Radandt, Die IG Farbenindustrie AG und Südosteuropa 1938 bis zum Ende des Zweiten Weltkrieges, in: Jahrbuch für Wirtschaftsgeschichte 8, 1967, 77–146; J. Borkin, Die unheilige Allianz der I.G. Farben. Eine Interessengemeinschaft im Dritten Reich, Frankfurt a. M. 1980; E. Czichon, Wer verhalf Hitler zur Macht? Zum Anteil der deutschen Industrie an der Zerstörung der Weimarer Republik, Köln 1967; H. A. Winkler, Mittelstandsdemokratie und Nationalsozialismus. Die politische Entwicklung von Handwerk und Kleinhandel in der Weimarer Republik, Köln 1972; A. Schweitzer, Big Business in the Third Reich, London 1964. Gegen das Erklärungsmodell bei Schweitzer die Arbeiten von H. A. Turner, Faschismus und Kapitalismus in Deutschland. Studien zum Verhältnis zwischen Nationalsozialismus und Wirtschaft, Göttingen 1972; ders., German Big Business and the Rise of Hitler, New York 1985, dt.: Die Großunternehmer und der Aufstieg Hitlers, Berlin 1985. – Zu dem Problem von Konservatismus, Faschismus und 'sozialer Angst' vor dem Hintergrund der Geschichte des deutschen Konservatismus: W. Ribhegge, Konservatismus. Versuch zu einer historisch-kritischen Theorie, in: Schumann (Hrsg.), Konservativismus, 112–36.

[15] W. Ribhegge, August Winnig, 270. – Die Beiträge Winnigs für die Berliner Börsenzeitung, die gelegentlich auch als Sonderdruck erschienen, sind nachgedruckt in: A. Winnig, Wir hüten das Feuer, Aufsätze und Reden aus zehn Jahren 1923–1933, Hamburg 1933.

[16] A. E. Günter, Was wir vom Nationalsozialismus erwarten. Zwanzig Antworten, Heilbronn 1932. Eine eigenartige historiographische Umfunktionierung der Arbeiterbewegung, die Präsentation der nationalsozialistischen als die bürgerlich passable 'Arbeiterbewegung' findet sich in Winnigs Buch ›Vom Proletariat zum Arbeitertum‹ (Hamburg 1930) mit antisemitischen und antifeministischen Beigaben untermalt. In der Bewilligung der Kriegskredite durch die SPD und in der Haltung der Gewerkschaften habe sich dieses „Arbeitertum" erstmals gezeigt: Winnig war zu jener Zeit noch Gewerkschaftsführer und SPD-Politiker, bis er 1920 aus beiden Organisationen ausgeschlossen wurde.

[17] Winnig, Feuer, 293.

[18] Ebd., 298.

[19] Ebd., 302.

[20] Ebd., 303.

[21] Ebd., 304.

[22] Zur Presse: S. Gnichwitz, Die Presse der bürgerlichen Rechten in der Ära Brüning. Ein Beitrag zur Vorgeschichte des Nationalsozialismus, Diss. Münster 1956. Zum historischen Hintergrund der Haltung Winnigs: I. Hamel, Völkischer Verband und nationale Gewerkschaft. Der Deutschnationale Handlungsgehilfenverband 1893–1933, Frankfurt a. M. 1967. Die 'Mythologisierung' des 'Arbeitertums' findet sich auch in der Schrift von E. Jünger, Der Arbeiter. Herrschaft und Gestalt, Hamburg 1932.

[23] Zur parteipolitischen Entwicklung in Westeuropa und Skandinavien während der 20er und 30er Jahre: M. Crouzet, Great Britain, France, the Low Countries and Scandinavia, in: NCMH 12, 1968, 527–55. Fener: D. Thomson, Europe since Napoleon, Harmondsworth 1982, 702–19. Zur Entwicklung der Gewerkschaften: H. Pel-

ling, A History of British Trade Unionism, Harmondsworth 1981. Den gesamteuropäischen Kontext und die Interdependenz zwischen wirtschaftlicher, sozialpolitischer und allgemeiner politischer Entwicklung berücksichtigt auch: P. Thibault, L'âge des dictatures 1918–1947, Paris 1971. Die neuere zusammenfassende Studie von B. Droz u. A. Rowley, Histoire générale du XXᵉ siècle, Première partie: jusqu'en 1949, 2 Bde., Paris 1986, konzentriert sich etwas einseitig auf die internationalen Beziehungen und übersieht, daß die Bevölkerung im Europa der 20er und 30er Jahre nicht nur große Politik veranstaltete, sondern daß ihre Politik und die ihrer Parteien und Regierungen wesentlich von den inneren sozialen und wirtschaftlichen Sorgen und Veränderungen geprägt war. Zur europäischen Wirtschaftsgeschichte: C. M. Cipolla, The Fontana Economic History of Europe: The Twentieth Century, II, Glasgow 1978.

[24] H. Schacht, in: G. Taddey (Hrsg.), Lexikon der deutschen Geschichte, 1067; E. Hübener, Die Finanzierung der Arbeitsbeschaffung, der Aufrüstung und des Krieges und die deutsche Finanzpolitik 1933–45, Diss. Halle 1948; H. Schacht, 76 Jahre meines Lebens, Bad Wörishofen 1953; ders., Das Ende der Reparationen, 1931; ders., Abrechnung mit Hitler, 1948; ders., Nationale Kreditwirtschaft, 1934. – Zur Rolle Schachts gegenüber Hitler s. auch A. Bullock, Hitler. Eine Studie über Tyrannei, Düsseldorf 1967; J. C. Fest, Hitler, Frankfurt a. M. 1973.

[25] Z. B. Schacht, 1933, Wie eine Demokratie stirbt, Düsseldorf u. Wien 1968.

[26] Vgl. G. von Klass, Albert Vögler, Einer der Großen des Ruhrreviers, Tübingen 1957, Zitat 135.

[27] W. Hartenstein, Die Anfänge der Deutschen Volkspartei 1918–1920, Düsseldorf 1962, 272.

[28] Zitat bei von Klass, 60.

[29] Vögler: „Ich spreche als Vertreter einer Industrie, die am Erstarren ist". (Heilfron [Hrsg.], Nationalversammlung, I, 320). Vögler hielt seine Rede auf der 10. Sitzung der Nationalversammlung am 18. 2. 1919. Das Protokoll verzeichnet während der ganzen Rede „stürmische Entrüstungsrufe" und „andauernde Unterbrechungen". Erzberger verteidigte sich mit einer ebenso scharfen, aber wohlüberlegten Replik, die in den schon zitierten Worten gipfelte: „Ihre Herrschaft ist vorüber, glauben Sie mir das" (Heilfron [Hrsg.], I, 332).

[30] M. Schwarz, MdR, Biographisches Handbuch des Reichstags, Hannover 1965, 780.

[31] T. Stolper, Ein Leben in Brennpunkten unserer Zeit. Gustav Stolper 1888 bis 1947, Tübingen ³1967, 263.

[32] Von Klass, 187.

[33] K. D. Bracher, Die Auflösung der Weimarer Republik, Düsseldorf 1957, 459.

[34] G. W. F. Hallgarten, Adolf Hitler and German Heavy Industry 1931–1933, in: Journal of Economic History 12, 1952, 241.

[35] Bullock, 241.

[36] Dazu: R. J. Overy, Hermann Göring. Machtgier und Eitelkeit, München 1986, 76–88 (engl.: Göring, The Iron Man, London 1984).

[37] Ebd., 85.

[38] Ebd., 86f.

[39] U. von Hassell, Die Hassell-Tagebücher: Aufzeichnungen vom Anderen

Deutschland. Nach der Handschrift rev. u. erw., hrsg. von F. Hiller von Gaertringen, Berlin 1988, S. 108.

[40] Vgl. von Klass, 170.

[41] Ebd., 504.

[42] W. Ribhegge, Bürgertum und Wissenschaft. Die Gesellschaft zur Förderung der Westfälischen Wilhelms-Universität Münster, Ms. 1968; ders., Geschichte der Universität Münster, 144–209; B. Marshall, The Political Development of German University Towns in the Weimar Republic: Göttingen and Münster 1918–1930, Diss. London 1972.

[43] Overy, 115f. Dazu: W. Treue, Die Einstellung einiger deutscher Großindustrieller zu Hitlers Außenpolitik, in: Geschichte in Wissenschaft und Unterricht 17, 1966, 497–502.

[44] Overy, 117.

[45] Ebd., 172.

[46] A. S. Milward, Die deutsche Kriegswirtschaft 1939–1945, Stuttgart 1966, 68 u. 165.

[47] A. Speer, Erinnerungen, Berlin 1969, 226.

[48] Ebd., 403 u. 575, Anm. 22.

[49] Ebd., 423.

[50] G. Ritter, Carl Goerdeler und die deutsche Widerstandsbewegung, Stuttgart 1955, 63f.

[51] C. Goerdeler, Gemeinden als Teil des Reichsganzen, in: Der Städtetag 27, 1933, 148. Vgl. W. Ribhegge, Die Systemfunktion der Gemeinden. Zur deutschen Kommunalgeschichte seit 1918, in: Aus Politik und Zeitgeschichte, Beilage Das Parlament, 24. 11. 1973; H. Matzerath, Nationalsozialismus und kommunale Selbstverwaltung, Stuttgart 1970.

[52] Ritter, 45.

[53] N. Reynolds, Beck. Gehorsam und Widerstand. Das Leben des deutschen Generalstabschefs 1935–1938, München 1983, 11 (engl.: Treason was no Crime, 1976).

[54] Ebd., 11.

[55] Ebd., 64.

[56] Ebd., 99.

[57] Ebd., 101.

[58] Die Forschung hat diesen persönlichen Aspekt unterbewertet und sich meist zu einseitig auf die Widerstandskonzeptionen konzentriert, die oft recht problematisch sind. Eine solche 'geistesgeschichtliche' Betrachtung wird aber den Leistungen des konservativen Widerstandes nicht gerecht. Vgl. ›Das kann man nicht verarbeiten – Die Frauen des 20. Juli‹, FAZ vom 22. 7. 1986.

[59] G. S. Schulz u. J. Popitz, in: R. Lill u. H. Oberreuter (Hrsg.), 20. Juli. Porträt des Widerstands, Düsseldorf 1984, 237–51; K. Scholder (Hrsg.), Die Mittwochs-Gesellschaft, Protokolle aus dem geistigen Deutschland 1932–1944, Berlin 1982.

[60] H. Graml, Die außenpolitischen Vorstellungen des deutschen Widerstands, in: W. Schmitthenner u. H. Buchheim (Hrsg.), Der deutsche Widerstand gegen Hitler – Vier historisch-kritische Studien, Köln 1966; G. Schöllgen, Ulrich von Hassell, in: Lill u. Oberreuter (Hrsg.), 135–46; U. von Hassell, Im Wandel der Außenpolitik. Von der Französischen Revolution bis zum Ende des Weltkriegs. Bildnisskizzen.

München 1939; ders., Europäische Lebensfragen im Lichte der Gegenwart, Berlin o. J. am instruktivsten sind von Hassells Tagebücher.

[61] R. Graf von Thun-Hohenstein, Hans Oster, in: Lill u. Oberreuter (Hrsg.), 231.

[62] Von Hassell, 134.

[63] A. J. P. Taylor, The Origins of the Second World War, Harmondsworth 1964, 336.

[64] R. Blake, The Conservative Party from Peel to Thatcher, London 1985, 237 ff.; J. Petitfils, La Droite en France de 1719 a nos jours, 91.

[65] Von Hassell, 49.

[66] Ebd., 50.

[67] Ebd., 54.

[68] R. Blake, The Decline of Power 1915–1964, London 1985, 217.

[69] Ebd., 217.

[70] Blake, Party, 238.

[71] P. Hoffmann, Widerstand – Staatsstreich – Attentat, Der Kampf der Opposition gegen Hitler, München 1969, 77–129; K. J. Müller, Militärpolitik in der Krise. Zur militärpolitischen Konzeption des deutschen Heeres-Generalstabes 1938, in: D. Stegmann u. a. (Hrsg.), Deutscher Konservatismus im 19. u. 20. Jahrhundert, Fs. Fritz Fischer, Bonn 1983, 333–45; B. J. Wendt, Konservative Honoratioren – Eine Alternative zu Hitler? Englandkontakte des deutschen Widerstandes im Jahre 1938, in: ebd., 347–67.

[72] Von Hassell notierte am 25. 11. 1983: „Ich schreibe unter dem schwerlastenden Eindruck der niederträchtigen Judenverfolgungen nach der Ermordung vom Raths. Seit dem Weltkriege haben wir noch niemals so an Kredit in der Welt verloren wie dieses Mal . . . Es gibt wohl nichts Bittereres im Leben als ausländische Angriffe auf das eigene Volk als berechtigt ansehen zu müssen. Übrigens unerscheidet man draußen ganz richtig zwischen dem wirklichen Volk und der Schicht, die diese Sache zu verantworten hat. Aber es ist nicht zu leugnen, daß die niedrigsten Instinkte angestachelt worden sind; die Auswirkung gerade bei der Jugend muß zum Teil widerlich gewesen sein. Ein Trost ist, daß diesmal die Entrüstung über das Geschehene nicht nur die überwältigende Mehrheit der Gebildeten erfaßt hat, sondern ganz weite Kreise des Volkes . . . Am meisten haben sich alle anständigen Menschen geschämt, Namen wie Gürtner und Schwerin-Krosigk unter den Beschlußfassern über die Strafmaßnahmen gegen die Juden zu lesen. Sie merken wohl gar nicht, wie sie sich entwürdigen und wie sie als Feigenblatt dienen." (Von Hassell, 62 f.)

[73] Ebd., 113.

[74] Ebd., 126.

[75] Ebd., 126.

[76] Petitfils, 97; R. O. Paxton, La France de Vichy 1940–1944, Paris 1972.

[77] Von Hassell, 161, Tagebuch, 28. 1. 1940.

[78] Zur politischen Einstellung der Nationalkonservativen vgl. M. Messerschmid, Motivationen der nationalkonservativen Opposition und des militärischen Widerstands seit dem Frankreich-Feldzug, in: K. J. Müller (Hrsg.), Der deutsche Widerstand 1933–1945, Paderborn 1986, 60–78.

[79] H. Behnke, Semesterberichte. Ein Leben an deutschen Universitäten im Wandel der Zeit, Göttingen 1978; W. Jens, Eine deutsche Universität. 500 Jahre Tübinger

Gelehrtenrepublik, München 1977; W. Ribhegge, Geschichte der Universität Münster. Es gibt inzwischen zahlreiche Publikationen, die sich mit dem Komplex Wissenschaft und Nationalsozialismus – sowohl auf einzelne Fächer als auch auf einzelne Hochschulen bezogen – kritisch auseinandersetzen. Eine zusammenfassende kritische und differenzierende Geschichte der deutschen Universitäten zwischen 1933 und 1945 existiert jedoch noch nicht.

[80] M. Reich-Ranitzki (Hrsg.), Meine Schulzeit im Dritten Reich, Erinnerungen deutscher Schriftsteller, München 1984.

[81] Von Hassell, 358.

[82] Vgl. Klepper, Unter dem Schatten deiner Flügel.

[83] Vgl. C. P. Thiede (Hrsg.), Über Reinhold Schneider, Frankfurt a. M. 1980; I. Zimmermann, Reinhold Schneider. Weg eines Schriftstellers, Berlin 1982/Stuttgart 1983.

[84] H. Kirchner (Hrsg.), Deutsche Sonette, Stuttgart 1979, 362. Eine Anthologie der zahlreichen Sonette Schneiders aus den Jahren von 1939 bis 1945 findet sich in: ders., Gesammelte Werke, Bd. 8: Geschichte, Frankfurt a. M. 1987. – Auf einer prosaischen Ebene versucht der Roman von Bernd von Heiseler, Versöhnung, Gütersloh 1953, den Alltag dieser christlich-bürgerlich-nationalkonservativen Welt in der Form eines Familienromans einzufangen, der in den Jahren von 1928 bis 1945 spielt. Literarisch problematisch, liefert er doch einige Informationen über Verhältnisse, die man sich kaum vorstellen kann. Zur Tradition des Kirchenliedes und der geistlichen Lyrik von Paul Gerhardt bis zu Rudolf Alexander Schröder und Jochen Klepper: K. Ihlenfeld, Huldigung für Paul Gerhardt, Berlin 1956. – Die Tradition des Kirchengesangbuchs ist bezeichnenderweise in der katholischen Kirche außerhalb Deutschlands kaum vorhanden.

[85] In: Vierteljahreshefte für Zeitgeschichte 28. 1980, ND in: H. Graml, Widerstand im Dritten Reich, Frankfurt a. M. 1984.

[86] H. Rothfels, Deutsche Opposition gegen Hitler; hrsg. u. eingel. von H. Graml, Frankfurt a. M. 1977.

[87] Vgl. P. Steinbach u. J. Schmädeke (Hrsg.), Der Widerstand gegen den Nationalsozialismus. Die deutsche Gesellschaft und der Widerstand gegen Hitler, München ²1986, eine umfassende Bestandsaufnahme des Forschungsstandes. Acht Beiträge behandeln den Komplex 'Konservative zwischen Anpassung und Opposition'.

[88] Julius Leber übte in Lübeck noch vor 1933 einen prägenden Einfluß auf den jungen Willy Brandt aus.

[89] H. C. Deutsch, The Conspiracy against Hitler in the Twilight War, Minneapolis 1968; L. Kettenacker (Hrsg.), Das 'Andere Deutschland' im Zweiten Weltkrieg. Emigranten und Widerstand in internationaler Perspektive, Stuttgart 1977, dort auch der Rückblick Fabian von Schlabrendorffs, der während des Krieges Gespräche mit Churchill für den deutschen Widerstand geführt hatte (94–96).

[90] Zur historischen Diskussion der Pläne des Widerstandes: H. Mommsen, Gesellschaftsbild und Verfassungspläne des deutschen Widerstandes, in: Graml, Widerstand, 14–91; ders., Die Geschichte des Widerstands im Lichte der neueren Forschung; K.-J. Müller, Die nationalkonservative Opposition 1933–1939; G. van Roon, Der Kreisauer Kreis und das Ausland, alle in: Aus Politik und Zeitgeschichte, Beilage/Das Parlament, 13. 12. 1986; G. van Roon, Neuordnung im Widerstand. Der

Kreisauer Kreis innerhalb der deutschen Widerstandsbewegung, München 1967; ders., Widerstand im Dritten Reich, München 1979; eine breit angelegte Zusammenfassung des Diskussionsstandes in: Steinbach u. Schmädeke (Hrsg.).

⁹¹ Zur geistigen Entwicklung Alfred Delps vgl. den entsprechenden Abschnitt bei van Roon, Neuordnung, 170–80.

⁹² K. Jaspers, Die geistige Situation der Zeit (1931), ND Berlin 1979, 193.

⁹³ Zur Bewertung der politischen Bedeutung des Existentialismus von Heidegger und Jaspers: M. D. Biddis, The Age of the Masses, 149–253.

⁹⁴ Von Hassell, 347. – Nach dem Kriege nahm Eugen Gerstenmaier in einem Brief an Ulrich von Hassell, den Sohn, zu den hier zitierten Aufzeichnungen Stellung: Nachdruck a. a. O., S. 577f. – Anm. 7.

⁹⁵ Van Roon, Neuordnung, 256.

⁹⁶ Entwurf vom 9. 8. 1943 aus dem Moltke-Nachlaß, abgedruckt bei: van Roon, Neuordnung, 561–67.

⁹⁷ Vgl. W. Ribhegge, Schwerindustrie, Gewerkschaften und Politik an der Ruhr im 19. und 20. Jahrhundert, in: Westfälische Zeitschrift 135, 1985, 123–77.

⁹⁸ A. Arndt, Geist der Politik. Reden, Berlin 1965.

⁹⁹ Van Roon, Neuordnung, 562.

¹⁰⁰ Man sollte im nachhinein, nach mehreren Jahrzehnten demokratischer Entwicklung, nicht allzu leichtfertig über die Anhänglichkeit des Widerstandes an die Gemeinden und ihre Selbstverwaltung hinweggehen. Vgl. das anregende Buch von A. G. Dickens, The German Nation and Martin Luther, London 1976, 199.

¹⁰¹ Van Roon, Neuordnung, 564.

¹⁰² Vgl. ebd. 100–08.

¹⁰³ R. Dahrendorf, Demokratie und Gesellschaft in Deutschland, München 1965, 442.

¹⁰⁴ Vgl. I. Kershaw, Der Hitler-Mythos. Volksmeinung und Propaganda im Dritten Reich, Stuttgart 1980.

¹⁰⁵ Hans Mommsen urteilte ein Jahr später: „Dieses Gesellschaftsbild des Widerstandes, das sich von den Prinzipien parlamentarischer Demokratie und modernerem Gruppenpluralismus abhebt, scheint uns repräsentativ für das im nationalsozialistischen Deutschland untergründig fortwirkende politische Denken zu sein. Es war aufs stärkste der Vorstellung eines eigenständigen ‚deutschen Wissens' verhaftet, so wenig übersehen werden darf, daß sich zahlreiche Übereinstimmungen mit den Programmen der außerdeutschen Resistance ergeben." (in: Graml, Widerstand 20). Partiell wurde diese Deutung Mommsens auch von Craig, Deutsche Geschichte 583–91, übernommen. Vgl. M. Broszat, Zur Sozialgeschichte des deutschen Widerstandes, in: Vierteljahreshefte für Zeitgeschichte 34, 1986, 293–309.

¹⁰⁶ K. G. A. Jeserich u. a. (Hrsg.), Deutsche Verwaltungsgeschichte, IV: Das Reich als Republik und in der Zeit des Nationalsozialismus, Stuttgart 1985.

¹⁰⁷ D. Bonhoeffer, Nach zehn Jahren, in: ders., Widerstand und Ergebung, Briefe und Aufzeichnungen aus der Haft; hrsg. von E. Bethge, Gütersloh ¹⁰1978, 14.

¹⁰⁸ P. Bamm, Die unsichtbare Flagge, München 1952, 303. Analytisch: Kershaw, 191.

¹⁰⁹ H. Gollwitzer u. a., Du hast mich heimgesucht bei Nacht, Abschiedsbriefe und Aufzeichnungen des Widerstands 1933–1945, München 1962.

[110] Bonhoeffer, Widerstand, ebd.

[111] E. Bethge, Dietrich Bonhoeffer, Theologe – Christ – Zeitgenosse, München [4]1978, 896. – Die Biographie Bethges ist die umfassendste und zugleich einfühlsamste, die bisher über ein Mitglied des deutschen Widerstands vorliegt. Trotz einer großer Zahl von Studien zum Widerstand ist dessen biographischer Hintergrund, der wichtig zum Verständnis ist, bisher nur schemenhaft ausgeleuchtet. Einige Biographien über Persönlichkeiten des Widerstands konzentrieren sich stark auf die 'Tat' und die Verschwörungstätigkeit, so daß das Umfeld, aus dem die einzelnen Personen handelten, nur schwach beleuchtet wird. Eingehend auch – ohne die Zeit der Konspiration – die Biographie von H. O. Malone, Adam von Trott zu Solz. Werdegang eines Verschwörers 1909–1938, Berlin 1986.

VIII. Demokratischer Konservatismus: CDU/CSU, seit 1945 (S. 252–290)

[1] Als Dokument eines unpolitischen Konservatismus, dessen Sorgen sich primär auf die eigene Familie richteten und der von daher das gesamte Umweltgeschehen deutete: N. Ohler, Zum Kriegsende 1945 in Hamm/W., in: Der Märker 33, 1984, 69 bis 77. – A. G. Dickens, Lübeck Diary, London 1947; J. Gimbel, Eine deutsche Stadt unter amerikanischer Besatzung. Marburg 1945–1952, Köln 1964.

[2] Vgl. F. Alt, Frieden ist möglich. Die Politik der Bergpredigt, München 1983.

[3] R. Schneider, Verhüllter Tag, Frankfurt a. M. 1980, 157.

[4] C. Schmid, Erinnerungen, Bonn 1979, 224 f.

[5] K. Adenauer, Erinnerungen 1945–1953, Stuttgart 1965.

[6] Ebd., 29.

[7] K. Koszyk, Pressepolitik der Deutschen 1945–1949, Berlin 1986.

[8] G. Buchstab u. a. (Hrsg.), Verfolgung und Widerstand 1933–1945. Christliche Demokraten gegen Hitler, Düsseldorf 1986.

[9] H. G. Wieck, Christliche und Freie Demokraten in Hessen, Rheinland-Pfalz, Baden und Württemberg 1945/46, Düsseldorf 1958.

[10] W. Conze, Jakob Kaiser. Politiker zwischen Ost und West 1945–1949, Stuttgart 1969; E. Nebgen, Jakob Kaiser. Der Widerstandskämpfer, Stuttgart 1967.

[11] W. Dirks, Das schmutzige Geschäft. Die Politik und die Verantwortung der Christen, Olten 1964.

[12] Procacci, History of the Italian People, 453 f.

[13] Vgl. Lönne, Politischer Katholizismus.

[14] Vgl. Reuters Diskussionsbeitrag als Delegierter der Berliner SPD auf dem Nürnberger SPD-Parteitag am 30. Juli 1947, in: ders., Schriften und Reden, III: Artikel, Briefe, Reden 1946–1949; bearb. von H. J. Duchardt, Berlin 1974, 237–41.

[15] Protokoll der Verhandlungen des Parteitags der SPD vom 29. 6.–2. 7. 1947 in Nürnberg, 35.

[16] Ebd., 62.

[17] L. Schwering, Frühgeschichte der Christlich-Demokratischen Union, Recklinghausen 1963, 190–193; Johnson, Modern World, 581, vgl. 579–586.

[18] Adenauer, 44 f.

[19] Lösche, Bolschewismus.

[20] K. Harris, Attlee, London 1982.

[21] W. Benz, Verformung des 'Weststaats': die Bizone 1946–1949, in: Th. Eschenburg, Jahre der Besatzung 1945–1949 (Geschichte der Bundesrepublik Deutschland, I), Stuttgart 1983, 391f.

[22] Theodor Heuss hatte mit Naumann als Redakteur der ›Hilfe‹ zusammengearbeitet, von 1920 bis 1933 an der neu gegründeten 'Hochschule für Politik' in Berlin gelehrt und die DDP (bzw. die Deutsche Staatspartei) von 1924 bis 1928 und von 1930 bis 1933 im Reichstag vertreten.

[23] Verhandlungen des Deutschen Bundestags, I. Wahlperiode 1949, 9–11.

[24] Adenauer, 152.

[25] Vgl. die Passagen über den Parlamentarischen Rat bei Schmid, 324–413. – Allgemein: F. K. Fromme, Von der Weimarer Verfassung zum Bonner Grundgesetz. Die verfassungspolitischen Folgerungen des Parlamentarischen Rates aus Weimarer Republik und nationalsozialistischer Diktatur, Tübingen 1960; K. Niclauß, Demokratiegründung in Westdeutschland. Die Entstehung der Bundesrepublik 1945–1949, München 1974; W. Sörgel, Konsensus und Interessen. Eine Studie zur Entstehung des Grundgesetzes für die Bundesrepublik Deutschland, Opladen ²1984. Th. Eschenburg, Jahre der Besatzung 1945–1949 (Geschichte der Bundesrepublik Deutschland Bd. 1), Stuttgart 1983.

[26] A. Peyrefitte, Le mal français, Paris 1976, 32f.; Johnson, 587ff.

[27] Der Spiegel, Nr. 31, 28. 7. 1949. – Der Spiegel brachte am 11. 8. eine Blütenlese von Wahlkampfäußerungen Schumachers (über die CDU) und Erhards (über die SPD). Beide Redner waren auf dem Römerberg in Frankfurt aufgetreten. Schumacher: „Die CDU – das Sammelbecken aller bankrotten Nationalisten" – „Schwarze Heckenschützen" – „Die CDU ist die miserabelste deutsche Partei". Erhard: „SPD-Wirtschaftspolitik, kitschige Courths-Mahler-Romantik" – „Rattenfänger" – „Das ist der Abschaum des Proletariats" (über Teile des Publikums, die ihn auspfiffen). Der Kommentar des Spiegels: „Römerbergniveau – Sechs-Tage-Rennen mit Damen-Ringkämpfen."

[28] Ebd., Nr. 34, 18. 8. 1949.

[29] Bundestag, I, 22, 20. 9. 1949.

[30] Ebd.

[31] Ebd., 23.   [32] Ebd., 27.

[33] Ebd., 30.   [34] Ebd.

[35] Ebd., 27.

[36] Ebd., 36.

[37] Ebd.

[38] Vgl. H. P. Schwarz, Vom Reich zur Bundesrepublik. Deutschland im Widerstreit der außenpolitischen Konzeptionen in den Jahren der Besatzungsherrschaft 1945–1949, Neuwied 1966.

[39] Bundestag, I, 35.

[40] Ebd., 32.

[41] Ebd.

[42] Vgl. A. Marwick, British Society Since 1945, Harmondsworth 1984, 102–11; ferner D. Thomson, Europe since Napoleon, Harmondsworth 1977, 846–50.

[43] Details über die Entstehung des Mitbestimmungsgesetzes, die Haltung der Par-

teien, des DGB, die Rolle Adenauers und Böcklers, in: Ribhegge, Schwerindustrie, 169–77.

[44] P. Nellen, Sieben Moraltheologien. Ausblicke ins Atomzeitalter, Nürnberg 1958, 21.

[45] Dagegen: F. R. Alleman, Bonn ist nicht Weimar, Köln 1965.

[46] Blake, Decline, 334–54.

[47] Protokoll der Verhandlungen des Außerordentlichen Parteitags der SPD vom 13.–15. November 1959 in Bad Godesberg, Bonn 1959.

[48] Verhandlungen des Deutschen Bundestags, III, Bd. 122, S. 7052–7661. Die Godesberger Linie der SPD löste auch eine herbe Kritik der marxistischen Orthodoxie aus.

[49] D. Thränhardt, Geschichte der Bundesrepublik Deutschland, Frankfurt a. M. 1986, 161.

[50] Vgl. J. Joll, Europe Since 1870, Harmondsworth 1982, 478.

[51] K. Jaspers, Wohin treibt die Bundesrepublik? München 1966.

[52] K. J. Newman, Wer treibt die Bundesrepublik wohin? Köln 1968, 23.

[53] G. Schäfer u. C. Nedelmann (Hrsg.), Der CDU-Staat, 2 Bde., München 1967/ Frankfurt ³1969.

[54] Zur Entwicklung Westdeutschlands von 1945 bis 1985: A. Grosser, Das Deutschland im Westen. Eine Bilanz nach 40 Jahren, München 1985.

[55] A. Baring, Machtwechsel. Die Ära Brandt – Scheel, Stuttgart 1982.

[56] Vgl. J. Ardagh, France in the 1980s, London 1982.

[57] H. Schelsky, Eine Soziologie der deutschen Jugend, Düsseldorf 1957.

[58] H. Schelsky, Die Arbeit tun die andern. Klassenkampf und Priesterherrschaft der Intellektuellen, München 1977; H. Lübbe, Praxis der Philosophie – Praktische Philosophie – Geschichstheorie, Stuttgart 1978.

[59] Vgl. A. Dorpalen, German History in Marxist Perspective. The East German Approach, London 1985.

[60] Encyclopaedia Britannica. Macropacdia, Bd. 5, Chicago 1974, 68.

[61] Observer, 3. Juni 1979.

[62] G. Gaus, Wo Deutschland liegt. Eine Ortsbestimmung, Hamburg 1983: M. Stürmer, Dissonanzen des Fortschritts. Essays über Geschichte und Politik in Deutschland, München 1986.

[63] P. J. Grafe, Schwarze Visionen. Die Modernisierung der CDU, Reinbek 1986.

KOMMENTIERTE AUSWAHLBIBLIOGRAPHIE

Allgemein

Einen ersten Überblick geben die Artikel in den Lexika (›Brockhaus‹, ›Meyer‹, ›Herder‹, ›Staatslexikon‹, ›Sowjetsystem und demokratische Gesellschaft‹). Die Schreibweise schwankt zwischen 'Konservativismus' und 'Konservatismus'. Eine gute, knappe Einführung in die Geschichte des Konservatismus, des deutschen wie des europäischen seit 1789, für das 20. Jh. auch der USA und nichteuropäischer Länder wie Japans liefert P. Viereck, ›Conservatism‹, in: Encyclopaedia Britannica, Bd. 27, Chicago u. a. 1986, 476–84.

Kritisch zusammenfassende Darstellungen: J. Weiss, Conservatism in Europe 1770–1945, Traditionalism and Counter Revolution, London 1977; N. O'Sullivan, Conservatism, London 1976. – Eine deutschsprachige Darstellung gibt es nicht, wohl einzelne, eher selektiv angelegte Beiträge: M. Greiffenhagen, Das Dilemma des Konservatismus in Deutschland, München 1971 (²Frankfurt a. M. 1986); G.-K. Kaltenbrunner (Hrsg.), Rekonstruktion des Konservatismus, Freiburg i. Br. 1972; C. von Schrenck-Notzing (Hrsg.), Konservative Köpfe. Von Machiavelli bis Solschenizyn, München 1978. L. Elm, Cl. Remer, H. Sonntag, Konservatismus-Forschung (Wissenschaftliche Beiträge der Friedrich-Schiller-Universität Jena 5), Jena 1985. – Ein Verständnis für die Zusammenhänge von Ideen, Gesellschaft, Politik und Wirtschaft, das für die Erklärung des Konservatismus unerläßlich ist, vermitteln die einzelnen Bände der ›Pelican History of European Thought‹ (Bd. 4: N. Hampson, The Enlightenment; Bd. 6: M. D. Biddis, The Age of Masses. Ideas and Society in Europe since 1870); ebenso die jeweiligen Beiträge in den Bänden 9–12 der ›New Cambridge Modern History‹ (1964 ff.) über die Entwicklung des wissenschaftlichen und politischen Denkens in Europa seit 1770. Der europäische Kontext ist auch zum Verständnis des deutschen Konservatismus wichtig.

Konservative Bewegungen und konservatives Denken lassen sich nicht leicht auf einen Begriff bringen. Das historisch-politische Umfeld erschließt sich aus historischen Gesamtdarstellungen, z. B.: G. A. Craig, Geschichte Europas. Vom Wiener Kongreß bis zur Gegenwart, München 1983, und den Bänden der von J. H. Plumb herausgegebenen Reihe der ›Fontana History of Europe‹, die Politik-, Wirtschafts-, Sozial- und Kulturgeschichte integrieren (G. Rudé, Revolutionary Europe 1783 bis 1815; J. Droz, Europe between the Revolutions 1815–1848; J. A. S. Grenville, Europe Reshaped 1848–1878; N. Stone, Europe Transformed 1878–1919; E. Wiskemann, Europe of the Dictators; Glasgow 1967–1983), desgleichen J. Joll, Europe Since 1870. An International History, Harmondsworth 1976. B. Droz, A. Rowley, Histoire générale du XXᵉ siècle, 3 Bde., Paris 1986/7. – Für die deutsche Geschichte wird die Rolle des politischen Handelns und der jungen Parteien, die hier relevant sind, besonders in den folgenden Darstellungen herausgearbeitet: G. A. Craig,

Deutsche Geschichte 1866–1945. Vom Norddeutschen Bund bis zum Ende des Dritten Reiches, München 1980, und W. Carr, A History of Germany 1815–1945, London ²1979. Besonders das Buch von Carr ist eines der wenigen Bücher, die ein Verständnis für das Handeln der deutschen Politiker entwickeln. Leider beschreiben viele deutsche Historiker zu viel 'Geschichte' und zu wenig konkrete Politik. Solche Arbeiten sind daher für das Verständnis politischen Handelns von konservativen Politikern selten hilfreich.

Direkt und indirekt spielt auch die Geschichte der Kirchen mit jeweils erheblichen Modifikationen in die Geschichte des deutschen Konservatismus hinein. Vgl. dazu: B. Möller, Geschichte des Christentums in Grundzügen, Göttingen ²1979; L. J. Rogier, R. Aubert, M. D. Knowles, Geschichte der Kirche, Bd. IV–V/2, Einsiedeln 1966; P. Johnson, History of Christianity, Harmondsworth 1976.

Zu 1770–1815

Eine breite Einführung in die Anfänge des deutschen Konservatismus unmittelbar vor der Französischen Revolution gibt K. Epstein, Die Ursprünge des deutschen Konservatismus in Deutschland. Der Ausgangspunkt: Die Herausforderung durch die Französische Revolution 1770–1806, Berlin 1975 (engl. The Genesis of German Conservatism, Princeton N.J. 1966) (mit ausführlich kommentierter Bibliographie). Anregend ist nach wie vor K. Mannheims Beitrag ›Das konservative Denken. Soziologische Beiträge zum Werden des historisch-politischen Denkens in Deutschland‹ aus dem Jahr 1927, in: K. Mannheim, Wissenssoziologie, Neuwied 1964, und F. Meinecke, Die Entstehung des Historismus (1936), München 1965. Eine komplette, zuverlässige und kritische Ausgabe der Werke Justus Mösers existiert noch nicht: Sämmtliche Werke; hrsg. von B. R. Abeken, 1.–4. Theil, Berlin 1842/²1858; Sämtliche Werke. Historisch-kritische Ausgabe, Hamburg bzw. Oldenburg 1943ff. (noch nicht abgeschlossen); E. Beins u. W. Pleister, Sammlung der Briefe Mösers, Hannover 1939. Über Möser ausführlich: Epstein, Ursprünge, 345–92. Ältere Arbeiten: K. Brandi, Justus Möser, in: Preußische Jahrbücher 227, 1932, 54–69; H. U. Scupin, Justus Möser als Westfale und Staatsmann, in: Westfälische Zeitschrift 107, 1957, 135–52. Eine gekürzte Ausgabe der ›Patriotischen Phantasien‹ findet man in dem Reclam-Text von S. Sudhof, Stuttgart 1970. Verständlich ist Möser heute nur noch im historischen Kontext, dazu: W. Martens, Die Botschaft der Tugend. Die Aufklärung im Spiegel der deutschen moralischen Wochenschriften, Stuttgart 1917; J. Habermas, Strukturwandel der Öffentlichkeit, Darmstadt 1979; N. Hampson, The Enlightenment, An Evaluation of its Assumptions. Attitudes and Values, Harmondsworth 1981; R. Grimsley (Hrsg.), The Age of Enlightenment 1715–1789, Harmondsworth 1979; W. H. Bruford, Die gesellschaftlichen Grundlagen der Goethezeit, Frankfurt a. M. 1979, Cambridge 1936; H. Brunschwig, Gesellschaft und Romantik in Preußen im 18. Jahrhundert. Die Krise des preußischen Staates am Ende des 18. Jahrhunderts und die Entstehung der romantischen Mentalität, Frankfurt a. M. 1975 (Paris 1973); K. Biedermann, Deutschland im 18. Jahrhundert (1854), Frankfurt a. M. 1979; R. Vierhaus, Deutschland im Zeitalter des Absolutismus 1648–1763, Göttingen 1978; G. A. Craig, Über die Deutschen, München 1982; A. Goodwin, The

American and French Revolutions 1763–1793, NCMH 8, 1979. Zu dem Komplex Burke, Konservatismus und Französische Revolution einführend: G. Rudé, Revolutionary Europe 1783–1815, Glasgow 1982; E. Burke, Reflections on the Revolution in France; hrsg. von C. C. O'Brien, Harmondsworth 1969; Th. Paine, Rights of Man; hrsg. von H. Collins, Harmondsworth 1976; A. Cobban, Edmund Burke and the Revolt Against the Eighteenth Century, London 1960; I. Hempsher-Monk, The Political Philosophy of Edmund Burke, London 1987 (beschreibt die Entstehung der konservativen politischen Philosophie aus der geistigen Welt Englands im 18. Jh.); E. J. Hobsbawm, The Age of Revolution 1789–1848, London 1962. Zu Frankreich: J. Godechat, La contre-revolution 1789–1804, Paris ²1984.

Zu Stein und Marwitz: G. A. Craig, Das Ende Preußens. Acht Porträts, München 1982, 13–38; Freiherr vom Stein. Briefe und amtliche Schriften; hrsg. von E. Botzenhart u. W. Hubatsch, Stuttgart 1957 ff. Eine politische Biographie, (¹1931) Stuttgart ³1981; Friedrich August Ludwig von der Marwitz. Ein märkischer Edelmann im Zeitalter der Befreiungskriege; hrsg. von F. Meusel, Bd. 2, Teil 1: Tagebücher, Politische Schriften und Briefe, Berlin 1913. Die Schriften Marwitz' trugen nachhaltig zur Propagierung konservativen Denkens in Preußen bei.

Zu 1815–1848

Kritisch-analysierende Beiträge zur Geschichte des deutschen Konservatismus seit 1815 finden sich in: D. Stegmann, B.-J. Wendt, P.-Ch. Witt (Hrsg.), Deutscher Konservatismus im 19. und 20. Jahrhundert, Bonn 1983. – Die Rolle von Wilhelm und Jacob Grimm für die Entstehung der nationalen Mentalitäten wird kritisch von L. L. Snyder, Roots of German Nationalism, Bloomington/London 1978, beleuchtet. Generell und mit Überblicken über die neuen politischen Bewegungen, auch über den Konservatismus: Th. Nipperdey, Deutsche Geschichte 1800–1866. Bürgerwelt und starker Staat, München ⁴1987; J. Droz, Europe Between the Revolutions 1815–1848, London 1967; R. Rürup, Deutschland im 19. Jahrhundert 1815–1871, Göttingen 1984. Über die Entstehung der christlichen Parteien in Deutschland und Europa: H. Maier, Revolution und Kirche. Zur Frühgeschichte der christlichen Demokratie, München 1973; Ch. Petitfils, La Droite en France de 1780 à nos jours, Paris 1979; K. Buchheim, Geschichte der Christlichen Parteien in Deutschland, München ²1966; ders., Ultramontanismus und Demokratie. Der Weg der deutschen Katholiken im 19. Jahrhundert 1963. Zum preußischen Konservatismus: E. L. von Gerlach, Aufzeichnungen aus seinem Leben und Wirken, 2 Bde., Schwerin 1903; R. F. Eylert, Charakterzüge und historische Fragmente aus dem Leben des Königs von Preußen Friedrich Wilhelm III., 3 Bde., Magdeburg 1843–1845; B. Beuys, Als wenn die Welt voll Teufel wär. Luthers Glaube und seine Erben. Fünfhundert Jahre Protestantismus, Reinbek 1984; K. Kupisch, Kirchengeschichte Bd. 5: 1815–1945, Stuttgart u. a. 1975. Instruktiv für die Verflechtungen von Religiosität, Konfessionalität und Politik sind die Bände der ›Evangelischen Kirchenzeitung‹ (Berlin 1827 ff.) und die ›Historisch-politischen Blätter für das katholische Deutschland‹ (München 1838 ff.). Zur gleichzeitigen Entwicklung des britischen Konservatismus: R. Blake, The Conservative Party From Peel to Thatcher, Glasgow 1985.

Zu 1848–1878

Grenville, Europe Reshaped; Nipperdey, Deutsche Geschichte 1800–1866; G. Palmade, Das bürgerliche Zeitalter (Fischer Weltgeschichte, Bd. 27), Frankfurt a. M. 1974. Ein breites Panorama bietet V. Valentin, Geschichte der deutschen Revolution von 1848–1849, 2 Bde., Köln 1970. W. Siemann, Die Frankfurter Nationalversammlung 1848/49 zwischen demokratischem Liberalismus und konservativer Reform, Frankfurt a. M. 1976; W. Boldt, Die Anfänge des deutschen Parteiwesens, Fraktionen, politische Vereine und Parteien in der Revolution 1848, Paderborn 1974; ders., Konstitutionelle Monarchie oder Parlamentarische Demokratie. Die Auseinandersetzung um die deutsche Nationalversammlung in der Revolution von 1848, in: Historische Zeitschrift 216, 1973, 553–622; D. Langewiesche, Die Anfänge der deutschen Parteien. Partei, Fraktion und Verein in der Revolution von 1848/49, in: Geschichte und Gesellschaft 4, 1978, 324–61; W. Schwentker, Konservative Kreise und Revolution in Preußen 1848/49. Die Konstituierung des Konservatismus als Partei, Düsseldorf 1985; J. Ziekursch, Politische Geschichte des neuen deutschen Kaiserreichs, I, Frankfurt a. M. 1927. Über die Entwicklung Bismarcks als konservativer Politiker: A. Palmer, Bismarck, Bergisch Gladbach 1978 (London 1976); L. Gall, Bismarck. Der weiße Revolutionär, Frankfurt a. M. 1980; E. Engelberg, Bismarck, Berlin 1986. Zur Entwicklung in Preußen seit 1848: G. Grünthal, Parlamentarismus in Preußen 1848/49–1857/58. Preußischer Konstitutionalismus, Parlament und Regierung in der Reaktionsära, Düsseldorf 1982; K. E. Pollmann, Parlamentarismus im Norddeutschen Bund 1867–1870, Düsseldorf 1985; E. N. Anderson, The Social and Political Conflict in Prussia 1858–1864, ND New York 1968, insbes. das Kapitel ›The Conservative Party‹, 352–81. Zu den Anfängen des Zentrums die bereits genannten Bücher von Buchheim. Informativ: M. L. Anderson, Windthorst. A Political Biography, Oxford 1981 (entwickelt die konkreten personellen Bezüge der Politik); E. L. Evans, The German Center Party 1870–1933, Carbondale u. Edwardsville 1981 (souverän geschriebene Gesamtdarstellung der Geschichte des Zentrums, beleuchtet die Beziehungen des Zentrums zu den anderen Parteien); J. Bachem, Vorgeschichte, Geschichte und Politik der deutschen Zentrumspartei 1815–1914, 9 Bde., Köln 1927 bis 32 (breit angelegt); E. Iserloh, Der Katholizismus und das Deutsche Reich von 1871. Bischof Kettelers Bemühungen um die Integration der Katholiken in den kleindeutschen Staat, in: D. Albrecht u. a., Politik und Konfession, Berlin 1983, 213–29; O. Pflanze, Bismarck and the Development of Germany, I, Princeton 1963; Otto von Bismarck, Werke in Auswahl, Darmstadt 1962 ff.

Eine unerschöpfliche Quelle sind die Stenographischen Berichte der Verhandlungen des Preußischen Landtags (Herrenhaus und Abgeordnetenhaus), Berlin 1848 ff., des Norddeutschen Reichstags, Berlin 1867 ff., und des Deutschen Reichstags, Berlin 1871 ff. In diesen Protokollen schlagen sich nicht nur das konservative Denken, sondern vor allem die eigenartige Mentalität und der politische Stil der Auseinandersetzungen nieder, politische Realitäten, die sich nur schwer auf einen Begriff bringen lassen. Zu Treitschke: G. Iggers, Heinrich von Treitschke, in: H.-U. Wehler (Hrsg.), Deutsche Historiker, II, Göttingen 1971, 66–80; A. Dorpalen, Heinrich von Treitschke, New Haven 1957 (bes. zu seiner politischen Rolle); Weiss, Conservatism, 71–89 (Weiss mißt Treitschke einen hohen ideologischen Stellenwert für die spe-

---

zifisch deutsche Wandlung des Nationalkonservatismus seit 1871 zu). – Werke: H. von Treitschke, Aufsätze, Reden und Briefe, 5 Bde., Meersburg 1929; ders., Deutsche Geschichte im 19. Jahrhundert, 5 Bde., Leipzig 1879–94; ders., Politik, 2 Bde., Leipzig 1922; ders., Zehn Jahre Deutscher Kämpfe, Berlin 1897; S. Na'aman, Der Deutsche Nationalverein. Die politische Konstituierung des deutschen Bürgertums 1859–1867, Düsseldorf 1987. – Zur Problematik des Kaiserreichs: H.-U. Wehler, Das deutsche Kaiserreich 1871–1918, Göttingen ^{5}1986. Materialien zu den Parteien: D. Fricke, Die bürgerlichen Parteien in Deutschland. Handbuch der Geschichte der bürgerlichen Parteien und anderer bürgerlicher Interessenorganisationen vom Vormärz bis zum Jahre 1945, 2 Bde., Berlin (Ost) 1968; W. Mommsen, Deutsche Parteiprogramme, München 1960; M. Schwarz, MdR. Biographisches Handbuch der deutschen Reichstage, Hannover 1965; G. Taddey (Hrsg.), Lexikon der deutschen Geschichte. Personen, Ereignisse, Institutionen, Stuttgart 1977.

Zu 1878–1918

Anregend über die komplexen Zusammenhänge von Politik, Wirtschaft und Gesellschaft: N. Stone, Europe Transformed 1878–1919; Craig, Deutsche Geschichte 1866–1945, R. H. Evans (Hrsg.), Society and Politics in Wilhelmine Germany, London 1978; M. Stürmer (Hrsg.), Das kaiserliche Deutschland, Politik und Gesellschaft 1870–1918, Düsseldorf ^{3}1978; H.-U. Wehler, Krisenherde des Kaiserreichs 1871 bis 1918. Studien zur deutschen Sozial- und Verfassungsgeschichte, Göttingen ^{2}1979. Einzelne Probleme: H. J. Puhle, Agrarische Interessenpolitik und preußischer Konservatismus im wilhelminischen Reich 1893–1914, Hannover 1966; E. Kehr, Schlachtflottenbau und Parteipolitik 1894–1901. Versuch eines Querschnitts durch die innenpolitischen, sozialen und ideologischen Voraussetzungen des deutschen Imperialismus, Berlin 1930/Vaduz 1965; H. Lebovics, Agrarians versus Industrializers. Social Conservative Resistance to Industrialism and Capitalism in late Nineteenth Century Germany, in: International Review of Social History 1967; J. N. Retallack, Notables of the Right. The Conservative Party and Political Mobilization in Germany 1876–1918, London 1988; B. Heckart, From Bassermann to Bebel. The Grand Block's Quest for Reform in the Kaiserreich 1890–1914, New Haven 1974; R. Gellately, The Politics of Economic Despair: Shopkeepers and German Politics 1890–1914, London 1974; D. Blackbourn, The Mittelstand in German Society and Politics 1871–1914, in: Social History 4, 1977; G. Eley, Sammlungspolitik, Social Imperialism and the Navy Law of 1898, in: Militärgeschichtliche Mitteilungen 15, 1974. Sozialpolitik und Sozialkonservatismus: Hans H. von Berlepsch, Sozialpolitische Erfahrungen und Erinnerungen, Mönchengladbach 1925; A. Gladen, Geschichte der Sozialpolitik, Wiesbaden 1974; J. Koch, Die Bergarbeiterbewegung im Ruhrgebiet zur Zeit Wilhelms II., Düsseldorf 1954; Evans, Center Party; Anderson, Windthorst; K. Jeserich u. a. (Hrsg.), Deutsche Verwaltungsgeschichte, Bd. 3, Stuttgart 1984, 275–310. Parteien und Parteipolitik: Th. Nipperdey, Die Organisation der deutschen Parteien vor 1918, Düsseldorf 1961; L. Bergsträßer, Geschichte der politischen Parteien in Deutschland, München 1960; E. Deuerlein, Der Reichstag. Aufsätze, Protokolle und Darstellungen zur Geschichte der parlamentarischen Vertretung des deutschen Volkes 1871–1933, Bonn 1963; P. Molt, Der Reichstag vor der improvisierten Revolution, Köln u. Opladen 1963; U. Bermbach, Vorformen parlamentarischer Kabinettsbildung in Deutschland. Der Interfraktionelle Ausschuß 1917/18 und die Parlamentarisierung der Reichsregierung, Köln u. Opladen 1967; U. Mittmann, Fraktion und Partei. Ein Vergleich von Zentrum und Sozialdemokratie im Kaiserreich, Düsseldorf 1967.

Einzelne Parteien: D. Blackbourn, Class, Religion and Local Politics in Wilhelmine Germany. The Centre Party in Württemberg before 1914, Wiesbaden 1980; J. C. Hunt, The People's Party in Württemberg and Southern Germany 1890–1914, Stuttgart 1975; G. A. Ritter, Die Arbeiterbewegung im wilhelminischen Deutschland, Berlin ²1963; H. J. Varain, Freie Gewerkschaften, Sozialdemokratie und Staat. Die Politik der Generalkommission unter der Führung C. Legiens 1890–1920, Düsseldorf 1956; R. Morsey, Die deutschen Katholiken und der Nationalstaat zwischen Kulturkampf und dem ersten Weltkrieg, in: Historisches Jahrbuch 1970; J. K. Zeender, The German Center Party 1890–1906, Philadelphia 1976; P. C. Witt, Die Finanzpolitik des deutschen Reichs von 1903–1913, Lübeck u. Hamburg 1970; H. Booms, Die Deutschkonservative Partei. Preußischer Charakter – Reichsauffassung – Nationalbegriff, Düsseldorf 1954.

Erster Weltkrieg: J. K. Zeender, The German Center Party During World War I, in: Catholic Historical Review 42, 1957, 441–468; J. Snell, Benedikt XV., Wilson, Michaelis and German Socialism, in: ebd. 37, 1951, 151–78; M. Erzberger, Erlebnisse im Weltkrieg, Stuttgart u. Berlin 1920 (guter Einblick in die Verflechtungen von Person, Partei sowie parlamentarischer und Regierungspolitik); P. Wulf, Hugo Stinnes. Wirtschaft und Politik 1918–1924, Stuttgart 1979; G. D. Feldman, Army, Industry and Labor in Germany 1914–1918, Princeton 1966 (sehr instruktiv); K. Graf von Westarp, Konservative Politik im letzten Jahrzehnt des Kaiserreichs, Berlin 1935/36; Das Kriegstagebuch des Reichstagsabgeordneten Eduard David, Düsseldorf 1966 (sensible Beobachtungen der politischen Entwicklungen durch den SPD-Abgeordneten). Breites Quellenmaterial über die Kontakte der Parteien untereinander und die Politik des Interfraktionellen Ausschusses (die Reichstagsmehrheit von Zentrum, SPD und Linksliberalen) wie die Haltung der Deutschkonservativen und Nationalliberalen liefern die großen Quelleneditionen: R. Schiffers, M. Koch, H. Boldt, Der Hauptausschuß des Deutschen Reichstags 1915–1918, 4 Bde., Düsseldorf 1981–83; E. Matthias u. R. Morsey (Hrsg.), Der interfraktionelle Ausschuß 1917/18, 2 Bde., Düsseldorf 1959; W. Hahlweg (Hrsg.), Der Friede von Brest-Litowsk, Düsseldorf 1917. – E. Matthias u. R. Morsey (Hrsg.), Die Regierung des Prinzen Max von Baden, Düsseldorf 1962; sehr instruktiv sind auch die Stenographischen Berichte der Verhandlungen des Reichstags 1914–1918, da die jeweiligen Parteien hier offen ihre politische Haltung während des Krieges darlegten. Zu dem Komplex Krieg, Parteien und Innenpolitik: W. Ribhegge, Frieden für Europa. Die Politik der deutschen Reichstagsmehrheit 1917/18, Essen 1988.

Geistige und ideologische Entwicklungen: K. von Klemperer, Germany's New Conservatism. Its History and Dilemma in the Twentieth Century, Princeton 1957; Biddis, Age of Masses; M. Bradbury u. J. McFarlane, Modernism, Harmondsworth 1981; F. W. Hemmings. The Age of Realism, Harmondsworth 1974; kritisch zur politisch-ideologischen Entwicklung in Deutschland: F. Stern, Kulturpessimismus als politische Gefahr. Eine Analyse nationaler Ideologie in Deutschland, Bern 1963 (The Politics of Cultural Despair, 1961). Über das politische Denken an den deutschen Hochschulen während des Krieges: K. Schwabe, Wissenschaft und Kriegsmoral. Die deutschen Hochschullehrer und die politischen Grundfragen des Ersten Weltkriegs, Göttingen 1966; W. Ribhegge, Geschichte der Universität Münster. Europa in Westfalen, Münster 1985, 144–83; W. Mommsen, Max Weber und die deutsche Politik 1890–1920, Tübingen ²1974; Th. Heuss, Friedrich Naumann. Der Mann, das Werk, die Zeit, Tübingen 1937; D. Zimmermann, A Road not Taken. Friedrich Naumann's Attempt at a Modern German Nationalism, in: Journal of Contemporary History 17, 1982, 689–706. F. Naumann, Demokratie und Kaisertum, Berlin 1900; ders., Werke, Opladen 1964. (Naumanns Schriften geben einen guten Einblick in die inneren politischen Verhältnisse des Kaiserreichs, auch für sein Schwanken zwischen Modernität, Liberalismus und Konservatismus.)

Weniger ideologische als politische Entwicklungen beschreibt die faszinierende Erzberger-Biographie von K. Epstein, Matthias Erzberger und das Dilemma der deutschen Demokratie, Frankfurt a. M. 1976 (Princeton 1959). Das Buch ist unverzichtbar für das Verständnis der Entstehung eines christlich-demokratischen Konservatismus in Deutschland. Der Gegenpart Erzbergers im Zentrum ist Hertling: Georg von Hertling, Erinnerungen aus meinem Leben, 2 Bde., Kempten u. München 1919; ders., Recht, Staat und Gesellschaft, Kempten u. München, o. J. (1906). Zur geistigen Welt des Katholizismus vor 1914: J. Mausbach, Die katholische Moral und ihre Gegner. Grundsätzliche und zeitgeschichtliche Betrachtungen, Köln 1911; zu den Beziehungen von evangelischer Kirche und Politik im Krieg: G. Mehnert, Evangelische Kirche und Politik 1917–1919. Die politischen Strömungen im deutschen Protestantismus von der Julikrise 1917 bis zum Herbst 1919, Düsseldorf 1959. Über die politisch-geistigen Entwicklungen in Europa während des Krieges: P. Renouvin, La crise européenne et la première guerre mondiale, Paris 1969, 648–740.

Zu 1918–1933

Zum Verständnis der politischen Situation der deutschen Politik 1918/1919 lohnt sich das intensive, wenngleich zeitaufwendige Studium der Protokolle des Rates der Volksbeauftragten und der Nationalversammlung: S. Miller u. H. Potthoff (Hrsg.), Die Regierung der Volksbeauftragten 1918/19, 2 Bde., Düsseldorf 1969; E. Heilfron (Hrsg.), Die deutsche Nationalversammlung im Jahre 1919, 8 Bde., Berlin 1919; H. Schulze, Das Kabinett Scheidemann. 13. Februar bis 20. Juni 1919, Boppard a. Rh. 1971. Dazu die Memoirenliteratur: Erzberger (Erlebnisse im Weltkrieg, Stuttgart 1920), Scheidemann (Memoiren eines Sozialdemokraten, 2 Bde., Dresden 1928), Eugen Schiffer (Ein Leben für den Liberalismus, Berlin 1951) und General Groener (Lebenserinnerungen; hrsg. von F. Hiller von Gaertringen, Göttingen 1951). Das Problem der Kontinuität des Regierungshandelns über die Revolution hinweg behandelt W. Elben, Das Problem der Kontinuität in der deutschen Revolution. Die Politik der Staatssekretäre und der militärischen Führung vom November 1918 bis Februar 1919, Düsseldorf 1965. Über die Rolle der Räte und die politischen Fragen, die in der Revolution aufgeworfen wurden: E. Kolb, Die Arbeiterräte in der

deutschen Innenpolitik 1918/19, Düsseldorf 1962; H. A. Winkler, Arbeiter und
Arbeiterbewegung in der Weimarer Republik 1918 bis 1924, Bonn 1984; G. A. Ritter
u. S. Miller (Hrsg.), Die deutsche Revolution 1918/19, Frankfurt a. M. 1968 (guter
Überblick mit ausgewählten Quellen). Zur Haltung des Zentrums: Evans, Center
Party; Epstein, Erzberger; als Quelle: R. Morsey, K. Ruppert, Die Protokolle der
Deutschen Zentrumspartei 1920–1925, Mainz 1981; über die neuen Parteien der
Rechten: W. Hartenstein, Die Anfänge der Deutschen Volkspartei 1918–1920, Düs-
seldorf 1962; W. Liebe, Die Deutschnationale Volkspartei 1918–1924, Düsseldorf
1956. Kritisch und abgewogen, auch auf das Verhältnis der DNVP zur NSDAP eingehend: A. Thimme, Flucht in den Mythos. Die Deutschnationale Volkspartei und
die Niederlage von 1918, Göttingen 1969; ferner: L. Hertzmann, DNVP – Right
Wing Opposition in the Weimar Republic 1918–1924, Lincoln (Nebr.) 1963. Über die
Parteien in der lokalen Politik: W. Ribhegge, Die Anfänge der kommunalen Demokratie in Düsseldorf. Die Düsseldorfer Stadtverordnetenversammlung im Nach-
kriegsjahr 1919, in: Düsseldorfer Jahrbuch 60, 1986, 133–64. – Allgemein zur deut-
schen Politik seit 1919: Carr, History of Germany; Craig, Deutsche Geschichte;
J. Rovan, Geschichte der deutschen Sozialdemokratie, Frankfurt a. M. 1980, G. A.
Craig, Deutsche Staatskunst von Bismarck bis Adenauer, Düsseldorf 1961; W. von
Sternburg (Hrsg.), Deutsche Kanzler von Bismarck bis Schmidt, Königstein i. Ts. 1985.
– Zu W. Marx: U. v. Hehl, Wilhelm Marx. Eine politische Biographie, Mainz 1987.
   Zur Neuformierung des nationalkonservativen Widerstands gegen die Weimarer
Demokratie aus dem Osten: H. Schulze, Der Oststaat-Plan 1919, in: Vierteljahres-
hefte für Zeitgeschichte 18, 1970, 123–63; J. Erger, Der Kapp-Lüttwitz-Putsch. Ein
Beitrag zur deutschen Innenpolitik 1919/20, Düsseldorf 1967; W. Ribhegge, August
Winnig. Eine historische Persönlichkeitsanalyse, Bonn-Bad Godesberg 1973; O. E.
Schüddekopf, Linke Leute von Rechts. Die nationalrevolutionären Minderheiten
und der Kommunismus in der Weimarer Republik, Stuttgart 1960; W. Runge, Politik
und Beamtentum im Parteienstaat. Die Demokratisierung der politischen Beamten
in Preußen zwischen 1918 und 1933, Stuttgart 1965. Zur preußischen Politik und zur
Weimarer Koalition in Preußen: H. Schulze, Otto Braun und Preußens demokratische Sendung, Berlin 1977. Eine Zusammenstellung und geographische Aufschlüsse-
lung der Wahlergebnisse von 1919 bis 1933 enthält: A. Milatz, Wähler und Wahlen in
der Weimarer Republik, Bonn 1965. Über die kritischen Jahre der deutschen Politik
von 1929 bis 1933: A. Dorpalen, Hindenburg in der Geschichte der Weimarer Republik, Berlin 1966; K. D. Bracher, Die Auflösung der Weimarer Republik. Eine Studie zum Problem des Machtverfalls in der Demokratie, Düsseldorf 1955; ders.,
G. Schulz u. W. Sauer, Die nationalsozialistische Machtergreifung. Studien zur Errichtung des totalitären Herrschaftssystems in Deutschland 1933/34, Köln u. Opladen 1960; E. Jonas, Die Volkskonservativen 1928–1933. Entwicklung, Struktur,
Standort und staatspolitische Zielsetzung, Düsseldorf 1965; I. Hamel, Völkischer
Verband und nationale Gewerkschaft. Der Deutschnationale Handlungsgehilfen-
Verband 1893–1933, Frankfurt a. M. 1967.
   Eine zusammenfassende Darstellung der politischen Haltung der Kirchen liefert
K. Scholder, Die Kirchen und das Dritte Reich, I: Vorgeschichte und Zeit der Illusio-
nen 1918–1934, Berlin 1977. Die innenpolitische Entwicklung und Kontinuität der
Sozialpolitik beleuchtet: L. Preller, Sozialpolitik in der Weimarer Republik, Düssel-

dorf 1978. Die konservativen Ideologien der 20er und 30er Jahre, die sich häufig
außerhalb des Spektrums der Parteien bewegten, werden in folgenden Arbeiten eingehend behandelt: K. Sontheimer, Antidemokratisches Denken in der Weimarer Republik, München 1982; K. D. Bracher, Zeit der Ideologien. Eine Geschichte des politischen Denkens im 20. Jahrhundert, Stuttgart 1982; Weiss, Conservatism; P. Johnson, A History of the Modern World. From 1917 to the 1980s, London 1983; ferner
Joll, Europe Since 1870; von Klemperer, Germanys new Conservatism. Brüning deu-
tet seine Rolle als Reichskanzler von 1930 bis 1932 in seinen Erinnnerungen: Memoiren
1918–1934, Stuttgart 1970.

Zu 1933–1945

Den politischen Rahmen stecken auch hier die bekannten Arbeiten ab wie Joll,
Europe Since 1870; Craig, Deutsche Geschichte; Carr, History of Germany; ferner:
J. C. Fest, Hitler. Eine Biographie, Berlin 1973; K. D. Erdmann, Handbuch der
deutschen Geschichte, Bd. 20, München 1980; M. Broszat, Der Staat Hitlers, München 1981; H.-U. Thamer, Verführung und Gewalt. Deutschland 1933–1945, Berlin
1986; G. Schreiber, Hitler – Interpretationen 1923–1983. Ergebnisse, Methoden und
Probleme der Forschung, Darmstadt ²1988 (mit annotierter Bibl. für die Jahre 1984
bis 87). In diesen Bänden ist auch die umfangreiche Literatur zur NS-Zeit aufgeführt. Die Frage nach der politischen Haltung der Konservativen als eigenständigem
Problem wird seltener aufgeworfen.
  Eine Reihe von Spezialstudien befaßt sich mit den Beziehungen von Wirtschaft
und NS-Staat: Zu den neueren Arbeiten zählen: A. Turner, German Big Business
and the Rise of Hitler, New York 1985, dt.: Die Großunternehmer und der Aufstieg
Hitlers, Berlin 1985; R. J. Overy, Göring. The Iron Man, London 1984, dt.: Hermann
Göring, München 1986. An eine kritische Biographie der schillernden Persönlichkeit
H. Schachts hat sich noch kein Autor herangewagt. Über Vögler existiert eine knappe
Biographie: G. Klass, Albert Vögler. Einer der Großen des Ruhrreviers, Tübingen
1957; kritisch reflektierend über die Rolle von Wirtschaft und Politik: T. Stolper, Ein
Leben in Brennpunkten unserer Zeit. Gustav Stolper 1888–1947, Tübingen 1967;
strukturell: A. S. Milward, Die deutsche Kriegswirtschaft 1939–1945, Stuttgart 1966;
D. Schoenbaum, Die braune Revolution. Eine Sozialgeschichte des Dritten Reichs,
München ²1980; A. Schweitzer, Big Business and the Third Reich, Bloomington 1964.
  Die Haltung und die Überlegungen und Pläne der Konservativen werden am
besten in einigen Biographien und Autobiographien sichtbar: G. Ritter, Carl Goer-
deler und die deutsche Widerstandsbewegung, Stuttgart 1956; N. Reynolds, Beck. Ge-
horsam und Widerstand. Das Leben des deutschen Generalstabschefs 1935–1938,
München 1983 (Treason was no Crime 1976); R. Lill u. H. Oberreuter (Hrsg.),
20. Juli. Portraits des Widerstands, Düsseldorf 1984; A. Winnig, Aus zwanzig Jahren,
Hamburg 1949; U. von Hassell, Die Hassell-Tagebücher 1938–1944: Aufzeichnungen
vom Anderen Deutschland. Nach der Handschrift rev. u. erw., hrsg. von F. Hiller von
Gaertringen, Berlin 1988 (ausgezeichnete biographische Quelle; mit Einführung und
Wertung von H. Mommsen, 11–18); vgl. G. Schöllgen, Wurzeln konservativer Opposition. Ulrich von Hassell und der Übergang vom Kaiserreich zur Weimarer Republik, in: Geschichte in Wissenschaft und Unterricht 8, 1987, 478–489; A. Speer, Erin-

nerungen, Berlin 1969. Über die Konservativen in Verwaltung und Justiz:
H. Mommsen, Beamtentum und Drittes Reich, Stuttgart 1966; H.
Matzerath, Nationalsozialismus und kommunale Selbstverwaltung, Stuttgart u. a. 1970; I. Staff, Die
Justiz im Dritten Reich, Frankfurt a. M. 1964; Bevölkerung und NS-Ideologie:
I. Kershaw, Der Hitler-Mythos, 1920–1945, Stuttgart 1980. Hochschulen: P. Lundgren, Wissenschaft im Dritten Reich, Frankfurt a. M. 1985; H. Behnke, Semesterberichte. Ein Leben an deutschen Universitäten im Wandel der Zeit, Göttingen 1978;
W. Jens, Eine deutsche Universität. 500 Jahre Tübinger Gelehrtenrepublik, München 1977. Zur Haltung konservativer und christlicher Schriftsteller: K. Ihlenfeld,
Die Stunde des Christentums. Eine deutsche Besinnung, Berlin-Steglitz 1937. Über
die Kirchen: K. Scholder, Die Kirchen und das Dritte Reich, II, Berlin 1983;
G. Denzler, Widerstand oder Anpassung? Katholische Kirche und Drittes Reich,
München 1984 (selbstkritisch); K. Gotto u. K. Repgen, Die Katholiken und das
Dritte Reich, Mainz 1983 (verteidigend); K. von Klemperer, Glaube, Religion, Kirche und der deutsche Widerstand gegen den Nationalsozialismus, in: H. Graml
(Hrsg.), Widerstand im Dritten Reich. Probleme, Ereignisse, Gestalten, Frankfurt
a. M. 1984; E. Bethge, Dietrich Bonhoeffer, Theologe, Christ, Zeitgenosse, München 1978 (umfassende Biographie, beleuchtet eindrucksvoll die inneren Bezüge in
der evangelischen Kirche und die Kontakte zur Ökumene); H. Portmann, Kardinal
von Galen, Münster 1961.

Über den konservativen Widerstand gegen den Nationalsozialismus seit 1938 gibt
es inzwischen eine breite Literatur. Zusammenfassend: J. Schmädeke u. P. Steinbach
(Hrsg.), Der Widerstand gegen den Nationalsozialismus. Die deutsche Gesellschaft
und der Widerstand gegen Hitler, München 1986; K. J. Müller (Hrsg.), Der deutsche
Widerstand 1933–1945, Paderborn 1986, insbes. 329–474; H. Rothfels, Deutsche
Opposition gegen Hitler; hrsg. von H. Graml, Frankfurt a. M. 1977; G. van Roon,
Widerstand im Dritten Reich, München 1979 (positive Würdigung); ders., Neuordnung im Widerstand. Der Kreisauer Kreis innerhalb der deutschen Widerstandsbewegung, München 1967 (ausgiebig über die Ziele der jüngeren Generation des konservativen Widerstands). Zur Kritik der konservativen Zukunftspläne: H. Mommsen, Gesellschaftsbild und Verfassungspläne des deutschen Widerstands, in: Graml
(Hrsg.), Widerstand, 14–91. Bonhoeffers kritische Reflexionen über die konservative deutsche Tradition finden sich in: D. Bonhoeffer, Nach zehn Jahren, in: ders.,
Widerstand und Ergebung. Briefe und Aufzeichnungen aus der Haft; hrsg. von
E. Bethge, Gütersloh [10]1978. Zur Politik der Konservativen in England und Frankreich 1933–1945 vgl. Blake, Conservative Party; Petitfils, La Droite en France;
R. Rémond, Les droites en France, Paris 1982; Th. Zeldin, Histoire de passions françaises (1848–1945), Bd. 4: Colère et politique, Paris 1979; H. Dubief, Le déclin de la
IIIe République (1929–1938) (Nouvelle histoire de la France contemporaine 13),
Paris 1976.

Zur Zeit seit 1945

Zu den Entwicklungen in Europa seit 1945: M. Crouzet (Hrsg.), Peuples et Civilizations. Histoire générale Bd. 22/1 u. 2: Le monde depuis 1945, Paris 1973, insbes.:
22/1, 15–418. Zur allgemeinen Geschichte des Konservatismus in Europa, den USA

und Japan nach 1945: P. Viereck, Conservatism, in: New Encyclopaedia Britannica, Bd. 27, 1986, 476–84. Für die Nachkriegszeit: B. Droz u. A. Rowley, Histoire générale du XXe siècle, I: jusqu'en 1949, Paris 1986, 173–269; dort auch über die politischen Veränderungen nach 1945 und die Entstehung des 'Kalten Krieges'; Joll, Europe Since 1870, 422–486; instruktiv für die Zusammenhänge von deutscher, europäischer und amerikanischer Politik seit 1917: H. Brogan, The Pelican History of the United States of America, Harmondsworth 1986; zum Verständnis der Verflechtungen der europäischen Politik: S. H. Beer, Modern British Politics, Parties and Pressure Groups in the Collectivist Age, London 1982; R. Blake, Decline of Power 1915–1964, London 1986; A. Marwick, British Society since 1945, Harmondsworth 1984. Leider gibt es keine entsprechende analytische Beschreibung der Entwicklung der westdeutschen Gesellschaft seit 1945. Zur politischen und wirtschaftlichen Entwicklung der DDR: D. Staritz, Geschichte der DDR 1949–1985, Frankfurt a. M. 1985.

Zur politisch-gesellschaftlichen Entwicklung Westdeutschlands: A. Grosser, Das Deutschland im Westen, München 1985 (instruktiv aus einer nüchtern, distanzierten Perspektive); D. Claessens, A. Klönne, A. Tschoepe, Sozialkunde der Bundesrepublik Deutschland. Grundlagen, Strukturen, Trends in Wirtschaft und Gesellschaft, Reinbek 1985; D. Thränhardt, Geschichte der Bundesrepublik Deutschland, Frankfurt a. M. 1986; H. K. Rupp, Politische Geschichte der Bundesrepublik Deutschland, Stuttgart 1982; H. A. Turner, Geschichte der beiden deutschen Staaten seit 1945, München 1989 (bietet eine gute, nüchterne Orientierung).

Zu Fragen der Parteien und des politischen Systems: R. Dahrendorf, Gesellschaft und Demokratie in Deutschland, München ^{1}1965, 1971; das Buch kennzeichnet einen tiefgreifenden Einschnitt in die Geschichte des politisch-gesellschaftlichen Denkens in der Bundesrepublik seit 1945; Th. Ellwein, Das Regierungssystem der Bundesrepublik, Opladen 1983 (informativ); M. Holzer, Medien in der Bundesrepublik, Köln 1980; H. Kaack, Geschichte und Struktur des deutschen Parteiensystems, Köln u. Opladen 1972; G. Löwenberg, Der Parlamentarismus im politischen System der Bundesrepublik, Tübingen 1969; R. Stöss (Hrsg.), Parteien-Handbuch, 2 Bde., Opladen 1984; U. Lohmar, Innerparteiliche Demokratie, Stuttgart 1963; R. Mayntz, Parteigruppen in der Großstadt, Köln u. Opladen 1959; U. Döbber, Parteifinanzierung in Deutschland, Köln u. Opladen 1962 (erklärt eine spezifische Relation von Parteien und Politik); W. Besson, Regierung und Opposition in der deutschen Politik, in: Politische Vierteljahrsschrift 1962; W. Beum, Die Gewerkschaften in der Bundesrepublik Deutschland, Hamburg 1981; W. Abelshauser, Wirtschaftsgeschichte der Bundesrepublik Deutschland, Frankfurt a. M. 1983; G. Schäfer u. C. Nedelmann (Hrsg.), Der CDU-Staat. Analysen zur Verfassungswirklichkeit der Bundesrepublik, 2 Bde., Frankfurt a. M. 1969 (Dokument der 68er Rebellion); W. D. Narr, CDU-SPD. Programm und Praxis, Stuttgart 1966 (eine der wenigen Arbeiten, die die ideologische Entwicklung der beiden Parteien vergleichen; A. Mintzel, Die CSU. Anatomie einer konservativen Partei, Opladen 1975; A. Baring, Machtwechsel. Die Ära Brandt – Scheel, Stuttgart 1982 (sehr informativ für die Erklärung politischer Prozesse zwischen Parteien, Parlament, Regierung und öffentlicher Meinung); G. Buchstab, Die Volkspartei. Programmatische Entwicklung der CDU 1950–1973, Düsseldorf 1981; L. J. Edinger, Kurt Schumacher. Persönlichkeit und politisches Verhalten, Köln 1967; H. P. Schwarz, Adenauer. Der Aufstieg: 1876–1952, Stuttgart

1986; K. Adenauer, Erinnerungen, 1945–1953, Stuttgart 1965; C. Schmid, Erinnerungen, Bern 1979; W. Dirks, Das schmutzige Geschäft. Die Politik und die Verantwortung der Christen, Olten 1964.
Zu den Anfängen der westdeutschen Politik und der CDU/CSU: W. Conze, Jakob Kaiser. Politiker zwischen Ost und West 1945–1949, Stuttgart 1969; P. Hüttenberger, Nordrhein-Westfalen und die Entstehung seiner parlamentarischen Demokratie, Siegburg 1973. Britische Deutschland- und Besatzungspolitik 1945–1949; J. Gimbel, Amerikanische Besatzungspolitik in Deutschland 1945–1949, Frankfurt a. M. 1971; ders., Eine Deutsche Stadt unter amerikanischer Besatzung, Marburg 1945–1952, Köln 1964; F. K. Fromme, Von der Weimarer Verfassung zum Bonner Grundgesetz. Die verfassungspolitischen Folgerungen des Parlamentarischen Rates aus der Weimarer Republik und nationalsozialistischer Diktatur, Tübingen 1949 (wichtig zum Verständnis der politischen Kontinuität); Der Parlamentarische Rat 1948–1949. Akten und Protokolle; hrsg. von K. G. Wernicke u. H. Booms, Boppard a. Rh. 1975ff.; H. P. Schwarz, Vom Reich zur Bundesrepublik. Deutschland im Widerstreit der außenpolitischen Konzeptionen in den Jahren der Besatzungsherrschaft 1945–1949, Stuttgart ²1982 (erklärt die außenpolitischen Konzepte der großen Parteien); W. Sörgel, Konsensus und Interessen. Eine Studie zur Entstehung des Grundgesetzes für die Bundesrepublik Deutschland, Opladen 1984; G. Buchstab u. a. (Hrsg.), Verfolgung und Widerstand 1933–1945. Christliche Demokraten gegen Hitler, Düsseldorf 1986; H. G. Wieck, Christliche und Freie Demokraten in Hessen, Rheinland-Pfalz, Baden und Württemberg 1945/46, Düsseldorf 1958; K. E. Lönne, Politischer Katholizismus im 19. und 20. Jahrhundert, Frankfurt a. M. 1986; L. Schwering, Frühgeschichte der Christlich-demokratischen Union, Recklinghausen 1963; Gerechtigkeit schafft Frieden. Der 73. deutsche Katholikentag vom 31. August bis 4. September 1949 in Bochum, Paderborn 1949; A. Baring, Im Anfang war Adenauer. Die Entstehung der Kanzlerdemokratie, München 1969; K. von Schubert, Wiederbewaffnung und Westintegration. Die innere Auseinandersetzung um die militärische und außenpolitische Orientierung der Bundesrepublik 1950–1952, Stuttgart 1970; K. Koszyk, Pressepolitik für Deutsche 1945–1949 (Geschichte der deutschen Presse IV), Berlin 1986. Zur Entwicklung der Bundesrepublik und ihrer Regierungen: K. D. Bracher (Hrsg.), Geschichte der Bundesrepublik, 5 Bde., Stuttgart 1983–1987.
Die Wandlungen der politischen Meinungen nach 1949 lassen sich am besten in den Protokollen der Verhandlungen des Bundestages (1949ff.), den Leitartikeln und Kommentaren der FAZ, der ›Süddeutschen Zeitung‹, der ›Welt‹, des ›Spiegel‹, der ›Zeit‹ und in den von der Bundeszentrale für Politische Bildung (Bonn) wöchentlich herausgebrachten 'Beilage' zu der Wochenzeitung ›Das Parlament‹ verfolgen. Neben der Berichterstattung über die Parteitage der großen Parteien spiegeln sich auch in der Berichterstattung über die Kirchentage bzw. Katholikentage Veränderungen im politisch-intellektuellen Leben. Für das politisch-geistige Klima sind auch engagierte Autoren wie etwa Böll und Grass relevant, die mit ihren Romanen und Schriften die politische Entwicklung Westdeutschlands seit den 50er Jahren kontinuierlich begleitet und dadurch die intellektuell häufig etwas dürftige politische Rhetorik und die politische Literatur in der Bundesrepublik ein wenig kompensiert haben.

PERSONENREGISTER

Schumacher, Kurt 255 ff. 259 f. 262 f. 265 ff. 274 ff. 317
Schuman, Robert 278
Schwarzenberg, Felix Fürst zu 83 f.
Schwerin von Krosigk, Lutz 211
Seeckt, Hans von 192. 200
Seldte, Franz 211
Severing, Carl 123. 131. 191
Shakespeare, William 23 f. 27. 30. 70 f.
Shaw, George Bernard 116
Siebenpfeiffer, Philipp Jakob 58
Simons, Walter 158. 305
Sinzheimer, Hugo 176
Smith, Adam 57
Solf, Wilhelm 155. 161. 164
Späth, Lothar 289
Spahn, Martin 201
Spahn, Peter 129. 132. 140. 147. 201
Speer, Albert 222 f.
Spengler, Oswald 189 f.
Staël, Germaine de 29. 37
Stahl, Friedrich Julius 11. 74
Stampfer, Friedrich 191
Stapel, Wilhelm 205
Stauffenberg, Claus Graf Schenk von 223
Stegerwald, Adam 196
Stein, Lorenz von 116
Stein, Karl vom und zum 6. 12. 26. 35 ff. 50. 52. 59. 93. 161. 235. 294
Steinbach, Erwin von 23
Steinbüchel, Theodor 197
Steltzer, Theodor 240. 261
Stendhal, Frédéric 57
Sternberger, Dolf 15
Stinnes, Hugo 150. 169. 216 ff.
Stoecker, Adolf 112. 125
Stolberg, Leopold von 34
Stolper, Gustav 218
Stolten, Otto 124
Storm, Theodor 103
Strasser, Otto 269
Strauß, Franz-Josef 131. 279. 284. 289
Stresemann, Gustav 131. 133. 144. 157. 166. 182. 192 ff. 199. 201. 203 f. 218. 290

Stülpnagel, Heinrich von 233
Stüve, Johann Carl Bertram 107
Stumm-Halberg, Karl von 114. 121. 126 f.

Taine, Hippolyte 99
Teusch, Christine 169
Thackeray, William Makepeace 53
Thadden, Adolf Ferdinand von 71. 79
Thälmann, Ernst 199. 203
Thatcher, Margaret 289
Thibon, Gustave 235
Thiers, Adolphe 108
Thomas von Aquin 78
Thomas, Georg 229
Thyssen, Fritz 216 f.
Tiling, von 165
Tirpitz, Wolfgang von 228
Tolstoi, Leo Nikolajewitsch 53
Treitschke, Heinrich von 43. 86. 99 ff. 113. 130. 145. 299
Tresckow, Henning von 223
Trimborn, Karl 132
Troeltsch, Ernst 126 f. 132. 163
Trollope, Anthony 97
Trott zu Solz, Adam von 223. 233. 240. 245
Trotzki, Leo 153

Ulbricht, Walter 281

Valentin, Veit 67
Vansittart, Robert Gilbert, Lord 233
Victoria (Königin) 97
Viereck, Peter 288
Vincke, Georg von 72 ff. 79. 83 f. 97
Vincke, Ludwig von 39 f.
Virchow, Rudolf 101
Visser't Hooft, Willem Adolf 251
Vögler, Albert 143. 169. 211. 215 ff.
Voltaire (François-Marie Arouet) 24 f.
Wagener, Hermann 79. 116
Wagner, Adolf 116 f.
Wagner, Heinrich Leopold 27
Waitz, Georg 60